实验经济学讲义：方法与应用

Lectures on Experimental Economics: Methods and Applications

陈叶烽 等 编著

北京大学出版社

图书在版编目(CIP)数据

实验经济学讲义：方法与应用 / 陈叶烽等编著. —北京：北京大学出版社，2021.9
21世纪经济与管理规划教材. 经济学系列
ISBN 978-7-301-32573-5

Ⅰ.①实… Ⅱ.①陈… Ⅲ.①经济学—高等学校—教材 Ⅳ.①F0

中国版本图书馆 CIP 数据核字(2021)第 197389 号

书　　　名	实验经济学讲义：方法与应用
	SHIYAN JINGJIXUE JIANGYI：FANGFA YU YINGYONG
著作责任者	陈叶烽　等　编著
策划编辑	王　晶
责任编辑	王　晶
标准书号	978-7-301-32573-5
出版发行	北京大学出版社
地　　　址	北京市海淀区成府路 205 号　100871
网　　　址	http://www.pup.cn
微信公众号	北京大学经管书苑（pupembook）
电子信箱	em@pup.cn
新浪微博	@北京大学出版社　@北京大学出版社经管图书
电　　　话	邮购部 010-62752015　发行部 010-62750672　编辑部 010-62752926
印 刷 者	天津中印联印务有限公司
经 销 者	新华书店
	787 毫米×1092 毫米　16 开本　38 印张　808 千字
	2021 年 9 月第 1 版　2022 年 1 月第 2 次印刷
	印数 2001-5000 册
定　　　价	99.00 元

未经许可，不得以任何方式复制或抄袭本书之部分或全部内容。
版权所有，侵权必究
举报电话：010-62752024　电子信箱：fd@pup.pku.edu.cn
图书如有印装质量问题，请与出版部联系，电话：010-62756370

丛书出版说明

教材作为人才培养重要的一环，一直都是高等院校与大学出版社工作的重中之重。"21世纪经济与管理规划教材"是我社组织在经济与管理各领域颇具影响力的专家学者编写而成的，面向在校学生或有自学需求的社会读者；不仅涵盖经济与管理领域传统课程，还涵盖学科发展衍生的新兴课程；在吸收国内外同类最新教材优点的基础上，注重思想性、科学性、系统性，以及学生综合素质的培养，以帮助学生打下扎实的专业基础和掌握最新的学科前沿知识，满足高等院校培养高质量人才的需要。自出版以来，本系列教材被众多高等院校选用，得到了授课教师的广泛好评。

随着信息技术的飞速进步，在线学习、翻转课堂等新的教学/学习模式不断涌现并日渐流行，终身学习的理念深入人心；而在教材以外，学生们还能从各种渠道获取纷繁复杂的信息。如何引导他们树立正确的世界观、人生观、价值观，是新时代给高等教育带来的一个重大挑战。为了适应这些变化，我们特对"21世纪经济与管理规划教材"进行了改版升级。

首先，为深入贯彻落实习近平总书记关于教育的重要论述、全国教育大会精神以及中共中央办公厅、国务院办公厅《关于深化新时代学校思想政治理论课改革创新的若干意见》，我们按照国家教材委员会《全国大中小学教材建设规划（2019—2022年）》《习近平新时代中国特色社会主义思想进课程教材指南》和教育部《普通高等学校教材管理办法》《高等学校课程思政建设指导纲要》等文件精神，将课程思政内容融入教材，以坚持正确导向，强化价值引领，落实立德树人根本任务，立足中国实践，形成具有中国特色的教材体系。

其次，响应国家积极组织构建信息技术与教育教学深度融合、多种介质综合运用、表现力丰富的高质量数字化教材体系的要求，本系列教材在形式上将不再局限于传统纸质教材，而是会根据学科特点，添加讲解重点难点的视频音频、检测学习效果的在线测评、扩展学习内容的延伸阅读、展示运算过程及结果的软件应用等数字资源，以增强教材的表现力和吸引力，有效服务线上教学、混合式教学等新型教学模式。

为了使本系列教材具有持续的生命力，我们将积极与作者沟通，争取按学制周期对教材进行修订。您在使用本系列教材的过程中，如果发现任何问题或者有任何意见或建议，欢迎随时与我们联系（请发邮件至 em@pup.cn）。我们会将您的宝贵意见或建议及时反馈给作者,以便修订再版时进一步完善教材内容,更好地满足教师教学和学生学习的需要。

最后,感谢所有参与编写和为我们出谋划策提供帮助的专家学者,以及广大使用本系列教材的师生。希望本系列教材能够为我国高等院校经管专业教育贡献绵薄之力!

北京大学出版社

经济与管理图书事业部

前　言

自 2002 年实验经济学创始人弗农·史密斯(Vernon Smith)获得诺贝尔经济学奖以来,在短短不到 20 年的时间里,前后共有 5 届诺贝尔经济学奖颁给了 8 位实验和行为经济学家。这足以证明实验经济学已登堂入室,成为 21 世纪以来经济学最重要的突破和最前沿、最热门的经济学分支之一。

作为当今主流经济学的重要组成部分,实验方法被认为是与理论建模、计量实证并列的经济学三大研究方法之一。特别是近年来,随着"基于研究设计"的因果推断通过"可信性革命"逐渐成为社会科学经验研究的核心范式,随机化实验的思想日益深入人心,实验方法在社会科学经验方法论中的地位更加重要,实验数据的优越性也愈发凸显。在计量实证领域,人们往往是数据的被动观察者。而实验使得人们能够通过可控的实验处理来主动控制数据的生成过程。在这种可控的实验数据生成过程中,我们可以分离和控制其他混淆因素的干扰,从而实现更干净的因果识别,因此实验研究方法也成为因果识别中的"黄金准则"。也正因为如此,实验研究方法正被经济学各个领域广泛接受,其应用的范围从传统的个体偏好与决策理论、博弈论与社会偏好、产业组织理论拓展至各类应用学科,如行为经济学、公共经济学、卫生经济学、发展经济学、劳动经济学、金融学、公共政策与管理以及宏观经济学等。

与此同时,实验经济学家的工作和角色也在不断丰富,从象牙塔迈向真实的世界,从最初的检验经济理论延伸到政策实施应用。2012 年诺贝尔经济学奖得主埃尔文·罗斯(Alvin Roth)将实验方法在经济学领域的应用比喻为"与理论家对话"(speak to theorists)、"寻找事实"(search for facts)和"在君主耳边低语"(whisper in the ears of princes),分别对应实验方法在检验现有经济理论、发现新的经济规律、制定和评估新的经济政策三方面的功能。事实上,这三者并不是同时出现的,实验经济学家的角色随着实验方法的发展而持续变化。在实验经济学发展的早期,实验经济学家的角色更类似于"科学家":他们实施实验并发现偏离主流经济学理论的"异象",总结归纳实验结果进而形成新的经济理论。而后,实验经济学家逐渐承担起"工程师"的角色:为经济理论在现实中的应用提出了具体的机制设计和操作步骤,例如在拍卖市场设计、央行政策等领域提供实践指导。而近年来,随着大规模实地实验的兴起,实验经济学家们的任务也进一步发展为借助大规模实地实验直接参与现实经济活动中的各种细节,确保经济学理论的合理应用和经济政策的正确实施。例如,2019年诺贝尔经济学奖得主埃丝特·迪弗洛(Esther Duflo)认为,实验经济学家还需要承担"水管工"的角色,承担政策实地落实、调试、维护运转的职能。而埃丝特·迪弗洛等人对扶贫问题的实验研究正是实验经济学家走进现实世界,对政策实施的"最后一公里"提出实质性指导的生动例证。在实验经济学家的角色变换过程中,实验室实验和实地实验的分工也逐渐明晰,具有各自的相对优势。其中在"科学家"和"工程师"角色中,实验室实验占据主导位置;而在"水管工"角色中,实验室实验为现实夯实理论基础,实地实验则为研究结果在真实世界中的落地和拓宽外部有效性方面提供了进一步的桥梁。各种不同的实验方法在整个实验经济学发展的历史长河中相互补充,交相辉映,彰显了实验经济学这一新兴领域的蓬勃生机和广阔前景。

虽然实验方法已经在国际学术界得到了普遍认可和广泛应用,但很遗憾的是,目前国内对实验经济学的系统性介绍还非常少,特别是质量较高的实验经济学教材仍比较稀缺。本书的写作初衷是对实验经济学的方法和应用做一个系统性、普及性的介绍。希望读者看完本书之后,对于什么是实验经济学、如何运用实验方法、如何进行实验设计、运用实验方法可以做哪些经济学研究有一个全貌性的了解,并且我们还希望引导和培养读者对实验经济学的兴趣,提高他们运用实验方法做经济学研究的热情。

本书共分为实验经济学方法和实验经济学应用两大部分。这些内容都结合了作者在浙江大学十多年进行实验经济学方面科研和教学的经验。全书的框架体系和内容编排努力体现逻辑性、系统性及前沿性,基本涵盖实验经济学的重要理论和应用领域。具体而言,本书主要有以下三个方面的特色。

第一,本书坚持教材写作的原创性和独特性。由于实验经济学这个学科本身起步较晚,目前尚处于快速发展的过程中,且在国内专门开设"实验经济学"这一课程的高校尚不多,国内还比较缺乏全面系统介绍实验经济学最新方法和应用的教材。本书是在本人于浙江大学经济学院多年来为本科生和研究生讲授"实验经济学"和"实验经济学文献选读"这两门课的讲义的基础上编写而成的。这两门课程共有80个学时,分为16讲,每一讲的PPT(演示文稿)平均有90页左右,90%以上的讲课内容都是根据各种文献资料编写完成,并且这两门课程所有学期的教学评价都为优秀,而本书是在这些授课内容基础上进行的二次创作,因此能够确保原创性和独特性。

第二,本书突出实验研究的实践性和技术性。考虑到实验研究具备较强的操作性,本书花费了很大的篇幅对实验的具体设计和详细操作予以介绍。比如第三讲、第四讲、第五讲、第六讲等章节讲授了实验设计的基本原则、常用方法和使用技巧,实验软件z-Tree的使用和初步编程,实验研究的完整操作步骤和流程,实验数据的处理和分析方法等。通过这些内容的介绍,本书可以使读者初步掌握实验方法这一技术性研究工具。

第三,本书强调实验研究的专业性和学术性。比如我们以实验经济学方法在经济学不同分支中的应用为专题,从第八讲到第十三讲共分六讲依次梳理和介绍国际一流期刊中与实验经济学相关的研究文献,通过讲解文献中具体的实验设计和结果分析过程来剖析这些经典实验研究的具体内容,从而培养和引导读者自己参与实验研究以及撰写实验论文,激发他们的兴趣和动力。

本书面向的读者对象主要为高年级本科生和研究生以及青年教师与研究人员,总体风格定位为介于普通教材和专业学术著作之间,即讲义风格。但本书在编写时希望尽量做到通俗易懂,遵循由浅入深、由表及里的逻辑脉络,尽可能降低读者的理解壁垒。全书内容基本涵盖了"实验经济学是什么、为什么、怎么做和做什么"等关键问题,各章节兼具独立性和连贯性,以适应不同读者的不同认知层次和阅读需求。我们期望讲授和学习实验经济学的高校教师或学生将本书作为课程教材或常备参考书,成为陪伴学生进入实验经济学世界的第一本读物。

对于实验经济学的初学者,我们建议按照本书的章节顺序首先进行实验方法部分即第一讲至第七讲的学习,在掌握实验方法论的基础上,熟悉实验的设计、编程、操作和数据分析等技术性内容,同时掌握实验室实验和实地实验在方法论和内外部有效性上不同的比较优势。需要说明的是,无论是实验室实验还是进一步的实地实验,相应的内容都具有高度的实操性,初学者要在"干中学",由此方能有效掌握实验方法这一技术性工具,特别是在后续的实验操作中需要结合具体研究反复阅读相关的内容,从而不断加深理解,提升自己的实践水平。

然后再依据个人的专业兴趣和研究方向参阅实验应用部分,即第八讲至第十三讲的内容,结合相应的研究主题和文献来设计自己的研究方案。值得注意的是,大量经典文献提供了很好的研究模板,我们推荐初学者在本书文献梗概的指引下精读部分原文并复盘实验结果,学习其新颖的研究思路、精巧的实验设计和深入的实验数据分析方法,进而为将实验方法灵活应用于中国经济现象的研究打好基础。

对于实验经济学或行为经济学课程的高校任课教师,我们建议其在使用本书的过程中,将实验方法部分作为课程主体内容,而实验应用部分列举的大量范例和文献可以用来扩充课程内容、安排平时的文献阅读或组织课堂文献报告等。任课教师可以在课程的讲授过程中结合具体的实验案例,让学生以被试身份参与实验,亲身体验实验研究过程,以期学生对授课内容有直观而形象的沉浸式理解,从而更好地培养他们参与实验研究以及撰写实验论文的兴趣,激发他们的学习动力。

我们还想说明的是,无论是对学生、教师还是科研人员,实验经济学在国内还处于普及阶段,其在中国的应用有着广阔的空间和前景,特别是我国在经济转型期涌现了很多独特的中国故事,这为实验方法在中国的应用提供了独一无二的"实验场",而实验方法也必然给中国经济学的教学和研究带来方法论意义上的革新。

本书的写作自2019年启动以来,在借鉴和吸收国内外大量相关文献资料和素材的基础上,经过反复讨论和修改,由本人拟定了全书的内容逻辑和框架,并确定了每一讲的章节结构和相应的内容要点。全书共分两个部分,其中方法分七讲,应用分六讲。本人指导的博士生们做了大量的具体撰写工作。具体分工如下:第一讲由陈叶烽撰写,第二讲由黄娟和陈叶烽共同撰写,第三讲由赵维政和陈叶烽共同撰写,第四讲由罗干松和陈叶烽共同撰写,第五讲由刘小琴和陈叶烽共同撰写,第六讲由刘小琴撰写,第七讲由刘莹和陈叶烽共同撰写,第八讲由潘意文和赵维政共同撰写,第九讲由卢露、林晏清和刘小琴共同撰写,第十讲由戴彬汝和陈叶烽共同撰写,第十一讲由丁预立撰写,第十二讲由杨雯渊和陈叶烽共同撰写,第十三讲由罗干松撰写。我们的团队对每一讲的书稿都进行了多次反复修改。最后,陈叶烽负责全书的统稿和校对工作。

需要说明的是,实验经济学的研究目前仍然在快速发展中,虽然我们在撰写过程中收集和参阅了大量的文献资料,也付出了无数的心血和努力,但是书中仍然可能存在一些问题,特别是我们自己提炼的一些文献总结和观点并不一定正确,希望广大读者在阅读的过程中能够将相关的问题反馈给我们(可以发邮件至 lenggone@gmail.com),以便我们日后进一步修改和完善。大家一起探讨,共同推进实验方法在国内的普及。

我要感谢国家自然科学基金面上项目(基金号:72173116)、国家自然科学基金面上项目(基金号:71773111)、浙江省哲学社会科学规划重点项目(基金号:22NDJC004Z)以及中央高校基本科研业务费专项资金对本书的资助,也要感谢浙江大学尤其是浙江大学经济学院对教材编写工作的支持和相关资助。在多年的教学和科研中,我的四位指导老师北京大学汪丁丁教授、浙江大学叶航教授、中国人民大学周业安教授和浙江大学李实教授一直鼓励和支持我,他们的谆谆教诲让我终身受益。感谢国内外实验经济学和行为经济学的同行及朋友们多年来与我在实验经济学领域的无私探讨和真诚交流,这一过程让我逐步加深了对实验经济学的把握和理解。他们是南开大学李建标教授,南京审计大学杨春雷教授,浙江工商大学许彬教授,上海外国语大学杨晓兰教授,暨南大学王春超教授和郑筱婷副教授,上海财经大学杜宁华教授、黄振兴教授和姚澜副教授,华南师范大学董志强教授和连洪泉副教授,山东大学韦倩教授和姜树广教授,中国人民大学王湘红教授、陆方文教授和戴志新副教授,复旦大学李玲芳教授,北京大学孟涓涓教授,国务院发展研究中心产业经济研究部宋紫峰研究员,厦门大学李智副教授,清华大学郑捷副教授和刘潇副教授,东北财经大学宗计川教授,北京师范大学何浩然教授、张博宇教授和周晔馨副教授,中山大学梁平汉教授,南方科技大学叶茂亮副教授,武汉大学魏立佳教授,华东师范大学龚冰琳教授,西南财经大学雷震教授,新加坡南洋理工大学包特副教授,浙江大学陈发动副教授,中央财经大学李彬教授和毛磊副教授,浙江财经大学罗俊副教授,等等(排名不分先后)。此外,我也特别感谢北京大学出版社以及王晶编辑高效、仔细和认真的工作,他们的支持使得本书能够及时和广大读者见面。

最后想说的是,在多年来繁忙的教学和科研工作中,最大的遗憾就是没有足够的时间好好陪伴家人,也正是她们的默默理解和支持,让我能够全身心地投入本书的编写工作中,因此,本书要献给我的妻子刘秀蕊和女儿陈慕妍。

陈叶烽
2021 年 6 月于浙江大学紫金港校区

目录

第一讲　实验经济学导论 1
第一节　什么是实验经济学？ 2
第二节　实验经济学发展简史 7
第三节　实验经济学能做什么？ 12
第四节　实验经济学和行为经济学的关系 28
第五节　实验经济学国内研究现状及未来展望 36
本讲参考文献 52

第二讲　实验经济学方法论 61
第一节　诱导价值理论 61
第二节　实验方法科学性的争辩 66
第三节　实验和理论的关系 72
第四节　内部有效性和外部有效性 78
第五节　学生被试的样本代表性问题 84
本讲参考文献 93

第三讲　实验设计的原理、方法与技巧 100
第一节　实验设计的原理 100
第二节　实验设计的原则 108
第三节　实验设计的方法 112
第四节　实验实施的注意事项 120
第五节　实验设计中的常见效应 125
第六节　实验设计的一些技巧 133
本讲参考文献 139

第四讲　实验软件 z-Tree 操作和编程 145
第一节　z-Tree 基本架构介绍 146
第二节　z-Tree 常用菜单命令介绍 147
第三节　z-Tree 数据、程序与函数介绍 150
第四节　z-Tree 实验程序编写过程 156
第五节　z-Tree 生成文件使用介绍 167
第六节　z-Tree 高级编程内容 168
第七节　z-Tree 使用过程常见问题及处理 178
第八节　oTree 的简单介绍 180
本讲参考文献 181

第五讲　实验操作的具体步骤和流程 182
第一节　实验前的准备工作 182
第二节　正式实验的基本流程 201
第三节　oTree 程序使用方法和线上实验被试管控 206
本讲参考文献 220
附件 A：实验说明纸质版范例 222
附件 B：实验说明电子演示文稿版范例 228
附件 C：招募公告范例 231

第六讲　实验数据分析方法 233
第一节　前期准备和实验数据整合 233
第二节　描述性统计和简单作图 242
第三节　非参检验方法 253

第四节　回归分析　259
本讲参考文献　271

第七讲　实地实验方法　274
第一节　实地实验概述　274
第二节　实地实验研究方法　285
第三节　实地实验与RCT的比较　296
第四节　实地实验的运用　301
第五节　实地实验在国内的研究展望　308
本讲参考文献　311

第八讲　实验在行为经济学中的应用　326
第一节　不确定性决策Ⅰ：风险偏好与期望效用理论　326
第二节　"异象"与对期望效用理论的批评　332
第三节　不确定性决策Ⅱ：参照点依赖偏好　335
第四节　参照点依赖偏好应用：禀赋效应　346
第五节　跨期选择、时间偏好与自我控制　350
本讲参考文献　362

第九讲　实验在公共经济学中的应用　373
第一节　腐败实验　373
第二节　税收遵从实验　391
第三节　投票实验　400
第四节　慈善捐赠实验　409
本讲参考文献　418

第十讲　实验在产业经济学中的应用　427
第一节　市场实验　427
第二节　市场匹配　439
第三节　信任品市场　447
第四节　拍卖　459
本讲参考文献　468

第十一讲　实验在卫生经济学中的应用　475
第一节　诊疗分离　476
第二节　医生薪酬激励　479
第三节　医疗保险的影响　485
第四节　器官捐献激励　491
本讲参考文献　495

第十二讲　实验在发展经济学中的应用：RCT与反贫困　500
第一节　农业　501
第二节　金融　506
第三节　健康　513
第四节　教育　519
第五节　劳动　525
第六节　中国反贫困　528
本讲参考文献　537

第十三讲　实验在劳动经济学中的应用　546
第一节　委托代理问题　546
第二节　企业人事经济学　559
第三节　劳动力市场设计　571
第四节　搜寻与工作选择　575
第五节　歧视与群体差异　578
本讲参考文献　588

第一讲
实验经济学导论

自 1962 年实验经济学创始人弗农·史密斯发表第一篇规范的实验经济学论文以来,实验方法在经济学研究中的应用已经持续了半个世纪的历程,并已逐渐成为经济学的三大研究方法之一,与理论建模及计量实证并列。另外,自 2002 年弗农·史密斯获得诺贝尔经济学奖以来,在短短不到 20 年的时间里,前后共有 5 届诺贝尔经济学奖颁给了 8 位行为与实验经济学家。丹尼尔·卡尼曼(Daniel Kahneman,2002 年度)、罗伯特·席勒(Robert Shiller,2013 年度)和理查德·塞勒(Richard Thaler,2017 年度)分别主要以前景理论、行为金融和心理账户等行为经济学开创性的理论获得诺奖,他们运用观测数据或实验数据揭示主流经济学理论无法解释的"异象",并为构建行为经济学理论创造了坚实的基础,从而使得行为经济学和行为金融学成为快速发展的经济学新分支。而弗农·史密斯(2002 年度)、埃尔文·罗斯(2012 年度)、阿比吉特·巴纳吉(Abhijit Banerjee,2019 年度)、埃丝特·迪弗洛(2019 年度)和迈克尔·克雷默(Michael Kremer,2019 年度)则因运用实验方法分别在市场均衡、机制设计与减轻贫困问题上的突出贡献而获得诺奖。其中 2012 年获得诺贝尔经济学奖的实验经济学家埃尔文·罗斯是利用经济理论加实验方法来进行市场设计的巨擘,他为理论、实验和经济实践的完美结合提供了典范。而 2019 年的三位诺奖得主阿比吉特·巴纳吉、埃丝特·迪弗洛和迈克尔·克雷默则进一步扮演了实验经济学家"水管工"的角色,借助随机干预实验承担各种公共政策的落实、调试和维护运转的功能,为实验方法直接参与经济活动并指导政策实施提供了绝佳案例。由此,实验经济学作为 21 世纪以来经济学最前沿和最热门的研究领域之一,已成为主流经济学的重要组成部分,可控的实验数据更成为经济学家日益重视的数据类型。

经济学实验的重要功能是检验、修正经济学理论,实验证据对完善已有的经济学理论也具有重要价值,同时经济学实验是发现经验事实和评估经济政策的有效工具。作为一项经济学方法论的重大革新,经济学实验已经普遍应用于产业组织、博弈论、行为经济学、行为金融学、劳动经济学、发展经济学、健康经济学、公共经济学和许多其他的经济学领域。而且实验方法的影响力并不局限于经济学本身,这一基本研究方法已经被管理学家、心理学家、法学家、社会学家、政治学家和其他社会科学家所借鉴。本讲第一节首先介绍实验经济学的基本内涵即什么是实验经济学,第二节梳理实验经济学的发展历史,在第三节中我们对实验经济学能做什么和实验经济学的三个功能进行介绍,第四节对实验经济学和行为经济学的联系与区别进行梳理,最后,我们结合国内的五大经济学期刊梳理了实验经济学在国内的发展现状。

第一节 什么是实验经济学?

一、什么是实验经济学?

要了解什么是实验经济学,需要先定义什么是"实验"。Croson and Gächter(2010)认为实验本质上是一种在研究人员控制下的数据生成过程。"控制"意味着大多数影响行为的因素是不变的,只有一个因素即"处理变量"发生变化,而这种对变量的控制对于因果关系的识别是至关重要的。这一对实验的定义适用于包括经济学在内的所有实验科学(Croson and Gächter,2010)。

需要说明的是,正如 Friedman et al.(2004)所指出,实验和理论构成了驱动科学进步的两大引擎,这两者之间既有相似之处又有明显的区别。实验和理论一样,都是我们用来认识世界的一个手段,并且都是一种对现实世界的简化,因此它们都可能是抽象的,其关键都在于通过控制变量来考察结果。甚至有时实验和理论都可能是不正确的,但对科学进步仍同样重要(Croson and Gächter,2010)。实验与理论的区别在于,理论模型是研究者通过自己对这个世界的认识提出研究假设,并根据逻辑演绎展开分析得出理论的预测结果,因此其关键在于研究假设的构造,一旦研究假设确定,就可以通过演绎推理来预测理论结果。而实验则是研究者通过构建一个模拟真实世界的可控环境来观测研究对象的反应。

上述我们定义了广义上的"实验",而具体到经济学实验,顾名思义,则是由经济问题引发的并设计用来回答经济问题的实验。经济学实验通常涉及控制策略集、信息条件和货币激励结构(Smith,1976,1982)。经济学实验与自然科学中的实验研究方法类似,具有可复制性(replicability)和可控性(controllability)两大特质。因此实验经济学方法具备自然科学研究方法的典型特征,在一定程度上弥补了传统经济学方法的缺陷。可复制性是指其他研究人员可以复制相关实验从而具备独立验证实验结果的能力,进而能独立地证实或舍弃前人的结论,也就是可以对前人的结论进行证伪;可控性是指操纵实验室环境,设定和控制某些条件,以观察决策者的行为,分析实验结果,来检验、比较和完善经济理论并提供经济决策的依据。

但是经济学实验和其他实验有什么不同呢?或者说经济学实验有何自身的特征或

属性?我们认为主要可以体现在以下三个方面:第一,经济学实验的"材料"是真实的行为参与者,这是区别于自然科学实验比如物理实验、化学实验的显著特征;第二,经济学实验的研究目的是验证经济学理论,从而探究人的经济决策行为的规律,这是区别于心理学实验或医学实验的显著特征;第三,经济学实验的基本工具是利用诱导价值技术来构建微观经济环境,因此经济学实验通过构造和模拟现实经济环境来揭示真实世界中人的决策行为的一般规律。① 综合这三个方面的特征,对实验经济学比较规范的定义是,实验经济学是学科交叉研究的产物,它是指在可控的实验室环境下,针对某一经济理论或经济现象,通过控制某些条件使得被试在模拟但更为简化的具有纯粹形式的市场或其他经济环境中进行决策,通过观察和分析实验数据来检验、比较和完善已有的经济理论,并为相应的政策决策提供依据。

在上述经济学实验的特征中,最重要的是经济学实验本质上就是在实验室内构建的一个微型经济系统。这个微型经济系统由市场参与者所处的经济环境和市场机制共同构成(Smith,1982)。其中经济环境决定了市场的初始情况。一般而言,一个经济环境应包括 N 个市场参与者、$K+1$ 种商品以及每个市场参与者的某些特征(效用函数、技术禀赋、初始资源禀赋等)。对每个市场参与者 i 来说,他所拥有的所有特征可用一个向量 e^i 表示,由此一个微观经济环境可以被定义为一个特征集合 $e=(e^1,e^2,\cdots,e^N)$。通俗地讲,一个经济环境包括了被试在最开始的时候有什么、呈现出怎样的状态。在向量 e^i 中,有些特征可以被被试在后续市场行为中改变,有些则不能被修改。

制度定义了市场的规则。一个制度应包括语言集合、分配规则集合、费用成因集合和调节过程集合,其中最基础的是语言集合和分配规则集合。语言集合 $M=(M^1, M^2,\cdots,M^N)$ 由信息 $m=(m^1,m^2\cdots,m^N)$ 构成,其中 m^i 是 M^i 的元素,M^i 表示参与者 i 可以发送的信息集,比如一个出价、一个要价或者是否接受等。分配规则集合为 $H=(h^1(m),h^2(m)\cdots,h^N(m))$,其中规则 $h^i(m)$ 表示参与者 i 最终的商品分配,它是决定分配的信息 m 的函数。$h^i(m)$ 通俗理解就是一个分配规则,比如在最后通牒博弈中,参与者 A 发出信号(70,30),参与者 B 选择"接受",则 B 的收益为 30,参与者 A 的收益为 70;如果参与者 B 选择"不接受",则参与者 A 和 B 的收益为 0。

微观经济环境和微观经济制度共同组成并定义了一个微观经济系统。在微观经济系统中,我们可以观察被试在可控的环境和给定的制度规则下做出了怎么样的行为反应,这就构成了一个经济学实验。从这个角度来说,经济学实验可以看成是环境 e(envi-

---

① 经济学实验还有一套自己的语言系统(Davis and Holt,1993),比如被试(subject)是指参加实验的参与者,实验局(treatment)是指给定不同处理条件的实验,实验场次(session)是指参与者从开始实验到结束付款的事件过程,一个分批进行的实验具有多个实验场次,观测值(observation)是指一个被试做出来的可观测到的决策行为,独立观测值(independent observation)是指一个不受其他人影响的决策行为,共同知识(common knowledge)是指被试知道其他所有被试所知道的相同信息,共同知识可以通过阅读实验说明来获得。

ronment)和制度 I(institution)到系统绩效 P(performance)之间的映射,不同于规范研究和实证研究的是,这个映射依靠被试在受控实验环境下的行为 B(behavior)来传导,所以,实验研究的一般性范式可以表达为 $\genfrac{}{}{0pt}{}{e}{I}\Bigr\}{\rightarrow}B{\rightarrow}P$(弗农·史密斯,2008)。

国内学者李建标在弗农·史密斯《实验经济学》一书的译者序中,根据该表达式总结了实验经济学三个方面的重要思想,即诱导价值思想、比较制度思想和并行性思想(弗农·史密斯,2008)。第一,结构向量 e 体现着实验经济学的第一个重要思想,即诱导价值思想。微观经济系统中所有行为人经济交往的基础,如市场实验中买者和卖者的保留价格,都是实验员诱导出来的,诱导价值思想可以使实验员在实验室中构造出他所要求的任何经济环境。第二,在严格控制的实验室实验中,保持结构设置 e 不变,当我们仅对系统的制度设置做出我们感兴趣的调整时,如将 I 变为 I',如果系统绩效 P 通过被试行为的传导也发生了相应的改变,如变为 P',那么比较 P 和 P',我们可以得出两种不同制度安排 I 和 I' 的效率。这体现了实验经济学的另外一个重要思想,即比较制度思想。第三,如果 e 和 I 的设定满足几个重要的设计原则,如餍足性、显著性和占优性[①]等,那么在实验室微观经济系统成立的经济学规律在现实世界中也同样成立。这体现了实验经济学的第三个重要思想,即并行性(parallelism)思想。[②]

值得注意的是,为了方便被试理解,提高奖励媒介的显著性,实验中的微观系统应尽可能简单。也许有人会觉得越贴近现实世界的经济系统越好,其实并不尽然。实验室中的经济系统是我们了解现实世界经济系统的"风洞"(wind tunnel)和地图,每一张地图都有它的侧重点,同样,每一个实验室内的经济系统也有它要探究的问题。正如地图不必按1∶1的比例还原实际环境一样,实验室内的经济系统也不必贪图对真实世界的无限还原,恰恰相反,实验设计者在构造环境时应有明确的目的,并进行适当的取舍。

构建这个微观经济系统的关键在于控制,控制变量也是所有实证科学知识的基础。Falk and Heckman(2009)举了一个礼物交换实验的例子。礼物交换实验是用来检验雇佣关系理论的一个简洁实验,礼物交换理论认为工人会通过提高自己的努力程度来回报高的工资水平,从而在雇主和雇员之间形成礼物互惠(reciprocity)。工资水平和努力程度之间的正向关系是效率工资的一个核心假设。而用实际的观测数据来检验这一经典理论是十分困难的。比如,公司里工人的努力程度无法轻易被观察或测量,并且工人们所面对的激励也是多元的,并不仅仅受效率工资影响。同时人们所观察到的工资变化

---

① 餍足性是指被试偏好更高的报酬且非满足;显著性是指被试的实验收益取决于其行为决策,即被试的每一种行为对应着明确的收益结果;占优性是指被试期望效用的变化主要来自实验收益的货币激励而非其他的激励形式。

② 在实验室中的微观经济中已被验证的关于个人行动以及制度执行的命题,在其他条件不变的同样状况下,在离开实验室的微观经济中仍然适用,弗农·史密斯把这种思想称为并行原理。

也不一定仅仅反映雇主的慷慨,而可能是因为公司规模、工人的自我选择或简单的生产率差异等因素。但是在实验室中所有这些干扰因素均可以加以控制,实验者可以直接观察到努力程度和工资水平,并且排除混淆因素,如多元激励、自我选择、生产率差异等。

Fehr et al.(1993)是第一个来检验礼物互惠关系理论的实验。在这个实验中,参与者们分别扮演公司老板或员工:老板制定工资报价,如果有一个员工接受了,该员工就要选择一个有成本的努力水平。劳动合同一般都不是完全合同,因为努力水平无法按合同约定强制实行。在该实验中,这一点通过员工可自由选择任一努力程度来体现。在这一框架下,可以通过验证礼物交换假说来驳斥自利假说:因为付出努力是需要成本的,且即使付出最小的努力也不会面临任何惩罚,所以一个自利的员工一般会选择最低的努力水平。基于这样的预期,老板也就没有动力去支付最低工资以上的工资。

然而,礼物交换实验的结果揭示了更高的工资能激励员工提供更高的努力水平。互惠偏好在谈判和市场机制的经济学结果上具有重要影响。同时,这些实验也验证了实验室提供控制决策环境的可能性。在实验室中,实验员知道并控制物质报酬、实验顺序、决策信息以及实验室是重复多次还是一次性进行,从而贴切地检验理论模型中的预测。实验员还会随机安排被试并按他们的决策给予货币报酬,以保证被试认真决策。比如,如果一个老板支付更高的工资或者一个被试提供更高的努力水平,成本就会增加,最终利润就会下降,那么他们在实验结束时所获得的实际货币报酬也将下降。因为实验室中被试的行为与情绪相关,且他们的决定也会带来真实的经济结果,所以实验室的行为应该是可靠和真实的。此外,实验室实验可以用相对低的成本来验证理论、研究机制运行,并且已被证明可以用来解决市场中的实际问题,如政府管理问题、机场的时间分配等。

因此,总体而言,实验方法的本质是研究受控条件下被试的行为决策,由于可以控制其他条件不变,我们可以比较清楚地找出两个变量之间的因果关系。接下来我们将进一步阐述实验在因果推断中的重要作用。

二、实验与因果推断

经济学实验不仅助推了理论的检验和发展,更在实证领域"大放异彩",这主要是因为实验数据可以带来更明确的因果识别。因果识别问题是近年来计量经济学乃至整个社会科学领域的核心问题之一,其基本思想可以追溯到19世纪约翰·斯图亚特·密尔(John Stuart Mill)的"密尔五法",其中的差异法实际上就为对照实验提供了指导思想:一个实验组和一个对照组,实验组对象接受一定处理,对照组对象不接受处理,除此以外,两组人员其他条件完全相同。

不过,不同于物理学、生物学,在大部分时候,经济学实验很难,甚至根本不可能找到完美符合"其他条件完全相同"的对照组。对于接受处理的被试来说,理论上"其他条件完全相同"的被试当然是没有接受处理的自己,然而这是不可能存在的,因为"人不可能两次踏进同一条河流",在特定的时间地点,一旦处理发生了,就不会再有"处理没有发生"这件事存在,此时我们说这个对照组是"反事实"的,这正是鲁宾因果模型(Rubin causal model)所提供的反事实框架(counterfactual framework)。

具体来说,我们关心施加某种处理是否会导致被试某一变量 Y_i(收入、健康状况等)发生变化,即 Y_i 的取值是否与被试接受处理有关。对于被试 i 来说,我们记 Y_{1i} 为接受处理的结果,Y_{0i} 为未接受处理的结果,理论上,该处理对被试 i 产生的效果为 $Y_{1i}-Y_{0i}$。不同被试的处理效果不尽相同,因此我们时常关注接受处理被试的"平均效果",即"参与者平均处理效应"(average treatment effect on the treated,ATT),它表示处理对处理组被试的平均影响,即 $ATT = E(Y_{1i}|treatment_i=1) - E(Y_{0i}|treatment_i=1)$,不过,正如表1-1所示,$E(Y_{0i}|treatment_i=1)$ 表示处理组的被试如果不接受处理的潜在可能结果,在现实中不可观测。

表 1-1 反事实框架示意

组别	Y_{1i}	Y_{0i}
处理组($treatment_i=1$)	可以观测	反事实(潜在结果)
对照组($treatment_i=0$)	反事实(潜在结果)	可以观测

事实上,我们只能观测到处理组和对照组被试的平均差异,可表示为 $E(Y_{1i}|treatment_i=1) - E(Y_{0i}|treatment_i=0)$。① 为了从可观测的总体的平均因果效应逼近不可观测的参与者平均处理效应,我们将前者的形式稍加改动,有:

$E(Y_{1i}|treatment_i=1) - E(Y_{0i}|treatment_i=0)$

$= E(Y_{1i}|treatment_i=1) - E(Y_{0i}|treatment_i=1)$ ……… 参与者平均处理效应

$+ E(Y_{0i}|treatment_i=1) - E(Y_{0i}|treatment_i=0)$ ……………………… 选择偏差

也就是说,我们实际观察到的差异可以被拆分为两部分,一部分是基于反事实组的平均处理效应,一部分是处理组与对照组被试本身便存在的差距,即"选择偏差"。目前计量领域的前沿方法,如 DID、PSM、断点回归等,都是通过寻找更好的对照组来降低选择偏差。不过,由于计量方法采用的是观察得到的自然数据,很难完全克服选择偏差的影响。实验数据则不同,因为从数据生成的角度看,实验设计本质上是一种人为干预的数据生成过程(data generating process),我们可以通过随机化手段使被试分组(treatment=0/1)与个体无关,此时 $E(Y_{0i}|treatment_i=1) = E(Y_{0i}|treatment_i=0)$,不存在选

---

① 基于反事实框架的鲁宾因果模型是当前因果推断领域研究的基础,在这一概念发展过程中的代表文献包括 Rubin(1974,1977)、Holland(1986)和 Angrist(2008)等。

择偏差,这在自然数据中几乎不可能做到,处理组和对照组的期望差值也就是干预的平均处理效应。因此,相比于自然数据,实验数据具有更有效的因果推断效果。

总体而言,实验数据因为是可控环境下生成的重要科学数据,同时被试行为是在真实激励下的真实反应,所以实验数据更能反映实验参与者的行为动机。可以说,因果推断是社会科学的核心问题,实验是现代经济学因果推断方法中一种最高等级的实证手段。正如洪永淼(2016)所指出的,实验经济学之所以产生和发展的一个重要原因是基于可控实验而得到的数据能够很好地避免数据的内生性问题。因果关系研究是自然科学研究和社会科学研究的一个核心内容。相对于现实环境下自然产生的经济决策实际数据而言,实验经济学数据是在事前已经尽可能控制了各种干扰混淆因素条件下产生的,从而比较整洁,有利于经济学研究人员发现并分析经济因素之间的因果关系。

第二节 实验经济学发展简史

一、早期实验经济学的三个思潮

第一个规范的经济学实验以弗农·史密斯于 1962 年在《政治经济学杂志》(*Journal of Political Economy*)发表的《竞争市场行为的实验研究》(An Experimental Study of Competitive Market Behavior)一文为标志,象征着实验经济学的正式创立。弗农·史密斯和丹尼尔·卡尼曼一起获得了 2002 年诺贝尔经济学奖。他们的诺奖颁奖词如下:"传统上,经济学研究主要建立在人们受自身利益驱动和能做出理性决策的假设之上,而且经济学还被普遍视为一种依赖实际观察而不是可控的实验室实验的非实验性科学。然而现在,经济学研究越来越重视修正和检验基础经济理论的前提假设,并越来越依赖于在实验室里而不是从实地获得的数据。这种研究根植于两个截然不同但目前正相融合的领域:一个是使用感知心理学分析法研究人类的判断和决策行为的领域,另一个是通过实验室实验来测试根据经济学理论所做出的预测的领域。"因此弗农·史密斯也被公认为实验经济学的创始人,丹尼尔·卡尼曼则被视作行为经济学的奠基人。

但是在弗农·史密斯所开创的市场实验之前,其实有很多的早期的经济学实验,这些早期的经济学实验虽然比较粗糙,不太规范,也没有严谨的实验方法论支撑比如没有真实的货币激励,但是为实验经济学的正式创立奠定了坚实的基础。正如 Kagel and Roth(1995)在《实验经济学手册》(*The Handbook of Experimental Economics*)中所说,"在一开始,实验经济学研究显得波澜不惊,然而涓涓细流迅速汇成了大江大河:每十年实验经济学文献都在呈指数增长,而且这个势头至今仍然没有任何衰竭的迹象"。这里他们所说的一开始的"波澜不惊"主要是指 20 世纪 60 年代之前的三个实验思潮,我们结合 Roth(1993)、Roth and Kagel(1995)、Davis and Holt(1993)比较权威且比较一致的观点,认为早期的实验经济学主要形成了三个思潮,即个体决策实验、行为博弈实验和市场交易实验,分别对应了微观、中观和宏观三个层级的经济学实验类型,并分别以阿莱悖论(Allais,1953)、囚徒困境实验(Dresher and Flood,1950)和不完全竞争市场实验(Chamberlin,1948)为代表,我们下面做一个简单梳理。

第一个思潮是个体决策实验,即用来检验个体决策理论的实验。新古典经济学有着悠久的思想实验传统,比如1738年尼古拉·伯努利(Nicolaus Bernoulli)提出的著名"圣彼得堡悖论"就是典型的个体决策实验。然而,主流经济学的实验主要表现为思想实验,而实验经济学的实验主要表现为针对特定理论的验证实验。Thurstone(1931)首次提出了一个比较规范的个体决策实验,在该实验中,每个被试被要求在商品包(比如"帽子和鞋子"或者"帽子和衣服")中做出大量的假设性选择。这种选择数据可以用来测度个体的无差异曲线。Thurstone(1931)的实验通常被认为是个体决策实验的先驱,其重要意义在于启发了后续很多经济学家进行类似的个体决策实验,其中最为有名的是1953年由莫里斯·阿莱(Maurice Allais)提出的阿莱悖论(Allais,1953)。

阿莱悖论的提出有一个重要背景,那就是1944年由约翰·冯·诺依曼(John von Neumann)和奥斯卡·摩根斯坦(Oskar Morgenstern)提出的基于个人选择的期望效用理论,该理论后来发展成为现代经济学的基石。期望效用理论的基本内涵是,如果偏好满足完备性、传递性和无关选择独立性等条件组成的一致性公理系统以及人们总是最大化自身利益的假设,那么这些偏好就可以通过效用函数来加以表达。在预期效用之中,特定结果的概率是已知且客观的;决策是在风险下做出的。决策者对各种可能的结果进行加权评价,得出最终结果在风险情况下的效用水平。决策者寻求加权评价形成的期望效用最大化,并期望决策者的风险偏好程度。期望效用理论对实验经济学的发展有着深远的影响,已成为个体决策实验的一个新热点。

阿莱悖论正是基于对期望效用理论的批判而提出的,是基于个体不确定性选择下的一个实验。阿莱悖论比较了实验参与者在两个不同实验中的选择,每个实验都要求参与者选择一种彩票赌局。在第一个实验中参与者可以选择两组彩票:其中A彩票100%获得100000元;而B彩票有10%的可能获得500000元,有89%的可能获得100000元,还有1%的可能一无所获。在第二个实验中也有两个彩票,其中C彩票有11%的可能获得100000元,有89%的可能一无所获;而D彩票有10%的可能获得500000元,有90%的可能一无所获。实际上A、B彩票组合和C、D彩票组合的结构是相似的,C、D彩票比A、B彩票确定地减少了89%的可能获得100000元。按照经典的期望效用理论预测,如果人们在A、B之间更偏好A,则在C、D之间更偏好C。但实验结果显示,人们更偏好A,但也更偏好D。这显然违背了独立性公理,对于期望效用理论而言是一种"异象"。

阿莱悖论说明现实中的人们面临风险时并不总是追求期望效用最大化，选择行为也不是完全依据概率行事。它反映了人们对理论上预测的相同结果的偏好不一致，从而对期望效用理论形成了挑战。由这一悖论人们进一步发现，许多建立在独立性假设基础上的期望效用，尤其是建立在追求期望效用最大化基石上的模型，都忽略了人的心理因素对概率分布的影响。随着阿莱悖论的提出，许多学者包括经济学家和心理学家开展了各种实验，尝试着进一步探索不确定性下的选择行为。阿莱悖论的提出，对之前以预期效用模型为核心的决策理论和理性偏好思想形成了巨大的冲击，并为后续 Kahneman and Tversky(1979)提出著名的"前景理论"奠定了基础，前景理论也是行为经济学影响最大、最成功的理论之一。

第二个思潮是行为博弈实验，这类实验是用来检验博弈论假说的实验。行为博弈实验是实验经济学中非常重要的实验类型，如果说市场交易实验是实验经济学的起源，那么行为博弈实验则是实验经济学后期得到快速发展的重要支柱。与经典博弈论不同，行为博弈试图将个人的心理因素和社会偏好等引入博弈论，从而改造经典博弈论的理论传统，探讨行为人如何在理想的经济理性和现实有限性之间进行折中和权衡，以求达到准确解读有限性的行为人在现实约束中如何行动的目的。行为博弈实验有大量的实验种类，包括经典的独裁者实验(Forsythe et al.，1994)、最后通牒实验(Güth et al.，1982)、信任博弈实验(Berg et al.，1995)、礼物交换实验(Fehr et al.，1993)、公共品博弈实验(Bohm，1972)，等等。而 Dresher and Flood(1950)在兰德公司所做的囚徒困境实验则被视为行为博弈实验的源头。

Flood(1952，1958)介绍了 Dresher and Flood(1950)所做的囚徒困境实验。在该实验中，被试被两两配对进行重复的 100 次博弈，博弈中两名被试如玩家 1 和玩家 2 都有两种决策(合作，不合作)，两名玩家有不对称的策略优势，但收益支付矩阵仍然呈现出囚徒困境的特征。即如果玩家 1 合作，玩家 2 不合作，则玩家 1 收益为 −1，玩家 2 收益为 2；如果玩家 1 合作，玩家 2 也合作，则玩家 1 收益为 0.5，玩家 2 收益为 1；相应地，如果玩家 1 选择不合作，玩家 2 也不合作，则玩家 1 收益为 0，玩家 2 收益为 0.5；如果玩家 1 选择不合作，玩家 2 选择合作，则玩家 1 收益为 1，玩家 2 收益为 −1。显然根据该收益支付矩阵，两名玩家的纳什均衡策略是选择"不合作"，此时玩家 1 得 0 元，玩家 2 得 0.5 元。但是如果两个玩家均选择合作的话，每名玩家都可以拿到更多的收益，总收益也可以达到 1.5 元，这就体现出了囚徒的两难困境。然而，Dresher and Flood(1950)发现了与纳什均衡并不一致的结果：在 100 次重复的博弈实验中，玩家 1 选择合作多达 68 次，玩家 2 选择合作也高达 78 次，即被试并不严格按照纳什均衡策略来做选择。Dresher and Flood(1950)的开创性实验吸引了众多经济学家的关注，并引发了关于囚徒困境博弈的大量行为博弈实验研究。其更重要的意义在于凸显了实验方法可以用来检验一般性的经济学理论，并为可能改进的经济学理论或研究假说提供了实验证据。

第三个思潮是市场交易实验,顾名思义,这类实验主要以检验市场均衡原理为主要目的,这类实验也是直接影响后续 Smith(1962)市场实验的最主要实验类型。市场均衡理论是现代经济学最重要的理论之一,也是整个新古典经济学的核心理论,新古典经济学致力于研究在瓦尔拉斯一般均衡结构下,完全竞争市场能达到最高的资源配置效率,此时消费者达到效用最大化,生产要素得到最有效利用。在亚当·斯密(Adam Smith)那里,它可以用著名的"看不见的手"的思想加以概括,阿尔弗雷德·马歇尔(Alfred Marshall)则将这一理论用数学模型逻辑地演绎出来,弗里德里希·奥古斯特·冯·哈耶克(Friedrich August von Hayek)进一步将这一思想升华概括为哈耶克假说,认为市场机制就是一个超级的信息加总者,从而能够实现资源的有效配置。而 Chamberlin(1948)首先使用人为控制的实验技术去验证了均衡价格理论,使得"看不见的手"能够在实验的方法中被观察并加以分析,从而大大拓展了市场均衡理论的研究。

哈佛大学的爱德华·哈斯丁·张伯伦(Edward Hastings Chamberlin)教授在 1948 年首次进行了一个市场交易实验研究,张伯伦的实验数据表明,实验中的实际交易价格偏离了市场均衡理论中描述的均衡价格。虽然张伯伦无意将实验发展成一种新的经济学研究方法,但以此实验为基础的于 1948 年发表在《政治经济学杂志》上的《一个不完全竞争市场的实验》(An Experimental Imperfect Market)一文被认为是第一个经济学实验研究。弗农·史密斯继承并进一步完善和改进了张伯伦的实验方法,在实验中采用了"双向拍卖"交易系统,使交易价格迅速收敛到竞争均衡。1956 年,竞争均衡理论得到了弗农·史密斯设计的实验的验证,以市场交易实验为基础,弗农·史密斯借此机会把经济实验方法发展成为经济研究中不可或缺的方法体系。

金煜和梁捷(2003)对上述三个实验思潮各自背后的方法论做出了精确的点评:"个人选择理论的实验是从单个经济人出发,仅与个人心理有关,一般只需要一个实验参与者。而模拟市场的实验是从宏观视角出发,单个人对市场的影响很小,实验中需要大量的参与者。而基于博弈论的实验则是沟通微观与宏观的桥梁,它主要是研究少数人之间的议价。"

二、实验经济学的产生和发展

弗农·史密斯从 20 世纪 50 年代中叶开始在亚利桑那大学的 11 个班级进行了长达 6 年的实验,并最终验证了市场竞争均衡理论。他正是以此实验为基础于 1962 年在《政治经济学杂志》发表了《竞争市场行为的实验研究》一文。

弗农·史密斯在 1962 年的实验中采取了与有组织的证券和商品交易所特征相似的交易制度,即"双向拍卖":当拍卖开始时,任何买方都可以从低到高自由出价,任何卖方也可以从高到低自由要价。只要一方中有人接受另一方的叫价,两者便可以成交,每次交易一个商品。然后再开始新一轮的叫价,可以有多个交易期,交易价格总是介于初始出价和初始要价之间。在整个交易过程中,价格信息是公开的。这样弗农·史密斯通过改进实验技术,使得交易价格快速向竞争均衡靠近,获得了市场交易实验的首次成功。

从实验经济学的发展史角度来看,市场交易实验是实验经济学中最早进行的实验。在传统经济学理论中,市场均衡的一个重要前提是市场中存在无数的买家和卖家时市场才有可能达到均衡,但是从史密斯早期的经典市场交易实验来看,实际上只需少数几个市场参与者就可以在很短的时间内达到竞争均衡。此后在20世纪六七十年代,史密斯与其他实验经济学研究,对供给和需求条件的变化、市场交易制度的影响等诸多有关市场理论的问题进行了数以百计的实验,使实验技术不断丰富,并产生了大量富有意义的实验结果。后续的实验经济学家经过大量实验发现,不但市场前提假设关系到市场均衡结果及效率,交易制度也会对均衡产生重大影响。并且,不符合完全竞争市场假设的市场结构也有可能实现资源有效配置,即并不是如传统古典经济学模型所言只有完全竞争的市场结构才能够达到资源的有效配置,垄断市场效率也并不是完全与模型所言一致。而且不同于新古典经济学,实验经济学将交易制度看作外生变量,认为其对最终市场效率也会产生很大影响。此外,完全信息并不是必要条件,换言之,信息并非多多益善,市场参与者仅拥有本方的信息时价格收敛到市场均衡的速度反而会比较快。

除了在市场交易实验领域的开创性研究,弗农·史密斯更为重要的贡献是把实验方法推到了一个科学方法论的高度,发表了关于实验经济学方法论的重要文献。其中1976年在《美国经济评论》(*American Economic Review*)发表了《实验经济学:诱导价值理论》(Experimental Economics:Induced Value Theory)一文。诱导价值理论的核心是把被试放置在同真实市场交易相似的环境,为被试提供真实的物质激励,并通过合适的实验机制设计,考察被试在物质激励下的经济行为。Smith(1976)证明了向被试支付报酬是诱导被试偏好的必要条件。可以说,诱导价值理论是实验经济学方法论的基础。1982年,弗农·史密斯在《美国经济评论》发表的论文《作为实验科学的微观经济系统》(Microeconomic Systems as an Experimental Science)探讨了实验与现实之间的关系。如前所述,Smith(1982)指出经济学实验本质上就是在实验室内构建的一个微型经济系统,而这个微型经济系统由市场参与者所处的经济环境和市场机制共同构成。弗农·史密斯指出实验经济学的一个基本目标是:创造一个可操作的微观经济环境,使得必要的控制可以保持,并且保证可以对有关变量进行测量,为此要设计适当的实验制度。这两篇文章可以说是实验经济学方法论的奠基性文献。

到了20世纪80年代与90年代初期,实验经济学进入了爆炸性发展的黄金时期(Kagel and Roth,1995)。1988年,提出著名的阿莱悖论的法国实验经济学家莫瑞斯·阿莱获得了诺贝尔经济学奖。在这一阶段,弗农·史密斯等人进一步将博弈论引入了实验经济学,并将其作为理论的基本框架,这在很大程度上克服了实验经济学的局限性,使其成为一种更为普遍的研究范式。因此,传统的个体决策实验、行为博弈实验和市场交易实验之间的界限变得模糊,实验方法开始渗透到经济学乃至社会科学的各个领域(陈聊钦,2011)。在此期间,实验经济学还有了自己的学术共同体。1986 年,ESA(Economic Society Association)即经济科学协会在弗农·史密斯的倡议下正式成立,ESA 是致力于利用可控实验学习经济行为的国际顶级经济学研究专业组织。ESA 举办了各种关于实验经济学的学术活动,其中一年一度的 ESA 年会是全球实验经济学领域顶级的学术会议,在国际学术界具有非常大的影响力。

20 世纪 90 年代以来,计算机技术的普及和发展使得实验过程向信息化、智能化和系统化方向发展,实验数据的处理能力大大增强,由此,实验经济学的研究范围也不断扩大,实验经济学得到了极大的改进,并逐步发展为独立的经济学分支。大量的实验经济学研究成果发表在经济学的各大期刊上。1995 年,《实验经济学手册》出版,该手册共分 8 章,对 1995 年之前的大量实验经济学研究做了非常好的梳理,内容非常丰富,涵盖了公共品博弈实验、协调博弈实验、讨价还价实验、产业组织实验、资本市场实验、拍卖实验以及个体决策实验等重要内容。在此期间,实验经济学还有了自己的专业期刊。1998 年,《实验经济学》(*Experimental Economics*)国际期刊创刊,随着多年发展,学术影响力越来越大,成为实验经济学领域的顶级期刊。2000 年,弗农·史密斯出版了实验经济学论文集,并于 2002 年获得诺贝尔经济学奖,这也标志着实验经济学作为一门独立学科正式进入了主流经济学。

近 20 年来,实验经济学进入了繁荣时期,实验方法成为与理论建模、计量实证并重的三大研究方法之一,国际国内学术会议和各大经济学期刊中的实验论文占有一定比例且稳步上升,实验经济学逐步建立起一套系统的理论和实践方法,研究范围从比较偏微观和理论的话题进一步拓展到宏观和社会领域的方方面面。

第三节 实验经济学能做什么?

实验经济学与其说是一门学科,不如说是一门像计量经济学和博弈论一样的经济学研究工具或研究方法。它本身并没有对研究什么主题有所限制,理论上其研究问题可以涉及消费、生产、投资、分配、储蓄、税收、收入、劳动、就业、通货膨胀、经济波动、经济政策、横跨微观、宏观以及经济学的其他几乎所有分支领域。我们在表 1-2 中罗列了实验经济学可以涵盖的研究主题和相关的关键词,从中也可以直观地发现实验经济学的研究范围十分广泛,可以涵盖传统经济学的大部分研究主题。

表 1-2　实验经济学的各类研究主题和下属关键词

研究主题 (research topic)	每个研究主题下属的关键词 (keywords in each research topic)
实验经济学方法论 (the methodology of experimental economics)	实验室实验(lab experiment)、实地实验(field experiment)、神经实验(neural experiment)、课堂实验(class experiment)、人机互动实验(human-robot interaction experiment)、价值诱导理论(induced value theory)、并行原理(parallelism)、真实激励(real incentive)、内部有效性(interal validity)、外部有效性(external validity)、学生被试样本(subject pool of students)、实验设计(experimental design)、被试间设计(between-subjects design)、被试内设计(within-subjects design)、预实验(pilot)、真实努力(real effort)、个体和集体决策(individual and group decision)、性别差异(gender difference)、社会身份(social identity)、社会距离(social distance)、文化差异(culture difference)、实验软件平台(experimental software)、实验室建设和管理(laboratory construction and management)、被试招募系统(subject recruitment system)、实验计量方法(experimental econometrics)、非参数检验(nonparametric test)、实验经济学史(history of experimental economics)
社会偏好 (social preferences)	亲社会行为(pro-social behavior)、他涉偏好(other-regarding preferences)、不平等厌恶偏好(inequality aversion)、互惠偏好(reciprocity)、利他偏好(altruism)、公平(fairness)、信任(trust)、可信任(trustworthiness)、诚实(honesty)、合作(cooperation)、慈善捐赠(charitable giving)、光热效应(warm-glow effect)、再分配偏好(preferences for redistribution)、社会规范(social norms)、最大最小化原则或罗尔斯法则(maxmin or Rawlsian rule)、平等主义(egalitarianism)、功利主义(utilitarian preference)、背叛厌恶(betray aversion)、内疚厌恶(guilt aversion)、后悔厌恶(regret aversion)
行为博弈实验 (behavioral game experiment)	独裁者博弈(dictator game)、最后通牒博弈(ultimatum game)、信任博弈(trust game)、礼物交换博弈(gift-exchange game)、囚徒困境博弈(prisoner's dilemma game)、公共品博弈(public goods game)、公共池塘资源博弈(common-pool resource game)、第三方惩罚博弈(third-party punishment game)、选美博弈(beauty game)、猜数博弈(guessing game)、旅行者博弈(travelers' dilemma game)、偷袭者博弈(moonlighting game)、蜈蚣博弈(centipede game)、信号博弈(signaling game)、发送者-接收者博弈(sender-receiver game)、信号传递和交流博弈(signaling and communication game)、先驱者博弈(pioneer game)、雪堆博弈(snowdrift game)、猎鹿博弈(stag-hunt game)
个体行为决策实验 (personal decision-making experiment)	风险偏好(risk preferences)、风险决策(risk decision)、模糊性决策(ambiguity decision)、阿莱悖论(Allais paradox)、时间偏好(time preferences)、当下享乐偏好(present bias)、跨期决策(intertemporal choices)、有限理性(bounded rationality)、过度自信(overconfidence)、认知偏差(cognitive bias)、损失厌恶(loss aversion)、前景理论(prospect theory)、参照点依赖(reference point dependence)、双曲线贴现(hyperbolic discounting)、自我控制(self-control)、多层次思考(level-k thinking)、信念和学习(belief and learning)、学习效应(learning effect)、贝叶斯更新决策(bayesian updating decision)、社会形象(social image)、自尊(self esteem)

（续表）

研究主题 (research topic)	每个研究主题下属的关键词 (keywords in each research topic)
合作与公共品实验 (cooperation and pubic goods experiment)	自愿合作机制(voluntary contribution mechanism)、公共池资源(common-pool resource)、社会困境(social dilemma)、公地悲剧(tragedy of the commons)、搭便车(free riding)、线性公共品博弈(linear pubic goods game)、门槛公共品博弈(threshold public goods game)、惩罚机制(punishment mechanism)、奖励机制(reward mechanism)、正式惩罚(formal punishment)、非正式惩罚(informal punishment)、货币惩罚(monetary punishment)、非货币惩罚(non-monetary punishment)、第三方惩罚(third party punishment)、反惩罚(anti-punishment)、反社会性惩罚(antisocial punishment)、集中惩罚(centralized sanction)、分散惩罚(decentralized sanction)、边际回报率(MPCR)、组群规模(group size)、交流机制(communication mechanism)、条件性合作(conditional cooperation)、集体行动(collective actions)、领导者效应(leader effect)、同伴效应(peer effect)
市场与产业组织实验 (market and industrial experiment)	市场均衡实验(market experiment)、交易制度(trading institutions)、价格收敛(price converge)、双边拍卖(double auction)、明码标价(posted offer)、市场势力(market power)、匹配理论(matching theory)、市场设计(market design)、比较制度实验(comparative institutional experiment)、寡头和垄断市场博弈实验(duopoly and monopoly market experiment)、劳动力市场与礼物交换博弈实验(labor market and gift-exchange game)、经验品市场博弈实验(experience goods market experiment)、信任品市场博弈实验(credence goods market experiment)、医疗市场博弈实验(medical market experiment)、冲突(conflict)、锦标赛(tournament)、寻租竞赛(rent seeking contest)、信息瀑布(information cascade)
拍卖实验 (auction experiment)	私人价值拍卖(private value auctions)、共同价值拍卖(common value auctions)、密封价格拍卖(sealed bid auctions)、公开价格拍卖(auctions)、升序价格拍卖或英式拍卖(ascending-price auctions or English auctions)、降序价格拍卖或荷式拍卖(descending-price auctions or Dutch auctions)、歧视性价格拍卖(discriminatory auctions)、统一价格拍卖(uniform price auctions)、单一物品拍卖(single-unit auctions)、多物品拍卖(multi-unit auctions)、联合拍卖(combinatorial auctions)、收益等价定理(the theorem revenue equivalence)、赢者诅咒(winner's curse)、碳减排拍卖(carbon emissions reduction auctions)、许可证拍卖(permit auctions)、支付意愿(willingness to pay)、接受意愿(willingness to accept)
行为金融实验 (behavioral finance experiment)	有限理性(bounded rational)、有效市场(efficient market)、市场异象(anomalies)、羊群行为(herding behavior)、货币幻觉(money illusion)、泡沫(bubble)、过度乐观(excessive optimism)、过度波动(excessive volatility)、过度自信(overconfidence)、有限注意力(limited attention)、噪声交易者(noise-traders)、损失厌恶(loss aversion)、前景理论(prospect theory)、参照点(reference point)、心理账户(mental accounting)、风险态度(risk attitude)、情绪(sentiment)、锚定(anchoring)、有限套利(limits to arbitrage)、资产配置(asset allocation)、迎合理论(catering theory)、红利溢价(dividend premium)、异质性信念(heterogeneous belief)、启发式(heuristics)、本地偏好(home bias)、资产组合理论(portfolio theory)、行为公司金融(behavioral corporate finance)

(续表)

研究主题 (research topic)	每个研究主题下属的关键词 (keywords in each research topic)
腐败实验 (corruption experiment)	贿赂博弈实验(bribery game)、贪污与挪用实验(embezzlement and appropriation game)、欺诈与舞弊实验(cheating and fraud game)、游说与裙带实验(lobby and nepotism game)、道德成本(moral cost)、腐败陷阱(corruption trap)、传染效应(contagion effect)、委托代理模型(principal-agent model)、反腐机制设计(anti-corruption mechanism)、惩罚和监督(sanction and monitoring)、高薪养廉(high salary avoids corruption)、岗位轮换(staff rotation)、四眼原则(four-eye principle)、中间人(intermediaries)、腐败与文化(corruption and culture)、集体腐败(collective corruption)、外在动机(extrinsic motivation)、内在动机(intrinsic motivation)、货币激励(monetary incentive)、非货币激励(non-monetary incentive)
实地实验 (field experiment)	人为实地实验(artefactual field experiment)、框架实地实验(framed field experiment)、自然实地实验(natural field experiment)、公共经济学实验(field experiments in public economics)、劳动经济学实地实验(field experiments in labor economics)、发展经济学实地实验(field experiments in development economics)、政治经济学实地实验(field experiments in political economics)、卫生经济学实地实验(field experiments in health economics)、基于线上的网络实地实验(web-based online field experiments)、慈善捐赠实地实验(field experiments in charitable contribution)
宏观实验 (macro-experiment)	增长理论实验(experiment on growth theory)、贸易理论实验(experiment on trade theory)、国际金融实验(experiment on international finance)、货币政策实验(experiment on monetary policies)、财政和税收政策实验(experiment on fiscal and tax policies)、宏观经济政策实验(experiment on macroeconomic polices)、跨期优化决策实验(experiment on dynamic and intertemporal optimization)、最优消费/储蓄决策实验(experiment on optimal consumption/savings decisions)、理性预期(rational expectations)、跨期决策(intertemporal decision)、世代交替模型(overlapping generation model)、动态随机一般均衡理论(DSGE)、银行挤兑(bank run)、货币和折现率(money and discount rate)、中央银行(central bank)、搜寻-匹配(search-matching)、失业率(unemployment rate)、货币幻觉(money illusion)、价格黏性(price stickiness)、无限视野(infinite horizons)、贫困陷阱(poverty traps)

资料来源：①1995年版和2016年版的《实验经济学手册》目录；②Veconlab 第一级目录，见 http://veconlab.econ.virginia.edu/admin.htm；③Moblab 中的 Game Catalog 分类，见 https://www.moblab.com/catalog/；④历届 ESA 年会中的 Program 以及 JEL 分类号。

在实验经济学方法论领域，弗农·史密斯对实验经济学方法论的系统整理和阐述标志着经济学实验研究开始走向成熟。实验经济学是伴随着方法论的争议而成长起来的一门学科，实验经济学家从来没有放弃对实验方法的质疑和讨论。比如非常经典的价值诱导理论问题、并行原理问题，以及内部有效性、外部有效性和学生被试样本问题，而常见的关于实验设计的方法论问题包括被试间设计和被试内设计等重要关键词，我们将在本书的第二讲"实验经济学方法论"和第三讲"实验设计的原理、方法和技巧"分别展开详细论述。

社会偏好严格意义上是行为经济学的一部分重要内容,是行为经济学批判理性经济人的第一层级也是最重要的非标准偏好,而行为博弈实验则是和社会偏好密切相关的一个实验类型。自20世纪80年代以来涌现了大量的社会偏好和行为博弈方面的实验研究,它们也是目前经济学实验中占比最多的实验类型。这些重要的实验包括最后通牒博弈、礼物交换博弈、独裁者博弈、信任博弈、公共品博弈等。

与行为博弈实验涉及的互动实验类型不同,个体决策实验往往研究在不确定和风险条件下的个体选择行为。行为经济学中对期望效用理论的一系列批判(如圣彼得堡悖论、阿莱悖论、埃尔斯伯格悖论等)都是依托于个体决策实验展开的,而行为经济学发现的区别于新古典经济学的一系列"异象"(比如损失厌恶、当下享乐偏好、过度自信、认知偏差等)也大都运用了个体决策的实验证据。

公共品博弈实验实际上是行为博弈实验的一种类型,但是这个实验类型实在太重要了,所以我们把它单独列出来。公共品由于具有非竞争性和非排他性的特征,在供给过程中很容易出现搭便车的现象。随着实验经济学的兴起,越来越多的经济学家开始运用可控的实验方法引入不同的机制来研究公共品供给和相应的合作问题。通过合理的实验设计和恰当的情景及控制,实验方法能够揭示集体成员的偏好特征及其行为后果。正因为如此,在公共品供给研究中,实验方法被广泛采用,公共品博弈实验也是目前文献最多的实验类型之一。总的来说,公共品博弈实验基本上是沿着两条线路展开的:一条是探索促使被试自愿合作行为的原因;另一条则关注于如何提高与维持重复公共品博弈中的合作水平,主要包括惩罚机制、奖励机制、正式惩罚、非正式惩罚、货币惩罚、非货币惩罚、第三方惩罚、反惩罚、反社会性惩罚、集中惩罚、分散惩罚等。

市场和产业组织方面的实验是实验经济学的起源,公认的第一个经济学实验正是1948年张伯伦在哈佛大学课堂上以学生作为被试的市场均衡实验。实验方法可以构建微观经济系统,并模拟多个企业之间的策略互动行为和市场动态,从而为理解产业组织理论和行为提供关键的证据。实验经济学家将不同的博弈实验映射为不同的市场类型,如礼物交换博弈与劳动力市场研究、信任品博弈与医疗市场研究等。市场与产业组织实验的一大分支是市场机制设计,其核心问题在于研究不同的市场机制如何影响资源配置效率,如市场交易机制、拍卖制度、竞争机制、价格机制等的设计。

行为金融实验是由行为经济学延伸出来的众多分支学科中成果最为丰硕的领域之一,它是结合心理学与标准金融学,以心理学对投资者系统性决策错误形成机制的研究为出发点,对金融市场的系统性异常现象进行解释,并由此研究投资者的决策行为及其对资产定价影响的学科。实验方法为行为金融研究提供了研究路径,包括根据实验现象推测假设模型、对模型进行实证检验、采用合适的模型对异象做出解释等。此外,腐败实验和拍卖实验也是实验方法在拍卖领域和腐败领域应用的具体例子。我们在本书的第九讲和第十讲中对此有详细的介绍,这里不再赘述。

实地实验是实验经济学家为了解决实验室实验的外部有效性而发展出来的一种前沿研究方法,即在真实场景中,对真实人群施加某一个外生干扰因素,并观察这一外生扰动对被试决策行为的影响。实地实验不再局限于实验室或者学生被试,搭起了实验室实验和真实世界之前的桥梁,是实验方法的重大突破。目前,实地实验的开创者和代表性学者芝加哥大学的约翰·李斯特(John List)也是实验经济学领域排名最高的经济学家。根据外部有效性的程度,实地实验依次可以分为人为实地实验、框架实地实验、自然实地实验等。实地实验在经济学的各个分支中都有广泛的运用,比如发展经济学中的腐败、教育、医疗、农业等问题,劳动经济学中常见的就业歧视、工资激励、家庭决策等问题,公共经济学中的慈善捐赠、公共政策效果评估等。我们在本书的第七节中会专门对实地实验展开详细的论述。

宏观实验,顾名思义,是实验经济学家在受控的实验室中理解宏观经济现象,检验各种宏观经济模型具体假设和预测的一种实验类型(Duffy,2010)。总体而言,实验方法进入宏观经济学的时间相对较晚,也没有像实验方法在个体决策或者博弈论中的应用那么成熟,但是目前已经涌现了大量的研究成果。约翰·达菲(2019)的《宏观经济学实验》(*Experimental Macroeconomics*)一书对宏观经济学实验进行了非常详细的梳理,内容包括宏观经济学与金融学中的预期实验、动态随机一般均衡的经济实验、货币政策与中央银行行为的实验等,但由于我们对宏观经济学实验的研究涉猎不多,因此本书不包括宏观经济学实验的内容。

需要说明的是,本书的内容不可能涵盖所有实验经济学的研究主题。与表1-2侧重于研究主题不同,在本书后面的实验经济学应用部分对实验在经济学各个分支的应用进行了相应的梳理,具体包括实验方法在行为经济学中的应用、实验方法在公共经济学中的应用、实验方法在产业经济学中的应用、实验方法在卫生经济学中的应用、实验方法在发展经济学中的应用以及实验方法在劳动经济学中的应用,总共分为六讲。

总体而言,实验经济学的出现具有重大的理论意义和现实意义,具体体现在以下几个方面。

第一,实验经济学拓展了经济理论的研究范围,将人类的决策行为当作其研究对象,把经济运行过程纳入研究范围,从而发现更符合实际情况的宏观与微观经济理论。这在一定程度上大大突破了传统经济学的限制,使经济学理论的解释范围能够更加全面地覆盖私人领域与公共领域。尤其是在公共领域的政策设计与政策评估方面,实验经济学的出现发挥了重要的补充作用。因为在政策设计和实施中面临的一个重要问题是当实施的对象不完全理性从而会出现一定程度上的行为偏差时,应该如何合理地进行决策设计来提高决策的质量。

第二，实验经济学与经济学的各个分支如博弈论、产业组织理论等相结合，能够拓宽经济学领域的研究范围，加深分支领域的研究深度。在这种结合过程中实验经济学还催生出了新的经济学科，例如心理学和经济学的有机结合形成了行为经济学。

第三，实验经济学的发展和兴起也标志着经济学研究方法出现了跨时代的变革。在此之前，经济学将自己视为一门科学，始终遵循着自然科学的发展道路，因此长期以来使用主流经济学的研究方法，包括提出假设、建立模型、得出结论，最终应用结论来验证分析理论检验和现实情况。为了使得在这样的研究范式下得出的结果有足够的说服力，研究过程里需要着力消除决策人行为中的不确定或是因人而异的因素。虽然这种处理方法有一定的合理性，可以使得理论模型更为简化和更具代表性，但同时也带来不少的缺陷，例如高度的数理化和抽象化使得决策人行为中的很多不确定因素和不同决策人之间的异质性因素被排除在理论模型之外。实验经济学在沿袭了实证主义传统的基础上，弥补了原本的经济学实证方法的缺陷，用实验室实验和数理统计的方法取代单纯的数学推导，解决了以往实证研究的高度抽象和简化与现实世界不一致的问题，使得经济学这一学科在方法论体系上更为完善。实验经济学的这一研究方法有其独特的优势。实验是可以再造的，在一定意义上是可以重复进行的，因而加强了数据的可信度与准确性。这种独特的实验室方法，还使得研究者得以操控实验的变量和实验的条件，以得到预期的数据与结论。

正如2012年诺贝尔经济学奖得主埃尔文·罗斯指出的，实验方法主要有三个方面的功能，即检验已有的经济学理论、发现新的经济学事实和规律以及制定和评估经济学政策。下面我们根据Roth(1995)的这个分类，对实验三个方面的功能展开论述。

一、用实验来检验理论

作为经济学方法论的一个重大革新，可控的实验方法的第一大功能是可以用来检验经济学理论。Roth(1995)指出，"与理论经济学家对话"这一类实验主要包括以下一些实验：用来检验已经得到了充分阐释的理论的预测实验；用来观察没有预测到的规律性的实验，这种观察是在一个能够保证这些观察结果与理论的关系有一个明确解释的受控实验环境中进行的。这类实验试图对理论研究文献给出某种反馈，即它们是实验经济学家与理论经济学家之间对话的一部分。Croson and Gächter(2010)进一步提出实验可用于检验理论、完善理论、比较理论或提出新理论。以下我们分别介绍市场交易实验检验市场均衡理论、行为博弈实验检验社会偏好理论、信任品博弈实验检验信息不对称机制理论等三个代表性例子。

第一个例子是市场交易实验检验市场均衡理论。市场均衡理论是现代经济学最重要的理论之一，也是整个新古典经济学的核心理论。新古典经济学致力于研究在瓦尔拉斯一般均衡结构下,完全竞争市场能达到最高的资源配置效率,此时消费者达到效用最大化,生产要素得到最有效利用。但是市场能够达到均衡依赖于以下几个严格的条件:产品是同质无差别的,市场中存在无数的消费者和厂商,消费者和厂商都是既定价格的接受者,信息是完全的而且厂商可以自由进入或退出市场。显然所有这些假设都是可质疑的,比如在很多情形下人们都是有限理性的,又比如很多市场中只存在一些少数的厂商。那么这些偏差是否会导致市场达不到均衡呢?或者市场均衡是否严格依赖于这些条件呢?

对这个问题的回答之所以重要是因为涉及福利经济学第一定理和福利经济学第二定理。福利经济学第一定理是指在经济主体的偏好被良好定义的条件下,带有再分配的价格均衡都是帕累托最优的。而作为其中的特例,任意的市场竞争均衡都是帕累托最优的。完全竞争的市场经济的一般均衡都是帕累托最优的。福利经济学第一定理保证了竞争市场可以使市场交易的利益达到最大,即一组竞争市场所达到的均衡分配必定是帕累托有效配置。福利经济学第二定理是指在完全竞争的市场条件下,政府所要做的事情是改变个人之间禀赋的初始分配状态,其余的一切都可以由市场来解决。每一种具有帕累托效率的资源配置都可以通过市场机制实现。它表明分配与效率是可以分开来考虑的,任何帕累托有效配置都能得到市场机制的支持。

由此可见,市场均衡理论在整个经济学理论中占据着核心的位置,如前所述,在斯密那里,它可以用著名的"看不见的手"的思想加以概括,马歇尔则将这一理论用数学模型逻辑地演绎出来,哈耶克进一步将这一思想升华概括为哈耶克假说,认为市场机制就是一个超级的信息加总者,从而能够实现资源的效率配置。但是,新古典经济学中的完全竞争市场只是一个参照系,是一个理想状态,因为其前提假设非常严格,现实中不可能得到满足。在实验经济学发展之前对这一理论的检验是非常困难的。实验经济学的诞生和发展也始终是与市场均衡理论的研究联系在一起的。实验经济学对于市场均衡理论的研究最早在1948年由张伯伦开创,1942年他首次在哈佛大学的课堂上以学生被试进行了市场均衡实验,该实验通过指定价值和成本参数诱导被试的需求和供给曲线,从而模拟和构建了一个市场来检验竞争性市场均衡的条件,实验结果与竞争性均衡结果并不一致,他发现实际生活中的市场不可能产生有效率的资源配置结果。但是张伯伦的课堂实验结果并不理想,他也没有想到将实验作为经济学研究的新方法加以开发,因此他放弃了这一工作,仅在其著作《垄断竞争理论》(第八版)(*The Theory of Monopolistic Competition*, 8e)的一个脚注中提及过它。

但是作为当年一名被试参加了张伯伦这一课堂实验的弗农·史密斯却以此为契机,将实验方法发展为经济学研究中不可或缺的方法体系。弗农·史密斯在1962年发表的《竞争市场行为的实验研究》一文被称为实验经济学的奠基之作,该文的主题正是延续张伯伦的研究用实验的方法来分析市场均衡,史密斯在文中的实验表明经典理论中对市场均衡条件的严格假设是冗余的,并定义了一个实验室微观经济系统。史密斯在1962年的实验中,采取了与有组织的证券和商品交易所特征相似的交易制度,即"双向拍卖":当拍卖开始时,任何买方都可以从低到高自由出价,任何卖方也可以从高到低自由要价。只要一方中有人接受另一方的叫价,两者便可以成交,每次交易一个商品。然后再开始新一轮的叫价,可以有多个交易期,交易价格总是介于初始出价和初始要价之间。在整个交易过程中,价格信息是公开的。这样史密斯通过改进实验技术,交易价格快速向竞争均衡靠近,获得了市场实验的首次成功。以此实验为基础,史密斯发表了第一篇规范的实验经济学论文《竞争市场行为的实验研究》,它不仅提供了如何科学严密地设计经济学实验的成功范例,而且将实验与丰富的经济学理论和假设很好地融合,通过实验结果的丰富内涵来揭示先验的经济理论需要通过可控的实验进行检验的必要性。同时,在这篇文章中,史密斯的实验结果揭示了对经济理论的启示,进而展示了实验经济学的魅力和前景。正是这篇文章引起了人们对实验经济学的更广泛的关注,并吸引了大量学者投入这个领域的研究。此后史密斯与其他实验经济学者一起,对供给和需求条件的变化、市场交易制度的影响等诸多有关市场理论的问题进行了数以百计的实验,使实验技术不断丰富,并产生了大量富有意义的实验结果。

从实验经济学的发展史角度来看,市场交易实验是实验经济学中最早进行的实验,相关实验对经济理论的启发具体包括以下几点。第一,从史密斯早期的经典市场实验来看,实际上只需少数几个市场参与者就可以在很短的时间内达到竞争均衡。而如前所述,传统经济学理论市场均衡的一个重要前提是市场中存在大量的买家和卖家时市场才有可能达到均衡。第二,后续的实验经济学家经过大量实验还发现,不但市场前提假设关系到市场均衡结果及效率,交易制度也会对均衡产生重大影响。并且,不符合完全竞争市场假设的市场结构也有可能实现资源有效配置,即并不是如传统古典经济学模型所言:只有完全竞争的市场结构才能够达到资源的有效配置,垄断市场效率也并不是完全与模型所言一致。而且不同于新古典经济学,实验经济学将交易制度看作外生变量,认为其对最终市场效率也会产生很大影响。第三,完全信息并不是必要条件,Smith(1991)有关双向拍卖市场信息收敛的实验中设计了两组实验,在第一组实验中买方仅拥有本方保留价格的信息,而卖方仅拥有本方生产成本的信息,买方并不知道卖方的生产成本,卖方也不了解买方的保留价格。在第二组实验中,实验过程的不同之处在于,买方的保留价格、卖方的生产成本是买卖双方的公共信息。但是最后得到的实验结果颇出乎意料:在第一组实验中市场价格收敛到均衡的速度要远远高于第二组实验中市场价格的收敛速度;换言之,信息并非多多益善,市场参与者仅拥有本方的信息时价格收敛到市场均衡的速度反而会比较快。对这一实验结果的可能解释是,在信息过剩的情况下,市场参与者会付出多余的努力对剩余信息进行处理,而市场参与者过度的认知推断过程减缓了市场价格收敛的速度。

第二个例子是行为博弈实验检验社会偏好理论。社会偏好理论是行为经济学中非常重要的一个理论,也是行为经济学中最成功的理论之一。社会偏好的核心是指人们不仅关心自身的物质收益,也会关心他人的利益,是行为经济学中提出的超越理论经济人假设的最重要的非标准偏好。社会偏好理论突破了传统经济学经济人自利模型的局限性和狭隘性,它不仅成功地解释了众多实验博弈的悖论而且已经被应用到激励机制设计、企业制度改革、拍卖理论和估价、集体行动研究等各个领域,是行为经济学的重大理论贡献。在社会偏好理论中,有两种经典的理论,一种是基于心理动机的互惠偏好理论,该理论认为尽管需要付出一定的成本,人们却会以善报善、以恶惩恶(Rabin,1993);另一种是基于结果的不平等厌恶偏好理论,该理论认为人们在处于劣势不平等和优势不平等时均存在效用损失,而且处于劣势不平等时的效用损失大于处于优势不平等时的损失(Fehr and Schmidt,1999)。但是在运用社会偏好理论阐释非自利的亲社会行为时,需要考虑的一个重大理论问题是,如何对亲社会行为背后不同类型的社会偏好理论模型进行检验,或者哪一种社会偏好理论模型能够更好地预测实验中的行为数据。

为了研究这两种经典的社会偏好理论哪一种能更好地解释最后通牒实验中的公平行为,Falk et al.(2003)巧妙地设计了四个不同的迷你型最后通牒博弈实验。迷你型最后通牒博弈实验与标准最后通牒博弈实验类似,但是限制了提议者可供选择的分配方案,即一个提议者可以选择比如(8,2)的方案并只能在(5,5)、(2,8)和(10,0)中任选一个作为备选方案。其研究的问题是,在不同的备选方案情形下,响应者对于(8,2)的方案会如何做出反应。每一个备选方案都会使响应者对提议者的动机产生一个心理学上的评价。比如在备选方案为(5,5)时,提出方案(8,2)是相对不公平的,提议者的动机是自利的;在备选方案为(10,0)时,提出方案(8,2)表明提议者的动机是善意的,是想让响应者能获得一定收益而不是零;在备选方案为(2,8)时,提出方案(8,2)说明提议者必须在两个不对称的方案中进行选择并且选择了对其较好的方案。Falk et al.(2003)的实验结果显示,在不同的备选方案情形下,对(8,2)这个方案的拒绝频率是显著不同的,这说明"动机"因素在起作用。当备选方案是(5,5)时,有接近一半的响应者拒绝了(8,2)的方案;当备选方案是最自利的(10,0)时,只有10%的响应者拒绝了(8,2)的方案。而提议者似乎也预期到会出现这种在拒绝频率上的不同,因为当备选方案是等额的(5,5)时,只有三分之一的提议者提出了(8,2)的方案,但在其他情形下却是大部分提议者提出(8,2)方案。按照不平等厌恶理论的预测,响应者对各个实验局中的(8,2)分配方案的拒绝率应该是一样的。而针对同一个分配方案却有不同的拒绝率的现象与Rabin(1993)的互惠模型的预测是一致的。由此说明,由于忽略了备选方案的影响,仅用最终节点收益作为效用函数的变量来评价社会偏好是不全面的。

第三个例子是信任品博弈实验检验信息不对称机制理论。近十余年来,经验品和信任品市场因信息不对称导致的市场失灵和效率低下无法被传统的经济学理论很好地解释,因而成为实验经济学的重要研究领域。其中,经验品意味着消费者在购买之前无法了解该商品的质量,在购买并使用之后才可以判断商品的质量,例如服装、化妆品等。信任品意味着消费者在购买前无法了解该商品的质量,且在购买并使用之后仍然无法确切判断该商品的质量,例如医疗服务。这种信息不对称直接导致了道德风险和逆向选择问题,其根源在于消费者的信任水平和商家的可信任水平低下,信任机制缺失。具体来说,商家因为具有信息优势而出现道德风险问题,即商家能够通过降低产品的质量来获得更高利润,消费者将因此遭受损失。而理性的消费者可以预期这一结果于是一开始就不信任商家,形成逆向选择问题,从而导致整体市场交易效率低下。这种情况下只有当消费者对商家有足够的信任、商家也具有较高的可信任水平时市场交易才会顺利完成,因而在经验品市场和信任品市场中,信任机制的构建和维持起到了核心的作用。正如 Huck et al.(2016b)指出,信任是经验品和信任品市场正常运转的关键,否则会出现"劣币驱除良币"的现象,极端情况下会导致整个市场崩溃。

Dulleck and Kerschbamer(2006)构建了一个信任品市场的理论模型,该理论模型假设每个消费者都有一个疾病需要专家治疗。疾病有可能是轻微的,仅需一个较低成本的小治疗;疾病也可能是较为严重的,需要一个较高成本的大治疗。消费者知道自己身体有问题但不知道多严重,不过知道自己有一定的概率为严重疾病。专家可以通过诊断判明疾病的严重程度,他既可以提供合适的治疗索取合适的价格,也可以利用信息不对称进行欺诈。该理论模型假定大治疗可以解决所有问题,而小治疗只能解决温和问题。如果专家提供足量的治疗,消费者获得一定的健康效用,否则效用为零。在此框架下,专家有四种可能的处理方案,分别是适度治疗、治疗不足、过度治疗与过度收费。适度治疗指的是专家给予消费者所需要的治疗,并按照对应的价格收费;治疗不足是指专家没有治愈消费者的病情,即消费者需要大治疗时专家提供了小治疗;过度治疗指专家在消费者仅需小治疗时采取了大治疗,并向其收取了大治疗的价格;过度收费则是指专家在消费者仅需小治疗时提供了正确的治疗,但却收取了大治疗的价格。除适度治疗的其他三种情况都属于专家欺诈消费者。

相应地,Dulleck and Kerschbamer(2006)提出了两种制度应对专家的欺诈问题:责任约束(liability),专家必须解决消费者的问题,这样就能杜绝处理不足的问题;可认证性(verifiability),消费者可以在事后判断专家付出的成本,这样就能抑制专家的过度收费问题。理论模型的博弈过程如下:专家先根据成本给出价格向量,分别对应小治疗与大治疗的价格。消费者观察到专家的定价后决定是否进行交易。如果消费者选择交易,则专家能够判别消费者的问题,并采取治疗方案进行治疗。最后专家按某一价格索要报酬,双方计算效用。在此博弈框架下,Dulleck and Kerschbamer(2006)证明,在排除价格歧视并允许竞争的情况下,责任约束与可认证性都能够解决专家欺诈的问题。

Dulleck et al.(2011)通过实验设计检验了 Dulleck and Kerschbamer(2006)理论框架中制度和市场维度对信任品市场的影响。第一个是制度维度,包括责任约束与可认证性;第二个是市场维度,包括竞争与声誉。由于沿用了 Dulleck and Kerschbamer(2006)

的框架,实验中专家本身就具有制定价格的权利,因此该实验中的市场竞争既包括专家间的价格竞争,又包括消费者选择专家的权利。Dulleck et al.(2011)构建了4×4的实验局。他们的实验结果表明责任约束的意义很重要,可认证性的影响不如理论预测的显著,允许卖方建立声誉正如理论预期的那样只有微不足道的影响,竞争降低了价格并导致了最大程度的交易,但是并没有像责任约束那样带来了更高的效率。在Dulleck et al.(2011)的实验中,约30%的专家在所有情况下都采取了适度治疗,从未欺诈消费者。而且实验中公平价格出现的频率多于预期,尽管允许治疗不足,但专家还是倾向于提供合适的治疗。Dulleck et al.(2012)进一步设计了2×2的实验局,检验公平价格是否能够引致专家的诚实行为。该实验选取了Dulleck et al.(2011)实验中出现最频繁的公平价格向量作为给定的外生价格,比较了有无外生价格与有无认证制度对信任品市场的影响。实验结果显示,在外生价格下价格不再具有信息指示的作用,公平价格向量与卖方行为的关系不再显著。因而专家行为与价格的关系是:重视消费者效用的"好"专家给出了公平价格,而公平价格并不能引致"好"专家的行为。Dulleck et al.(2012)指出,价格管制适得其反,它会干扰价格信号,使得消费者无法通过价格判断专家的类型。

综上所述,实验可用于检验理论,并在检验理论的过程中发现新理论,从而进一步完善了理论。例如在社会偏好理论的检验中,进一步发现了自利偏好之外的不平等厌恶偏好等其他偏好,从而完善了社会偏好理论。正如Croson and Gächter(2010)指出,首先,由于在实证研究中根据观察数据检验理论预测常常是困难的,因为从现实世界中观察数据可能无法满足理论的"严苛"假设,而实验为理论提供了做出最优预测的"最优解"(Plott,1982),受控的实验设置可以尽可能贴近该理论的假设。如果实验结果证实了理论,我们可以改变实验参数以检验模型的稳健性,或使用实验结果来估计模型的参数。当实验结果与理论预期不一致时,研究者需要评估多个备选方案,包括在模型中加入误差项、将理论限制在参数一致的范围、添加参数以刻画误差,或更大幅度地修正理论。其次,实验还可以进行相关理论的对比验证,并确定理论的适用范围。针对同一问题,不同的理论可能会得到不同的预测。现实世界一般不会自然发生满足不同假设的情况,这就导致现实数据只能检验某个理论,而不能评估其他理论的合理性。但是在实验中,我们可以通过设计自然环境中未发生的情况来比较不同的理论。进一步地,在对不同理论的对比检验中,实验可以帮助我们界定理论何时能做出准确的预测。最后,实验可以看作一个抽象的行为模型,提供一些潜在现象的"存在证据"。实验中发现的现象可以激发新的理论辩论,从而推动科学认知的进步。

二、用实验来探究经验事实

Roth(1995)认为,用来"寻找经验事实"的实验主要包括那些研究在现有的经济学理论中几乎没有怎么涉及的各种变量的影响的实验。一般而言,这类实验是在更早期的实验的推动下出现的,其目的是把某些以往观察到的规律性原因隔离出来,方法是改变实验设计与实施中的某些细节。这类实验是实验经济学家彼此之间内部对话的一部分,而且这类研究工作对实验经济学家与理论经济学家之间的对话也有贡献。

  如前所述,与传统经济学对现实世界的直接观察相比,实验方法具有更高的安全性、针对性、可重复性和可控性,因此,实验对现实的模拟和相应的结果可以为我们"寻找经验事实"提供重要启示。这一点可以用经济学实验的"风洞"功能加以体现。经济学中的"风洞"主要强调了实验在检验理论预期中的证实和证伪作用,它通过再造理论的环境和机制基础,得到所需的观察结果来检验理论解释,从而看理论解释的预测与所观察到的事实是否一致(唐文进和袁沁,2003)。

  风洞实验最早是指空气动力学研究和飞行器研制方面的一种模拟实验方法,其依据运动相对性和流动相似性原理来了解实际飞行器或其他物体的空气动力学特性,优点在于能控制实验条件,效率高且成本低。类似地,在经济学实验中,被试在模拟的市场环境中扮演经济角色,根据经济规则做出具有真实经济后果的决策。在大多数情况下,实验室构造的模拟经济系统与实际的经济市场得到的数据对于统计推断并没有本质区别。而且实验允许机制外生变化,特别有利于进行不同机制的设计和检验对比。因为现实世界一般不会自然发生满足不同假设条件的情况,即使是政策试点,也只能从宏观层面上检验某一种制度方案的效果,却无法判断具体的影响要素,而且对于政策制定者来说,试点的成本十分高昂且造成的结果具有不可逆性,所以实验方法正好能够提供最经济可靠的"试验台"。

  将经济理论和市场规则在引入现实经济之前先置于实验环境即"经济风洞"中进行测试,不仅能降低由于理论失效、政策失误导致社会财富损失的风险,还能节约政策修正的费用。实验为经济学家的理论和模型专门提供了具有极高匹配度的数据,且控制了各种不可观察因素的变化,还克服了自然经验数据难以重复的不足。弗农·史密斯开创了经济学的风洞实验方法,通过实验室实验对竞争性市场均衡理论进行了检验,针对澳大利亚和新西兰的电力市场提出了私有化的改革方案。此外,史密斯团队还利用拍卖实验对亚利桑那州的股票交易市场和美国航空公司的定价策略进行了设计。近年来,经济学中的"风洞实验"涉及的领域不断拓宽,已从最初的市场交易制度设计拓宽到了公共品提供机制、企业工资制定、儿童健康教育干预等社会生活的方方面面。

  以医疗市场为例,实验方法对于当前我国医疗卫生体制改革和发展的研究是一种科学的新型研究方法,可以为政策制定者设计适当的激励机制提供经验证据和相应科学的参考依据。由于医疗服务的私密性,医患个体的微观数据极难获取,而且医疗服务错综复杂,即使可以获取到部分数据,实证研究也会由于内生性和自选择等问题而难以"干净"地识别因果关系。而实验方法能够以一种在自然环境中难以实现的方式控制决策环境,完整地收集被试在相应激励下的真实决策数据,并通过实验局对比来简单准确地分析机制效果。实验方法可以模拟医疗市场中的现实情境,并通过严谨的实验设计使实验具有可控制性和可重复性。因此,实验研究可以被当作在相关医改政策具体实施之前的"风洞"(Hennig-Schmidt et al.,2011),用来检验和评估某项政策制度的效果,从而最大化地减少政策试错可能带来的高昂代价。

近年来实验研究方法在卫生经济学的相关研究领域逐渐兴起并迅速发展,在医生薪酬激励(Brosig-Koch et al.,2017;陈叶烽等,2020a)、医疗保险(Lu,2014;Huck et al.,2016a)、医药分离(Greiner et al.,2017)等问题上已经取得了一系列重要的研究成果。以医药分离为例,受限于医疗数据的可得性,先前的研究主要侧重在理论层面,并通常认为医药分离制度对于解决"以药养医"和过度治疗进而改进医疗市场效率具有重要意义。Greiner et al.(2017)专门针对医药分离制度进行了实验研究。他们在实验中分别设置了处方医生和治疗医生,在分离了医生的诊断和治疗的基础上,还考虑了处方医生与治疗医生之间议价能力的差别对市场结果的影响,即将三种具体的议价能力设置为治疗医生有完全的议价能力、处方医生有完全的议价能力、双方议价能力相等。Greiner et al.(2017)对实验局的理论预期进行了说明,认为医药分离能够解决过度治疗的问题,因此不存在效率的损失,而不同的议价能力仅能影响医生间的收入分配。但是他们的实验结果显示,医药分离制度并没有表现出与理论预期一样的积极作用,诊断价格受规制的医药分离制度可以有效地减少过度治疗,但是这个效应部分地被增加的不足治疗抵消了;在对议价能力的研究中,允许处方医生和治疗医生分别为自己的服务设定价格将降低效率,因为总的治疗成本经常高于病人的期望收益,导致病人进入市场的意愿下降,并且这一结果对不同强弱的议价能力条件均成立。Greiner et al.(2017)的实验结果对于认识医药分离制度的真实作用提供了重要的经验事实和参考价值,这说明医药分离制度要达到真正的效果可能还需要考虑医疗市场结构或者医生的垄断势力问题,比如引入市场竞争才能使医药分离发挥真正的作用。

医生薪酬激励的实验研究方面,陈叶烽等(2020a)设计了一个医疗框架的真实努力实验来模拟现实中医生治疗病人的情境,并考察了固定工资、按人头支付和按服务支付等基本薪酬支付对医生治疗行为的影响。该真实努力实验同时设计了质量考核和框架效应两种新的薪酬激励制度并检验了其效果,并招募了非医学学生和医学学生参与实验任务从而探讨了职业规范的影响。其实验结果表明,首先,医生面临治疗数量和治疗质量之间的两难权衡:与固定工资相比,按人头支付和按服务支付能显著提升医生的治疗数量,但按人头支付会导致严重的治疗不足,按服务支付会导致严重的过度治疗;其次,引入质量考核能显著降低医生的过度治疗与治疗不足问题,其中损失框架下医生的表现更好;实验还发现职业规范的积极影响随着薪酬激励和职业规范两难冲突的缓解而削弱。这一实验的研究发现具有重要的现实意义,对推进我国医疗体制改革的政策启示在于,医生薪酬激励的设计应保证质与量的平衡,特别是要完善质量考核机制、加强职业规范教育。

三、实验用来评估公共政策

实验方法可以从个体微观角度来观察经济社会现象,可以获取个体层面的决策数据并分析其心理机制,而政策工具的有效性在正式铺开实施之前就能够在行为实验中被直观了解和预测,因而实验也越来越成为政府制定公共政策时所使用的工具与方法。目前,许多国家和地区已经在积极推动行为实验在公共政策制定与出台中的作用:英国和美国都成立了为政府服务的行为科学团队,将实验方法运用到公共政策制定,以提高政府政策的服务水平。此外,世界银行、经济合作与发展组织等国际组织倡导在政策制定时考虑政策受众的心理和行为特点,从而推动政策工具实际效果的提升。

实验方法辅助公共政策制定的目的主要可以分为提高公共政策的遵从度和提高公共政策服务水平两个维度,这两个维度并非对立,公共政策服务水平的提高能够促进公众对政策的遵从度,而公共政策遵从度的提高(如税收遵从度的提高)也可能促进公共政策制定者和执行者不断提高自身公共服务水平。需要说明的是,实验辅助公共政策并不一定带来巨大的实验成本,一方面,许多实验以自然实地实验的方式进行,这意味着参与实验的公众个体并没有意识到自己在一场政策实验中,因而他们的行为也较为真实,能够体现一般情况下政策实施后的反应;另一方面,由于实验关注个体的心理机制和行为转变,提高政策效果的逻辑与原理在政策制定中更多地以巧妙的策略出现,并不需要额外的政策成本,如很多政策通过策略性地降低行动阻碍、改变信息呈现方式、引入社会规范和同伴效应等方式便能有效地达到政策实施和推广的目的。

下面我们将介绍在税收遵从、金融服务、环境保护、扶贫实践等不同政策领域使用实验进行辅助决策的案例,以此来说明实验在公共政策制定与实施中的作用。

提高税收遵从度是公共政策实践中最早应用行为实验的领域之一,这主要是因为税收申报与缴纳最终的实现要依赖于纳税人的个人行为,所以关注其微观个体行为的选择对于税收遵从度的提高具有重要作用。最早在1967年就有使用行为实验方法研究个人税收遵从度的研究文章发表(Schwartz and Orleans,1967),且税收遵从至今都是行为实验辅助公共政策制定和实施的活跃领域,不同学者团队和不同国家税务机关都在关注不同的促进税收遵从度的手段。Hallsworth et al.(2017)在英国税务部门发送的提醒信件中附加额外的信息,包括不同的社会规范描述、道德义务提醒等,引入这些信息的成本非常低,但都取得了显著效果,有效促进纳税人按期完成纳税。Dwenger et al.(2016)在德国进行了类似的研究,同样在信件中进行额外信息提醒,发现强调税务审查概率提高了税收遵从度,社会认可或金钱奖励对本来不遵从的纳税人无显著影响。以上研究对政策实施的启示是,存在实施成本低但效果显著的干预手段,通过小范围实验进行先行检验有助于发现并检验这样的干预手段。Fisman et al.(2020)则对美国公众发放问卷,使用线上调查实验的方式测量了美国公民对不同的个人收入和财富人群的征税意愿。该行为实验从公众个人的意愿出发,使用行为实验的方式收集了他们的意愿信息,为税法的制定提供了非常重要的民意数据。

在金融服务领域,由于金融市场的安全事关整个经济社会的正常运行,大到资本市场的流动和养老保障,小到个体储蓄和投资者的行为,如何提高公众的金融风险防范意识、规范金融企业的行为等都是公共政策制定时需要考虑的问题。例如,意大利国家公司和证券交易委员会调查了投资者决策中可能存在的行为偏差,决定提供金融产品特性的多种表述方式,以避免某种特定表述方式对投资者风险感知的有偏影响,委员会进而重新设计了投资者教育平台,为投资者提供个性化的结果反馈,保护了投资者的利益。一些发展中国家政府和银行也采用了实验经济学家的建议,利用承诺储蓄机制、免费银行账户等方式促进家庭储蓄,使得当地居民的储蓄率显著提升,有利于当地家庭财富的积累和家庭资源的有效分配。这些行为实验为公共政策提供了"助推"的可能,只需要改进政策实施时的细节,就可能意想不到地提升实施效果。

在环境保护政策的评估方面,由于环境政策的执行与推广也很大程度上依赖于公民个人的行为,提高公民的环保行为不得不借助实验方法来测试不同政策宣传方式的有效性。比如 Bernstad(2014)在瑞典马尔默某居民区研究了发放宣传手册和安装垃圾源隔离设备两种方式在促进家庭食物垃圾源头分离上的有效性。宣传手册主要介绍了垃圾分离的环境收益、分类指引等相关信息,垃圾源隔离设备是由挂钩和纸袋组成的简易设备,研究发现,宣传手册并不能有效促进垃圾分离,而隔离设备的安装则有明显作用并且长期存在。在我国,垃圾分类作为近年来在全国各城市试点并推广的环保政策之一,其效力和实施方式也受到较多学者和当地政府的关注。徐林和凌卯亮(2019)在杭州市三个社区开展了实验,分别由志愿者每月进行上门环保宣传或提供奖励。研究发现,两类策略都可以改善居民垃圾分类行为且不存在显著差异,但宣传教育更易推动居民参与其他环保行为,居民不断提高的环境关心度是产生效果正溢出的一个机制,而外在的奖励可能挤出环保认同感,难以引发正溢出甚至可能导致负溢出。这对相关社区乃至城市的环保建设有着极大的指导意义,也与公共品提供中的行为实验结果基本保持一致,社会责任感和公共利益本身会对公民的个人行为产生道德性激励,直接的经济物质激励则可能导致一些环保行为的挤出。

最后一个公共政策评估的典型例子来自 2019 年三位诺奖得主阿比吉特·巴纳吉、埃丝特·迪弗洛和迈克尔·克雷默运用随机对照实验(randomized controlled trial,RCT)在公共政策评估领域所做出的重大贡献。这三位诺奖得主的政府合作者不仅包括美国等发达国家,更遍布亚洲、非洲和拉丁美洲等发展中国家。他们的研究项目包括疟疾防治、疫苗接种、艾滋病预防、女性教育、失业人群再就业等。他们的行为实验研究为政府了解政策受众提供了全新的视角，使得政策的有效推广成为可能，同时由于实验方法能够干净地识别政策干预的效果，这些实验研究为政府排除了调查数据所无法识别的无效干预手段和福利损失政策。更重要的是，实验的设计依托真实的政策实施背景，其本身就包含了对当地政策受众人群社会文化习惯、宗教习俗等地方性特质的考虑，在政策试点和评估的同时能够真正做到因地制宜地进行公共政策设计。他们的研究方法和研究范式为发展中国家提供了公共政策制定和实施前的研究思路，值得学界和政府共同学习。

第四节　实验经济学和行为经济学的关系

实验经济学和行为经济学均是当前经济学前沿研究中最有活力的分支之一。2002年获得诺贝尔经济学奖的两位经济学家中，弗农·史密斯被称为实验经济学的创始人，而丹尼尔·卡尼曼则被视为行为经济学的奠基人[①]。可以说，实验经济学和行为经济学天然地有着非常紧密的联系，但是两者之间也有明确的区别。对实验经济学和行为经济学的联系与区别的清晰阐述有助于消除人们可能存在的一些误解，这也是本节内容的核心目的。由于行为经济学本身是经济学和心理学的交叉学科，因此在理解实验经济学和行为经济学的关系之前，我们有必要先阐述经济学实验和心理学实验的联系与区别。

一、经济学实验和心理学实验的联系与区别

经济学实验和心理学实验本身有许多相似之处，而且经济学实验的很多专业术语比如被试间设计和被试内设计均来自心理学实验。首先，这两个领域研究者关心的研究领域可能是相似的，如经济学中的讨价还价和心理学中的谈判、经济学中的公共品供给和心理学中的社会困境等；其次，这两个领域的研究方法有许多相似之处，例如两者均使用方便获得的人群（如高校学生）作为实验被试；再次，这两个领域从参与者中获得决策数据，并通过数据分析来了解现实世界；最后，这两个领域都涉及精心的实验设计，避免需求效应并运用适当的统计分析方法，这里的需求效应指的是被试出于取悦实验员而不是金钱激励的目的进行实验。

然而，经济学实验和心理学实验也有明显的区别。这些区别主要体现在以下三个方面。

第一，两者的学科属性不同。心理学自创建以来就具有强烈的自然科学属性，而经

---

① 周业安(2018)认为乔治·卡通纳(George Katona)是老行为经济学的奠基人，乔治·卡通纳于1951年出版的《经济行为的心理学分析》(*Psychological Analysis of Economic Behavior*)被誉为现代行为经济学的先驱之作。

济学则被认为是社会科学的"皇冠"学科。但是因为二者都研究人类的行为选择,所以必然产生交集。心理学试图对人类行为决策的内生机理做出解答,力求精确、严密和清晰,强调测量、实验、观察等自然科学方法的引入,试图靠近各种"硬"科学。而经济学则更侧重揭示在给定约束条件下人的行为选择的均衡结果。具体而言,经济学家往往先假定行为人具有某一特定形式的效用函数,并在约束条件下计算行为人的最优选择结果,而心理学家则希望通过建立系统化的理论,证明人类的效用函数是否具有像经济学家假定的形式。在这个层面上,可以认为心理学家做的是经济学家的基础工作,没有心理学家的科学验证作为支撑,经济学家缜密的数学推理都是空中楼阁。既然经济学和心理学的分野如此明显,实验经济学和实验心理学从学科属性的根源上自然存在区别。

第二,两者的研究目标不同。经济学实验是以服务经济学理论为导向的,而心理学实验则是为探索新的心理学理论为目标。正如丹尼尔·贝尔(Daniel Bell)和欧文·克里斯托尔(Irving Kristol)在1981年出版的《经济学理论的危机》(*The Crisis of Economic Theory*)一书指出的,不同学派的经济学家一致认为如果经济学努力追求形式化、数学化、客观性和价值中立,把人类机械地按照程序化的机器进行分析,就会导致经济学走向歧途。而危机的根源,在于经济学是"按照与历史无关的抽象方法进行分析的,在古典力学模型的基础上并根据自然科学的设想发挥作用",其结果就会导致"对于人类行为持有一种机械论的观点",因此要克服这一危机,经济学必须"回到时间和历史"。实验经济学正是为了克服传统经济理论的机械性而出现的,实验经济学回归人类行为的本源,把人类的行为选择在实验室中进行还原,以期对经济学的理论做出验证或者挑战。从这个角度看,实验经济学在经济学中的身份显得更为特殊。

第三,两者的应用范围不同。经济学实验着重考察不同的市场机制对行为主体的作用,因此,经济学实验的结果对市场机制的设计、政策的制定等具有更强的指导作用。其应用范畴包括经济环境的比较、市场机制的比较、理论检验、市场评价和市场机制的设计等。而心理学实验往往是理论导向的,更侧重对已有理论假设的验证。例如,在实验经济学的应用领域,如前所述,有一种颇具代表性的"风洞"实验法,它是实验经济学具有现实意义的典型案例。

此外,在具体的研究方法论或者研究范式方面,经济学实验和心理学实验还存在很多细节方面的差异。其中Croson(2005)讨论了经济学实验和心理学实验在方法论方面的六个主要区别,结合我们自身的理解概况梳理如下。

第一,激励方面。被试激励是心理学实验和经济学实验最为重要的区别之一。心理学实验一般用固定的报酬作为激励。Camerer(1995)指出,心理学认为"被试会合作,并且天然地被自己的行为所激励着",而且物质激励会使被试的内部动机与其外在行为不兼容,因而只设置一些固定报酬。而实验经济学家遵循诱导价值理论,认为真实的货币激励才可以有效地将被试内在的真实偏好诱导出来,诱导价值理论已经被认为是实验设计的基石之一。经济学实验是在实验后根据被试在实验中的相应表现直接给予现金支付,因为现金一般是所有人都关注的非饱和性物品。而且被试的报酬必须足以弥补他们的时间成本以及在实验过程中的努力成本(Smith and Walker,1993),且被试的报酬取决于他们的决策。更重要的是,实验经济学把凸显性当作基本的、不言而喻的准则。所谓凸显性,指的是被实验者的效用变化主要来自奖励媒介,其他影响则可以忽略不计。为了把实验和相关理论联系起来,实验经济学家往往在制度框架里明确一个激励机制,并用货币支付与实验点数相对应,把行为人面对货币激励时的决策更加清楚地刻画出来。不同的是,心理学实验的激励则没有这么严格,甚至很多实验没有提供显著的奖励,只要告诫被试尽最大努力完成实验任务即可。

第二,框架方面。经济学家较少使用非中性框架,主要有三点原因:首先,待研究的理论应该是普适的,它可以预测在任意情境框架下的行为;其次,框架常常增加了数据的方差;最后,框架会增加系统性偏差或需求效应。不过,也有一些支持框架的论据,非中性框架实验的外部有效性更大,可以提示实验中的被试像置身于现实世界中采取相应的行动,框架本身没有严重的方法论错误。然而,经济学论文需要证明实验结果不受特定框架影响,或者更好的是,证明在多个完全不同的框架中结果相同。

第三,样本池方面。传统经济学的目标是开发和检验普遍的理论,很少关注人口统计学差异。[①] 相反,经济学家关注样本池的其他维度。首先,经济学家在实验中通常随机招募志愿者作为被试,为避免需求效应很少使用本课程或本专业的学生。而这在心理学中是一种常见的做法,学习心理学导论的学生参与实验可能是其课程的一部分。其次,经济学专业的学生与其他专业的学生是不同的。大量论文已经证明了经济专业的学生更容易在社会困境中搭便车,但也有证据表明经济专业的学生比其他学生更合作。鉴于这些争辩,让来自各专业的志愿者而不仅是本专业的志愿者参与经济学实验是明智和保守的做法。最后,关于学生不是专业人士(真实对象)的争议,对检验理论的经济学实验而言无伤大雅,因为经济理论应该是普适的,适用于包括学生在内的任何人。然而,也有一些实验,尤其是那些针对政策的实验,需要专业人士作为被试。

第四,欺骗方面。心理学家是允许在实验设计中欺骗被试的,因为有时这种欺骗对实验的研究目的是必要的,例如,对实验目的的欺骗可以帮助被试诚实反应并克服演示效应。另外,欺骗常用于检查不会发生的情况。心理学家对欺骗的容忍极限主要源自个人的道德、社会的压力、人权委员会,而不是来自科学的原则。但实验经济学家认为,经济学实验的科学性会遭到"欺骗"行为的扼杀。实验经济学家遵循的最严格的规则之一就是,研究者不能欺骗实验被试,包括禁止欺骗实验目的、实验报酬或实验对手的特征。这主要来自两个方面的原因。其一,经济实验的有效性取决于行为和回报之间的联系,

---

① 最近的研究已经开始关注个体差异,比如性别差异和文化差异。

如果被试被欺骗，其决策的有效性就会受到质疑。这一点早在道格拉斯·戴维斯(Douglas Davis)和查尔斯·霍特(Charles Holt)1993年出版的经典《实验经济学》(*Experimental Economics*)中就进行了阐述，他们认为被试一旦知道了自己被骗，那么被试会担心在以后的实验中再次被骗，从而影响了实验结果的准确性。同时，受到欺骗的被试也会把受骗的信息传递给周围的人群，从而对实验将造成更大范围的损失。其二，被试对实验员的信任是一种公共品。如果被试经常受骗，他们将开始不信任实验者的表述。缺乏信任可能会导致被试在未来的实验中改变他们的行为。Ledyard(1995)就曾指出，欺骗行为会对数据的准确性造成两方面的负面效果：一方面造成了被试的心理阴影，另一方面欺骗行为的出现将会污染整个被试群体。在经济学实验中，诚实是一种公共品，而欺骗相当于搭便车。

第五，实验程序方面。实验经济学家最麻烦的约束是保证收益，经济学家经常想在面对损失而非收益框架中研究个体的行为决策，但是实验员不能从被试处拿钱。有一些替代办法，如支付出场费、研究员承担风险、允许"清理"债务。关于被试互动的问题，实验员应创造没有外部讨论的环境。对于随机化技术，虽然现在计算机技术很容易生成随机数，但被试常常怀疑这种方法的无偏性，因此经济学实验通常使用实际的随机化设备，如骰子(Croson and Johnston, 2000)来实现随机结果。此外，经济学实验很看重被试在实验中的学习和行为的动态调整，因此十分强调实验任务的重复性，而心理学实验几乎不存在重复实验。

第六，数据分析方面。第一个差异体现在统计方法上，实验经济学和实验心理学都采用非参数检验方法，尽管实验经济学家支持 Wilcoxon 符号秩检验(Mann-Whitney 秩和检验)，而心理学家倾向于使用卡方法和其他适合离散数据的检验方法。在参数分析方面，实验经济学家使用回归分析，而心理学家使用方差分析。第二个差异是交互作用的概念，实验经济学家往往不喜欢交互效应特别是三项以上的交互项，而对心理学家来说交互效应[①]是实用的。产生这一差异的原因是两者的目标不同。在心理学中，交互效应阐明了结果的根本原因。在经济学中，目标不是去探索给定结果的原因，而是去探究其内在含义，因此，实验经济学对交互作用的关注很少。最后一个差异涉及事前和事后假设，这种区别在经济学实验中至关重要。这在某种程度上源于核心理论的存在，实验检验可以轻松地得出事前假设。

二、实验经济学和行为经济学的联系与区别

除了弗农·史密斯，2002年的诺贝尔经济学奖得主还有心理学家丹尼尔·卡尼曼，

[①] 在心理学中，交互作用是指当实验研究中存在两个或两个以上自变量时，其中一个自变量的效果在另一个自变量每一水平上表现不一致的现象。交互效应是指两因素间的交互作用引起的其单独效应的平均变化水平。

其获奖理由是"将心理学研究和经济学研究结合在一起,特别是与在不确定状况下的决策有关的研究"①。卡尼曼教授把心理学研究引入了经济学,通过借鉴认知心理学研究人类的动机,从而丰富了经济理论,启发了新一代经济学和金融界研究人员。如果说史密斯奠定了实验经济学的基础,那么卡尼曼则为创立行为经济学这一新的学科奠定了基础。可以说,实验经济学和行为经济学是相辅相成、相互成就的两门学科,其联系非常紧密,但区别也非常明显,用一句话概括就是研究方法和研究内容的关系,即实验经济学本质上是一种研究方法或研究工具,而行为经济学则是具体的研究内容。下面我们具体阐述实验经济学和行为经济学的联系与区别。

(一)心理学融入实验经济学

多年来,一些经济学家和心理学家一直在批评主流经济学的研究不符合心理现实。这种心理现实主义风潮不仅促进了替代性假设的改进,还催生了一个新的研究方向——行为经济学。行为经济学将行为分析理论与经济运行规律、心理学与经济科学有机结合起来,以发现传统经济学模型中的错误或遗漏并加以修正。行为经济学的研究注重研究方法的综合和创新,尤其是实验方法的运用。经济学的传统研究方法有很多优点,但是这些方法有一个不可避免的缺点:为了构造准确可验证的假设,经济学家必须使用高度简化的规范形式的模型,却忽略了大量的心理现实。相反,心理学会深挖人性的细节,不纠结于数学准确性、普遍性和结论的可实现性。经济学和心理学的不同"学科偏好"如图1-1所示,该图表明经济学家较少使用现实的心理假设。根据Rabin(2002)的观点,当其他条件不变时,对经济角色的假设越贴近现实,经济学研究就越有价值。因此,经济学家应该立志使假设尽可能符合心理现实,吸收心理学中的行为动机依据,补充系统性背离经济学经典假设的证据。Rabin(2002)提出了将心理学融入实验经济学的方法。

心理学和行为学研究表明经济学家很多关于人性的假设是错误的,这些假设包括人是贝叶斯信息处理者、拥有明确而稳定的偏好、最大化自己的期望效用、按指数规律贴现未来福利、自利的、对最终收益有偏好而对变化没有偏好、对信念和信息只有公式化的体验。实际上,人们可能关注变化从而有参照依赖、关心他人利益而非完全自利、具有现时偏好而非指数贴现的偏好,等等。然而,理论严密性和行为心理真实性的冲突总是经济学建模的一个核心问题。随着经济学自身的发展,经济学家在经济模型中对心理现实的处理会更灵活,能够以经济学视角建立更加程式化的、更具包容性的模型。虽然行为经济学的极大发展印证了将心理学融入经济学的必要性和重要意义,但依然有一些经济学

---

① 丹尼尔·卡尼曼和阿莫斯·特沃斯基(Amos Tversky)合作建立了前景理论(prospect theory),这一理论更好地解释了人类的行为,对包含不确定性的决策领域(心理学、经济学、法律等)都产生了重要而深远的影响。遗憾的是,由于诺贝尔奖只颁发给在世者,1996年去世的特沃斯基未能和卡尼曼教授分享这一荣誉。

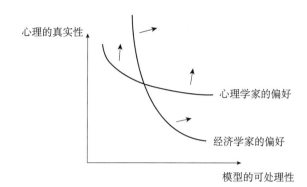

图 1-1　Rabin(2002)关于经济学家和心理学家偏好的区别

资料来源：Rabin, M., 2002, "A perspective on psychology and economics", *European Economic Review*, 46(4—5), 657—685.

家反对融入更多心理现实。Rabin(2002)罗列了其中一些常见的异议和讨论。

异议 1：经济学家无法考虑所有的替代假设，允许新假设会导致随意假设。但鼓励经济学融入更多心理现实并不意味着随意提出无规律的新假设。首先，心理学并不是随意无规律的；其次，很多行为假设是已知的，并没有学习效应；最后，即使经济学家没有被现有的心理证据说服，也不应该不经检验地推断新假设是错误的。

异议 2：行为经济学家一次又一次地重复相同的研究问题。但反复运用的损失厌恶等假设是我们用于解释广泛现象而非某个特定异常现象的，有时对新假设的异议不是来自对这些替代假设有效性的挑战，而是来自无关的方法论主张，即学科的现有假设天然应该被认可。直到完全取代当前范式，应该坚持不混淆范式，忽略批评和改进。这并不是一种科学的态度。

异议 3：既然标准模型可以解释很多现象，就无须小题大做。这种观点在逻辑上就是错误的，既自满地回避了启发式探索，也曲解了心理替代假设的特殊性。

异议 4：市场会消除不常见的心理现象。即使高度竞争的市场确实消除了心理的影响，我们仍不能忽视这些心理现象，有三点理由：首先，"消除"的定义是狭义的；其次，不是所有经济行为都通过无摩擦的新古典主义市场产生，完全竞争显然不是唯一的机制；最后，不能仅因为这些现象没有在竞争市场中出现就忽略它们，比较机制分析是经济学的一个主题。

(二)行为经济学和实验经济学之间的关系

行为经济学和实验经济学之间的关系是研究对象和研究方法之间的关系，两者有明确的区分也有非常紧密的联系。2017 年国家自然科学基金委在管理学部新设立的名为"行为经济和实验经济"的申报代码 G0302 也从一个侧面印证了这点。那艺和贺京同(2019b)指出，这两个学科在研究目的、理论观点和政策内涵层面均存在明显的学术分野。那艺和贺京同(2019a)认为实验经济学主要在市场层面上检验交易结果是否与新古典理性模型一致,以及如何渐趋一致,因此理论上仍接受理性模型对市场均衡的表述方式,政策上提倡围绕交易机制进行市场设计以促进有效均衡的实现;与之相对,行为经济学主要在个体层面上检验选择行为是否与新古典理性模型一致,以及为何不一致,因此理论上强调基于心理学等自然科学证据来构建更符合现实的个体描述性模型,政策上提出应针对个体决策情境实施"助推技术"以提升市场设计的有效性。

行为经济学又被称为心理经济学,注重从个体决策角度对新古典经济学的"理性经济人"假设进行验证和补充,依托心理学逐步打开决策的黑箱,不仅能够验证和完善理论模型,还能够解释真实情境中行为人做出决策的缘由。行为经济学的定义有很多种,比如董志勇(2005)认为,行为经济学是一门实用的经济学,它将行为分析理论与经济运行规律、心理学与经济科学有机结合起来,以发现当前经济学模型中的错误或遗漏,进而修正主流经济学关于人的理性、自利、完全信息、效用最大化及偏好一致等基本假设的不足。金雪军和杨晓兰(2009)认为,行为经济学是经济学和心理学相结合的产物,行为经济学综合应用了传统经济学和心理学的方法。我们认为下面的定义较为全面,即行为经济学为经济学提供了更为现实的心理学基础,从而能提高经济学的解释力。行为经济学的核心思想是,在经济分析中强化心理学基础并使之更符合现实,这将有利于改进经济学自身的方方面面——能激发理论洞察力,更好地预测实际现象,制定更合理的政策。

而实验经济学则更侧重于对实验方法的使用,与原有的传统计量实证方法相比,从可控实验中获取的数据能够在很大程度上避免内生性问题,因而成为科学识别因果关系的重要工具和黄金标准。作为一种工具和方法,实验经济学可以用于研究分属于不同经济学分支的问题,例如决策理论与博弈、产业组织、金融学、劳动经济学、发展经济学和宏观经济学等(洪永淼,2016;包特等,2020)。

同时,行为经济学与实验经济学两者紧密联系不可分割。由于行为经济学更加关注真实世界中的行为人实际做出的决策,而不是将注意力单纯放在传统经济学理论的理性人决策框架下,这意味着行为经济学常常需要真实行为数据的支撑,因此实验方法成为行为经济学研究的主要手段。而在实验经济学的研究中,研究者往往会观察到实验结果与经典经济学理论不一致,需要求助于行为经济学的相关理论来解释实验结果。而且以实验方法为桥梁,更多的经济学分支能够与行为经济学相交叉,发展出诸如行为金融学、劳动行为经济学和发展行为经济学等方向,更好地从个体决策角度审视和解决金融市场中的投资者非理性问题、劳动力市场中的激励问题与发展中国家政策实施的有效性问题。正是两个学科间的这些紧密互动,使得行为经济学与实验经济学常常一同出现在人们的视野中。

行为经济学和实验经济学从一开始便旨在对新古典经济学的基本假设和研究方法进行修正。行为经济学通过引入心理学来重新构建新古典经济学理论模型的行为基础,进而改变了这些模型的逻辑本身,得出了与传统理论模型不同的结论,更为有效地解释了各种经济现象,并最终能提出更好的政策建议。经过几十年的发展,行为经济学在批判新古典经济学的核心假设——理性经济人基础上已经按照非标准偏好、非标准信念和非标准决策三大层次形成了一个逻辑自洽的新的经济学理论体系,并且表现出日益旺盛的生命力,引入微观主体行为视角尤其能够帮助经济学家们在政策实施和评估过程中获取更加有效的信息。正是因为行为经济学与新古典经济学相比具有更完善的理论模型、更好的预测能力,以及能够提出更好的政策建议,行为经济学在最近十余年才取得了飞速的发展,研究群体和研究主题迅速扩展,在主流经济学中占据了越来越重要的地位。经济学实验的方法广泛应用于各个领域,其覆盖的领域从传统的个体偏好与决策理论、博弈论与社会偏好、产业组织理论,发展到各类应用学科,如劳动经济学、公共经济学、金融学、公共政策与管理、宏观经济学等等。实验经济学(家)的工作和角色也不断地丰富,从检验经济理论走向政策实施应用。

具体来说,第一,实验经济学可以更直接地指导现实经济运行。例如,2000年英国对手机3G频谱牌照进行拍卖,英国政府雇用拍卖理论研究者参与拍卖制度设计,并通过实验检测这些机制的有效性,最终成功在拍卖中募集到高达225亿英镑的资金(Binmore and Klemperer,2002)。从事市场设计的经济学家们也帮助重新设计了美国的新英格兰地区肾脏互换计划、日本医院病人调配体系和美国军队的新兵分配系统,大大提升了这些系统的匹配效率。而近些年,随着实验宏观经济学的发展,美联储、美国财政部、加拿大央行和欧洲央行也聘用了越来越多的实验经济学者,或依靠实验方法对于其货币政策(Blinder and Morgan,2008;Hommes et al.,2019)和债券发行机制(Back and Zender,1993)进行推行前的效果预检验。

第二,实验经济学可以更加准确地评估政策和经济或社会发展项目。例如,为了寻找更好地在非洲控制疟疾的方法,Miguel and Kremer(2004)研究了为学生提供驱虫药对学校出勤率的影响。通过对比随机选择发放或不发放驱虫药的不同学校的学生出勤率,作者发现驱虫药不但可以通过减少寄生虫病降低学生病假和缺勤,而且是达到同等程度出勤率提升的方案中最便宜的一种。世界银行(2015)总结了一系列借鉴行为和实验经济学成果且应用于现实世界的新颖、成本效益好的干预政策,如表1-3所示。

表1-3 成本效益好的行为干预示例

干预	干预措施描述	结果
提醒	(肯尼亚)每周发送短信提醒HIV感染病人按时服药	坚持服药 每周的短信提醒使定时吃药的病人比例从40%的基线水平上升到53%
非货币礼物	(印度)向社区提供可靠的免疫接种服务,同时向人们提供小的非货币激励和奖励,如小扁豆和金属餐盘	接种率 在提供小扁豆的地方,1—3岁儿童全面接种率为39%,而只提供可靠接种服务的地方这一比例为18%,在没有任何干预的地区,全面接种率只有6%

(续表)

干预	干预措施描述	结果
公告	（肯尼亚）在随机选取的公共汽车上放置小贴纸，鼓励乘客"质问和指责"开车莽撞的司机	**交通事故** 年度事故保险索赔率从10%降至5%
使产品便于使用	（肯尼亚）在采水点提供免费加氯器，并雇人到居民家中宣传用氯对水消毒	**氯消毒采用率** 提供加氯器的地区氯消毒的采用率为60%，而对照组只有7%
鼓励信息	（埃塞俄比亚）给贫困家庭播放录像，讲述与之出身类似的人怎样摆脱贫困、改善社会经济地位的故事	**期望和投资** 对孩子的期望提高，6个月后用于孩子教育的储蓄和投资有所提高
现金补贴的发放时间	（哥伦比亚）发放有条件的现金补贴时，将部分补贴自动保存起来，在家长需要决定是否让孩子入学时一次性发放	**入学率** 下一学年的入学率提高，当前的入学率没有下降

资料来源：世界银行，2015：《世界发展报告：思维、社会与行为》，世界银行集团。

第三，实验经济学甚至可以通过合适的设置来讨论现实生活中难以观察到的"比较"。例如，杨晓兰和周业安（2017）为了比较政府效率、社会决策机制和再分配偏好间的关联，设计了一个包含不同收入阶层的实验室社会，引入了多数原则、随机选择社会决策者以及有中国背景的"民主集中制"三种社会决策机制，要求被试在未知和已知自身收入这两种情况下就社会税率水平进行表决。陈叶烽等（2020b）希望探究市场是否挤出了人们的信任水平，而实际上对于这一基础理论性问题给出明确因果关系的实证依据，需要对比"有市场"和"无市场"情境下人们信任水平的差异。然而现实情境绝大部分都是"有市场"的环境，我们很难获得"无市场"的反事实实证数据。但通过实验方法可以在实验室中创造出一个没有市场但其他方面与有市场情境不存在区别的微观经济系统，并通过"有市场"和"无市场"实验局之间的对比来检验市场是否挤出了人们的信任水平。

第五节　实验经济学国内研究现状及未来展望

如前所述，实验经济学自20世纪中叶以来已经取得了飞速的发展，并且在经济学中已经成为和理论建模、计量实证并列的第三大研究范式。实验数据也因其可靠和干净而成为经济学实证数据的重要来源，并在经济学各个分支的应用中大放异彩。本书中关于实验方法在各个经济学分支中的应用（第八讲至第十三讲）主要梳理了大量国外的相关研究进展，而涉及国内的相关实验研究比较少。我国实验经济学研究虽然起步较晚，然而随着中国经济学研究的不断国际化，越来越多的学者已将实验经济学纳入了自己的研究范畴，试图采用这一新的研究范式拓展自己的研究领域，特别是近十余年来发展迅速，研究成果斐然。因此,全面了解国内实验经济学领域研究现状和未来方向具有重要的意义。在本讲的最后这一节中,我们通过统计和分析 2005—2020 年发表在《中国社会科学》《经济研究》《管理世界》《世界经济》和《经济学(季刊)》五种国内经济学顶级期刊上的 68 篇实验相关文章,从研究现状和研究内容方面对国内实验经济学的研究进行了总结与展望。

一、研究现状概览

《中国社会科学》《经济研究》《管理世界》《世界经济》和《经济学(季刊)》这五种期刊是国内目前比较公认的经济学五大顶级期刊,代表了国内经济学研究的最高水平。我们首先按照时间顺序统计了 2005—2020 年在这五大期刊上发表的与实验相关的文章,具体如表 1-4 所示。

表 1-4 国内经济学五大期刊 2005—2020 年发表的实验论文

序号	文献	发表时间	发表刊物	研究方法	实验方法	研究方向	研究主题
1	王国成、黄涛、葛新权,2005:《经济行为的异质性和实验经济学的发展——全国首届实验经济学发展研讨会述评》,《经济研究》,第 11 期。	2005	《经济研究》	文献述评		实验经济学方法论	个体异质性
2	高鸿桢、林嘉永,2005:《信息不对称资本市场的实验研究》,《经济研究》,第 2 期。	2005	《经济研究》	实验室实验	z-Tree	行为金融实验	有效市场
3	伍利娜、陆正飞,2005:《企业投资行为与融资结构的关系——基于一项实验研究的发现》,《管理世界》,第 4 期。	2005	《管理世界》	问卷实验		行为金融实验	资产配置
4	林树、俞乔、汤震宇等,2006:《投资者"热手效应"与"赌徒谬误"的心理实验研究》,《经济研究》,第 8 期。	2006	《经济研究》	心理实验		行为金融实验	热手效应
5	杨晓兰、金雪军,2006:《资金约束放松与证券市场泡沫:一个实验检验》,《世界经济》,第 6 期。	2006	《世界经济》	实验室实验	电脑实验	行为金融实验	泡沫
6	万迪昉、罗小黔、杨再惠等,2008:《不同决策权配置对组织行为模式演进影响的实验研究》,《管理世界》,第 11 期。	2008	《管理世界》	实验室实验	电脑实验	市场与产业组织实验	决策权配置

（续表）

序号	文献	发表时间	发表刊物	研究方法	实验方法	研究方向	研究主题
7	周业安、宋紫峰,2008:《公共品的自愿供给机制:一项实验研究》,《经济研究》,第7期。	2008	《经济研究》	实验室实验	z-Tree	合作与公共品实验	自愿合作机制
8	朱宪辰、李妍绮、曾华翔,2008:《不完美信息下序贯决策行为的一项实验考察——关于羊群行为的贝叶斯模型实验检验》,《经济研究》,第6期。	2008	《经济研究》	实验室实验	z-Tree	行为金融实验	羊群行为
9	陈叶烽,2009:《亲社会性行为及其社会偏好的分解》,《经济研究》,第12期。	2009	《经济研究》	实验室实验	z-Tree	社会偏好	亲社会行为
10	龚强,2009:《消费者谈判能力与厂商标价策略——模型及基于实验经济学的检验》,《经济学（季刊)》,第4期。	2009	《经济学（季刊)》	实验室实验	电脑实验	市场与产业组织实验	明码标价
11	金立印,2009:《企业声誉、行业普及率与服务保证有效性——消费者响应视角的实验研究》,《管理世界》,第7期。	2009	《管理世界》	问卷实验		市场与产业组织实验	声誉
12	李晓义、李建标,2009:《不完备市场的多层次治理——基于比较制度实验的研究》,《经济学（季刊)》,第4期。	2009	《经济学（季刊)》	实验室实验	z-Tree	市场与产业组织实验	比较制度实验
13	林树、俞乔,2010:《有限理性、动物精神及市场崩溃:对情绪波动与交易行为的实验研究》,《经济研究》,第8期。	2010	《经济研究》	心理实验		行为金融实验	泡沫
14	韦倩,2010:《纳入公平偏好的经济学研究:理论与实证》,《经济研究》,第9期。	2010	《经济研究》	文献述评		行为博弈实验	公平偏好
15	陈叶烽、叶航、汪丁丁,2010:《信任水平的测度及其对合作的影响——来自一组实验微观数据的证据》,《管理世界》,第4期。	2010	《管理世界》	实验室实验	z-Tree	社会偏好	信任、合作

（续表）

序号	文献	发表时间	发表刊物	研究方法	实验方法	研究方向	研究主题
16	李晓义、李维安、李建标等，2010：《首位晋升与末位淘汰机制的实验比较》，《经济学（季刊）》，第4期。	2010	《经济学（季刊）》	实验室实验	z-Tree	市场与产业组织实验	比较制度实验
17	陈叶烽、周业安、宋紫峰，2011：《人们关注的是分配动机还是分配结果？——最后通牒实验视角下两种公平观的考察》，《经济研究》，第6期。	2011	《经济研究》	实验室实验	z-Tree	社会偏好	公平
18	何浩然，2011：《个人和家庭跨期决策与被试异质性——基于随机效用理论的实验经济学分析》，《管理世界》，第12期。	2011	《管理世界》	实地实验	框架的实地实验	个体决策实验	跨期决策
19	宋紫峰、周业安，2011：《收入不平等、惩罚和公共品自愿供给的实验经济学研究》，《世界经济》，第10期。	2011	《世界经济》	实验室实验	z-Tree	合作与公共品实验	自愿合作机制
20	宋紫峰、周业安、何其新，2011：《不平等厌恶和公共品自愿供给——基于实验经济学的初步研究》，《管理世界》，第12期。	2011	《管理世界》	实验室实验	z-Tree	合作与公共品实验	自愿合作机制
21	杨晓兰、洪涛，2011：《证券市场平准基金是否有效：来自实验室市场的证据》，《世界经济》，第12期。	2011	《世界经济》	实验室实验	z-Tree	行为金融实验	有效市场
22	周业安、宋紫峰，2011：《社会偏好、信息结构和合同选择——多代理人的委托代理实验研究》，《经济研究》，第11期。	2011	《经济研究》	实验室实验	z-Tree	社会偏好	公平、委托代理
23	陈卫东、程雷，2012：《隔离式量刑程序实验研究报告——以芜湖模式为样本》，《中国社会科学》，第9期。	2012	《中国社会科学》	实地实验	框架的实地实验	其他	司法程序

（续表）

序号	文献	发表时间	发表刊物	研究方法	实验方法	研究方向	研究主题
24	何浩然、陈叶烽，2012：《禀赋获得方式影响被试行为是否存在性别差异：来自自然现场实验的证据》，《世界经济》，第4期。	2012	《世界经济》	实地实验	自然的实地实验	行为博弈实验	独裁者博弈
25	齐良书、赵俊超，2012：《营养干预与贫困地区寄宿生人力资本发展——基于对照实验项目的研究》，《管理世界》，第2期。	2012	《管理世界》	实地实验	框架的实地实验	其他	项目评估
26	周业安、左聪颖、陈叶烽等，2012：《具有社会偏好个体的风险厌恶的实验研究》，《管理世界》，第6期。	2012	《管理世界》	实验室实验	z-Tree	个体决策实验	风险偏好
27	范良聪、刘璐、梁捷，2013：《第三方的惩罚需求：一个实验研究》，《经济研究》，第5期。	2013	《经济研究》	实验室实验	z-Tree	合作与公共品实验	第三方惩罚
28	雷震，2013：《集体与个体腐败行为实验研究——一个不完全信息最后通牒博弈模型》，《经济研究》，第4期。	2013	《经济研究》	实验室实验	纸笔实验	腐败实验	集体腐败
29	姜树广、韦倩，2013：《信念与心理博弈：理论、实证与应用》，《经济研究》，第6期。	2013	《经济研究》	文献述评		行为博弈实验	信念依赖
30	连洪泉、周业安、左聪颖等，2013：《惩罚机制真能解决搭便车难题吗？——基于动态公共品实验的证据》，《管理世界》，第4期。	2013	《管理世界》	实验室实验	z-Tree	合作与公共品实验	惩罚机制
31	梁平汉、孟涓涓，2013：《人际关系、间接互惠与信任：一个实验研究》，《世界经济》，第12期。	2013	《世界经济》	实验室实验	纸笔实验	社会偏好	社会网络
32	王擎、周伟，2013：《股票市场伦理环境与投资者模糊决策——理论与实验研究》，《中国社会科学》，第3期。	2013	《中国社会科学》	实验室实验	电脑实验	行为金融实验	模糊决策

(续表)

序号	文献	发表时间	发表刊物	研究方法	实验方法	研究方向	研究主题
33	周业安、左聪颖、袁晓燕，2013：《偏好的性别差异研究：基于实验经济学的视角》，《世界经济》，第7期。	2013	《世界经济》	实验室实验	z-Tree	社会偏好	性别差异
34	崔巍，2013：《信任、市场参与和投资收益的关系研究》，《世界经济》，第9期。	2013	《世界经济》	实验室实验	电脑实验	社会偏好	信任
35	林莞娟、孟涓涓，2014：《越多正式保险是否越能提高风险覆盖率：一个实验研究》，《世界经济》，第2期。	2014	《世界经济》	实验室实验	电脑实验	行为金融实验	风险态度
36	周业安、黄国宾、何浩然等，2014：《领导者真能起到榜样作用吗？——一项基于公共品博弈实验的研究》，《管理世界》，第10期。	2014	《管理世界》	实验室实验	z-Tree	合作与公共品实验	领导者效应
37	周晔馨、涂勤、胡必亮，2014：《惩罚、社会资本与条件合作——基于传统实验和人为田野实验的对比研究》，《经济研究》，第10期。	2014	《经济研究》	实地实验	纸笔实验/人为的田野实验	合作与公共品实验	条件合作
38	何浩然、王伟尧、李实，2015：《收入不平等对逆社会行为的影响：双重实验证据》，《世界经济》，第11期。	2015	《世界经济》	实验室实验/实地实验	纸笔实验/人为的实地实验	社会偏好	平等主义
39	李彬、史宇鹏、刘彦兵，2015：《外部风险与社会信任：来自信任博弈实验的证据》，《世界经济》，第4期。	2015	《世界经济》	实验室实验	纸笔实验	社会偏好	信任
40	袁卓群、秦海英、杨汇潮，2015：《不完全契约中的决策：公平偏好及多重参照点的影响》，《世界经济》，第8期。	2015	《世界经济》	实验室实验	z-Tree	社会偏好	公平
41	罗俊、汪丁丁、叶航等，2015：《走向真实世界的实验经济学——田野实验研究综述》，《经济学（季刊）》，第3期。	2015	《经济学（季刊）》	文献述评		实验经济学方法论	

(续表)

序号	文献	发表时间	发表刊物	研究方法	实验方法	研究方向	研究主题
42	罗俊、叶航、汪丁丁，2015：《捐赠动机、影响因素和激励机制：理论、实验与脑科学综述》，《世界经济》，第 7 期。	2015	《世界经济》	文献述评		社会偏好	慈善捐赠
43	连洪泉、周业安、陈叶烽等，2015：《信息公开、群体选择和公共品自愿供给》，《世界经济》，第 12 期。	2015	《世界经济》	实验室实验	z-Tree	合作与公共品实验	自愿合作机制
44	姜树广、陈叶烽，2016：《腐败的困境：腐败本质的一项实验研究》，《经济研究》，第 1 期。	2016	《经济研究》	实验室实验	z-Tree	腐败实验	社会困境
45	雷震、杨明高、田森等，2016：《股市谣言与股价波动：来自行为实验的证据》，《经济研究》，第 9 期。	2016	《经济研究》	实验室实验	电脑实验	行为金融实验	股市谣言
46	邓红平、罗俊，2016：《不完全信息下公共租赁住房匹配机制——基于偏好表达策略的实验研究》，《经济研究》，第 10 期。	2016	《经济研究》	实验室实验	z-Tree	社会偏好	公平
47	范良聪、刘璐、张新超，2016：《社会身份与第三方的偏倚：一个实验研究》，《管理世界》，第 4 期。	2016	《管理世界》	实验室实验	z-Tree	社会偏好	社会身份
48	青平、张莹、涂铭等，2016：《网络意见领袖动员方式对网络集群行为参与的影响研究——基于产品伤害危机背景下的实验研究》，《管理世界》，第 7 期。	2016	《管理世界》	问卷实验		合作与公共品实验	集体行为
49	郑筱婷，2016：《信息冲击与合作的重启效应：新闻影响合作行为的实验研究》，《世界经济》，第 9 期。	2016	《世界经济》	实验室实验	z-Tree	合作与公共品实验	信息冲击
50	雷震、田森、凌晨等，2016：《社会身份与腐败行为：一个实验研究》，《经济学（季刊）》，第 3 期。	2016	《经济学（季刊）》	实验室实验	纸笔实验	腐败实验	社会身份

（续表）

序号	文献	发表时间	发表刊物	研究方法	实验方法	研究方向	研究主题
51	汪良军、童波,2017:《收入不平等、公平偏好与再分配的实验研究》,《管理世界》,第6期。	2017	《管理世界》	实验室实验	电脑实验	社会偏好	公平
52	杨晓兰、周业安,2017:《政府效率、社会决策机制和再分配偏好——基于中国被试的实验经济学研究》,《管理世界》,第6期。	2017	《管理世界》	实验室实验	z-Tree	社会偏好	再分配偏好
53	宗计川、付嘉、包特,2017:《交易者认知能力与金融资产价格泡沫:一个实验研究》,《世界经济》,第6期。	2017	《世界经济》	实验室实验	电脑实验	行为金融实验	泡沫
54	何浩然、周业安,2017:《换位经历是否会促进换位思考:来自经济学实验的证据》,《世界经济》,第4期。	2017	《世界经济》	实验室实验	电脑实验	行为博弈实验	最后通牒博弈
55	王欢、史耀疆、王爱琴等,2017:《农村教师对后进学生刻板印象的测量研究》,《经济学(季刊)》,第2期。	2017	《经济学(季刊)》	问卷实验		其他	教育评价
56	胡援成、刘元秀、吴飞等,2017:《高管薪酬、业绩与胜任力识别:一项行为金融实验——来自我国2012年沪深两市的经验证据》,《经济学(季刊)》,第2期。	2017	《经济学(季刊)》	问卷实验		行为金融实验	行为公司金融
57	闫威、郑润东、党文珊等,2017:《锦标赛结构、阶段性绩效反馈与无意识启动对代理人行为的影响:实验的证据》,《经济学(季刊)》,第1期。	2017	《经济学(季刊)》	实验室实验	纸笔实验	市场与产业组织实验	锦标赛
58	王春超、钟锦鹏,2018:《同群效应与非认知能力——基于儿童的随机实地实验研究》,《经济研究》,第12期。	2018	《经济研究》	实地实验	自然实地实验	实地实验	小学教育与人力资本

(续表)

序号	文献	发表时间	发表刊物	研究方法	实验方法	研究方向	研究主题
59	闫佳、章平、许志成等，2018：《信任的起源：一项基于公平认知与规则偏好的实验研究》，《经济学（季刊）》，第1期。	2018	《经济学（季刊）》	实验室实验	z-Tree	行为博弈实验	社会偏好——信任形成
60	葛玉好、邓佳盟、张帅，2018：《大学生就业存在性别歧视吗？——基于虚拟配对简历的方法》，《经济学（季刊）》，第4期。	2018	《经济学（季刊）》	实地实验	自然实地实验——虚拟简历投递	实地实验	就业性别歧视
61	那艺、贺京同，2019：《行为经济学的兴起及其与新古典经济学关系的演变》，《中国社会科学》，第5期。	2019	《中国社会科学》	学术述评		行为经济学与新古典经济学	
62	王春超、肖艾平，2019：《班级内社会网络与学习成绩——一个随机排座的实验研究》，《经济学（季刊）》，第3期。	2019	《经济学（季刊）》	实地实验	自然实地实验	实地实验	小学教育
63	罗俊、陈叶烽、何浩然，2019：《捐赠信息公开对捐赠行为的"筛选"与"提拔"效应——来自慈善捐赠田野实验的证据》，《经济学（季刊）》，第4期。	2019	《经济学（季刊）》	实地实验	自然实地实验	实地实验	慈善捐赠
64	李建标、牛晓飞、曹倩，2019：《处置效应和买回效应都是后悔导致的吗？——实验经济学的检验》，《经济学（季刊）》，第4期。	2019	《经济学（季刊）》	实验室实验	z-Tree	行为金融实验	股票市场投资行为
65	陈叶烽、丁预立、潘意文等，2020：《薪酬激励和医疗服务供给：一个真实努力实验》，《经济研究》，第1期。	2020	《经济研究》	实验室实验	z-Tree	市场与产业组织实验	医疗服务供给
66	宗庆庆、张熠、陈玉宇，2020：《老年健康与照料需求：理论和来自随机实验的证据》，《经济研究》，第2期。	2020	《经济研究》	实地实验	框架的实地实验	实地实验	老年人健康与照料

（续表）

序号	文献	发表时间	发表刊物	研究方法	实验方法	研究方向	研究主题
67	包特、王国成、戴芸,2020:《面向未来的实验经济学:文献述评与前景展望》,《管理世界》,第7期。	2020	《管理世界》	文献述评		其他	
68	何浩然、夏雯文、关雯琦等,2020:《淘汰式惩罚与合作:基于经济学实验的研究》,《世界经济》,第3期。	2020	《世界经济》	实验室实验	z-Tree	合作与公共品实验	团队合作

首先,根据表1-4的统计数据,我们相应制作了2005—2020年国内五大期刊行为实验发文数量趋势图(见图1-2)。① 从图1-2可以看出,在近15年中,有5年当年文章发表数量在6篇及以上,分别是2011、2013、2015—2017年。行为实验文章在经历2011年的繁荣后,2013年达到顶峰(8篇),2018年再次回归至2005年的状态。2018—2020年,发文数量稳定在4篇左右,这可能是因为国内期刊越来越着眼于中国现实经济问题,而直接研究现实经济问题的行为实验文章由于操作周期长,研究人员在几年前未曾觉察期刊关注点的转变,导致无法及时满足编辑部的需求,于2018年发文数量出现了下降,从2017年的7篇下降至3篇。2019年和2020年的发文情况也大致相同。

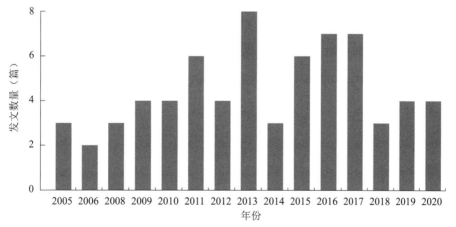

图1-2 2005—2020年国内五大刊行为实验发文数量趋势

其次,从发表的刊物来看(见图1-3),五大期刊都刊登了一些实验经济学领域的文章,其中,《经济研究》最早涉足这个新领域的杂志,发表的文章数量也最多;《管理世界》和《世界经济》紧随其后;《中国社会科学》因为是综合性刊物,截至2020年才发表了3篇

---

① 统计截止时间为2020年8月27日,具体情况为:《中国社会科学》2020年第7期、《经济研究》2020年第6期、《管理世界》2020年第8期、《世界经济》2020年第7期以及《经济学(季刊)》2020年第4期。

实验经济学相关的文章。

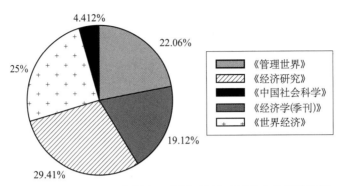

图1-3 2005—2020年国内五大期刊行为实验发文的刊物比例

再次,从研究方法来看(见图1-4),实验室实验占据大半江山,z-Tree程序受到广泛应用,而实地实验还处于萌芽阶段,还有个别实验的数据来自标准量表和问卷的填写,而实验对象以在校学生为主体。在实验报酬方面,被试所得一般由出场费和实验中的收益换算得到的绩效组成,这能够激励被试按照实验规则行事,获得真实可靠的实验数据。

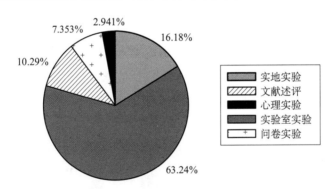

图1-4 2005—2020年国内五大期刊行为实验发文的研究方法比例

最后,从发表文章的研究领域来看,近15年来逐渐从单一走向多元。其中在2005—2008年,发表的文章主要关注了市场机制和资本市场上的不完全信息与价格波动。在2009年之后,逐渐开始涉及行为经济学的微观偏好基础,开始通过实验的方式来探究亲社会行为和社会偏好,进而展开对经典经济学中博弈模型的研究与修正;与此同时,较为宏观层面的研究也没有停止,研究领域由市场行为扩展到非市场行为,极大地扩充了实验经济学的研究领域。从具体的研究主题来看,横跨经济学的各个分支领域,包括但不局限于:①行为经济学领域的亲社会行为、逆社会行为、信任博弈等问题;②劳动经济学领域的性别歧视、家庭决策、激励机制等问题;③发展经济学领域的教育、腐败、刑罚等问题;④公共经济学领域的慈善捐赠、公共政策评估、拍卖理论等问题;⑤行为金融学领域的资产泡沫、模糊交易、融资结构等问题;⑥公司治理领域的价格策略、权利配置、服务保证等问题。

二、研究主题

如图 1-5 所示,从研究内容和研究主题来看,这 68 篇文章涉及的主题十分广泛,涵盖了行为博弈实验、行为金融实验、腐败实验、个体决策实验以及健康医疗、慈善捐赠等主题。我们接下来将这些内容分为四类进行介绍。

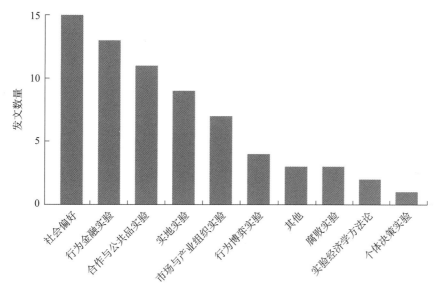

图 1-5 2005—2020 年国内五大期刊行为实验发文的研究主题分布

第一类研究是围绕微观基础——人的社会偏好及亲社会行为进行的,这一部分内容主要是对社会偏好本身特点的探究和分析,还有一部分文献探究了社会偏好形成的原因及影响因素。经典社会偏好主要指利他偏好、互惠偏好和不平等厌恶偏好,社会偏好的存在性和互动性是国内学者研究的一个主要方向。很多学者将实验室实验作为超越传统经济人自利模型的证据,这些代表性实验包括最后通牒实验、独裁者博弈实验、公共品实验等。比如陈叶烽(2009)的"四合一"信任实验论证了四种经典亲社会行为的广泛存在性和相关性,并区分了互惠偏好和利他偏好在信任和可信任水平中的不同作用。宋紫峰等(2011)在一个标准的公共品自愿供给实验环境中,借助实验经济学方法研究了通过初始禀赋不平等、个体投资公共品边际收益不平等和出场费不平等三种方式体现的收入不平等与社会偏好、公共品自愿供给之间的相互关系。周业安等(2012)采用基于彩票选择的实验设计以及修正的最后通牒和独裁者博弈,测度了个体的风险厌恶系数以及不平等厌恶系数,研究发现在社会偏好框架下个体的风险厌恶是普遍的且具有异质性,也就是说,大多数个体都是不平等厌恶的,但个体的风险厌恶和不平等厌恶是不相关的,并且不平等厌恶受到了性别和是否来自城市等因素的影响。

除了对社会偏好的存在进行验证与研究,一些文献还对不同群体之间的社会偏好差异进行了研究,性别差异是这一部分的重要议题。从现有的国内文献来看,男女性别差异在中国本土的实验中并不显著(何浩然和陈叶烽,2012;周业安等,2013),这与一些已有的社会学、心理学研究结果不一致,也与一些后续的实验所反映的结果不一致,如汪良军和童波(2017)的实验中显示男性与女性在再分配税率的选择上有一定差异。在社会偏好的起源上,脑科学提供了一些证据支持。利他行为可以激起大脑特定区域的活跃,说明人天生具有纯粹利他的动机,而脑神经会因此而获得活跃与满足(罗俊等,2015b);而不平等的行为则会给大脑带来刺激,为差异厌恶偏好提供了生理基础(韦倩,2010)。在脑科学和偏好之间,姜树广和韦倩(2013)通过梳理文献认为信念是比偏好更深一层的原因,他们通过借鉴心理博弈论提供的思路框架对相关决策模型和实验进行了梳理,认为许多外界因素通过影响个体的信念改变了个体的内在动机和偏好,进一步改变了个体的行为。

第二类研究是在社会偏好的基础上展开,探索社会偏好对合作、公平、信任等亲社会行为的影响作用机制。这一类文献较为丰富,从层级上来说,它们是以社会偏好的三大内容为基础,来对一些亲社会行为模式进行探究,试图通过实验来说明基于社会偏好而产生的亲社会行为的发生机制。这一部分的文献主题相对比较集中,包括公平与再分配、合作与公共品提供、信任和具体决策的选择等话题。

人对公平的偏好可以由互惠偏好和差异厌恶偏好来解释,而其中的差异厌恶会使人们有宁愿牺牲私利也要惩罚不公平行为的倾向(韦倩,2010),因此,收入分配问题在这一部分被广泛提及,它影响到了个体的生活幸福感,社会的稳定,还影响到社会公共品的提供。在互惠偏好和差异厌恶偏好的共同作用下,分配动机的公平比分配结果的公平更能影响人们的决策(陈叶烽等,2011),收入不平等的程度与人们的逆社会行为有着较强的因果关系(何浩然等,2015)。因此,在收入分配差距拉大的今天,如何制定合理的再分配制度也值得学界思考。汪良军和童波(2017)通过实验认为自利和公平偏好都在再分配中有重要影响,税前收入的不平等因素仍对后续再分配行为有显著影响,同时政策制定者也的确应该在效率和公平之间做出权衡。除此之外,再分配政策的偏好还受个体阶层本身的影响,与高阶层的人相比,低收入群体对不公平现象表现出更多的容忍(杨晓兰和周业安,2017)。

信任在亲社会行为中也是一个非常重要的机制,它与公平密切相关,影响着人们的决策与合作行为。一定程度上,信任又与之前提到的"信念"息息相关。信任作为一种略为"隐晦"的信息传递方式,影响着人们的互惠行为。陈叶烽等(2010)分别用信任博弈实验和综合社会调查(general society survey,GSS)问卷两种方法测度了行为个体的信任水平,并以公共品博弈中的投资额作为其合作水平的度量,结果发现,信任水平的两种测度方法存在内在的一致性,但信任能够促进合作这一假说的成立依赖于信任水平的具体测度方法。基于人际关系的信任比直接的信息传递对间接互惠影响更大,从而有利于整个社会的信任传递,形成良性循环(梁平汉和孟涓涓,2013)。与此相对应,积极的关系能够提高社会信任水平,而诸如外部风险等冲击,则可能使得社会信任水平降低(李彬等,2015)。

合作也是亲社会行为的一个重要表现。合作意味着双方能够为同一目标而行动和努力,高公平偏好的人通过强化群体身份感来使得群体增强公共合作,而低公平偏好的人倾向于与异质个体合作,可以通过提高信息公开程度来促成合作(连洪泉等,2015)。信息和情境也对合作有着显著影响,正面的信息冲击和情境可以提高参与者的合作意愿,而负面的信息冲击则不能提高合作水平(郑筱婷,2016),对情境的记忆还会在一定程度上使合作水平下降(连洪泉等,2015)。

公共品的提供涉及人们对公平的偏好,也涉及合作能否达成,是研究社会偏好的一个重要主题。周业安和宋紫峰(2008)从互惠偏好的角度对公共品投资意愿进行了解释,实验结果与其他国家的类似实验结果相似,结论较为稳定,但实验也发现个体之间的社会偏好程度有较大差异。在宋紫峰等(2011)的研究中,个体公共品供给不仅可以被互惠偏好解释,而且可以被不平等厌恶偏好解释。而这两篇文章都认为纯粹利他和"光热效应"(warm glow)理论不具备解释能力,公共品的供给避不开对搭便车问题的讨论。连洪泉等(2013)通过动态公共品实验框架进行实验设计,发现惩罚一定程度上促进了合作,但是由惩罚机制导致的报复效应最终降低了合作水平,因此单纯的惩罚设计并不能完全阻止搭便车的行为,还需要引入其他监管机制,如第三方惩罚。对第三方惩罚的讨论为解决社会秩序困境提供了一个新的思路。在实验中,第三方惩罚显示出普通商品的属性,第三方对惩罚行为的需求随着价格的上升而下降(范良聪等,2013),因此,如果希望第三方惩罚能够发挥其应有的作用,还应该进一步探究如何降低第三方惩罚成本。

第三类研究在行为经济学视角下分析市场机制的形成机理以及影响因素,从最基本的谈判和拍卖,到资本市场上价格泡沫的形成和股市的波动,再到企业管理和市场结构治理,一些学者都在实验中进行了论证,为微观市场和金融学提供了一个新视角。比如龚强(2009)将消费者谈判能力引入厂商价格歧视的模型中,在模拟实验中发现"不标价"的价格歧视并不总是有效,在消费者谈判能力较强时,这并非厂商的最优策略。这个模型说明厂商应该综合考虑消费者在博弈不同阶段中所处的位置,及时调整价格策略,以此来获得优势。在交易中,参照点效应对建立契约的双方也有显著的影响,缔约人的行为同时受到自利偏好和利他偏好的双重影响,并根据对方的行动和多重参照点不断进行调整(袁卓群等,2015)。还有学者对拍卖投标过程进行了研究,这一部分的探究引入了一些经典经济学之外的要素,如卖家行动干扰和买家有限腐败,更多地使用博弈论的数学模型来进行论证。在拍卖中,买方的不同干扰对于不同拍卖机制的效果是不一样的(黄涛,2005),同样,买家的贿赂行为在不同的拍卖机制下也并非总能奏效(田国强和刘春晖,2008)。

更多的学者将关注点放在了金融部门上,通过计算机模拟实验和成交数据库的自然实验,对资产市场中的泡沫与价格波动进行了研究。交易者有限的认知能力使得市场价格并不能像经典模型中一样,收敛到预期均衡水平,尤其是认知能力较低的个体会盲目追随,使得价格与预期均衡的偏离增加,催生泡沫和价格波动(宗计川等,2017)。而交易者在识别泡沫后,并不会立刻戳破,反而倾向于以更高的价格转手给下一位投资者,以便自己快速退出,这样的行为加剧了股票泡沫的膨胀(攀登等,2008)。同时,不仅交易者本身的有限理性和动物精神会对资产价格波动产生重要影响(林树等,2006;林树和俞乔,2010),造成证券市场的泡沫,行为实验还表明,资金约束的放松(杨晓兰和金雪军,2006)和股市谣言(雷震等,2016b)对证券市场的泡沫和价格的波动也有推波助澜的作用。

从这一维度,行为经济学和实验经济学又进一步为资本市场的规范与企业的管理提供了可行的建议和思路。前面我们已经提到有文献论证了信任水平对合作的积极意义,同样,企业的良好声誉也会赢得更多消费者的积极响应(金立印,2009)。在更宏观的层面,信任的作用则反映为社会信任水平与金融市场的参与率的同向变动,而且在倒U形模型中,个人投资者的投资收益在达到峰值前,都会随着金融信任水平的提高而显著提高(崔巍,2013)。因此,从行为金融学的视角来看,建立信用评估体系对于个人和企业都具有积极作用。

第四类研究主要涉及一些非市场行为,常常与公共政策相关。这一部分的文章与第二类中对公平和再分配政策的讨论相似,学者们用实验的方法在农村发展、公共政策、住房问题、网络信息和腐败等方面都进行了不同程度的讨论和探究。这一类研究是实验经济学在整个经济学领域的扩展和应用,主题多元,内容丰富。比如在腐败问题上,雷震(2013)通过设计实验对腐败行为进行刻画和模拟,发现集体腐败率更高;姜树广和陈叶烽(2016)进一步通过经典贿赂博弈实验说明了腐败行为会造成群体平均收益降低;雷震等(2016a)通过腐败实验发现社会身份在我国官本位的文化背景下和腐败行为本身有着密切的关系。这一问题的研究具有很强的现实意义,而学者们在研究中也充分结合了中国特有的文化,具有一定的独创性和实用性。在农村发展问题上,通过对照实验的设计与研究,齐良书和赵俊超(2012)发现对校园餐的营养干预对贫困地区住校生的人力资本发展有正向影响,这不仅对发展贫困地区人力资本有积极意义,同时还有利于校园餐带动当地农副产业的发展,从而为农户创收,增加贫困地区居民收入。在农村教育方面,农村教师对学生的刻板印象会造成学生成绩上的显著差异,这为改善农村教育、促进教育公平提供了改进建议(王欢等,2017)。在组织激励和企业管理领域,面对不同的目的和不同的团队成员能力分布,激励代理人需要根据不同情况分别采用首位晋升式、末尾淘汰制的激励政策(李晓义等,2010);在激励政策中引入有效的锦标赛激励机制,可以有效降低企业的人力成本并提高员工的努力水平(闫威等,2017)。

其他学者还对正式保险数量与风险覆盖率的关系(林莞娟和孟涓涓,2014)、网络意见领袖对网民集权行为的影响(青平等,2016)、公租房匹配机制(邓红平和罗俊,2016)等问题进行了相应的实验研究。

三、总结与展望

从上述梳理可以看出,最近15年实验经济学在国内已经取得了长足的发展。这些发展可以总结为以下三个方面。

首先,实验方法得到了很高的关注和认可。特别是由于2002年诺贝尔经济学奖授予弗农·史密斯和丹尼尔·卡尼曼、2012年授予埃尔文·罗斯、2013年授予罗伯特·席勒、2017年授予理查德·塞勒,行为和实验经济学家备受学界和社会大众关注。而国内主流经济学研究者和期刊对实验经济学也逐步认同,实验研究成果逐年上升,中国学者在国内外形成了一定的学术影响力。

其次,实验研究给中国经济学研究带来了方法上的革新。一方面,研究决策过程所能依赖的数据类型增加了,从而使我们有必要通过这些新类型的数据来检验相关的经济学理论。另一方面,这些新类型数据和传统经济学决策数据结合在一起,有助于发现和建立新的经济学理论。此外,与计量经济学方法相比,实验经济学可以在政策设计与政策评估方面发挥重要的补充作用,实验经济学能在大规模实施政策改革或者政策干预之前进行科学评估,从而做好理论指导准备和政策实施准备。

最后,实验经济学学科得到了全面发展。具体表现在我国行为和实验经济方面的研究人员、研究体系、研究方法、研究支持等各方面在过去15年取得了长足发展,越来越多的高校建立了专门的经济学实验室,海外学者的加盟也使得这一领域富有生机与活力(参见周业安(2019)),从而实现了"从无到有、从有到优"的飞跃式发展。

但是目前实验经济学在我国的发展还有不完善的地方,主要体现在以下几个方面。

第一,高水平研究成果有限。虽然近年来实验经济学在国内的研究日益发展壮大,但较高水平的研究成果(以在国内五大刊物发表为标准)数量仍然有限。一方面由于经济学实验具有一定的门槛,实验设计和方法较复杂且招聘被试具有较高的经济成本,使得实验规模和数据收集受到了一定限制;另一方面也是因为国内实验经济学团队影响力有限,且与国内外交流合作仍处于一个发展阶段,合作体系不够完善。第二,研究领域发展不均衡。我国学者的实验经济学研究大多集中在微观领域,如社会偏好、社会合作与行为博弈等,对宏观领域的研究虽然起步较早,但大都限于资本市场,鲜有对其他宏观领域的研究。第三,实地实验发展相对滞后,相关研究成果少见。实地实验本身作为一种研究工具,有实验室实验所欠缺的贴近现实的优点,然而相对而言研究所需投入的时间和资金成本也更加高昂,使得许多学者望而却步。第四,研究的本土化不足。目前我国学者对经济学实验的设计大多处于模仿阶段,自主设计还不够成熟,这也使得对本土化因素的引入有一定的困难困惑。

作为一门新兴学科,实验经济学因其能克服许多传统经济学研究框架的局限,已成为现代经济研究的有力工具。尽管我国实验经济学研究发展存在一些不足,但随着本土实验经济学人才培养机制日渐成熟和越来越多的海外学者加入,可以预见在未来数年,实验经济学在国内必将取得长足的发展,包括研究范围的扩大、研究领域的深入和研究针对性与本土化的增强。在可预见的将来,实验经济学在国内的发展可能在以下三个方面可以拓展。

研究范围扩大化,现有实验研究主要集中于公共品、社会偏好、行为金融等几大领域,集中于采用学生被试的实验室实验,集中于国内的几个主要研究团队。因此,本土行为和实验经济学研究还远远不具备普遍性,未来需要在研究人员、研究被试、研究主体主题等方面都有更大的突破。

研究方法多样化,行为和实验经济学研究已经综合了实验室实验、实地实验、问卷实验等诸多方法,但是国内绝大多数实验经济学研究囿于时间和金钱成本,在方法上仍比较拘泥单一,未来尤其要加大对门槛更高的实地实验研究的探索和支持。

研究成果体系化,实验经济学成为主流经济学分支的必要条件就是具备一套完整的方法论体系,目前国内行为和实验经济学研究的格局还比较小,研究者应当秉持"上天入地"的精神,助力行为和实验经济学的理论研究和实际应用。

本讲参考文献

包特、王国成、戴芸,2020:《面向未来的实验经济学:文献述评与前景展望》,《管理世界》,第 7 期。

陈聊钦,2011:《实验经济学的兴起及其在中国的发展》,《唯实》,第 6 期。

陈卫东、程雷,2012:《隔离式量刑程序实验研究报告——以芜湖模式为样本》,《中国社会科学》,第 9 期。

陈叶烽,2009:《亲社会性行为及其社会偏好的分解》,《经济研究》,第 12 期。

陈叶烽、丁预立、潘意文等,2020a:《薪酬激励和医疗服务供给:一个真实努力实验》,《经济研究》,第 1 期。

陈叶烽、王嘉瑞、丁预立等,2020b:《市场竞争是否挤出了信任:来自实验经济学的证据》,工作论文。

陈叶烽、叶航、汪丁丁,2010:《信任水平的测度及其对合作的影响——来自一组实验微观数据的证据》,《管理世界》,第 4 期。

陈叶烽、周业安、宋紫峰,2011:《人们关注的是分配动机还是分配结果?——最后通牒实验视角下两种公平观的考察》,《经济研究》,第 6 期。

崔巍,2013:《信任、市场参与和投资收益的关系研究》,《世界经济》,第9期。

丹尼尔·贝尔,欧文·克里斯托尔著,陈彪如、唐振彬、许强等译,1985:《经济理论的危机》,上海:上海译文出版社。

邓红平、罗俊,2016:《不完全信息下公共租赁住房匹配机制——基于偏好表达策略的实验研究》,《经济研究》,第10期。

董志勇,2005:《行为经济学》,北京:北京大学出版社。

范良聪、刘璐、梁捷,2013:《第三方的惩罚需求:一个实验研究》,《经济研究》,第5期。

范良聪、刘璐、张新超,2016:《社会身份与第三方的偏倚:一个实验研究》,《管理世界》,第4期。

弗农·史密斯著,李建标等译,2008:《实验经济学》,北京:首都经济贸易大学出版社。

高鸿桢、林嘉永,2005:《信息不对称资本市场的实验研究》,《经济研究》,第2期。

葛玉好、邓佳盟、张帅,2018:《大学生就业存在性别歧视吗?——基于虚拟配对简历的方法》,《经济学(季刊)》,第4期。

龚强,2009:《消费者谈判能力与厂商标价策略——模型及基于实验经济学的检验》,《经济学(季刊)》,第4期。

何浩然,2011:《个人和家庭跨期决策与被试异质性——基于随机效用理论的实验经济学分析》,《管理世界》,第12期。

何浩然、陈叶烽,2012:《禀赋获得方式影响被试行为是否存在性别差异:来自自然现场实验的证据》,《世界经济》,第4期。

何浩然、王伟尧、李实,2015:《收入不平等对逆社会行为的影响:双重实验证据》,《世界经济》,第11期。

何浩然、夏静文、关雯琦等,2020:《淘汰式惩罚与合作:基于经济学实验的研究》,《世界经济》,第3期。

何浩然、周业安,2017:《换位经历是否会促进换位思考:来自经济学实验的证据》,《世界经济》,第4期。

洪永淼,2016:《经济统计学与计量经济学等相关学科的关系及发展前景》,《统计研究》,第5期。

胡援成、刘元秀、吴飞等,2017:《高管薪酬、业绩与胜任力识别:一项行为金融实验——来自我国2012年沪深两市的经验证据》,《经济学(季刊)》,第2期。

黄涛,2005:《拍卖投标中的卖方干扰策略分析》,《经济研究》,第7期。

姜树广、陈叶烽,2016:《腐败的困境:腐败本质的一项实验研究》,《经济研究》,第1期。

姜树广、韦倩,2013:《信念与心理博弈:理论、实证与应用》,《经济研究》,第6期。

金立印,2009:《企业声誉、行业普及率与服务保证有效性——消费者响应视角的实验研究》,《管理世界》,第7期。

金雪军、杨晓兰,2009:《行为经济学》,北京:首都经贸大学出版社。

金煜、梁捷,2003:《行为的经济学实验:个人、市场和组织的观点》,《世界经济文汇》,第5期。

雷震,2013:《集体与个体腐败行为实验研究——一个不完全信息最后通牒博弈模型》,《经济研究》,第4期。

雷震、田森、凌晨等,2016a:《社会身份与腐败行为:一个实验研究》,《经济学(季刊)》,第3期。

雷震、杨明高、田森等,2016b:《股市谣言与股价波动:来自行为实验的证据》,《经济研究》,第9期。

李彬、史宇鹏、刘彦兵,2015:《外部风险与社会信任:来自信任博弈实验的证据》,《世界经济》,第4期。

李建标、牛晓飞、曹倩,2019:《处置效应和买回效应都是后悔导致的吗?——实验经济学的检验》,《经济学(季刊)》,第4期。

李晓义、李建标,2009:《不完备市场的多层次治理——基于比较制度实验的研究》,《经济学(季刊)》,第4期。

李晓义、李维安、李建标等,2010:《首位晋升与末位淘汰机制的实验比较》,《经济学(季刊)》,第4期。

连洪泉、周业安、陈叶烽等,2015:《信息公开、群体选择和公共品自愿供给》,《世界经济》,第12期。

连洪泉、周业安、左聪颖等,2013:《惩罚机制真能解决搭便车难题吗?——基于动态公共品实验的证据》,《管理世界》,第4期。

梁平汉、孟涓涓,2013:《人际关系、间接互惠与信任:一个实验研究》,《世界经济》,第12期。

林树、俞乔,2010:《有限理性、动物精神及市场崩溃:对情绪波动与交易行为的实验研究》,《经济研究》,第8期。

林树、俞乔、汤震宇等,2006:《投资者"热手效应"与"赌徒谬误"的心理实验研究》,《经济研究》,第8期。

林莞娟、孟涓涓,2014:《越多正式保险是否越能提高风险覆盖率:一个实验研究》,《世界经济》,第2期。

罗俊、陈叶烽、何浩然,2019:《捐赠信息公开对捐赠行为的"筛选"与"提拔"效应——来自慈善捐赠田野实验的证据》,《经济学(季刊)》,第4期。

罗俊、汪丁丁、叶航等,2015a:《走向真实世界的实验经济学——田野实验研究综述》,《经济学(季刊)》,第3期。

罗俊、叶航、汪丁丁,2015b:《捐赠动机、影响因素和激励机制:理论、实验与脑科学综述》,

《世界经济》,第7期。

那艺、贺京同,2019a:《行为经济学的兴起及其与新古典经济学关系的演变》,《中国社会科学》,第5期。

那艺、贺京同,2019b:《行为经济学与实验经济学的学术分野》,《经济学动态》,第7期。

攀登、施东晖、宋铮,2008:《证券市场泡沫的生成机理分析——基于宝钢权证自然实验的实证研究》,《管理世界》,第4期。

齐良书、赵俊超,2012:《营养干预与贫困地区寄宿生人力资本发展——基于对照实验项目的研究》,《管理世界》,第2期。

青平、张莹、涂铭等,2016:《网络意见领袖动员方式对网络集群行为参与的影响研究——基于产品伤害危机背景下的实验研究》,《管理世界》,第7期。

世界银行,2015:《世界发展报告:思维社会与行为》,北京:清华大学出版社。

宋紫峰、周业安,2011:《收入不平等、惩罚和公共品自愿供给的实验经济学研究》,《世界经济》,第10期。

宋紫峰、周业安、何其新,2011:《不平等厌恶和公共品自愿供给——基于实验经济学的初步研究》,《管理世界》,第12期。

唐文进、袁沁,2003:《"风洞"实验方法与实验经济学的发展》,《经济学动态》,第2期。

田国强、刘春晖,2008:《密封价格拍卖或招标中的有限腐败》,《经济研究》,第5期。

万迪昉、罗小黔、杨再惠等,2008:《不同决策权配置对组织行为模式演进影响的实验研究》,《管理世界》,第11期。

汪良军、童波,2017:《收入不平等、公平偏好与再分配的实验研究》,《管理世界》,第6期。

王春超、肖艾平,2019:《班级内社会网络与学习成绩——一个随机排座的实验研究》,《经济学(季刊)》,第3期。

王春超、钟锦鹏,2018:《同群效应与非认知能力——基于儿童的随机实地实验研究》,《经济研究》,第12期。

王国成、黄涛、葛新权,2005:《经济行为的异质性和实验经济学的发展——全国首届实验经济学发展研讨会述评》,《经济研究》,第11期。

王欢、史耀疆、王爱琴等,2017:《农村教师对后进学生刻板印象的测量研究》,《经济学(季刊)》,第2期。

王擎、周伟,2013:《股票市场伦理环境与投资者模糊决策——理论与实验研究》,《中国社会科学》,第3期。

韦倩,2010:《纳入公平偏好的经济学研究:理论与实证》,《经济研究》,第9期。

伍利娜、陆正飞,2005:《企业投资行为与融资结构的关系——基于一项实验研究的发现》,《管理世界》,第4期。

徐林、凌卯亮,2019:《居民垃圾分类行为干预政策的溢出效应分析——一个田野准实验研究》,《浙江社会科学》,第 11 期。

闫佳、章平、许志成等,2018:《信任的起源:一项基于公平认知与规则偏好的实验研究》,《经济学(季刊)》,第 1 期。

闫威、郑润东、党文珊等,2017:《锦标赛结构、阶段性绩效反馈与无意识启动对代理人行为的影响:实验的证据》,《经济学(季刊)》,第 1 期。

杨晓兰、洪涛,2011:《证券市场平准基金是否有效:来自实验室市场的证据》,《世界经济》,第 12 期。

杨晓兰、金雪军,2006:《资金约束放松与证券市场泡沫:一个实验检验》,《世界经济》,第 6 期。

杨晓兰、周业安,2017:《政府效率、社会决策机制和再分配偏好——基于中国被试的实验经济学研究》,《管理世界》,第 6 期。

袁卓群、秦海英、杨汇潮,2015:《不完全契约中的决策:公平偏好及多重参照点的影响》,《世界经济》,第 8 期。

约翰·达菲等著,贺京同、那艺等译,2019:《实验宏观经济学》,北京:机械工业出版社。

郑筱婷,2016:《信息冲击与合作的重启效应:新闻影响合作行为的实验研究》,《世界经济》,第 9 期。

周业安,2018:《周业安自选集》,北京:中国人民大学出版社。

周业安,2019:《改革开放以来实验经济学的本土化历程》,《南方经济》,第 1 期。

周业安、黄国宾、何浩然等,2014:《领导者真能起到榜样作用吗?——一项基于公共品博弈实验的研究》,《管理世界》,第 10 期。

周业安、宋紫峰,2008:《公共品的自愿供给机制:一项实验研究》,《经济研究》,第 7 期。

周业安、宋紫峰,2011:《社会偏好、信息结构和合同选择——多代理人的委托代理实验研究》,《经济研究》,第 11 期。

周业安、左聪颖、陈叶烽等,2012:《具有社会偏好个体的风险厌恶的实验研究》,《管理世界》,第 6 期。

周业安、左聪颖、袁晓燕,2013:《偏好的性别差异研究:基于实验经济学的视角》,《世界经济》,第 7 期。

周晔馨、涂勤、胡必亮,2014:《惩罚、社会资本与条件合作——基于传统实验和人为田野实验的对比研究》,《经济研究》,第 10 期。

朱宪辰、李妍绮、曾华翔,2008:《不完美信息下序贯决策行为的一项实验考察——关于羊群行为的贝叶斯模型实验检验》,《经济研究》,第 6 期。

宗计川、付嘉、包特,2017:《交易者认知能力与金融资产价格泡沫:一个实验研究》,《世界经济》,第 6 期。

宗庆庆、张熠、陈玉宇,2020:《老年健康与照料需求:理论和来自随机实验的证据》,《经济研究》,第 2 期。

Allais, M., 1953, "Le comportement de l'homme rationnel devant le risque: Critique des postulats et axiomes de l'école américaine", *Econometrica: Journal of the Econometric Society*, 21(4), 503—546.

Angrist, J. D. and Pischke, J. S., 2008, *Mostly Harmless Econometrics: An Empiricist's Companion*, Princeton: Princeton University Press.

Back, K. and Zender, J. F., 1993, "Auctions of divisible goods: On the rationale for the treasury experiment", *The Review of Financial Studies*, 6(4), 733—764.

Berg, J., Dickhaut, J. and McCabe, K., 1995, "Trust, reciprocity, and social history", *Games and Economic Behavior*, 10(1), 122—142.

Bernstad, A., 2014, "Household food waste separation behavior and the importance of convenience", *Waste Management*, 34(7), 1317—1323.

Binmore, K. and Klemperer, P., 2002, "The biggest auction ever: The sale of the British 3G telecom licences", *The Economic Journal*, 112(478), C74—C96.

Blinder, A. S. and Morgan, J., 2008, "Do monetary policy committees need leaders? A report on an experiment", *American Economic Review*, 98(2), 224—229.

Bohm, P., 1972, "Estimating demand for public goods: An experiment", *European Economic Review*, 3(2), 111—130.

Brosig-Koch, J., Hennig-Schmidt, H., Kairies-Schwarz, N. et al., 2017, "The effects of introducing mixed payment systems for physicians: Experimental evidence", *Health Economics*, 26, 243—262.

Camerer, C., 1995, "Individual decision making", in Kagel, J. H. and Roth, A. E. eds: *The Handbook of Experimental Economics*, Princeton: Princeton University Press.

Chamberlin, E. H., 1948, "An experimental imperfect market", *Journal of Political Economy*, 56, 95—108.

Croson, R., 2005, "The method of experimental economics", *International Negotiation*, 10: 131—148.

Croson, R. and Gächter, S., 2010, "The science of experimental economics", *Journal of Economic Behavior & Organization*, 73, 122—131.

Croson, R. and Johnston, J. S., 2000, "Experimental results on bargaining under alternatives property rights regimes", *Journal of Law, Economics, and Organization*, 16(1), 50—73.

Davis, D. D. and Holt, C. A., 1993, "*Experimental Economics*", Princeton: Princeton University Press.

Duffy, J. , 2010, "Experimental macroeconomics", in Durlauf, S. N. and Blume, L. E. eds: *Behavioural and Experimental Economics*, London: Palgrave Macmillan.

Dulleck, U. , Johnston, D. W. , Kerschbamer, R. et al. , 2012, "The good, the bad and the naive: Do fair prices signal good types or do they induce good behaviour?", Working paper.

Dulleck, U. and Kerschbamer, R. , 2006, "On doctors, mechanics, and computer specialists: The economics of credence goods", *Journal of Economic literature*, 44, 5—42.

Dulleck, U. , Kerschbamer, R. and Sutter, M. , 2011, "The economics of credence goods: An experiment on the role of liability, verifiability, reputation, and competition", *American Economic Review*, 101, 526—555.

Dwenger, N. , Kleven, H. , Rasul, I. et al. , 2016, "Extrinsic and intrinsic motivations for tax compliance: Evidence from a field experiment in Germany", *American Economic Journal: Economic Policy*, 8(3), 203—232.

Falk, A. , Fehr, E. and Fischbacher, U. , 2003, "On the nature of fair behavior", *Economic Inquiry*, 41(1), 20—26.

Falk, A. and Heckman, J. J. , 2009, "Lab experiments are a major source of knowledge in the social sciences", *Science*, 326, 535—538.

Fehr, E. , Kirchsteiger, G. and Riedl, A. , 1993, "Does fairness prevent market clearing? An experimental investigation", *Quarterly Journal of Economics*, 108, 437—459.

Fehr, E. and Schmidt, K. M. , 1999, "A theory of fairness, competition, and cooperation", *Quarterly Journal of Economics*, 114, 817—868.

Fisman, R. , Gladstone, K. , Kuziemko, I. et al. , 2020, "Do Americans want to tax wealth? Evidence from online surveys", *Journal of Public Economics*, 188, 104207.

Flood, M. and Dresher, M. , 1950, *The Basis of the Game Theory: Prisoner's Dilemma Model of Cooperation and Conflict*, California: Rand Corporation.

Flood, M. M. , 1952, *Some Experimental Games: Research Memorandum RM-789*, RAND Corporation, Santa Monica, CA.

Flood, M. M. , 1958, "Some experimental games", *Management Science*, 5(1), 5—26.

Forsythe, R. , Horowitz, J. L. , Savin, N. E. et al. , 1994, "Fairness in simple bargaining experiment", *Games and Economic Behavior*, 6(3), 347—369.

Friedman, D. , Cassar, A. and Selten, R. , 2004, *Economics Lab: An Intensive Course in Experimental Economics*, London: Psychology Press.

Greiner, B. , Zhang, L. and Tang, C. , 2017, "Separation of prescription and treatment in health care markets: A laboratory experiment", *Health Economics*, 26, 21—35.

Güth, W., Schmittberger, R. and Schwarze, B., 1982, "An experimental analysis of ultimatum bargaining", *Journal of Economic Behavior & Organization*, 3(4), 367—388.

Hallsworth, M., List, J. A., Metcalfe, R. D. et al., 2017, "The behavioralist as tax collector: Using natural field experiments to enhance tax compliance", *Journal of Public Economics*, 148, 14—31.

Hennig-Schmidt, H., Selten, R. and Wiesen, D., 2011, "How payment systems affect physicians' provision behavior——An experimental investigation", *Journal of Health Economics*, 30, 637—646.

Hommes, C., Massaro, D. and Weber, M., 2019, "Monetary policy under behavioral expectations: Theory and experiment", *European Economic Review*, 118, 193—212.

Huck, S., Lünser, G., Spitzer, F. et al., 2016a, "Medical insurance and free choice of physician shape patient overtreatment: A laboratory experiment", *Journal of Economic Behavior & Organization*, 131, 78—105.

Huck, S., Lünser, G. K. and Tyran, J. R., 2016b, "Price competition and reputation in markets for experience goods: An experimental study", *The RAND Journal of Economics*, 47(1): 99—117.

Holland, P. W., 1986, "Statistics and causal inference", *Journal of the American Statistical Association*, 81, 945—960.

Imbens, G. W. and Rubin, D. B., 2015, *Causal Inference in Statistics, Social, and Biomedical Sciences*, Cambridge: Cambridge University Press.

Kagel, J. H. and Roth, A. E., 1995, "*The Handbook of Experimental Economics*", Princeton: Princeton University Press.

Kahneman, D. and Tversky, A., 1979, "Prospect theory: An analysis of decision under risk", *Econometrica*, 47, 263—291.

Ledyard, J. O., 1995, "Public goods: A survey of experimental research", in Kagel, J. H. and Roth, A. E. eds: *The Handbook of Experimental Economics*, Princeton: Princeton University Press.

Lu, F., 2014, "Insurance coverage and agency problems in doctor prescriptions: Evidence from a field experiment in China", *Journal of Development Economics*, 106, 156—167.

Lavergne, M. and Mullainathan, S., 2004, "Are Emily and Greg more employable than Lakisha and Jamal? A field experiment on labor market discrimination", *American Economic Review*, 94, 991—1013.

Miguel, E. and Kremer, M., 2004, "Worms: Identifying impacts on education and health in the presence of treatment externalities", *Econometrica*, 72(1), 159—217.

Plott, C. R., 1982, "Industrial-organization theory and experimental economics", *Journal of Economic Literature*, 20, 1485—1527.

Rabin, M., 1993, "Incorporating fairness into game-theory and economics", *American Economic Review*, 83, 1281—1302.

Rabin, M., 2002, "A perspective on psychology and economics", *European Economic Review*, 46(4—5), 657—685.

Roth, A. E., 1993, "On the early history of experimental economics", *Journal of the History of Economic Thought*, 15(2), 184—209.

Roth, A. E., 1995, "Introduction to experimental economics", in Kagel, J. H. and Roth, A. E. eds: *The Handbook of Experimental Economics*, Princeton: Princeton University Press.

Rubin, D. B., 1974, "Estimating causal effects of treatments in randomized and nonrandomized studies", *Journal of Educational Psychology*, 66, 688—701.

Rubin, D. B., 1977, "Assignment to treatment group on the basis of a covariate", *Journal of Educational Statistics*, 2, 1—26.

Schwartz, R. D. and Orleans, S., 1967, "On legal sanctions", *The University of Chicago Law Review*, 34(2), 274—300.

Smith, V. L., 1962, "An experimental study of competitive market behavior", *Journal of Political Economy*, 70, 111—137.

Smith, V. L., 1976, "Experimental economics: Induced value theory", *American Economic Review*, 66, 274—279.

Smith, V. L., 1982, "Microeconomic systems as an experimental science", *American Economic Review*, 72, 923—955.

Smith, V. L., 1991, "Rational choice: The contrast between economics and psychology", *Journal of Political Economy*, 99(4), 877—897.

Smith, V. L. and Walker, J. M., 1993, "Monetary rewards and decision costs", *Economic Inquiry*, 31, 245—261.

Thurstone, L. L., 1931, "The indifference function", *The Journal of Social Psychology*, 2(2), 139—167.

第二讲
实验经济学方法论

经济学实验方法的探索始于弗农·史密斯,他为利用实验室实验进行可靠的经济学研究奠定了标准。在实验经济学发展普及的过程中,实验经济学家内部以及实验经济学家与其他经济学家之间进行了丰富的对话,由此促进了实验方法的革新和完善。本讲我们将围绕其中几个重要的议题,为读者介绍关于实验方法论最基本的规范和最广泛的争鸣。第一节我们将介绍实验方法论的理论基础——诱导价值理论,这是激励被试做出真实行为的先决条件。第二节我们将讨论实验方法的科学性和优劣性,对具有代表性的争辩内容进行整理和归纳。第三节我们将分析实验和理论的关系,厘清理论和实验在经济学研究中的作用。第四节我们从实验评价的角度,对实验的内部有效性和外部有效性展开说明。最后一节我们针对实验推广过程中最普遍的疑问——学生被试的样本代表性问题,列举了详细的经验证据和实践指导。

第一节 诱导价值理论

实验方法的关键在于控制。为了实现因果效应的干净识别,实验除了要控制非实验处理变量的独立性,还要控制实验数据结果的真实性和有效性。实验数据来自被试的决策行为,那么如何激励被试参加实验并按照实验要求做出真实的决策?弗农·史密斯认为这种控制可以通过一个能诱导出特定货币价值的行为的报酬结构来实现,由此提出了著名的诱导价值理论。

一、诱导价值理论的内涵

Smith(1976,1982)基于机制设计方法,证明了向被试支付报酬是诱导被试偏好的必要条件。弗农·史密斯将报酬结构的公式定义为 $m = m_0 + \Delta m$,其中,m_0 表示被试的"外部"货币收益,Δm 表示实验货币收益。被试的效用函数为 $V(m_0 + \Delta m, z)$,z 表示实验货币激励以外的其他激励。

被试的偏好 V_m 是不可观察的,但为了保证实验报酬激励的有效性,需要满足三点重要的假设:①单调性:V_m 关于 (m,z) 的所有可行集是严格递增的,即被试偏好更高的报酬且非餍足;②凸显性:实验货币收益 Δm 取决于被试决策,即被试的每一种行为对应着明确的收益结果,且被试完全理解这一点;③占优性:被试效用的变化主要来自实验收益 Δm,而其他激励 z 的影响可以忽略不计。因此实验要求被试的自主偏好是"中立"的,实验报酬"诱导"了新的偏好。然而实现这种"完美的诱导"可能存在一些障碍,比如以下几点。

第一,市场决策中可能存在主观成本(或主观价值)。在实验过程中,被试做出决策可能存在一些主观成本,例如在市场竞争实验中报价和交易可能是困难的。另外被试可能会对实验产生厌倦,比如在连续进行了 20 次重复决策后,被试可能会在第 21 次决策中尝试一个不一样的选项来克服无聊心态。如果这些问题无法被忽略,诱导价值过程的控制就是有误差的。解决这个问题有两种方式:其一,检验实验结果中的交易数量是否低于预期,如果是的话,则表明存在交易成本。这种交易成本的意识为理解实验结果与预期的偏差提供了一个有用的线索,可能需要通过重新设计实验解决这一问题。其二,利用报酬结构来补偿或抵消主观成本,具体方法包括提高实验收益和承诺被试佣金。①

第二,被试可能会将游戏价值附加到实验结果。这指的是除了实验报酬收益,被试可能还会对"实验点数"产生主观效用。由于这种主观效用的存在,有时候通过游戏角色的价值诱导(如假想收益)也能在没有货币激励的情况下得到满意的实验结果。不过需要注意的是,这种方法在实验经济学研究中并不被推崇。如果这个主观效用是单调递增的,那么它只是加强而非扭曲报酬结构的效果,但这种游戏价值可能是微弱的、不稳定的、易被交易成本左右的。因此在一般情况下,实验说明应尽可能采用中性框架,让明确的收益结构成为被试效用估值的唯一来源。

第三,被试可能不是个人利益最大化者。个人偏好和社会偏好因素可能限制诱导价值理论。在一个完全信息与不完全信息的双向拍卖对照实验中,弗农·史密斯研究了他人信息对个体决策的影响。结果发现,完全信息条件下的平均价格高于不完全信息,这个结论与"完全信息是形成竞争性价格的必要条件"的观点是相悖的。弗农·史密斯对此的解释是,在知晓他人收益的完全信息下,被试会出于公平考量而修正自利选择。换句话说,被试可能不是完全根据自己的利益进行决策,还可能会关注他人的利益,并出于公平、嫉妒等心理改变自己的决策。对这个问题的一种解决方式是,在实验中避免关于收益的公共信息。

关于诱导价值还有一个需要说明的问题——实验员需求效应,具体来说就是被试主

---

① Plott and Smith(1978)验证了这一方法,在诱导供给和需求可识别的情况下,他们设立了两个实验组,实验组 1 只付实验收益,而实验组 2 同时付实验收益和佣金。结果显示,实验组 1 的成交量在七轮中均低于理论均衡,而实验组 2 的成交量在八轮中只有两轮低于理论均衡。

动地想要帮助或阻碍实验员获得预期的实验结果,或者被试被动地收到一些关于实验员期待的微妙提示,这会"动摇"被试真实的行为选择,导致实验结果不再可靠。为了避免干扰,实验中应杜绝关于实验目标的任何暗示。

诱导价值理论作为实验经济学方法论的基础,其重要性在研究中得到了经验证据的支持。一些学者研究了基于绩效表现的报酬结构对被试决策优化的影响,Wright and Aboul-Ezz(1988)在商学院学生中对其熟悉的三个问题进行了概率估计实验,对比等额报酬和绩效报酬两种方式,结果发现基于绩效的报酬激励会激发更准确的估计结果。Jamal and Sunder(1991)在双向口头拍卖市场上的实验研究结果也表明,在缺少基于绩效的实验报酬情况下,被试无法可靠地收敛到市场均衡,基于绩效的报酬结构可以提高实验结果的可靠性和可重复性。

二、诱导价值理论的应用

绝大多数经济学实验采用货币作为诱导价值的标的物,这是因为货币是最通用的价值度量工具,满足诱导价值的单调性和非餍足假设。虽然有些实验也会采用非货币形式的报酬,但这种报酬对被试的激励是不稳定且不统一的,这意味着对于不同被试来说,非货币性报酬的效用来源和程度存在很大的差异,即使对于同一个被试来说,这种激励的效用在不同时间或不同环境下也可能存在极大的差异。这就导致实验设计者对这种激励方式的控制能力很弱。

(一)报酬大小的确定

一般来说,与实验表现相关的货币报酬使得被试可以认真地做出真实的行为决策,那么货币报酬的大小应该如何设定呢?是否货币报酬越大,被试的表现越好?Smith and Walker(1993)基于决策能力与努力程度正相关的假设,构建效用函数模型分析了货币报酬的重要作用及最佳数额,增加报酬会提高被试决策的努力程度并减少决策偏差。作者统计了31个关于货币报酬和机会成本的相对影响的实验研究,部分实验表明增大货币报酬使结果更加趋向理性预期模型,几乎所有实验都支持减少货币报酬会增大实验结果方差的假设。因此实验设计者需要在提高被试努力水平的边际收益和边际成本之间进行权衡。需要注意的是,被试的努力程度可能会受到货币报酬以外的其他限制的影响,比方说,被试可能不会像经济学者一样从成本收益的角度思考问题,也不会将获得报酬作为唯一的实验目标,实验中的情绪也会影响被试实现短期目标(Bechara and Damasio,2005)。因此努力程度和货币报酬之间可能不满足单调递增的关系,有时货币报酬反而会对被试努力产生负效应(Gneezy and Rustichini,2000)。

Camerer and Hogarth(1999)回顾了74个无金钱激励、低金钱激励、高金钱激励的实验中被试的绩效表现(见表2-1),统计结果发现,在博弈、拍卖和风险决策中,激励水平不会影响平均绩效,但提高报酬通常可以减少被试之间的绩效方差。较高水平的金钱激励可以改善容易做出响应的简单任务的绩效。但是当任务过于困难或努力会适得其反时,金钱激励反而会损害绩效。金钱激励可以减少"表现效应"[①],使被试的决策行为更现实,例如,当真实支付时,分配博弈中的被试会降低慷慨水平,赌博博弈中的被试会减少冒险行为。Camerer and Hogarth(1999)用"资本劳动产出理论"来解释这些结果,假设被试付出的身体或精神努力(劳动)取决于他们的内在动机和金钱激励,除了劳动水平,被试的表现还与其"认知资本"水平有关,资本和劳动是可替代的。这回答了金钱激励水平对不同任务的重要程度不同的原因,简单任务的认知资本要求低,因此被试可以在较少激励的情况下表现良好,进一步增加激励没有很大影响;而复杂任务需要很高的认知资本,这是短期实验内无法形成的,因此增加金钱激励虽然提高了被试的努力水平,但对被试表现的影响可能很小甚至为负。

表 2-1 激励效应的实验文献分类统计

任务类型	正效应	无影响	负效应	无标准影响
判断和决策				
概率判断	3	2		
二元选择	2		1	
多元预测	2		4	
问题解决	2		2	
条目识别/回忆	3	3	1	
文书类(绘图、数据录入、整合)	3			
博弈和市场				
优势可解博弈	1			
锦标赛	1	1		
信号博弈	1			
序贯谈判博弈		2		
最后通牒博弈		6		1(在高赌注时拒绝率更低)
信任博弈		2		
拍卖博弈:双边	3	1		
拍卖博弈:私人价值	1			1(维克里礼物拍卖,更高估值)
拍卖博弈:共同价值		1		
空间投票		1		
双头垄断,三头垄断		1		

---

① "表现效应"是指被试因为处于非真实的实验场景下,而产生不同于现实的表现,如更加慷慨。

(续表)

任务类型	正效应	无影响	负效应	无标准影响
个体决策				
独裁者任务				2(更自利)
风险选择		3		8(更风险厌恶),2(更风险追寻)
非EU选择模式	1	1		
偏好逆转		2	1	
消费者购买				1(更少的实际购买行为)
搜索		1		

资料来源:Camerer,C. F. and Hogarth,R. M.,1999,"The effects of financial incentives in experiments:A review and capital-labor-production framework",*Journal of Risk and Uncertainty*,19,7—42.

从这些经验来看,我们在应用诱导价值理论时,需要综合考虑实验任务的类型和难度等其他因素。一个最基本的原则是,被试的报酬水平必须足以弥补其时间成本以及在实验过程中的努力成本。为了保证实验报酬诱导价值的占优性和凸显性,在预算允许的情况下,可以适当按比例提高报酬水平。

(二)报酬支付方式的确定

经济学实验通常要求被试在一个环节中完成多项任务,那么如何统计衡量被试在多项任务中的绩效?换句话说,如何选择被试报酬的支付方式?Kawagoe(2019)比较了三种支付方式的利弊。①累积支付,即支付被试在所有任务中获得的总实验点,实验经济学家普遍认为这种支付方式是满足诱导价值理论前提的黄金规则。但这种支付方式会导致财富效应,如果被试在实验过程中积累了足够的报酬,他们可能会对之后的任务失去兴趣。一些研究表明,累积支付在某些情况下可能是激励不相容的,例如被试可能会在先前轮次收益损失后变得更加冒险激进,在收益增加后变得更加规避风险(Thaler and Johnson,1990; Weber and Zuchel,2005;Ackert et al.,2006)。②随机支付,即随机选择支付被试某些任务的实验点,这种支付方式广泛应用于重复实验中。随机支付的优势是可以消除财富效应,被试由于事先不知道被选择支付的任务,会认真对待所有任务。不过随机支付也会产生新的问题,Holt(1986)批评了随机支付方式,理由是当被试违背预期效用理论(特别是违反了预期效用理论中的独立公理)时,随机支付不符合激励相容原则。③极端随机支付,即仅选择某一个被试支付某一项任务的实验点。在这种支付方式下,为了给被试提供足够的激励,需要将极端随机支付的预期收益设置为与累积支付的期望收益大致相等。

总的来说,实验经济学家还没有就支付方式的选择达成共识,Azrieli et al.(2018)统计了2011年发表在国际五大经济学期刊[①]上实验类论文采用的支付方式(见表2-2),在

[①] 国际五大经济学期刊包括 *American Economic Review*(AER,《美国经济评论》)、*Journal of Political Economy*(JPE,《政治经济学杂志》)、*Quarterly Journal of Economics*(QJE,《经济学季刊》)、*Review of Economic Studies*(RES,《经济研究评论》)以及 *Econometrica*(ECTA,《计量经济学》)。

具有多项任务的32个实验中,有56%的实验选择了累积支付,有38%的实验选择了随机支付。这篇论文构建了一个关于实验中激励效果的理论模型,将被试对决策 X 和决策收益 P(X)的偏好区分开来,并证明了支付方式是否满足激励相容原则取决于被试对决策收益 P(X)的偏好。因此,实验设计者不应该仅关注被试对决策 X 的偏好,还需要将理论拓展到被试对决策收益 P(X)的偏好,更加谨慎地选择支付方式。

表 2-2 2011年发表在国际五大经济学期刊上实验类论文采用的支付方式

	支付方式						
	单独任务	零支付	随机支付一个	随机支付若干	累积支付	排名支付	合计
个体决策实验	7	0	3	1	3	0	14
	3	0	1	0	2	0	6
交互博弈实验	9	0	1	0	8	0	18
	8	1	3	3	5	1	21
合计	27	1	8	4	18	1	59

资料来源:Azrieli, Y., Chambers, C. P. and Healy, P. J., 2018, "Incentives in experiments: A theoretical analysis", *Journal of Political Economy*, 126, 1472—1503.

第二节 实验方法科学性的争辩

虽然实验方法引入经济学研究已经有半个多世纪,实验经济学已经是公认的经济学重要分支领域,但实验方法在发展的过程中一直面临着诸多争议。本节将这些争议归纳为实验方法的科学性和优劣性两个方面,下面分别展开说明。

一、经济学是实验科学吗?

传统经济学主要依靠经验观察和演绎推导方法进行研究,因此长期以来,经济学一直被认为是观察科学而非实验科学。英国著名的哲学家和经济学家约翰·斯图亚特·密尔就是一位坚定的经验主义者,他曾指出知识主要是从感官经验中以归纳的方式获得的,社会科学特别是政治经济学研究普遍不可能使用实验方法。芝加哥学派的代表人物米尔顿·弗里德曼(Milton Friedman)虽然认同在控制其他条件不变的情况下收集证据对于科学研究的重要性,但也质疑了经济学实验的可靠性,其理由是经济学无法像物理、生物等自然科学一样严格控制其他重要因素的影响,诸如实验员的影响等。

尽管如今实验方法已经普遍应用于产业组织、金融市场、博弈论、公共选择等诸多经济学研究领域,但仍然有一些经济学家不愿承认经济学是一门可实验的学科。著名计量经济学和宏观经济学家、2011 年诺贝尔经济学奖得主克里斯托弗·西姆斯(Christopher Sims)就曾明确表示"经济学不是也不可能是实验科学"(Sims,2010)。不过,西姆斯并没有给出这一论断的充分理由,只是引用了兹维·格里利切斯(Zvi Griliches)等人编著的《计量经济学手册》(*Handbook of Econometrics*)中的观点:"如果从精心设计的随机实验中收集的数据是完美的,那么就没有计量经济学的立足之地了"(Griliches,1986)。在我们看来,西姆斯并没有否定实验方法存在的意义,只是从维护计量经济学方法重要性的角度强调了实验不能作为回避复杂统计推断的手段。西姆斯的论述恰恰说明了实验方法与其他方法并不冲突,关键在于运用得当。

根据 Friedman et al. (1994) 的定义,一旦在特定学科中进行实验的方法和技术被重复使用并稳固建立,该学科便应该被视为实验科学。从研究数量来看,实验方法在经济学研究中已经被大量使用。大约在 20 世纪 30 年代,经济学研究中就已经出现了相对规范的实验研究,比如 Thurstone(1931)对个体无差异曲线的实验研究,以及众所周知的张伯伦在 1948 年进行的市场均衡实验。特别是从弗农·史密斯奠定实验方法论的基础以来,实验方法已成为经济学家工具包中规范和公认的一部分(Eckel,2004)。Roth(1995)以及之后查尔斯·普洛特(Charles Plott)和弗农·史密斯教授编写的《实验经济学成果手册》(*Handbook of Experimental Economics Results*)中记载了涉及经济学各个领域的大量实验研究。根据蒂尔堡大学查尔斯·努塞尔(Charles Noussair)教授的统计,在经济学六大顶级期刊(*AER*、*QJE*、*ECTA*、*JPE*、*RES* 和 *EJ*[①])和实验经济学领域内三大期刊(*GEB*、*JEBO* 和 *EE*[②])上,2006—2011 年发表的实验经济学论文超过了 450 篇,比 2001—2005 年增长了 75%,而且从各个期刊的发表数量来看,实验经济学论文的发表占比也是上升的(见图 2-1)。

除了研究数量,判断一门学科是否成熟的标志还包括是否具备专业的教科书和期刊。1993 年,著名的实验经济学家查尔斯·霍尔特和道格拉斯·戴维斯教授合作出版了《实验经济学》一书,这是第一本全面的实验经济学教科书,被广泛用于研究生和本科生课程(Davis and Holt,1993)。1998 年,实验科学协会(Experimental Science Association,ESA)创办了实验经济学领域的专业期刊《实验经济学》。在诸多经济学刊物中,《实验经济学》享有较高的学术评价,堪称国际一流经济学期刊,影响力仅次于顶级综合性经济学刊物。截至 2020 年年底,该杂志已刊发了 23 卷(85 期),大量高质量实验论文的发表推动了实验经济学的发展。

实验作为连接理论和现实的一座桥梁,在经济学研究中发挥了重要的作用。经济学实验可以根据研究目标分为检验理论、寻找事实和测试政策三类(Roth,1986,1988)。在

[①] *EJ* 是指 *The Economic Journal*(《经济学杂志》)。
[②] 除前面提到的 *EE*,*GEB* 是指 *Games and Economic Behavior*(《博弈与经济行为》),*JEBO* 是指 *Journal of Economic Behavior & Organization*(《经济行为与组织杂志》)。

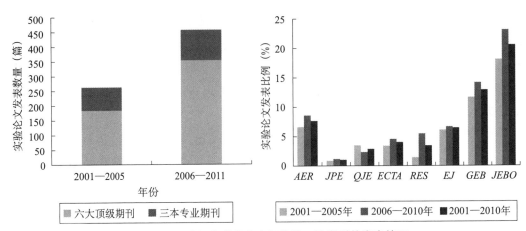

图 2-1 实验经济学论文在经济学一流期刊的发表情况

资料来源：https://joesonlineconference.files.wordpress.com/2011/11/trends-in-publishing-articles-in-experimental-economics-v3.pdf.

检验理论类的研究中,实验设置可以近乎完美地满足理论模型的假设要求,尽可能地减少理论检验过程中的干扰因素,而且实验可以通过改变模型的参数来验证理论的稳健性,这些在充满混杂因素的实证数据中都是很难实现的。而在寻找事实类的研究中,实验可以在发现"异常现象"的基础上,通过对照实验来剥离可能的影响因素,并且实验可以测度一些现实中无法获得的偏好、市场互动等数据并加以解释。在测试政策类的研究中,实验方法的作用就更明显了,实验为政策实施者提供了最经济可靠的"试验台",降低了政策试错的成本。此外,由于实验中获取的是行为人的微观数据,实验经济学家往往会更多地考虑一些人性事实,将心理学现实因素纳入研究中,这使得经济学研究更科学更全面。

基于以上证据,我们认为经济学是一门可实验的学科是无可非议的,而且从实验经济学研究的成果和影响来看,随着实验方法论体系的进一步完善,经济学实验的科学化未来可期。

二、实验方法是好方法吗？

相较于理论方法和传统计量实证方法,实验方法最核心最重要的优势就是控制。这种控制优势为干净识别因果效应提供了巨大的便利,使得实验方法不必像理论和实证方法一样受制于迪昂-奎因问题(Duhem-Quine problem)、内生性问题[①]等困扰。在实验室

---

① "迪昂-奎因问题"是指我们不可能孤立地检验某一个假说,一个假说的检验依赖于一系列辅助假设。当理论检验失败时,可能是由于其中的某些辅助假设不成立,实验可以很好地将这些假设分离开来进行对比检验。内生性问题是指模型中的解释变量与误差项存在相关关系,而实验可以完全外生地设置处理变量,消除这种内生性。

中,实验员可以控制物质报酬、决策顺序、决策信息集、是重复博弈还是一次博弈等关于决策环境和制度的影响变量。即使实验无法直接控制每一个可能的影响变量,也可以通过随机化实现间接控制,从而构建一个简单而又形象的微观经济系统来精准地检验理论假设和探索经济规律。

Falk and Heckman(2009)以检验效率工资理论的核心假设"努力水平与工资正相关"为例,对比了实验和实证方法的优劣性。[①] 在实证研究中,利用企业或行业的统计数据来检验这一理论面临着诸多困难。比方说,在企业中,工人的努力是不易观察或度量的,且工人可能面临着不同的激励组合,这导致关于努力水平的数据不可获得或者难以评估。而且工资差异可能是由于企业规模、工人自身能力、统计口径和时间不同导致的,可能并不能反映企业主的慷慨程度和工人的努力水平。在实际的劳动力市场中,工人与企业的互动是复杂的、长期的,统计数据无法刻画声誉、竞争等策略性互动因素。利用这些"有偏的"数据来验证工资和努力的关系可能会得到与事实不符的结论,影响这一理论在市场中的应用价值。而在实验方法中,实验经济学家巧妙地利用礼物交换博弈模拟了雇佣关系,被试分别扮演工人和企业的角色,企业制定工资水平,工人选择是否接受工资以及其努力水平。实验员可以清楚明确地获得关于工资和努力水平的数据,这些数据不存在统计口径不一致的问题,而且排除了诸如多重激励、自选择、生产能力差异、重复互动等混杂因素的影响。此外,实验方法还有利于发现与传统理论不一样的行为现象,并探索其中可能发挥作用的偏好和机制原因。仍以上述礼物交换博弈为例,在经典的理性经济人假设下,由于努力是有成本的且不会被观察和惩罚,自利的工人总会选择最低努力水平。预计到这点,企业没有动机支付高于最低水平的工资,由此论证效率工资理论是不成立的。然而大量的实验研究结果显示,高工资会诱导更高的努力水平,实验经济学家通过分析被试的偏好数据或者设计一些补充对照实验,发现了互惠、社会认同等因素可以解释这些"异常现象",这些深层分析在实证研究中是很难做到的。

实验方法的另一大优势就是可复制性。Deck et al.(2015)将可复制性定义为两个层面:第一,论文内的复制(replication within a paper),实验经济学研究一般都会针对某一个处理设置多个实验组以获得更多的观察数据;第二,跨论文的复制(replication across papers),实验经济学研究一般都会以之前的实验作为基准,在不同的时间、地点和对象间进行相同或类似的实验。可复制性是评估研究科学性的重要依据,可以避免一些片面的、暂时的"伪结论"。实验提供了一个可供许多研究者使用的广泛平台,基于实验说明和过程的公开化,不同研究者可以方便地理解实验目标和操作并进行复制实验,进一步验证实验结论的稳健性。而且在复制过程中,研究者可以更改变量或实验设计,由此激

---

① 这篇论文发表在全世界最权威的综合性学术期刊《科学》杂志上,对实验方法的科普起到了重要的作用。

发了对研究问题更深入更全面的分析,以及对实验范式更巧妙更科学的改进,最终促进了整个实验经济学领域的发展创新。Camerer et al.(2016)研究了有关实验经济学可复制性的证据和原因,作者复制了 2011—2014 年在《美国经济评论》和《经济学季刊》上发表的 18 项研究。结果发现,其中有 11 项(61%)研究与原始研究有相同方向上的显著处理效果,平均而言,复制的处理效果是原始效果的 66%。有两点因素使得实验经济学研究具有相对较高的复制成功率:第一,实验经济学家制定了明确的实验规范,比如以实质的经济激励诱导被试行为决策,这使得不同研究团队对不同被试群体行为研究的结果更具有一致性;第二,实验经济学家鼓励复制实验,主动在期刊发表时公开实验说明甚至原始数据和程序。

除了以上两大优势,实验方法还具有可观察性,实验员不仅可以观察被试决策的结果,还可以观察被试决策的过程,从而为中介机制的分析提供支撑。而且在这种观察过程中,实验获得了关于微观个体行为和偏好的一手数据,减少了数据收集和处理过程中可能的误差和时滞。

由于具备可控性和可复制性的优势,实验方法可以相对低成本地检验理论和分析机制,这特别有助于解决政策设计和评估问题(Charness,2010)。实验允许机制外生变化,更容易构建一个与研究问题相关的经济环境,而在现实中,政策往往是内生的,很难得到干预的因果推论。

虽然实验方法已经是自然科学领域中研究因果关系时的标准方法,然而,由于经济学和自然科学研究对象的差异,很多经济学家仍然会因质疑经济学实验的真实性和一般性而不相信实验证据,特别是相对抽象的实验室实验。但是,从诱导价值理论的角度来说,实验室中的行为是真实可信的:被试在模拟的市场中扮演经济角色,体会经济规则,并做出具有真实经济后果的决策。在大多数情况下,实验室构造的经济系统与实际的经济市场得到的数据对于统计推断并没有本质区别。即使实验室实验在保证控制性的情况下损失了一些真实性,这点也可以通过更"贴近现实"的实地实验得到补充。

对于实验室实验的一般性问题,Levitt and List(2007a)和 Camerer(2011)展开了激烈的对话。Levitt and List(2007a)认为实验室与现实中的某些影响因素存在系统性的差异,以社会偏好研究为例,除了实验报酬的激励,被试的行为还受到五个方面的影响:①道德伦理和社会规范的约束;②被试被观察的性质和程度;③实施决策时嵌入的情境;④样本的自选择;⑤博弈的初始禀赋。Camerer(2011)对此提出了三点反对意见:首先,实验的基本目标是建立将经济因素和经济行为联系起来的一般形式,而一般性并不是大多数实验研究关注的重点;其次,即使实验室实验可能存在一些威胁一般性的特征,但很少有证据明确表明以上五个因素在实验室内外存在显著差异,而且某些因素(诸如被观察)并不是实验室实验所独有的特征;最后,从对专门研究一般性问题的实验研究结果来看，大多数都支持一般性。①

下面我们将结合以上几篇综述类的文章，列举对实验方法的一些常见批评和实验经济学家的回应。

第一，实验报酬的大小和禀赋来源可能会影响结果。Merlo and Schotter(1992)分析发现收益函数的形式对于大多数被试来说是没有影响的，只有35%的实验可能面临由于报酬大小导致的决策偏差。报酬激励和禀赋效应依赖于具体的实验情境，即使确实有影响，实验员也可以通过相关的理论和预实验方法确定相对合理的收益形式。如果实验员对实验的禀赋效应感兴趣，那么可以进行不同收益规模和来源的对比实验。

第二，实验参加或观察的人数太少。虽然实证研究中往往倾向于利用大数据以达到统计可靠性，但是实验允许以可控、激励相容的方式获取数据，这类"干净"的数据具有更高的有效性，而且实验可以获得实证研究中没有的偏好和态度等微观数据。另外，适用于分析小样本数据的计量方法已经开发，因此从样本数量角度对实验结论进行否定是不合理的。随着实验方法的发展，很多实验的样本数也在增加，成百上千个被试样本的实验已经比较常见，实验的可复制性也间接地扩大了样本数量。

第三，学生被试没有代表性。这对检验理论的研究来说不是问题，因为大多数经济模型得出的预测不依赖于样本池。而且，即使确实存在代表性威胁，学生被试的数据也可以作为一个基准情况，为更专业或更广泛的样本研究提供参照。关于学生被试代表性问题的更多讨论，参阅本讲的第五节。

第四，实验的重复和经验。实验重复的合理性在于，在现实生活中，学习和经验也是普遍的，实验可以通过重复任务来为被试创造学习的机会。此外，重复实验有助于排除被试因不熟悉实验规则导致的误操作，同时有助于得到经济学研究所关心的均衡状态。在基础性普遍性问题的研究中，样本是否具有经验并不会影响研究结论，因此这类实验通常不区分经验丰富和经验不足的被试。当然，学习和经验等如何影响行为是一个有趣的问题，可以招募有经验和无经验的被试进行对比检验。

第五，霍桑效应②可能会扭曲实验结果。在许多实验，诸如决策互动丰富的市场拍卖实验中，霍桑效应的影响微乎其微。此外，被观察不只是实验的特征，许多非实验的决策也被观察。为了尽可能削弱霍桑效应的潜在影响，可以在实验设计和实施过程中提高匿名程度，如采用单盲实验（仅被试间匿名）和双盲实验（被试和实验员之间也完全匿名）。

第六，被试的自选择可能导致结果偏差。很少有实验证据表明自选择的志愿被试与无自选择的非志愿被试之间存在显著差异，而且由于市场上的自选择是一种重要的经济力量，因此自选择并不一定是缺点，它可以作为被试偏好的信息来源(Camerer,2011)。

---

① 关于真实性和一般性问题的讨论，我们将在本讲的第四节进行更详细的阐述。
② 霍桑效应(Hawthorne effects)的一种表述是，因为被试感受到自己被观察，所以其在实验中的行为与现实中不一样。对原始霍桑研究的数据再进行分析表明，霍桑研究中并未呈现霍桑效应。

实验员可以通过收集被试的背景和性格等特征数据来衡量和控制自选择效应,或者以可控方式明确地研究选择效应问题。

第七,实验情境无法完全控制。实际上,框架效应是实验经济学中一个重要的研究问题,通过对比非中性框架和中性框架的实验结果,实验经济学家可以检验情境因素对被试行为的影响。在需要构造框架来模拟真实经济情境的研究中,虽然实验员无法控制被试对框架的反应,但可以尽可能地通过语言、结构等的设计使被试更"身临其境"。

总的来说,经济学家对实验方法的激烈争论推动了实验经济学的发展和进步。不过需要明确的是,经济学家应该承认实验方法与其他方法是互补而不是替代的,实地数据、调查数据、实验数据以及标准的计量实证,都可以作为经济学研究的工具。这些方法没有等级之分,实验方法的科学性和独特优势值得肯定。实验经济学家也应该正视实验方法面临的质疑和不足,进一步改进和完善实验方法体系。如果我们希望经济学研究更加科学,那么实验方法应该被接受和鼓励。

第三节 实验和理论的关系

传统经济学只局限于纯粹的理论和观察,如今,实验方法融入主流经济学已经成为一个既定的事实。经济学既是一门实验科学,也是一门理论和观察的科学。实验和理论是紧密联系的,二者之间存在着丰富的对话内容。本节将通过阐述经济学理论和实验的定义和应用,厘清经济理论和实验方法的交互关系。

一、理论和实验的定义

经济理论提供了描述和分析经济状况的基本框架和概念,可以由它做出行为假设以得到预测,并提供对经济和社会现象的解释。行为假设是形成理论预测的关键前提,Croson and Gächter(2010)将经济理论的行为假设归纳为偏好、信念和行动方式三个方面。偏好假设指定了行动者如何评估每种可能结果,包括个人偏好和社会偏好[①];信念假设指定了行动者如何形成关于不确定状态的信念;行动方式假设则描述了偏好和信念的假设如何转化为预测结果。

在经典经济学研究中,关于以上三个方面的"标准假设"为:第一,行动者的风险偏好服从期望效用原则,时间偏好服从指数贴现,社会偏好通常假定为零,例如,假定个体的效用服

---

① 个人偏好包括个人对风险和不确定性的态度(风险偏好)、对未来的态度(时间偏好)等,社会偏好是指个人决策在何种程度上是和他人行为相关的。

从柯布-道格拉斯(Cobb-Douglas)效用函数形式,具有固定的相对或绝对风险规避系数;第二,行动者具备复杂的认知能力,即个人是理性的,对环境和他人的行为的期望也是理性的;第三,行动方式通过均衡求解,如竞争均衡、纳什均衡或子博弈完美纳什均衡等。

  这些标准假设提供了清晰和易于处理的理论形式,进而形成了一个非常强大的理论框架。虽然这些假设对现实世界的抽象可能是"有误"的,但这并不意味着这种"简化"的理论模型是无用的。明确的标准假设使得经济学家可以从逻辑上估计理论的预测结果,这对于理论和假设不够规范明确的其他社会科学来说是不可能的(Schotter,2006)。而且,标准模型可以看作一种临界状态,经济学家可以将标准假设作为基准,进一步拓展假设以构建更合理的理论模型。但是,理论的精确性和应用范围之间需要权衡。理论的假设越精确越合理,其预测就越有可能是准确的,但相应地应用范围就越窄。以社会偏好为例,经典预期效用理论的假设是最不准确的,但其应用范围是最广泛的。当放松理性经济人假设,例如在效用函数中加入风险参数等,理论变得更加复杂也更加准确,基于结果的效用函数(Bolton,1991)、基于目标的效用函数(Rabin,1993)、前景理论(Kahneman and Tversky,1979)等更加符合现实的理论由此提出。与经济学理论不同的是,心理学理论一般是围绕一个特定的情境解释行为现象,因此心理学理论往往是精细准确的,但应用范围比较有限(见图 2-2)。

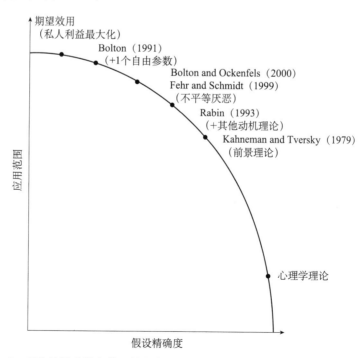

图 2-2 理论的精确性和范围的权衡:以社会偏好为例(Croson and Gächter,2010)

资料来源:Croson,R. and Gächter,S.,2010,"The science of experimental economics",*Journal of Economic Behavior & Organization*,73(1),122—131.

实验过程生成的是受控数据,实验员通过构建一个只改变某一处理变量而保持其他影响因素不变的经济系统,得到可以"干净"地识别处理的因果效应的研究数据。经济实验的"控制"要素通常包括策略集(行动者可以做什么)、信息集(行动者知道什么)和货币激励结构(行动者的决策如何转化为收益),这些要素和上述理论模型中行为假设的三个方面是一致的。按照实验数据获取的可控性程度,实验的类型可以划分为实验室实验、人为实地实验、框架实地实验、自然实地实验、自然实验等(见表2-3)。

表2-3 实验的分类

	被试类型	被试信息	决策激励	实验环境	被试知晓实验	研究者干预	外生改变
实验室实验	高校学生	抽象信息	诱导价值	实验室	是	是	否
人为实地实验	各类人群	抽象信息	诱导价值	实验室	是	是	否
框架实地实验	各类人群	情境信息	真实激励	自然环境	是	是	否
自然实地实验	各类人群	情境信息	真实激励	自然环境	否	是	否
自然实验①	各类人群	情境信息	真实激励	自然环境	否	否	是

与理论模型类似,实验也是对现实世界的简化,在描述上也是不精确的。但这种不精确并不能否认实验的价值,实验可以提供理论检验的实例、诱导偏好的工具、政策设计的"风洞"。而且从实验室实验到实地实验,实验的精确性逐渐提升,其解释现实的能力也在加强。

二、理论在实验中的应用

当实验被用来检验理论,经济理论在实验中的作用是最直接的,理论可以为实验研究者选择控制变量和预测实验结果提供依据。Smith(1962)在针对市场均衡理论的实验研究中,根据竞争价格理论推导了均衡的交易价格和数量,并结合交易规则的假设设计了一个实验来检验实际的交易价格和数量是否符合理论预期。即使实验不是明确用来检验理论,理论通常也会提供一个推导基准预测结果的框架。例如,我们可以根据完全自利的理性人假设得到基准结果,然后在实验中验证有限理性条件下的结果。

但是,经济理论最主要的作用是构建与观察到的行为规律相一致的新模型,为新的经济事实提供解释。以理性经济人理论为例,首先,实验发现了一些与自利假设矛盾的证据,例如在最后通牒博弈和有惩罚的公共品博弈中,人们有时表现得很无私。然后,不

---

① 自然实验是指自然发生的扰动事件,研究者不能做出随机的设计和控制操作,因此自然实验往往缺乏实验可控性而且发生机会甚少。

平等厌恶理论的建立使得这两组发现合理化。接着,实验对不平等厌恶理论的新预测进行检验,又发现了不一致(Blount,1995;Engelmann and Strobel,2004;Falk et al.,2008)。随后发展了新的互惠理论,以解释这些新的观察结果(Charness and Rabin,2002;Dufwenberg and Kirchsteiger,2004;Falk and Fischbacher,2006;Cox et al.,2007)。类似地,为了解释与预期效用理论相违背的情况,Kahneman and Tversky(1979)构建了前景理论;Loewenstein and Prelec(1992)创立了双曲线贴现理论来解释现时偏差和过高的指数贴现率。

Croson and Gächter(2010)指出,新理论的拓展至少有三点价值:第一,新理论通常比旧理论更好地集合了大量的经验证据,旧理论往往作为特例被包含其中;第二,新理论提供了可检验的新预测,可以使研究者进一步论证理论和现实之间的逻辑关系;第三,与标准理论一样,新理论解释了特定的行为现象。

无论是从提供实验前的预测还是实验后的解释来说,理论都为大多数经济实验的设计提供了重要的输入,包括如何选择参数、如何识别潜在的混杂因素、如何解释可能的实验结果,等等。

三、实验对理论的作用

如上所述,实验使我们能够在受控的情境下获得一手数据来探索经济规律。根据 Croson and Gächter(2010)的论述,实验对理论的作用可以概括为四点:检验理论预测、提供行为模型、完善并启发新理论、充当度量工具。下面将一一展开说明。

第一,实验检验理论预测。经济理论是从假设中推理出结果的逻辑系统,理论的目标是识别和分离现象以理解机制作用。但在实证研究中,根据观察数据检验理论预测常常是困难的,因为从现实世界中得到的观察数据可能无法满足理论的"严苛"假设。[①] 而实验为理论提供了做出最优预测的"最优解"(Plott,1982),受控的实验设置可以尽可能贴近理论的假设(例如,玩家数量、可行集、行动顺序、信息集等),削弱实证方法中联合假设检验的争议。如果在实验结果中证实了理论,我们可以改变实验参数以检验模型的稳健性,或使用实验结果来估计模型的参数。如果在实验中没有观察到理论预测,我们可以通过重复实验来排查可能的原因。

此外,实验还可以进行相关理论的对比验证,并确定理论的适用范围。针对同一问题,不同的理论可能会得到不同的预测。现实世界一般不会自然发生满足不同假设的情况,这就导致现实数据只能检验某个理论,而不能评估其他理论的合理性。但是在实验

---

① 例如,拍卖理论假设个人估值是独立分布的,但实际的自然拍卖可能不符合这一假设。由于对实证结果的检验一般需要做出一系列辅助假设和补充检验的联合假设检验,当拍卖价格的预测值与实际值不一致时,我们就无法判断这究竟是因为某个假设不合理还是因为现实中个人不会按照理论假设的方式进行推理。

中，我们可以通过设计自然环境中未发生的情况来比较不同的理论。① 进一步地，在对不同理论的对比检验中，实验可以帮助我们界定理论何时能做出准确的预测②，这一点在机制设计和政策评估中非常有用。

第二，实验提供行为模型。理论模型设定了行为假设的逻辑含义，而行为模型描述了在特定框架中观察到的行为。理论模型和行为模型的有效性都部分取决于它们对相关情境所做的预测和解释。实验可以被看作一个抽象的行为模型，提供一些潜在现象的"存在证据"。在有惩罚的公共品实验中，实验分为两阶段进行：第一阶段，个人选择对公共品的线性捐赠量，然后被告知彼此的捐赠量；第二阶段，被试可以选择惩罚他人，但要付出自己和小组成员的部分报酬作为代价(Fehr and Gächter, 2000)。虽然这种实验设计明显是人为且不现实的，但它提供了非正式制裁如何维持合作的行为模型。实验中发现的现象可以激发新的理论辩论，从而推动科学认知的进步。

第三，实验完善并启发新理论。在贴现理论研究中，Hausman(1979)用冰箱购买数据估计了平均折现率，但是这个数据中关于人群的折现率分布信息非常少，而且这个估计可能和个人的其他决策不一致。实验对贴现率的估计可以很好地协调这些问题，因为实验中的被试可以做出多个跨期决策，进而检验这些决策的一致性。而且，实验可以通过设计不同样本池增加对个体异质性的识别，从多个方面完善理论。例如，前景理论的原始形式是一个概率加权函数，该函数在概率为0和1时未定义。后来一系列实验研究了在概率为0和1时的情况，Tversky and Kahneman(1992)将这些研究结果加以合并，提出了更完善的累积前景理论。当实验结果与理论预期不一致时，研究者需要评估多个备选方案，包括在模型中加入误差项、将理论限制在参数一致的范围、添加参数以刻画误差，或者更大幅度地修正理论。更进一步地，实验有助于启迪和构建新理论，这是实验对理论最大的作用。实验可以识别一些理论未涉及的行为，并启发能够解释这种行为的潜在理论。

第四，实验充当测度工具。实验的最后一个作用是测度个体偏好、策略复杂度和其他行为假设，为理论提供支撑。例如，测度风险偏好的典型方法是，通过诱导被试在不同风险预期中做出的决策来推断风险偏好(Holt and Laury, 2002; Dohmen et al., 2005; Andersen et al., 2008; Eckel and Grossman, 2008)。当然，实验中测度的风险偏好可能与特定环境中的风险偏好不一致。一个备受关注的问题是，实验的测度结果在多大程度

---

① 例如，经济学家已经开发出两类理论来解释现实世界（和实验室）观察到的利他偏好。一是基于结果的理论，假设个体关心自己和其他人之间的结果的平等性(Bolton, 1991; Fehr and Schmidt, 1999; Bolton and Ockenfels, 2000)；二是基于意图的理论，假设个体关心他人的意图而不关心或者不仅仅关心结果本身(Rabin, 1993; Dufwenberg and Kirchsteiger, 2004; Falk and Fischbacher, 2006; Segal and Sobel, 2007)。实验可以很好地区分这两类理论(Blount, 1995)。

② 例如，预期效用理论认为个体不应表现出偏好逆转。实验中已经观察到假想型和激励型决策中的偏好逆转(Grether and Plott, 1979)，但是在现实世界中具有较高激励的情况下却很少出现(Bohm and Lind, 1993; Bohm, 1994)。这些实验结果给我们的启示是，预期效用理论可能在假想或低风险的决策中不成立，但在高风险的情况下可以很好地预测行为。

上可以用于预测自然情况下的决策行为。但是实验具有可复制的优势,可以在不同的情境和样本池进行对比研究。例如,实验已被用于测度跨性别(Croson and Gneezy,2009)、跨社会利益团体(Carpenter et al.,2004)、跨文化(Bohnet et al.,2008)的个体偏好。

总之,实验可用于检验理论、完善理论或提出新理论,这超出了传统的实证研究所能达到的范畴。像任何方法一样,实验虽然也有局限性,但可以成为经济学工具箱的一个重要组成部分。

四、综合运用实验和理论进行研究

Schotter(2015)指出,创建实验研究的最有效方式是将理论作为实验设计和分析的基石。实验经济学家在应用理论时应该区分预测型理论和解释型理论,并且在做出精确预测但可能无法有效解释事后数据的理论和做出薄弱预测但可以有效解释事后数据的理论之间找到一个平衡。理论引导的实验设计和分析有两个基本方式——结构方法和比较静态方法。结构方法需要保证模型的状态不变,并使用实验数据通过最大似然或其他拟合优度标准来估计模型参数。结构方法给出了一种拟合优度测量,即显示一个假设正确的模型可以在多大程度上拟合实验数据。比较静态方法对模型的要求较少,通过改变模型的参数来检验理论预测是否会被实验证实。比较静态方法为判断理论的有效性提供了自然的度量方式。

无论实验结果与理论预测是否一致,根据观察到的现象来推断真理在本质上就是模糊而困难的,实验经济学家面临着利用实验技巧和知识来减少这种歧义的巨大挑战。Smith(2010)借助实验室研究的示例和经验,给出了细致的指导建议。Smith(2010)将观察到的现象和期望的预测假设之间的差异定义为"误差",这种差异取决于实验检验过程或假设建立过程,包括各种形式的设定误差和抽样误差。当理论通过实验检验时,还需要考虑当延伸到不同的样本池、更复杂的市场环境时,实验的结果是否依然稳健。而当理论未通过实验检验时,原因可能在于理论假设与其在实验中的实现不匹配。在研究误差问题时,博弈论的一些公理以及实验经济学家为构建和实施检验而做出的一些常见假设可能是值得怀疑的因素。[①] 以逆向归纳法为例,理论和实验经济学家一般假设人们用逆向归纳法来分析其处境、结果和他人决策,并据此决策。然而已经有实验证据发现,在

---

① Smith(2010)罗列了八条经常考虑的假设清单:①逆向归纳法,即实验员假设人们用逆向归纳法来分析其处境、结果和他人决策,并据此决策;②历史与未来的独立性,即实验员假设被试在(阶段)博弈中基于对单一决策树的理解做决策,缺少对历史和未来的思考;③完全信息,即假设被试有自己和他人回报的完整信息;④完全占有,即无论何种情况,被试总是会选择收益最高的决策;⑤无名氏定理,即假设阶段博弈的重复有利于合作,因为在长期博弈中,被试可以合理地使用惩罚以诱导控制对手合作;⑥无框架效应,即假设情景框架只是博弈结构的基础描述,是不重要的;⑦标准博弈形式的等价性,即假设策略式博弈和扩展式博弈是等价的;⑧禀赋来源无关,即假设货币收益很重要,但由谁提供禀赋、如何获得禀赋不重要。

最后通牒博弈中,提议者在有无"你认为响应者希望你做出什么决策"指令情况下的分配额是不同的。如果被试是遵循逆向归纳法思考的,那么这一指令应该不会影响被试的行为,这也就间接证明了被试并不是完全依据逆向归纳法进行决策的。实验员可以通过调整这些假设做出更深入更细致的探索。

尽管理论和实验之间存在着一些"隔阂",但毋庸置疑,理论和实验之间是相辅相成的。Croson and Gächter(2010)针对理论和实验的关系对经济学研究者提出了十大"告诫":①所有科学领域,包括经济学,都需要包容多种方法;②所有经济学家(理论、实验或计量经济学家)都不应该过分吹嘘自己的成果;③理论经济学家应该权衡理论的简洁性和准确性;④理论经济学家应该尊重最优化和均衡,不是因为它们是正确的而是因为它们是经济学特有的;⑤理论经济学家不应该仅仅因为实验结果不支持理论就否定或批评实验;⑥理论经济学家不应该开发无效模型,不需要为每一个实验或观察结果设置一个新模型;⑦实验经济学家应该鼓励复制和重复实验,包括公开可得的数据、指令和软件;⑧实验经济学家应该选择能真实检验理论的实验参数和设计;⑨实验经济学家不应该在未提出改进的替代理论的情况下批评理论;⑩实验经济学家不应该在结果已知后再做出假设。

第四节 内部有效性和外部有效性

如何评价实验的有效性是一个重要的方法论问题。经济学家对实验方法的争议很大程度上就来自对其有效性的怀疑,这些怀疑包括内部有效性和外部有效性两个方面。其中,内部有效性是指实验能否有效地推导因果关系,而外部有效性是指实验能否有效地推广到现实。本节我们将首先说明实验的有效性评价标准,然后对经济学家最为关心的"一般性"问题展开讨论。

一、实验方法的效度评价

实验研究的效度(validity)概念最早是由 Campbell and Stanley(1966)提出,而后经过更为详尽的阐释成为研究者们评价一项科学研究工作是否成功的重要标准(Cook and Campbell,1979)。效度的具体评价标准分为四个方面:第一,统计结论的有效性,即研究的变量之间是否存在统计意义上的相关性;第二,结构的有效性,即相关变量是否能被构建为有意义的理论模型;第三,内部有效性,即已发现的相关性是否可以被视为变量之间的因果关系;第四,外部有效性,即所发现的变量之间的因果关系是否可以在各种不同的环境、被试和时间条件下成立。其中,内部有效性和外部有效性是经济学家讨论最多的两个评价标准。

实验的基本目标是在实验室内建立一个便于管理的微观经济系统,实验员通过施加足够的控制和精确的测度来观察经济现象,探索经济规律(Smith,1982)。为了实现这一目标,实验设计必须遵循两个基本要求:一是有效激励,二是真实再现社会经济生活。针对这两个要求,史密斯教授分别提出了诱导价值理论和并行原理。诱导价值理论我们在本讲的第一节已经进行了详细说明,此处不再赘述。而并行原理是指,在实验中已经检验过的有关个体行为和机制效果的命题,也适用于同等条件下的非实验环境。可以说,诱导价值理论奠定了实验的内部有效性,而并行原理则是对实验外部有效性的要求。

一个好的实验当然应该尽最大可能实现内部有效性和外部有效性,但正如 Roe and Just(2009)所言,经济学是关于权衡的科学,实验经济学研究也面临着内部有效性和外部有效性的权衡。经济学实验中的内部有效性和外部有效性甚至存在内在的矛盾。因为内部有效性要求产生稳健、可复制的结果,通常将研究抽象化和简单化以便于更好操作,而这不可避免地需要以降低外部有效性为代价(Schram,2005)。

实际上,无论是哪一种研究方法,都在内部有效性和外部有效性方面存在一定的优势和劣势。Roe and Just(2009)对比了四种常见的研究方法(见表 2-4),可以看到,高内部有效性和高外部有效性不可兼得。对比实验室实验和实证数据,实验方法在内部有效性方面存在着无可比拟的优势。第一个优势是时效性。在实验室实验中,实验员可以控制实验并明确被试接受干预和反应的时间,实验数据的收集是即时的。而在实证研究中,由于市场数据的收集往往是滞后的,而且采用问卷等收集方式时被采访者可能有回忆偏见,这造成了因果关系识别的困难。第二个优势是干预的系统性。一个"干净"的干预应该保证处理组和对照组在其他方面是相同的,否则将混淆推论。在实验室实验中,研究员可以通过随机分配处理组和对照组来排除系统性差异。但在现实市场中,研究者无法控制其他影响因素的干扰,未观察到的其他变量也可能会产生系统性差异。概括地讲,实验方法优越的可控性使其可以实现最大程度的内部有效性。

表 2-4 经济学研究方法的对比

	内部有效性	外部有效性	研究主题和被试的限制	可复制性
实验室实验	高	低	研究主题持续时间长,初始禀赋大,研究者控制实验设计的各个方面	高
实地实验	中等到高	中等到高	受研究者的关系限制,研究者控制实验背景,降低外生变化的程度	低到中等
自然实验	中等到高	高	受自然和政策限制,实验对比是自然发生的,研究者无法控制激励和数据生成	低
实证数据	低	高	受隐私、混杂因素等限制	低到中等

资料来源:Roe,B. E. and Just, D. R., 2009, "Internal and external validity in economics research: Tradeoffs between experiments, field experiments, natural experiments, and field data", *American Journal of Agricultural Economics*, 91(5), 1266—1271.

但是相对应地,实验方法的外部有效性常常面临以下质疑。第一,实验设置中未考虑情境框架的潜在影响。实验室实验通常缺乏市场中的许多情境因素,这些因素有可能限制实验室中识别的结论对解释现实经济现象的适用性。第二,实验中被试激励或反应的变化有限。如果实验研究是在被试仅受到有限激励的情况下进行的,那么所发现的结论可能无法代表超过实验限制水平的情况。而实证数据通常会允许较大且更相关的变化,例如在研究薪酬激励问题时,真实的企业工资数据会有更大的工作报酬和工作时间范围。第三,实验研究应用环境的系统性差异。实验室实验通常从诸如学生之类的样本中招募,实验室对象与目标人群之间的差异可能会影响研究结论。如果根据一个狭隘的子样本推断出因果关系,则该关系可能在更多样化的样本中不成立。总的来说,实验方法的外部有效性问题主要源于实验设计的人为性,这种人为性造成了实验数据与市场数据的诸多差异。

但内部有效性是外部有效性的前提,因为如果研究结果在实验室内都不可靠,那么推广到现实世界就无从谈起了(Lucas,2003)。实验经济学家不能顾此失彼,盲目追求某一种实验效度,而需要结合研究目标更综合地选择最恰当的实验方法。

二、实验结果能推广到现实吗?

实验研究的一个重要方法论假设是,在实验室中得到的研究结论可以推广到实验室外的世界,即"一般性原则"(generalizability)。从应用价值的角度来看,只有满足了这一假设,实验研究才是有意义的。Levitt and List(2007a)也曾提出,对于实验经济学来说,没有什么问题比理解实验室的结果是否可以以及在什么情况下可以推广到自然环境更重要了。

虽然一些实验经济学的前辈认为,通过精确的控制并贯彻诱导价值与并行原理两条准则,实验可以真实地再现人们的经济行为(Smith,1976);实验所建立的经济结构与现实的经济环境相比虽然更简单,但却一样地真实:真实的人被真实的激励所驱动,在真实的约束下做着真实的决策(Plott,1982)。但由于经济学实验是以人类作为研究对象的特殊实验,人类的行为会受到各种各样因素的影响,而这些因素在实验室和自然环境中可能会有系统性的差异。[①] 例如,实验室中的匿名程度无法与大多数现实世界中的情况相比,在实验室中,被试敏锐地意识到实验员正在观察、监视和记录他们的行为。由于实验员效应的存在,这种观察会夸大亲社会行为的重要性。出于对自己声誉的关注,感受到关注的被试更有可能以符合社会规范的方式行事(List,2006;Levitt and

---

[①] 造成这些差异的因素包括:实验和现实的初始禀赋来源不同;实验研究可能会受到实验员"需求效应"的影响;实验内容是人为设计的,实验将感兴趣的研究变量从众多干扰变量中分离了出来;实验缺乏现实生活的丰富情境,而这些情境要素对现实中的行为非常重要,等等。

List,2007b)。

在对"一般性"问题的讨论中,除了上述在理论层面的争辩,不少实验研究还从实证层面给出了经验证据。如上所述,影响实验外部有效性的主要因素包括样本选择的代表性、实验情境的抽象化、决策偏好的一致性等。因此,实验经济学家对"一般性"问题的检验也大多从这些角度出发,通过考查不同被试样本在同一实验以及同一被试样本在不同情境下的行为差异,来验证实验结论是否可以推广到现实世界。

在针对样本代表性问题的研究中,学者们主要关注被试的职业、经验、社会特征等变量的异质性。其中一些研究发现了被试样本对实验结果存在显著影响。Fehr and List (2004)分别招募了哥斯达黎加的 CEO 和大学生参加标准的信任博弈实验,统计结果显示,CEO 比大学生表现出了更高的信任度和可信度,作者认为这表明被试的职业属性确实可能改变人们的亲社会行为表现。Bellemare and Kröger(2004)从 2000 户有代表性的荷兰家庭中选择了各种宗教信仰、年龄、职业的 499 名被试参与了标准的信任博弈实验,同样发现不同社会属性的被试在信任博弈中的信任行为和可信任行为均存在明显的异质性。Carpenter et al. (2005)采用最后通牒博弈和独裁者博弈,对车间工人和大学生进行了实验。在控制个人社会特征变量的情况下,大学生被试在最后通牒博弈中比车间工人被试提供了更多的分配,然而在没有策略考虑的独裁者博弈中,车间工人则比大学生提供了更多的分配,且车间工人在两种博弈中的分配额没有显著的改变。

也有一些研究认为被试样本选择不会产生显著差异。Levitt et al. (2010)分别招募标准的大学生被试和专业人士(桥牌专业选手、扑克专业玩家、美国足球运动员)参加了结构相同的行为博弈实验,实验结果表明,四种被试在博弈实验中的行为选择没有显著差异,有着特殊职业背景的被试并没有将他们在各自职业中所培养的高风险偏好代入不熟悉的实验室环境中。Andersen et al. (2010)分别在 25 000 名丹麦居民样本中随机招募 268 名被试和在哥本哈根大学中招募 100 名学生被试参与时间和风险偏好的实验,两组样本的平均风险厌恶程度和贴现率都没有显著的差异。不过居民被试样本的偏好显示出了更大的异质性,且这种被试偏好的异质性有可能与实验任务形成交互效应,并影响最终的实验结果。由此可见,为了避免潜在的样本代表性问题,在条件允许的情况下,实验经济学家可以将实验中传统的大学生被试扩展为在更大的样本范围内随机选择有代表性的被试。

在针对实验情境问题的研究中,学者们对被试在实验室实验和实地实验中的行为关联度进行了检验。Gneezy et al. (2004)在以色列理工学院招募了一批被试参与实验室实验和实地实验,研究了被试在不同付账机制下的消费表现。[①] 结果表明,实验室的行为数

[①] 实地实验的设计是随机安排被试在四种不同的实验任务下,即在四种不同的付账方式(AA 制,六人均分总额,由实验室买单,只需付个人消费的 1/6,其余由实验室买单)下点菜。在实验室实验中,真实的点菜场景变成了在不同的付账机制下选择为抽象的物品支付费用。

据表现出了更多社会偏好,而实地实验中被试的行为却更多地与经典的经济学理论相符合。List(2006)招募被试在实验室中通过抽象的模拟商品交易开展了标准的礼物交换博弈,并让被试在真实的运动卡片市场中进行买卖交换,以考察被试在抽象环境和现实情境下的偏好是否一致。实验结果显示,"雇员"和"雇主"在礼物交换博弈实验中所表现的亲社会行为,不能用来判断买卖双方在真实的运动卡片市场中的行为。Voors et al.(2012)在塞拉利昂的社区开展了实验室实验和实地实验,被试需要考虑得到的初始禀赋如何在自己和匿名被试或当地社区的项目基金中进行分配选择,结果表明,被试在实验室博弈与实地环境中的行为不存在显著的关联。

还有一些研究得到了与上述发现相反的结果。比方说在捐赠意愿研究中,Laury and Taylor(2008)招募被试参与了两种类型的实验:标准的公共品博弈实验和为当地植树造林计划募捐的实地实验。结果表明,实验室实验结果可以作为预测被试实际捐赠行为的依据,被试在实验室实验中对于公共品的投入越多,其越可能参与植树造林计划的捐赠。De Oliveira et al.(2012)在美国德克萨斯州招募了190名低收入城市居民参加实验室的公共品博弈实验和对当地慈善组织的捐献活动。此外,作者还收集了被试自我报告的日常慈善和志愿者行为。通过对实验室数据和被试的日常行为数据进行回归分析,作者发现人们对于公共品的捐献在实验室和自然环境下有着强相关性,被试在实验室中的合作偏好可以显著地预测其对于当地慈善组织的捐献行为。Benz and Meier(2008)对同一群体在实验室实验和真实世界中的慈善募捐行为的对比研究结果也表明,这两种不同环境中的行为存在某种微弱的相关性(相关性介于0.25到0.4之间)。Baran et al.(2010)基于经典的信任品博弈框架,将MBA学生的实际捐款行为和实验室中测得的互惠偏好进行对比,探究了实验室中的互惠偏好能否反映真实世界中的社会偏好。这一实验在芝加哥大学进行,作为MBA课程设置的一部分,MBA学生在课程开始时参加信任博弈和合作博弈实验,实验员在课程结束时(18个月后)观察他们的捐赠行为。这一捐赠数据来自芝加哥大学学生关系处和发展处开展的毕业活动,鼓励即将毕业的学生向芝加哥大学布斯商学院(GSB)捐款(见图2-3)。他们的对比实验结果表明,在实验室中得出的社会偏好测度具有外部有效性,实验室实验不一定会因实验员的影响而失真。[①] 实际上,由于社会压力,现场数据比实验室实验显示出更大的失真。

除了对样本选择和实验情境的直接对比检验,实验经济学家还会将实验室中的决策数据与被试现实生活中的行为数据相比较,以验证被试在抽象的博弈实验中所测度的偏好是否能预测或解释他们在具体日常事件中的表现。Karlan(2005)在秘鲁小额信贷的

---

① Baran et al.(2010)提出Benz and Meier(2008)的研究存在缺陷,因为他们的两个实验情境本质上是相同的,被试行为的一致性可以解释为学生希望在实验员眼中表现一致。而且,因为该实验没有采用标准的经济博弈,所以并不能直接说明从标准经济博弈推论社会偏好的有效性。Baran et al.(2010)没有发现实验员效应,原因可能是实验的特殊设计(大型实验、多博弈任务、计算机实现等)降低了实验员在塑造被试行为方面的影响。

图 2-3　Baran et al. (2010)中芝加哥大学毕业捐款活动的纪念品

资料来源：Baran, N. M., Sapienza, P. and Zingales, L., 2010, "Can we infer social preferences from the lab? Evidence from the trust game", *NBER Working Paper*, No. 15654.

借款人中开展了信任博弈和公共品博弈实验，并获得了这些借款人在乡村小额信贷中的个人借贷、储蓄及偿还率等数据。实验目的是检验行为博弈实验中所考察的被试的合作、信任行为是否能用来预测他们真实的借贷行为。结果表明，在信任博弈中扮演委托人角色的被试的行为并不能完全解释被试在个人信贷行为中纯粹的信任，但扮演代理人角色的被试的行为则可以很好地衡量可信任行为的社会偏好。Meier and Sprenger (2007)对波士顿中低收入家庭的时间偏好进行了实验测度，并获得了被试在银行的信用分数和违约情况，发现实验中所测度的时间偏好能反映被试在日常生活中的信贷行为，更不耐心的被试在银行个人信贷中的信用得分更低，且有更高的违约率。Gurven and Winking(2008)将被试在行为博弈实验中的社会偏好数据与各种日常生活中的社会交往数据进行了相关性检验，结果表明，被试在行为实验中的表现并不能稳健地预测现实行为。Rustagi et al. (2010)在埃塞俄比亚的牧区开展了公共品博弈实验，还收集了牧民对于各自森林区域植被的管理数据，如对搭便车者进行监督和惩罚的成本等。结果表明，在公共品实验中拥有较多条件合作者①的群体，在森林植被上的保护和管理也更加成功，条件合作者每增加10%，其所在群体的植被就相应扩大3%。Carpenter and Seki(2011)在日本富士湾渔民中的公共品博弈的实验结果也表明，渔民在实验中所表现出的社会偏好与他们在实际捕鱼行动中的生产率存在强相关性。

总体来说，实验可以为现实提供一些关于行为的有效信息，不过实验结果和现实表现的相关性存在差异。实验结果是否以及何时能推广到现实情况是一个值得研究的经验性问题，目前的研究尚未形成统一的结论，实验经济学家在进行推论时应该更加谨慎。扩大被试样本池和实验情境的范围可以使得实验研究结果对现实的解释力和预测性更强。

---

① 条件合作是公共品博弈中的概念，即只有对方选择合作时，自己才会选择合作而非搭便车（Fischbacher et al., 2001）。

第五节　学生被试的样本代表性问题

在前几节中,我们已经讨论了实验方法论本身的科学性和有效性问题。除了这些理论层面的争议,实验方法的争议还存在于实践层面,即对具体实验设计的争议。正如丹尼尔·弗里德曼(Daniel Friedman)在《实验方法:经济学家入门基础》(*Experimental Methods: A Primer for Economists*)里所指出:"在做实验的时候,经济学模型中同质抽象的参与者和电脑化数据库中的交易者被有血有肉的人替代,他们有着无尽的多样性、人格特征、不可预见的行为和人格意志。经济学家忽略此类多样性和异质性,而做实验要求你精确地判断出哪些差异会影响你的目标,哪些不会。"被试代表性是实验设计无法忽略的一个重要问题,将直接影响实验研究的科学性和外部有效性评价,只有具有代表性的被试行为才能从实验室中推广到实验室外。众所周知,实验经济学起源于以学生作为被试的课堂实验研究,现在大多数的实验经济学研究延续了以高校学生被试作为样本的传统。① 本节我们针对学生被试的样本代表性问题,展开详细的说明。

一、学生被试样本代表性的批评和辩驳

事实上学生被试"泛滥"的现象情有可原,因为高校学生的很多特点确实让他们更容易成为"好的被试",包括:①相比于其他类型的被试样本,学生更容易招募;②学生被试的时间更自由,机会成本更低,实验的成本效益高②;③学生被试具有更陡峭的学习曲线,可以迅速理解实验规则、熟悉实验操作并遵守实验员的指令,很大程度上减弱了因知识和能力偏差导致的误差;④学生被试的社会背景单纯,较少受到实验外信息的影响,这更有利于保证实验报酬的显著性和占优性。

学生被试的这些优点为重复和复制实验结果提供了便捷性,但代价是引发了对实验结果可靠性和一般性的质疑。无论是经济学专业还是非经济学专业的学者,一个通常的疑问或批评是,学生作为一个特殊群体与一般社会群体相差甚远,缺乏样本代表性。Henrich et al. (2010)在题为《世界上"最奇怪"的人》(The Weirdest People in the World)的长篇论文中,提出了与学生被试的样本代表性问题密切相关的一个核心概念,即

---

① 有统计表明,在心理学期刊《社会心理学》(*The Journal of Social Psychology*)已发表的论文中,67%的美国实验使用心理学专业的本科生作为被试,在其他国家这一比例更是达到80%。换言之,美国大学生成为实验被试的可能性是一般美国居民的4000多倍。此外,这种依赖大学生样本的趋势并没有随着时间的推移而减小(Peterson, 2001; Gallander Wintre et al., 2001)。

② 由于实验经济学需要给予被试充分的货币激励,而且需要与被试的机会成本相匹配,因此与招募社会职业人群所需要付出的高昂成本相比,招募学生被试的费用相对较少。

"WEIRD"。① 通过对比工业化社会与小规模社会、西方社会与非西方社会、美国社会与其他西方社会、大学生或受过高等教育的人和非大学生的心理变量测度和行为差异,作者发现不同的社会背景、教育水平和生产方式确实会导致被试的信念和行为差异。这些差异的证据涵盖了公平、合作、个体行为决策等多个实验经济学的研究领域,例如,在独裁者博弈实验中,美国普通成人被试的平均提议值为总金额的47%,而高校学生被试的平均提议值比例为32%。在其他一些社会心理学研究中,也发现高校学生被试具有更高的自我监督水平、对社会影响的反应更敏感,等等。因此,他们认为具有"WEIRD"特征的高校学生被试不具有代表性,无法通过他们的行为来推论其他人群,即实验结果不应该直接被视为是具有一般性的。但作者也同时提出,在寻找存在性证明时使用"WEIRD"样本是合适的,也可以理解为在不同的证明任务下学生被试的代表性/科学性程度不同。

"WEIRD"问题引发了众多实验经济学者对学生被试样本代表性问题的进一步讨论和反思。Gächter(2010)对 Henrich et al.(2010)做出了评论,并指出样本池的恰当选择应该取决于具体的研究问题。如果研究人员感兴趣的是特定群体之间的行为差异,那么恰当的样本即这些特定群体(Henrich et al.,2005)。而对于基于经济人假设等检验经济理论的基础研究,通常不会限定人群的有效性,即隐含了"一般性"假设,原则上任何样本都能说明理论预测或假设是否有效。同时由于经济理论通常假设认知复杂性,当检验这些理论时,研究问题并不是要找出被试是否与理论假设的一样具有认知复杂性,而是在保持其他条件不变的情况下探究被试的其他动机。一般来说学生是受教育的、聪明的和习惯学习的,因此为了减少被试在不理解实验规则情况下的行为的混淆性,在检验理论的全部潜在样本中学生往往是完美样本。而且相较于其他群体,学生被试更容易招募,实验也就更容易复制,这对于探究经济规律是非常重要的。

当然,结论的一般性是所有研究共同面临的一个常规问题(Falk and Heckman,2009)。即使是从现实世界得到的观察数据,严格来说,其计量实证的结论也只适用于这个数据集样本。而且结论的一般性不仅仅取决于被试样本的选择,有时候情境、时间、实验实施方案等可能是更主要的影响因素,此时对样本的质疑可能就显得无关紧要了,甚至采用学生被试样本可以帮助我们更好地控制这些其他的影响因素。利用学生被试采集数据的实验至少可以先得到一个基础结果,然后研究者可以再将实验研究扩展到其他更具有代表性的样本池(Bellemare et al.,2008;Carpenter et al.,2008)。正如 Henrich et al.(2010)提出的,理解跨社会跨文化的差异对经济行为的潜在影响是一个重要且有趣的方向,但它同时也提出了进一步的挑战,特别是在人口社会学因素很重要的情况下。

---

① "WEIRD"是"Western, Educated, Industrialized, Rich and Democratic"的首字母缩写,即"西方的、受过高等教育的、工业化的、富有的、民主的"。Henrich et al.(2010)认为西方所发表的大部分实验经济学论文所采用的学生样本均具备"WEIRD"特征,通俗地可以用"精英阶层"来概括。

原因是人口社会学因素的影响可能会与真正的社会或文化差异相混淆,这造成了计量识别的困难。为了确保混淆因素最小化,学生被试通常是最好的选择,学生样本能够为跨人群或跨文化的普适性研究提供一个宝贵的基准和参照。

二、学生被试和其他被试样本的实验结果有差异吗?

针对被试样本池是否会对实验处理效果产生差异影响的问题,Druckman and Kam (2009)设计了一个理论模型,并采用模拟仿真的方法验证了可能的结果。假设实验感兴趣的因变量数据的生成过程为 $y_i = \beta_0 + \beta_T T_i + \varepsilon_i$。其中,$T$ 表示实验处理,对于处理组的被试来说 $T=1$,对于对照组的被试来说 $T=0$;ε_i 为随机扰动项,服从古典线性回归模型的基本假定。

假设一个政策游说的情境,实验处理 T 即游说干预,实验因变量 y 即对政策的接受度。不同的被试样本池可能本身对政策的态度有着不同的分布,原始态度范围设置为 0—1。考虑三组典型的样本:①学生样本,90%的被试原始态度值为 0,10%的被试原始态度值为 1;②随机样本,被试的态度值服从均值为 0、标准差为 0.165 的正态分布;③专家样本,10%的被试原始态度值为 0,90%的被试原始态度值为 1。作者设定样本量 $N=200$,实验处理效果 $\beta_T=4$,建立一个蒙特卡罗实验,对每组样本进行了 1000 次模拟估计,得到了如图 2-4 所示的实验处理效应的分布图。结果表明,当实验处理效果对于样本池中的被试是同质的,无论是采用哪一类样本实施实验,都将得到关于实验局效应的无偏估计。此时,学生被试的实验结果可以推广到其他样本群体。

但是,当实验处理效果在样本池中的被试间异质的时候,例如实验处理效果的大小可能取决于被试的某些特征(性别、年龄、种族、受教育程度等),此时由于个体特征和实验处理之间可能的交互作用,对于某个样本的因果关系结论无法推广到其他样本群体。假设被试的个体特征会影响实验处理效果,$\beta_T = \gamma_{10} + \gamma_{11} Z_i$,$\beta_0 = \gamma_{00} + \gamma_{01} Z_i$,则实验的因变量 $y_i = (\gamma_{00} + \gamma_{01} Z_i) + (\gamma_{10} + \gamma_{11} Z_i) T_i + \varepsilon_i = \gamma_{00} + \gamma_{01} Z_i + \gamma_{10} T_i + \gamma_{11} Z_i T_i + \varepsilon_i$。设置 $\gamma_{00}=0, \gamma_{01}=0, \gamma_{10}=5, \gamma_{11}=-5$,同样对每组样本进行 1000 次模拟估计,关于实验处理效果的分布却发生了变化。如图 2-4 所示,不同样本对实验局效应的估计是明显不同的,在这个示例中,相较于随机样本,学生样本会高估平均的实验处理效果。

实验经济学家对解决学生样本实验结果的可靠性和一般性问题的最有效途径是获取社会职业人群的样本来复制相同的实验,从而检验实验结果是否会出现偏离,实际上确实有很多实验经济学文献是沿着这个思路来展开研究的。

Croson(2007)总结了近 30 篇用学生和非学生样本作为被试的同一个实验结果的差异(见表 2-5)。从统计结果来看,在一些基础性的研究问题中,如时间偏好、信号博弈等,学生被试和非学生被试没有显著差异;而在针对具体情境设计的问题中,如雇佣决

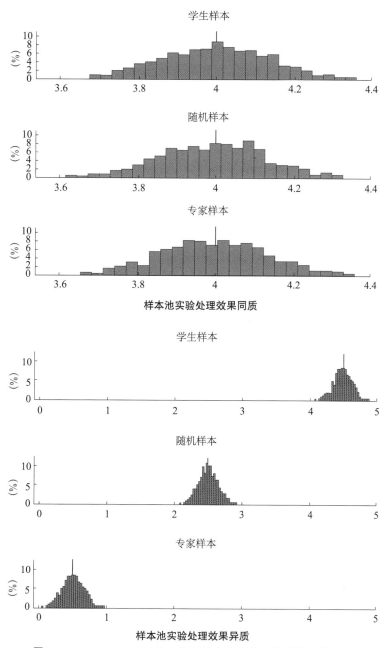

图 2-4 Druckman and Kam(2009)中关于实验处理效应的分布

资料来源:Druckman,J. N. and Kam,C. D.,2009,"Students as experimental participants:A defense of the 'narrow data base'",in Druckman,J. N.,Greene,D. P.,Kuklinski,J. H. et al. eds:*Cambridge Handbook of Experimental Political Science*,Cambridge:Cambridge University Press.

策、企业兼并等,有无相关从业经验会对被试行为产生影响。多个实验的共同发现是,学生被试的行为表现更接近理论均衡状态,这与学生具有更高的认知水平和学习能力相关。

表 2-5　使用学生被试和其他被试样本的实验结果对比(Croson,2007)

文献	研究问题	研究结果
Alpert,1967,Non-Businessmenas Surrogates for Businessmen in Behavioral Experiments.	被试者评价所描述的解雇决策的适当性,然后写支持或反对该决定	学生比其他人更支持经理。军人、业务经理、业务非经理、高层商务学生则表现一样
Anderson, Harrison, Lau and Rutstrom, 2004, Preference Heterogeneity in Experiments: Comparing the Field and the Lab.	比较实地和实验室中风险厌恶和时间偏好	在实地的风险厌恶变化更多,时间偏好没有差异
Bellemare and Kroger,2004,On Representative Social Capital.	比较普通荷兰人样本与蒂尔堡大学的学生在信任博弈中的行为	学生的信任度更低、回报更少、行为更接近均衡状态
Block and Gerety,1995,Some Experimental Evidence on Differences between Student and Prisoner Reactions to Monetary Penalties and Ris.	被试参加可以采取共谋行为和带有随机惩罚共谋行为的拍卖	学生的行为受罚款金额大小的影响,囚犯的行为受到罚款的可能性的影响
Cooper,2006,Are Experienced Managers Experts at Overcoming Coordination Failure?	被试试图激励其他参与者在之前一个相关性不高的合作博弈失败后采取合作行为	MBA学生更可能采取有效的沟通策略,而本科学生更多采用无效沟通或最终无效的激励
Cooper,Kagel,Lo and Gu,1999,Gaming Against Managers in Incentive Systems: Results with Chinese Students and Chinese Managers.	中央计划者为企业产量设定目标,企业有设置低产量以获得未来盈利的动机	学生的行为更趋近于均衡预测点,经理人行为比学生更容易受到框架影响
Croson and Donohue,2006,Behavioral Causes of the Bullwhip Effect and the Observed Value of Inventory Information.	一个四级供应链博弈,由本科生和专业物流经理参加	专业物流经理和本科生表现一样(或更差)
DeJong,Forsythe and Uecker,1988,A Note on the Use of Businessmen as Subjects in Sealed Offer Markets.	一个委托代理市场,雇主向雇员提供报价,雇员接受或拒绝他们,然后付出无监督的努力	学生和商人(审计公司的合伙人或公司财务官员)之间没有显著差异,商人的结果方差比学生高
Dyer,Kagel and Levin,1989,A Comparison of Naïve and Experienced Bidders in Common Value Auctions: An Experimental Analysis.	学生或专业建筑承包商进行共同价值拍卖	被试池没有显著区别,学生与承包商都出现"赢者诅咒"
Fehr and List,2004,The Hidden Costs and Returns of Incentives: Trust and Trustworthiness among CEOs.	哥斯达黎加学生和CEO参加有概率惩罚的信任博弈	CEO比学生更信任和值得信赖(因此学生更接近均衡预测)
Glaser, Langer and Weber, 2005, Overconfidence of Professionals and Lay Men: Individual Differences Within and Between Tasks?	个人提供利率和金融预测问题的估计和置信区间,参与者有交易员、投资银行家和学生	专家比学生更有偏,但过度自信在任务之间是不相关的

(续表)

文献	研究问题	研究结果
Guth, Schmidt and Sutter, 2002, Bargaining Outside the Lab: A Newspaper Experiment of a Three-Person Ultimatum Game.	比较学生和非学生样本在三方最后通牒博弈中提交的策略	相同年龄的学生和非学生样本的被试行为无差异,年长的被试"更公平",因此也更偏离均衡
Haigh and List, 2005, Do Professional Traders Exhibit Myopic Loss Aversion? An Experimental Analysis.	参与者选择在一个冒险或安全的赌博上投资多少钱,被试是本科生和芝加哥交易所的专业交易员	交易员比学生更有偏
Harbaugh, Krause and Berry, 2001, GARP for Kids: On the Development of Rational Choice Behavior.	参与者在捆绑商品之间选择,参与者有7—11岁的儿童和大学本科生	二年级学生的选择比六年级学生更显著地违反了公理,后者与大学本科生一样
Harbaugh, Krause and Vesterlund, 2002, Risk Attitudes of Children and Adults: Choices over Small and Large Probability Gains and Losses.	参与者在多个赌博游戏之间选择,参与者是儿童(5—13岁)、本科生和成人	儿童的选择比成人更偏向于概率加权
Harrison, Lau and Williams, 2002, Estimating Individual Discount Rates in Denmark: A Field Experiment.	参与者选择现在还是以后收到钱,参与者是丹麦的全国人口样本	学生的折现率高于非学生,学生更没有耐心
Heinrich, 2000, Does Culture Matter in Economic Behavior: Ultimatum Bargaining among the Machiguenga of the Peruvian Amazon.	最后通牒博弈,由秘鲁部落和加州大学洛杉矶分校人类学系的研究生参与	部落人的提议值显著较小,且拒绝率也显著低于学生
List and Haigh, 2006, A Simple Test of Expected Utility Theory using Professional Traders.	由芝加哥交易所的交易员和学生处理阿莱悖论问题	交易员和学生都违背独立性公理,但交易员比学生表现稍微好一些
Montmarquette, Rulliere, Villeval and Zeigler, 2004, Redesigning Teams and Incentives in a Merger: An Experiment with Managers and Students.	一个带来社会困境的团队任务。一开始被试是和有相同回报的其他人组队,然后发生"兼并",组内成员的回报函数不一致。参与者是一家刚刚完成了合并的大型制药公司的管理人员和学生	经理人中的搭便车者比学生少(学生更接近均衡预测)。学生在博弈过程中的学习效应比管理者大
Murnighan and Saxon, 1998, Ultimatum Bargaining by Children and Adults.	儿童(幼儿园到六年级)和大学生参加最后通牒博弈	总体上,儿童比大学生更慷慨。特别是在响应者不知道最后通牒分配额大小的时候,大学生的给予量会显著减少,而儿童则和在完全信息环境下一样

（续表）

文献	研究问题	研究结果
Nagel, Bosch-Domenech, Satorra, Garcia-Montalvo, 1999, One, Two, (Three), Infinity: Newspaper and Lab Beauty Contest Experiments.	公众（报纸读者）和学生在实验室进行选美博弈	存在一些被试池间的差异，来自一般人群的反应比学生的异质性更高
Potters and van Winden, 1996, The Performance of Professionals and Students in an Experimental Stud of Lobbying.	一个信号博弈，其中一个参与者有成本地发送消息来说服不知情的伙伴采取对自己有利的行动，参加者是本科生和管理公共事务的官员	不同被试群体间不存在显著差异
Sade Schnitzlein and Zender, 2004, Competition and Cooperation in Divisible Good Auctions: An Experimental Examination.	比较歧视价格和统一价格拍卖。参与者是本科和MBA学生及金融行业的专业人士	结果显示略有差异：40%的专业人士做出弱主导性的出价，然而只有13%的学生这样做
Smith, Suchanek and Williams, 1988, Bubbles, Crashesand Endogenous Expectations in Experimental Spot Asset Markets.	资产市场泡沫实验。大多数实验局由学生参与，其中一个实验局由商界专业人士参加	泡沫在一系列的处理中都是稳健的，当商界专业人士参与实验时依然如此
Sutter and Kocher, 2007, Trust and Trustworthiness across Different Age Groups.	由不同年龄的人参加信任博弈（8岁、12岁、16岁、20多岁学生、30多岁的工作者以及60多岁的退休者）	由孩子到青年信任水平不断提高，然后保持稳定。学生的行为和工作者及退休者的行为在统计上不具有显著区别

资料来源：Croson, R., 2007, "The Use of Students as Participants in Experimental Research", University of Texas at Dallas, Working Paper.

在对不同样本的实验结果的分析过程中，年龄、经验和职业规范等是最常见的考查因素。Greiner and Zednik（2019）通过对奥地利某大学的在校学生和毕业校友进行信任博弈实验，对比了不同年龄下信任和可信任水平的差异。Alatas et al.（2009）在对印度尼西亚公务员和学生进行的腐败实验研究中发现，被试自己给出的行为原因说明他们的行为差异是不同的现实生活经验导致的。在汽车维修、医疗服务这类信任品市场中，卖方是拥有信息优势的专家角色，不少文献探究了专家被试和学生被试在实验室构造的市场框架中的行为差异，并将这种差异归因于专家在职业训练中所受到的启发和规范等（Beck et al, 2014；Brosig-Koch et al., 2017）。

除了对比学生样本和非学生样本，实验经济学家还注重对学生样本群体内部的差异进行研究。Eckel and Grossman（2000）分别对传统方式招募的学生被试和从特定课程中招募的学生被试（"伪志愿者"），进行了相同的独裁者博弈实验。结果发现伪志愿者更为慷慨，但个人特征的影响更大，一个可能的原因是，真实招募的志愿者受经济激励的行为动机更大。Bauman and Rose（2011）基于经济学专业的人群更不慷慨的普遍事实，通过跟踪参加微观经济学课程的学生的捐赠额,对比了经济学专业和非经济学专业的捐赠意愿变化。结果发现参加经济学课程会降低非经济学专业的学生的捐赠意愿,但不会对经济学专业的学生造成影响,进而说明了经济学对非专业人群的教化效应和经济学人群自身的选择效应。通过细分学生群体,实验经济学家对学生样本的特征理解也更深入了。

综上所述,虽然实验结论是否因被试样本而异是个值得研究的经验问题,但我们对这种差异的关注不应该只局限于学生样本是否具有普遍性的问题,而应该更多地思考具体哪些样本特征会产生影响,这些影响是不是学生被试样本独有的,这些特征是否会影响实验局效应的对比,还是只影响实验局的水平值。目前的研究还仅仅停留在独立实验结果的对比阶段,关于学生和非学生被试是否存在系统性的行为差异有待于进一步研究。未来可能的一个研究思路是应用荟萃分析法(meta analysis)对以往同一个研究问题的多个独立的研究结果进行定量综合分析,这种方法可以解决各个独立研究结果的不一致性,从而给予再分析,以寻求一般性的、归纳性的和更为可靠的结论。

三、如何提高学生被试的样本代表性?

虽然学生和非学生样本是否存在行为的系统性偏差尚存争议,但现有的很多实验经济学文献依旧以学生作为被试样本。其中除了学生被试本身的优势,还有一个关键的逻辑问题在于,实验样本的选择最终要根据实验目的、实验内容和实验类型的需要而决定。经济学实验的目的主要有三种:检验理论、观察异常现象、作为政策实施的"试验台"(Roth,1986)。如果实验是为了检验某个具体理论,我们没有理由质疑用学生被试来检验理论是否正确,因为经济学理论作为一种总结人类行为一般规律的科学理论,一般不会限定人群范围。也就是说,理论是否成立并不依赖于被试样本的异质性。而且,由于理论往往是复杂的,特别是在研究一些细微条件变化对被试的决策行为的精确影响时,具备高认知能力的高校学生被试往往是更加合适的被试。因为相较于一般人群,高校学生被试能够有效避免由于理解偏误或知识不足导致的结论差异。相反,如果实验的目的是测试某项政策效果,学生被试的代表性问题就尤为突出。因为学生被试对福利、收入、改革的态度可能会和政策的目标群体有很大不同,例如,如果一项实验想要研究某项工作制度对员工绩效和满意度的影响,很难相信没有工作经验的学生与有工作经验的员工对待政策的态度完全一致。此外,如果实验是为了研究与理论不符的异常现象,学生被试是否有代表性主要取决于对异常来源的判断。如果异常现象的存在在不同背景的人群中具有普遍性——例如是由一些潜在的、普遍的偏差引起的,或者是由对被试施加的处理造成的,那么学生被试也一样可以在实验室中重现该异常,基于此的分析和制度改良也可以被认为是有效的。但如果这些异常是由文化背景、社会经历或某些独特的个人特征所引起的,学生被试就可能无法重现异常现象。

当我们考虑是否选择学生被试作为样本池时，除了考虑上述实验目标的匹配性，还需要考虑三个方面。第一，被试的可得性。有些实验希望观察某些特定群体的行为（比如高级管理人员、部门经理、拥有工作经历的交易员等），但是现实中这类被试几乎不可能参加实验，此时我们必须考虑替代被试池。学生被试拥有陡峭的学习曲线，这意味着他们可以快速学习并熟练掌握有关技能，因此是此类研究对象较好的替代被试。第二，实验所需的知识能力。如果实验基于复杂的金融市场或比较专业的交易制度，没有接触过相关概念的被试可能会因为背景知识的缺乏而制造出实验"噪声"。当然，对这一因素的考虑主要在于降低实验数据的方差，而不一定会对均值产生影响。此外，高校学生普遍拥有实验要求水平以上的英文能力和数学计算能力，如果实验必须要求被试有一定的语言或数学基础，高校学生是理想的被试。第三，可能的需求效应。需求效应指的是被试出于取悦实验员而不是金钱激励的目的进行实验，选择被试池应尽可能避免需求效应。需求效应在学生被试中比较常见，主要体现在两个方面：其一，被试可能基于先前的专业学习或价值判断得知了这个问题理论上的"正确答案"，此时被试可能会忽视自己内心自发的选择动机而趋向于盲从"正确答案"，或者揣测实验员是否希望他们选择标准答案，而不是遵从内心的想法，此时实验报酬激励的凸显性不再满足；其二，有些实验采用同一个课程的学生作为被试，此时被试的实验动机不只包括金钱激励，还包括吸引老师的注意、博取老师的好感以便获得更高分数等，此时实验报酬激励的占优性不再满足。

当然，我们在用学生被试这样一种特殊的社会人群得出某一种实验结果时，应该对这种实验结果可以不加限制地推广到一般的人类行为本质特征的结论持谨慎态度。同时我们也更倾向认为，无论以学生作为被试存在什么样的缺陷，我们至少可以把以学生作为被试的实验结果看作一个参照系或参照标准，从而为我们观察一般社会人群的行为规律提供一种参照和借鉴的视角。在条件允许的情况下，我们可以先招募学生被试进行基准实验，然后再招募相关领域的"专业人士"复制一个实验组，比较两组实验的结果是否相同。不过，尽管学生被试作为实验样本存在招募上的便利性以及研究上的合理性，这并不意味着我们对学生样本可以随意粗糙地使用。此外，需要说明的是，实验经济学研究的一个普遍难题在于实验数据获得的繁琐性和昂贵性，一个完整的实验研究需要设计实验程序、招募实验对象、确认实验场地和设备、组织和控制实验现场以及整理和分析后期数据等多个步骤，而且实验需要给予被试金钱上的激励，因此一个实验往往需要组织者付出大量的人力、物力和财力。实验经济学家应该鼓励共享实验方法、实验数据等资料，在发表的论文中明确说明实验设计的内容和实验实施的过程。这可以提高实验研究的可复制性，从而间接扩大实验样本的数量和种类。

结合目前国内实验经济学的研究现状，需要强调的是，国内实验经济学的发展无论是实验室实验还是实地实验都还处在起步阶段，关于中国被试样本的实验在总量上相对较少。这就需要我们中国实验经济学学者发挥自己的贡献，先努力做出一定数量的科研成果,才能为诸多实验经济学方法论问题包括学生被试的实验样本代表性问题提供讨论基础。

本讲参考文献

Ackert, L. F., Charupat, N., Church, B. K. et al., 2006, "An experimental examination of the house money effect in a multi-period setting", *Experimental Economics*, 9, 5—16.

Alatas, V., Cameron, L., Chaudhuri, A. et al., 2009, "Subject pool effects in a corruption experiment: A comparison of Indonesian public servants and Indonesian students", *Experimental Economics*, 12, 113—132.

Andersen, S., Harrison, G. W., Lau, M. I. et al., 2008, "Eliciting risk and time preferences", *Econometrica*, 76, 583—618.

Andersen, S., Harrison, G. W., Lau, M. I. et al., 2010, "Preference heterogeneity in experiments: Comparing the field and laboratory", *Journal of Economic Behavior & Organization*, 73, 209—244.

Azrieli, Y., Chambers, C. P. and Healy, P. J., 2018, "Incentives in experiments: A theoretical analysis", *Journal of Political Economy*, 126, 1472—1503.

Baran, N. M., Sapienza, P. and Zingales, L., 2010, "Can we infer social preferences from the lab? Evidence from the trust game", *NBER Working Paper*, No. 15654.

Bauman, Y. and Rose, E., 2011, "Selection or indoctrination: Why do economics students donate less than the rest?", *Journal of Economic Behavior & Organization*, 79, 318—327.

Bechara, A. and Damasio, A. R., 2005, "The somatic marker hypothesis: A neural theory of economic decision", *Games and Economic Behavior*, 52, 336—372.

Beck, A., Kerschbamer, R., Qiu, J. et al., 2014, "Car mechanics in the lab—Investigating the behavior of real experts on experimental markets for credence goods", *Journal of Economic Behavior & Organization*, 108, 166—173.

Bellemare, C. and Kröger, S., 2004, "On representative social capital", *IZA Discussion Paper*, No. 1145.

Bellemare, C., Kröger, S. and Van Soest, A., 2008, "Measuring inequity aversion in a heterogeneous population using experimental decisions and subjective probabilities", *Econometrica*, 76, 815—839.

Benz, M. and Meier, S., 2008, "Do people behave in experiments as in the field?—Evidence from donations", *Experimental Economics*, 11, 268—281.

Blount, S., 1995, "When social outcomes aren't fair—The effect of causal attributions on preferences", *Organizational Behavior and Human Decision Processes*, 63, 131—144.

Bohm, P., 1994, "Behavior under uncertainty without preference reversal: A field experiment", *Experimental Economics*, 19, 185—200.

Bohm, P. and Lind, H., 1993, "Preference reversal, real-world lotteries, and lottery-interested subjects", *Journal of Economic Behavior & Organization*, 22, 327—348.

Bohnet, I., Greig, F., Herrmann, B. et al., 2008, "Betrayal aversion: Evidence from Brazil, China, Oman, Switzerland, Turkey, and the United States", *American Economic Review*, 98, 294—310.

Bolton, G. E., 1991, "A comparative model of bargaining—Theory and evidence", *American Economic Review*, 81, 1096—1136.

Bolton, G. E. and Ockenfels, A., 2000, "ERC: A theory of equity, reciprocity, and competition", *American Economic Review*, 90, 166—193.

Brosig-Koch, J., Hennig-Schmidt, H., Kairies-Schwarz, N. et al., 2017, "The effects of introducing mixed payment systems for physicians: Experimental evidence", *Health Economics*, 26, 243—262.

Camerer, C. F., 2011, "The promise and success of lab-field generalizability in experimental economics: A critical reply to Levitt and List", *SSRN Working Paper*, No. 1977749.

Camerer, C. F. et al., 2016, "Evaluating replicability of laboratory experiments in economics", *Science*, 351, 1433—1436.

Camerer, C. F. and Hogarth, R. M., 1999, "The effects of financial incentives in experiments: A review and capital-labor-production framework", *Journal of Risk and Uncertainty*, 19, 7—42.

Campbell, D. T. and Stanley, J. C., 1966, *Experimental and Quasi-experimental Designs for Research*, Chicago: Rand McNally.

Carpenter, J. P., Burks, S. and Verhoogen, E., 2005, "Comparing students to workers: The effects of social framing on behavior in distribution games", in Harrison, G. W., Carpenter, J. P. and List, J. A. eds: *Field Experiments in Economics (Research in Experimental Economics, Vol. 10)*, Bingley: Emerald Group Publishing Limited.

Carpenter, J. P., Connolly, C. and Myers, C. K., 2008, "Altruistic behavior in a representative dictator experiment", *Experimental Economics*, 11, 282—298.

Carpenter, J. P., Daniere, A. G. and Takahashi, L. M., 2004, "Cooperation, trust, and social capital in Southeast Asian urban slums", *Journal of Economic Behavior & Organization*, 55, 533—551.

Carpenter, J. P. and Seki, E., 2011, "Do social preferences raise productivity? Field experimental evidence from fishermen in Toyama Bay", *Economic Inquiry*, 49(2), 612—630.

Charness, G., 2010, "Laboratory experiments: Challenges and promise", *Journal of Economic Behavior & Organization*, 73, 21—23.

Charness, G. and Rabin, M., 2002, "Understanding social preferences with simple tests", *Quarterly Journal of Economics*, 117, 817—869.

Cook, T. D., and Campbell, D. T., 1979, "The design and conduct of true experiments and quasi-experiments in field settings", in Mowday, R. T. and Steers, R. M. eds: *Reproduced in part in Research in Organizations: Issues and Controversies*, Santa Monica: Goodyear Publishing Company.

Cox, J. C., Friedman, D. and Gjerstad, S., 2007, "A tractable model of reciprocity and fairness", *Games and Economic Behavior*, 59, 17—45.

Croson, R., 2007, "The use of students as participants in experimental research", University of Texas at Dallas, Working Paper.

Croson, R. and Gneezy, U., 2009, "Gender differences in preferences", *Journal of Economic Literature*, 47, 448—474.

Croson, R. and Gächter, S., 2010, "The science of experimental economics", *Journal of Economic Behavior & Organization*, 73(1), 122—131.

Davis, D. D. and Holt, C. A., 1993, *Experimental Economics*, Princeton: Princeton University Press.

De Oliveira, A. C., Eckel, C. and Croson, R. T., 2012, "The stability of social preferences in a low-income neighborhood", *Southern Economic Journal*, 79(1), 15—45.

Deck, C. A., Fatas, E. and Rosenblat, T., 2015, "Encouraging replication of economics experiments", in Deck, C., Fatas, E. and Rosenblat, T. eds: *Replication in Experimental Economics*, Bingley: Emerald Group Publishing Limited.

Dohmen, T. J., Falk, A., Huffman, D. et al., 2005, "Individual risk attitudes: New evidence from a large, representative, experimentally-validated survey", Working Paper.

Druckman, J. N. and Kam, C. D., 2009, "Students as experimental participants: A defense of the 'narrow data base'", in Druckman, J. N., Greene, D. P., Kuklinski, J. H. et al. eds: *Cambridge Handbook of Experimental Political Science*, Cambridge: Cambridge University Press.

Dufwenberg, M. and Kirchsteiger, G., 2004, "A theory of sequential reciprocity", *Games and Economic Behavior*, 47, 268—298.

Eckel, C. C., 2004, "Vernon Smith: Economics as a laboratory science", *The Journal of Socio-Economics*, 33, 15—28.

Eckel, C. C. and Grossman, P. J., 2000, "Volunteers and pseudo-volunteers: The effect of recruitment method in dictator experiments", *Experimental Economics*, 3, 107—120.

Eckel, C. C. and Grossman, P. J., 2008, "Forecasting risk attitudes: An experimental study using actual and forecast gamble choices", *Journal of Economic Behavior & Organization*, 68, 1—17.

Engelmann, D. and Strobel, M., 2004, "Inequality aversion, efficiency, and maximin preferences in simple distribution experiments", *American Economic Review*, 94, 857—869.

Falk, A., Fehr, E. and Fischbacher, U., 2008, "Testing theories of fairness—Intentions matter", *Games and Economic Behavior*, 62, 287—303.

Falk, A. and Fischbacher, U., 2006, "A theory of reciprocity", *Games and Economic Behavior*, 54, 293—315.

Falk, A. and Heckman, J. J., 2009, "Lab experiments are a major source of knowledge in the social sciences", *Science*, 326, 535—538.

Fehr, E. and Gächter, S., 2000, "Cooperation and punishment in public goods experiments", *American Economic Review*, 90, 980—994.

Fehr, E. and List, J. A., 2004, "The hidden costs and returns of incentives—Trust and trustworthiness among CEOs", *Journal of the European Economic Association*, 2, 743—771.

Fehr, E. and Schmidt, K. M., 1999, "A theory of fairness, competition, and cooperation", *Quarterly Journal of Economics*, 114, 817—868.

Fischbacher, U., Gächter, S. and Fehr, E., 2001, "Are people conditionally cooperative? Evidence from a public goods experiment", *Economics Letters*, 71(3), 397—404.

Friedman, S., Friedman, D. and Sunder, S., 1994, *Experimental Methods: A Primer for Economists*, Cambridge: Cambridge University Press.

Gallander Wintre, M., North, C. and Sugar, L. A., 2001, "Psychologists' response to criticisms about research based on undergraduate participants: A developmental perspective", *Canadian Psychology/Psychologie Canadienne*, 42(3), 216—225.

Gneezy, U., Haruvy, E. and Yafe, H., 2004, "The inefficiency of splitting the bill: A lesson in institutional design", *The Economic Journal*, 114, 265—280.

Gneezy, U. and Rustichini, A., 2000, "Pay enough or don't pay at all", *Quarterly Journal of Economics*, 115, 791—810.

Greiner, B. and Zednik, A., 2019, "Trust and age: An experiment with current and former students", *Economics Letters*, 181, 37—39.

Grether, D. M. and Plott, C. R., 1979, "Economic theory of choice and the preference reversal phenomenon", *American Economic Review*, 69, 623—638.

Griliches, Z., 1986, "Economic data issues", in Griliches, Z. and Intriligator, M. D. eds: *Handbook of Econometrics*, New York: Elsevier.

Gurven, M. and Jeffrey W., 2008, "Collective action in action: Prosocial behavior in and out of the laboratory", *American Anthropologist*, 110, 179—190.

Gächter, S., 2010, "(Dis) advantages of student subjects: What is your research question?", *Behavioral and Brain Sciences*, 33, 92—93.

Hausman, J., 1979, "Individual discount rates and the purchase and utilization of energy-using durables", *Bell Journal of Economics*, 10, 33—54.

Henrich, J., Boyd, R., Bowles, S. et al., 2005, " 'Economic man' in cross-cultural perspective: Behavioral experiments in 15 small-scale societies", *Behavioral and Brain Sciences*, 28, 795—855.

Henrich, J., Heine, S. J. and Norenzayan, A., 2010, "The weirdest people in the world?", *Behavioral and Brain Sciences*, 33, 61—83.

Holt, C. A., 1986, "Preference reversals and the independence axiom", *American Economic Review*, 76, 508—515.

Holt, C. A. and Laury, S. K., 2002, "Risk aversion and incentive effects", *American Economic Review*, 92, 1644—1655.

Jamal, K. and Sunder, S., 1991, "Money vs gaming: Effects of salient monetary payments in double oral auctions", *Organizational Behavior and Human Decision Processes*, 49, 151—166.

Kahneman, D. and Tversky, A., 1979, "Prospect theory: An analysis of decision under risk", *Econometrica*, 47, 263—291.

Karlan, D., 2005, "Using experimentaleconomics to measure social capital and predict financial decisions", *American Economic Review*, 95, 1688—1699.

Kawagoe, T., 2019, "Reconsidering induced value theory", in Kawagoe, T. and Takizawa, H. eds: *Diversity of Experimental Methods in Economics*, Singapore: Springer.

Laury, S. K. and L. O. Taylor., 2008, "Altruism spillovers: Are behaviors in context-free experiments predictive of altruism toward a naturally occurring public good?", *Journal of Economic Behavior & Organization*, 65, 9—29.

Levitt, S. D. and List, J. A., 2007a, "On the generalizability of lab behaviour to the field", *Canadian Journal of Economics*, 40, 347—370.

Levitt, S. D. and List, J. A., 2007b, "What do laboratory experiments measuring social preferences reveal about the real world?", *Journal of Economic Perspectives*, 21,

153—174.

Levitt, S. D., List, J. A. and Reiley, D. H., 2010. "What happens in the field stays in the field: Exploring whether professionals play minimax in laboratory experiments", *Econometrica*, 78, 1413—1434.

List, J. A., 2006, "The behavioralist meets the market: Measuring social preferences and reputation effects in actual transactions", *Journal of Political Economy*, 114, 1—37.

Loewenstein, G. and Prelec, D., 1992, "Anomalies in intertemporal choice: Evidence and an interpretation", *Quarterly Journal of Economics*, 107, 573—597.

Lucas, J. W., 2003, "Theory-testing, generalization and the problem of external validity", *Sociological Theory*, 21, 236—253.

Meier, S. and Sprenger, C., 2007, "Impatience and credit behavior: Evidence from a field experiment", *Working Papers*.

Merlo, A. and Schotter, A., 1992, "Theory and misbehavior of first price auctions: Comment", *American Economic Review*, 82, 1413—1425.

Peterson, R. A., 2001, "On the use of college students in social science research: Insights from a second-order meta-analysis", *Journal of Consumer Research*, 28, 450—461.

Plott, C. R., 1982, "Industrial-organization theory and experimental economics", *Journal of Economic Literature*, 20, 1485—1527.

Plott, C. R. and Smith, V. L., 1978, "An experimental examination of two exchange institutions", *The Review of Economic Studies*, 45, 133—153.

Rabin, M., 1993, "Incorporating fairness into game-theory and economics", *American Economic Review*, 83, 1281—1302.

Roe, B. E. and Just, D. R., 2009, "Internal and external validity in economics research: Tradeoffs between experiments, field experiments, natural experiments, and field data", *American Journal of Agricultural Economics*, 91(5), 1266—1271.

Roth, A. E., 1986, "Laboratory experimentation in economics", *Economics and Philosophy*, 2, 245—273.

Roth, A. E., 1988, "Laboratory experimentation in economics: A methodological overview", *Economic Journal*, 98, 974—1031.

Roth, A. E., 1995, "Introduction to experimental economics" in Roth, A. E. and Kagel, J. H. eds: *Handbook of Experimental Economics*, Princeton: Princeton University Press.

Rustagi, D., Engel, S. and Kosfeld, M., 2010, "Conditional cooperation and costly monitoring explain success in forest commons management", *Science*, 330, 961—965.

Schotter, A., 2006, "Strong and wrong: The use of rational choice theory in experimental economics", *Journal of Theoretical Politics*, 18, 498—511.

Schotter, A., 2015, "On the relationship between economic theory and experiments", in Fréchette, G. R. and Schotter, A. eds: *Handbook of Experimental Economic Methodology*, New York: Oxford University Press.

Schram, A., 2005, "Artificiality: The tension between internal and external validity in economic experiments", *Journal of Economic Methodology*, 12, 225—237.

Segal, U. and Sobel, J., 2007, "Tit for tat: Foundations of preferences for reciprocity in strategic settings", *Journal of Economic Theory*, 136, 197—216.

Sims, C. A., 2010, "But economics is not an experimental science", *Journal of Economic Perspectives*, 24, 59—68.

Smith, V. L., 1962, "An experimental study of competitive market behavior", *Journal of Political Economy*, 70, 111—137.

Smith, V. L., 1976, "Experimental economics: Induced value theory", *American Economic Review*, 66, 274—279.

Smith, V. L., 1982, "Microeconomic systems as an experimental science", *American Economic Review*, 72, 923—955.

Smith, V. L., 2010, "Theory and experiment: What are the questions", *Journal of Economic Behavior & Organization*, 73, 3—15.

Smith, V. L. and Walker, J. M., 1993, "Monetary rewards and decision costs", *Economic Inquiry*, 31, 245—261.

Thaler, R. H. and Johnson, E. J., 1990, "Gambling with the house money and trying to break even: The effects of prior outcomes on risky choice", *Management Science*, 36, 643—660.

Thurstone, L. L., 1931, "The indifference function", *The Journal of Social Psychology*, 2(2), 139—167.

Tversky, A. and Kahneman, D., 1992, "Advances in prospect-theory: Cumulative representation of uncertainty", *Journal of Risk and Uncertainty*, 5, 297—323.

Voors, M., Turley, T., Kontoleon, A. et al., 2012, "Exploring whether behavior in context-free experiments is predictive of behavior in the field: Evidence from lab and field experiments in rural Sierra Leone", *Economics Letter*, 114, 308—311.

Weber, M. and Zuchel, H., 2005, "How do prior outcomes affect risk attitude? Comparing escalation of commitment and the house-money effect", *Decision Analysis*, 2, 30—43.

Wright, W. F. and Aboul-Ezz, M. E., 1988, "Effects of extrinsic incentives on the quality of frequency assessments", *Organizational Behavior and Human Decision Processes*, 41, 143—152.

第三讲
实验设计的原理、方法与技巧

在很长一段时间里,经济学家普遍认为经济学,甚至整个社会科学不能也没必要进行实验。最近几十年,这种观念得到了根本性的扭转,这主要得益于以弗农·史密斯为首的实验经济学家们从理论、实证等各个角度对经济学实验的运行原理、执行设计和适用领域的阐释。实验经济学家们立足于诱导价值理论和并行原理建立起一套严格的方法论体系,并在该体系下使用一系列科学方法对实验过程进行控制,进而得到可信的数据结果。因此,在筹划和进行经济学实验的过程中,深入理解实验原理、严格遵守实验原则、科学运用实验方法、适当采取实验技巧是保证实验效度的不二法门。本讲第一节简要回顾实验设计的基本原理,进而在第二节引出实验设计的三点原则:激励有效性、匿名性和不欺骗被试。在第三节和第四节,我们介绍实验设计的方法和实施过程中的注意事项。最后,我们总结实验过程中的常见效应、解决方法和实验技巧供读者参考。

第一节 实验设计的原理

相比于将数据生成视为随机过程的计量方法,实验是受控的数据生成过程。这意味着我们可以人为控制数据生成过程中的一些变量,从而进行更明确的因果推断。在这一节,我们将首先介绍因果推断的基本思想,然后讨论经济学实验如何通过控制和随机两种基本方法实现对变量的控制。

一、为什么要做实验?

(一)检验和发展理论

在实验经济学发展的早期,实验方法与理论检验联系密切。在检验经济理论时,自然数据常常因为环境差异过大、混淆变量过多而显得力有不逮,此时实验数据便体现出独特的优势。如 Smith(1976)所言,适度激励下的个体和群体决策行为研究在经济理论的发展和检验方面有重要而显著的作用,这主要体现在:第一,实验室研究的结果可在自然数据产生之前对经济理论进行严格的实证检测;第二,实验结果可能与针对自然数据的研究和理解直接相关。此外,正如范良聪和张新超(2015)所总结的,实验对理论模型的辅助作用主要体现在以下方面:第一,可通过实验复制出理论模型的全部假设,创设出一个可以让理论发挥作用的环境,类似于检测理论的"无菌试管";第二,对于某些前提假设存在差异且难以验证的理论(比如说,博弈论中理性人和"理性人是共同知识"的假设在实验中很难验证),经济学实验可以比较"这些模型中哪个表现最好"或"在什么情况下,模型的预测改进了,抑或是退化了";第三,一些反常而有趣的实验结果会增加我们对现实世界的认知,进而有助于新理论的发展。

综上,检验理论同寻找经验规则、判断机制和政策设计一起成为实验经济学早期的"三大任务"。

(二)因果识别

如我们在第一讲导论部分所述,经济学实验不仅助推了理论的检验和发展,更在实证领域"大放异彩",这主要是因为实验数据可以带来更明确的因果识别。因果识别问题是近年来计量经济学乃至整个社会科学领域的核心问题之一,而实验方法则是检验因果效应的黄金准则,在实验中,通过控制和随机的方式,我们可以使变量间保持独立,进而探究在其他变量不变的前提下,某一变量的变化对另一变量的影响,这是自然数据所不能做到的。接下来我们将举例说明保持变量独立的科学意义,随后分别介绍控制和随机两种基本思想以及二者的组合。

二、基本方法:控制和随机

(一)因果推断的关键:独立

如果知道某一变量的取值不会提供其他变量的任何信息,即两个变量的取值不相关,那么变量之间就是独立的。为什么我们要保证变量的独立性(independence)?一种简单的理解是,如果 A 和 B 总是同时变动,我们就无法分离二者的影响,进而判断哪一个是真正的原因,Learner(1983)提供了一个有趣的例子。人们发现,某种植物在阳光下生长得更好,一部分人认为是因为在阳面的植物接受了更充足的阳光照射,另一部分人认为鸟类喜欢在有阳光的地方架窝停留,因此阳光下鸟类粪便更加充足。由于"阳光照射"和"鸟类粪便"两个因素高度相关,彼此之间不满足独立性,因此一般情况下的自然观察数据无法很好地对这两种说法提供验证。实验可以解决这一问题,通过在树下放置捕鸟网阻止鸟类架窝,我们可以控制鸟类的数量,使"阳光照射"和"鸟类粪便"相互独立,进而比较植物在充足阳光照射下和阴影中生长情况是否存在差异。

为了实现变量独立性,我们有两种"控制"方法:直接的控制和"间接的控制"即随机化。[①]

(二)控制

保持变量之间相互独立最简单直接的方法是控制(control)。顾名思义,控制就是保证其他变量不变。更具体地说,有三种常见的变量控制方法:第一,保持为常数,即所有被试的某一特征都在整个实验中保持同一水平不改变;第二,分组控制,有的时候不同被试之间差异过大,抑或是我们希望排除某些可能的混淆因素的影响,此时可以采用分组控制的方式,将需要控制的变量在取值上分为几个级别,保证在每个级别中变量的取值不变[②];第三,赋值,经济学实验内部的经济系统是由实验员建构的,因此对于某些系统内生的变量,比如实验中的初始禀赋、某些环境参数,可以通过实验员赋值的方式加以控制。

不过,控制手段是有限的。有些干扰变量容易被我们忽略,比如参与实验的时间、天气等;还有一些变量很难被观察,更不要说被控制,比如有些被试更加风险规避、有些被试更加乐于助人,等等。总之,总有一些变量是我们不能控制的,如何保证这些因素不会影响到实验结果呢?Fisher(1935)将随机化分配的思想引入实验设计,从理论上解决了这一问题。

(三)间接的控制:随机化

随机化(randomization)是指通过随机指定被试组别的方式实现对变量的间接控制,目的是通过随机分配的方式将不可观测的变量与处理变量保持独立,从而克服选择偏差问题,实现对因果更准确的识别和对处理效应更精确的估计。

从某种意义上说,随机化分配的思想应存在于实验设计的方方面面。例如,很多实验研究者容易忽视被试到达的时间顺序与被试组别之间的独立性。被试到达实验室时间的早晚可能体现了他的某些爱好和习惯,这些干扰变量很难观察并控制。因此,不要按照被试到达实验室的时间顺序分配角色或是由早到的被试自由选择——二者都可能带来选择偏差。相反,实验员应当保证实验角色分配的随机性,以实现实验角色与个人特质的相互独立。常见的随机化方法有以下几种。

1. 完全随机

完全随机是最简单的随机化方法,也是理论上随机化最彻底的方法。在完全随机设

[①] 将随机化称为"间接的控制"的说法出自丹尼尔·弗里德曼的《实验方法:经济学家入门基础》。
[②] 事实上,这个时候该控制变量也就是处理变量。

计中,每一个处理变量在每一场实验中被使用的可能性相等,且互不相关。举个例子,假如我们希望探究成本和声誉对市场交易的影响,实验按照3×2设计,共有如表3-1所示的6个实验局。按照完全随机分组的方法,可以选择在每场实验前掷骰子,按照骰子的点数决定该场实验选用哪种实验局,每种实验局被选中的概率都是1/6,而且彼此之间不相关。

表 3-1 实验中 3×2 设计下所有可能的实验局

	低成本	中成本	高成本
有声誉效应	实验局 1	实验局 2	实验局 3
无声誉效应	实验局 4	实验局 5	实验局 6

完全随机方法的优点是实现了彻底的随机化,因此具有最高的内部有效性。不过,其实施的代价非常高昂,这主要体现在对实验场数的要求——当实验局数量比较多的时候,可能要进行很多场实验才能搜集到所有实验局的数据,这对实验预算将是很大的负担。事实上,考虑到实验中可能的影响因素太多,实际实验中很少能采用完全随机方法,完全随机方法更接近于一种理论上随机"思想"的阐释,它构成了其他更可行的随机方法的基础。因此,在实际研究中,我们主要采取以下几种随机结合控制的方式保证变量之间的独立性。

2. 区组随机化

区组随机化(block randomization)也被翻译为"块状随机化",这是因为这个概念最早源自农业试验,所谓的"区组"或"块状",原本指的是相邻的几块土地。区组随机化是对完全随机化的一种改进,它的基本思想是控制我们不关心的变量,从而减少随机实验局的个数。具体来说,如果我们已经知道一些因素会对实验结果产生影响,但我们对这些因素又不感兴趣,这个时候就可以使用控制的方法排除它们的影响。利用已知信息对变量加以限制可以提升组内的同质性,降低方差,使统计结果更加准确。例如,若在某实验中处理变量有 T1 和 T2 两种取值,已知年龄和性别两个混淆变量对实验结果有一定的影响,且实验目的不包括对年龄、性别的分析,被试性别和年龄已知,那么在这种情况下我们就可以将所有被试按照年龄、性别分为几个区组,提高每组组内被试的同质性,然后在每个区组中使用完全随机化方法进行实验。需要注意的是,区组随机化设计中分组的变量与处理变量应相互独立,且不能存在交互效应,否则区组之间将无法进行参数比较。

3. 全因子设计

当研究变量不止一个时,如何保证研究变量之间的独立性呢?全因子设计提供了解决方案:考虑变量间的所有可行性组合。举个例子,如果我们已知 A、B、C 三个变量对 Y 存在影响,且均为二元取值(0 或 1),那么理论上说,我们要进行 $2^3=8$ 个实验局(见表 3-2)。

表 3-2　拥有 3 个二元处理变量的全部实验局

	A	B	C
实验局 1	0	0	0
实验局 2	1	0	0
实验局 3	0	1	0
实验局 4	1	1	0
实验局 5	0	0	1
实验局 6	1	0	1
实验局 7	0	1	1
实验局 8	1	1	1

全因子设计的好处是考虑了所有可能的变量组合，因此可以中和所有的不可知因素和可知但无法控制的因素的影响，同时可以测量所有变量的主效果和任意变量之间的交互效应。不过，全因子设计有两个缺点。首先，随着处理变量的个数和取值水平的增加，实验局数量呈指数级增长，一般来说，3×2、3×3 的实验局比较容易被接受，探究 3 个以上处理变量所需的实验局数目就很可观了。其次，全因子设计在控制实验误差的稳健性方面不如完全随机方法，毕竟全因子设计的实验局分配"牵一发而动全身"，如果其中一个实验局出现问题，就不能再观测到所有变量的组合，换言之，当某些实验场次出现错误的时候，我们可能会丧失实验局分配的随机性和平衡。

4. 部分因子设计

在很多时候，全因子设计的代价依然太过高昂，当处理变量较多或取值较多时，部分因子设计是一个可以考虑的选择。部分因子设计使用全因子设计的子集进行实验局实验，由于不能像全因子一样做到所有变量完全分离，因此不可避免地存在主效应与交互效应的混杂，而且无法排除高阶交互效应的影响。因此，通常来说，在使用部分因子设计时我们会假设高阶交互效应的影响可忽略，以便通过少数几个实验局获得有关主效应和低阶交互效应的信息。

部分因子设计的关键在于如何科学地、尽可能少地寻找全因子设计的"子集"，Fisher（1935）提出了"正交"的概念。我们依然以上文 A、B、C 对 Y 的影响作为例子进行说明。借助一个正六面体（见图 3-1 和图 3-2），我们可以更直观地理解"正交"的含义。在图 3-1 中，1—8 点分别对应实验局 1—8，例如在 1 处 A、B、C 取值均为 0，对应实验局 1，在 2 处 A 取值为 1，B、C 取值为 0，故对应实验局 2，以此类推。如果我们选取实验局 3、4、7、8（见图 3-1 左），此时在我们抽取的子集中 B 的取值均为 1，此时 B 相当于作为控制变量被"控制"住了，我们便无从探究变量 B 对结果 Y 的影响。如果我们选取实验局 1、2、7、8（见图 3-1 右），此时 B 和 C 之间没有形成独立关系，例如，当 B 取 1 时 C 也取 1，当 B 取 0 时 C 也取 0。如同我们上文中描述的植物生长的例子那样，我们将无法分离 B 和 C 对 Y 的影响。

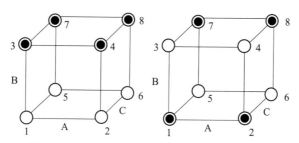

图 3-1 两种错误的部分因子设计实验局选择

正确的做法应该是选择实验局 1、4、6、7(见图 3-2 左)或实验局 2、3、5、8(见图 3-2 右),此时不会出现上文提到的某一变量无法估计或两个变量间无法分离的问题。不过,从图 3-2 我们也可以直观地看出来,实验局间的对比并不能准确地反映变量的主效应,还混杂着高阶交互效应的影响。例如,如果想判断变量 A 对 Y 的影响,应保持其他变量不变,比较 1 和 2、5 和 6 等实验局,但在部分因子设计中,1 和 2 两个实验局并不会同时实施。当然,部分因子设计的好处也是显而易见的:我们可以大大节约实验局的数量,这有助于研究者们进行更广阔的研究。关于因子设计的主效应和交互效应的判定,可以参见杜宁华《实验经济学》[①]第四章中的相关内容。

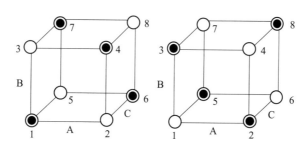

图 3-2 两种正确的部分因子设计实验局选择

5. 交叉设计

另一种控制潜在变量的方法是利用同一组被试在不同阶段接受不同的处理以实现自然的控制,不过,很多时候我们担心实验处理的顺序对结果的影响,尤其是在前期处理的效果会不会持续到后期,因此不仅实验顺序需要随机,还必须经过一个足够长的清洗期,以保证前一阶段的效果不会延续到后一阶段。

一种典型的交叉设计是 AB 和 BA(见图 3-3),被试被随机分配到组 1 或者是组 2,分别接受 AB 和 BA 顺序的处理。另一种交叉设计是 ABBA/BAAB,即充分考虑并中和了各种实验顺序的影响,这种设计可以帮助我们获得更多的实验数据,但偏保守,因此有可能低估处理的影响。

---

① 杜宁华,2008:《实验经济学》,上海:上海财经大学出版社。

图 3-3 交叉设计流程

最后,Friedman and Cassar 在《实验经济学:关于实验经济学的精读课》(*Economics Lab: An Intensive Course in Experimental Economics*)(2004)中对随机和控制方法的使用提供了 7 条经验建议,可视为对随机和控制方法的一个全面总结,我们在这里介绍如下:①尽可能控制所有你能控制的变量,这可能很昂贵,但不要寄希望于偶然情况,除非你不得不这么做;②将你的焦点变量定义为处理变量,只有改变它们的水平你才能发现它们对被解释变量的作用;③对于大多数处理来说,两个水平足矣,两个取值足以检测它们的效果,除非你希望检测非线性的效应,否则不必采用更多水平;④将处理变量取值拉大,以便于更好地观测效应是否存在;⑤为了使我们的设计更加有效,大多数干扰的噪声应被控制为常数;⑥如果你怀疑某些干扰变量可能会与你的关键变量产生交互作用,那就将它也设置为处理变量;⑦独立地改变处理变量。

三、为什么实验是有效的?

不过,有读者可能会心存疑惑:实验室实验怎么能保证被试按照实验员的要求行动?为什么我们可以相信人们在实验室中做出的决策和现实生活中是相一致的?这些问题归根结底是在质疑实验的有效性。一般而言,评估实验有效性的维度有内部有效性、外部有效性、建构有效性、总体有效性等,其中,最为常见和关键的是内部有效性和外部有效性。前者是指实验结果的可靠性,后者是指实验结果对现实世界一般情况的解释力。Smith(1976)提出的诱导价值理论和并行原理分别为经济学实验的内外部有效性提供了强有力的解释。

(一)内部有效性:诱导价值理论

诱导价值理论是实验经济学的关键方法论创新和构建经济学实验内部有效性的基石,由 Smith(1976)最先提出并加以阐释。其理论基础是使用正确的金钱奖励,从而允许实验员引导被试呈现出预先指定的特征,避免被试固有特征对决策的干扰。

在 Smith(1976)中,诱导价值理论的假设为非餍足性:如果有两个无须付出代价的选择,第一个比第二个带来更多的奖励媒介,其他条件完全相同,那么被试应该偏好第一个选择。Smith(1982)中将该假设进一步阐述为单调性、显著性和占优性。

单调性意味着对于被试来说,实验选择的报酬媒介越多越好,永不满足。通常来说,现金是最能满足单调性的媒介。显著性意味着被试明确了解自己每一种选择以及这种选择所对应的报酬。也就是说,通过在结果和奖励间建立明确的一一对应关系,我们诱导被试做出真实的选择。例如,如果被试每次前来实验可以收到20元的出场费,这就不是一个满足显著性的报酬,因为该报酬的给予与被试的行为无关。相反,如果被试选择A可以得到10元,选择B可以得到5元,抑或是被试每得到一个点数可以兑换为0.01元,且被试自己也清楚这一点,这便满足显著性。显著性将微观经济系统中的结果与主体所关心的报酬媒介联系起来。占优性意味着奖励媒介增加对被试效用的影响比其他因素要大得多,也就是说,被试的行为激励有且只有实验设定的奖励媒介。在有些时候,保证占优性比单调性和显著性更困难。一些人会担心声誉效应的影响,还有一些被试可能会对他人有利他或是敌对的行为动机。匿名性的设置有助实现占优性。如果被试确信自己的行为不会被观察到,也根本不知道实验中其他参与者到底是谁、自己的行为如何影响他人的收益或实验员的目标,这些可能的动机就不会扰乱奖励媒介的支配地位。

这三种性质详细地说明了"诱导价值理论"的本质:将一种在实验外毫无价值的事物与报酬媒介之间建立联系,不同事物对应不同数额或不同质量的媒介,实验员需要将这种联系向被试解释清楚(显著性),从而让被试在决策时受到报酬媒介的激励(单调性),在其他影响可以忽略不计的情况下(占优性),我们可以控制被试在实验设置的环境和经济系统中完成真实可信的决策。

值得一提的是,诱导价值理论轻松地避开了测量被试偏好/效用这一问题。我们知道几乎在任何经济学实验中,都需要对被试偏好有所假设。然而主观化的偏好仅在理论上存在,实际很难测量,这对经济学实验的实施造成了极大的障碍。诱导价值理论从一个角度解决了这一基本问题——把被试放置在同真实市场交易相似的环境,提供真实的物质激励,通过合适的实验机制设计,可以绕过难以观测的个人效用函数,直接得到我们希望的可观察的其他结果函数。[①]

(二)外部有效性:并行原理

如果说内部有效性由诱导价值理论解释,外部有效性则由并行原理加以辩护。并行原理的含义是:在某一实验环境中所验证的性质,必须在其他具有相似经济环境的实验或现实中得以重现。正如Smith(1976)所说:

几乎所有我们认为十分重要的"真实"世界中的行为特点——例如人的自利性、

[①] 可参见Smith(1976)第1节中通过报酬诱导出市场需求函数和个人无差异曲线的例子。

相互依存性、风险规避性、主观交易成本、信息成本等——都会自然而然地、事实上是不可避免地在实验场景中出现……更进一步讲，实验设计的过程促使你对这些规则和程序加以说明，而对实验设计的规则和程序的积累会形成一种制度、组织或者说是确保实验场景与"真实世界"并行的"法规"。实验室便成了这样一个地方：在这里，真实的人面对抽象的情境，做出真实的决策，从而获得真实的货币报酬。

并行原理普遍存在于地理学、天文学等自然科学中，Smith(1976)将其引入经济学领域。不过，不得不承认，相比于解释内部有效性的诱导价值理论，并行原理看起来并没有那么有说服力——事实上，这不只是经济学实验的问题，而几乎是所有实验面临的问题。不过，这样的偏倚也许事出有因：一方面，很多经济学家认同内部有效性是实验研究的基础(Camerer,2011)，只有在确保内部有效性的情况下，实验研究才有其意义；另一方面，实验方法追求的是对理论的检验和对因果的识别，而不是对现实世界的简单重现，因此内部有效性比外部有效性更加重要。

不过经济学家并没有完全放弃对外部有效性的追求，近年来兴起的实地实验正是对这一缺陷的弥补，关于实地实验的更多介绍请参见本书第七讲。

第二节 实验设计的原则

就像上文提到的那样，根据诱导价值理论和并行原理，实验经济学在一定程度上兼顾了实验的内部有效性和外部有效性，不过，准确地诱导出被试的真实偏好需要极其精密的设计。为了保证实验结果的真实有效，我们在进行实验设计时应把握一些重要的原则，包括激励有效性、匿名性和不欺骗被试等。激励有效性是最核心的原则，其含义是实验中的奖励媒介必须满足单调性、显著性和占优性——只有这样，我们才能实现对被试的控制。匿名性和不欺骗被试同样非常关键，只有严格遵守这些原则，我们的实验结果才是真实可信的。

一、激励有效性

激励有效性其实就是诱导价值理论成立的基础：实验的奖励媒介必须满足单调性、显著性和占优性。让我们简单解释一下三者的含义[①]。

单调性意味着对于被试来说，实验报酬越多越好，永不满足，通常来说，货币是最能满足单调性的媒介。显著性意味着被试明确了解自己每一种选择以及这种选择所对应的报酬，也就是说，通过在结果和奖励间建立一个明确的对应关系，我们诱导被试做出真

---

① 下列定义来自丹尼尔·弗里德曼和山姆·桑德的《实验方法：经济学家入门基础》第14页。

实的选择。例如,如果被试每次前来实验可以收到 20 元的出场费,这就不是一个满足显著性的报酬,因为该报酬的给予与被试的行为无关。相反,如果被试选择 A 可以得到 10 元,选择 B 可以得到 5 元,抑或是被试每得到一个点数可以兑换 0.01 元,且被试自己也清楚这一点,这便满足显著性。显著性将微观经济系统中的结果与经济主体所关心的奖励媒介联系起来。占优性意味着奖励媒介增加对被试效用的影响比其他因素要大得多,也就是说被试的行为激励有且只有实验设定的奖励媒介。在有些时候,保证占优性比单调性和显著性更困难。

二、匿名性

匿名性是保证奖励媒介占优性的关键原则。如果被试意识到其在实验中的行为可能被其他人观测到,他的行为动机就可能囊括社会声誉等其他因素而不仅仅是实验报酬;同理,一般来说我们假设被试的效用函数中也包括其他被试的收入,如果被试接收到其他被试收入的信息,报酬的占优性就可能被破坏。例如,一些被试会担心声誉效应的影响,还有一些被试可能会对他人有利他或是敌对的行为动机,而匿名性的设置有助于实现占优性。如果被试确信自己的行为不会被观察到,也根本不知道实验中其他参与者到底是谁、自己的行为如何影响他人的收益或实验员的目标,这些可能的动机就不会扰乱奖励媒介的支配地位。

必须保证匿名性的另一个原因是机构审查委员会(Institutional Review Board,IRB)要求在实验过程中充分保护被试的隐私,这包括但不限于:①在实验中被试之间需要保持一定的物理距离,避免其决策被其他被试关注;②实验中被试姓名、学号等个人信息必须被保密,必要时用编号代替;③如果在实验中需要对被试进行配对,配对应满足匿名性,也就是说,被试应该不知道自己具体和谁配对;④如无特别的实验设计,实验中被试间不可以互相讨论;⑤实验后被试只接收与自己报酬相关的信息,也就是说,个人的收入不会泄露给他人,同时也不能得知他人的收入。

三、不欺骗被试

最后,我们希望着重说明一下第三点原则:不欺骗被试(no deception),这也是经济学实验设计最重要的原则。

(一)理论上的解释:为什么欺骗行为不被允许?

在某些心理学、社会学实验中,对被试使用某些欺骗手段是合理的,但经济学不允许这么做,实验经济学对欺骗的禁止有多方面的原因。首先是道德层面的批评。在有些人看来,被试的权利(比如知情权)无论如何不应受到侵犯,故任何实验都应在不欺骗被试的前提下进行。按照上述观点,不仅经济学实验中的欺骗不被允许,其他社会科学实验中欺骗的使用也是不道德的。然而经济学实验禁止欺骗的原因不止于此,除了道德规范不允许我们这么做,欺骗行为对经济学实验的危害主要体现在以下两个方面。

1. 丧失对被试的控制

在前文中我们提到,实验经济学维持内部有效性的基础是诱导价值理论,而诱导价值理论要求实验报酬满足显著性、单调性和占优性,只有这样,我们才能引导被试在我们希望的环境和制度下进行决策。如果被试意识到自己被欺骗或可能被欺骗——哪怕仅仅是对实验说明和实验材料的准确性产生怀疑,实验报酬的显著性和占优性将不再被满足,被试可能不会按照给定的环境和制度进行决策——从这个意义上说,我们将丧失对被试的控制,实验结果以及对结果的检验也不再有效。

已有文献发现,欺骗行为会引起被试对实验各方面的强烈怀疑,并导致后续行为和决策发生变化(Stang,1976)。例如,有大量文献研究在风险和不确定性情况下的个人选择,这些文献可以利用实验数据对当前的各类效用理论进行检验。但是,如果被试怀疑自己的实际报酬和进行决策时所面临的风险与实验列出的彩票不完全一致,他们可能会基于自己完全主观的估计进行决策,此时任何基于实验数据的检验都将失效。

2. 影响被试对其他经济学实验的信任

欺骗行为还可能有严重的负外部性。因为欺骗行为影响到的不只是被试对这场经济学实验的判断,而是对经济学实验的总体印象。换言之,一个实验团队在实验中使用欺骗手段会对其他实验团队带来信任上的损失,进而破坏整个实验经济学领域的声誉。一部分研究提供了实证证据,Jamison et al.(2008)、Ortmann and Hertwig(2002)都发现,被欺骗的经历确实会影响被试在后续实验中的信念和决策行为。

(二)现实中的问题:如何界定欺骗?

我们已经充分了解欺骗行为的危害。然而,当我们开始着手准备实验设计时,一系列问题又会接踵而至:对被试的欺骗包括哪些行为?不告知被试关于实验的全部信息是否算作欺骗?如果在实验中对一部分被试只告知关于产品的正面信息,而对另一部分被试只告知负面信息,是否构成欺骗?如果被试在参加实验时毫不知情是否算作欺骗?如果某些实验不对被试进行适度欺骗就根本无法完成,那么是否只能放弃?

要解答上述问题就必须对"欺骗"加以界定。Krawczyk et al.(2013)区分了"明确的欺骗"(explicit deception)和"不作为的欺骗"(deception by omission),如果研究人员故意向被试提供错误信息,那么就构成"明确的欺骗";如果研究人员故意向被试隐藏信息或者没有告知被试其接收的信息是不完整的,且这种信息缺失可能会改变被试的行为,那么构成的是"不作为的欺骗"。

此外,在具体的实验设计中,Sieber et al.(1995)将欺骗行为分为八类:①不告知被试真实的实验目的;②实验中给予被试一个"虚假装置",这个装置的实际功能与被试被告知的功能不一样;③对被试在实验中的表现提供错误的反馈;④向被试提供实验中其他被试的表现的错误反馈;⑤为被试配备搭档,搭档的表现将影响被试的最终成绩,但却将搭档伪装成旁观者或无关被试收入的其他被试;⑥被试不知道他们正在参与研究,也就是说,他们在未经同意的情况下被观察;⑦被试意识到他们是研究的一部分,但不知道在何时被观察到、以何种形式被观察;⑧ 实验员邀请被试参加两个相关的研究,但告诉被试这些研究实际上是不相关的。

(三)哪些欺骗行为是不能忍受的?

传统观点往往认为任何程度的欺骗都是不被允许的(Smith,1982),不过随着经济学实验在各领域的流行,对"欺骗"行为的界定越来越模糊,这一"金科玉律"也开始受到质疑。事实上,如果按照Sieber et al.(1995)略显严苛的定义,目前已发表的论文中"欺骗行为"比比皆是。例如,所有的自然实地实验都是在被试不知情的情况下进行的,绝大部分经济学实验也并不能保证甚至不希望被试完全理解其实验目的。在此基础上,故意提供错误信息显然是违反规范的,但对隐藏信息的判断则存在争议。Hey(1998)认为后者并不构成经济学意义上的欺骗,Ortman and Hertwig(2002)更是宣称"跨学科界已经形成共识,即故意提供错误信息是欺骗,隐瞒有关研究假设、实验操作范围等的信息不应被视为欺骗"。不过也有研究者认为隐瞒信息会带来严重的后果:被试可能会基于自己理解的规则进行决策,于是我们失去了对被试的控制,与此同时,这种不能知情的感觉也会导致一部分被试不愿意参加经济学实验。

我们需要认识到,欺骗行为也有程度上的区别。Rousu et al.(2015)按照后果的严重性区分了三种程度的欺骗(见表3-3),最严重的是可能给被试带来潜在伤害的欺骗,包括心理创伤、财产损失、没有按照事先确定的原则支付报酬等;其次是可能存在溢出效应的欺骗,潜在的被试可能通过交流得知欺骗行为,并在之后的实验中改变信念,这类问题在学生被试中尤其突出;最轻度的欺骗是既不给被试带来潜在危害又不存在明显溢出效应的欺骗,当前已发表论文中大部分欺骗行为也属于此类。因此,当判断欺骗行为是否可以被容忍时,一个显而易见的原则是:我们必须避免可能给被试带来潜在伤害的欺骗行为。这种伤害包括财产上的损失、心理上的创伤、没有按照承诺支付报酬、诱导被试购买不符合描述的商品等。

表 3-3　Rousu et al. (2015) 对欺骗被试行为按照严重程度的分类

欺骗行为的后果	举例	程度
可能给被试带来潜在的伤害	心理创伤、财产损失、售卖不符合描述的商品、没有按照承诺给予被试报酬	最严重
存在潜在的溢出效应	未来的被试可能会了解到实验中的欺骗行为，并对未来的实验产生影响	中等
对被试没有潜在的伤害，没有潜在的溢出效应	误导被试学习、误导被试理解信息、使用不告知被试的搭档	最轻

资料来源：Rousu, M. C., Colson, G., Corrigan, J. R. et al., 2015. "Deception in experiments: Towards guidelines on use in applied economics research", *Applied Economic Perspectives and Policy*, 37(1), 524—536.

Colson et al. (2016) 对 10 种欺骗行为进行了调查。在所有欺骗行为中，被认为最不可接受的三种欺骗行为是"可能给被试带来生理或心理的创伤""没有按照承诺支付报酬"和"被试被诱导购买不符合描述的商品"；相对来说可以接受的三种欺骗行为是"向被试提供不完全信息""向被试提供关于研究目的的错误信息"和"被试没有意识到自己在实验中"。《实验经济学》的前主编戴维·库珀（David Cooper）提出了四种可以考虑实施欺骗行为的情景：①欺骗不会伤害被试；②如果没有欺骗，研究将无法进行；③被试在被欺骗后充分了解到自己被欺骗的事实；④研究价值足够高，值得付出使用欺骗的潜在代价 (Cooper, 2014)。

因此，从上述描述我们可以看到，欺骗行为并不是一个简单的"是"或"否"的二元问题，而是一个有着不同成本收益比的"区间"。从义务论的角度，任何欺骗行为都不应该被允许，但是按照成本收益的视角，一些不伤害被试且不具有溢出效应的欺骗行为是可以容忍的。在实际实验设计中，实验处理是否构成欺骗、这种可能的欺骗行为是否可以容忍，可能主要取决于机构审查委员会是否批准。在没有机构审查委员会的地区，本领域已发表论文的研究范式是重要的参考。

最后，值得强调的是，现在的大部分顶级期刊都不允许录用存在欺骗行为的文章——至少是对欺骗行为加以限制。如《美国经济评论》《经济行为与组织杂志》《实验经济学》都明确说明拒绝发表使用欺骗手段的论文。在美国排名第一的农业期刊《美国农业经济学杂志》(*American Journal of Agricultural Economics*, AJAE) 于 2011 年加入这一阵营，但是在 2015 年解除了这一禁令，但依然保留以下限制："如果论文中涉及欺骗人类被试，请说明所涉欺骗的程度和性质以及采用欺骗的理由。经办编辑可以退回被视为不正当或过度欺骗的稿件，即使该方案得到所有相关机构审查委员会的批准。"对于研究者来说，这也是使用欺骗行为必须考虑的潜在代价。

第三节　实验设计的方法

在了解了实验的基本原则后，接下来我们讨论实验设计中的常见方法。从实验设计的角度，最常见的方法论选择主要有三个方面：被试内设计还是被试间设计；策略方法还是非策略方法；中性框架还是非中性框架。需要注意的是，几乎没有哪一种方法是"放之四海而皆准"的，在下文中我们将主要讨论每一种方法的优缺点和适用范围，以便设计者进行综合的考量。

一、被试内设计与被试间设计

在实验设计中，最广泛存在的方法论讨论是关于被试内设计（within-subjects design）还是被试间设计（between-subjects design）。实验中控制其他变量保持不变的基本工具是控制和随机，被试内设计背后的思想是控制，而被试间设计背后的思想则是随机。

具体来说，被试内设计指的是在实验中每名被试经历一种以上的实验处理，被试自己就是自己的对照组。而被试间设计是指每名被试仅接受一种实验处理，对其他变量的控制是通过随机化完成的。举个生活化的例子，如果我们希望评价两杯奶茶 A 和 B 的好坏，使用同一组评委先后品尝两种奶茶并打分就是被试内设计；随机招募两组评委甲组和乙组，甲组对奶茶 A 打分，乙组对奶茶 B 打分，就是被试间设计。被试内设计和被试间设计各有其优缺点，接下来我们将分别进行简要说明，并分析在实验设计时应该如何选择。

（一）被试内设计

相比于被试间设计，被试内设计至少有三点显而易见的优势。第一，排除个人异质性因素。被试内设计以被试自己为对照组，完全消除了个体异质性的干扰，内部有效性不再依赖于随机分配[①]。第二，能使用更少的被试样本获得更多的实验数据。从理论上说，相同被试数量下，被试内设计的数据量是被试间设计的整数倍。比如我们探究 A 和 B 两个处理对结果的影响，同样招募 90 名被试，使用被试内设计可以对 90 名被试同时施加 A、B 处理，获得对照组、处理组 A、处理组 B 各 90 份实验结果，合计 270 份，三倍于被试间设计。第三，被试内设计与理论上因果推断的思想更加契合，毕竟从理论上说，没有谁比被试本人更适合充当"反事实组"的替代者了。

不过，被试内设计也存在着明显的缺陷。在被试内设计中，被试不得不面临处理变量的多次变化，如果实验各处理之间不能保证相互独立，前期处理就会影响到后期的结果，除此之外，实验顺序本身也会带来一系列混淆因素。

第一，更加明显的需求效应。在被试内设计中，在从处理 A 转换到处理 B 时，其他条件保持不变，只有一个参数发生了变化，这很容易引起被试的注意，被试可能会询问或者思考这样设置的目的何在，自己如何改变反应行为而不是是否要改变行为。也就是说，

---

① 像我们在上文中已经分析的那样，在现实设计中往往无法做到完全的随机化。

实验处理变化本身在促使被试发生行为上的变化。

第二，前期处理的遗留效应。在进行组内实验时，我们假设各处理之间相互独立，即本轮处理下的决策只受到本轮处理的影响，既不会被之前处理和决策影响，也不会影响后续的处理和决策。然而不可否认的是，在实验中，先前实验局的操作可能会对后续实验局产生影响。在医学实验中，实验员可以通过设置"清洗期"(wash-out period)来排除先前药物对后期的影响，但在经济学实验中通常做不到这一点。Charness et al.(2012)举了一个简单的支付意愿(willingness to pay, WTP)例子来说明这一点。如果实验员"对同一名被试先询问愿意在家旁边的三明治店花费多少钱购买三明治，再询问愿意在机场的三明治店花费多少钱购买三明治"，那么其得到的结果很可能会与"对一半被试只询问在家旁边的三明治店愿意花费多少，另一半被试只询问愿意在机场花费多少"不同。

第三，难以忽略的顺序效应。实验顺序的影响主要体现在熟练程度、学习效应和疲劳。一般来说，进行实验操作的被试在开始的处理局中都呈现出显著的"干中学"倾向，在经过一次处理后，被试对实验的理解会加深，对操作的熟练程度也会大大提高。不过，随着经验的丰富，被试的体力和耐心也逐渐被消耗，在后续处理中可能会出现疲惫和不耐烦的现象。这些干扰都可能会影响实验结果。

(二)被试间设计

相比于被试内设计，被试间设计要简单得多，在操作上只需要对被试进行一次随机分组，并且由于每名被试只参加一个实验局，任何实验局之间的污染(比如上文提到的经验、学习效应、顺序效应、需求效应、遗留效应等)都会被避免，因此，相比于被试内设计，被试间设计更不容易受到环境因素的影响。

然而被试间设计也有其问题。第一，随机化设计可能是实验误差的来源。尽管完全随机化可以消除理论上的组间差异，但在实际操作过程中依然可能存在组间差别，无法从根本上排除个体差异对结论的干扰，因此内部有效性不如被试内设计。第二，被试间设计需要的被试数量成倍增加，相应需要更多的时间、人力和财力。第三，被试间设计常常是范围不敏感(scope insensitivity)的。在某些时候，被试对实验设计中处理变量的数值太不敏感，以至于根本没有意识到不同取值的区别。一个经典的案例是，有三组被试分别被询问愿意花费多少来拯救2000/20000/200000只迁徙鸟类免于淹没在未发现的油塘中，三组的回答分别是80/78/88美元。① 因为在现实生活中很少有人能同时看到2000只鸟类迁徙，更不要说20000或200000只，由于被试对实验处理变量的取值缺乏准确的认知，被试间设计汇报的结果会更加不可信，被试内设计则不会有这样的问题。

---

① 这个典型的例子来自维基百科中的"scope insensitivity"词条。

(三)什么时候使用被试内设计/被试间设计？

被试内设计和被试间设计各有利弊。一般来说，被试间设计更加保守，需要更多的假设和限制条件，被试内设计更有统计效力，但是面临的混淆因素过多。因此实验是否能采取被试内设计，主要取决于我们能否克服或忽略这些混淆因素的影响。如果想使用被试内设计，我们必须了解暴露在多个处理下对被试心理的影响。被试内设计最常见的质疑来自不同处理效果之间的互相影响，一些实验处理方法可以缓解这一情况。

首先，可以考虑将处理顺序随机化。如果我们发现处理顺序对处理效果存在显著影响，则表明除了实验环境，还有其他因素会影响处理结果，偏差可能来自上下问题的参考效应、学习效应、对变化的敏感度、后延效应或其他心理因素等。如果这些混淆因素的影响是随机的，没有固定的大小和方向，或者大小和方向与实验局之间的顺序无关，那么只要对不同场次的实验局顺序完全随机排序并将结果取平均值就可以解决一部分被试内设计的偏差。反之，如果某些偏差只存在于特定的顺序下，或者以不同的方式发生在不同的顺序中，则对实验局顺序进行随机排序就无法消除混淆因素的干扰。例如，学习效应被公认广泛存在于经济学实验中，一般来说，在经过几轮实验后，被试会变得更加富有经验，对实验流程也更加熟悉，因此决策可能会逐渐变得更理性而有效率。这种混淆因素的影响与实验局的顺序无关，只与实验轮次有关，因此只要在不同的场次中将实验局随机排序，就可以抵消学习效应在实验局之间的作用。但是，如果混淆因素的影响与实验局顺序相关，比如如果我们明确知道先进行实验局 A 再进行实验局 B 会影响被试在实验局 B 中的决策，这种顺序效应的影响就不能通过实验局随机排序被抵消。

其次，可以考虑加大处理之间的间隔，尽可能制造"清洗期"，比如在不同提问之间设置其他任务，或者间隔足够长的时间进行追访提问，以获得尽可能独立的处理。然而，在很多时候，先前处理带来的影响无法消除。比如在三明治的例子中，一旦询问愿意在家附近三明治店支付多少钱后，被试就会存在锚定现象，对机场三明治价格的衡量就会出现较大偏差，此时，被试内设计方法不再适用。

哪些时候被试内设计不适用呢？Charness et al.(2012)列举了一些目前的论文中已发现的情况：①评估效用。Hsee and Leclerc(1998)设计了一个组间实验，被试按要求评估商品 A、商品 B 或商品 A 和 B，结果发现同时评估商品 A 和商品 B 的结果与只评价一种商品(A 或 B)的结果不同，而且这种差异不能通过仅仅改变顺序消除。②估计概率。Milburn(1978)调查了三组被试对未来事件可能性的估计。其中的两组被要求估计一系列未来事件的概率，而第三组的每个成员则估计单个事件的概率。结果发现对概率的估计呈现显著的顺序效应：在被试内设计中，对发生积极事件的估计概率稳步上升，而消极事件的估计概率则稳步下降;被试间设计的结果则相反——积极事件发生的概率随时间而降低,这与该研究的理论假设是一致的。③模糊厌恶。Fox and Tverksy(1995)的研究发现,当被试先后经历确定框架和模糊框架时,被试内设计会加剧模糊厌恶程度,因为与确定框架的对比放大了模糊框架的厌恶感。④行为评价。在 Gneezy(2005)中,参与者被要求评估汽车销售人员谎报汽车状况的行为,其谎报带来的费用分为"低"和"高"两种。有些被试被询问两种情况,另一些被试只评价其中的一种。在被试间设计中,36%的受试者认为在低成本情境下的行为非常不公平,而62%的受试者认为在高成本情境下的行为非常不公平。在被试内设计中,18%的受试者认为低成本下非常不公平,而68%的受试者认为高成本下非常不公平。Gneezy(2005)假设,内部分析的比较背景(也可能是实验员需求效应)会导致这种差异。

不过,被试内设计和被试间设计也并非水火不容,很多研究(Deffenbacher et al.,1981)也发现在另一些场景中两种实验结果差距不大。当前,被试间设计被采用的频率更高,一些方法论文献也更加推荐使用被试间设计,不过被试内设计依然很吸引人并且更节约成本。

最后,回顾上述研究,Charness et al.(2012)提供以下经验性的建议供读者参考:①如果处理组之间彼此形成强烈对比则不宜使用被试内设计。先后经历多次对比鲜明的处理会放大处理间的对比程度,同时诱发需求效应。②其他环境不变,只在参数设置上进行微调的实验不宜使用被试内设计。被多次暴露于处理下会使被试对处理之间的变化过于敏感。③当处理具有持久的效果时,不宜使用被试内设计。④当实验中的计量模型不是个体固定效应时,不宜使用被试内设计。被试内设计的对比框架意味着组内实验只适用于使用个体固定效应的模型。相反被试间设计则可用于更多元的比较。⑤当实验目的涉及对效用理论评价时不建议使用被试间设计。Kahneman and Tversky(1979)从问卷数据来研究期望效用理论。在被试间设计中,一部分被试在初始禀赋为正的基础上赌博,另一些被试的初始禀赋则为负。研究发现对前景积极的被试表现出风险厌恶偏好,相应地,对前景消极的被试表现出追求风险的偏好。这意味着如果采用被试间设计,不同实验局设置的环境本身可能会诱导被试的偏好发生改变。

二、策略方法和非策略方法

实验设计的另一个关键问题是,被试需要汇报的是策略还是行动,前者称为"策略方法"(strategy method),后者称为"非策略方法"(non-strategy method)。没有系统学习过博弈论的读者可以这么理解这两个概念:策略方法是指被试需要汇报在实验中每一种情况发生时自己的选择;而非策略方法则是被试直接面对已经发生的情况展开行动。

(一)策略方法的历史

我们应简单了解策略方法的历史。策略方法最早在 Selten and Sauermann(1967)中使用,其分为两步:首先,通过重复多次进行非策略方法引导被试熟悉决策环境;其次,在充分了解情况后,被试独立汇报博弈的全部策略。策略方法的基本思想是引导被试进行全方位的考虑,并通过行为观察被试的策略,进而分析被试的认知过程。

策略方法所具有的一些明显优点使得它在提出后被广泛接受。首先,策略方法可能带来更深思熟虑的决策。策略方法需要汇报策略,因此可以引导被试在思考所有情况后做出更全面的决定。其次,策略方法允许我们对被试进行更全面的观察。通过对完整策略的分析,实验员可以更好地观察被试做出决定背后的动机和思维过程。例如,在一些涉及风险偏好、亲社会偏好的实验中,被试汇报的策略可以准确地描绘被试转变的节点和转变的全过程。最后,策略方法也意味着更丰富的数据。策略方法可以观测到被试在每个节点的选择,这极大地提升了数据容量,这对某些发生概率较小的情况尤其有利。在有些实验里,实验目的是观测小概率发生的行为或偶然发生的行为,如果直接汇报行动,可能要耗费大量的被试才能得到少量数据,此时策略方法的优势便凸显出来。

当然,一些研究者质疑策略方法在激励有效性上的不足,一种可能的解决措施是,在被试汇报策略后由其他被试或计算机系统随机选择一种情况,并将该被试所汇报的该种情况下的选择作为结果支付报酬。具体流程如图3-4所示。

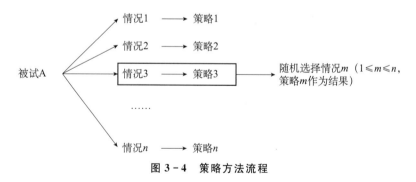

图3-4 策略方法流程

(二)策略方法和非策略方法存在差别吗?

策略方法和非策略方法度量的结果存在差别吗?从博弈论视角看,策略方法汇报的策略与直接观察到的行为应该没有区别。不过,在现实中这种理论上的等价经常遭到质疑,如Roth et al.(1995)指出,如果提交完整的策略,被试将不得不以不同的方式思考每一个信息集,而不是将有限注意力集中于那些在博弈过程中出现的信息集。

Brandts and Charness(2011)对已发表文献中同一主题下使用策略方法和非策略方法的实验结果进行了多维度的比较,回顾这篇文章可能会对回答这个问题有所启发。

1. 总体发现

文章对比了 29 项研究,其中 4 项显示显著差异,16 项显示无明显差异,另有 9 项是混合的结果(一部分有差异,一部分没有)。有差异的研究主要集中在信任博弈中,如 Brandts and Charness(2011)发现,在惩罚博弈中对自私行为的实际惩罚水平是策略方法结果的 2 倍。该实验采取如下框架:被试 A 先做选择,可以选择对 B 有利或对 B 不利,当被试 A 选择对 B 不利的选项时,被试 B 有权决定是否付出成本对 A 施加惩罚。一个实验局中实验员直接观察被试 B 的行为,另一个实验局则由被试 B 在实验前汇报自己在被试 A 选择不同选项下的选择,当且仅当被试选择自私行为时 B 策略中的惩罚才被执行。实验观测到,与策略方法中被试汇报的惩罚水平相比,直接观测到的惩罚水平明显更高。类似的结果在 Brosig et al.(2003)中同样出现,看来我们还是容易低估被别人伤害时的"愤怒程度"。显示结果无差异的研究更多,包括最后通牒博弈、独裁者博弈、投保选择、资产定价战略、委托代理博弈、公共品博弈、私人价值拍卖等。

2. 进一步分析:哪些研究会出现差别?

总体来看,有些研究发现了差异,更多的研究则显示没有区别,我们关心的是发现(或没发现)差异的研究之间是否存在某种共性。Brandts and Charness(2011)对三个潜在的相关维度进行了检验。

第一,情绪。一种自然的想法是,情绪是决定策略和行为偏差的因素,因为人们在汇报策略时可能会低估情绪的影响。遗憾的是,统计检验并不支持这种假设,如表 3-4 所示,在 7 项包含情绪的研究中,只有 3 项发现了混合影响,另有 4 项没有差别,卡方检验拒绝了二者分布有显著差异的原假设($\chi^2 = 2.00, p = 0.368$)。不过情绪可能会影响特定的行为。研究发现在策略方法下惩罚水平更低,Güth et al.(2001)、Brandts and Charness(2003)、Brosig et al.(2003)、Falk et al.(2005)都发现在非策略方法下,被试呈现出对自私行为更高力度的惩罚。

表 3-4 情绪对策略方法和非策略方法差异的影响

	有差别	混合影响	无差别
包含情绪	0	3	4
不包含情绪	4	6	12

资料来源:Brandts, J. and Charness, G., 2011, "The strategy versus the direct-response method: A first survey of experimental comparisons", *Experimental Economics*, 14(3), 375—398.

第二,选项的数量。另一个可能的维度是被试面临的选项数量。如果需要做出的决定很少,在汇报策略时被试更容易"身临其境"地思考每一项决策,相反,如果需要做出的决定太多,被试的精力可能被分散。Brandts and Charness(2011)区分了二元情境[①]和多元情境[②],结果如表 3-5 所示,在二元情境中两种测度方式更可能出现差别($\chi^2=5.38$,$p=0.068$)。

表 3-5　选项数量对策略方法和非策略方法差异的影响

	有差别	混合影响	无差别
≤2	4	3	6
>3	0	6	10

资料来源:Brandts,J. and Charness,G.,2011,"The strategy versus the direct-response method:A first survey of experimental comparisons",*Experimental Economics*,14(3),375—398.

第三,决策是否重复。最后一个可能的维度是决策是一次性的还是重复多个时期。表 3-6 汇报了分析结果,当决策重复多个时期时,策略方法和非策略方法的差异较小;当决策是一次性的,两种策略存在差异的可能较大。一个可能的原因是,随着时间的推移,被试逐渐拥有足够的经验,对环境足够熟悉,差异可能会减少。相反,如果决策是一次性的,被试可能会因为不熟悉情境而出现误差。

表 3-6　轮次数量对策略方法和非策略方法差异的影响

	有差别	混合影响	无差别
多个时期	1	4	9
一次性	3	5	7

资料来源:Brandts,J. and Charness,G.,2011,"The strategy versus the direct-response method:A first survey of experimental comparisons",*Experimental Economics*,14(3),375—398.

综上,我们可以得到一些启示。在策略方法中,被试需要考虑到所有可能的情况,因此对实验的认识更加深入,因此,在非策略方法中让被试更加熟悉实验(通过重复或角色互换等方式),被试行为的差异会减少。例如,Brosig et al.(2003)发现,如果被试能扮演不同的角色,对游戏的理解更加深入,两种方法就几乎没有差异。

三、中性框架与非中性框架

认知心理学的一些研究表明,个体决策背后的认知过程具有强烈的情境依赖性,因此,根据是否在实验中为被试建立具体情境,实验设计分为中性框架和非中性框架,后者涉及具体的情境、名称,而前者则是抽象的一般用语。例如,在独裁者博弈中,非中性框架往往将被试描述为"独裁者""接受者",这样的词汇本身可能影响被试对实验目的和道

[①] 即被试只面临两种可能的选择。
[②] 即被试面临多种可能的选择。

德标准的判断,而中性框架则往往抽象为"角色 A""角色 B",以排除情境、道德等因素对实验结果的混杂,完全剥离出除机制以外其他因素对实验结果的影响,这也是实验经济学家着重强调的"情境中性"。

除实验本身,实验说明的措辞也可能影响被试的行为,尤其是当这种措辞涉及价值判断时。有些时候,为了帮助被试理解实验室中复杂的微观系统和结构,我们不得不在实验说明中加入实例,这些实例可能影响被试对实验性质的判断。非中性框架的两个典型研究如下:Baldry(1986)对同样的博弈任务采用不同的框架描述,一种被描述为"纳税博弈",另一种被描述为"赌博博弈",结果发现当实验任务被描述为纳税博弈时,被试选择支付更多金钱。Liberman et al.(2004)让两组被试进行相同的"囚徒困境"博弈,在一组中该博弈被描述为"社区博弈",在另一组中则被称为"街头博弈"。结果表明,当被描述为"社区博弈"时被试的合作数额是后者的二倍。

这些例子揭示出实验框架对被试行为的影响。一般来说,非中性框架有助于被试理解实验意图,但更可能影响被试对实验行为的价值判断,因此目前"中性框架"更加受到审稿人和研究者的欢迎。在使用中性框架时,我们应尽量保证用词的抽象化,以下是一些常见的例子:①在市场交易实验中,如果谈及某种交易对象,则一般设定为抽象的商品,而避免提及任何特定商品的名字,因为被试对特定商品的喜好会影响实验结果;②在行为博弈实验中,应该尽量避免出现"独裁者""信任方"等类似的语言,而应该用"游戏者A"或"玩家 1"等中性术语代替,公共品博弈中则应该用"贡献为零"来替代"卸责"等;③在腐败实验中,用"转移支付"代替"腐败""贿赂""礼物"等词汇;④在涉及税收的实验中,不出现"纳税"等字眼。

第四节 实验实施的注意事项

一、报酬

在所有实验设计方法中,实验报酬可能是最重要的方面。从理论上说,激励有效性是实验内部有效性建立的基础,从实证来说,一些实证结果也显示报酬的增加令实验结果更加可信和可重复(Jamal and Sunder,1991),尤其是当实验需要被试重复大量轮次时,较高的实验报酬会抑制被试的疲惫和无聊情绪。

(一)应该给被试多少报酬?

为了吸引被试并确保报酬的单调性和占优性,我们建议做实验的平均报酬比大学生标准时薪高 50%—100%。

(二)常见的报酬支付方式

1. 实验积分(点数)换算

实验积分换算是最常见的报酬支付方式。被试在实验中根据自己的决策获得一定的实验积分并按照一定的比例换算成最后的报酬。通过实验积分换算的方式,被试报酬的激励有效性被直接转换为实验积分的激励有效性,这使得实验设计变得更加直观、简单。

实验积分换算的关键是兑换率。一般来说,预实验或其他类似实验的结果可以是兑换率的重要参考。如果无法得到任何相关数据,可以通过以下方法估计兑换率。首先计算出实验中的每一个理论均衡结果以及这个结果对应的实验点数,其次对每种均衡结果赋予一个你所估计的概率,根据此概率计算得到理论预期的实验点数并乘以总轮次得到总实验点数。将总实验点数除以时长得到每小时的实验点数,并根据每小时支付给被试的报酬确定兑换率(见图 3-5)。

图 3-5 积分兑换率计算流程

2. 积分达到下限后换算

当轮次过多或兑换率较低的时候,每一轮积分对被试的吸引力可能比较小,尤其是较后面的轮次。一种可行的办法是设立一个点数下限,使用实际点数和下限的差值进行换算。这种做法的优点是放大了靠后轮次积分的边际收益,不过也放大了被试之间收入的方差。

例如,被试 A 的实验总得分为 4000 点,被试 B 的实验总得分为 4500 点,如果直接按照总得分进行换算,兑换率为 50∶1,A 的报酬为 80 元,B 的报酬为 90 元。如果规定 2000 点后开始结算,兑换率调整为 25∶1,A 的报酬为 80 元,B 的报酬则变为 100 元,相差 20 元。如果下限进一步提高到 3000 点,兑换率为 12.5∶1,A 的报酬为 80 元,B 的报酬涨到 120 元。[1] 随着阈值的提高,积分的边际报酬也随之"水涨船高",被试会在较后面的轮次中依然有着较高的激励,但与此同时,正如例子中观察到的那样,被试之间的收入差距被进一步拉大了,而且这种收入差距的变化可能并不符合道德上的公平性。

---

[1] 这样设置的目的是保证 A 的报酬不变,便于更好地比较 A 与 B 之间的报酬差别,如果读者觉得这种比较不具有普遍性,可以将 A 视作实验中被试的平均报酬。

3. 随机选择一轮或几轮支付

另一种支付方式是随机抽取实验中的一轮结果进行支付(pay for one 或 random round payment method),与之对应的则是使用总体轮次结果进行支付(pay for all 或 accumulated value payment method)。随机支付报酬允许研究人员获得大量数据,而不必为此支付高昂的费用,也不必将每一轮(个)任务的收入缩减到被试可能不会认真对待的水平。其依赖的假设是,被试将按照规定的报酬考虑每一轮任务的决策,并不得不在每一轮任务中都这么做,因为任何一轮都可能决定最终的收益。

随机轮次支付的一个值得注意的好处是可以削弱初始结果对后续决策的财富效应。事实上,当被试进行多轮决策且每一轮决策都影响到被试的收益时,被试面临的其实是一个"投入-收入"组合,这意味着不同轮次之间不是独立存在的。例如,当被试在初期拥有了较高的收入后,其风险偏好可能被激发。在目前已知的支付手段中,随机轮次支付是唯一一种能解决财富效应的分配方式,Baltussen et al.(2012)发现在一轮结果进行支付的模式下被试的行为更接近于其无偏的风险偏好。

不过这种方法也有一定的缺陷,主要体现在之前轮次的遗留效应。Baltussen et al.(2012)发现,当选用随机轮次支付时,被试的风险偏好与之前轮次的收益显著相关:如果之前几轮收益较高,被试将更加偏好风险,反之若之前几轮的收益不理想,被试将做出更加规避风险的决策,不过从整体上看平均风险水平没有显著的变化。当实验任务是静态即后续轮次任务不需要之前轮次任务的信息时,可以采取在实验最后公布每一轮结果的方式避免遗留问题。

Lawson and Lawson(2011)更加详细地刻画了动态决策中不同支付方式下被试风险偏好变化的动态路径:在刚开始的时候,累计支付方式下的被试拥有更高的风险偏好,并且在不同时期面对相同的实验环境可能做出不同的选择。这可能是因为被试认为"不要把鸡蛋放在同一个篮子里",也可能是因为每一轮决策的激励降低会带来风险偏好的上升,文献进一步测度了风险偏好,结果更支持第二种猜想。此外,实验发现累计支付方式下,当被试面临修改先前决策的机会时,很多被试会对先前的明显错误决策置之不理,随机轮次支付则不会出现这种现象,这意味着随机轮次支付可能会使实验结果更加准确。

如果选用随机轮次支付,每轮的收益需要增加吗?Laury(2005)探究了这个问题,他召集被试完成10个任务,以三种形式支付:选择其中1轮、全部10轮、选择其中1轮并将报酬提高10倍,保证被试的预期收入与全部10轮支付相同。结果发现,选择其中1轮和选择全部10轮两种支付方式下被试的行为无显著差异,但是当选择1轮并将报酬提高10倍时,被试的风险偏好增加了。这似乎暗示我们,我们不必增加每轮的收益而依然可以使结果保持一致,这无疑会为想要获得足够信息的实验人员省下一大笔费用。

4. 随机选择被试支付

近年来,另一种更加极端的随机支付方式——随机选择一部分被试支付[①]开始被一些经济学家使用。使用此类支付方式的已有文献包括 Bettinger and Slonim(2007)、Camerer and Ho(1994)等。不过对于大部分实验人员来说,这种支付方式还没有被普遍接受,而且由于被试的期望收益被进一步降低,激励有效性可能难以满足。

5. 锦标赛制

另一种不太常见的支付方式被称为"锦标赛"制,顾名思义,其类似于体育比赛中对奖金的分配方式:实验员根据被试在实验中的相对成绩排序而不是绝对积分支付报酬或奖励。一般来说,除非特殊的实验需要,我们不建议设计者采用这种形式,因为锦标赛奖励可能会导致很多潜在的问题,其中最突出的是诱发被试的风险偏好行为和引起不良竞争。因为排名比分数的绝对值更加重要,低分数的威胁被减弱,高风险行为的发生率增加。此外,当被试的决定涉及其他被试的收益时,合作偏好可能被抑制,不良竞争的概率增加,被试可能会试图降低其他被试的分数。这两种效应都破坏了实验员想要通过环境和制度诱导的偏好的支配地位。

6. 签到奖金

一种可用于补充的支付方式是设置签到奖金,也就是只要被试及时到达实验室签到就可以获得一笔初始收入(签到奖金)。设置签到奖金有以下好处:第一,加深被试对我们会给予真实报酬的信念,进一步强化激励有效性;第二,使得被试在实验开始时拥有禀赋,避免被试在前期操作过程中因为失误或风险而破产;第三,激励被试准时参加实验。

二、实验时间

一般来说,实验时间可以根据任务的难度和数量相机调整,不过大部分被试的精力有限,当实验时间超过一定长度时,被试可能因为过度疲劳而不耐烦、随意决策,甚至拒绝继续进行实验,这不仅会破坏实验的内部有效性,更可能影响未来被试对经济学实验的参与意愿。大部分实验室实验是一次性的。不过,如果一次实验确实无法完成实验任务,可考虑将实验分为几节在几天内完成。在《实验方法:经济学家入门基础》中,弗里德曼提出一节实验的时长不应超过 3 个小时,如有必要可以给被试提供食物。事实上,以我们的实验经验看 3 个小时还是太长了,当实验时长超过 1.5 小时时已经有一部分被试表现出不耐烦和疲惫的状态。

---

① Baltussen(2011)将随机轮次支付称为 WRIS(within-subjects random incentive system),而将随机选择被试支付称为 BRIS(between-subjects random incentive system)。

此外,有些实验需要在一个连续的时间段内观察被试的行为轨迹,因此也需要被试进行多次实验。多次实验最严重的问题是实验过程中的被试会流失,尤其是在机构审查委员会要求被试有在实验过程中自愿退出实验权利的前提下。我们可以采取以下手段来尽量减少被试的流失:①在实验的前几天设置前导期,在正式实验开始前淘汰不能坚持进行实验的被试;②给予被试更高的报酬作为吸引;③在每次实验结束时清楚地告知被试下次实验的时间、地点信息;④在最后一次实验时再结算现金报酬,之前的实验报酬可采用欠条或凭据的形式记录;⑤招募另外几名被试作为"监督者",在实验开始的几小节作为帮手,如果出现退出的被试则替代缺席者继续实验。

三、实验说明和指导语

(一)实验说明和指导语的原则与注意事项

指导语是被试了解实验的窗口,一个好的指导语必须包含以下内容:①对实验目的的适当描述。对实验目的的描述有助于帮助被试理解实验,对目的的书面描述要真实、得体,但必须避免任何"需求效应",即被试猜到了实验员希望看到某种行为而决定加大或减小这么做的概率。②环境和制度。如果想要保证被试在实验室构造的环境中进行的决策是准确的,就必须确保被试完全理解了他在实验过程中所处的环境和制度。③被试的角色、选择集和报酬决定方式。被试必须了解自己在实验中的角色以及可能的选择集,并且全面知晓每种选择集对应的结果。为了保证诱导效用理论的有效性,被试必须提前被告知并相信自己的报酬是由实验中的行为激励所决定。此外,由于目前大部分实验室研究都在计算机上进行,实验说明中有必要对被试需要在计算机上进行的操作步骤加以说明。

(二)实验说明的保密性与无偏性

在叙述上述内容时,实验说明应做到保密性和无偏性两条原则。

第一,保密性。保密性是指不能以任何形式公开被试的个人隐私,隐私既包括被试的个人信息(如姓名、班级等),也包括他在实验中的私人信息(比如实验角色等)。实验说明中涉及此类个人隐私的部分应被定义为隐私资料,实验员不能将其泄露给其他被试,并且要求被试本人也不能以任何方式泄露,一种常见的泄露途径是,一些被试由于不了解情况而在公开提问时公布了自己在实验中的"私人信息"。

第二,无偏性。无偏性是指不能给予被试任何关于实验行为的建议或暗示。事实上,无偏性不只是对实验说明的要求,也是对实验员的要求。无论是实验员还是由实验设计者撰写的实验说明,都只能将环境、规则等客观信息传递给被试,而不涉及任何关于实验中"应该"怎么做的提示,因为这样的诱导极容易引发"需求效应"。值得注意的是,在实验过程有些被试会主动向实验员提这方面的问题,比如"你们做这个实验想研究什么?""这个决策我应该怎么做才最好?",实验员必须对此保持缄默。

(三)关于案例的使用

对于大部分被试来说,实验室中营造的经济系统是复杂而抽象的,为了帮助被试理解实验的环境及其行为的后果,在实验说明中使用一些讲解性的案例是必要的。不过,正如上文反复强调的那样,在嵌入案例时一定要注意避免对被试的引导和暗示。例如,案例中出现的具体数字可能成为被试进行决策的重点参考。一种可能的办法是用字母代替具体的数值,另一种办法是多列举几个数字,避免一个数字成为锚点。

第五节 实验设计中的常见效应

一个理想的实验应该只涉及自变量和因变量的变化,但在实验过程中,一些混淆变量的出现是不可避免的。如果混淆变量对因变量的影响足够大,就可能干扰甚至误导我们对因果关系的判断。在这一节中,我们将回顾实验室中常见的实验效应和干扰变量,其中有一些已经在上文中有所介绍。在所有实验效应中,需求效应是最常见、最严重的"拦路虎",因此在本节中,我们将从需求效应谈起,进而讨论实验设计时需要考虑的其他效应以及实验进行过程中的干扰变量,并在本节最后通过列表的形式总结常见效应和处理方法以供大家参考。

一、需求效应

需求效应(experimenter demand effects,EDE),也称实验员效应,是实验过程中最应该注意避免的效应。它广泛地"隐藏"在实验设计和实施的过程中,并对结果带来难以预期的影响。需求效应是指被试希望按照实验员的预期行动而导致的行为变化。一旦实验中的被试揣摩实验员的意图或者实验本身的目的,并按照他们所认为的实验员希望的决策方式改变自己的选择,他们的决策行为就不是纯粹出于金钱的激励,从而发生决策行为的扭曲。需求效应将同时损害实验结果的内部有效性和外部有效性。一方面,由于激励有效性被破坏,实验内部产生了处理以外的其他因素对决策的影响;另一方面,实验员并不是我们试图构建的环境和经济系统中存在的因素,因此外部有效性也被削弱了。

需求效应一般分为两类:一类是社会需求效应(social EDE),即被试在实验中被暗示或被告知应该做什么,并按照他所理解的"指示"进行操作;另一类是认知需求效应(purely cognitive EDE),即尽管实验员并没有以任何的形式暗示被试,被试依然可能根据自己对实验的理解改变行为。

(一)社会需求效应

在社会需求效应中,实验组因为被暗示而行为发生改变的现象被称为"霍桑效应",控制组因为实验本身而行为发生改变的现象被称为"约翰·亨利效应"(John Henry effect)。霍桑效应起源于1924—1933年乔治·梅奥(George Mayo)的一系列实验研究。[①] 梅奥对西部电力公司的霍桑工厂(Hawthorne Works)里不同照明条件对工人生产力的影响进行研究,研究结果发现,工人之所以付出更多努力仅仅是因为他们意识到自己在被研究(处于实验组中),而与照明条件等外界条件无关。尽管霍桑效应是否成立至今仍存在争议,但是"意识到"自己被分配到"处理组"本身确实有可能影响被试的行为和决策。约翰·亨利效应来自美国工人约翰·亨利。亨利在铁路部门工作,当他意识到公司准备引进机器来取代工人时,他便拼命工作试图证明"自己的绩效超过机器"。约翰·亨利效应也指这样的情况,当控制组的被试意识到自己处于控制组时,尤其是与处理组存在竞争时,控制组被试可能会出于争胜心理而发挥出异于寻常的表现。例如,通过随机分组的方式将一种新的学习工具随机分配给一部分学生,没有得到新工具的学生可能会意识到这一点并更努力地学习,这就构成了约翰·亨利效应。

此外,经济学实验中也可能出现类似于医学实验里"安慰剂效应"的情况。安慰剂效应指控制组的患者在没有接受有效处理的前提下,因为服用安慰剂的心理作用而使得身体状况变好。Bardsley(2008)将实验中的某些社会需求效应类比为安慰剂效应。如果在实验中,被试既知道或者可以推测出实验员希望做什么,又知道为了达成这样的结果需要采取什么行动,被试就可能不自觉地产生安慰剂效应。

此外,被试可能依赖"社会期望"而不是自己的真实想法进行决策,这将使实验结果偏离真实结果。社会期望效应在非激励性问题上尤为突出,因此普遍存在于心理学、社会学研究中,不过当经济学中实验激励不足或者被试的匿名性不能确保时也可能存在。

(二)认知需求效应

有时候,即便实验员什么也没做,参与实验和阅读实验说明本身也可能带来潜在的需求效应。一个典型的例子是独裁者博弈。在独裁者博弈中,参与者A可以选择在自己和参与者B之间分配一定的报酬,而无论参与者A提出何种方案,参与者B必须接受。[②]

---

① 有关霍桑效应的研究经过参见 McCarney, R., Warner, J. and Iliffe, S., 2007, "The Hawthorne effect: A randomised, controlled trial". *Medical Research Methodology*, 7, 1—8.
② 关于独裁者博弈更详细的描述参见 Kahneman et al. (1986)。

在生活中一般很难遇到这种分配选择,因此被试可能意识到这个实验的目的本身就是"给予",并选择给另一名参与者 B 一定的数额。在这类需求效应中,实验员没有进行任何不必要的干预,仅仅是参与实验本身就可以让被试推测到实验目的。所幸除少数实验设计如独裁者博弈和公共品博弈,目前大部分实验设计并没有在这一方面被强烈质疑。

除了实验本身,实验说明的措辞也可能影响被试的行为,尤其是当这种措辞涉及价值判断时。有些时候,为了帮助被试理解实验室中复杂的微观系统和结构,我们不得不在实验说明中加入实例,这些实例可能影响被试对实验性质的判断。因此,关于实验框架和案例的表述需要格外谨慎。非中性框架可能会影响被试对实验行为的价值判断,因此目前"中性框架"更加受到审稿人和研究者的欢迎。

同样,正如前文讨论过的,被试内设计也可能会诱导被试的需求效应。在被试内设计中,被试经历多次处理,因此可以比较不同处理之间的差异,这使得被试更容易推测到实验意图。例如,Slonim and Garbarino(2008)使用被试内设计先后实施一个信任博弈和一个修改后的独裁者博弈,该博弈与信任博弈相同,只是接收者不能返还金钱,研究发现信任博弈和独裁者博弈行为之间容易呈现一致性。

(三)怎么避免需求效应?

综上所述,需求效应似乎"潜伏"在实验中的任何一个地方,不过我们也不必过于悲观,在保证激励有效性、匿名性等原则的前提下,需求效应对大部分实验设计的影响都很小。那么,我们应该采取哪些措施避免需求效应呢?以下是一些建议。

第一,保证激励有效性和匿名性。需要再次强调的是,匿名性不仅要求被试在决策互动过程是完全匿名的,也要求保证最后的实验收益所得是匿名的。此外,如果担心需求效应的影响,可以考虑适度增加金钱激励。当被试背离真实激励的代价足够大时,需求效应的影响就会很小,已有的研究也发现,在收入足够高的时候,需求效应不会成为重要的影响因素。第二,实验员保持"缺席"。需求效应要求实验员在整个实验的设计和进行过程中避免给被试任何可能的暗示,即不使被试感觉到某种行为模式是正确的或被预期的,这实际意味着在实验操作中双盲机制是最好的实验方式。第三,使用中性框架。实验研究者应尽量避免情境设置,因为在某种特定的情境中,被试很可能认为他们需要根据实验员的要求进行决策。第四,如果时间、金钱成本足够,使用被试间设计。第五,隐藏实验变量。避免需求效应的另一种方法是隐藏实验中需要测度的变量,比如同时测度被试的风险偏好、亲社会偏好、模糊偏好等,但其实只关注其中的一种,或者通过一些数理推导的方式隐藏最终的变量。关于这一部分更详细的解释不再赘述,读者可参考《实验经济学研究方法与应用手册》(*Handbook of Research Methods and Applications in Experimental Economics*, 2019)。

二、实验设计中的其他常见效应

(一)禀赋效应

禀赋效应(endowment effect)最早由 Knetsch and Sinden(1984)提出,并由 Kahneman et al. (1990)详细论述。禀赋效应的含义是,当人们拥有一件物品时对它的评价比没有时高得多。具体到市场交易中,禀赋效应将使拥有商品的人对商品的估值普遍高于未拥有该物品的人,即当被试被随机分为两组(一组作为卖方,一组作为买方)时,卖方的接受意愿(willingness to accept,WTA)普遍高于买方的支付意愿(willingness to pay,WTP),这种非对称可能进一步导致交易不足的现象(Morewedge and Giblin,2015;DellaVigna,2009),进而使得禀赋的初始分配影响效率。

作为行为经济学最具代表性的发现之一是,禀赋效应对被试行为的影响主要体现在报酬支付上。不同的财富禀赋对被试的行为决策会产生不同的影响,因此被试在决策时拥有的初始禀赋会影响他们对商品的估价和对任务的风险判断,这意味着如果采取积累各期收益给予被试报酬(pay for all)的方式,则每一轮实验后财富禀赋的差异都会对下一轮决策行为产生影响,这将导致被试各期行为不再独立,实验结果也更加混乱。因此近年来的实验往往采用随机抽取一轮(pay for one)的随机激励机制(random incentive system,RIS)给予被试报酬。关于支付方式的详细分析参见本讲第三节中"关于报酬的讨论"部分。

(二)顺序效应

"顺序效应"(order effect)也是一种常见的实验效应,它指的是在含有多项实验的研究中,各实验任务的不同顺序设置可能对实验结果产生影响,其原因是被试在前面的实验任务中获得了下一个实验任务的行为决策的经验。

顺序效应在被试内设计中尤为严重。比如,某实验既包括任务 A 又包括任务 B,二者之间存在一定的相关性,如果把任务 A 设在前面,则被试在任务 B 中的行为可能会受到他在任务 A 中行为的影响,或者被试在任务 A 中已经产生了学习效应,此时被试在任务 B 中的表现其实是 $E(y_B \mid A)$,而不是 $E(y_B)$,如果把任务 B 放在前面亦然。

顺序效应的一种解决办法是采用随机交叉的实验形式,即"AB"[①]+"BA",或者是"ABBA"+"BAAB",并在回归分析时使用虚拟变量来代表实验顺序,进而控制顺序效应

[①] 先做一个任务 A,再做一个任务 B,下同。

的影响。然而,这种实验设计的工作量是极为惊人的,一方面,如果实验任务从两个增加到 N 个,理论上需要 N! 种实验顺序才能穷尽所有可能,而实际操作中往往因为资金和被试样本所限无法完全做到。另一方面,这种实验顺序的变动意味着实验说明、控制性问题、实验程序的种类也大幅增加,这对实验设计者来说是极大的工作量。此外,如果顺序效应明显存在,应考虑使用被试间设计代替被试内设计。

(三) 末轮效应

有证据表明,在赛马场的最后一两场比赛中,人们愿意下更高的赌注,或者愿意进行高风险—高回报的投资,例如选择不被看好的马匹,这样如果获胜就会赢得一大笔钱,似乎在最后时刻,人们总是希望"搏一搏",这一现象被称为"末轮效应"(last race effect)。

虽然有大量的实验确认末轮效应的存在,但它的产生机制尚不明确。一种可能的理论是,末轮效应是输家为了翻盘而做出的最后努力,是当实验表现没有达到被试预期时被激发的"风险偏好";另一种理论则认为,正如压轴的节目是最精彩的、绝杀让人热血沸腾一样,人们总是倾向于在最后争取一个"精彩刺激"的结局,这与之前的表现无关。McKenzie et al. (2016) 对两种理论进行了检验,该文献使用三个实验重现了赛马比赛中的末轮效应,并发现末轮效应与被试的禀赋、上一轮结果等参照系无关,因此,末轮效应并不只是"禀赋效应"或"风险偏好"的一种表现形式,也并不是实验中表现不理想的个体才拥有末轮效应。

末轮效应在实验中的体现是最后 1—2 轮的数据往往出现较大的偏差。在最后 1—2 轮,被试可能做出与之前偏好完全不符的决策,这会给实验数据分析尤其是偏好测度带来麻烦。一种可能的解决方式是在实验分析中舍弃最后几轮的数据,另一种办法是将实验设置成随机停止的,这样被试不会知道在哪一轮实验结束。

(四) 指标选择:天花板效应与地板效应

有的时候,处理组和控制组的被试没有显著差异并不是因为处理本身没有效果,而是我们选择了不恰当的指标。以任务设置为例,如果我们设置的任务过于简单,无论是否经历处理,被试都能取得很好的结果,以至于两组没有显著的差异,那么这种设计失误被称为"天花板效应";相反,如果我们设置的任务难度过大,以至于无论是否接受处理都无法良好地完成任务,此类设计失误被称为"地板效应"。

一般来说,我们只需要观察被试指标的分布就可以判断是否触及实验设置的"天花板"和"地板",因此对预实验数据的分析非常关键。如果出现了天花板效应,意味着实验任务相对于被试来说"太简单了",此时可以考虑提高任务难度、增加单位任务数量、缩短单轮任务时间等方式增加实验难度。反之,当出现地板效应时,则可以通过降低任务难度、减少单位任务数量和延长单轮任务时间来降低难度。总的来说,天花板效应和地板效应通常不是影响实验设计的关键问题,我们应通过观察预实验中的结果分布来排除二者可能的干扰。

三、实验进行中的常见效应/干扰

还有一些效应来自实验轮次的变化。一般来说,随着实验轮次的增加,被试行为会发生两方面的变化:一方面,被试在前期决策中逐渐熟悉实验环境,任务决策变得更加熟练,这种"干中学"的现象被称为"学习效应";另一方面,随着实验轮次的重复,被试接触实验的新鲜感将逐渐消失,心理和生理的疲劳感可能会导致被试在决策时更加随意,进而偏离其认真思考下的选择。

(一)学习效应

在实验中,被试的行为常常会随着时间变化,一种可能的原因是他们对游戏的理解在训练中被不断加深,也就是"学习效应"。学习效应的存在可能会增大数据的方差,并破坏统计稳健性。几种可能的方法可以解决这一问题:①设置前导期/练习期,在正式实验开始前设置练习期,给被试足够长的时间熟悉任务;②舍弃前几轮的数据;③只使用经验丰富的被试。Fiore and Flores-Lagunes(2009)提出了给被试提供练习时的四点注意事项:第一,工具要尽可能简单,用中性的语言描述;第二,只给被试与实验任务相关的信息,避免透露实验目的;第三,大声阅读操作说明,保证每个被试在实验前有相同的信息量;第四,每个人都不知道其他人的计划。

学习效应的另一种类似情境是"经验"。经验是指被招募的被试有以前参加过相关实验的经历,因此对实验决策的经验要比第一次接触的被试更丰富。一般来说,为了排除这类混淆变量的影响,除非"经验"是研究问题的一部分,否则尽量不要把有经验的被试和没有经验的被试混在一起实验。一般来说,我们在实验中需要保存一个记录被试信息的数据库,这个数据库不仅包括哪些被试来过,也包括他们当时被分配到哪个实验局。考虑到大部分被试都是没有经验的,为了控制经验的影响,一般不会招募已经参加过该实验的被试进行重复实验。

(二)无聊和疲劳

虽然不少研究发现,被试参加相同或重复的测验时会由于学习效应而提高成绩,但是另一方面,也有研究发现,实验时间太长、轮次重复太多会导致被试产生生理或心理疲劳。当被试无聊的时候,他可能做出偏离理性决策的结果,比如说在最后通牒实验中,作为响应者的被试在重复了 99 次接受后可能会完全因为无聊而选择一次不接受,这会增加实验数据生成过程中的噪声,另外一些被试可能会因为过度疲惫而放弃思考随意选择,此时我们将失去金钱激励对被试的显著性和占优性。为了避免无聊和疲劳的影响,我们应当控制单场实验时间,一般来说,应尽可能让实验在 2 个小时内结束,此外,可以考虑选择一轮结果支付。

(三)课外接触

在实验进行中和实验休息期间,应防止被试之间进行实验以外不受控制的交流,共同揣度实验意图甚至合谋。如有必要,可在每次休息后更改实验参数,防止被试之间的合谋。

四、常见效应总结

最后,为方便读者查阅,我们将文中所述的常见效应及解决方法整理为表 3-7。

表 3-7 常见效应及解决方法总结

	常见效应	解释	解决方法
需求效应	霍桑效应	处理组因为实验本身行为发生改变	1. 保证激励有效性和匿名性。需要再次强调的是,匿名性不仅要求被试在决策互动过程是完全匿名的,也要求保证最后的实验收益所得是匿名的。此外,如果担心需求效应的影响,可以考虑适度增加金钱激励。当被试背离真实激励的代价足够大时,需求效应的影响就会很小,已有的研究也发现,在收入足够高的时候,需求效应不会成为重要的影响因素 2. 实验员保持"缺席"。需求效应要求实验员在整个实验的设计和进行过程中避免给被试任何可能的暗示,即不让被试感觉到某种行为模式是正确的或被预期的,这实际意味着在实验操作中双盲机制是最好的实验方式 3. (针对框架效应)使用中性框架。实验员应尽量避免情境设置,因为在某种特定的情境中,被试很可能认为他们需要根据实验员的要求进行决策 4. 如果时间、金钱成本足够,使用被试间设计 5. 隐藏实验变量。避免需求效应的另一种方法是隐藏实验中需要测度的变量,比如同时测度被试的风险偏好、亲社会偏好、模糊偏好等,但其实只关注其中的一种,或者通过一些数理推导的方式隐藏最终的变量
	约翰·亨利效应	控制组因为实验本身行为发生改变	
	安慰剂效应	控制组被试在没有接受有效处理的前提下,因为类似于"服用安慰剂"的心理作用而带来结果的改变	
	社会期望效应	被试可能依赖"社会期望"而不是自己的真实想法进行决策	
	实验本身的需求效应	参与实验会让被试揣测实验目的和研究者希望看到的结果	
	框架效应	对同一内容采取不同的描述会产生不同的效果	

(续表)

	常见效应	解释	解决方法
实验设计中的其他常见效应	禀赋效应	当人们拥有一件物品时对它的评价比没有时高得多	1. 使用随机激励机制，随机抽取实验中的一轮进行支付
	顺序效应	在含有多项实验的研究中，各实验任务的不同顺序设置可能对实验结果产生影响	1. 使用交叉设计的形式，如"AB"＋"BA"或"ABBA"＋"BAAB" 2. 使用被试间设计
	天花板效应	实验任务过于简单，无论是否经历处理被试都能取得很好的结果，以至于两组没有显著的差异	1. 通过提高任务难度、增加单位任务数量、缩短单轮任务时间等方式提高实验难度
	地板效应	实验任务难度过大，以至于无论是否接受处理都无法良好地完成任务	1. 通过降低任务难度、减少单位任务数量和延长单轮时间来降低实验难度
	末轮效应	在最后 1—2 轮被试做出与之前明显不一致的决策	1. 将实验设计成随机轮次 2. 在实验分析时舍弃最后 1—2 轮的数据
	尺度效应/范围不敏感	被试对实验设计中处理变量的数值太不敏感，以至于根本没有意识到不同取值的区别	1. 使用被试内设计增强被试的敏感度
实验进行中的常见效应/干扰因素	学习效应	随着轮次的增加，被试对游戏的理解在训练中被不断加深，导致前后行为不一致	1. 设置前导期/练习期。在正式实验开始前设置练习期，给被试足够长的时间熟悉任务 2. 实验分析时舍弃前几轮的数据 3. 只使用经验丰富的被试
	经验	被试之前进行过同样的或差别不大的实验，因此相比于其他被试经验更加丰富	1. 在实验中需要保存一个记录被试信息的数据库，不招募已经参加过实验的被试
	无聊	重复轮次太多导致被试丧失耐心	1. 控制实验时间在 2 小时内 2. 适当提高任务的趣味程度 3. 提高经济激励的显著程度
	疲劳	重复轮次太多导致被试疲惫	
	课外接触	被试在实验间互相交流	1. 禁止被试交流 2. 在每次休息后更改实验参数，防止被试之间的合谋

(续表)

	常见效应	解释	解决方法
选择偏差	样本选择偏差	被研究的样本不是随机选择的,或者总体中的某些子样本不可观察,导致总体估计有偏	1. 更加随机地招募被试。被试池非常重要,在招募被试时应尽可能做到平衡专业、性别等条件。比如在发布通知的时候,各兴趣爱好群、全校论坛等是比班级专业群更好的选择 2. 实验中进行更彻底的随机和控制。在实验中,实验员为被试提供决策的环境、政策和经济系统,一般来说,不要在这些方面赋予被试过多的自我选择权,这将丧失随机化的意义
	自选择偏差	样本本身选择的非随机性导致样本不具有代表性	

第六节 实验设计的一些技巧

上文中我们详细介绍了实验设计的原则、方法和常见效应,不过,仅仅掌握这些是远远不够的,在实验实施过程中我们可能会遇到各种各样的操作问题,为了应对这些问题,我们必须积累实验设计中的小技巧。本节仅作抛砖引玉,列出几点常见的技巧,比如无限期的刻画、避免破产及报酬不平等问题等,旨在提醒读者在实验过程中多加积累类似的经验。

一、怎样在实验中刻画无限期?

(一)怎样刻画无限期?

在一些实验中,我们将不得不模拟动态无限期的情况,比如宏观领域的增长模型、世代交叠模型。那么如何在实验中模拟无限期呢?一种等价方式是以某一概率随机终止实验。以无限期资产市场为例,如果被试手里拥有一种无限期存在的资产,资产在每一期的分红为1,被试贴现率为π,那么该资产的期望现值是$1/\pi$。与此同时,如果实验在每一期以π的概率终止,可以证明该资产的期望现值同样为$1/\pi$,这意味着对于一个风险中性的人来说,以π的概率随机终止实验和贴现率为π的无限期实验是等价的。此外,在随机终止的实验局中,被试不知道实验会持续多少轮,也就避免了"末轮效应"对实验决策的影响。

(二)无限期实验中如何选择支付方式?

无限期实验的报酬支付也是无限期实验中的关键问题。Sherstyuk et al. (2013)比较了三种支付方式的优缺点。①累计轮次支付:累计轮次支付是目前最常使用的方式,但是有两方面的问题。首先,当被试不是风险中性时,累计轮次支付下的随机终止实验并不与无限期实验等价;其次,由于实验轮数差距较大,累计轮次支付可能导致被试间收入差距过大。②随机激励机制:在无限期博弈情境中,随机抽取一轮支付会产生对当前决策的偏差,因此不适用于随机终止实验局。③只支付最后一轮(the last period payment):当实验员只支付实验的最后一轮时,在期望效用的框架下,被试呈现出与无限期最大化收益相同的偏好,并且这一结论不依赖于风险中性的假设。

综上所述,目前实验中使用较多的依然是累计轮次支付,但是只支付最后一轮的设计同样有等价的效果,并且有更少的约束。

二、怎样控制/测度被试的偏好?

对大部分理论的验证都是建立在已知被试效用的假设上,因此测量被试偏好非常重要。尤其是在个人决策中,对偏好的测度使得实验者可以使用控制的方式处理某些重要的个人特征,而不是仅仅寄希望于随机处理。Fiore et al. (2004)介绍了以下几种常见的测度偏好的方法。

(一)二级密封价格拍卖

很多时候,我们需要了解被试的真实支付意愿。二级密封价格拍卖(也被称为Vickrey拍卖)可以帮助我们更好地了解被试的真实效用。二级密封价格拍卖是指在密封拍卖中,标价最高者获得商品,但只需支付第二高的价格。二级密封价格拍卖的纳什均衡是每一个竞拍者都汇报自己的真实效用。不过需要注意的是,二级密封价格拍卖在生活中并不普遍,因此在使用前需要给被试足够的时间和训练来熟悉整个流程。

(二)控制风险偏好的几种方法

在所有偏好中,最常见的是对风险偏好的测度和控制。因为大部分实验假设被试是风险中性的,如果被试在实验中表现出风险厌恶,就可能会影响实验决策。接下来我们介绍几组测试风险偏好或引导风险中性的方法。

二元彩票系统(binary lottery system)由 Roth and Malouf(1979)提出,其目的是"诱导"被试风险中性。二元彩票系统的基本思想是用彩票代替金钱作为被试的实验报酬,如果被试满足"单调性"和"以更少的复合彩票为目标"两条公理,理论上被试最大化期望效用的选择是风险中性的。例如,在最后通牒博弈中,提议者分配的不是实验报酬,而是彩票,如果被试选择将70张彩票留给自己,这意味着被试有70%的可能获得高收益,比如说100元;有30%的可能获得低收益,比如说30元。如果被试了解并认同复合彩票与简单彩票的对应关系,那么被试的行为将被诱导为"风险中性"。作为一种简单的处理方式,二元彩票系统被大量使用,遗憾的是,近来很多研究发现使用二元彩票系统对被试风险中性的诱导并不明显。

如果对风险中性的控制是无效的,我们可以考虑测度风险偏好并在数据分析时加以控制。一系列文献提供了测度风险偏好的方法,这些方法的基本思想是让被试在一组彩票与确定性等价或两组彩票中进行选择,通过被试的选择还原其理论风险偏好,其中最为常用的是 Holt-Laury 方法和 Eckel-Grossman 方法。表 3-8、3-9 给出了两种方法的例子。

表 3-8　Eckel-Grossman 方法示意(被试必须从四张彩票中选择一张)

彩票	硬币为正面	硬币为反面	期望收益
1	38	38	38
2	52	28	40
3	72	16	44
4	84	0	42

注:硬币为正反面的概率相同,因此对于每个彩票,两种结果出现的可能性相同。

资料来源:Oechssler, J. and Sofianos, A., 2019, "The binary lottery procedure does not induce risk neutrality in the Holt-Laury and Eckel-Grossman tasks", Discussion Paper, No. 663.

表 3-9　Holt-Laury 方法示意(被试必须在每行的 A 和 B 选项中选择一个)

	彩票 A	彩票 B	选择	A、B 期望点数差
1	如果出现 1,得到 40 点; 如果出现 2-10,得到 32 点	如果出现 1,得到 77 点; 如果出现 2-10,得到 2 点		23.3
2	如果出现 1-2,得到 40 点; 如果出现 3-10,得到 32 点	如果出现 1-2,得到 77 点; 如果出现 3-10,得到 2 点		16.6
3	如果出现 1-3,得到 40 点; 如果出现 4-10,得到 32 点	如果出现 1-3,得到 77 点; 如果出现 4-10,得到 2 点		9.9
4	如果出现 1-4,得到 40 点; 如果出现 5-10,得到 32 点	如果出现 1-4,得到 77 点; 如果出现 5-10,得到 2 点		3.2
5	如果出现 1-5,得到 40 点; 如果出现 6-10,得到 32 点	如果出现 1-5,得到 77 点; 如果出现 6-10,得到 2 点		-3.5
6	如果出现 1-6,得到 40 点; 如果出现 7-10,得到 32 点	如果出现 1-6,得到 77 点; 如果出现 7-10,得到 2 点		-10.2
7	如果出现 1-7,得到 40 点; 如果出现 8-10,得到 32 点	如果出现 1-7,得到 77 点; 如果出现 8-10,得到 2 点		-16.9
8	如果出现 1-8,得到 40 点; 如果出现 9-10,得到 32 点	如果出现 1-8,得到 77 点; 如果出现 9-10,得到 2 点		-23.6
9	如果出现 1-9,得到 40 点; 如果出现 10,得到 32 点	如果出现 1-9,得到 77 点; 如果出现 10,得到 2 点		-30.3
10	如果出现 1-10,得到 40 点	如果出现 1-10,得到 77 点		-37

资料来源:Oechssler, J. and Sofianos, A., 2019, "The binary lottery procedure does not induce risk neutrality in the Holt-Laury and Eckel-Grossman tasks", Discussion Paper, No. 663.

三、如何尽可能避免破产？

在报酬设计中，对破产的规避是值得注意的。对实验员来说，破产是最不愿意见到的实验问题之一。但破产的危害远不止于此。从理论上说，破产最大的问题是破坏了报酬的占优性，因为被试相信即便最后的结果是负的也不可能向实验员交钱，所以当收入低于 0 时不再具有激励有效性。此外，在破产后被试的风险偏好行为会显著增加[1]，这也是我们不希望诱导的。

对于设计者来说，以下避免破产的方法可供参考：第一，设立签到奖金，在开始时给予被试一定的初始禀赋，以避免在最开始几轮出现破产现象；第二，在实验设计的第一轮为每名被试增加一定的数额，并在最后一轮结算前扣除；第三，对被试行为加以约束，比如对被试可选择的数值设立一个区间。

四、如何缓解被试报酬差异过大的问题？

在设计报酬时另一个现实的问题是被试之间的报酬差异常常会比较大。这可能会影响实验的公平性进而引起被试的不满。我们需要区分个人异质性的报酬差异和系统性的报酬差异：前者是指由于个人能力差距带来的报酬差异，比如说真实努力任务下一些被试的任务完成数量高于另一些被试；而后者指的是实验中不同角色所获得报酬的均值天然不相等，比如说在独裁者或最后通牒博弈中，决策者的预期收入显然要更高一些。一般来说，个人异质性差异不构成讨论问题，比较大的分歧在于系统性报酬差异。在有的实验中，这类差异的来源是角色的任务分工，有的角色比其他角色"多劳多得"；在另一些实验中报酬差异则完全源自角色在实验环境中预设的地位或预先拥有的不对称信息。如果被试在实验中付出的努力大致相同，那么较大的报酬差异就应该被纠正。以下方法可供参考。第一，给不同的角色以不同的兑换率，但在角色间保持一致。这听起来有点不符合常识，但其实大多数时候并不会影响到激励有效性，因为大多时候某一被试决策的溢出效应主要体现在其他相同决策的被试上。同理，如果某一角色的行为对其他角色的报酬有影响，那么这种方法的合理性就要打上一个问号。例如，在公共利益博弈中，如果因为第三方的收入过低而提高第三方的兑换率，可能会进一步促进被试挪用公共物品。第二，在实验中进行角色轮换。角色轮换可以较好地解决角色间报酬不平等的问题，但可能会引发顺序效应，如被试在扮演 A 角色后扮演 B 角色，扮演 A 角色的经验可能会对其扮演 B 角色时的决策产生影响。第三，充分告知被试随机分配的风险。

---

[1] 因为积分从负变得"更负"对被试没有威胁，但从负变正可带来收益。

五、如何在实验室中刻画努力?

很多实验都涉及被试的努力,如何刻画努力的供给是一个重要的问题。在已有文献中,努力行为的刻画主要有两种形式:选择努力(stated effort)和真实努力(real effort)。

(一)选择努力任务

选择努力任务是让被试对一组努力水平进行选择,选项涉及明确的数字成本和收益。一种典型的表现形式是向被试提供一系列离散选择以及相应的成本列表,这些成本通常会影响另一个被试的收益。选择努力的关键是必须形成一个从努力成本到收益的明确映射,因此尽管看起来比较反常识,但在引致偏好理论的前提下选择努力是可信的,并且努力成本没有不确定性。但是选择努力的外部有效性受到比较严重的质疑,因为很多人认为简单地选择一个数字可能无法捕捉现场环境的干扰和投入真实努力所涉及的心理因素。

(二)真实努力任务

真实努力任务则是在实验室内或实验室外提供一系列需要被试付出努力的任务,并观察被试最终的成绩,在一些特殊的案例中,实验员甚至可以直接观察被试在现实工作或生活中付出的努力。真实努力任务既可以是体力上的劳动,也可以是智力上的简单运算,抑或是某些创造性表述。一些常见的任务包括走迷宫(Gneezy et al.,2003)、做计算题(Charness and Villeval,2009)、添加两位数的序列(Niederle and Vesterlund,2007)、计算大网格中零的个数(Abeler et al.,2011)、转录"希腊文"字母(Augenblick and Cunha,2015)。真实努力任务具有较高的外部有效性,类似于努力过程中的情绪波动、心理变化、熟练程度提高都可以反映在结果中,不过缺点是我们无从观察每名被试进行努力的成本,这将对验证理论构成比较大的挑战。关于真实努力任务的具体形式,Azar(2019)进行了详细的整理,有需要的读者可以登录 https://doi.org/10.1016/j.joep.2018.10.004 自行查找。

正如上文所述,选择努力中不存在成本的不确定性,因此在讨论社会偏好问题、回报率、测试理论时更有说服力,但是,如果实验设计涉及持续一段时间的努力,真实努力任务能更好地重现情境。

六、敏感问题的提问

在进行实验和问卷调查时,我们有时候需要被试回答一些敏感问题,这些问题往往涉及"政治正确"、价值观判断或者被试可能不愿意公开的私人信息。有研究发现,即便满足匿名性,被试也可能不愿意暴露自己真实的想法。例如在回答价值观判断问题时表现出"社会期许"行为,即被试在回答问题时更可能给出迎合他人或受社会主流价值观认可的答案。如果能隐藏被试的具体答案,但同时获得被试回答的总体分布,就可以激励被试汇报真实信息,这类方法被称为"随机应答技术"(randomized response technique,RRT)。

(一)随机应答技术

最早的随机应答技术由 Warner(1965)提出,其具体方式是将敏感问题设计成两个相反的描述,并通过一定的概率操纵引导被试回答问题。例如,如果我们希望调查大学生群体中有性行为经历的学生比例,那么可以将问题设计成如下形式:

A:我在大学期间有过性行为(是/否);

B:我在大学期间没有过性行为(是/否)。

被试利用程序生成 0/1/2 三个随机数决定回答哪个问题,如果是 0 和 1 回答 A,否则回答 B,但是研究者并不知道被试操作的结果,也就是说研究者并不知道被试具体回答哪个问题,在这种情况下,通过统计回答"是"的概率,可以推导出大学期间发生过性行为的学生比例。

对于统计数量的问题,Boruch and Cecil(2016)使用了另一种方法:被试被随机分为两组,除了希望了解的问题,被试还需回答一个辅助问题,该辅助问题也要满足可连续测量的性质。对于组 A,被试汇报两个问题之和,对于组 B,被试汇报两个问题之差,我们可以通过两组均值的简单加减得到两个问题的均值估计:

$$\begin{cases} \text{Mean}(\text{组 A}) = \text{Mean}(\text{问题 A}) + \text{Mean}(\text{问题 B}) \\ \text{Mean}(\text{组 B}) = \text{Mean}(\text{问题 A}) - \text{Mean}(\text{问题 B}) \end{cases}$$

所以有:

$$\begin{cases} \text{Mean}(\text{问题 A}) = [\text{Mean}(\text{组 A}) + \text{Mean}(\text{组 B})]/2 \\ \text{Mean}(\text{问题 B}) = [\text{Mean}(\text{组 A}) - \text{Mean}(\text{组 B})]/2 \end{cases}$$

(二)强制应答方法

Fox and Tracy(1986)利用两个骰子的点数之和来辅助被试回答。被试掷出两个骰子,实验员不知道被试的点数。如果点数之和为 2、3 或 4,被试必须回答"是",如果点数之和为 11、12,被试必须回答"否",其他情况下被试给出真实的回答。

(三)条目计数法

除了随机应答方法,条目计数法(item count technique,ICT)也是一种测度敏感问题的方法,只适用于定性判断。条目计数法将被试随机分为两组,其中一组被试回答一组会产生差异但是不敏感的问题,比如"你是否爱吃冰淇凌""你是否喜欢网课",另一组被试回答同样的问题外加一个敏感问题。两组被试无须汇报自己对每个问题的答案,只需汇报在这些问题中有几个"是"。两组均值之差即为敏感问题的频率估计。

总体来说,对敏感问题的测度都延续一个思路:通过随机化分配来隐藏被试的个人决策结果,但通过概率操纵在整体均值层面得到被试偏差,这样被试的私人决策不必被实验员知道,而实验员依然可以得到自己感兴趣的变量的估计值。

本讲参考文献

丹尼尔·弗里德曼、山姆·桑德,2011:《实验方法:经济学家入门基础》,北京:中国人民大学出版社。

丹尼尔·豪瑟、罗卫东,2012:《实验经济学的兴起、发展及其在中国的应用前景》,《浙江大学学报(人文社会科学版)》,第4期。

范良聪、张新超,2015:《经济学实验的方法论之争》,《浙江社会科学》,第6期。

任莉颖,2018:《用问卷做实验:调查-实验法的概论与操作》,重庆:重庆大学出版社。

臧雷振,2016:《社会科学研究中实验方法的应用与反思——以政治学科为例》,《中国人民大学学报》,第4期。

Abeler, J., Falk, A., Goette, L. et al., 2011, "Reference points and effort provision", *American Economic Review*, 101, 470—492.

Adair, J. G., 1984, "The Hawthorne effect: A reconsideration of the methodological artifact", *Journal of Applied Psychology*, 69, 334.

Alekseev, A., Charness, G. and Gneezy, U., 2017, "Experimental methods: When and why contextual instructions are important", *Journal of Economic Behavior & Organization*, 134, 48—59.

Augenblick, N. and Cunha, J. M., 2015, "Competition and cooperation in a public goods game: A field experiment", *Economic Inquiry*, 53, 574—588.

Azar, O. H., 2019, "Do fixed payments affect effort? Examining relative thinking in mixed compensation schemes", *Journal of Economic Psychology*, 70, 52—66.

Azrael, Y., Chambers, C. P. and Healy, P. J., 2018, "Incentives in experiments: A theoretical analysis", *Journal of Political Economy*, 126, 1472—1503.

Baldry, J. C., 1986, "Tax evasion is not a gamble: A report on two experiments", *Economics Letters*, 22, 333—335.

Baltussen, G., Post, G. T., Van Den Assem, M. J. et al, 2012, "Random incentive systems in a dynamic choice experiment", *Experimental Economics*, 15, 418—443.

Bardsley, N., 2008, "Dictator game giving: Altruism or artefact?", *Experimental Economics*, 11(2), 122—133.

Bardsley, N., Cubitt, R., Loomes, G. et al., 2010, *Experimental Economics: Rethinking the Rules*, Princeton: Princeton University Press.

Bettinger, E. and Slonim, R., 2007, "Patience among children", *Journal of Public Economics*, 91, 343—363.

Bonetti, S., 1998, "Experimental economics and deception", *Journal of Economic Psychology*, 19, 377—395.

Boruch, R. F. and Cecil, J. S., 2016, *Assuring the Confidentiality of Social Research Data*, Philadelphia: University of Pennsylvania Press.

Bowles, S. and Polanía-Reyes, S., 2012, "Economic incentives and social preferences: Substitutes or complements", *Journal of Economic Literature*, 50, 368—425.

Brandts, J. and Charness, G., 2011, "The strategy versus the direct-response method: A first survey of experimental comparisons", *Experimental Economics*, 14(3), 375—398.

Brosig, J., Weimann, J. and Yang, C. L., 2003, "The hot versus cold effect in a simple bargaining experiment", *Experimental Economics*, 6, 75—90.

Camerer, C. F., 2011, *Behavioral Game Theory: Experiments in Strategic Interaction*, Princeton: Princeton University Press.

Camerer, C. F. and Ho, T. H., 1994, "Violations of the betweenness axiom and nonlinearity in probability", *Journal of Risk and Uncertainty*, 8, 167—196.

Charness, G., Gneezy, U. and Kuhn, M. A., 2012, "Experimental methods: Between-subject and within-subject design", *Journal of Economic Behavior & Organization*, 81, 1—8.

Charness, G. and Villeval, M. C., 2009, "Cooperation and competition in intergenerational experiments in the field and the laboratory", *American Economic Review*, 99, 956—978.

Cleave, L., Blair, L., Nikiforakis, N. et al., 2013, "Is there selection bias in laboratory experiments? The case of social and risk preferences", *Experimental Economics*, 60, 372—382.

Colson, G., Corrigan, J. R., Grebitus, C. et al., 2016, "Which deceptive practices, if any, should be allowed in experimental economics research? Results from surveys of applied experimental economists and students", *American Journal of Agricultural Economics*, 98, 610—621.

Cooper, D. J., 2014, "A note on deception in economic experiments", *Journal of Wine Economics*, 9, 111—114.

Croson, R., 2005, "The method of experimental economics", *International Negotiation*, 10, 131—148.

Croson, R. and Gächter, S., 2010, "The science of experimental economics", *Journal of Economic Behavior & Organization*, 73, 122—131.

Deffenbacher, K. A., Carr, T. H. and Leu, J. R., 1981, "Memory for words, pictures, and faces: Retroactive interference, forgetting, and reminiscence", *Journal of Experimental Psychology: Human Learning and Memory*, 7, 299.

DellaVigna, S., 2009, "Psychology and economics: Evidence from the field", *Journal of Economic Literature*, 47, 315—372.

Eckel, C. C. and Grossman, P. J., 2002, "Sex differences and statistical stereotyping in attitudes toward financial risk", *Evolution and Human Behavior*, 23, 281—295.

Ericson, K. M. and Fuster, A., 2014, "The endowment effect", *Annual Review of Economics*, 6, 555—579.

Falk, A., Fehr, E. and Fischbacher, U., 2005, "Driving forces behind informal sanctions", *Econometrica*, 73, 2017—2030.

Falk, A. and Heckman, J., 2009, "Lab experiments are a major source of knowledge in the social sciences", *Science*, 326, 535—538.

Fiore, A., 2009, "Experimental economics: Some methodological notes", MPRA Working Paper 12498.

Fiore, A. M., Lee, S. E. and Kunz, G., 2004, "Individual differences, motivations, and willingness to use a mass customization option for fashion products", *European Journal of Marketing*, 73, 207—230.

Fisher, R. A., 1935, *The Design of Experiments*, Edinburgh: Oliver and Boyd.

Flores, C. A. and Flores-Lagunes, A., 2009, "Identification and estimation of causal mechanisms and net effects of a treatment under unconfoundedness", Working Paper.

Fox, C. R. and Tversky, A., 1995, "Ambiguity aversion and comparative ignorance", *The Quarterly Journal of Economics*, 110, 585—603.

Fox, J. A. and Tracy, P. E., 1986, *Randomized Response: A Method for Sensitive Surveys*, London: Sage.

Friedman, D. and Cassar, A., 2004, *Economics Lab: An Intensive Course In Experimental Economics*, Hove: Psychology Press.

Gneezy, U., 2003, "The W effect of Incentives", Chicago, University of Chicago Graduate School of Business.

Gneezy, U., 2005, "Deception: The role of consequences", *American Economic Review*, 95, 384—394.

Guala, F., 2005, *The Methodology of Experimental Economics*, Cambridge: Cambridge University Press.

Güth, W., Huck, S. and Müller, W., 2001, "The relevance of equal splits in ultimatum games", *Games and Economic Behavior*, 37, 161—169.

Harrison, G. W., 2011, "The methodological promise of experimental economics", *Journal of Economic Methodology*, 18, 183—187.

Harrison, G. W., Martínez-Correa, J. and Swarthout, J. T., 2013, "Inducing risk neutral preferences with binary lotteries: A reconsideration", *Journal of Economic Behavior & Organization*, 94, 145—159.

Hey, J. D., 1998, "Experimental economics and deception: A comment", *Journal of Economic Psychology*, 19, 377—395.

Holt, C. A. and Laury, S. K., 2002, "Risk aversion and incentive effects", *American Economic Review*, 92, 1644—1655.

Hsee, C. K. and Leclerc, F., 1998, "Will products look more attractive when presented separately or together", *Journal of Consumer Research*, 25, 175—186.

Jamal, K. and Sunder, S., 1991, "Money vs gaming: Effects of salient monetary payments in double oral auctions", *Organizational Behavior and Human Decision Processes*, 49, 151—166.

Jamison, J., Karlan, D. and Schechter, L., 2008, "To deceive or not to deceive: The effect of deception on behavior in future laboratory experiments", *Journal of Economic Behavior and Organization*, 68, 477—488.

Kahneman, D., Knetsch, J. L. and Thaler, R. H., 1990, "Experimental tests of the endowment effect and the Coase theorem", *Journal of Political Economy*, 98, 1325—1348.

Kahneman, D. and Tversky, A., 1979, "On the interpretation of intuitive probability: A reply to Jonathan Cohen", *Cognition*, 7, 409—411.

Knetsch, J. L. and Sinden, J. A., 1984, "Willingness to pay and compensation demanded: Experimental evidence of an unexpected disparity in measures of value", *The Quarterly Journal of Economics*, 99, 507—521.

Krawczyk, H., Paterson, K. G. and Wee, H., 2013, "On the security of the TLS protocol: A systematic analysis", In Annual Cryptology Conference, Springer, 429—448.

Laury, S., 2005, "Pay one or pay all: Random selection of one choice for payment", *Andrew Young School of Policy Studies Research Paper Series*, 6—13.

Lawson, L. L. and Lawson, C. L., 2011, "The effect of payment methods on risk aversion", *Atlantic Economic Journal*, 39, 249—260.

Learner, E., 1983, "Let's take the con out of econometrics", *American Economic Review*, 73, 31—43.

Liberman, V., Samuels, S. M. and Ross, L., 2004, "The name of the game: Predictive power of reputations versus situational labels in determining prisoner's dilemma game moves", *Personality And Social Psychology Bulletin*, 30, 1175—1185.

List, J. A., 2011, "Why economists should conduct field experiments and 14 tips for pulling one off", *Journal of Economic Perspectives*, 25, 3—16.

List, J. A., Sadoff, S. and Wagner, M., 2011, "So you want to run an experiment, now what? Some simple rules of thumb for optimal experimental design", *Experimental Economics*, 14, 439—457.

Mayo, D., 2008, "Some methodological issues in experimental economics", *Philosophy of Science*, 75, 633—645.

McCarney, R., Warner, J., Iliffe, S. et al., 2007, "The Hawthorne effect: A randomised, controlled trial", *Medical Research Methodology*, 7, 1—8.

Mckenzie, C. R. M., Sher, S. and Müller, T. J., 2016, "Are longshots only for losers? A new look at the last race effect: Are longshots only for losers", *Journal of Behavioral Decision Making*, 29, 25—36.

Milburn, M. A., 1978, "Sources of bias in the prediction of future events", *Organizational Behavior and Human Performance*, 21, 17—26.

Milgrom, J., 1963, "The Biblicaldiet laws as an ethical system: Food and faith", *Interpretation*, 17, 288—301.

Morewedge, C. K. and Giblin, C. E., 2015, "Explanations of the endowment effect: An integrative review", *Trends in Cognitive Sciences*, 19, 339—348.

Niederle, M. and Vesterlund, L., 2007, "Do women shy away from competition? Do men compete too much", *The Quarterly Journal of Economics*, 122, 1067—1101.

Oechssler, J. and Sofianos, A., 2019, "The binary lottery procedure does not induce risk neutrality in the Holt-Laury and Eckel-Grossman tasks", Discussion Papers, No. 663.

Ortmann, A. and Hertwig, R., 2002, "The costs of deception: Evidence from psychology", *Experimental Economics*, 5, 111—131.

Roth, A. E. and Malouf, M. W., 1979, "Game-theoretic models and the role of information in bargaining", *Psychological Review*, 86, 574—594.

Roth, A. V. and Jackson III, W. E., 1995, "Strategic determinants of service quality and performance: Evidence from the banking industry", *Management Science*, 41, 1720—1733.

Rousu, M. C., Colson, G., Corrigan, J. R. et al., 2015, "Deception in experiments: Towards guidelines on use in applied economics research", *Applied Economic Perspectives and Policy*, 37(1), 524—536.

Schram, A. and Aljaž, U., 2019, *Handbook of Research Methods and Applications In Experimental Economics*, Cheltenham: Edward Elgar Publication.

Selten, R. and Sauermann, E., 1967, "Beiträge zur experimentellen Wirtschaftsforschung", *JCB Mohr (Paul Siebeck) Tübingen*, 2, 136—168.

Sherstyuk, K., Tarui, N. and Saijo, T., 2013, "Payment schemes in infinite-horizon experimental games", *Experimental Economics*, 16, 125—153.

Sieber, J. E., Iannuzzo, R. and Rodriguez, B., 1995, "Deception methods in psychology: Have they changed in 23 years", *Ethics & Behavior*, 5, 67—85.

Slonim, R. and Garbarino, E., 2008, "Increases in trust and altruism from partner selection: Experimental evidence", *Experimental Economics*, 11, 134—153.

Smith, V. L., 1976, "Experimental economics: Induced value theory", *American Economic Review*, 66, 274—279.

Smith, V. L., 1982, "Microeconomic systems as an experimental science", *American Economic Review*, 72, 923—955.

Stang, D. J., 1976, "Ineffective deception in conformity research: Some causes and consequences", *European Journal of Social Psychology*, 6, 353—367.

Warner, S. L., 1965, "Randomized response: A survey technique for eliminating evasive answer bias", *Journal of the American Statistical Association*, 60, 63—69.

Zizzo, D. J., 2010, "Experimenter demand effects in economic experiments", *Experimental Economics*, 13, 75—98.

第四讲
实验软件 z-Tree 操作和编程

z-Tree 是目前实验经济学研究中广泛采用的一个免费软件包,全称为"Zurich Toolbox for Readymade Experiments",最初由苏黎世大学的乌尔斯·菲施巴赫(Urs Fischbacher)教授开发编写(Fischbacher,2007)。z-Tree 编程语言接近 C++,使用 z-Tree 可以编写多种实验程序,比如经典的独裁者博弈实验、最后通牒博弈实验、信任博弈实验、拍卖实验等,学习使用 z-Tree 编写实验程序并不困难,不需要很强的编程基础。

完整的 z-Tree 软件包由两部分组成,可通过 z-Tree 官方网站(https://www.ztree.uzh.ch/en.html)获取。一部分是作为主机端使用的 z-Tree,是实验研究人员进行程序编写并在实验时操作和监测实验过程的一端,安装在实验室的主机上;另一部分是实验被试参加实验进行决策的 z-Leaf,安装在实验室的各台电脑上。对这两部分的关系可以从名字上理解:z-Tree 承载着实验的主体,实验被试则像叶子一样通过 z-Leaf 连接至大树 z-Tree 上,实验员在实验时可以通过 z-Tree 把控整体的实验进程,观察到每个被试的具体决策。

目前苏黎世大学为学习和使用 z-Tree 的研究人员提供了非常多的支持。在 z-Tree 的官方网站上,可下载到官方使用手册(user manual)。使用手册由指导手册(tutorial manual)和参考手册(reference manual)两部分组成,其中指导手册提供了对 z-Tree 功能的介绍,并提供了一些实验程序的编写例子;参考手册提供了对 z-Tree 各元素的介绍,包括内置函数、内置变量、数据表格、菜单命令等,研究人员可以快速查找到相应内容的详细解释(Fischbacher et al.,2021)。官方的使用手册是编程、调试、实验的重要参考材料。另外,z-Tree 作为一个开放的平台,具有研究氛围良好的全球社区。研究人员也可以加入 z-Tree 的邮件列表(mailing list)获得全球 z-Tree 社区的帮助,在使用 z-Tree 进行实验中遇到的问题可以通过这一邮件列表提出,并获得全球各地使用 z-Tree 的研究人员的解答,具体加入方法同样可在官方网站上获取。

为了更好地帮助读者学习和使用 z-Tree,本讲按以下顺序进行:第一节首先介绍 z-Tree 的基本架构。然后第二节及第三节分别介绍常用的菜单命令和数据、程序、函数等基本内容。在此基础上,第四节以最后通牒博弈任务的编写为例子,详细说明完整的 z-Tree 程序编写过程。第五节介绍实验后生成的数据文件类型与使用方法。第六节将说明如何使用 z-Tree 编写更丰富的实验程序,包括导入多媒体、输入与记录文本信息、编写经典的拍卖任务与真实努力任务。第七节总结 z-Tree 使用过程中的常见问题并给出相应的解决方法。另外,考虑到近些年也出现了一些新的实验编写程序,在第八节中将对近年来用户增长迅速、发展前景广阔的 oTree 进行简单介绍。

第一节 z-Tree 基本架构介绍

在进一步学习 z-Tree 前,有必要先对 z-Tree 的架构有整体上的了解。使用 z-Tree 可以编写两类文件,按文件名后缀分别为 ztt 文件和 ztq 文件。其中,ztt 文件是重要的实验任务执行文件,包括实验前的测试性问题、正式实验任务、实验任务后的个人问卷等都是通过 ztt 文件实现,后续章节将主要介绍如何编写 ztt 文件;ztq 文件为实验后的个人信息问卷文件,每一场实验结束时都必须运行一个 ztq 文件,以记录不同的被试编号和相应的被试反馈信息,并向实验被试展示最终经过换算的真实货币收益。为了方便读者理解学习,下面的介绍中相关术语(变量名称、数据表名称、菜单选项等)的写法与 z-Tree 程序中保持一致。

一、ztt 文件

为了更好地了解 ztt 文件在实验程序编写中的作用,我们先对 z-Tree 不同层次的元素进行介绍,将程序的不同组成部分与实验室中进行的实验联系起来。在一个完整的实验(experiment)中,可能会包括不同的实验局设计(treatment),在每个实验局下有不同的实验场次(session),这些场次需要分别招募被试,独立地开展。在一场实验中,可以包含多个实验任务或环节,我们这里提到的 ztt 文件就是承载实验任务程序的文件,几乎所有的编程和实验操作都是在 ztt 中展开。下面我们对 ztt 文件的内部操作进行基本介绍。

打开 z-Tree 后将自动生成一个未命名的 ztt 文件,新建的 ztt 文件中只有 Background(背景设置)一项,下面自动生成了 globals(全局变量表格)、subjects(个体变量表格)、summary(总结表格)、session(场次变量表格)等各种 Table(表格),以及可作用于整个 ztt 文件的 Active screen(活动界面)和 Waiting screen(等待界面),在这里设定的 Header(页眉)信息和 Text(文本)信息将自动套用在后续的 Active screen 和 Waiting screen 中。每一个 ztt 文件执行实验的一个实验任务或一个环节,称作一个 Treatment(实验任务文件)。一个实验可能包含有多个 ztt 文件,即多个 Treatment。在一场完整的实验中,一般将运行多个 ztt 文件和一个 ztq 文件。Treatment(ztt 文件)可以重复多次进行,每进行一次称作一轮(Period)。根据实验任务的不同,每一轮又由多个 Stage(阶段)构成,分别完成分配角色、输入决策、计算收益等各种任务。一般来说,Stage 由 Program(程序)、Active screen、Waiting screen 三部分组成,程序主要完成收益计算、数据调用等任务,这部分将在第三节进行介绍;两个界面为实验进行时被试在 z-Leaf 端电脑上看到的界面,其中 Active screen 为被试完成决策等实验任务时看到的界面,Waiting screen 为被试在等待实验继续进行时看到的界面。在 Active screen 上,需要添加不同的 Box(箱体)以对界面进行划分,不同的 Box 中可以添加不同的 Item(项目)以实现不同形式的信息展示和输入,并且可以添加 Button(按键)以确认信息输入或进入下一步实验。

在 ztt 文件运行时,将首先运行 Background 中的内容,包括创建数据表格、运行程序等,然后将按顺序运行后续的各个 Stage,Stage 有丰富的进入和退出条件设定,不同 Stage 之间可以通过调整条件等使得各个 Stage 按顺序运行,或者是实现不同角色在同一时间进入不同 Stage。每一 Stage 中,也将先运行其中的 Program,然后向被试展示 Active screen 中的内容,完成任务的被试终端将显示 Waiting screen。

二、ztq 文件

ztq 文件的结构较为简单,除了 Address Form(地址表单),一般只需要添加 Question Form(问题表单),并在 Question Form 中添加 Question(问题)元素即可实现收集被试反馈和展示最终收益等功能,Question 元素类似于 ztt 文件中的 Item 元素,可以实现信息的展示或输入,另外也可以添加 Ruler(标尺)元素对格式进行更细致的调整。

第二节　z-Tree 常用菜单命令介绍

z-Tree 中提供了丰富的菜单命令,如图 4-1 所示,具体分为 File(文件)菜单命令、Edit(编辑)菜单命令、Treatment(实验任务)菜单命令、Run(运行)菜单命令、Tools(工具)菜单命令、View(视图)菜单命令和?(帮助)菜单命令。学习使用这些菜单命令是编写程序、操作实验的基础。本节将介绍其中重要且常用的菜单命令。

File 菜单下的命令主要用来新建、保存、打开新的 ztt 文件和 ztq 文件,通过 New Treatment(新建实验任务文件)可以新建 ztt 文件,New Questionnaire(新建问卷文件)可以新建 ztq 文件,Open…(打开)、Close(关闭)、Save(保存)、Save as…(另存为)等功能都遵循通用用法。编写程序过程中需要尤其注意的是,为了避免崩溃造成前功尽弃,要养成良好的随时保存程序的习惯,可以通过在 File 菜单下选择 Save 来保存文件,更推荐的快捷做法是随时通过 Ctrl+S 的快捷键保存。

Edit 菜单下是 Undo(撤销)、Cut(剪切)、Copy(复制)、Paste(粘贴)、Find(搜索)的功能,这些功能非常常用,并且都可以通过快捷键实现,快捷键的设置和 Windows 系统的常规设置一样,更推荐使用快捷键实现对应的功能,以提高编程效率。需要提醒的是,z-

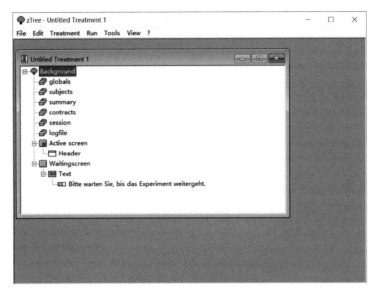

图 4-1　z-Tree 界面

Tree 没有单独的删除功能,一般可以通过剪切实现删除功能。

在编写程序时要多次使用的菜单为 Treatment 菜单,在编辑 ztq 文件时,Treatment 菜单变为 Questionnaire 菜单。Treatment 菜单中最主要的功能是新建 Stage、Table、Box、Button、Item 等各个程序元素。除了新建功能,Treatment 菜单下还有两个重要的功能,分别是 Parameter Table(参数表格)和 Matching(匹配方式)。

图 4-2 为 Parameter Table 的一个示例。第一行中的 S1 至 S6 代表了 1—6 号被试,左边第一列 1—8 为第 1 轮至第 8 轮。这个表格的每一个 cell(单元格)中都可以具体编写程序,以完成不同的功能。举例来说,对 S1 被试,在 S1 单元格中的设定为 Role Parameters(角色参数),这一个单元格中所设定的程序将在后面的 8 轮中都执行;在左边"1"单元格中所设定的程序,将在第 1 轮中对所有被试执行,即这个程序应用于该轮中所有被试,因此这里的设定称作 Period Parameters(轮次参数);而在具体的每一个单元格中的设定为 Specific Parameters(特定参数),比如在图 4-2 的 A 单元格中,可以具体设定在第 1 轮中仅对被试 S1 起作用的程序。另外,使用 Parameter Table 也可以实现手动的分组。在中间一些单元格的左上角有一个小框,框中的数字代表的即为该被试在这一轮中所在的 Group(小组),具体的设定方法为,双击单元格(比如单元格 A),在弹出的菜单中,在 Group 栏中输入组别数字,之后单元格的修改可以通过选中并拖动已修改组别的单元格至待修改组别的单元格,这样即可完成修改组别。

Treatment 菜单下的 Matching 可以实现一些常见的配对方式,比如 Partner(固定搭配)、Stranger(陌生搭配)、Absolute Stranger(完全陌生搭配)[①]。在 Background 中打开

---

① 本讲使用 z-Tree 程序 3 版本中"Absolute Stranger"一词,在 z-Tree 的最新版本中,完全陌生搭配的菜单命令为 Perfect Stranger。

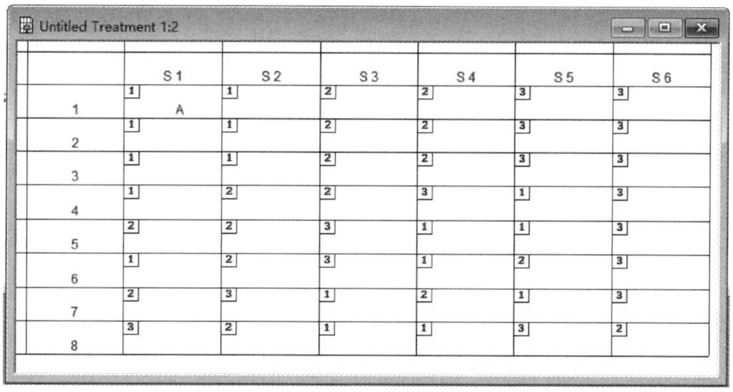

图 4-2 Parameter Table 示例

General Parameter(一般参数)设定好被试的总人数与实验需要的小组数后,就可以选择 Matching 中的不同方式对程序的配对规则进行设置。实现 Matching 同样可以借助 Parameter Table 实现,而且可以对实验的不同轮次设定不同的配对方式。使用 Matching 前需要做的是在 Background 中设定好参加实验的被试总人数以及组数。然后打开 Parameter Table,选中需要设定配对方式的轮次,然后在 Treatment 菜单→Matching 中选择相应的配对方式。在图 4-2 的例子中,第 1—3 轮所使用的是固定搭配方式,后面 5 轮使用的则是陌生搭配方式。当然也可以所有轮次都选择同样的配对方式,只需要选择所有行,或者是点击整个表格最左上角的小方框,即可快速选中整个表格,接着选择所需的配对方式,即可实现对所有轮次的设定。

Run 菜单下的命令主要应用在实验过程中,包括启动实验、查看各种数据表格、控制实验进程等功能。对具体保存数据的各个表格的介绍将在下一节详细展开,这里主要介绍 Clients' Table(用户表格)及相关操作。

通过 Run 菜单打开 Clients' Table,可以查看各个 z-Leaf 端的连接情况。图 4-3 中即为所有 z-Leaf 端正常连接的情况,在第二列 state 列中显示的是被试所在的 Stage,第三列 time

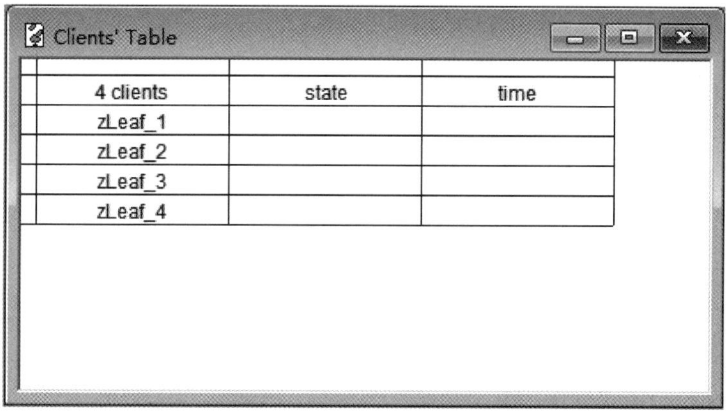

图 4-3 Clients' Table 示例

列则是每个 Stage 的倒计时,通过这两列可以知道实验中被试的实验进程,便于把控实验时间和进度。由于机房的电脑一般都有规律的编号,选中第一列 clients(用户)后,可以进一步选择 Run 菜单下的 Sort Clients(用户排序),将所有 clients 按顺序排列,便于查看。开始实验时需要用到 Run 菜单下的 Start Treatment(开始实验任务)。Stop Clock(暂停计时)和 Restart Clock(重启计时)用于控制 Stage 的倒计时,在进行实验程序调试的时候经常使用。

第三节 z-Tree 数据、程序与函数介绍

在进一步介绍实验程序的编写之前,我们先对 z-Tree 中的数据、程序和函数进行介绍。这些是编写和使用 z-Tree 的基础内容。

一、数据

认识 z-Tree 的数据结构对编写程序和后续数据分析都有着重要意义。z-Tree 运行时将实验数据储存在各种 Table 中,z-Tree 内置的常用表格有 globals Table、subjects Table、summary Table、session Table。外生变量的取值、分组配对数据、被试决策数据等各种类型的数据都将储存在上述表格中。在实验中这些表格可以通过第二节介绍的 Run 菜单命令进行查看,在实验结束后,这些表格都将保存在 Excel 文件中,供数据分析使用。在表格中,每一个保存数据的 cell 都既可以保存数值类型的数据,也可以保存文本数据等,但要求同一列保存的数据类型一致。每一列称为 variables(变量),每列的第一单元格为该列的变量名称,变量名称可以包含字母、数字、下划线"_",第一个字符必须为字母。另外需要注意的是,z-Tree 对字母大小写敏感,因此在设置变量名时要明确区分大小写。每一行称作一个 record(数据记录),z-Tree 在写入数据的时候,是一行一行地写入(row by row)。

globals Table 是保存全局变量的表格,z-Tree 在生成这一表格时,同时还会定义 Period(当前轮次)、NumPeriods(总轮次)、RepeatTreatment(用于决定是否重复进行 Treatment,在未知轮次的实验中可以使用,取 1 时则继续进行下一轮,取 0 则结束)三个变量,其他常用的可保存在这一表格中的全局变量有角色类型、外生价格等,这一表格每一轮都将重新生成一次,即每一轮结束后,表格中原有的数据保存于 Excel 文件中,z-Tree 程序重新生成包含全局变量数据的 globals Table。

subjects Table 记录了每一轮中所有被试做出的决策数据,这一表格在生成时就带有 Period、Subjects、Group、Profit、TotalProfit、Participate、LeaveStage 这 7 个变量,其中 Period 为当前轮次,Subjects 为被试的编号,Group 为内置的组别变量,Profit 为被试在

当前轮次所获得的实验点数收益,TotalProfit 为被试目前所有已进行实验任务与轮次收益的加总(包括当前轮次)。需要注意的是,Profit 的计算方式可以自行在实验程序中设定,而 TotalProfit 是程序自动加总所有的 Profit 得到,无法自行设定或改变。由于 TotalProfit 变量的数值会出现在最后的被试收益核算中,因此如果需要调整加总各个轮次收益的方式,只能通过修改每轮次生成的 Profit 来实现目标的收益加总方式。例如,如果在收益计算中要抽取某一些轮次的收益,需要定义新的收益变量名来记录被试在每一轮次中的收益,再根据一定的条件将这一变量的值赋给内置 Profit 变量,使得未被抽取的轮次中收益变量 Profit 为 0,这样可以实现对 TotalProfit 的调整。Participate 和 LeaveStage 为控制被试是否进入或退出某一 Stage 的变量,取值为 0 和 1,在不进行设定时,被试将按照 ztt 文件中 Stage 的顺序,依次进入并退出所有 Stage,通过对这两个变量进行赋值,可以实现当被试满足某些条件时才进入或退出某一 Stage,这在有不同角色的实验任务中是非常常见的。subjects Table 同样也是每一轮都重新生成一次。

summary Table 的最大特点在于并不会随着每一轮结束都重新生成一次,而是在整个 Treatment(ztt 文件)结束以后才清除数据,这一表格唯一自动生成的变量为 Period,可以为每一轮保存一条记录,因此对每轮中的重要加总数据,可以保存在 summary Table 中,以用于后续的分析。

session Table 记录了每个被试的总收益信息,因此这个表格非常重要,在实验开始时自动创建,实验过程中不会重新生成,是这些表格中保存时间最长的。也正因为这个特性,seesion Table 有时也用于在不同的 Treatment 之间或者在 Treatment 和 Questionnaires 之间传递数据。表格中内置的变量有 Subject、FinalProfit、ShowUpFee、ShowUpFeeInvested、MoneyAdded、MoneyToPay、MoneyEarned。FinalProfit 与 TotalProfit 的关系是,TotalProfit 乘以兑换比例进行换算后得到 FinalProfit。ShowUpFee 为出场费,需要注意,在每个 ztt 文件中,都可以在 Background 中设定出场费,但是最终计算出场费时,将以运行的第一个 ztt 文件中所设定的出场费为准。如果在实验中不涉及被试的收益为负(破产)的情况,则被试的最终总收益即为 MoneyEarned 这一列所显示的数值,这一列的数值为实验收益和出场费之和,即满足式子:MoneyEarned=FinalProfit+ShowUpFee。但是在某些实验任务中,被试可能出现破产的情况,这个时候 ShowUpFeeInvested、MoneyAdded、MoneyToPay 的作用就体现出来了。接下来将结合对 Bankruptcy Rules(破产规则)的介绍进一步说明被试收益的计算问题。

在进行某些实验时,被试可能出现收益为负的情况,即在某一轮结束时,被试的 TotalProfit 为负,这就是所谓的破产。为了应对这样的情况,有必要设定好 z-Tree 内置的 Bankruptcy Rules。这一设定菜单的打开方式为:ztt 文件中双击 Background→打开 General Parameters 菜单→点击 Bankruptcy Rules 按键,即可弹出如图 4-4 的设定菜单。这一菜单上一共有三个问题,按照被试不同的损失程度出现。如果被试某一轮结束后 TotalProfit 出现负值，但是出场费可以弥补损失，则被试界面上将出现第 1 个问题，询问被试是否愿意使用出场费弥补损失，这一问题的具体表述可以在框中进行修改。对这个问题，有"yes"和"no"两个回答选项，其中选择"yes"选项后，破产被试的出场费将用于弥补损失，实验继续进行，而选择"no"选项后，被试不再进行实验，在 Clients' Table 上显示的状态为"BancruptShowupNo"，实验员需要手动在主机上将其移除。当然这两个选项可以根据需要选用，如果两项非空，则被试可以进行选择，如果两项中的一项为空，则被试只能确认给定的选项，在框中输入的内容将出现在破产界面的按键上。

如果被试的负收益过大，超过了出场费，则将出现第 2 个问题，询问被试是否还想继续实验。同样这里可以设定问题的表述和选项。需要注意的是，如果这个时候被试仍需继续进行实验，则会在 Clients' Table 上显示"BancruptMoreYes"，此时必须由实验员在主机上手动为破产被试添加 Credit（信贷）。具体操作方法为 Run 菜单→Clients' Table→双击破产被试 State 列中"BancruptMoreYes"这个 cell→在弹出的 Bankruptcy Continuation（破产继续规则）菜单中，选择继续"Subject can continue"（被试可以继续实验），并输入添加的信贷额。

实验中，破产规则起作用以后，session Table 中的 ShowUpFeeInvested、MoneyAdded、MoneyToPay 三个变量将会取不同的值。对于破产被试，如果选择投入出场费继续实验，则 ShowUpFeeInvested 取值为 1。如果实验员向被试额外添加了信贷，则 MoneyAdded 显示实验员所输入的信贷额。MoneyToPay 这一变量为 FinalProfit、ShowUpFee、MoneyAdded 三者的和，在没有添加信贷额的情况下，MoneyToPay 与 MoneyEarned 相等。

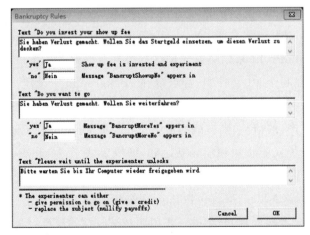

图 4-4 Bankruptcy Rules 设定界面

二、程序

z-Tree 本身提供了丰富的模块化功能，分组配对、角色分配等功能都可以通过菜单命令完成。同时 z-Tree 本身也提供了可以自行编写程序的功能。自行编写程序可以完成常规的赋值、计算功能，也可以更为灵活地实现分组配对、角色分配等功能，这对于实现不同类型的实验有着重要意义，因此学习如何在 z-Tree 中编写自己的程序是非常重要的。

要插入程序，可以通过 Treatment 菜单→New Program 进行新建。点击以后将自动插入程序并弹出输入框。注意如上文所述，z-Tree 的数据保存在不同的表格中，由于程序本质上也是对数据进行操作，因此程序也需要确定其所在的表格，即 Table 一栏中需要选择程序在哪个表格中执行。

对程序的执行可以设定执行条件，在 Condition（运行条件）一栏中输入具体条件语句即可，注意这里输入的语句并不需要以分号结尾。在下面的 Program 框中，可以输入程序的具体命令，每行均要以分号结尾。此外，为了提高程序的可读性，要注意添加注释，在输入"//"后，这一行后面的语句都不被读取执行。在图 4-5 的例子中，程序在 globals Table 中执行，判断条件为 Period==1，即只在第一轮实验时执行，具体程序为给变量 Price 赋值 50，变量 Cost 赋值 40，同时在第一行添加了注释"//set the price and cost"来说明这段程序的功能。另外需要注意的是，z-Tree 是一行一行地执行程序。

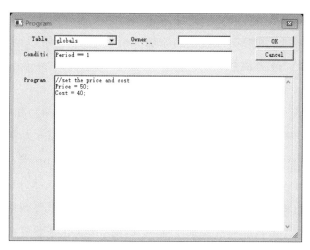

图 4-5　程序示例

三、函数

和其他编程语言或软件一样，z-Tree 也内置功能多样的函数。在编写实验的过程中，将多次使用各种函数来实现不同的功能。同时 z-Tree 有一类特殊的函数，即 Table functions（表格函数）。这一类函数并不作用于某一行的数据，而是作用于整个表格，这涉及 z-Tree 中的数据调用问题，z-Tree 中的 scope operator（域操作符）常用于完成不同的数据调用，这属于 z-Tree 中较难的内容，将结合 Table functions 一并介绍。

z-Tree 中包含作用于某一行或某一个数据的函数。常用函数有 abs(x)(求绝对值)、if(a,x,y)(如果 a 成立,则返回 x,否则返回 y)、mod(x,y)(求 x 除以 y 后的余值)、random()(按照[0,1]均匀分布生成随机数)、round(x,y)(将 x 舍入为 y 的倍数,比如当 y 取 0.1 时,为保留一位小数的四舍五入)。这些函数在后续的例子中也会出现。

此外,z-Tree 中常用的 Table functions 有 count()(计数函数,可以在括号中填入条件以统计满足条件的 record 数量)、find(a,x)(寻找某一数据的函数,寻找满足条件 a 的 record,返回其中 x 变量的值,条件省略时则返回找到的第一个 x 变量的值)、sum()/product()(求和/求积函数,可以添加条件只将满足条件的 record 的某一变量加总求和/求积)、Maximum()/Minimum()(求最大/最小值函数,可以添加条件在满足条件的 record 中计算最大/最小值)。需要注意两点:第一,在 Table functions 中使用的变量,必须在包含 Table functions 的程序运行前就完成定义和赋值;第二,Table functions 可以通过添加不同的表格名前缀,在其他表格中执行并返回值至当前表格,举个例子来说,在 globals Table 中定义的程序包含了函数"A=subjects.sum(B)",执行这个函数,则在 subjects Table 中加总变量 B 的值,并将这个和值返回至 globals Table 赋值给变量 A。

经常需要与 Table functions 一起使用的还有 scope operator。z-Tree 中的 scope operator 有两个,分别为":"和"\",在变量前添加 scope operator 可以调用其他行或者其他表格的数据。其中"\"较为简单,在变量前使用"\"总是调用 globals Table 中的变量。":"的使用较为复杂,下面通过三个例子进行说明。

例子一:这一例子中,有三个不同的表格 ta、tb、tc(见图 4-6),其中 ta 有两个变量 A 和 X,tb 有一个变量 B,tc 有一个变量 C。使用的 Table functions 为 product() 和 sum()。我们需要在表格 ta 中计算 X 的值,X=A+tb.sum(B*:A-tc.product(C-:B-::A))。第一部分中,由于 A 与 X 在同一表格中,则可以直接调用 A;第二部分中,sum 函数添加了前缀 tb,则 sum 函数将在 tb 中执行,此时可以直接调用 B,但是要调用 ta 中的 A,则需要使用":";而在 product 函数前再次添加了前缀 tc,则 product 函数将在表格 tc 中运行,此时可以直接调用 C,但是需要使用":"来调用 tb 中的变量 B(相当于将执行区域调整至表格 tb),而要进一步调用表格 ta 中的变量 A,则需要使用两次":"(相当于在调整至表格 tb 的基础上将执行区域调整至 ta)。实际上,由于这里三个表格中的变量名称各不相同,即使省略 scope operator 也可以进行正确的计算(X=A+tb.sum(B*A-tc.product(C-B-A)),与上面使用了 scope operator 的式子是等价的)。但是这样的写法存在一定的隐患,下一个例子将进行说明。

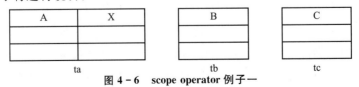

图 4-6 scope operator 例子一

例子二:这个例子与例子一的唯一不同点在于,三个表格中都有变量 V(见图 4-7),变量 X 的计算也相应变为 X=V+tb.sum(V * :V-tc.product(V-:V-::V))。这个时候如果省略了 scope operator":",则无法正确调用不同的表格中的变量 V。

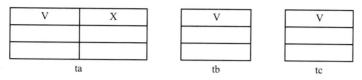

图 4-7 scope operator 例子二

例子三:这个例子将结合具体数据的计算过程进行说明。在图 4-8 的表格 ta 中,我们需要计算不同表达式下 X 的值,这里通过表 4-1 给出 9 个不同的 X 值的表达式、计算结果及具体计算过程。

A	V	X
1	3	
4	6	

ta

B	V
7	8
10	11
13	14

tb

图 4-8 scope operator 例子三

表 4-1 变量 X 表达式、计算结果及计算过程

变量 X	表达式	计算结果	计算过程
X_1	sum(V)	9	3+6
		9	3+6
X_2	tb.sum(V)	33	8+11+14
		33	8+11+14
X_3	tb.sum(:V)	9	3+3+3
		18	6+6+6
X_4	sum(:V)	6	3+3
		12	6+6
X_5	sum(product(V))	36	3×6+3×6
		36	3×6+3×6
X_6	sum(product(:V))	45	3×3+6×6
		45	3×3+6×6
X_7	sum(product(::V))	18	3×3+3×3
		72	6×6+6×6
X_8	tb.sum(product(V))	3696	8×11×14+8×11×14+8×11×14
		3696	8×11×14+8×11×14+8×11×14

下面将具体解释整个执行过程。对变量 X_1 来说,在表格 ta 的第 1 行运行时,将表格

中变量 V 的所有取值进行加总,运行结果填入第 1 行;在第 2 行运行时,将重复以上过程,因此两个取值相等。在变量 X_2 的表达式中,sum 函数在表格 tb 中运行,因此计算过程为将表格 tb 中 V 的三个取值进行加总。变量 X_3 的表达式中使用了 scope operator,则 V 的取值为表格 ta 中的取值,而又由于表格 tb 中共有三个 record,所以在第 1 行中运行时,将三次调用表格 ta 中第一行的 V 值 3 进行加总,将和值 9 填入表格 ta 的第一行;在第 2 行中运行时类似。变量 X_4 与变量 X_3 的区别在于 sum 函数此时在表格 ta 中运行,因此只会调用两次。

在变量 X_5 至 X_8 的表达式中,sum 函数中使用了 product 函数,在运行时,将先运行 product 函数,然后将 product 函数运行得到的乘积进行加总。变量 X_5 的计算首先是在第 1 行运行时调用 V 的两个取值计算乘积,这一过程重复两次,然后通过 sum 函数将两次乘积加总。变量 X_6 的表达式使用了一次 scope operator,这可以看作将取值固定在当前行进行,则在第 1 行运行时,只会两次取第 1 行的值 3 进行计算,由于 product 函数也是 Table function,因此 product 函数又会在第 2 行中运行,两次取值 6 进行计算,最终由 sum 函数加总两次乘积。变量 X_7 的计算由于多使用了一次 scope operator,则两次计算乘积都将在当前行取值进行,最终加总的也是当前行的两次乘积。变量 X_8 在 sum 函数前使用了前缀 tb,其计算取值都将在表格 tb 中进行,因此将用表格 tb 的 V 值计算三次乘积并求和。

第四节 z-Tree 实验程序编写过程

在前面几节对 z-Tree 基本架构、常用菜单命令、数据、程序、函数的介绍的基础上,本节正式介绍如何使用 z-Tree 编写实验程序。为了更好地进行说明,本节的介绍将结合最后通牒博弈实验的编程实例进行。最后通牒博弈的流程较为简单,博弈有角色 A 和角色 B 两个参与者,由角色 A 对给定的实验点数在自己和角色 B 之间进行分配,角色 B 得知角色 A 的方案后决定是否接受,若接受,则两人按照分配方案获得相应实验点数;若拒绝,则两人只能获得 0 点实验点数。这一实验虽然比较简单,但是里面涉及不同角色的分配、随机配对、顺序决策、数据调用等在实验程序中经常出现的功能,具有一定代表性。在本节最后我们也将说明实验任务后 ztq 文件的编写。

一、最后通牒博弈任务 ztt 文件

打开 z-Tree 后,将自动生成 Untitled Treatment 1。这是一个空白的 ztt 文件,我们在此基础上进行编写。在 Background 中,我们需要完成全局变量的设定、角

色分配、随机配对等工作。这里我们不使用 z-Tree 自带的菜单命令完成角色分配和随机配对,而是通过编写 Program 的方式完成,这是一种更加灵活多样的方法,从实验操作上来说也更为简单。另外,我们也建议在每个 Stage 的命名前按照运行顺序添加编号,这样便于在 Clients' Table 中观察实验进行的具体阶段,对实验进程一目了然。

全局变量的定义:首先需要在 Background 中设定相应的人数,如图 4-9 所示,因为需要两人一组进行匹配,所以将被试人数设定为偶数(这里设定为 4,便于进行调试)。另外由于我们将通过编写程序进行分组,因此在 Background 中只需设定组数为 1,即不再使用程序内置的配对方式,把所有的被试放在一个大组中进行自定义配对。在轮次设定中,将练习轮次设定为 0,即不进行练习,将支付轮次(正式实验轮次)设定为 2;在支付设定中,将兑换比例设定为 0.1(兑换比例只对当前 ztt 文件起作用,因此不同的 ztt 文件中可以设定不同的兑换比例),将出场费设定为 10。需要注意的是,如前文所述,出场费以运行的第一个 ztt 文件为准,在正式实验时第一个运行的 ztt 文件一般为测试性问题文件,因此应该将其中的出场费设定为所需数值(当然为了保险起见,也可以将所有 ztt 文件的出场费设定为一样的值)。

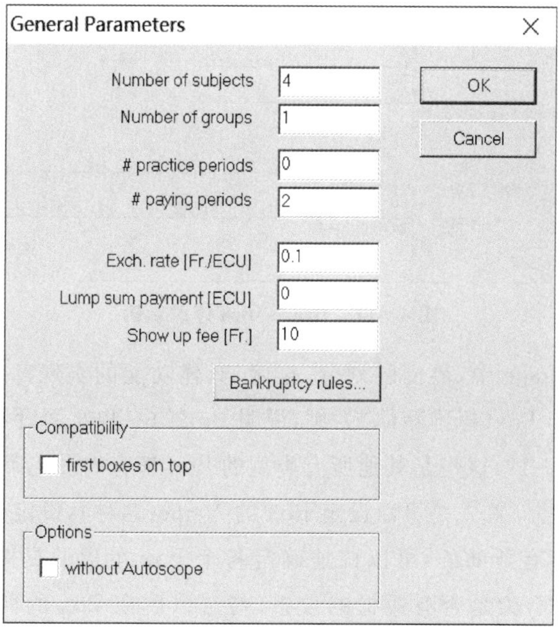

图 4-9 实验 Background 全局变量设定界面

初始化变量:选中 logfile,然后通过 Treatment 菜单→New Program 添加 Program,后续需要新添加 Program 时操作类似。在第一个 Program 中,我们将其执行的表格定为 globals Table,并在其中输入如图 4-10 所示的代码,分别是可分配的实验点数、用于区

```
globals.do { ... }
    endowment = 100;

    //role number
    PlayerA = 1;
    PlayerB = 0;

    NumSubjects = subjects.count();
```

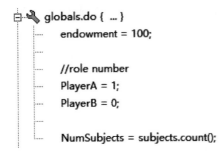

图 4－10　初始全局变量设定

分角色的两个变量 PlayerA 和 PlayerB，以及用于确定实验总人数的 NumSubjects（在正式实验中，由于其他不可控原因可能造成部分被试缺席，这样就需要相应修改实验参加人数，为了减少后续的修改量，将正式的实验人数通过这一命令进行记录）。另外这里也修改了 Background 中 Active screen 的 Header 元素和 Waiting screen 的文本，如图 4－11 所示（主要是将原来的德语信息修改为中文）。

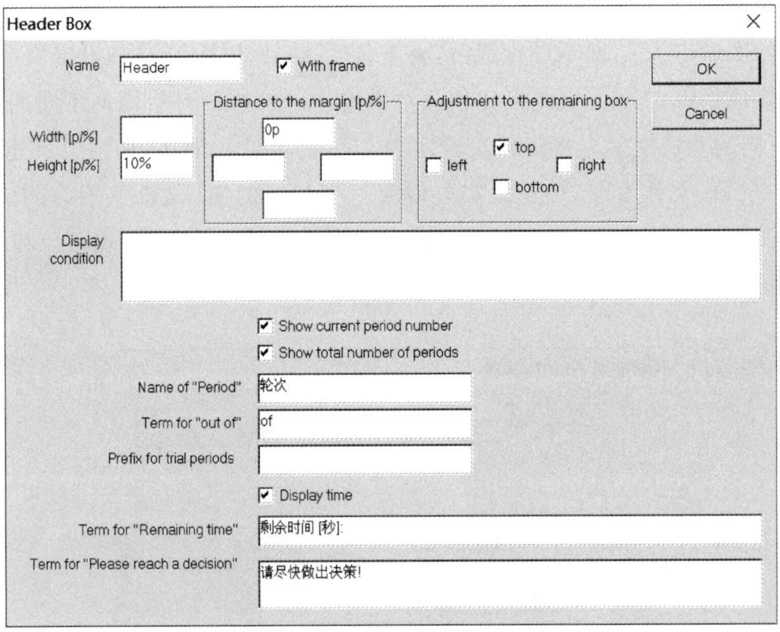

图 4－11　Header Box 修改示例

由于在后续的 Stage 中，界面的划分、排版、具体功能的实现都涉及 Box 的添加，因此这里先以 Standard Box（标准箱体）为例，说明 Box 的一些通用设置。Standard Box 的具体设定菜单如图 4－12，这也是其他所有类型的 Box 都有的设定菜单（不同的 Box 还有其他的一些具体设定）。首先是可以设定 Box 的 Name（名称），设定具体的名称对一些复杂的界面来说是非常有帮助的，可以快速确定各个 Box 承担的具体功能，提高可读性。With frame（显示边框）为是否有边框的设置，勾选以后在 Box 的四边出现黑色细线边框。在中间区域，是 Box 的大小以及位置设置。如果这一部分不具体设定，则默认这个 Box 铺满整个界面。Width（箱体宽度）和 Height（线体长度）为 Box 的长宽设置，可以选择像素（p）或百分比（%）作为单位（举例来说，分别填入 50%，则长宽都为原来的一半）。Distance to the margin（到边缘距离）可以理解为这一 Box 的边界与界面边界的距离（举例来说，如果在下方的方框中填入 90%，则说明这一 Box 的下边界与界面下边界的距离占整个界面的 90%,Box 只占上方的 10%)。Adjustment of the remaining box(剩余箱体调整)定义了其他的 Box 相对于当前 Box 应该如何调整位置(以 Header Box 为例,勾选了 top 框后,Header Box 的下边界就代替原有的界面上边界成为其余 Box 的上边界)。Display condition(显示条件)可以设定这一 Box 显示的条件,满足条件则进行展示,这对于向不同被试展示不同信息是非常有用的。最下方是关于 Button 的设定,包括按键位置以及界面上存在多个按键时按键如何排列(按行或按列排列)。

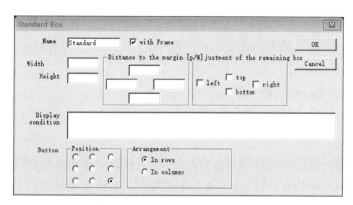

图 4-12 Standard Box 设定界面

角色分配:通过程序完成角色分配和分组配对都需要使用随机数生成函数 random(),具体的思路为:生成随机数后,通过比较随机数大小生成排序,根据排序高低完成角色分配和分组配对。在上一段程序后,添加新的在 subjects Table 中执行的程序,生成随机数 rand。另外新建一段程序(见图 4-13),在第 1 轮中,首先决定排序 rank,然后排在前面一半的被试为角色 A(Type=PlayerA),其余被试为角色 B(Type=PlayerB)。其余轮次中,则保持角色分配不变,通过 OLD 前缀,在上一轮的 subjects Table 中找到 Type 变量。这里有三点需要注意:第一,必须单独用一段程序生成随机数,因为后续的程序中包含了 count(),这是一个 Table function,Table functions 所调用的变量必须提前用一段程序定义和赋值。第二,在生成排序 rank 的时候,使用了 count()进行计数,计算了对某一个被试来说,其余被试的随机数大于他的随机数的人数(举例来说,如果有 3 个被试的随机数大于他本身的随机数,则 count()函数返回的结果为 3,在返回结果上加 1 则最终排序 rank 为 4)。count()是一个 Table function,因此在括号中使用了 scope operator ":",这是重要的数据调用和计算操作,举例来说,在第一行对第一个被试执行这一函数时,":rand"部分取值固定为第一个被试的随机数(因为 z-Tree 调用和读取数据的方式是 row by row),而"rand"部分则取遍整个 subjects Table 中所有被试的随机数,这样就完成了所有被试随机数之间的比较。第三,对固定角色分配的实验,除了第 1 轮,其余轮次可以通过 OLD 前缀在上一轮的 subjects Table 中方便地找到 Type(角色变量),由于 subjects Table 每轮刷新一次,因此 OLD 只能找到上一轮的 subjects Table 数据。在完成角色分配后,添加在 session 中运行的程序,将角色分配信息保存在 session Table 中。

```
subjects.do { ... }
    rand = random();
subjects.do { ... }
    //role type
    if(Period == 1){
      rank = count(rand > :rand) + 1;
      Type = if(rank <= NumSubjects/2,PlayerA,PlayerB);
    }
    else{
      Type = OLDsubjects.find(same(Subject),Type);
    }
session(Period == 1).do { ... }
    Type = subjects.find(same(Subject),Type);
```

图 4-13 角色分配代码

分组配对:分组配对的原理与角色分配一样,同样先生成随机数,然后在同一角色类型(Type 取相同值)中决定排序,两类角色中排序相同的两个被试匹配为同一组(MatchingGroup 取值相等则为排序相同),这样就完成了随机匹配。匹配之后另外添加的程序则为不同角色的被试找到了在该轮中与其匹配的另一角色被试。在完成上述步骤后,subjects Table 中每一个被试对应的一行都包含了自身的角色信息(Type)、组别(MatchingGroup)、配对被试编号(Partner),代码如图 4-14 所示。

```
subjects.do { ... }
    rand = random();
subjects.do { ... }
    MatchingGroup = count(same(Type) & rand > :rand) + 1;
subjects.do { ... }
    if(Type == PlayerA){
      Partner = find(same(MatchingGroup) & Type == PlayerB,Subject);
    }
    if(Type == PlayerB){
      Partner = find(same(MatchingGroup) & Type == PlayerA,Subject);
    }
```

图 4-14 分组配对代码

角色展示:在实验的第 1 轮,需要向被试展示分配到的角色(见图 4-15),因此在这里通过给 Participate 变量赋值让被试在第 1 轮进入这一角色展示阶段。在 Active screen 中添加 Standard Box,并在其中添加 Item 作为输出,添加 Button 让被试确定并进入下一阶段。在 Item 中修改 Item Layout(项目显示方式),使得可以根据不同的数值输出不同的文本。如图 4-16 所示,其中"! text:"部分为输出文本的前置格式,后续代码的意思为,若 Type 取值为 PlayerA(即取 1),则输出文本"角色 A",若 Type 取值为 PlayerB(即取 0),则输出文本"角色 B"。这样一种方法是经常使用的。

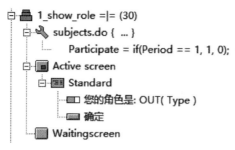

图 4-15　角色展示 Stage

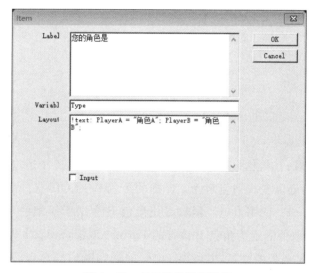

图 4-16　角色信息输出设定

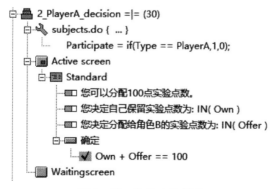

图 4-17　角色 A 决策 Stage

角色 A 决策阶段：在展示完角色后，将进入角色 A 的决策阶段（见图 4-17），同样通过给 Participate 赋值使角色 A 进入这一阶段，角色 B 则直接显示等待界面。在角色 A 的决策界面上，添加三个 Item 分别用于告知禀赋信息、输入自己保留额、输入对方分配额，在确定按键上，添加了用于检查总额是否等于 100 的 Checker（检查器），设定如图 4-18。在被试点击确定后，如果满足条件，则完成决策，如果没有满足条件，则弹出提示信息,并要求被试再次检查确认。另外,Checker 的使用在编写测试性问题时也经常使用,以确定被试输入的答案正确。

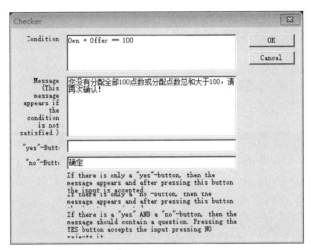

图 4-18　Checker 设定示例

角色 B 决策阶段:在角色 B 的决策阶段前(见图 4-19),除了通过 Participate 控制进入这一阶段的被试,还需要找到与角色 B 匹配的角色 A 的 Offer(分配额)。这里需要再次使用 scope operator。使用 find()函数寻找角色 B 被试所匹配的角色 A 被试的分配额,":Partner"部分取值固定为角色 B 该行的 Partner 取值,Subject 则取遍整个 subjects Table,直到找到满足条件的被试,并将其 Offer 值调用赋值给角色 B 的 Offer 变量。在 Active screen 中,添加了输出 Offer 值的 Item。在被试决定是否接受方案的 Item 中,如图 4-20 所示,再次修改了 Item Layout,使得被试可以点击不同选项进行决策。这里使用的是"！radio",其中 1 值为接受,0 值为拒绝,被试通过点击"接受"和"拒绝"前的圆框进行选择。

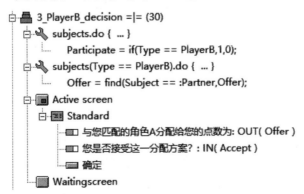

图 4-19　角色 B 决策 Stage

结果报告阶段:角色 A 和角色 B 都完成决策后,就需要进行收益的计算和报告(见图 4-21)。这一阶段中需要添加程序完成收益的计算。首先是角色 A 需要找到匹配的角色 B 的决策,这里同样需要使用 scope operator":"调用匹配的角色 B 的数据,具体过程

第四讲　实验软件 z-Tree 操作和编程　　163

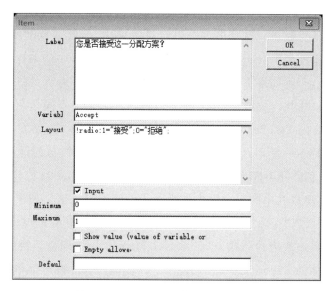

图 4-20　角色 B 决策输入方式设定

```
4_Report =|= (30)
  subjects(Type == PlayerA).do { ... }
      Accept = find(Subject == :Partner,Accept);
  subjects.do { ... }
      if(Type == PlayerA & Accept == 1){
        Profit = Own;
      }
      elsif(Type == PlayerA & Accept == 0){
        Profit = 0;
      }
      elsif(Type == PlayerB & Accept == 1){
        Profit = Offer;
      }
      elsif(Type == PlayerB & Accept == 0){
        Profit = 0;
      }
  Active screen
      PlayerAreport
        <>您为自己保留了<Own|1>点。
        <>您为对方分配了<Offer|1>点。
        <>对方<Accept|!text:1="接受";0="拒绝";>了这一分配方案。
        您的最后收益为: OUT( Profit )
        确定
      PlayerBreport
        <>对方为您分配了<Offer|1>点。
        <>您<Accept|!text:1="接受";0="拒绝";>了这一分配方案。
        您的最后收益为: OUT( Profit )
        确定
  Waitingscreen
```

图 4-21　结果报告 Stage

与角色 B 调用角色 A 的分配方案数据一样,这里不再赘述。在双方都获得对方的决策数据后,就可以开始计算收益。在具体的收益计算程序中,按照角色和接受情况分为四种情况计算收益,这里使用了 if statement(if 语句),如果圆括号中的条件为真,则执行后续花括号中的计算式,否则如果下一个 elsif 的圆括号中的条件为真,则执行其花括号中的计算式,以此类推。在执行完成后,需要按照角色不同分别向不同角色的被试展示信息。这需要在 Standard 的 Display condition 中输入相应的条件(比如在 PlayerAreport 的 Box 中需要输入"Type==PlayerA")。在输出具体的信息时,与先前 Label(文字标签)信息和 variable 信息分开不同,这里将 variable 信息插入 Label 的文本信息中,作为完整的一句话输出。这里以其中的一个输出作为例子说明编写方法。如图 4-22 例子所示,首先在 Label 中需要以"<>"作为开头,表明后续的句子中插入了 variable 信息,在具体插入变量的地方,需要使用的结构为"<variable|Layout>",即在竖线前输入要插入的变量,在后面决定具体的 Layout,这里使用的 Layout 和在 Item 设定菜单下方的 Layout 框中使用的具体设定一样,"1"表示输出整数,"! text"表示输出文本。在添加完确定按键后,结果报告阶段的程序编写完成。到这里为止,也就完成了完整一轮的最后通牒博弈实验的编写。在多轮的运行中,将重复 Background 中的程序以及第 2、3、4 个 Stage(第 1 个展示角色的 Stage 只在第 1 轮运行)。

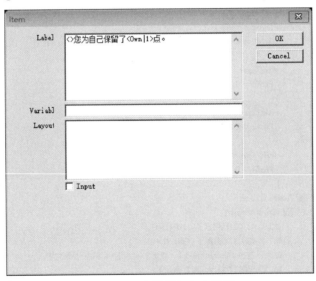

图 4-22 变量插入文本示例

最终收益展示阶段:在所有轮次的实验运行完成以后,需要向被试报告总收益情况(见图 4-23),这里使用的进入条件是"Period==NumPeriods",其中 NumPeriods 为 Background 中设定的总轮数,即在最后一轮结束后将进入最终收益展示阶段。在这一阶段中,添加 Item 输出总的收益点数,在 variable 一栏中输入的变量为"session.find(same(Subject),TotalProfit)",这样输出的即为被试当前 ztt 文件运行完成后的收益点数 TotalProfit(未换算为真实货币),注意,如前文所述,TotalProfit 的计算是自动完成且无法手动更改的。

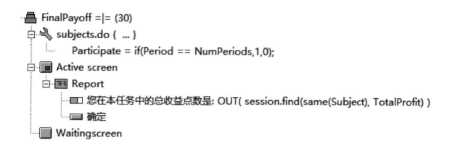

图 4-23 最终收益展示 Stage

完成以上步骤后,就完成了一个最后通牒博弈实验的编写。这是一个经典的经济学实验,其中包含了很多的编写技巧,在编写其他实验时也能使用。当然这里提供的仅是这一实验的一种实现方式,读者也可以自行尝试其他的实现方式。

二、ztq 文件编写

在实验结束后,必须运行一个 ztq 文件,以生成相应的数据文件(下一节将具体介绍生成的数据文件)。图 4-24 提供了一个 ztq 文件的例子。可以通过 File 菜单→New Questionnaire 新建 ztq 文件,将生成空白的 ztq 文件。通过 Treatment 菜单→New Question Form 可以添加 Question Form,这类似于 ztt 文件中的 Box。在 Question Form 中可以添加 Question 和 Button,Ruler 可以调整 Label 和 Question 之间的距离以及大小(见图 4-25)。在 Question Form 中最常使用的是 Question,设定菜单如图 4-26 所示。可以设定标签和输入或输出变量。在 Type 栏中可以选择具体的输入输出形式,选择不同的 Type 后,下方将会出现详细的设置(在图 4-26 的例子中,一个选择了输入文本信息、行数为 5 行,另一个选择了输出数字、保留 1 位小数)。注意,如前文所述,这里需要展示的真实收益数据为 MoneyEarned 的值。

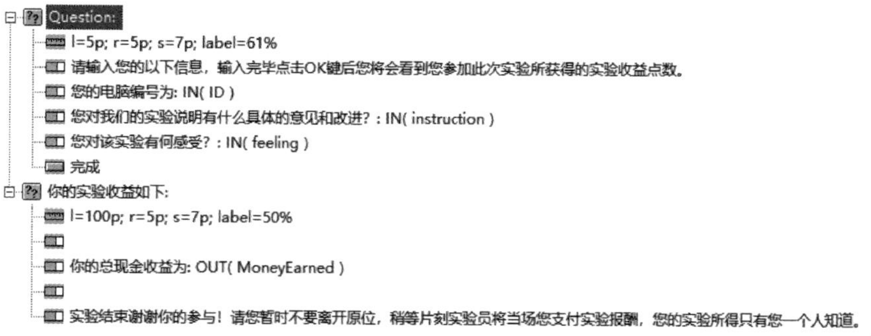

图 4-24 ztq 文件编写示例

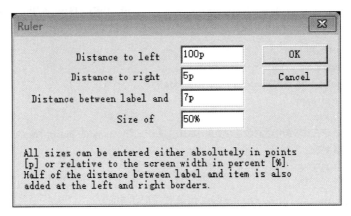

图 4-25　Ruler 设定示例

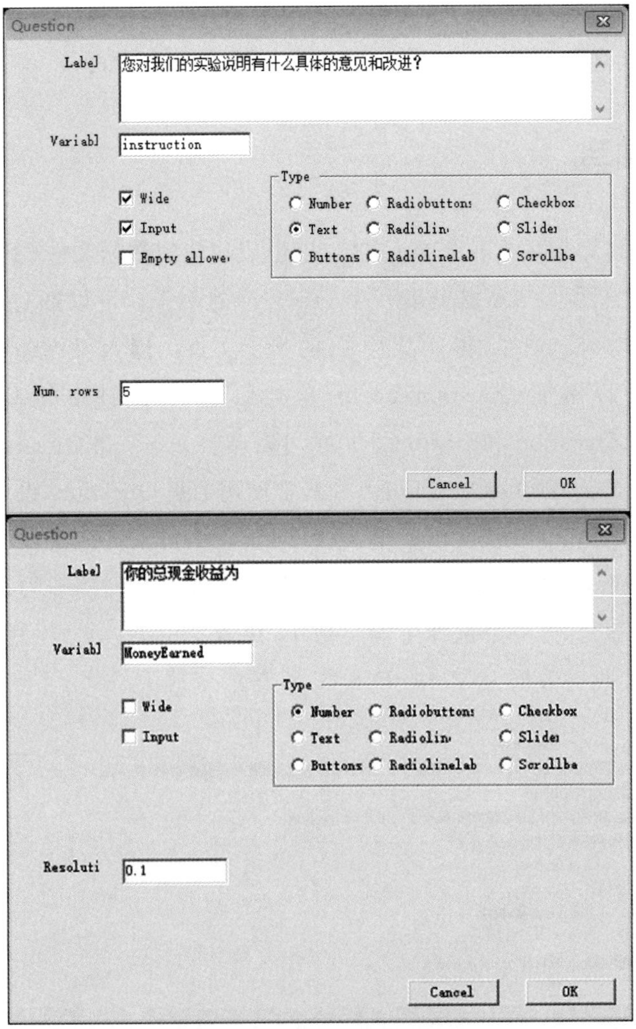

图 4-26　Question 设定示例

第五节　z-Tree 生成文件使用介绍

在顺利完成实验后，z-Tree 将在实验程序所在的文件夹中生成一系列文件。根据文件名后缀，主要有以下几种文件类型：xls 文件、sbj 文件、pay 文件、adr 文件、gsf 文件。这些文件记录了非常重要的实验数据以及相关信息，因此如何正确打开并使用这些文件对后续分析数据、获得被试反馈、改进实验是非常重要的。下面将对这些文件分别进行介绍。

xls 文件是最主要的数据文件，记录了整场实验中的数据。文件按照不同的 Table 保存了实验数据，文件名默认为实验开始时间，比如“200101_1300.xls”的文件名即表示这是在 2020 年 1 月 1 日下午 1 点开始的实验的数据。图 4－27 展示了一个例子。使用 Excel 打开文件后，可以看到表格第一列为实验开始时间。第二列为 ztt 文件的运行顺序编号，编号为 1 即为实验中第 1 个运行的 ztt 文件所获得的数据。第三列为具体的 Table 名字，以该图为例，从第 3 行至第 19 行是第 1 轮中 subjects Table 所记录的被试决策数据，这样的结构使得在后续的数据分析中可以按照不同的表格名字快速查找、提取、导入所需的数据。

1	190412_13	1	globals	Period	NumPerioc	RepeatTreatment					
2	190412_13	1	globals	1	1	0					
3	190412_13	1	subjects	Period	Subject	Group	Profit	TotalProfit	Participate	TimeHead	A1
4	190412_13	1	subjects	1	1	1	0	0	1	28	0
5	190412_13	1	subjects	1	2	1	0	0	1	30	0
6	190412_13	1	subjects	1	3	1	0	0	1	28	0
7	190412_13	1	subjects	1	4	1	0	0	1	23	0
8	190412_13	1	subjects	1	5	1	0	0	1	26	0
9	190412_13	1	subjects	1	6	1	0	0	1	21	0
10	190412_13	1	subjects	1	7	1	0	0	1	17	0
11	190412_13	1	subjects	1	8	1	0	0	1	17	0
12	190412_13	1	subjects	1	9	1	0	0	1	15	0
13	190412_13	1	subjects	1	10	1	0	0	1	28	0
14	190412_13	1	subjects	1	11	1	0	0	1	26	0
15	190412_13	1	subjects	1	12	1	0	0	1	28	0
16	190412_13	1	subjects	1	13	1	0	0	1	17	0
17	190412_13	1	subjects	1	14	1	0	0	1	27	0
18	190412_13	1	subjects	1	15	1	0	0	1	15	0
19	190412_13	1	subjects	1	16	1	0	0	1	17	0
20	190412_13	1	summary	Period							
21	190412_13	1	summary	1							
22	190412_13	1	session	Subject	FinalProfit	ShowUpFe	ShowUpFe	MoneyAdc	MoneyToP	MoneyEarned	
23	190412_13	1	session	1	0	10	0	0	10	10	
24	190412_13	1	session	2	0	10	0	0	10	10	

图 4－27　xls 文件

sbj 文件可以被称为序号数据文件，无法直接打开，可以选中后单击右键，在打开方式中选择以记事本方式打开查看。这个文件中记录了被试编号和实验被试对 ztq 文件的问题的回答。如果在 ztq 文件中通过添加 Question 询问了被试的相关意见，可以在这个文件中获得被试的反馈意见。

pay 文件记录了实验被试的编号及最终报酬，pay 文件的生成表示该场实验正式结束，而 pay 文件的生成以运行 ztq 文件为前提，因此每场实验结束前都必须运行一个 ztq

文件。

adr 文件记录了在 ztq 文件中通过 Address Form 获取的被试个人联系信息等内容。

gsf 文件是备份文件。

第六节 z-Tree 高级编程内容

除了常规的通过选择完成的决策任务，z-Tree 本身也可以实现多样的任务形式以完成不同类型的研究。在介绍了基本的实验程序编写基础上，本节将进一步介绍更丰富的高级编程内容，主要包括多媒体导入、被试文本信息输入、拍卖任务和真实努力任务。

一、多媒体导入

在实验中，除了向被试展示文字信息，也可以导入图片、音频、视频等多媒体内容，实现更多类型的信息输出。这一功能可通过 z-Tree 自带的 Multimedia Box（多媒体箱体）实现，它可以将外部的多媒体文件导入。在支持的文件格式方面，z-Tree 支持导入 jpg、gif、png、bmp 格式的图片，wav、mp3 格式的音频，wmv、mpg、avi 格式的视频，读取这些文件使用的是 Microsoft Windows Media Player。需要注意的是，这些文件都必须在实验被试的电脑上可读取才能在实验中正常输出，这需要将相应的多媒体文件复制到每一台电脑上，并在实验前检查确认。

作为 Box 的一种，新建 Multimedia Box 的方法与其他类型的 Box 一样，通过 Treatment 菜单→New Box→New Multimedia Box 即可新建。双击新建的 Multimedia Box，打开设定菜单（见图 4-28）。上半部分为常规的名称、大小、位置、展示条件的设定。在 File name 一栏中输入文件地址及文件名即可读取相应文件。下方有 Resizing options（大小调整选项）和 Video/Sound options（视频/音频选项）两类设置。Resizing options 用于调整图像的大小，如果图像大小小于 Box，勾选 Enlarge to fit（放大以适应界面）可以将图像放大；如果图像大小大于 Box，勾选 Shrink to fit（缩小以适应界面）可以将图像缩小。在勾选上述两项中任一项后，Maintain aspect ratio（保持长宽比）项变为可选状态，勾选则可以保证在调整图像大小时保持原来的长宽比。Video/Sound options 用于调整视频、音频的播放。可以在 Volume[0..100]（音量）栏中输入 0 至 100 的数字来调整播放音量，默认音量为 0。读取的文件默认为在 Stage 开始时立即开始播放，如果需要延迟播放，则可以在 Start after[sec.]中设定延迟播放的时间（秒）。三个可选项中，勾选 Do repeat（重复播放）可以自动重复播放视频音频，勾选 Allow user control（允许被试控制播放）可以让被试控制播放进度，勾选 Rewind（倒带）则在关闭后重新打开时将从最开始处播放。

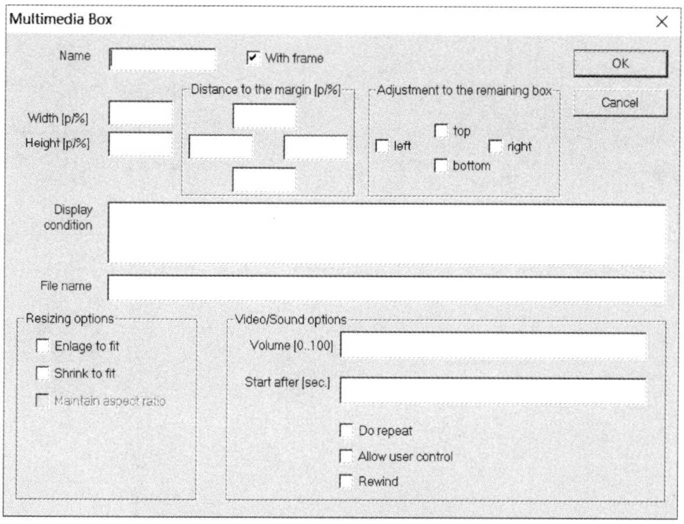

图 4-28　Multimedia Box 设定界面

二、被试文本信息输入

在一般的实验室实验中,我们不允许被试交流以保证决策的独立性,而在某些类型的研究中,我们希望一些被试间可以交流以共同完成决策,同时我们希望获取、记录被试之间交流信息的内容。z-Tree 自带的 Chat Box(文本交流箱体)功能允许被试进行文本信息的交流并记录下这些信息,这里的文本信息输入与输出同样支持中文。图 4-29 为一个简单的 Chat Box 设定说明。

图 4-29　Chat Box 使用举例

新建 Chat Box 和新建其他类型的 Box 操作一样,点击 Treatment 菜单,在下拉菜单中,选择 New Box→New Chat Box 即可完成。双击新建的 Chat Box 就可以打开详细设定菜单(见图 4-30)。Chat Box 设定菜单的上半部分和 Standard Box 一样,可以设定大小、位置、显示条件等内容,下半部分则是对文本输入、显示的详细设定。首先需要选择被试输入的文本信息存放的表格,这里以保存在 contracts Table(合约表格)中为例(在早于 3.4 版本的 z-Tree 中,这一类型的文本信息只能保存在 z-Tree 自带的 contracts Table 或者编程者自定义的表格中)。需要注意,为了便于区分信息发送者,无论使用哪个表

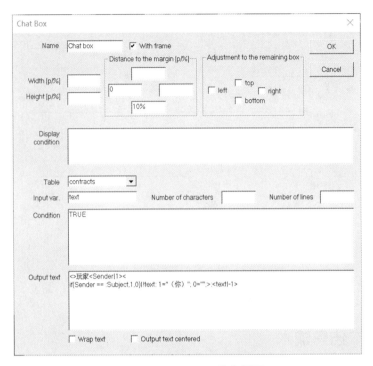

图 4-30 Chat Box 设定界面

格,最好先行编写 Program,在表格中定义编号变量,这里在 contracts Table 中先行定义的编号变量为 Sender。在下一行中,Input var.(文本信息变量名)一栏可以定义文本信息所在列的变量名,例子中以 text 作为变量名,如果这里不输入任何变量名,则这一 Chat Box 只能输出信息,被试无法输入信息。后面两栏分别为 Number of characters(输入最大字数)和 Number of lines(文本显示行数),分别确定了被试每次可以输入的最大字数和在信息输入区域显示的行数。Condition 框可以设定不同的条件,只展示某些符合条件的信息,默认值为 TRUE,即所有的信息都将展示。这里的条件与上半部分 Display condition 的条件不同,Display condition 设定的条件用于判断是否需要展示整个 Chat Box,Condition 设定的条件则用于判断具体展示哪些信息。在 Output text(输出文本格式)中可以详细设定被试输入的文本信息在输出时的文本格式。最简单的文本信息输出的实现只需要输入<text|-1>即可,其中 text 为在 Input var. 一栏中设定的文本信息变量名。但是这样直接输出的文本信息无法区分不同的发送人,容易造成混淆,因此需要进一步对输出格式进行设定。这里使用的文本格式设定与上文格式化文本显示提到的一样,在显示文本格式的基础上,进一步显示发送者编号以及添加标识"(你)",便于被试识别信息发送者,具体输出效果如图 4-31 所示,信息默认以左对齐的格式输出,其中"hello"和"hi"分别为玩家 1 和玩家 2 所输入的文本信息。在设定菜单最下方为两个可选项,当 Wrap text(换行)未选中时,如果文本信息超过了最大宽度,则会显示滑动条;选中 Output text centered(输出文本居中)则可以将文本居中输出。

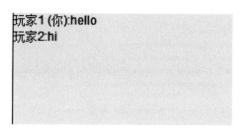

图 4-31 输出效果

三、拍卖任务

实验经济学的研究中有不少都是关于拍卖的,使用 z-Tree 可以较为简单地实现拍卖任务。在众多的拍卖形式中,荷式拍卖、第二价格密封拍卖是较为经典的拍卖形式,下面将介绍如何使用 z-Tree 实现这些拍卖任务。

(一)荷式拍卖

在荷式拍卖中,拍卖标的竞价由高到低随时间递减,直到第一个竞价人应价成交,完成拍卖。在这样一个实验任务中,所有参与被试都是竞价人;拍卖标的信息中重要的信息有初始价格、拍卖持续时间、价格降低频率、每次价格降低幅度。实现这一任务的一个关键点在于如何实现价格随时间规律地变化。这里首先介绍重要的 later statement(later 语句)。

later statement 的一般形式如下:later(t)repeat{program;},其中 t 为时间间隔。这一段代码在执行时,首先等待 t 秒,t 秒之后执行一次 program,再等待 t 秒后,再次执行 program,如此循环进行,跳出循环的条件是 t 为负值。如果将其运用至拍卖实验中,则 t 应为拍卖标的价格降低的间隔时间,program 应为价格降低的表达式。

通过 later statement 即可实现最主要的价格随时间有规律下降的功能,具体的代码如图 4-32 所示。在 Background 中,添加了两段程序,其中第一段程序作用于 globals Table,设定了拍卖的全局变量,包括物品价格、拍卖持续时间、时间下降间隔、每次下降幅度,以及用于标记是否已完成拍卖的变量 sold。第二段程序作用于 subjects Table,设定了与竞价人有关的是否赢得拍卖的变量(winner)、最终价格(final_price),以及每个人不同的随机化的禀赋(endowment)。

在正式的拍卖 Stage 中,首先需要设定的是在倒计时结束后自动结束 Stage(Stage 菜单中,Leave stage after timeout 选择 Yes,timeout 框中输入"\duration")。接着使用了上面介绍的 later statement。在被试的主界面上,向被试展示相关信息,请注意,这里的不少变量都是在 globals Table 中定义的全局变量,为了直接找到全局变量,直接使用

图 4-32 荷式拍卖代码

了 scope operator"\"。被试界面最主要的设定在于"购买"键的设定。在点击购买键后，首先需要进行的是检查 sold 变量是否仍为 0，然后执行完成拍卖后的相关变量赋值。在 Button 中添加了一段作用于 subjects Table 的程序，这一段程序将随着第一个被试点击购买键后被执行。首先是对两个全局变量的赋值，对 interval 赋值为负可以停止 laterrepeat 的循环,由于这段程序在 subjects Table 中被执行,同样需要使用"\"修改 globals Table 中的值。final_price 和 winner 为 subjects Table 中的变量,直接进行修改。拍卖结束后,所有被试都需要离开这一阶段,这个时候需要通过 LeaveStage 变量手动使被试离开。需要注意的是,"LeaveStage = 1"这一赋值必须随着第一个被试点击购买键后就向所有被试进行赋值,而不仅是对第一个被试赋值,因此这一表达式不能直接在 Button 中已有的 subjects.do 程序中添加,如果这样则只是对第一个点击购买键的被试赋值,其余被试仍然没有退出 Stage。正确的写法应该是在原有的 subects.do 程序中再添加一段 subjects.do statement 并在其中完成赋值操作,这样随着第一个被试点击购买键,所有被试都将结束拍卖离开 Stage。在最后的结果展示阶段,使用了上文介绍过的在 Label 中插入变量,完成了按不同拍卖结果输出不同信息。这样,一个简单的荷式拍卖任务就完成了。

(二)第二价格密封拍卖

第二价格密封拍卖是另一种常见的拍卖形式,竞价人写下各自的出价并提交,最终出价最高者赢得拍卖,并支付出价第二高的竞价人的价格。在这个实验任务中,重点在于对竞价人的出价进行比较以确定赢家,并找到第二高的价格。如果有两人出价都为最高价格,则需要随机决定最终的赢家,这就需要生成随机数并进行大小比较。下面提供了一个第二价格密封拍卖的例子(见图 4-33)。

在 Background 中同样先行设置了相关变量的初始值,包括 endowment(随机化的初始禀赋并四舍五入取整数)、offer(竞价人出价)、price(最终成交价格)、winner(说明是否赢得拍卖的指示变量)、rand(用于出现相等出价时决定赢家的随机数)。在个人出价的 Offer Stage,主要告知被试个人的禀赋并记录出价。在确认出价的按键中,加入了 Checker(见图 4-33),在被试出价低于个人禀赋(offer<endowment)时,直接记录出价,而在出价高于个人禀赋时,则弹出提示并要求被试再次确认出价,具体设置如图 4-34 所示。在 Result Stage 中,一共添加了 5 段程序进行赢家判断和收益计算,其中,第 1、2、5 段程序并没有设定运行条件,第 3、4 段程序设定了运行条件,用于在出现平局时决定赢家。在第 1 段程序中,通过 maximum 函数找出 offer 最大的竞价人,并将相应的 winner 变量赋值为 1,否则为 0。而在第 2 段程序中,则使用前一个程序中赋值过的 winner 变量找出非赢家中最高的 offer(在所有出价中第二高的出价)。注意这里需要将两段代码分开写在两个程序中,因为写在同一个程序中时,两个表达式都是一行一行地运行,即会在同一行执行完两个表达式后,再在下一行中执行两个表达式,由于此时 winner 变量并没有完全完成赋值,因此无法正确确定 price 变量,而分开写在两个程序中时,则会先完成 winner 的赋值,再进行 price 的确认。若出现平局状态,则需要运行第 3、4 段程序,运行

```
subjects.do { ... }
    endowment = round(400*random(),1);//subject's initial endowment
    offer = 0; //subject's offer in the auction
    price = 0; //the good's price
    winner = 0; //indicates whether the subject won th auction
    rand = 0; //random number used to designate the winner in case of a tie
Active screen
    Header
Waitingscreen
    Text
        请耐心等待!
Offer =|= (120)N
    Active screen
        Offer
            您的禀赋为: : OUT( endowment )
            您愿意出价多少竞拍商品?
            请出价并点击确认。: IN( offer )
            确认出价
                offer<endowment
    Waitingscreen
Results =|= (60)
    subjects.do { ... }
        winner = if(offer == maximum(offer),1,0);
    subjects.do { ... }
        price = maximum(winner == 0,offer);
    subjects(count(winner == 1)>1).do { ... }
        rand = if(winner == 1, random(), 0);
    subjects(count(winner == 1)>1).do { ... }
        winner = if(rand == maximum(rand),1,0);
    subjects.do { ... }
        Profit=if(winner==1, endowment-price, endowment);
    Active screen
        Results
            您的禀赋为: OUT( endowment )
            <>你出价 <offer|1> 实验点数。
            <>商品最终成交价为<price|1>。
            <>你<winner|!text:1="";0="没有";>赢得拍卖。
            <>你最终的收益为<Profit|1>点数<winner|!text:1="和商品。";0=".">
            确定
    Waitingscreen
```

图 4 - 33　第二价格密封拍卖代码

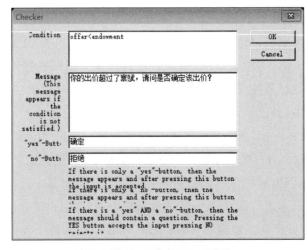

图 4 - 34　出价 Checker 设定

条件为 winner 变量取 1 的被试数量大于 1，使用 count 函数计算了数量。首先是对平局竞价人生成了用于比较的随机数 rand，再通过比较随机数的大小确定随机数最大的竞价人作为最终赢家，其余出价最高者 winner 恢复赋值为 0。这里分成两段程序完成的原因与前面的理由一样，即需要完成随机数的生成后再进行比较。第 5 段程序则是计算了最终收益。被试界面上则通过在 Label 中插入变量告知被试最终的交易相关信息。

四、真实努力任务

除了常见的被试通过选择进行决策的任务，在劳动经济学等领域的研究中，经常要求实验被试真实地付出努力以获取被试真实的努力水平数据。根据不同的研究目的，研究者所选用的真实努力任务也不尽相同。下面将以滑块真实努力任务为例进行说明。在了解了 z-Tree 编程的基础上，读者可以进一步根据研究目的来设计和实现更丰富的真实努力任务。

真实努力任务中具有重要参考意义的是 Gill and Prowse(2012)首先使用的滑块任务，这一任务在许多使用真实努力的实验中都有应用，下面介绍的滑块任务是根据 Gill and Prowse(2012)的程序修改而来的。在滑块任务中，被试需要将滑块滑动至滑轨中间"50"处。注意这里的例子仅是为了说明滑块任务的基本实现方式，因此减少了滑块数量，在正式的实验中可根据需要进一步调整。

首先在 Background 中初始化变量（见图 4-35）。在 globals Table 中，生成了变量 resttime，这是用于计算休息时间的变量。使用真实努力任务的部分研究指出，被试的努

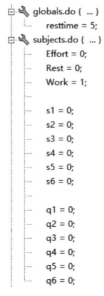

图 4-35 滑块任务全局变量设定

力水平偏高的一个潜在原因是被试并没有其他可以做的事,只能全程投入任务中,因此不少研究开始在任务中加入了休息选项,并且休息也能给被试带来收益。同样这个例子中也加入休息选项,每次休息时间设定为 5 秒钟。在 subjects Table 中,设定了 Effort(计算完成的任务数量)、Rest(计算休息次数)、Work(表明是否处于工作状态)三个变量,另外,还设定了 s1-s6 和 q1-q6 共 12 个变量,每个滑块任务对应 1 个 s 变量和 1 个 q 变量,其中 s 变量用于判断滑块任务是否完成,q 变量则为滑块当前在滑轨上所处的位置,若 q 变量等于 50,则滑块任务完成,s 变量等于 1。如果需要添加更多的滑块任务,可以仿照例子进行添加。

在正式的工作阶段,使用了 Container Box(容器箱体)和 Grid Box(格栅箱体)帮助进行排版(见图 4-36)。例子中的 6 个滑块任务分为了两组,分别添加在 Work1 和 Work2 两个 Grid Box 中,并且每组中的 3 个滑块任务横向排列(在 Grid Box 菜单中设定行数为 1,列数为 8)。这里以其中滑块任务 q1 为例说明如何实现。

图 4-36 滑块任务工作 Stage

通过改变 Item Layout,可以在界面上显示滑块。设定如图 4-37 所示,左端为 0,右端为 100,总长度为 101,这样中点正好为 50。在这个 Item 后,需要添加一段用于判断是否完成任务及计算总完成数量的程序。在滑块任务后方,添加了显示滑块当前位置的输出 Item。这样就完成了一个滑块任务的编写,后续其他滑块任务可以仿照此例进行并相应修改变量名。在工作界面上,添加了在屏幕上方报告当前得分的 Box。这样就完成了常规的滑块任务的编写。

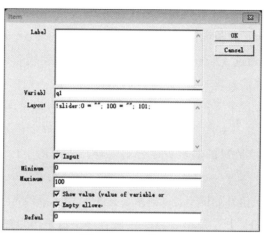

图 4-37 滑轨设置

添加休息界面时需要修改工作状态变量 Work,并且随着休息时间的结束,自动将 Work 重新赋值为 1,以再次进入工作界面。首先修改出现条件,这一界面是否出现的判断条件为"Work==0"。在最下方,添加 Standard Box,并在其中新建 Button,在 Button 中添加用于赋值和计数的程序。首先是将休息次数变量(Rest)加 1,然后是将 Work 变量赋值为 0,此时被试进入休息状态,出现休息界面并覆盖原有的工作界面。为了实现 Work 变量重新赋值为 1,使用了 later statement,在经过一定休息时间后(\resttime,因为在 globals Table 中进行设定,所以使用 scope operator"\"),将 Work 重新赋值为 1,休息界面消失而滑块界面出现,被试进入工作状态。这就完成了对休息的设定。

在最后一个 Stage 中(见图 4-38),报告了被试的最终得分以及休息次数,这样就完成了全部滑块真实努力任务的编写。

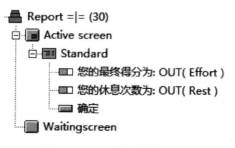

图 4-38 滑块任务最终报告 Stage

第七节　z-Tree 使用过程常见问题及处理

下面对在 z-Tree 的使用中可能遇到的常见问题进行简单的介绍,因为实验任务的多样性,无法列举所有的问题,这里仅对一些一般的常见问题和解决方法进行总结说明。如果在使用过程中遇到了其他的问题,首先可以通过查找 z-Tree 的官方使用手册尝试找到解决方法,其次可以通过 z-Tree 官方的邮件列表向其他使用者寻求帮助。

第一个常见的错误信息是打开 ztt 文件时可能出现的一些问题。z-Tree 要求 ztt 文件不能直接在硬盘的根目录下打开,直接打开会出现图 4-39 的错误提示信息。解决方法是将 ztt 文件保存在某一文件夹内再打开。由于 z-Tree 的运行会自动生成许多的数据文件,我们建议将不同实验局的实验程序分别保存在不同的空白文件夹内,避免数据文件混乱。

第二个常见的错误信息如图 4-40 所示。这种错误信息经常出现在点击了两个不同的 ztt 文件的情况下,即打开了两个 z-Tree 实验程序。这是因为在同一时间,一台电脑上只能打开一个 z-Tree 实验程序,在打开第一个 ztt 文件后,就已经启动了 z-Tree 实验程序,此时无法再直接打开其他的 ztt 文件,而是要将其他 ztt 文件拖动至已打开的 z-Tree 实验程序中。

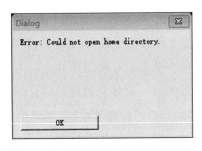

图 4-39　硬盘根目录打开错误信息

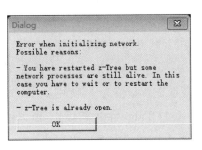

图 4-40　打开两个 z-Tree 错误信息

第三个常见的错误信息如图 4-41 所示。这一错误信息的意思是 gsf 文件已存在,因此无法打开 ztt 文件。注意 z-Tree 在运行的时候自动生成的文件都是以日期时间命名,而 gsf 文件会随着 z-Tree 启动马上自动生成,如果在短时间内关闭原来的 z-Tree 实验程序并重新打开,则会因为无法创建相同名字的 gsf 文件而无法启动。此时只需稍作等待即可。

在保证编写的程序无误的情况下,z-Tree 的运行极少出现错误,但是在某些情况下,由于设备问题或者

图 4-41　gsf 文件重复错误信息

操作失误问题，z-Leaf 端或者 z-Tree 端可能出现崩溃的情况。连接与崩溃问题可能在正式实验开始前的准备阶段或正式实验中出现，因此正确有效处理这些问题是 z-Tree 操作的重要学习内容，也是实验正常进行的有力保障。对连接情况的检查应该在正式实验开始前进行，首先检查用于实验的电脑是否正常连接机房的局域网，包括网线是否正常连接，在实验过程中还需要提醒参加被试不要误触网线导致网线松动或断开；其次需要检查电脑的命名是否唯一，电脑命名重复会导致 z-Leaf 端连接问题或 z-Tree 端的崩溃，因此每台电脑应有唯一命名，同时为了便于迅速定位问题电脑，建议采用格式统一的数字编号，如"ID1""ID2"或"WIN1""WIN2"等，电脑命名可右键点击"我的电脑"或"此电脑"，在弹出的右键菜单中选择"属性"打开属性菜单进行重命名；再次还需要确保电脑 IP 地址唯一，局域网内 IP 地址冲突也会导致 z-Leaf 连接错误。一般局域网内使用 IPv4 地址且分配有规律，举例来说，20 台电脑组成局域网后，子网掩码、网关、DNS 服务器相同，IP 地址为 192.168.1.1、192.168.1.2、192.168.1.3……192.168.1.20，即 IP 地址仅最后一位不同，因此出现 IP 地址冲突的情况时，只需手动将地址冲突电脑的 IP 地址的最后一位修改为不重复的数字，上例中若 IP 地址冲突则只需要将冲突电脑的 IP 地址最后一位修改为大于 20 的数字。

在正式实验进行中则需要注意 z-Leaf 端或 z-Tree 端的崩溃问题，z-Tree 本身具有非常好的数据储存功能，因此只要操作方法得当，相关实验程序仍然可以保存或转移，实验也可以继续进行。

首先是 z-Leaf 端的崩溃问题，常见的第一种情况是被试无法在 z-Leaf 端完成输入等相关操作，即 z-Leaf 端卡死，但是鼠标和键盘等正常，电脑与 z-Tree 主机端的连接也正常，此时解决方法非常简单，只需按快捷键 Alt+F4 关闭原来的 z-Leaf 端，重新打开即可，原来的被试数据仍然保留并能自动调用。第二种情况则是被试电脑死机，无法使用鼠标和键盘等，但是与主机端的连接正常，此时只需重新启动被试电脑和打开 z-Leaf 端，同样数据仍然保留并自动调用。如果确定是被试原电脑的原因无法正常启动 z-Leaf，此时需要启用备用电脑（为节约时间最好在实验前就准备好），对照 Clients' Table，将原电脑的名字修改为其他名字，将备用电脑的名字修改为原电脑的名字，并使用备用电脑打开 z-Leaf 连接主机端，此时原有的数据将可以直接调用。另外一种方法是，直接使用备用电脑打开 z-Leaf 连接主机端，在 Clients' Table 中，将新的 client 的名字拖动至无法正常工作的 client 上，这样将以新的 client 替代旧的 client 并继承相关数据。

在实验中更为麻烦的一种情况是 z-Tree 主机端的崩溃。参考官方使用手册，此时的解决步骤如下。①重新启动 z-Tree。②通过 Run 菜单→Clients' Table 打开 Clients' Table。③通过 Run 菜单→Restart All Clients（重启所有用户）连接所有的终端，如果正常连接，则可以进入下一步，如果存在终端无法正常连接的情况，则需要尝试以下四种方法：(a)在无法连接的电脑上手动进行重新连接；(b)等待一段时间后（官方使用手册指引为最多 4 分钟)再次尝试;(c)关闭并重启主机端电脑,按先前步骤重新操作;(d)在另一台主机端电脑上启动 z-Tree。④通过 Run 菜单→Restore Client Order(恢复用户顺序)使用并保存与崩溃前相同的序号。⑤通过 Run 菜单→Reload database(重新读取数据库)重新读取崩溃前的数据。⑥查看崩溃前已运行的轮次(假设为 n)。⑦打开在崩溃时运行的 ztt 文件,在 Background 的 #practice 一栏中输入"-n"。⑧准备完成以后,通过 Run 菜单→Start Treatment 重新开始实验。

第八节　oTree 的简单介绍

目前有不少实验是采用 z-Tree 进行的,但由于 z-Tree 本身的限制,使用 z-Tree 进行的实验需要提前在机房中进行安装调试,而机房本身的大小和设备也对每场实验的规模有限制,且 z-Tree 本身仅支持 Windows 操作系统。随着实验经济学研究主题的扩张与不断发展,逐渐出现了很多其他的实验编程工具。其中 oTree 受到较多关注,使用者数量增长很快,下面简单介绍 oTree 的一些特点。

oTree 是由图卢兹经济学院的丹尼尔·陈(Daniel Chen)、马丁·申格(Martin Schonger)和克里斯·威肯斯(Chris Wickens)教授开发编写的实验程序编写工具(Chen et al.,2016),使用 Python 语言作为程序编写语言。名字中的"o"代表开源(open-source),这也是 oTree 的一大亮点。与 z-Tree 相比,oTree 对设备的限制较少,在 Windows、Linux、OS X、iOS、Android 等操作系统上都可以很好地运行,除了电脑,平板电脑、手机等设备都可以用作实验设备,被试通过不同设备上的浏览器进入实验局进行实验。由于几乎不受设备、人数、地点的限制,使用 oTree 进行的实验也不再局限于机房内,而是可以在多种场景下进行,因此研究者可以很方便地使用 oTree 进行实地实验,这也符合当前实验经济学学科的发展趋势。值得注意的是,得益于亚马逊的 Mechanical Turk(MTurk)网站等各类网络众包平台的出现和发展成熟,使用 oTree 进行网络实验也有着广阔的前景。与使用 z-Tree 进行实验时将实验程序存放在机房主机不同,使用 oTree 进行实验需要将编写好的实验程序存放在服务器上,通过服务器启动实验程序后,实验被试通过浏览器进入实验任务页面参与实验。

另外,oTree 也有着良好的学习资源支持。首先在官方网站(https://otree.readthedocs.io/en/latest/)上,有详细的编程教程可供参考;其次也有 oTree 网上论坛(https://groups.google.com/forum/#!forum/otree),方便全球各地的研究者进行交流;最后由于 oTree 本身是使用 Python 进行编程的,而 Python 语言正是目前热门的编程语言之一,相关学习资源也非常丰富,oTree 学习者和研究者也能从这些资源中得到帮助。总的来说,oTree 是前景非常好的一个实验程序编写工具。

本讲参考文献

Chen, D. L., Schonger, M. and Wickens, C., 2016, "oTree—An open-source platform for laboratory, online, and field experiments", *Journal of Behavioral and Experimental Finance*, 9, 88—97.

Fischbacher, U., 2007, "z-Tree: Zurich toolbox for ready-made economic experiments", *Experimental Economics*, 10, 171—178.

Fischbacher, U., Bendrick, K. and Schmid, S., 2021, "z-Tree 5.1: Tutorial and reference manual", https://www.ztree.uzh.ch/static/doc/manual.pdf.

Gill, D. and Prowse, V., 2012, "A structural analysis of disappointment aversion in a real effort competition", *American Economic Review*, 102, 469—503.

第五讲
实验操作的具体步骤和流程

在完成实验设计和 z-Tree(或者 oTree)程序编码后,我们可以开始着手准备组织实验了,一个完整的实验室实验操作主要由两部分组成:实验前的准备工作和正式实验的基本流程,本讲基于 z-Tree 程序的实验室实验依次对上述两部分做详细的介绍。此外,在本讲的最后,我们还对基于 oTree 程序的线上实验做了相应的补充说明。

第一节 实验前的准备工作

为确保实验顺利进行,我们需要在实验开始之前做好全方位的准备工作。下面将依次对实验程序的调试、实验工具与实验说明的准备、实验室软件的安装、实验员的准备以及被试招募等方面的准备工作进行详细阐述。

一、实验程序的调试

实验程序的调试是指程序员对程序代码检查无误之后,通过模拟实验的方法,对实验程序的可行性和准确性进行最后的调试和把关,是保证后续正式实验能够顺利进行的关键。

虽然正式实验是在实验室中由多台计算机联动进行的,但是若完全按照正式实验的方法在实验室中利用多台计算机进行程序调试,往往费时费力且效率极低,那么如何实现利用一台电脑进行程序调试呢?

首先,我们需要在同一台电脑上安装好 z-Tree 和 z-Leaf 软件,然后运行两个软件,通过检查其生成的文件内容进行调试。

(一)什么是 z-Tree 和 z-Leaf?

在进行调试说明之前,我们先对 z-Tree 和 z-Leaf 软件做一个回顾。关于 z-Tree 和 z-Leaf 的联系与区别,一如第四讲的说明,这两个软件就像是树和叶子的关系一样,有着千丝万缕的联系但又起着截然不同的作用。

z-Tree 软件就像是一个中央服务器,在主机端通过运行编码的形式控制着 z-Leaf 软件的信息输出和正常运行,而 z-Leaf 则是像一个信息展示器和收集器,通过信息的输出和输入将被试决策的内容从客户端收集并反馈给 z-Tree 软件。在实验中,这两个软件是相辅相成、缺一不可的。有趣的是,就像每棵树都是独一无二的,不能和其他树的叶子产生完美互动一样,每一个版本的 z-Tree 和 z-Leaf 也是独特的,不同版本之间的 z-Tree 和 z-Leaf 往往难以实现完美的兼容和交互,因此在使用两个软件时,需要特别注意其版本是否一致,即如果使用"z-Tree 3.3.11"进行编程,那么需要配合使用"z-Leaf 3.3.11"进行实验操作(Fischbacher,2007)。

(二)如何获取 z-Tree 和 z-Leaf?

z-Tree 和 z-Leaf 的下载和安装方法比较简单。首先前往 https://www.ztree.uzh.ch/ 网站,点击"Download",通过"obtain a license"阅读并同意相关使用条件,填写正确的用户信息并提交,经过开发团队的审核通过(审核时间大约需要一天到一周不等),便可以收到软件下载信息的邮件提示。然后,前往相应网址,通过所给予的用户名和密码下载所需版本的安装包。解压后的后缀为"exe"的文件便是可以直接点击使用的程序软件。为方便后续调试程序,建议将 z-Tree 和 z-Leaf 放在同一个单独的文件夹中。

(三)如何运行 z-Tree 和 z-Leaf?

为确保所有开启的 z-Leaf 窗口全部接入 z-Tree 服务器,需要首先利用 z-Tree 软件打开需要运行的"ztt"程序,然后再双击开启 z-Leaf 窗口。如果在未启动 z-Tree 软件时开启 z-Leaf 软件,z-Leaf 会报错,内容为"Failed to connect to z-Tree Try again?"。

由于实验中需要同时收集多个被试的决策信息,因此,就需要多个 z-Leaf 同时运行,那么在程序调试时,如何实现在同一台电脑上同时运行多个 z-Leaf 呢?

第一种方法是,在程序调试之前首先根据需要创建 n 个 z-Leaf 快捷方式,然后依次对每个快捷方式的目标进行重新编辑。具体步骤是:对第 n 个快捷方式点击右键,读取快捷方式属性,在"目标"栏中添加"/name n",需要特别注意的是,其中的"/"与原来目标内容之间有一个空格。例如,如果我们需要运行 3 个 z-Leaf 界面,原来的 3 个快捷方式目标为"C:\Users\lenggone\Desktop\zleaf.exe",那么需要依次修改 3 个目标为"C:\Users\lenggone\Desktop\zleaf.exe /name 1""C:\Users\lenggone\Desktop\zleaf.exe /name 2""C:\Users\lenggone\Desktop\zleaf.exe /name 3"。然后再进行程序调试工作,开启 z-Tree 软件之后,通过快捷键"Alt + Tab"窗口切换方法的配合,依次打开 n 个 z-Leaf 快捷方式。

第二种方法,也更为简便的方法是使用由恩纳斯托·鲁本(Ernesto Reuben)开发的

Open zLeafs 软件一键开启多个 z-Leaf 窗口。Open zLeafs 软件的下载地址为 http://ereuben.net/teach/OpenZleafs.zip,将 Open zLeafs 安装在 z-Leaf 所在的文件夹中。在打开 z-Tree 软件之后,启动 Open zLeafs 软件,界面如图 5-1 所示。

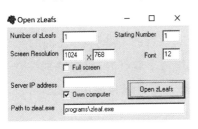

图 5-1 Open zLeafs 软件原始界面

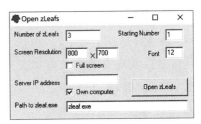

图 5-2 Open zLeafs 软件使用界面

其中,Number of zLeafs 表示开启 z-Leaf 的数量,根据调试时的具体被试数量而定;Starting Number 表示对 z-Leaf 编码的开始数值,一般设置为 1;Screen Resolution 表示 z-Leaf 的界面大小,小于计算机屏幕即可,若需要覆盖整个屏幕,可选择 Full screen;Font 表示字体大小,一般使用默认设置 12;Server IP address 表示 z-tree 服务器的地址,因为此处 z-Tree 和 z-Leaf 在同一台电脑上,只需选择 Own computer 即可,无须填写;Path to zleaf.exe 表示打开 z-Leaf 的位置,此时需要将"programs\zleaf.exe"改为"zleaf.exe"。例如,如果我们需要开启 3 个 z-Leaf 界面,从 1 开始编号,界面大小为 800×700,字体大小为 12,那么我们需要修改 Open zLeafs 为图 5-2。然后点击 Open zLeafs 即可打开 3 个设定好的 z-Leaf 界面。此时 z-Tree 程序中 Clients' Table 如图 5-3 所示。

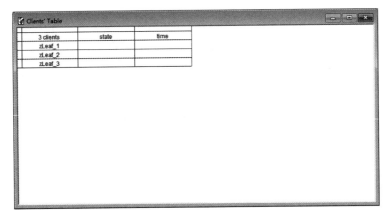

图 5-3 接入 3 个 z-Leaf 的 z-Tree 中 Clients' Table 界面

程序调试结束后,可以使用快捷键"Alt+F4"快速关闭某个 z-Leaf 界面。

(四)程序调试的检查内容

实验程序调试的核心目的是检查编写的程序是否存在问题。包括但不限于:①实验程序是否可以完整地运行;②实验界面上是否有信息的遗漏;③不同角色间数据的调用是否存在问题；④收益的计算是否准确；⑤角色的分配和配对方式是否正确。我们可以通过以下两个途径展开程序的调试和检查工作。一方面，在实验程序调试过程中，我们可以通过 globals Table 对 Background 中的全局性变量设置进行检查，通过 subjects Table 对实验过程中数据的收集与计算逻辑进行实时检查。另一方面，在实验调试结束后，我们可以借助数据分析的方法，对实验生成的 xls 文件中的数据进行可视化的检查，进一步排除信息展示和数据收集过程中可能存在的逻辑性错误。

二、实验工具与实验说明的准备

为保证实验的顺利进行，我们需要提前准备好在实验中可能需要的实验工具和实验说明。实验工具用于辅助人们在实验中快速做出决策，准备起来相对简单，包括但不限于：用于辅助计算的草稿纸、铅笔和计算器，用于封闭通讯工具的信封和订书机等。

实验说明则是用于将实验的主要内容传达给被试的材料[①]，常见的实验说明材料有两种：实验说明 Word 文档和实验说明 PPT 文档。其中，实验说明 Word 文档纸质版用于分发给被试，让被试详细阅读；实验说明 PPT 文档用于更为直观清晰地向被试阐述实验任务。实验说明准备是否妥当直接决定了被试能否清楚地理解实验任务，因此，这部分材料的准备尤为重要。

一份好的实验说明能够在排除实验员需求效应（Quidt et al., 2019）、避免产生不必要的社会规范的前提下，尽可能地确保被试能够理解实验内容（Weimann and Brosig-Koch, 2019）。因此，在撰写实验说明时，需要谨记以下三点。

第一，实验的描述必须尽可能地简单易懂。在这种情况下，一个重要的问题是是否应该使用示例。示例的优点是使说明更加清楚具体，但缺点是容易产生实验员需求效应和锚定效应。避免上述效应的一个常用方法是，随机使用几个不同的示例进行说明。

第二，实验说明应尽可能地避免产生实验员需求效应或者引发不必要的社会规范。需要重点注意，在撰写实验说明时，要确保语言的客观性。

第三，实验说明的描述篇幅应该尽可能地简短。这里的原因很简单：人们（包括学生）常常厌恶阅读长文本。在互联网时代，这种趋势已经变得非常明显，因此，在保证可理解的前提下，实验说明不宜过长。

实验说明的撰写格式并没有固定的标准范本，但是其中至少包含实验前注意事项和正式实验内容两部分（Weimann and Brosig-Koch, 2019），我们在本讲末尾列举了一份实验说明纸质版范例和一份实验说明电子演示文稿版范例，分别见本讲的附件 A 和附件 B。

---

① 理想情况下，实验说明应该是书面的，并作为实验材料分发给被试。主要原因有二：其一，书面说明可以确保被试如果在实验过程中突然出现疑问，可以再次阅读说明解决疑虑；其二，口头的实验说明往往使实验员和被试之间产生更多的交流沟通，这样可能会带来较大的实验员需求效应。

其中，实验前注意事项主要包括以下几点。首先，实验的有偿性，即简单地告知被试其可以通过参与实验来赚取收益，收益数额取决于自己和其他被试在实验中的行为决策；其次，实验的匿名性和隐私性，被试在实验中的行为决策是完全匿名的，实验员不会泄露任何个人信息，而且实验收集的决策数据仅用于学术研究；再次，决策的独立性，实验过程中禁止被试互相交流，被试应根据自己的想法独立做出决策，当然，如果实验设计中涉及被试之间的沟通，这必须另做解释；另外，收益计算和支付方法，包括出场费、收益兑换比和报酬支付方法；最后，实验时长，包括分别有多长时间用于提问、测试性问题和正式实验。

在介绍完注意事项后，需要重点说明正式实验的内容，包括实验的组成部分以及每部分之间的区别和联系，被试在实验中做决策的方式以及决策可能给自己和他人带来的影响。在这里需要重点强调的是，在确保告知被试的信息是真实无误的前提下不能过度透露实验的具体信息，否则将影响被试的决策或被质疑实验的诱导性太大。

三、实验室中 z-Tree 软件的安装方法

为了使被试之间能够实现实时交互，我们需要使用一些软件工具来实现计算机之间的互联互通，常见的软件工具有 z-Tree、oTree、PHP 和 JavaScript（Sonnemans and Veen，2019），其中 z-Tree 软件是线下实验中应用最为广泛的工具。在同一台计算机上安装 z-Tree 和 z-Leaf 的方法已在本讲第一节中做过说明，实验室中的安装不同之处在于，在中央服务器（主机端）计算机上仅安装 z-Tree 软件，在作为客户端的其他计算机上仅安装 z-Leaf 软件。下面对实验室中如何实现 z-Tree 和 z-Leaf 的实时交互和安装注意事项进行说明。

使 z-Tree 和 z-Leaf 实现实时交互的方法是，令 z-Tree 和 z-Leaf 拥有一个共用的服务目录，主机端 z-Tree 必须对目录的读写同时具有访问权限，而客户端 z-Leaf 应具有只读访问权限，z-Tree 和 z-Leaf 的开发者在设计这两个程序时就想到了这一点。当 z-Tree 启动时，它会将其所在的主机端计算机的 IP 地址写入文件 server.eec 中。z-Leaf 可以通过读取此文件中服务器的地址实现与 z-Tree 的连接。若是 z-Tree 和 z-Leaf 在同一台计算机上运行，z-Leaf 就能够自动读取电脑的 IP 地址，实现与运行中的 z-Tree 的连接。但是，实验室实验需要利用局域网中的多台计算机进行操作，作为客户端计算机上的 z-Leaf 可能无法自动获知 z-Tree 的运行路径，因此，需要我们利用一定的手段将 z-Tree 运行的 IP 地址告知 z-Leaf（Fischbacher et al.，2019）。

（一）z-Tree 和 z-Leaf 交互方法介绍

1. 使用"server.eec"文件实现交互的简单方法

首先，在主机端安装 z-Tree 到某一文件夹（假设为文件夹 A），在作为客户端的其他计

算机上安装 z-Leaf 到某一文件夹（假设为文件夹 B）；接下来，在主机端点击运行 z-Tree，此时文件夹 A 中将生成后缀为"gsf"和"eec"的两个文件，关闭 z-Tree，把生成的"server.eec"文件拷贝到作为客户端的其他计算机文件夹 B 中；然后，为方便正式实验中的操作，z-Tree 识别到的计算机名称与实验室中的计算机编号需要一致[①]；最后，为检验 z-Leaf 是否能成功连接上 z-Tree，主机端先运行 z-Tree，打开 Clients' Table，然后在其他计算机上运行 z-Leaf，观察 Clients' Table 中是否有相应的计算机 z-Leaf 接入。

2. 通过目标定义实现交互的方法

首先，在主机端安装 z-Tree 到某一文件夹（假设为文件夹 A），在作为客户端的其他计算机上安装 z-Leaf 到某一文件夹（假设为文件夹 B，安装路径为 C:\Users\Desktop\zleaf.exe）；然后，获取主机端的 IP 地址（假设为 122.122.22.103）；接下来，在客户端电脑上右击 z-Leaf 快捷方式，在"目标"栏输入 C:\Users\Desktop\zleaf.exe /name 1/server 122.122.22.103（其中 name 后面的 1 为该电脑的编号）；最后，为检验 z-Leaf 是否能成功连接上 z-Tree，主机端先运行 z-Tree，打开 Clients' Table，然后在其他计算机上运行 z-Leaf，观察 Clients' Table 中是否有相应的计算机 z-Leaf 接入。

(二)实验室软件安装注意事项

首先，主机端一定要选择性能较好的电脑，在 z-Tree 运行过程中可能会出现主机端电脑无反应的情况，可以稍等片刻，之后会自动运行。其次，确保交换机运行良好，防止出现断电的可能性，否则所有客户端将不能连接主机端电脑。然后，确保每台电脑都能成功连上局域网（本地连接）。再次，确保每台电脑的中文输入法已经应用于所有高级程序。另外，最好保留两台电脑作为备用，以应对在实验过程中出现电脑崩溃或无法使用等情况。

四、实验员的准备工作

实验员的科学操作是有效地实施实验的重要前提，实验员的操作技术往往对实验的顺利与否起到至关重要的作用。

实验员的数量视被试人数和实验复杂程度而定，一般至少需要两名实验员，其中一名主要实验员和一名辅助实验员，若被试人数较多或者实验内容较为复杂，需要酌情增加辅助实验员。主要实验员负责组织和指导实验的进行，控制好实验室的实验进程；辅助实验员配合主要实验员，帮助被试理解实验内容，协助支付被试报酬，保障实验的顺利

---

① 为实现实验室的高效管理，机房管理人员一般都会对计算机进行单独地编号，例如，如果实验室中有 10 台电脑，会按照一定的顺序编号为 1—10，并在其所在的桌面或计算机的某个位置展示其对应的编号。

完成。

为保证实验能够高效、有序地开展,我们需要对实验员进行一定的培训指导,使实验员能够具备以下素质。

首先,实验员必须非常熟悉实验室环境。实验室环境包括硬件环境和软件环境,硬件环境是指实验室中计算机等电器设备的正常运行环境、桌椅等办公用品的摆放环境以及其他实验室中的必备物品的使用环境;软件环境是指实验过程中使用的程序软件的运行环境,主要是局域网内部主机程序与其他计算机程序的关系与区别。实验员只有在完全了解实验室环境的前提下,才能熟练地解决实验中可能出现的一系列与实验环境有关的突发事件。

其次,实验员需要充分了解实验流程和理解实验内容。实验员只有在完全掌握了实验流程的基础上,才能做好时间控制工作,使实验能够如期完成。实验员的主要任务除了保证实验能够在规定时间内完成,更重要的是需要帮助被试完全理解实验内容,这对获得有效实验数据至关重要。在被试人数较多或实验内容较复杂的实验中,被试对实验产生的疑惑可能较多,主要实验员需要在实验开始前对此种情形做好预判,必要时可做好请辅助实验员协助解答被试问题的准备,因此辅助实验员需要在实验开始之前完全明白实验主旨和行为决策方法,以便在后续的正式实验中能够帮助被试理解实验内容,保障被试顺利做出决策。①

再次,实验员需要掌握实验室实验中的沟通技巧。在实验室实验中,实验员和被试之间的合理沟通是确保实验顺利进行不可或缺的一部分。由于人们的决策会受到他人语言的影响,而实验员和被试之间的沟通往往容易无意识或有意识地对被试产生社会规范压力,或者使被试基于实验员的语言和实验目的而产生某种行为期望(Zizzo,2010),这种情况下收集到的数据已经受到实验员需求效应和不必要的社会规范的侵染。实验的目的是希望通过数据发现行为规律,以期验证理论或者为理论提供指导,并在类似的实验研究中或者实验室外环境中预测人们的行为,但是受到实验员需求效应和不必要社会规范侵染的实验数据严重威胁到了实验研究的内部有效性和外部有效性,这些数据不再符合实验结果的纯粹性。因此,实验员除了需要熟知一般日常交流的礼仪,更需掌握实验室实验中特定的沟通技巧,避免对被试产生实验员需求效应。常见的沟通技巧有私下回答被试提出的问题、交流时减少彼此的互动(Brandts et al.,2019),例如,尽量避免肢体动作、降低沟通的音量、展示中立的面部表情、保持客观的语气和音调等。

最后,实验员需要具备一定的应急能力。在实验过程中,可能或多或少地会出现某些意外事件,例如,实验室断电、计算机等电器宕机、实验程序出现未被事先发现的

---

① 如果辅助实验员是一个与实验内容无关的第三方,只是负责支付被试报酬,则无须其了解实验流程和理解实验内容。

bug、被试未及时到场、线上实验过程中网络中断、中途被试退出等。面对这些突发事件,需要实验员有强大的心理素质,能够及时冷静地处理这些事故,以确保实验继续进行。

五、被试招募工作

在实验开始之前,被试招募是实验准备阶段非常关键的一部分,被试招募做得成功与否直接决定了实验能否如期开展。那么,采用何种招募渠道、何时开始招募、招募公告如何撰写、招募什么质量的被试、如何确保被试如约参加实验呢?接下来,我们针对以上问题,以招募学生被试为例,一一做出经验性回答。

(一)常用招募渠道

常见的招募渠道有线下招募和线上招募两种。线下招募主要是指通过在公告栏等位置张贴传单、海报等形式招募被试的方法,这种方法是非常传统的招募手段,但是在互联网时代,线下招募显得过于低效。线上招募的渠道有很多种,国内主要有"微信公众平台"招募[①]、论坛特定板块招募、贴吧平台招募和其他特定线上平台招募,国际上较为成熟的线上招募平台是"MTurk"(Amazon Mechanical Turk)(Casler et al.,2013;Dholakia,2015),但是目前在国内的使用率不高,相比之下,本土化的招募方式在国内的招募效率比"MTurk"更高。

(二)报名信息收集工具

不管是在何种渠道进行招募,我们都需要使用一种工具达成高效率地收集被试身份信息的目的。国内较为成熟的信息收集工具有"水滴微信平台"[②]、"问卷星"[③]等,国际上已公布的线上招募系统有"ORSEE"(Greiner,2015)、"hRoot"(Bock et al.,2014)和"Sona Systems"(Gamblin et al.,2017)等。

本部分我们以"水滴微信平台"为例,对如何在线上招募被试以及怎样收集被试报名信息进行简要的说明。

---

① "微信公众平台"注册和登录网址为 https://mp.weixin.qq.com/,用户可通过此平台中"新的创作—图文消息"模块发布招募公告,读者可自学使用。

② "水滴微信平台"中的"表单"应用模块是统计报名信息比较成熟的工具,可以结合公众号发布招募信息来收集被试报名信息,效率较高,读者可通过网址 https://weixin.drip.im 注册,"水滴微信平台"账号注册成功后,需要授权绑定一个用于发布和收集信息的公众号方可使用。

③ "问卷星"平台上的"报名表单"应用模块同样具有收集报名信息的功能,简单易学,读者可通过网址 https://www.wjx.cn/app/form.aspx 注册并自学使用。

首先,用户登录平台后可以从"应用"模块进入"信息采集—表单"应用,并通过"创建表单"入口进入报名表单的编辑界面,如图5-4所示。

图5-4 "表单"应用界面

其次,在"表单设置"模块下(见图5-5和图5-6),我们可以对"表单标题"和"表单说明"进行编辑,这部分主要是向被招募人员展示与实验相关的信息,包括本表单的主要目的、被试身份要求、实验类型、实验报酬、支付方式、实验时间、实验场次、实验时长、实验地址、联系人等信息。我们还可以根据实际需求,对"填写完表单后提示页""表单限制"①、"反馈提醒"②、"工单模式"等选项进行设置。

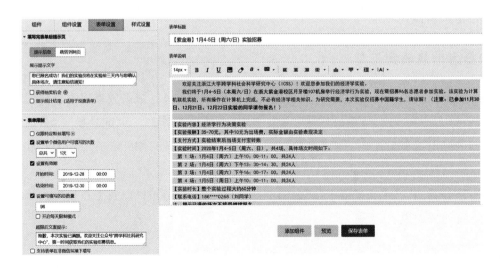

图5-5 "表单设置"界面一

---

① 为避免被试重复报名,"表单限制"中"单个微信用户可填写次数"设置为"1次"。
② 为及时查看和统计报名信息,用户可通过"反馈提醒"选项关注"水滴小助手",绑定微信公众号,成为该表单的管理员,开通"接收表单提醒"服务。

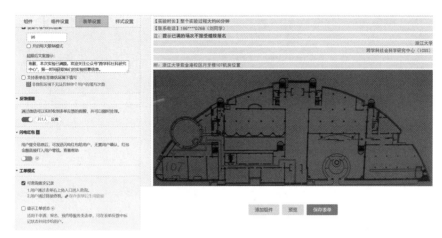

图 5-6 "表单设置"界面二

再次,我们需要通过"组件"模块对表单添加组件,并通过"组件设置"模块对组件进行编辑和设置,不同类型的组件对应不同的问题形式,用户根据需要酌情添加,这些组件主要用于收集被试的报名信息,类似于一个问卷(见图 5-7 和图 5-8),包括姓名、性别、学号、专业、年级、联系方式、首选实验场次和备选实验场次[①]。

图 5-7 "组件"界面

在所有的报名信息问题设置完成后,可点击"预览"进一步检查表单是否准确无误,然后点击"保存表单",并返回表单列表,如果表单中的问题之间存在逻辑关系,我们可以通过"显示逻辑"选项来对不同问题组件之间的逻辑进行设置(见图 5-9)。

通过以上步骤,我们建立了一个可以用于信息展示和信息收集的电子问卷,接下来我们需要通过"地址"和"二维码"选项(见图 5-10)将这个问卷生成一个链接,用于公众

---

① 为更合理高效地招募被试和安排其参加的实验场次,可以请被试同时选择首选实验场次和备选实验场次。

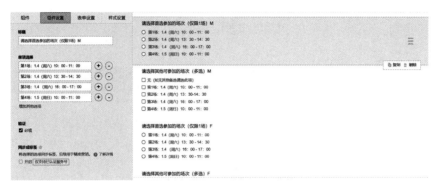

图 5-8 "组件设置"界面

图 5-9 "添加显示逻辑"界面

图 5-10 "表单列表"界面

号、论坛等平台的招募公告的发布。

在信息发布后,我们可以通过"表单列表"中的"反馈"选项实时查看报名情况(见图 5-11),在"反馈列表"界面(见图 5-12),可以对列表中的信息进行删除或者导出,导出后的列表中包含了被试的报名信息,我们据此对被试进行场次安排和招募确认通知。

图 5 - 11 "表单列表"-反馈界面

图 5 - 12 "反馈列表"界面

(三)整体时间安排

若招募人数超过 100 人,建议提前 5 天发布招募公告;招募人数在 50 人以下可以提前 3 天招募。招募公告一般选择在午饭或者晚饭期间发布,这段时间学生更有时间看公告、更有动力报名参加实验。

一般情况下,在实验开始前两天确保招齐被试,并向被试发送短信确认参加情况。第一遍确认时间以提前两天为宜,过早确认可能会出现较多被试临时变更的情况,过晚确认则可能导致来不及补招。实验前一天或半天发送第二遍提醒短信。若被试在实验前临时告知无法到场参加实验,应立即补招被试。

(四)招募公告撰写标准

招募公告分为两部分:一部分是向被招募人员展示与实验相关的信息,另一部分是提供收集被试身份信息的渠道或者方法。在招募公告中,应该至少简要展示本公告的主要目的、实验类型、实验时间、实验地址、被试身份要求、实验时长、实验报酬、支付方式等信息①,还要提供收集报名人员的姓名、性别、学号、专业、年级、联系方式、报名实验场次和备选实验场次的渠道或方法。招募公告范例见附件 C。

(五)被试的筛选和公告的调整

发布招募公告后的半小时为报名高峰期,此时,应时刻关注报名情况,及时统计报名信息,做好被试的筛选工作,并根据需求实时调整招募公告。在场次人数安排上,一般每

---

① 为维护实验的原创性,招募公告中不需要展示与实验内容相关的细节。

场在原定实验人数的基础上,额外招募少量被试,原因在于可能出现被试迟到或者临时缺席实验的情况,如果参加实验的人数不足,会影响实验的正常开展。

被试招募最需要谨慎处理的部分是被试的筛选工作,实验的目的是要利用被试群体探究人们的行为规律,而众所周知,不同类型的人经常表现出不同的社会和经济行为,若被试群体的个人特征过于集中(例如绝大部分被试为女性被试,或者绝大部分被试来自经济学院),这就违反了被试样本的随机性原则,进而可能会降低实验数据的内部有效性和外部有效性,因此我们在确定被试样本时需要重点注意保证实验中的被试样本相对于被招募群体(研究对象)而言没有偏差(Greiner and Stephanides,2019)。对于大学生群体而言,他们在年龄、教育水平和文化方面相对平均,需要将被试的性别和专业作为筛选特征(Croson and Gneezy,2009;Kamas and Preston,2015;Niederle,2016)。但是,许多证据表明女性比男性更有意向报名参加实验,因此在确定被试时需要控制被试的男女性别比例,最优比例为1∶1,轻微的性别不平衡是可以接受的,如24人场可接受10∶14的比例,当然,若研究对象为男性或女性中的一种,则另当别论。再者,被试修读专业的多样性也是我们需要重点控制的一个因素,同样,除非我们的研究对象是某一单一专业的群体。除了保证被试群体的随机性,我们还应注意避免招募与实验员有关系的人员参加实验,他们可能会做出取悦实验员的行为,无法排除实验员需求效应的影响(Weimann and Brosig-Koch,2019)。

经验表明,人们更喜欢报名排序在前的场次,若不及时调整公告,排序在后的场次可能出现难以招满被试的问题。解决方案是,在招募公告中列示"首选参加场次"和"备选参加场次"两个问题,优先根据"首选参加场次"项安排场次,如首选场次满额则按照"备选参加场次"项安排被试。一旦某场次满额,需要立即更改招募公告,提示满额信息,避免再有其他的人员报名此场次。如果所有场次均已满员,需要更改招募公告,提示本次实验招募暂时完成,请勿再报名。

(六)招募确认通知

被试招募满额和场次安排妥当之后,正式实验开始之前,我们需要通过发送短信的方式通知已报名的被试是否报名成功。无论报名的被试是否被安排实验,都要短信通知。为尽可能确保安排实验的被试能够如期到场,一般分别发一遍通知短信和一遍提示短信。第一遍通知时间以提前两天为宜,第二遍提示短信应在实验前一天或半天发送。如果实验员过早确认被试能否参加,那么可能无法应对后期较多被试临时变更报名场次的情况,过晚确认则可能来不及补招被试。

1. 群发短信的工具

由于我们需要向多名被试发送短信通知和提醒,如果不使用群发助手,而选择一一发送,会耗费大量的精力,这时群发短信 App 的引入能够为我们提供巨大的便利。"SA

Group Text"[1]提供了一种有效且简捷的群发短信的方式,你只需在一个 Excel 文件里添加接收人的姓名及手机号码,并输入短信内容,甚至可以是包含变量的个性化短信内容,SA Group Text 会通过识别变量名称,将其替换成相应的变量内容,然后批量向收件人发送短信。"SA Group Text"的操作方法比较简单,接下来分别以 Android 系统和 iOS 系统为例做一简要的介绍。[2]

(1)Android 系统

Android 系统的"SA Group Text Lite"中文名为"昇普群发助手",我们先对此应用的主界面做一个简单的了解(见图 5-13)。"文件"界面列明了群发信息所需要的步骤,使用过程中,此应用会用黑色可选择的选项引导用户正确操作,通过第一个"选择导入文件"步骤,可以打开应用默认的文件存储位置(见图 5-14 中方框标识出的内容),此"ExcelSMS"文件夹中提供了用于群发短信的 6 个表格模板,其中"sample.xls"是比较适合批量发送同类型短信的模板。接下来,我们以此模板为例,做进一步的使用说明。

图 5-13 "昇普群发助手"主界面   图 5-14 模板存储地址

我们将"sample.xls"文件拷贝到电脑端打开,其内容如图 5-15 所示。"Define"表示对发送端身份的定义(上侧方框范围的内容),"EstateAddress""me""my phone number"是对发送端定义的变量名,其后一格为变量内容。"Message"后面的单元格是要发送的

---

[1] Android 系统可以通过网址 http://samapp.com/excelsms 选择"SA Group Text Lite"下载,安装过程中需要授予此应用多种读写权限,iOS 系统可以通过 App Store 搜索"SA Group Text Free"下载后安装使用。

[2] 读者可以通过探索 App 或者登录网址 http://samapp.com/excelsms 自行学习更多"SA Group Text"的详细使用方法。

短信内容,其中非"{}"标识的文字是所有短信的固定内容,"{}"标识的是变量名,这些被引用的变量名可以在短信发送时编译出对应的变量内容。"To"表示其所在行的下方为信息接收方的个性化内容,"FirstName""LastName""Mobile"是对接收端定义的个性化短信内容的变量名,其同一列下方的单元格为变量内容。

具体而言,通过 App 对本模板的加载,所能够实现的功能是,给电话号码为"5052800032""5052300001""5052700031""5182230098"的手机发送信息,信息内容分别为"Hi Ben,We have since listed 166 Tuttle Pl Island Park that may be of interest. For more information please call Ben Anderson on 9900 7700. ""Hi Michael,We have since listed 166 Tuttle Pl Island Park that may be of interest. For more information please call Ben Anderson on 9900 7700. ""Hi Paul,We have since listed 166 Tuttle Pl Island Park that may be of interest. For more information please call Ben Anderson on 9900 7700. ""Hi Tony,We have since listed 166 Tuttle Pl Island Park that may be of interest. For more information please call Ben Anderson on 9900 7700. "。

Define			
	EstateAddress	166 Tuttle Pl Island Park	
	me	Ben Anderson	
	my phone number	9900 7700	
Message	Hi {firstname}, We have since listed {Estate address} that may be of interest. For more information please call {me} on {my phone number}.		
To			
	FirstName	LastName	Mobile
	Ben		5052800032
	Michael		5052300001
	Paul	Neil	5052700031
	Tony		5182230098

图 5-15 "sample. xls"模板

注:下侧方框中为信息接收方的个性化内容,分为变量名和变量内容两个部分。黑框内表示对变量名的定义,其中 Mobile 变量名是必不可少的,其他变量名均可根据需求修改;灰框内表示对变量内容的定义,所有内容均可根据需求修改。

我们在进行表格的编辑时,需要重点注意的是,"Message""To"和"Mobile"及其对应的格式(中间方框和下侧方框的部分)是表格必不可少的部分,其他的内容可以根据需求进行编辑。我们在此给出另外两个示例,如图 5-16 和图 5-17 所示。

图 5-16 的内容格式与图 5-15 非常相似,其能够通过 App 实现的功能是,给电话号码为"12345678910""12345678911"的手机发送信息,信息内容分别为"张三同学您好!感谢您报名参与我们的经济学实验,根据您的报名及我们的安排确认,您已正式受邀参与本周六即 1 月 4 日上午 10:00 开始的经济学实验,地点在浙大紫金港校区月牙楼 107 机房(月牙楼正门左拐一直往里走),请您务必提前 10 分钟即本周六上午 09:50 到月牙楼 107 机房签到并领取相关实验材料。若确认可以参加,请回复'OK+姓名',若因故不能参加,烦请及时告知,联系人:刘同学,联系电话:99999999999。非常感谢! 预知更多实验资讯,请关注微信公众号'跨学科社科研究中心'"和"李四同学您好! 感谢您报名参

与我们的经济学实验，根据您的报名及我们的安排确认，您已正式受邀参与本周六即 1 月 4 日下午 13:30 开始的经济学实验，地点在浙大紫金港校区月牙楼 107 机房（月牙楼正门左拐一直往里走），请您务必提前 10 分钟即本周六下午 13:20 到月牙楼 107 机房签到并领取相关实验材料。若确认可以参加，请回复‘OK＋姓名’，若因故不能参加，烦请及时告知，联系人：刘同学，联系电话：99999999999。非常感谢！预知更多实验资讯，请关注微信公众号‘跨学科社科研究中心’”。

Define					
	WeChat subscription	跨学科社科研究中心			
	Contact	刘同学			
	Contact number	99999999999			
Message	{Name}同学您好！感谢您报名参与我们的经济学实验，根据您的报名及我们的安排确认，您已正式受邀参与{Date}{Section}开始的经济学实验，地点在浙大紫金港校区月牙楼107机房（月牙楼正门左拐一直往里走），请您务必提前10分钟即{Time}到月牙楼107机房签到并领取相关实验材料。若确认可以参加，请回复"OK+姓名"，若因故不能参加，烦请及时告知，联系人：{Contact}，联系电话：{Contact number}。非常感谢！预知更多实验资讯，请关注微信公众号"{WeChat Subscription}"。				
To					
	Name	Mobile	Section	Date	Time
	张三	12345678910	上午10:00	本周六即1月4日	本周六上午09:50
	李四	12345678911	下午13:30	本周六即1月4日	本周六下午13:20

图 5－16　被试招募群发短信表格示例一

如果我们没有向接收方发送招募方具体信息的需求，此时可以做较为简化的表格（见图 5－17），但正如我们之前提到的，“Message”“To”和“Mobile”及其对应的格式是表格必不可少的部分。本示例通过 App 能够实现的功能是，给电话号码为“12345678910”“12345678911”的手机发送信息，信息内容分别为“张三同学您好！感谢您报名参与我们的经济学实验，根据您的报名及我们的安排确认，您已正式受邀参与本周六即 1 月 4 日上午 10:00 开始的经济学实验，地点在浙大紫金港校区月牙楼 107 机房（月牙楼正门左拐一直往里走），请您务必提前 10 分钟即本周六上午 09:50 到月牙楼 107 机房签到并领取相关实验材料。若确认可以参加，请回复‘OK＋姓名’，若因故不能参加，烦请及时告知。非常感谢！”和“李四同学您好！感谢您报名参与我们的经济学实验，根据您的报名及我们的安排确认，您已正式受邀参与本周六即 1 月 4 日下午 13:30 开始的经济学实验，地点在浙大紫金港校区月牙楼 107 机房（月牙楼正门左拐一直往里走），请您务必提前 10 分钟即本周六下午 13:20 到月牙楼 107 机房签到并领取相关实验材料。若确认可以参加，请回复‘OK＋姓名’，若因故不能参加，烦请及时告知。非常感谢！”

Message	{Name}同学您好！感谢您报名参与我们的经济学实验，根据您的报名及我们的安排确认，您已正式受邀参与{Date}{Section}开始的经济学实验，地点在浙大紫金港校区月牙楼107机房（月牙楼正门左拐一直往里走），请您务必提前10分钟即{Time}到月牙楼107机房签到并领取相关实验材料。若确认可以参加，请回复"OK+姓名"，若因故不能参加，烦请及时告知。非常感谢！				
To					
	Name	Mobile	Section	Date	Time
	张三	12345678910	上午10:00	本周六即1月4日	本周六上午09:50
	李四	12345678911	下午13:30	本周六即1月4日	本周六下午13:20

图 5－17　被试招募群发短信表格示例二

在对群发短信表格编辑完成后，我们需要将其重命名后拷贝到手机端 App 默认的文件存储文件夹，便于应用导入使用（见图 5－18 和图 5－19）。文件导入后，会出现图 5－20 所示的界面，在点击发送之前，我们可以选择编辑短信（见图 5－21）、选择接收人（见图

5-22)和预览短信(见图5-23)[①],在确定信息无误之后,便可以返回主界面,点击发送,进行一键发送,发送过程如图5-24所示。发送完成之后,我们可以在"发送"步骤位置查看到发送结果,也可以点击"保存"将发送结果保存到Excel文件(见图5-25)以备查看,需要特别注意的是,此时保存的结果是"昇普群发助手"短信发送是否成功的结果,并不是接收人是否成功接收的结果,接收人是否成功接收以其短信或电话回复为准。

图5-18 选择导入文件的位置

图5-19 表格导入界面

图5-20 文件导入后的界面

图5-21 编辑短信界面

---

① 需要值得注意的是,由于通信运营商对每条短信的字数有限制,当我们所编辑的短信内容超过上限时,信息会被计数成多条信息,例如,示例一中只有两个接收人,向每个接收人发送一条信息,但是由于信息的字数超过短信字数上限,每条信息被计数成4条短信,总共发送8条短信。

第五讲　实验操作的具体步骤和流程

图 5-22　选择接收人界面

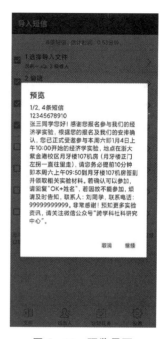

图 5-23　预览界面

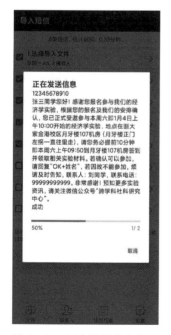

图 5-24　正在发送信息界面

图 5-25　保存发送结果界面

(2)iOS 系统

iOS 系统的"SA Group Text"与 Android 系统的"昇普群发助手"使用方法非常相似,不同的是,"SA Group Text"的主界面较"昇普群发助手"更为简洁,操作流程更加简便。

"SA Group Text"的主界面展示了应用中提供的6个表格模板(见图5-26),同样地,"sample.xls"是比较适合批量发送同类型短信的模板。如果想要对这一表格加以应用,我们需要首先根据需求对其进行编辑,方法是:选中此文件,并通过页面下方中间的"预览"键(见图5-27中的"眼睛"部分)使用手机中的其他应用打开进行内容的更改,或者通过"预览"键将其传输到电脑端进行查看和编辑。

图 5-26　SA Group Text 主界面

图 5-27　SA Group Text 分享界面

"SA Group Text"中"sample.xls"文件的内容格式和"昇普群发助手"中"sample.xls"表格的内容完全相同,编辑方法也毫无二致,参考图5-15、图5-16和图5-17及其说明。

在完成表格的编辑后,我们需要将其传输到手机并使用"SA Group Text"打开(见图5-28),此时我们可以通过"短信内容"部分编辑短信内容,通过"接收人"部分选择接收人,通过下方中间"预览"按钮预览信息,在信息检查无误之后,通过点击页面右下角的"纸飞机"按钮,选择本地手机发送,便可实现信息的逐一发送。[①]

2. 招募短信示例

第一遍确认短信:张三同学您好! 感谢您报名参与我们的经济学实验,根据您的报名及我们的安排确认,您已正式受邀参与1月4日下午13:30开始的经济学实验,地点在

---

① 不同于Android的一键发送,iOS系统的短信发送采用逐一发送的形式,信息发送时会返回"信息"应用,发送人需要依次向每个接收人发送短信。

浙大紫金港校区月牙楼107机房（月牙楼正门左拐一直往里走），请您务必提前10分钟即1月4日下午13:20到月牙楼107机房签到并领取相关实验材料。若确认可以参加，请回复"OK＋姓名"，若因故不能参加，烦请及时告知。非常感谢！

实验前提示短信：张三同学您好！特别提示您已经确认参与1月4日下午13:30开始的经济学实验，地点在浙大紫金港校区月牙楼107机房（月牙楼正门左拐一直往里走）。请您务必提前10分钟即1月4日下午13:20到月牙楼107机房签到并领取相关实验材料。若再次确认可以参加，请回复"OK＋姓名"，若因故不能参加，烦请及时告知！再次感谢您的支持！

通知未被安排实验的报名者：李四同学您好，感谢您报名参加我们的实验。非常抱歉地通知您，由于您报名时本场（女生）人数已满，我们无法安排您参加本场实验。我们对此深表歉意。若本次实验出现名额空缺，我们会优先安排您参加。欢迎关注公众号"跨学科社科研究中心"，报名参加我们的其他实验！

3. 通知时的注意事项

图5-28 SA Group Text 群发短信界面

发送短信的时间最好是中午11:30左右或者下午17:00左右，经验发现，此时间发送短信的回复率较高。每一遍短信通知都需确保所有被试有明确回复，如不回短信应及时电话确认。

第二节 正式实验的基本流程

当实验所需的全部材料和工具配备完全、实验员准备就绪、被试通知并安排妥当后，正式实验便可以有序开展了。一般正式实验的整个流程主要分为八个阶段：实验室准备阶段、被试准备阶段、实验说明的阅读与讲解、测试性问题、正式实验任务、调查问卷、报酬支付与被试离场、实验后的收尾工作。

一、实验室准备阶段

为确保实验能够顺利进行，在正式开始之前需要做好全方位的准备工作，实验员应携带好一切实验中所需要的实验材料和实验工具，至少提前1个小时到达实验现场进行实验室的准备工作。主要准备工作有以下几点。

第一步,开启所需要使用的计算机、投影仪以及其他电器设备,为应对计算机突然宕机的突发情况,一般在原有使用数量的基础上,另外多开启两台计算机以备不时之需。特别注意,要确保所开启的计算机和投影仪是完好无故障的。

第二步,将实验说明电子演示文稿拷贝到主机端电脑桌面上,将实验程序拷贝到主机端电脑 z-Tree 安装文件夹中,打开主机端电脑的 z-Tree 软件并打开所需使用和备用客户端计算机上的 z-Leaf 软件。① 通过 z-Tree 软件中的 Clients' Table 界面检查所有的客户端是否都能与 z-Tree 实现良好的连接(见图 5-29),并观察所有电脑界面是否完好。尝试打开某个 ztt 文件,运行 z-Tree 程序,检查其运作是否良好。确认好所有电脑和程序运行良好后,关闭主机端电脑的 z-Tree 软件和客户端电脑的 z-Leaf 软件。

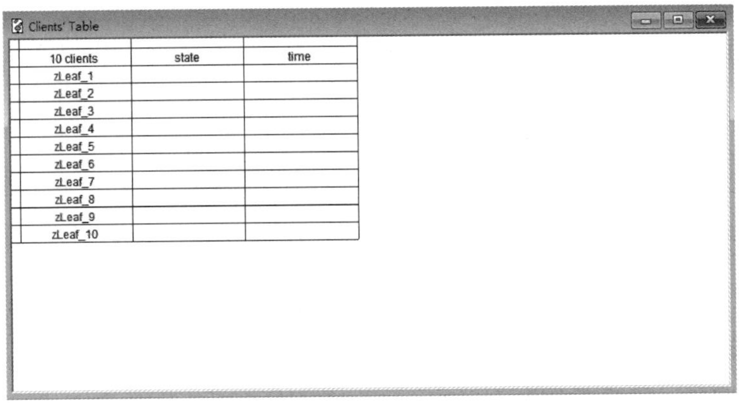

图 5-29　连接上 10 个 z-Leaf 的 Clients' Table 界面

第三步,检查所需使用客户端电脑和备用电脑是否配备相应的单独的计算机编号,如果没有,需要打印相应序号并贴在对应的电脑上,以便后续安排被试入座。将草稿纸和铅笔分发到所需使用计算机的桌面上。

第四步,根据所需使用计算机的编号对实验说明进行编号,并打乱顺序,背面朝上与签到表一起放置在紧邻门口的桌面上,以供被试进入实验室之后随机抽取编号并签到。

第五步,在实验开始前半小时,正式启动 z-Tree 软件并打开本场实验所需要运行的 ztt 程序和 ztq 程序,打开 Clients' Table、subjects Table 和 globals Table 界面(图 5-30)。

第六步,打开所使用的客户端计算机的 z-Leaf 软件,备用电脑不要开启 z-Leaf 软件,并再次通过 Clients' Table 确认所有 z-Leaf 能够和 z-Tree 实现交互,所有计算机界面运行良好。通过点击"Sort Clients"对 Clients' Table 进行整理。

---

① 注意:每台客户端电脑只打开一个 z-Leaf 界面,即双击 z-Leaf 图标即可,某些电脑可能在打开 z-Leaf 时存在卡顿现象,等待片刻 z-Leaf 会自动开启,切忌点击多次 z-Leaf 图标,以免同一台电脑打开多个 z-Leaf 界面。

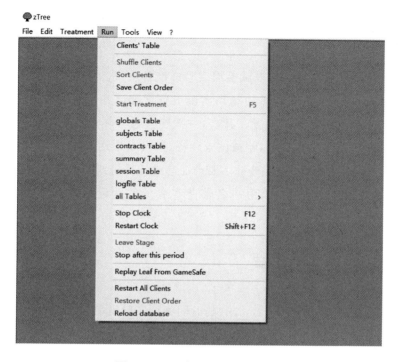

图 5－30　三个 Table 所在的位置

第七步，检查所有待运行的 z-Tree 程序中的 Background 参数设置是否准确无误（见图 5－31），确保被试人数、组数以及出场费、兑换率与实验说明一致。

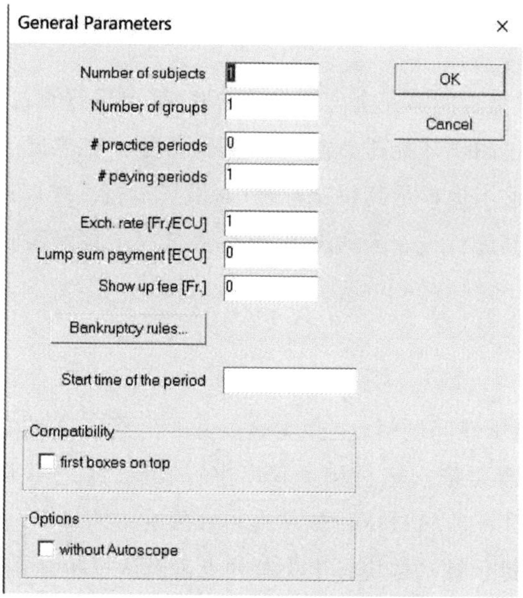

图 5－31　Background 参数设置界面

二、被试准备阶段

被试准备阶段是确认并引导被试参加实验的准备阶段。首先,一般在实验正式开始前 15 分钟启动被试准备环节[①],由辅助实验员负责被试签到和实验说明抽取工作,并引导被试入座相应的计算机位置。其次,一般在实验开始前 10 分钟确认被试是否到齐,若被试到齐,关闭实验室门,若被试未到齐,需及时电话联系,确保在实验开始前 5 分钟被试完全到位。最后,提醒被试不要动面前的计算机或者触碰电脑电源线、插线板,直到主持人下达指令。另外,由一名辅助实验员负责记录整个正式实验进程的时间。

三、实验说明的阅读与讲解

正式实验开始,给予被试 5—15 分钟的时间阅读实验说明,主要实验员观察被试的反应再决定何时对实验进行讲解。讲解过程中,语速适中,减少肢体动作,保持中立的面部表情,语言尽可能地通俗易懂。讲解完成后,询问被试是否有存在疑问的地方,可让被试举手示意,辅助实验员会走向其位置,私下进行详细的说明。在确保被试能够充分理解实验说明后,方可关闭投影仪,进行下一步。

四、测试性问题

为进一步检测被试是否能够完全理解实验内容,需要运行测试性问题程序对其进行问题测试,被试必须通过测试才能进入正式的实验任务。在测试过程中,如果某些被试答题速度非常慢,可以适当地提示其快速答题;如果某些被试难以通过测试,则辅助实验员需要走向其位置,对其进行进一步的讲解,确保其能完全理解实验主旨。

五、正式实验任务

在所有被试通过测试性问题后,主要实验员开始运行正式的实验任务程序,若本场实验含多个实验任务,需要依次运行相关程序进行实验,谨记不要搞错实验任务顺序。主要实验员还需通过 Clients' Table 时刻观察和掌握实验的进程与节奏。若被试决策时间过长,主要实验员要提示被试尽快做出决策并点击确认按钮。

---

① 对于更早到达的被试,邀请其到指定位置等待。

六、调查问卷

在实验任务完成后,主要实验员根据研究需要,通过运行"调查问卷"ztt 程序获取被试的个体特征,并通过"建议"ztq 程序收集被试的建议意见、展示本场收益。

七、报酬支付与被试离场

在被试做完所有的行动后便到了支付报酬的阶段,ztq 程序的运行会使 z-Tree 生成 pay 文件,点击打开即可看到每台客户端被试的报酬数据(见图 5-32)。被试报酬应当在实验结束之后当场支付,但是,研究金钱的时间价值的实验可另做讨论。

Subject	Computer		Interested	Name	Profit	Signature
1	WIN1	OK	, 29.20			
2	WIN3	OK	, 51.00			
3	WIN6	OK	, 43.60			
4	WIN8	OK	, 39.40			
5	WIN10	OK	, 45.90			
6	WIN12	OK	, 30.40			
7	WIN14	OK	, 39.60			
8	WIN16	OK	, 31.20			
9	WIN17	OK	, 43.00			
10	WIN19	OK	, 33.40			
11	WIN21	OK	, 31.90			
12	WIN23	OK	, 28.10			
13	WIN27	OK	, 31.20			
14	WIN28	OK	, 44.60			
15	WIN30	OK	, 52.00			
16	WIN32	OK	, 44.40			
17	WIN34	OK	, 27.40			
18	WIN36	OK	, 43.40			
19	WIN38	OK	, 32.40			
20	WIN39	OK	, 26.10			
Experiment			D:\全部正式实验材料z1.0\程序\190414_0930.pay		748.20	

图 5-32 pay 文件内容

主要实验员提示被试收到报酬后,将所有的实验相关物品留在桌面上,带好个人物品,到指定位置排队签退,由一名辅助实验员引导大家在签到表上写下实验报酬数额并签字离场,主要实验员或者另外一名辅助实验员回收实验说明、铅笔和草稿纸。

八、实验后的收尾工作

被试全部离场后,正式实验部分完成,实验员需要进行最后的数据保存和实验室整理等收尾工作。

(一)数据保存

为了保证实验数据的安全性和可读性,每场实验结束后,主要实验员需要第一时间保存、拷贝和整理打包实验相关文件,并通过邮件发送给自己一份。

实验结束后,先关闭主机端电脑的 z-Tree 软件,对话框出现是否保存文件时统一点击"是",此时,z-Tree 程序所在的文件夹会生成如图 5-33 所示的相关实验程序文件,其中,pay 文件、sbj 文件与实验结果的 xls 表是最为重要的文件,检查其是否完好,然后关闭客户端电脑的 z-Leaf，将图中的所有文件拷贝并保存到"实验程序和数据"文件夹中（见图 5-34）。

文件名	日期	类型	大小
@1.ztq	2019/4/22 17:02	ZTQ 文件	3 KB
@1.ztt	2019/4/22 15:47	ZTT 文件	6 KB
@2.ztt	2019/4/22 15:57	ZTT 文件	32 KB
@3.ztt	2019/4/22 16:34	ZTT 文件	16 KB
@4.ztt	2019/4/22 16:35	ZTT 文件	16 KB
@5.ztt	2019/4/22 16:56	ZTT 文件	24 KB
@6.ztt	2019/4/22 16:59	ZTT 文件	16 KB
@db.txt	2019/4/22 17:02	文本文档	2 KB
@prevdb.txt	2019/4/22 17:02	文本文档	2 KB
1_测试题.ztt	2019/4/18 21:27	ZTT 文件	7 KB
2_实验1（无轮换）.ztt	2019/4/22 17:15	ZTT 文件	24 KB
3_questionnaire.ztt	2019/4/22 17:15	ZTT 文件	16 KB
4_Suggestions & Profits.ztq	2019/4/13 1:21	ZTQ 文件	3 KB
190422_1500.gsf	2019/4/22 16:36	GSF 文件	11,473 KB
190422_1500.sbj	2019/4/22 15:47	SBJ 文件	1 KB
190422_1500.xls	2019/4/22 17:26	Microsoft Excel 97-...	110 KB
190422_1639.adr	2019/4/22 17:02	ADR 文件	1 KB
190422_1639.gsf	2019/4/22 17:05	GSF 文件	9,880 KB
190422_1639.pay	2019/4/22 17:02	PAY 文件	1 KB
190422_1639.sbj	2019/4/22 17:05	SBJ 文件	2 KB
server.eec	2019/4/22 16:39	EEC 文件	1 KB

图 5-33　z-Tree 程序运行相关文件

然后，将签到表上的报酬数额录入被试招募阶段制作的电子"签到表.xlsx"，并将纸质版签到表拍照保存，以备后续查证。

另外，如果在实验过程中遇到突发事件，需要制作备注文件以作说明。

```
1.实验程序和数据
2.基准局PPTv11.v.pptx
3.实验说明（基准局）v14.v.docx
3.实验说明（基准局）v14.v.pdf
5.签到表.JPG
5.签到表.xlsx
6.时间记录表.docx
7.备注.docx
```

图 5-34　一场实验的相关文件

最重要的一步是，将"实验程序和数据"文件夹、实验说明（Word 版＋pdf 版＋PPT 版）、签到表.xls、签到表照片、实验进程时间记录表和备注文件一起整理到一个文件夹并以相关实验场次命名，如图 5-34 所示。然后拷贝到 U 盘和自己的电脑，并通过邮件发送给自己一份备存。

最后，为避免数据外泄，删除主机端电脑 z-Tree 安装文件夹中的相关文件，并前往回收站永久删除所有相关文件。

（二）实验室整理

数据保存完成后，实验员需要根据实验室管理规定，完成实验室的整理工作后方可离场，一般包括：关闭计算机、投影仪和空调等使用过的电器，关闭实验室电闸，清理实验室垃圾桶等。

第三节　oTree 程序使用方法和线上实验被试管控

如第四讲所述，实验程序的主要编程软件有 z-Tree 和 oTree 两种，而实验室实验又分为线下实体实验室实验和线上网络实验室实验。前面两节已经对基于 z-Tree 程序的线下实验室实验流程做了细致的讲解,本节我们对基于 oTree 程序的线上实验流程做相关的补充说明。

一、oTree 程序使用方法

(一)基本概念

oTree 是一个开源、在线、面向对象的软件平台,可以实施社会科学领域的在线实验研究(Chen et al.,2016)。只要有网络,oTree 就可以在任意操作系统独立运行开发,包括手机、电脑、平板。对于实验研究者而言,基于 django 的 web 框架的 oTree 具有开发便捷、模块化与自编程的灵活性结合的优势。对于实验被试而言,通过 oTree 可以不受地点的限制参与线上实验,也无须额外下载任何程序驱动,方便快捷。因此,oTree 平台被实验研究者们广泛应用。

表 5-1 展示了一个 oTree 的实验框架。oTree 编程的最大单位是 Project(项目)。一个 Project 下面可以有多个 Session(实验场次),每个 Session 对应一个实验场次。一个 Session 可由多个 App(实验任务)组成,即每场实验中可包含多个实验任务。每个 App 承载一个实验任务,不同 App 之间的数据无法直接继承。一个实验任务可以进行多轮,即多个 Subsession(轮次)。而每轮实验大都是需要被试分组配对完成的,那么此时每组的单位就是 Group(分组)。一个 Group 由多个 Player(玩家)组成,即实验中的最小单位,对应实验中某个被试。

表 5-1 oTree 实验框架

层级	单位	具体含义
第一级	Project	项目:oTree 编程的最大单位是 Project
第二级	Session	实验场次:参与者从开始实验到结束付款的事件过程,一个分批进行的实验具有多个实验场次
第三级	App	实验任务:一个 App 对应一个实验任务。例如,一场实验分为独裁者博弈和问卷调查两个实验任务,那么分别有两个不同的 App。不同 App 之间数据不能直接继承,需重新设置
第四级	Subsession	轮次:一个实验任务可能包括 10 轮,那么一个 App 下面就有 10 个 Subsession
第五级	Group	分组:一个实验需要几个玩家组成一组;如果实验每轮随机匹配分组,那么不同的 Subsession 中 Group 不同
第六级	Participant、Player	参与者/玩家:最小实验单位,对应实验中某个被试

(二)oTree 程序调试

oTree 调试可以有两种方式,一种是在线调试,另一种则是本地调试。虽然 oTree 是一个在线的软件平台,但在本机也可以进行博弈,这便利了实验研究者的程序调试工作。图 5-35 展示了本地调试 oTree 程序的命令与基本流程。主要包括四个步骤:第一步,进入 oTree 程序所在文件夹;第二步,运行 oTree 程序;第三步,在浏览器中打开网址 http://localhost:8000/,进行调试;第四步,调试完成后,按 Control+C 结束程序的本地运行。

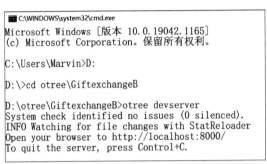

图 5-35 本地调试的命令与基本流程

在本部分,我们重点对第三步进入链接后的调试工作展开具体介绍,便于读者了解 oTree 控制台内部的相关功能。首先,复制网址到浏览器后可以看到如图 5-36 所示的页面,这个 oTree 程序包中有一个 Session 是 Gift exchange Treatment B,点击进入 Session。

图 5-36 打开链接后的 Demo 页面

进入 Session 后的页面如图 5-37 所示,这就是 oTree 的控制台。我们可以看到,在 Single-use links 下方分别有 P1、P2、P3 共三个链接。这是由于我们在程序中写定该 Session 共有三名被试参与。每点击一个链接,就类似于 z-Tree 中连接上了一个 z-Leaf,代

表一名被试进入实验。

图 5-37　oTree 控制台——被试链接

我们逐个点击链接进入实验。点击链接后即可到达实验的第一个页面，也就是实验说明页面，此时就可以进行实验决策与调试工作了。在调试过程中，需要重点关注的内容包括页面逻辑是否正确、变量的数据传递关系是否正确、页面显示内容是否完整等。

那么在被试进入实验后，主要实验员又如何监控整体实验进程呢？下面我们继续回到 oTree 控制台进行学习。主要实验员通过点击控制台上的"Monitor"，即可实时监控实验进展。如图 5-38 所示，我们可以看到，三名被试均已进入了实验，当前在进行的 App（实验任务）是 testquestion，被试所在的 Page name（页面）是 Introduction，目前 Time on Page（在该页面停留的时间）不到 1 分钟，所有被试的 Status（状态）均是 Playing。

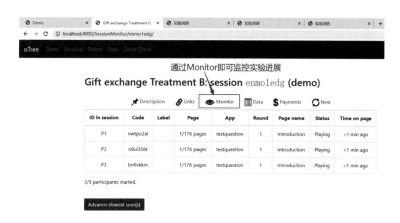

图 5-38　oTree 控制台——Monitor

在实验过程中（见图 5-39），主要实验员也可通过控制台上的"Data"实时查看实验数据情况。在实验结束后，点击页面左下方的"here"，即可进入实验数据的下载页面。

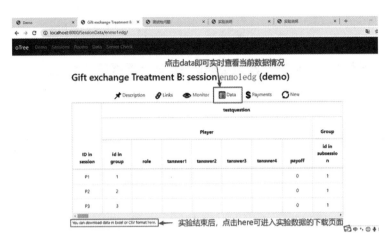

图 5-39　oTree 控制台——Data(1)

点击"here"后出现的页面如图 5-40 所示。主要实验员可以根据研究的需要自行下载相关实验数据。不仅可以在"All apps"下载到全部数据的 Excel 或者 CSV 文件,同样还可以在"Per-app"下载到每个 App 的数据文件,以及在"Time spent on each page"下载每个页面的耗时数据文件。

图 5-40　oTree 控制台——Data(2)

另外,如图 5-41 所示,在实验过程中主要实验员可以通过控制台上的"Payments"实时查看产生的被试费用情况,实验结束后,也可根据此页面记录的费用相应向被试支付报酬。

(三)程序上传与实验

在本部分,我们将以"微课研"实验平台为例讲解如何在线上平台进行在线实验。①

---

①　我们团队在 2020 年 4 月进行的线上实验即通过"微课研"线上平台完成。在此,笔者特对武汉大学行为科学研究实验中心魏立佳老师团队和"微课研"平台对本次实验提供的支持与帮助表示衷心的感谢。

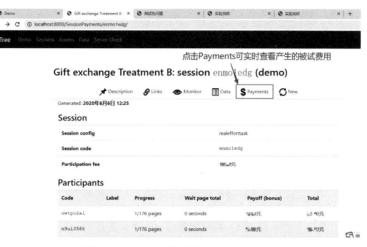

图 5-41　oTree 控制台——Payments

具体的操作步骤如下。

第一步,将实验程序打包成"otreezip"文件,具体命令如图 5-42 所示。

图 5-42　实验程序打包

第二步,进入微课研网站 https://www.ancademy.org/。在实验前,研究者需在微课研平台进行注册并申请成为研究者账户,方可开展实验。[①] 如图 5-43 所示,用户可从"个人主页"栏中的"角色"查看自己是否已经是研究者账户。

第三步,进入"otree"栏。此时可看到如图 5-44 所示页面,研究者可以开始创建实验。

第四步,选择以"upload otreezip"的方式创建实验,上传事先打包好的"otreezip"文件,并点击"Next"进入下一步,具体操作如图 5-45 所示。

第五步,上传成功后,可从页面右侧列表中选择我们刚刚上传的实验,点击"Next"进入下一步,具体操作如图 5-46 所示。

第六步,输入一个实验名称,例如输入"礼物交换博弈 Test",点击"OK",一个实验便创建完成了,具体操作如图 5-47 所示。

---

①　为确保正式实验顺利进行,实验前一天晚上务必要再次测试"微课研"平台是否稳定运行,如果发现不太稳定的情况(例如时常断开连接),需要及时联系"微课研"的客服进行解决。

图 5-43　微课研——个人主页

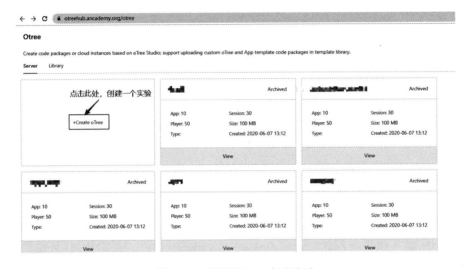

图 5-44　微课研——创建实验

图 5-45　微课研——上传"otreezip"文件

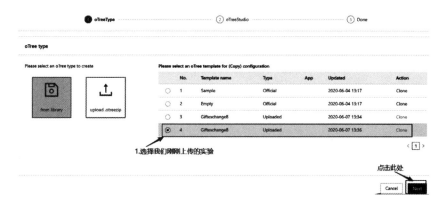

图 5-46　微课研——选择实验

图 5-47　微课研——实验命名

第七步,回到微课研页面,查看实验。如图 5-48 所示,此时可以看到我们刚刚创建的实验,点击"View"查看实验。

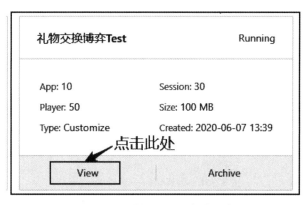

图 5-48　微课研——查看实验

第八步,创建实验场次。如图 5-49 所示,点击"Create Session",在弹框中选择 Session 并命名,点击"OK",即创建成功。例如,我们命名为"01"。

创建成功后,可点击"控制台"跳转至 oTree 控制台的页面,如图 5-50 所示,这里的页面与我们本地调试时相同,可用功能也相同,在此不做赘述。

第九步,查看 Session。如图 5-51 所示,在微课研控制台的列表中也可以看到我们创建的命名为"01"的 Session,点击"View"查看该 Session。

图 5-49 微课研——创建场次

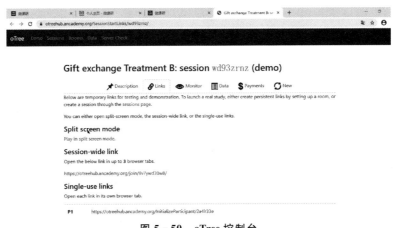

图 5-50 oTree 控制台

图 5-51 微课研——查看 Session

第十步，分享链接。如图 5-52 所示，点击页面右上方的"Share"，将弹窗中的 URL 发送给被试，被试通过此链接即可立即进入实验。另外，也可选择将二维码分享给被试，被试通过扫描二维码也可立即进入实验。

待被试进入链接后，如图 5-53 所示，我们可以在这个页面查看到他们的序号和微信名，此页面中被试的序号和 oTree 控制台的序号是一致的。在实验过程中，主要实验员依旧是通过 oTree 控制台的"Monitor"实时监控实验进展，通过"Data"下载实验所得的数据以及通过"Payments"查看被试报酬。

图 5-52　微课研——分享链接

图 5-53　微课研——查看参与者信息

以上就是一个线上实验如何调试程序、上传程序以及发放实验链接进行实验的全部流程。

二、被试招募与管控

线上实验被试招募工作与第一节中的阐述大致相同,但是在招募确认通知方面存在一定的差异。需要重点注意的是,与线下实验相比,线上实验的一大操作难点是被试并非在实验室中,因此在可控性方面往往表现得更加不稳定,被试管控显得尤为重要。接下来,我们以浙江大学"跨学科社会科学研究中心"的一次线上实验为例,阐述如何进行线上实验的被试招募与管控工作。

(一)被试招募与参与确认

1. 被试招募

实验前,我们选择通过网络渠道(跨学科社会科学研究中心公众号、校内论坛、校内兼职群)招募被试。被试报名后,通过群发短信的方式通知被试已成功报名,并邀请其添

加"实验小助手"微信号。① 具体短信文案如下:

××同学,欢迎您报名本次线上实验!为方便解答实验中存在的问题,请添加微信号"实验小助手",添加时备注"实验场次+姓名",例如"周六上午10点实验+张三"。实验员将通过此微信号指导您如何顺利参与实验。您的姓名备注仅用于名单确认,在所有被试完成微信添加步骤后,我们的实验员会将每个人的姓名备注删去,以保证匿名性。

为便于被试的管控,在被试全部添加完毕后,"实验小助手"微信号中要把被试的微信备注统一改成"A实验场次+微信名"的备注。例如,周六9点场的被试微信名为"小五毛",那么备注为"A周六9点场+小五毛"。

被试添加"实验小助手"微信号后,由实验员向其发送消息,同时把"微课研"公众号推给被试,指导其注册为社科实验参与者(注册成功的界面如图5-54所示),具体文案如下:

您已确认参加××日期××时间开始的经济学实验!为了顺利参与本次线上实验,请您关注"微课研"公众号,并点击公众号中"点这里注册为社科实验参与者"使用微信号注册(请不要使用手机号注册,否则会影响实验的顺利进行)。② 请将注册成功的截图发送给"实验小助手",以确保您可以顺利参与实验。请注意,若未完成注册,您将无法参与本次实验!

图5-54 "微课研"注册成功截图示例

---

① 为尽可能地避免实验员效应,应申请并使用一个专门用于联系实验被试的"实验小助手"微信号,以减少实验员与被试之间可能存在的联系,此微信号用于添加被试微信并完成以下操作:实验前沟通实验参与确认、实验中发放链接、问题解答和实验后报酬支付。

② 使用微信号注册后,微课研平台会自动获取被试的微信名和进入编号,并且编号的顺序和oTree控制台中编号顺序是相同的,因此可对应在微课研后台查看被试微信名,便于在实验过程中与相应的被试沟通。

待被试回复"已注册"之后,实验员需要再次微信回复,具体文案如下:

> 好的,收到!××日期××时间,我们将通过微信向您发送进入实验的链接,请通过电脑端微信点击该链接进入实验,如若选择浏览器打开请提前下载好 Google Chrome。届时请提前 15 分钟于电脑前做好准备。由于实验涉及简单的运算,还请准备好纸和笔。在实验开始前一天,我们将通过微信再次向您确认是否参与实验,请注意查收与回复。

2. 参与确认

实验开始前一天下午,实验员需通过微信再次确认被试是否参加,同时强调通过电脑端微信进入实验。① 具体文案如下:

> 您已确认参加××日期××时间开始的经济学实验!届时请提前 15 分钟于电脑前准备好纸和笔!特别提醒:请检查您是否已关注并注册"微课研"公众号,否则将无法参与实验。同时本次实验需要您通过电脑端微信或 Google Chrome 浏览器打开链接进入实验,手机页面将不便于您进行实验。收到请回复"OK"。

(二)正式实验基本流程

与线下实验相比,线上实验除了没有实验室准备阶段,其他的流程与线下实验非常相似,同样包含被试准备阶段、实验说明的阅读与讲解、测试性问题、正式实验任务、调查问卷、报酬支付和实验后的收尾工作,只是在细节方面略有不同,本部分只针对存在差异的地方做相应的说明,其他内容可参照第二节内容进行学习。

1. 被试准备阶段

实验开始前 15 分钟,实验员通过微信询问的方式确认被试是否已坐在电脑前准备实验。具体文案如下:

> 本实验将于 15 分钟后正式开始,请您尽快坐到电脑前,打开电脑端微信,实验链接将于 10 分钟后发送至您的微信。由于实验涉及简单的运算,请准备好纸和笔。收到本条消息请回复"已准备"。谢谢!

被试回复"已准备"后,向其发送实验前注意事项,以避免后续不必要的沟通成本。在我们的实验中,准备了如图 5-55 所示的"实验前必读"图片,以引导被试认真阅读,确保其理解相关内容。

2. 实验说明的阅读与讲解

在确定被试人数足够后,一般需要在实验开始前 7—8 分钟发放链接,实验员向被试

---

① 相比起手机端的实验操作,电脑操作更为方便。当然,这由每个实验的特点决定,如果实验非常简单,也可使用手机参与实验。

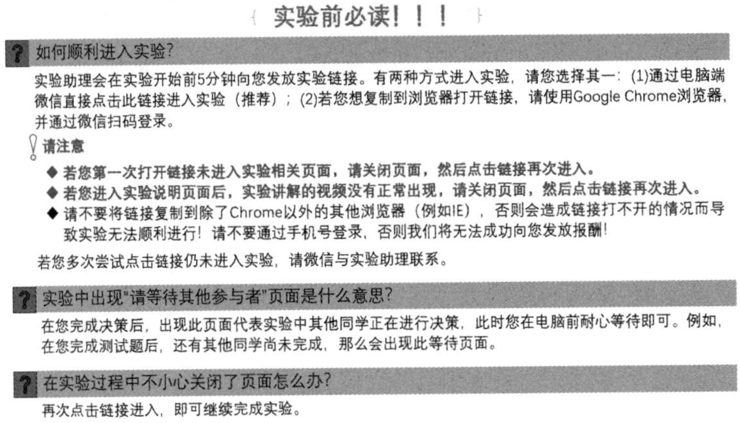

> **实验前必读！！！**
>
> **❓ 如何顺利进入实验？**
> 实验助理会在实验开始前5分钟向您发放实验链接。有两种方式进入实验，请您选择其一：(1)通过电脑端微信直接点击此链接进入实验（推荐）；(2)若您想复制到浏览器打开链接，请使用Google Chrome浏览器，并通过微信扫码登录。
>
> ⚠ 请注意
> ◆ 若您第一次打开链接未进入实验相关页面，请关闭页面，然后点击链接再次进入。
> ◆ 若您进入实验说明页面后，实验讲解的视频没有正常出现，请关闭页面，然后点击链接再次进入。
> ◆ 请不要将链接复制到除了Chrome以外的其他浏览器（例如IE），否则会造成链接打不开的情况而导致实验无法顺利进行！请不要通过手机号登录，否则我们将无法成功向您发放报酬！
>
> 若您多次尝试点击链接仍未进入实验，请微信与实验助理联系。
>
> **❓ 实验中出现"请等待其他参与者"页面是什么意思？**
> 在您完成决策后，出现此页面代表实验中其他同学正在进行决策，此时您在电脑前耐心等待即可。例如，在您完成测试题后，还有其他同学尚未完成，那么会出现此等待页面。
>
> **❓ 在实验过程中不小心关闭了页面怎么办？**
> 再次点击链接进入，即可继续完成实验。

图 5-55　实验前必读

群发实验链接，具体文案如下：

　　实验即将开始，现在您有 5 分钟左右的时间进入实验并了解实验任务与规则。实验链接为：××××，有两种方式进入实验，请您选择其一：①通过电脑端微信直接点击此链接进入实验（推荐）；②若您想复制到浏览器打开链接，请使用 Google Chrome 浏览器通过微信扫码登录。

　　【注意】若第一次打开链接未进入实验内容相关页面或讲解视频无法出现[①]，请关闭页面再试一次。请不要将链接复制到其他浏览器（例如 IE），否则会造成链接打不开的情况而导致实验无法顺利进行！请不要通过手机号登录，否则我们将无法成功向您发放报酬！

　　实验过程中，如果您有任何疑问，均可通过此微信联系我们，实验员将为您解答疑问。

　　为了更好地集中被试的注意力，实验说明页面应该简洁易懂、突出重点，而且还应嵌入一个生动简单的讲解视频，保证被试完全理解实验规则。除此之外，还可以对实验说明页面设置几分钟的强制阅读时间，只有在此页面停留足够的时间后，被试才可以进入测试题和后续实验阶段。

　　为便于被试随时翻看实验说明，实验说明除了设置在被试进入实验链接的第一个页面，在进行实验的过程中还应一直固定在页面的最下方。

3. 正式实验任务

　　每个决策页面应像 z-Tree 程序一样设置一个倒计时，并且超时会弹出提醒弹窗。如

[①] 未进入实验内容相关页面主要有以下几种情况：点击进去是空白面；点击进去是"申请成为研究者"的页面；点击进去是自己账户的页面等。线上实验的讲解应该在 oTree 程序中以讲解视频的方式展示给被试，因此在进行实验之前，主要实验员需要提前录制好讲解视频并上传到 oTree 程序中。

果被试较长时间未反应,则由实验员通过"实验小助手"微信提醒。

如果被试不小心关了页面,可指导其重新点击链接即可进入关闭前的页面继续实验。

实验过程中,如果有被试中途退场,那么不支付该被试任何费用。

实验期间被试有任何问题均由实验员优先通过微信解答。如果出现通过微信联系不到被试的情况,则立即打电话联系被试,以保障实验顺利进行。

4. 报酬支付

当某个 Session 的被试全部进入问卷填写阶段时,主要实验员即可从后台 Payments 页面结合被试编号与微信名,将该 Session 的所有被试的实验报酬截图发给辅助实验员。

在被试全部完成实验后,由于逐个发放报酬需要一定的时间,因此首先由实验员群发消息,让被试能够耐心等待。具体文案如下:

> 感谢您的参与!下面实验助手将依次发放报酬,实验页面此时可以关闭了,请耐心等待哦。

实验员以微信转账的方式依次向被试发放实验报酬,转账备注"实验报酬"。

5. 实验后的收尾工作

在实验结束后的第二天,实验员需要删除被试微信并告知被试,具体文案如下:

> 再次感谢您参与实验!我们承诺,您在本次实验中所有的信息仅用于学术研究。为了保证您的个人隐私与参与实验的匿名性,我们稍后将从联系人列表将您的微信删除,感谢您的理解与支持!

(三)常见问题与解答

1. 内部有效性:被试注意力

线上实验提高了被试参与实验的便捷性,他们不需要到达某一指定地点即可完成实验,但同时也带来了线上实验过程中被试注意力难以保障等内部有效性问题。Horton et al.(2011)测试了被试注意力不集中的问题,得出结论认为这些问题在线上对实验结果的影响是无关紧要的,并且线上实验仍可采取一些手段使此类问题得到充分的缓解。Chen et al.(2019)指出,为了进一步缓解此问题,研究者应当使实验说明足够简洁易懂,并且将实验界面交互设置得对用户(被试)更加友好。Berinsk et al.(2012)则指出在货币激励下,线上实验的被试会比线下实验被试更加专注于实验说明和调查问卷中的问题。

2. 外部有效性:被试决策代表性

对于线上实验的外部有效性问题,Horton et al.(2011)与 Berinsk et al.(2012)均发

现线上被试反而比线下实验的被试更具代表性。他们使用线上实验的方式复制了已发表的线下实验研究,发现线上实验产生了与线下实验一致且稳健的实验结果。对于较为复杂的交互式实验中线上实验方法的有效性问题,Arechar et al. (2018)分别使用线上实验与线下实验的方法,对一个时长较长且逻辑复杂的公共品实验进行了重复研究,最终发现线上实验与线下实验中被试的基本行为模式并无显著差异。由此可以看出,通过网络在线进行的交互式实验得到的数据质量足够可靠,这使在线交互式实验成为实验室研究的潜在有价值的补充。

本讲参考文献

Arechar, A. A., Gachter, S. and Molleman, L., 2018, "Conducting interactive experiments online", *Experimental Economics*, 21, 99—131.

Berinsky, A. J., Huber, G. A. and Lenz, G. S., 2012. "Evaluating online labor markets for experimental research: Amazon. com's Mechanical Turk", *Political Analysis*, 20, 351—368.

Bock, O., Baetge, I. and Nicklisch, A., 2014. "HRoot: Hamburg registration and organization online tool", *European Economic Review*, 71, 117—120.

Brandts, J., Cooper, D. J. and Rott, C., 2019, "Communication in laboratory experiments", in Schram, A. and Ule, A. eds: *Handbook of Research Methods and Applications in Experimental Economics*, Northampton: Edward Elgar Publishing.

Casler, K., Bickel, L. and Hackett, E., 2013, "Separate but equal? A comparison of participants and data gathered via Amazon's MTurk, social media, and face-to-face behavioral testing", *Computers in Human Behavior*, 29, 2156—2160.

Chen, X., Hong, F. and Zhao, X., 2019, "Concentration and variability of forecasts in artificial investment games: An online experiment on WeChat", *Experimental Economics*, 1, 1—33.

Chen, D. L., Schonger, M. and Wickens, C., 2016, "oTree—An open-source platform for laboratory, online, and field experiments", *Journal of Behavioral and Experimental Finance*, 9, 88—97.

Croson, R. and Gneezy, U., 2009, "Gender differences in preferences", *Journal of Economic Literature*, 47, 448—474.

Dholakia, U., 2015, "My experience as an Amazon Mechanical Turk (MTurk) worker-lessons I learnt working for a week as an MTurk worker", *Psychology Today*, https://www.linkedin.com/pulse/my-experience-amazon-mechanical-turk-mturk-worker-utpal-dholakia/.

Fischbacher, U., 2007, "z-Tree: Zurich toolbox for ready-made economic experiments", *Experimental Economics*, 10, 171—178.

Fischbacher, U., Bendrick, K. and Schmid, S., 2019, "z-Tree 4.1: Tutorial and reference manual", https://www.ztree.uzh.ch/static/doc/manual_v4.pdf.

Gamblin, B. W., Winslow, M. P., Lindsay, B. et al., 2017, "Comparing in-person, Sona, and Mechanical Turk measurements of three prejudice-relevant constructs", *Current Psychology*, 36, 217—224.

Greiner, B., 2015, "Subject pool recruitment procedures: Organizing experiments with ORSEE", *Journal of the Economic Science Association*, 1, 114—125.

Greiner, B. and Stephanides, M., 2019, "Subject Pools and Recruitment", in Schram, A. and Ule, A. eds: *Handbook of Research Methods and Applications in Experimental Economics*, Northampton: Edward Elgar Publishing.

Horton, J. J., Rand, D. G. and Zeckhauser, R. J., 2011, "The online laboratory: Conducting experiments in a real labor market", *Experimental Economics*, 14, 399—425.

Kamas, L. and Preston, A. 2015, "Can social preferences explain gender differences in economic behavior?", *Journal of Economic Behavior & Organization*, 116, 525—539.

Niederle, M., 2016, "Gender", in John, K. and Alvin, R. eds: *The Handbook of Experimental Economics*, Princeton: Princeton University Press.

Quidt, J. D., Vesterlund, L. and Wilson, A. J., 2019, "Experimenter demand effects", in Schram, A. and Ule, A. eds: *Handbook of Research Methods and Applications in Experimental Economics*, Northampton: Edward Elgar Publishing.

Reuben, E., "Slides zTree", http://ereuben.net/teach/zTreeSlides.pdf.

Sonnemans, J. and Veen, A. V. D., 2019, "Software and laboratory organization", in Schram, A. and Ule, A. eds: *Handbook of Research Methods and Applications in Experimental Economics*, Northampton: Edward Elgar Publishing.

Weimann, J. and Brosig-Koch, J., 2019, *Methods in Experimental Economics: An Introduction*, Cham: Springer Texts in Business and Economics.

Zizzo, D. J., 2010, "Experimenter demand effects in economic experiments", *Experimental Economics*, 13, 75—98.

附件 A：实验说明纸质版范例

实验说明

您所抽到的计算机编号为＿＿＿＿＿＿＿**号，请您入座相应的计算机。**

实验前的注意事项：

1. 为了实验有序正常进行，请您听从实验员的统一安排，实验开始前不要动计算机。实验现场请您保持安静直到您离开机房，在实验过程中禁止和其他同学有任何形式的沟通。如果您有任何问题，请向实验员举手示意，我们会立刻为您解答疑问。

2. 匿名性和隐私性：您在实验操作过程中是完全匿名的。实验结束后我们也不会泄露任何个人信息，实验收集的决策数据仅用于学术研究。

3. 有偿性：您本次实验点数按 1 实验点数＝0.6 元人民币的兑换率折算成相应的现金，加上出场费 10 元，作为您参与此次实验的奖励。因此请您在实验开始之前仔细阅读实验说明，充分理解实验说明有助于您在实验过程中更好地决策。每项任务的收益将在实验全部结束后统一展示。

4. 实验一开始您会拿到一份实验说明，一张草稿纸，一支笔（如果有任何运算请在草稿纸上进行，务必保持实验说明的干净整洁），实验大约进行 45 分钟，在实验完成后请您在座位暂时不要离开，打开支付宝"收款"功能，按屏幕所示输入实验报酬，我们的实验员将向您扫码转账。请在获取实验收益后把您的实验说明、草稿纸和笔归还给我们，之后即可离开机房。

5. 注意：请在正式开始阅读实验说明前将手机封在桌面的信封中，并在实验过程中不要使用手机。

本实验总共由四个部分组成:实验问题测试、正式实验任务、个人信息问卷调查和获取实验所得现金。

第一部分:实验问题测试

在正式实验开始前您要参与问题测试。测试是为了更好地理解实验中收益的计算,以便您在实验中更好地决策。只有通过测试,您才可以参加正式的实验。在理解如下实验任务之后,您将会掌握测试题目的运算规则。

第二部分:正式实验任务

本场实验总共有 16 名参与者,将以一定的规则被分配到四个组里,每组有 1 名领导者和 3 名普通人。

分组后,每人每轮拥有 10 个点数的初始资金,并且可以通过对您所在组的公共项目进行投资来获得回报。

不同组的成员从公共项目中获得收益的公共项目回报率可能不同,A、B 组的公共项目回报率为 0.6,我们将其定义为富裕组,C、D 组的公共项目回报率为 0.3,我们将其定义为贫困组。具体来说,假设个人 i 投资额为 x_i,此时公共项目的总投资为 $\sum x_i$。若您在富裕组,则您从公共项目中获得的回报是 $0.6 \times \sum x_i$;若您在贫困组,则您从公共项目中获得的回报是 $0.3 \times \sum x_i$。

领导者和普通人的区别是:普通人在做公共项目投资时,可以同时选择向本组领导者转移支付一定的点数;领导者在本组所有人做完公共项目投资后,可以看到他们向公共项目的投资额和给自己转移支付的点数,并决定是否接受转移支付、是否减少普通人的收益以及减少普通人多少收益。

一、实验流程

本部分总共有两个任务。

任务一

您需要做 5 个选择题作为能力测试,全部同学解答完毕后,按正确率从高到低进行排名,相同正确率情况下用时短者排名靠前。最终排名的第 1、2 名被随机分配到富裕组 A 或 B 做领导者,第 3、4 名被随机分配到贫困组 C 或 D 中做领导者,第 4—16 名被随机分配到 4 个组中做普通人,并保证每个组中有 1 名领导者和 3 名普通人。在测试结束后,您将会看到自己的身份、组别、公共项目回报率。

领导者和普通人的身份一旦确定,在后续实验中均保持不变。

任务二

任务二包括三个阶段,第一阶段为公共项目投资阶段,第二阶段为领导者决策阶段,第三阶段为收益显示与倾向判断阶段。

详细说明如下：

阶段一：公共项目投资

领导者和普通人的初始资金都为 10 个点数。

领导者需要决定自己向公共项目投资多少（0—10 的整数，包括 0 和 10），如图 A1 所示。

普通人需要决定自己向公共项目投资多少（0—10 的整数，包括 0 和 10），以及向领导者转移支付多少（0—10 的整数，包括 0 和 10），如图 A2 所示。注意：两部分支出之和≤10。

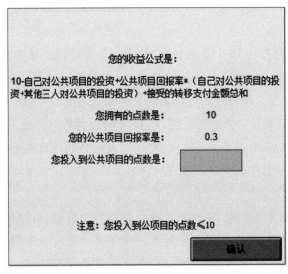

图 A1　公共项目投资——领导者界面

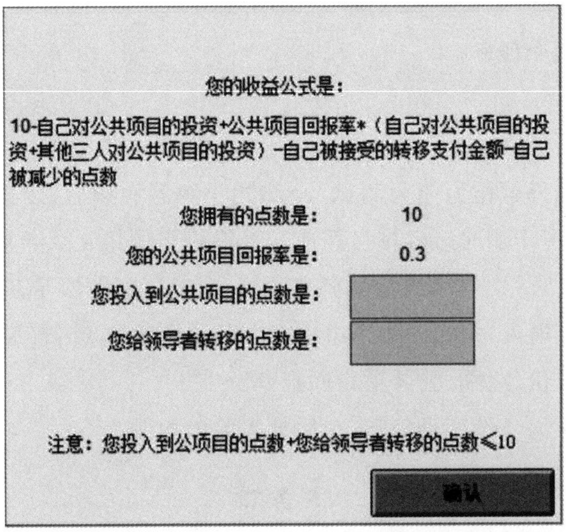

图 A2　公共项目投资——普通人界面

阶段二:领导者决策

领导者将会看到上一阶段中所有普通人的行动,包括每个普通人对公共项目的投资额和进行的转移支付点数。领导者可以依此信息对每个普通人相应地分别采取是否接受转移支付和是否减少点数的决策。被接受的转移支付将直接计入领导者的自身收益,减少点数对领导者无成本且无直接收益。

领导者的可选决策如图 A3 所示。

若普通人进行转移支付的金额＝0,则需要填写对普通人减少多少点数(0—4 的整数,包括 0 和 4);

若普通人进行转移支付的金额≠0,则需要先选择是否接受转移支付。然后,
(1)若接受转移支付,则对公民减少点数只能填 0。
(2)若拒绝转移支付,则需要填写对公民减少多少点数(0—4 的整数,包括 0 和 4)。

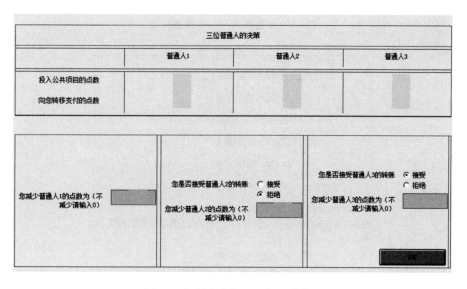

图 A3 领导者决策——领导者界面

普通人在本阶段等待领导者决策。

阶段三:收益显示与倾向判断

本阶段将会展示部分本轮决策的结果。

对于领导者(见图 A4),会看到本轮中的决策结果和本轮收益,并等待普通人做出决策。

对于普通人(见图 A5),首先,会看到自己的决策结果和领导者对自己的决策结果。然后,普通人需要根据此信息,判断领导者是更倾向于接受转移支付还是更倾向于提高公共项目的总投资。

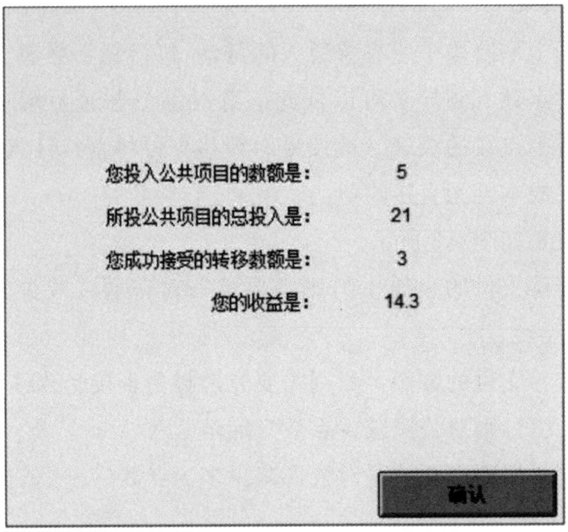

图 A4　收益展示——领导者界面

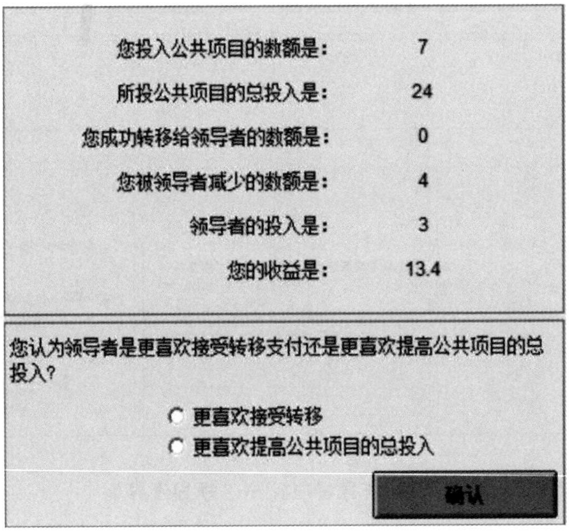

图 A5　收益展示与倾向判断——普通人界面

任务二将会重复若干轮,需要特别注意的是:

每经过四轮之后,12 位普通人会在四个组中重新进行一次随机分配,在后续四轮中保持新的组别不变。普通人在重新分配后,能够看到自己原来的和新的组别、原来的和新的公共项目回报率。

领导者在任务二中保持组别一直不变。

本实验总收益的计算:每四轮随机抽一轮做收益计算,最终收益为所有被抽出的轮次的收益之和。

每轮收益计算公式为:

普通人收益＝10－自己对公共项目的投资＋公共项目回报率×公共项目总投资
　　　　　－被接受的转移支付金额－被减少的点数
领导者收益＝10－自己对公共项目的投资＋公共项目回报率×公共项目总投资
　　　　　＋接受的转移支付金额总和

(注:富裕组 A、B 组公共项目回报率为 0.6;贫困组 C、D 组公共项目回报率为 0.3)
最终收益＝被抽的轮次 1 的收益＋被抽的轮次 2 的收益＋…＋被抽的轮次 n 的收益

第三部分:个人信息问卷调查

实验结束后我们需要您填写一份调查问卷。问卷内容仅供纯学术研究使用,其中的个人信息将被严格保密。请务必认真思考后输入您的真实信息和想法,一旦输入将无法更改。

第四部分:获取实验所得现金

在您完成以上全部实验内容之后,计算机屏幕会显示要求输入您的计算机编号。在您输入完毕后,屏幕上将显示您整场实验的总收益和现金收益。实验收益将以 1 实验点数＝0.6 元人民币的比率兑换为实际收益。您的最终现金收益＝实际收益＋出场费,出场费为 10 元人民币。

请您留在原位,打开支付宝收款码,输入屏幕上显示的现金收益,等待实验员支付收益。在获取现金收益后,请您将实验说明、草稿纸和笔留置原处,方可离开实验室。

附件 B：实验说明电子演示文稿版范例

实验说明
2019.4.20

请大家听从实验员的统一安排，实验开始前不要动计算机

实验前注意

- 决策独立性
- 匿名性和隐私性
- 有偿性

注意：请您凭自己的理解完成整场实验，在实验过程中不要使用手机，也不要与其他同学交流。

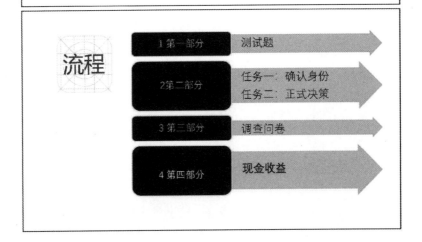

流程

1 第一部分 —— 测试题
2 第二部分 —— 任务一：确认身份 / 任务二：正式决策
3 第三部分 —— 调查问卷
4 第四部分 —— 现金收益

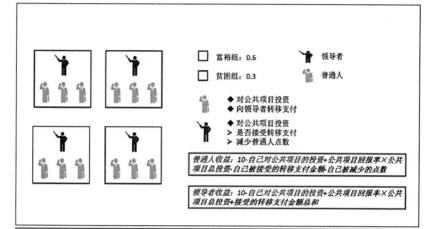

任务一 身份确认

您将会被要求做5道能力测试题。按正确率从高到低进行排名，相同正确率情况下用时短者排名靠前。**排名决定您进入任务二时的身份和组别。这将会对您的收益造成较大影响。**

具体的，最终排名的第1、2名被随机分配到两个富裕组中做领导者，第3、4名被随机分配到两个贫困组中做领导者，第4-16名被随机分配到4个组中做普通人，并保证每个组中有一名领导者和三名普通人。

领导者和普通人的身份一旦确定，在后续实验中保持不变。

任务二 正式实验

阶段一：公共物品投资决策

领导者界面

普通人界面

每轮实验收益计算

- 普通人收益=10-自己对公共项目的投资+公共项目回报率*（自己对公共项目的投资+其他三人对公共项目的投资）-自己被接受的转移支付金额-自己被减少的点数
- 领导者收益=10-自己对公共项目的投资+公共项目回报率*（自己对公共项目的投资+其他三人对公共项目的投资）+接受的转移支付金额总和

（富裕组A、B组个人回报率为0.6；贫困组C、D组个人回报率为0.3）

实验总收益

任务二进行若干轮，每四轮随机抽一轮做收益计算，最终收益为所有被抽出的轮次的收益之和。

即：最终收益=被抽的轮次1的收益+被抽的轮次2的收益+...+被抽的轮次n的收益

3 调查问卷

4 现金收益

现金收益=出场费10+实验点数*0.6

附件 C:招募公告范例[①]

【紫金港】1月4—5日(周六/日)实验招募

欢迎关注浙江大学跨学科社会科学研究中心(ICSS)! 欢迎您参加我们的经济学实验。

我们将于1月4—5日(本周六/日)在浙大紫金港校区月牙楼107机房举行经济学行为实验,现在需招募96名志愿者参加实验。该实验为计算机联机实验,所有操作在计算机上完成,不必有经济学相关知识。为研究需要,本次实验仅招募中国籍学生,请谅解!(注意:已参加11月30日、12月21日、12月22日实验的同学请勿报名!)

【实验内容】经济学行为决策实验

【实验报酬】35—70元,其中10元为出场费,实际金额由实验表现决定

【支付方式】实验结束后当场支付宝转账

【实验时间】2020年1月4—5日(周六、日),共4场,具体场次时间如下:

第1场:1月4日(周六)上午10:00—11:00,共24人

第2场:1月4日(周六)下午13:30—14:30,共24人

第3场:1月4日(周六)下午16:00—17:00,共24人

第4场:1月5日(周日)上午10:00—11:00,共24人

【实验时长】整个实验过程大约60分钟

【实验地点】浙江大学紫金港校区月牙楼107机房

【实验名额】96人,招满即止

【联系电话】186＊＊＊＊0268(刘同学)

【报名方式】扫描下方二维码即可报名(注意:提示已满场次请勿报名)[②]

浙江大学跨学科社会科学研究中心(ICSS)

[①] 本招募公告范例中展示的是通过公众号渠道招募被试的公告格式。
[②] 范例中的二维码图片为使用"水滴微信平台"线上招募平台自动生成的二维码。

附:浙江大学紫金港校区月牙楼107机房位置

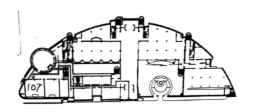

第六讲
实验数据分析方法

本讲利用 Stata 软件作为数据分析的工具,对实验经济学的常规数据分析程序和方法进行阐述。值得注意的是,我们不是试图说明所有实验经济数据计量分析可能涵盖的技术,而是对实验数据分析常规的分析步骤和分析方法做简要的介绍,目的是让读者能够掌握基本的实验数据分析能力。[①] 我们利用已发表的实验经济学和行为经济学类文章中的实验数据分析进行示范说明,希望能帮助读者更好地理解本讲的内容。本讲将从前期准备和实验数据整合、描述性统计和简单作图、非参检验方法、回归分析四个方面对实验数据分析的原理和应用进行讲述。

第一节 前期准备和实验数据整合

Stata 与 SPSS、SAS 并称为当今学术界三大统计软件。与后两种软件相比,Stata 灵活性高、功能强大且简单易懂,它把 EViews、SPSS 的傻瓜式菜单和 SAS 的命令、编程完美结合起来,因此一经推出就受到了广大学者的关注和普遍欢迎。Stata 已经成为计量经济学,特别是微观计量经济学的主流软件,其诸多优点也是我们选用它作为实验数据分析工具的原因。关于 Stata 工具,读者可以参考 Cameron and Trivedi(2009)、Gentzkow and Shapiro(2014)和陈强(2014)等说明性书籍进行学习,在此我们不对 Stata 的使用方法做详细的解释。由于实验数据结构不同于普通的实证数据结构,仅靠 Stata 自带的命令库难以完成实验数据的分析工作,我们利用本节来对正式数据分析前的准备工作和实验数据整合工作做一简单的介绍。

一、前期准备

(一)z-Tree 生成文件使用介绍

在顺利完成实验后,z-Tree 将在实验程序所在的文件夹中生成一系列文件(Fisch-

[①] 关于计量经济学的基本原理,读者可参考古扎拉蒂和波特(2005)、李子奈(2012)、Angrist and Pischke (2008)、Wooldridge(2010)以及 Wooldridge(2016)做大致的了解;关于实验经济学的计量方法论,读者可参考 Moffatt (2015)、Moffatt(2019)以及 Weimann and Brosig-Koch(2019)进行细致的学习,在此不做详细的解释说明。

bacher et al.,2019)。其中,最主要用于存储和呈现实验设计参数和被试行为决策数据的文件为 xls 文件,它也是我们用于后续数据分析的原始文件,在此,我们对 xls 文件做一个较为细致的介绍,其余文件类型的简介请参见第四讲第五节的相关内容,这里不再赘述。

正如前文所述,z-Tree 根据程序指令将数据分门别类地暂存于内部的数据表格(table)中,实验过程中可以进行查看。同时,z-Tree 能够通过生成的 xls 文件来实现对这些数据表格内容的实时保存,实验结束后的 xls 文件记录了整场实验中的主要数据。

xls 文件名默认为实验开始时间,比如"190412_1300.xls"的文件名即表示这是在 2019 年 4 月 12 日下午 1 点开始的实验的数据。如图 6-1 所示,z-Tree 生成的 xls 文件的数据形式与我们常见的用于数据分析的表格形式大不相同,常见的数据分析文件一般采用的是首行为变量名、其余行为变量内容的形式,但是,此处的 xls 数据文件的变量名会以一定的规律重复出现在 xls 文件中,接下来我们做详细的说明。

1	190412_13	1	globals	Period	NumPeriod	RepeatTreatment				
2	190412_13	1	globals	1	1	0				
3	190412_13	1	subjects	Period	Subject	Group	Profit	TotalProfit	Participate	TimeHead A1
4	190412_13	1	subjects	1	1	1	0	0	1	28 0
5	190412_13	1	subjects	1	2	1	0	0	1	30
6	190412_13	1	subjects	1	3	1	0	0	1	28
7	190412_13	1	subjects	1	4	1	0	0	1	23 0
8	190412_13	1	subjects	1	5	1	0	0	1	26
9	190412_13	1	subjects	1	6	1	0	0	1	21
10	190412_13	1	subjects	1	7	1	0	0	1	17 0
11	190412_13	1	subjects	1	8	1	0	0	1	17
12	190412_13	1	subjects	1	9	1	0	0	1	15 0
13	190412_13	1	subjects	1	10	1	0	0	1	28
14	190412_13	1	subjects	1	11	1	0	0	1	26
15	190412_13	1	subjects	1	12	1	0	0	1	28 0
16	190412_13	1	subjects	1	13	1	0	0	1	17
17	190412_13	1	subjects	1	14	1	0	0	1	27 0
18	190412_13	1	subjects	1	15	1	0	0	1	15 0
19	190412_13	1	subjects	1	16	1	0	0	1	17 0
20	190412_13	1	summary	Period						
21	190412_13	1	summary	1						
22	190412_13	1	session	Subject	FinalProfit	ShowUpFe	ShowUpFe	MoneyAdd	MoneyToP	MoneyEarned
23	190412_13	1	session	1	0	10	0	0	10	10
24	190412_13	1	session	2	0	10	0	0	10	10

图 6-1 z-Tree 生成的 xls 文件

xls 文件的第一列表示实验开始的时间,这一时间与文件名完全一致,第二列展示的是数据对应本场实验的第几个阶段,即运行的第几个 ztt 文件,编号为 1 即为实验中第一个运行的 ztt 文件所获得的数据。第三列展示的是数据在 z-Tree 中所归属的数据表格,表示此数据来自 z-Tree 内部的哪一数据表格。一般而言,与被试决策信息紧密相关的数据存储于"subjects"数据表格中,其内容是我们最为关注的,因为"subjects"数据表格在 z-Tree 中的生命周期只有一轮,所以 z-Tree 将这一表格每轮合并保存于 xls 文件一次。"globals"表示全局性数据表。"contracts"表示"合约性数据表",拥有与"subjects"一样的生命周期,每轮合并保存一次。"summary"表示"总结性数据表",生命周期为单个 ztt,可用于轮次之间的信息传递,表格内容每根据实验程序的指令变动一次,z-Tree 将其保存一次。"session"表示"场次性数据表",可用于 ztt 之间的信息传递,同样地,表格内容每根据实验程序的指令变动一次,z-Tree 将其保存一次。当然,如果在编程过程中我们新建了其他的数据表格,z-Tree 也会相应地将其存储于 xls 文件中,根据生命周期和程序执行条件的划分,其存储方式一般不外乎以上五种。由此,xls 文件中呈现出多个分数据表格共存的景象。每一分数据表格都具有变量名和变量内容。

从第四列开始,每个分数据表格的第一行是变量名,其余行是变量内容。以图 6-1 为例,subjects 数据表格中,第 1 行有变量"Period""Subject""Group""Profit"……,从第 2 行至第 17 行是第 1 轮中 subjects 数据表格所记录的被试决策数据,这样的结构可以帮助数据分析软件在后续数据分析中通过不同的表格名字快速地导入所需的数据表格。

值得注意的是,实验室实验一般会重复多个轮次,且多场实验数据汇总后的数据中被试量要远大于轮次数,因此收集到的数据集本质上是平衡的短面板数据。[①]

(二)数据分析文件夹的准备

第五讲已经介绍了实验数据的保存工作,为了使数据分析工作能够更加独立高效,我们需要在合适的位置创建一个单独的文件夹仅供数据分析使用,这一文件夹专门用于数据文件和分析程序文件的保存和调取,这样不仅方便程序员的操作,也可以使得数据分析代码具有更高的可读性和可复制性。需要注意的是,新建文件夹的路径最好全部为英文字符(不能有空格),便于 Stata 读取和存储[②],如"C:\Data_Analysis"。

在创建完文件夹后,我们需要将实验生成的所有原始制表符分隔 ASCII 编码文件(其扩展名为 xls,如"170414_0934.xls")拷贝进"Data_Analysis"文件夹。这里所指的原始文件是指实验生成的、内容未经任何修订的[③]、一手的 xls 文件,如果 xls 文件的内容在实验结束后使用 Excel 重新保存为 xls 文件,那么在 Stata 处理时,数据文件将无法导入 Stata。[④]

此时,文件夹内会有很多个以时间命名的 xls 文件。例如,在陈叶烽等(2020)的《薪酬激励和医疗服务供给:一个真实努力实验》一文中总共有 6 个实验局,每个实验局进行了两场实验,因此原始数据有 12 个文件,分别是"170414_0934.xls""180414_1300.xls""180414_1500.xls""180414_1800.xls""180416_0939.xls""180416_1309.xls""180416_1516.xls""180416_1810.xls""180422_0930.xls""180422_1259.xls""180422_1508.xls"

[①] 面板数据是指对同一研究对象(被试)在多个时期进行多次信息收集而得到的数据,短面板数据中研究主体个数 N 大于时期数 T,平衡面板数据中对每个研究对象都有相同的观测时期数。

[②] 由于 Stata 对中文字符的支持力度远小于英文字符,因此涉及与 Stata 软件进行交互的文件或路径尽量使用英文字符。

[③] 这里的"内容"是指 Excel 打开后内部所有的格式和单元格的内容。Excel 的内容不能有任何改动,但是 Excel 的文件名可以修改,例如"170414_0934.xls"可以改为"T1_1.xls"。

[④] 原因在于,我们可以使用 ztree2stata 将 z-Tree 生成的数据导入 Stata 内存,但是该命令无法打开 Excel 文件。由 z-Tree 创建的数据文件不是 Excel 文件,而是制表符分隔 ASCII 编码文件,只是其扩展名是 xls。因此,将数据文件另存为 Excel 文件后会更改其中的数据编码类型,ztree2stata 命令将无法再打开它。

"180422_1802.xls",这些文件虽然能够体现实验时间,但是很难据此来判定文件内容是哪个实验设置,不利于后期数据分析时的准确调取,为了使后面的数据分析能够更加地简单明了,我们可以根据实验设计时的实验设置,将新建文件夹里的"*.xls"文件重命名为"T1_1.xls""T1_2.xls""T2_1.xls""T2_2.xls""T3_1.xls""T3_2.xls""T4_1.xls""T4_2.xls""T5_1.xls""T5_2.xls""T6_1.xls""T6_2.xls"。①

(三)Stata 准备

首先,我们要安装 Stata 软件,不同的版本可能有不同的安装步骤,因此我们不对 Stata 安装步骤多做讲解,读者根据相应版本的安装说明进行安装即可。需要注意的是,不同 Stata 版本生成的文件可能不兼容,请酌情选择适用的版本。

其次,我们需要将 ztree2stata 命令嵌入 Stata 工具中。ztree2stata 的具体下载地址是 https://sites.google.com/view/takekan/research/ztree2stata,需要将"ztree2stata.pdf""ztree2stata.ado"和"ztree2stata.hlp"三个文件下载下来。"ztree2stata.pdf"文件是对"ztree2stata"命令的说明文件,用于学习其具体的代码书写方法,可自行选择保存路径;"ztree2stata.ado"和"ztree2stata.hlp"文件是 Stata 需要调用的文件,需要安装到 Stata 中用来存储命令的文件夹下。具体安装方法是:将"ztree2stata.ado"和"ztree2stata.hlp"两个文件一同拷贝进已安装好的 Stata 文件夹中的相应命令安装根目录下(如 C:/stata14/ado/base/z),需要注意的是,一定要拷贝进"z"文件夹中,里面已经有很多其他的"*.ado"和"*.hlp"文件。

最后,我们需要启用 New Do-file Editor 功能来为后续的数据分析工作做准备。使用 New Do-file Editor 进行代码的编辑又被称为编程式操作,能够实现若干条命令的组合,是可以按需求将一定循环、条件语句相结合的编程和运行工具。编程式操作不仅可以高效地完成批量或非常复杂的任务,还具有很强的复制性和移植性,可以保存为"*.do"文件,方便后续的修改和使用。New Do-file Editor 在 Stata 界面的位置如图 6-2 中方框所示。在打开 New Do-file Editor 后,先将其另存(File-Save as)到先前新建的数据分析文件夹中,并命名为"实验名称_数据整合",建议采用英文字符命名,便于 Stata 读取,如"Payment_System_and_Physicians'_Behavior_Evidence_from_an_Real_Effort_Experiment_DataIntegration.do"。为保证 Do-file 的规范性,使得代码能够更加条理清晰,在进行数据整理之前,需要先对 Do-file 页面进行页面设计,后续将代码书写在相应的位置。具体界面如图 6-3 和图 6-4 所示,其中,①说明编辑本"*.do"文件的程序员、运行环境、更新时间,"*.do"文件每更新一次,更新时间需要随之改动一次;②表明本次数据分析的实验名称,以及本"*.do"文件所包含的内容;③列出数据处理的大纲;④为本"*.do"文件的数据处理画上"句号"。

---

① "T_{i_j}"表示实验设置 i 的第 j 场实验。

图 6-2 New Do-file Editor 功能位置

```
***V.Lxq        //程序员              ① do文件背景介绍
***Stata/MP.15  //运行环境
***20200529     //更新时间
                                      ② 代码内容的标题
********Payment System and Physicians' Behavior Evidence from an Real Effort Experiment********
***********The Data Integration Part***********
*一、清空内存并选择新建的数据分析文件夹为本次数据整合阶段的操作路径*  ③ 数据处理提纲
*二、数据整理与合并*
**1.实验局1-6数据分别整理
**2.所有实验局数据合并与变量调整
***1) 实验局内部数据合并
***2) 实验局之间数据合并
***3) 变量调整
***4) 变量标签与dta数据保存
                                                                    ④ 结尾
**************Payment System and Physicians' Behavior Evidence from an Real Effort Experiment**************
*********************************The Data Integration Part*********************************
```

图 6-3 Do-file 文件页面设计——数据整合 do 文件

```
***V.Lxq        //程序员              ① do文件背景介绍
***Stata/MP.15  //运行环境
***20200529     //更新时间
                                      ② 代码内容的标题
********Payment System and Physicians' Behavior Evidence from an Real Effort Experiment********
***********The Data Analysis Part***********
*一、清空内存并选择新建的数据分析文件夹为本次数据分析阶段的操作路径*  ③ 数据处理提纲
*二、数据分析*
**1.描述性统计与作图
***1) 描述性统计表格
***2) 柱状图
***3) 箱线图
***4) 散点图
***5) 折线图
**2.非参检验
**3.回归分析
                                                                    ④ 结尾
**************Payment System and Physicians' Behavior Evidence from an Real Effort Experiment**************
*********************************The Data Analysis Part*********************************
```

图 6-4 Do-file 文件页面设计——数据分析 do 文件

二、实验数据整合

如前文所提,每场实验都会生成一个 xls 文件,这个文件包含了本场实验的所有数据,这些数据可能包含多个 treatment(ztt),不同的 treatment 包含的变量可能是不同的。对于变量不同的 treatment,往往要分别进行数据处理;然后以实验局为关键字,对同一实验局的所有数据进行横向合并。

为了保证最终的 dta 文件的完整性和可读性，最后应该对已经处理好的所有实验局的数据进行纵向合并，并定义好变量的标签，保存为 dta 文件。因此，数据整合阶段主要分为四步：首先，对每个实验局的不同 treatment 分别进行数据整理；其次，将每个实验局的不同 treatment 数据进行合并；再次，将不同实验局的数据进行合并；最后，对变量进行调整并设置标签。

(一) 清空内存并更改操作目录

为使 Stata 开始处理新的数据，我们先用"clear"命令清空 Stata 先前正在处理的数据；然后，在前期准备工作中我们已经新建了专门用于数据分析的文件夹，为使 Stata 能够找到它，需要"cd"命令来实现定位这一路径的目的，具体代码如下：

```
clear
cd C:\Data_Analysis
```

通过上述定位，接下来的命令运行中将默认从本文件夹中调取文件，存储的路径也默认为该文件夹。

(二) 实验数据导入 Stata

Stata 数据处理的第一步是要读取数据。z-Tree 生成的实验数据保存于 xls 表格中，其数据格式为制表符分隔 ASCII 编码，使用 Stata 自带的数据导入命令难以完成数据的调取。ztree2stata(Takeuchi, 2005)是专门用于 z-Tree 实验数据导入 Stata 的命令，它可以导入 z-Tree 数据文件并将其转换为 Stata 可识别的数据格式。能够实现的具体功能有：导入由 z-Tree 保存的制表符分隔 ASCII 编码文件；逐表删除指定所需内容以外的所有数据；使用 z-Tree 中的变量名[1]；将字符串数据转换为数值型数据。

ztree2stata 命令的语法为"ztree2stata <u>table</u> using <u>filename</u>[, treatment(<u>numlist</u>) string(<u>string_varlist</u>) except(<u>string</u>) save replace <u>clear</u>]"其中，ztree2stata 表示将 z-Tree 生成的数据文件导入到 Stata 内存中，<u>table</u> 表示导入对应的数据表(如 subjects 或者 contracts)[2]，using <u>filename</u> 表示所需文件的文件名，"＿"实下划线部分表示缩写，"＿"虚下划线部分表示根据实际数据文件或内容进行书写，[ ]内部为 option 选项，可根据需要选择性使用。treatment(<u>numlist</u>)指定导入到 Stata 内存的制表符分隔 ASCII 编码文件

---

[1] 如果使用数组变量，则变量名包括方括号[ ]，Stata 不能将其用作变量名。因此，ztree2stata 会自动删除方括号。例如：Price[1]、Price[2]和 Price[3]将分别转换为 Price 1、Price 2 和 Price 3。

[2] 在前文已经提到，原始文件存在多种数据表类型，在进行数据整合时，需要将我们所需要的数据表导入 Stata 内存。

中的 treatment(ztt)。如果不使用此选项,则默认将所有的 treatment 导入。string (*string varlist*)指定不会转换为数值型数据的变量。[①] except(*string*)指定将重命名的某些变量。save 使得 Stata 将数据保存为 dta 文件,Stata 通过将 xls 文件更改为 dta 文件并在扩展名之前添加"-table"来创建新文件名,并使用新文件名将数据保存在内存中。replace 表示保存并覆盖现有数据集,此代码不能缩写。clear 使得 Stata 继续加载新的数据,即使内存中已经有一个数据集,此代码不能缩写。

以陈叶烽等(2020)为例,实验数据导入 Stata 的代码如下:

```
ztree2stata subjects using T1_1.xls,treatment(2) clear
ztree2stata subjects using T1_1.xls,treatment(3) clear
```

(三)对多个实验局的数据进行批量整理

对于多个实验局数据的整理,我们可以利用循环语句对其进行批量处理,本部分以 6 个实验局共 12 场实验的数据文件中不同 table 的提取和保存为暂存文件为例进行说明,代码如下[②]:

```
forvalues i = 1/6{
//利用循环语句,对 6 个实验局的数据依次进行处理
  forvalues j = 1/2{
  //利用循环语句,对每个实验局中两场实验数据依次进行处理
     *1)treatment1 数据整理
     ztree2stata subjects using T`i'_`j'.xls,treatment(1) clear
     //将要处理的内容从实验数据原文件中导入 dta 文件
     keep varlist
     //保留需要的变量
     replace treatment=`i'
     //将 treatment 的编码更改成实验设计中的实验设置的编码
     gen session=`j'
     tempfile T`i'_`j'_1
     //定义一个暂存文件
```

[①] ztree2stata 命令会将所有变量的值转化为数值型,如果有一些变量要保持字符串型,则需要使用 string 选项进行处理。

[②] 本讲仅对常用到的 Stata 命令做简要的介绍,不做详细的讲解,若读者对代码存在疑惑或者有兴趣做详细的学习,请前往 Stata command 对话框,利用 Help 命令寻求解决方案。关于 Stata 的详细学习教材,参见 Cameron and Trivedi(2009)。

```
        save " `T`i'_`j'_1'"
        //保存成暂存文件
        *2)treatment2(subjects)数据整理
        ztree2stata subjects using T`i'_`j'.xls,treatment(2) clear
        drop varlist
        //去掉不需要的变量
        replace treatment=`i'
        gen session=`j'
        tempfile T`i'_`j'_2
        save " `T`i'_`j'_2'"
        *3)treatment2(contracts)数据整理
        ztree2stata contracts using T`i'_`j'.xls,treatment(2) clear
        drop varlist
        replace treatment=`i'
        gen session=`j'
        tempfile T`i'_`j'_3
        save" `T`i'_`j'_3'"
    }
}
```

(四)对每场实验中不同treatment(ztt)的数据进行横向合并

对于同一场实验,每名被试可能会面临多个treatment(ztt)的实验,此时我们需要将不同treatment(ztt)的数据进行横向合并,代码如下:

```
forvalues i = 1/6{
//利用循环语句,对6个实验局的数据依次进行处理
    forvalues j = 1/2{
    //利用循环语句,对每个实验局中两场实验数据依次进行处理
        use " `T`i'_`j'_1'", clear
        //使用暂存文件
        sort Period
        //根据Period从小到大的排序,列示数据
        merge m:1 Period using " `T`i'_`j'_2'", nogenerate
        //将两个数据文件横向拼接
        sort Subject
```

```
        merge m:1 Subject using "`T'`i'_`j'_3'", nogenerate
        tempfile T`i'_`j'
        save "`T'`i'_`j''"
    }
}
```

(五)对不同实验局的多场数据进行纵向合并

完成对每场实验数据的整理后,每位被试的实验数据已经完整,接下来我们需要将所有被试的实验数据进行纵向合并,代码如下:

```
use "`T1_1'", clear
append using "`T1_2'" "`T2_1'" "`T2_2'" "`T3_1'" "`T3_2'" "`T4_1'" "`T4_2'" "`T5_1'" "`T5_2'" "`T6_1'" "`T6_2'"
//将多个数据文件纵向合并
sort treatment Period Subject
//先后根据 treatment Period Subject 从小到大的排序,列示数据
save T1_6_Ori.dta, replace
//保存成原始数据的 dta 文件,命名为 T1_6_Ori.dta
```

(六)变量调整和标签设置

在完成上述五步后,我们已经将所有实验中收集到的数据全部整合到"T1_6_Ori.dta"文件中,为便于后续实验数据的分析,增强实验数据的可读性,我们需要进行最后的变量调整和标签设置。

```
*1)变量调整
rename_all, proper
//所有变量首字母大写,其他字母小写
replace Subject = Subject + 24 if Session = = 2
//将每个实验局第二场实验的被试编码进行更改,改为原来的编码 + 24
//其中每场实验有 24 名被试,未更改前的编码为 1 - 24
forvalues i = 2/6{
    replace Subject = Subject + (`i'-1) * 48 if Treatment = = `i'
}
```

```
//将 2-6 实验局的被试编码进行更改,其中每个实验局有 48 个被试,未更改前的编码为 1-48
//更改编码的原因是:实验程序赋予被试的编码都是 1-24
//合并后的数据存在多个被试共用一个编码的问题
//但是进行数据分析的前提是,每个被试被独立编码
//因此我们需要通过一定的手段对编码进行重新设置
drop varlist
gen [type] newvar [: lblname] = exp [if] [in] [, before(varname) | after(varname)]
//生成新变量,用于后续实验数据分析阶段使用
//由于原始的实验数据可能不能直接进行数据分析,主要变量往往需要经过一定的计算生成
//接下来的数据分析阶段可能需要对数据结构进行修改
//对于那些会影响数据结构的待生成新变量,在数据分析过程中创建
replace oldvar = exp [if] [in] [, nopromote]
//对已有的变量进行更改
order varlist [, options]
//改变变量在列表中的排列顺序
*2)设置标签
label variable varname ["label"]
//定义变量名标签
label define lblname # "label" [ # "label" … ] [, add modify replace nofix]
//定义变量值标签
label values varlist [lblname|.] [, nofix]
//将变量值标签应用到数据中
save T1_6.dta, replace
//保存成最终使用数据的 dta 文件
```

经过上述步骤后,我们已经将实验数据全部整合完毕,并保存为"T1_6.dta"文件,下一步便可以在此文件的基础上进行数据分析。

第二节 描述性统计和简单作图

对数据进行最基本的统计运算就是根据一定的分类计算出各主要变量的描述性统计值,并将其汇总到一张表中,描述性统计的指标包括最大值、最小值、均值、标准差、中位数和样本量。描述性统计表格往往不能形象地展示各组统计值之间的差异,此时,我们可以通过作图的方式,将统计情况可视化,更加直观地观察各实验局之间的差异。本

部分以已发表的实验经济学类文章为例,介绍实验数据的描述性统计和简单作图。[①]

一、描述性统计表格

Stata 进行描述性统计的命令有 tabstat、sum 等,本部分我们借用 sum 命令进行说明,sum 的语法为 summarize [varlist][if][in][weight][,options],可以搭配 bysort 命令使用。根据陈叶烽等(2020)一文的研究目的,我们需要根据考核框架和支付方式对被试分组的正确治疗数、过度治疗数和治疗不足数分别做描述性统计,代码如下。

```
cd C:\A\Doctor\Payment_System_and_Physicians'_Behavior_Evidence_from_an_Real_Effort_Experiment\Data_Analysis
use T1_6.dta,clear
…
bys Treatment Payment: sum TotalWrong2Correct TotalOverTreatment TotalUnderTreatment
//Treatment 表示考核框架变量,Payment 表示支付方式变量,TotalWrong2Correct 表示正确治疗数变量,TotalOverTreatment 表示过度治疗数变量,TotalUnderTreatment 表示治疗不足数变量.
```

我们对分析结果取均值和标准差,可制成相应的描述性统计表格(见表6-1)。在没有质量考核的前提下,按服务支付的正确治疗数相对较低而且有严重的过度治疗和治疗不足问题,按人头支付下医生有严重的治疗不足问题,按照数量来看,固定工资机制下,医生提供更为正当的治疗服务。表6-1同时还表明引入质量考核后医生的治疗行为有了明显的改善,其中损失框架下提升更大。

表6-1 医生治疗行为的描述性统计

	正确治疗数			过度治疗数			治疗不足数		
	基准	获得	损失	基准	获得	损失	基准	获得	损失
CAP	27.31 (14.60)	32.22 (12.06)	34.98 (10.14)	3.73 (10.89)	4.54 (12.44)	2.50 (7.79)	30.03 (26.95)	15.38 (19.67)	10.86 (13.63)
FFS	21.09 (16.55)	28.99 (13.01)	33.60 (12.20)	38.52 (50.66)	16.55 (36.93)	10.36 (31.21)	20.13 (22.74)	9.54 (15.72)	5.80 (13.13)
FIX	27.38 (11.11)	26.69 (10.36)	26.06 (10.85)	3.67 (4.08)	3.85 (8.59)	2.35 (3.22)	8.31 (13.89)	5.59 (10.78)	2.97 (3.23)

注:其中 CAP 是指按人头支付,FFS 是指按服务支付,FIX 是指固定工资。
资料来源:陈叶烽、丁预立、潘意文、金菁、姚沁雪,2020:《薪酬激励和医疗服务供给:一个真实努力实验》,《经济研究》,第1期。

[①] 本部分不详细介绍作图命令的组成和含义,读者可参考 Mitchell(2008)进行自学。

二、柱状图

描述性统计表格的优点是能够将均值和标准差全部展示给读者,缺点是统计值过多,使人看得眼花缭乱,此时,柱状图的引入能够降低人们理解数字的难度。柱状图从零开始计量,柱高代表指标大小,可以进行定性或者定量分析,是实验经济学相关文献中应用最为广泛的图形,其 Stata 命令的语言格式为 graph bar yvars[if][in][weight][,options]或者 graph hbar yvars[if][in][weight][,options]。

接下来,我们借助柱状图,从患者的视角审视医生的治疗行为(陈叶烽等,2020),代码如下,柱状图如图 6-5 所示。柱状图进一步证实了表 6-1 的结论:即按人头支付导致了突出的治疗不足问题,按服务支付导致了突出的过度治疗问题,引入质量考核能改善以上问题,其中损失框架下的结果更优。

```
…
graph bar (mean) OverTreatmentRate,over(Treatment,gap(10)) over(Payment,gap(60)) ///
    ytitle("过度治疗率") blabel(bar,format(%4.2f)) bar(2,color(gs7)) bar(2,fi(inten20)) ///
    graphregion(fcolor(white) lcolor(white) ifcolor(white) ilcolor(white))
//根据考核框架和支付方式分类做柱状图,其中 OverTreatmentRate 表示过度治疗率
graph save OverTreatmentRate_Bar.gph,replace
//保存柱状图

graph bar (mean) UnderTreatmentRate, over(Treatment, gap(10)) over(Payment, gap(60)) ///
    ytitle("治疗不足率") blabel(bar,format(%4.2f)) bar(2,color(gs7)) bar(2,fi(inten20)) ///
    graphregion(fcolor(white) lcolor(white) ifcolor(white) ilcolor(white))
//根据考核框架和支付方式分类做柱状图,其中 UnderTreatmentRate 表示治疗不足率
graph save UnderTreatmentRate_Bar.gph, replace

graph combine OverTreatmentRate_Bar.gph UnderTreatmentRate_Bar.gph
//将两个柱状图合并成一个
```

柱状图的应用经常出现在国际顶级期刊上的实验经济学文章中,Babcock et al. (2017)在探究男性和女性在志愿活动投资次数方面的区别时,通过柱状图(见图 6-6)的形式来展示这种差异,具体代码如下:

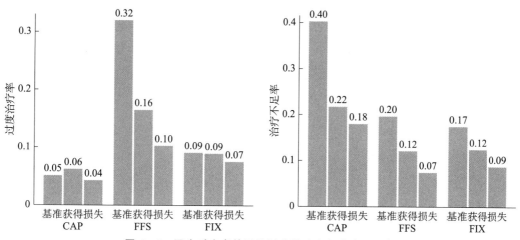

图 6-5　医生对患者的平均过度治疗率与治疗不足率

资料来源：陈叶烽、丁预立、潘意文、金菁、姚沁雪，2020：《薪酬激励和医疗服务供给：一个真实努力实验》，《经济研究》，第 1 期。

```
…
twoway (bar share_obs n_invest_subject_aux if female == 0, barw(0.33) fi(inten100)) ///
    (bar share_obs n_invest_subject_aux if female == 1, barw(0.33) fi(inten50)), ///
    graphregion(fcolor(white) lcolor(white)) legend(row(1) order(1 "male" 2 "female")) ///
    xlabel(0(1)10) ylabel(0(.05).25) xtitle("Total Investment") ytitle("Relative Frequency") ///
    saving("figure2", replace)
// share_obs 表示本投资次数的人数在总人数中的占比，n_invest_subject_aux 表示投资次数
// female 表示是否是女性，1 表示女性，0 表示男性
```

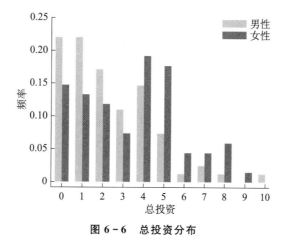

图 6-6　总投资分布

资料来源：Babcock, L., Recalde, M. P., Vesterlund, L. et al., 2017, "Gender differences in accepting and receiving requests for tasks with low promotability", *American Economic Review*, 107, 714—747.

从图 6-6 来看，男性对志愿活动的总投资明显少于女性，61%的男性投资两次或更少，而只有 40%的女性投资在这个较低的范围内。

三、箱线图

箱线图一般是一种对数据进行定量描述的工具，包括最大值、最小值、四分之一分位数、中位数和四分之三分位数 5 个指标。其语法为 graph box yvars[if][in][weight][,options]或者 graph hbox yvars[if][in][weight][,options]。作为柱状图的一种替代性图形，箱线图也是一个形象展示统计结果的有用的工具。

我们借助陈叶烽等（2020）的数据通过箱线图（见图 6-7）的形式来观察不同支付方式、不同考核标准下医生治疗数量、治疗正确率和患者健康水平的差别，代码如下。首先，从不同支付方式下的区别来看，按人头支付方式下治疗数量最多，固定工资支付治疗数量最少，相反地，患者健康水平在按人头支付方式下最低，按固定工资支付时最高，治疗正确率差别与考核标准有关。其次，不同考核标准下的区别非常明显，无论哪种支付方式，报告完成数在无质量考核时最多，在损失框架的质量考核下最少，相反地，医生治疗正确率和患者健康水平则是在无质量考核时最低，在损失框架的质量考核下最高。这说明质量考核的引入显著提升了治疗质量，但代价是降低了治疗数量，且损失框架的质量考核下此效果更甚。

```
graph hbox TotalReport,over(Treatment,gap(5)) over(Payment,gap(60)) ytitle("报告完成数") ///
    box(1,color(gray)) ylabel(,nogrid) nooutsides note("") ///
        graphregion(fcolor(white) lcolor(white) ifcolor(white) ilcolor(white))
//TotalReport 表示报告完成数
graph save TotalReport_hBox.gph,replace

graph hbox CorrectRate,over(Treatment,gap(5)) over(Payment,gap(60)) ///
    ytitle("医生治疗正确率") box(1,color(gray)) ylabel(,nogrid) nooutsides note("") ///
        graphregion(fcolor(white) lcolor(white) ifcolor(white) ilcolor(white))
//CorrectRate 表示医生正确治疗率
graph save CorrectRate_hBox.gph,replace

graph hbox HealthLev,over(Treatment,gap(5)) over(Payment,gap(60)) ///
    ytitle("患者健康水平") box(1,color(gray)) ylabel(,nogrid) nooutsides note("") ///
        graphregion(fcolor(white) lcolor(white) ifcolor(white) ilcolor(white))
```

```
//HealthLev 表示患者健康水平
graph save HealthLev_hBox.gph,replace

graph combine TotalReport_hBox.gph CorrectRate_hBox.gph HealthLev_hBox.gph, ///
    saving("TotalReport_CorrectRate_hBoxHealthLev_hBox.gph")
```

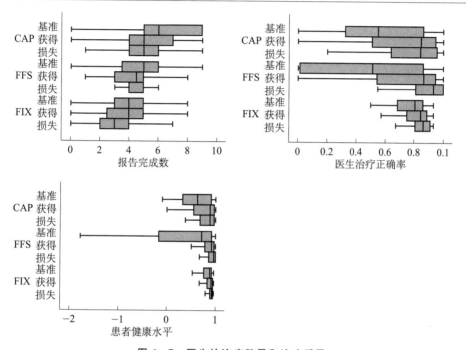

图 6-7 医生的治疗数量和治疗质量

资料来源：根据陈叶烽等(2020)一文的实验数据自行绘制。

四、散点图

散点图和拟合线是呈现两个主要变量之间关系的简便工具，散点图的语法为[graph][twoway]scatter varlist[if][in][weight][,options]，拟合线的语法为[graph]twoway lfit yvar xvar[if][in][weight][,options]。

通过绘制散点图的方法，我们同样可以直观判断报告完成数与医生治疗效果(患者健康水平和医生正确治疗率)的关系，代码如下。通过散点图(见图 6-8)，我们不难发现，按人头支付强调治疗数量，因此该支付方式下医生的治疗数量始终最高。引入质量考核并没有消除按人头支付在治疗数量上的优势，且大幅提高了医生的治疗质量。按服务支付下医生治疗数量仅高于固定工资下的水平，且治疗质量波动很大。按服务支付下，基准实验局中患者健康水平与医生治疗正确率均远低于其他实验局，而在引入了质量考核后医生的治疗质量大幅提高,其中损失框架下表现更佳。固定工资下医生的表现居于坐标系左上角,治疗数量低但治疗质量较高。

```
…
graph twoway scatter HealthLev_Mean TotalReport_Pay if Payment = = 1, ///
    msymbol(Oh) mlabel(Payment_Detail) mlabv(pos)|| ///
    scatter HealthLev_Mean TotalReport_Pay if Payment = = 2, ///
    msymbol(Dh) mlabel(Payment_Detail) mlabv(pos)|| ///
    scatter HealthLev_Mean TotalReport_Pay if Payment = = 4, ///
    msymbol(Sh) mlabel(Payment_Detail) mlabv(pos)|| ///
    lfit HealthLev_Mean TotalReport_Pay, ///
    ytitle("患者健康水平") xtitle("报告完成数") legend(off) ///
    graphregion(fcolor(white) lcolor(white) ifcolor(white) ilcolor(white))
    //HealthLev_Mean 表示平均患者健康水平,TotalReport_Pay 表示平均报告完成数
graph save HealthLev_Scatter. gph, replace
…
graph twoway scatter CorrectRate_Mean TotalReport_Pay if Payment = = 1, ///
    msymbol(Oh) mlabel(Payment_Detail) mlabv(pos)|| ///
    scatter CorrectRate_Mean TotalReport_Pay if Payment = = 2, ///
    msymbol(Dh) mlabel(Payment_Detail) mlabv(pos)|| ///
    scatter CorrectRate_Mean TotalReport_Pay if Payment = = 4, ///
    msymbol(Sh) mlabel(Payment_Detail) mlabv(pos)|| ///
    lfit CorrectRate_Mean TotalReport_Pay, ///
    ytitle("医生正确治疗率") xtitle("报告完成数") legend(off) ///
    graphregion(fcolor(white) lcolor(white) ifcolor(white) ilcolor(white))
    //HealthLev_Mean 表示医生正确治疗率,TotalReport_Pay 表示报告完成数
graph save CorrectRate_Scatter. gph, replace

graph combine HealthLev_Scatter. gph CorrectRate_Scatter. gph
```

De Quidt et al. (2018)设计了一个实验来研究实验员需求效应对被试决策的影响,参与者被告知,他们将完成同一个游戏的两个任务(Task 1 和 Task 2),并根据其中一个任务获得报酬,这个任务是随机选择的。一半人参与了两次独裁者游戏,一半人参与了两次风险投资游戏。他们首先在没有任何需求设置的情况下完成任务,然后再加入强烈的积极或消极需求设置。因此产生四个群体,按独裁者/风险投资博弈和正/负需求划分。文中通过散点图的形式展示被试在仅语言框架不同的实验任务中的决策,并以此判断实验员需求效应带来的影响,代码如下:

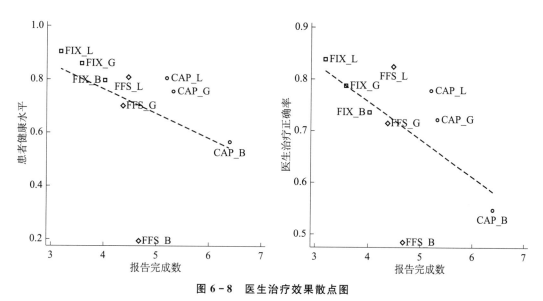

图 6-8 医生治疗效果散点图

资料来源：陈叶烽、丁预立、潘意文等，2020：《薪酬激励和医疗服务供给：一个真实努力实验》，《经济研究》，第 1 期。

```
...
twoway scatter riskpost riskpre if pos_dem = = 1[w = freqrisk],xtitle("Task 1(no demand)") ///
        ytitle("Task 2(positive demand)") title("Risk:positive demand", ///
        size(medlarge)) msymbol(smcircle_hollow) ///
        ||line riskpre riskpre,legend(off)
//riskpost 表示在风险投资决策任务二中的投资,riskpre 表示在风险投资决策任务一中的投资
//pos_dem = = 1 表示积极投资需求的框架设置
//[w = freqrisk]表示根据观测值的多少来绘制散点的大小
//line riskpre riskpre 表示画一条 45 度倾斜线
graph save "risk_posdem.gph",replace

twoway scatter riskpost riskpre if pos_dem = = 0[w = freqrisk],xtitle("Task 1(no demand)") ///
        ytitle("Task 2(negative demand)") title("Risk:negative demand", ///
        size(medlarge)) msymbol(smcircle_hollow) ///
        ||line riskpre riskpre,legend(off)
//pos_dem = = 0 表示消极投资需求的框架设置
graph save "risk_negdem.gph",replace

twoway scatter dgpost dgpre if pos_dem = = 1[w = freqdg],xtitle("Task 1(no demand)") ///
        ytitle("Task 2(positive demand)") title("Dictator:positive demand",size(medlarge)) ///
```

```
        msymbol(smcircle_hollow)||line riskpre riskpre,legend(off)
//dgpost 表示在独裁者博弈任务二中的转移点数,dgpre 表示在独裁者博弈任务一中的转移点数
//pos_dem = = 1 表示积极转移需求的框架设置
//[w = freqdg]表示根据观测值的多少来绘制散点的大小
graph save "dg_posdem.gph",replace


twoway scatter dgpost dgpre if pos_dem = = 0[w = freqdg],xtitle("Task 1(no demand)") ///
        ytitle("Task 2(negative demand)") ///
        title("Dictator:negative demand",size(medlarge)) ///
        msymbol(smcircle_hollow)||line riskpre riskpre,legend(off)
//pos_dem = = 0 表示消极转移需求的框架设置
graph save "dg_negdem.gph",replace


graph combine "risk_posdem.gph" "risk_negdem.gph" "dg_posdem.gph" "dg_negdem.gph", ///
        name(scatterwithin,replace)
graph display scatterwithin,xsize(15) ysize(20)
graph export "figure3scatterwithin.pdf",as(pdf) replace
```

通过上述代码,可以得到图 6-9。在积极的需求设置中,严格的服从者位于 45 度线上方,严格的违抗者位于 45 度线下方,没有改变行为者在 45 度线上。只有大约 5% 的参与者是严格的违抗者。大约 30% 的人不会因为我们的实验员需求设置而改变他们的行为,而剩下的 65% 则严格遵守实验员暗示的需求(不同任务的比例是相似的)。因此,本文几乎找不到违抗实验员需求的证据。

五、折线图

绝大多数实验室实验是多轮次实验,因此研究者能够收集到参与者在一段时间内的多次决策数据,这种具有时间顺序的数据为我们研究参与者决策的动态变化提供了很好的支持,折线图能够把这种动态变化形象地呈现出来。我们可以使用以下两种语法来绘制折线图:[graph][twoway]scatter varlist[if][in][weight][,connect(l) options];twoway connected varlist[if][in][weight][,scatter_options]。

Babcock et al. (2017)在探究男性和女性在志愿活动投资次数的差异一文中,采用折线图(见图 6-10)展示了不同性别的参与者在投资志愿者活动中的动态决策变化,发现随着实验的进行,投资概率呈现一个轻微下降的趋势,而且女性比男性更有可能进行投资,从第一轮开始,女性的投资率就超过了男性。由于在十轮投资中存在持续的差异,这

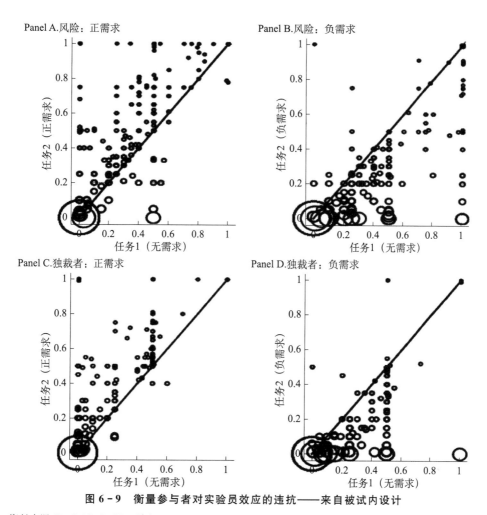

图 6-9 衡量参与者对实验员效应的违抗——来自被试内设计

资料来源:De Quidt,J.,Haushofer,J. and Roth,C.,2018,"Measuring and bounding experimenter demand",*American Economic Review*,108,3266—3302.

导致了男性和女性投资总次数的巨大差异。十轮中,女性平均投资超过 3.4 次,而男性只投资 2.3 次,代码如下:

```
...
twoway (scatter decision period if female = = 0, ///
        connect(l) lc(navy) lw(vthick) mc(navy) ms(i) msiz(small)) ///
        (scatter decision period if female = = 1, ///
        connect(l) lc(erose) lw(vthick) mc(erose) ms(i) msiz(small)), ///
        graphregion(fcolor(white) lcolor(white)) xlabel(1(1)10) ylabel(0(.1).5) ///
        xtitle("Round") ytitle("Probability of Investing") legend(lab(1 "male") lab(2 "female")) ///
        saving("figures\figure1",replace)
//decision 表示投资的概率,period 表示轮次
```

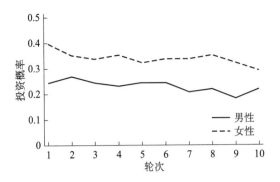

图 6-10　投资的概率

资料来源：Babcock, L., Recalde, M. P., Vesterlund, L. et al., 2017, "Gender differences in accepting and receiving requests for tasks with low promotability", *American Economic Review*, 107, 714—747.

Maniadis et al. (2014)在研究锚定效应时，通过折线图(见图 6-11)来观察不同锚定背景下(无经济锚定、10 美分经济锚定和 50 美分经济锚定)人们对不同轮次听到的存在差异化的烦人的声音的最低支付意愿，研究发现人们的支付意愿随着声音时长的减少而降低。除此之外，不同锚定设置下，人们的最低支付意愿差异不大，代码如下：

```
…
tw connected d_no d_10c d_50c period, ///
    xtitle("[Round sound duration]", size(medlarge)) ///
    lc(gs0 gs4 gs8) lp(solid longdash shortdash) mcolor(gs0 gs4 gs8) msymbol(Sh O D) ///
    legend(position(6) ring(2) row(1) region(color(none)) ///
    label(1 "No Anchor") label(2 "Anchor = €0.10") label(3 "Anchor = €0.50")) ///
    xscale(range(0.5 9.5) titlegap(3)) ///
    xlabel(1 "1 [60s]" 2 "2 [30s]" 3 "3 [10s]" 4 "4 [60s]" 5 "5 [30s]" 6 "6 [10s]" 7 "7 [60s]" ///
    8 "8 [30s]" 9 "9 [10s]")
    ytitle("WTA (€-cent)", size(medlarge)) ///
    ylabel(10 (10) 95, angle(0)) ymtick(5 (10) 85, angle(0)) ///
    yscale(range(2 47) titlegap(3)) ///
    scheme(s2manual) ///
    plotregion(color(white) ) graphregion(color(white))
//d_no 表示无经济锚定设置下被试的决策,d_10c 表示 10 美分经济锚定设置下被试的决策
//d_50c 表示 50 美分经济锚定设置下被试的决策
```

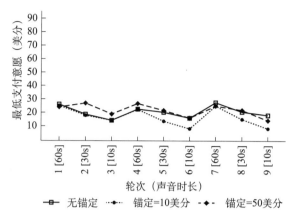

图 6-11　最低支付意愿走势图——三种经济锚定背景下

资料来源：Maniadis, Z., Tufano, F. and List, J., 2014, "One swallow doesn't make a summer: New evidence on anchoring effects", *American Economic Review*, 104, 277—290.

第三节　非参检验方法

一、非参检验简介

非参检验（nonparametric tests）是数据分析方法的重要组成部分，与参数检验共同构成统计推断的基本内容。它是在无法证明总体服从正态分布时，利用样本数据对总体特征进行分析估计的方法。由于此方法在预测过程中不涉及有关总体分布的参数，因而得名为"非参数"检验。当样本的总体分布为正态分布时，参数检验是最好的检验方法，尤其是大样本情况下。但是当变量类型为名义变量或者是序数变量时，或者被试行为的分布不能证明服从正态分布时，非参检验更加适合（Moffatt, 2015; Moffatt, 2019）。

选择参数检验和非参检验的标准主要有以下几方面（Siegel, 1957）。首先，需要判断观察值是不是随机抽取于正态分布的总体，即判断样本是否具有相同的方差，若确定观察值的总体服从正态分布，那么采用参数检验的方法更为恰当，如果没有先验证据支持观察值的总体服从正态分布，非参检验方法更为合适，尤其是对于小样本数据。其次，不同类型的变量适用于不同的检验方法：参数检验普遍适用于区间或者是比值型变量；对于名义变量或者序数变量，如排序、等级或分类变量，一般使用非参检验。最后，检验方法的有效性，由于参数检验有更强的假设约束，因此，其有效性要高于非参检验。

与实证数据相比，实验室实验的样本量相对较小，无法证明观察值的总体服从正态分布，这是实验数据分析中多采用非参检验方法的根本原因。

二、常见的非参检验和分类

Jacquemet and L'haridon(2018)对常见的检验方法根据适用情况做了分类整理,如表 6-2 所示。当变量类型为区间变量或比率变量并且分布服从正态分布时,参数检验的方法更为有效。但是当变量类型为序数、区间或是比率变量且分布不服从正态分布时,非参检验更合适,对于分类变量的检验方法,非参检验同样更为恰当,表 6-2 列示了适用于不同样本对比情况下的多种检验方法。

表 6-2 常见的检验方法及其分类

		变量类型和参数假设		
		区间或比率变量并且正态分布	序数、区间或比率变量并且非正态分布	分类变量
单样本		t-test z-test 方差的 Chi-square test	Wilcoxon test Sign test Kolmogorov-Smirnov test	Binomial test Chi-squared test
独立样本	2-样本	t-test z-test	Wilcoxon Mann-Whitney test Kolmogorov-Smirnov test	Fisher exact test Chi-squared test
	K-样本	Welch's test F-test One-way ANOVA Barlett's test	Siegel-Tukey test Kruskal-Wallis test Levene's test	Chi-squared test
非独立样本	2-样本	Paired t-test	Wilcoxon matched-pairs signed-ranks test	McNemar test
	K-样本	Repeated-measure ANOVA	Friedman test	Cochran's Q test

资料来源:Jacquemet, N. and L'haridon, O. , 2018, *Experimental Economics Method and Applications*, Cambridge:Cambridge University Press.

实验经济学一般为双样本检验,对于独立样本的检验,Wilcoxon Mann-Whitney test 为常规使用的检验方法,对于非独立样本的检验,则使用 Wilcoxon matched-pairs signed-ranks test,下面我们对这两种检验方法做详细的说明。

三、非参检验 I:Wilcoxon Mann-Whitney test

(一)原理和适用情况

Wilcoxon Mann-Whitney test,又称 Wilcoxon 秩和检验(Wilcoxon rank-sum test),

对于检验双样本分布之间的差异特别有用(Mann and Whitney,1947;Wilcoxon,1945)。当假设两个群体是相同的(除了他们所处的位置),Wilcoxon Mann-Whitney 检验可以用来比较它们的均值或中位数(Moffatt,2015;Moffatt,2019)。这一检验方法只有少量的假设约束,因此非常流行。本检验的一个重要特征是可以在小样本中构建一个精确的近似正态分布的统计量。检验统计量基于两个样本 Y_i^1 和 Y_i^2 的基本特征,计算在这两个样本中 Y_i^2 位于 Y_i^1 之前的次数。这一检验适用的条件是 Y_i^1 和 Y_i^2 是独立同分布的,而且两个样本是根据一定的位置参数 θ_1 和 θ_2 从人群中随机抽取的。原假设和备择假设如下:

$$H_0: G_1(a) = G_2(a), 对于所有 a$$
$$H_1: G_1(a) \neq G_2(a), 对于部分 a$$

检验统计量是 $T(Y^1, Y^2) = \sum_i \sum_j Z_{ij}$,其中 Z_{ij} 是一个二元变量,当 $Y_j^2 < Y_i^1$ 时为 1,否则为 0。样本的抽样分布取决于伯努利变量 Z_{ij} 的分布。在原假设下,拒绝域为 $T(Y^1, Y^2 | H_0) < c$ 或者 $T'(Y^1, Y^2 | H_0) < c$。其中,T' 中对于二元变量 Z_{ij} 的定义是,当 $Y_j^2 > Y_i^1$ 时,其值为 1,否则为 0。

对于大样本,可以通过创建具有观察值 Y^1 和 Y^2 的集合样本来计算检验统计量,并将该秩分配给该大样本中的观测值。每个样本的检验统计量等于:此样本的秩之和,减去所有该样本中可能的秩之和。例如,$T_1(Y^1, Y^2) = \sum_i^{n_1} r_i(Y_i^1) - n_1(n_1+1)/2$ 或者 $T_2(Y^1, Y^2) = \sum_i^{n_2} r_i(Y_i^2) - n_2(n_2+1)/2$。此时,在 H_0 假设下的检验统计量便是 $T_1(Y^1, Y^2)$ 和 $T_2(Y^1, Y^2)$ 的最小值。假设 T_1 和 T_2 之间差别很大,例如 T_1 等于 $n_1(n_1+1)/2$,T_2 等于 0,那么检验统计量为 0。假设 T_1 和 T_2 没有很大的差异,例如 $T_1 + T_2$ 接近于 $n_1 n_2$,检验统计量近似为 $n_1 n_2 / 2$。对于样本大小为 $n_1 > 8$ 和 $n_2 > 8$ 的样本,在 H_0 下的检验统计量服从一个如下所示的近似正态的分布,其临界值为 z 值:

$$\mathbb{N}\left(\frac{n_1 n_2}{2}, \sqrt{\frac{(n_1 n_2)(n_1 + n_2 + 1)}{12}}\right)$$

根据 Wilcoxon Mann-Whitney test 的检验原理,可以发现其更适用于独立双样本检验的情况,对应的实验设计为被试间设计,对应的对比方式为实验局间两两比对。

(二)应用实例

用于 Wilcoxon Mann-Whitney test 的 Stata 指令为 ranksum,其可以检验两个独立样本(不匹配数据)来自具有相同分布的总体的假设,语法为 ranksum varname[if][in],by(groupvar)[porder]。

陈叶烽等(2020)为探究职业规范对医生治疗行为的作用,利用非医学被试和医学被试之间的样本数据对服务支付方式下的过度治疗率、治疗不足率和患者健康水平进行 Wilcoxon Mann-Whitney 检验,具体代码如下:

```
…
ranksum OverTreatmentRate if Payment = = 2,by(StudentType)
ranksum UnderTreatmentRate if Payment = = 2,by(StudentType)
ranksum HealthLev if Payment = = 2,by(StudentType)
//Payment = = 2 表示按服务支付方式,StudentType 表示被试类型
```

结果分别为 $z=2.362(p=0.018)$、$z=2.550(p=0.011)$、$z=-2.567(p=0.010)$,均显著拒绝原假设,且检验中 Y^1 代表非医学被试样本,Y^2 代表医学被试样本,因此 z 值越大说明非医学被试的相应指标越高于医学被试。本数据说明医学被试的表现显著好于非医学被试,即在按照服务支付的方式下,职业规范对医生的行为有积极作用。

Malmendier and Schmidt(2017)通过 Wilcoxon Mann-Whitney 检验决策者的决策是否与客户或生产者的预测一致,具体代码如下:

```
…
ranksum Predicttest if (Type = = "decision maker"|Type = = "client"), by(Type)
// Predicttest 表示决策者的决策或客户的预测,Type 表示参与者类型
ranksum Predicttest if (Type = =" decision maker" |Type = =" producer" ), by(Type)
// Predicttest 表示决策者的决策或生产者的预测,Type 表示参与者类型
```

运行代码得到的结果分别为 $z=0.659(p=0.510)$ 和 $z=-0.854(p=0.393)$,并没有拒绝它们相同的原假设。因此,决策者的决策和客户或生产者的预测是一致的。

Babcock et al. (2017)也是通过此方法来判断男性和女性在对志愿活动总投资方面的差异,$z=-2.929(p=0.003)$ 的结果支持了女性比男性更愿意为志愿活动投入的结论。具体代码如下:

```
…
ranksum n_invest_subject, by(female)
// n_invest_subject 表示每个参与者的投资总次数,female 表示参与者类型
// female = 1 代表女性,female = 0 代表男性或者女性
```

另外,Eckel and Füllbrunn(2015)研究了男性和女性在金融投资市场上对资产的报价决策差异,进一步探讨不同性别投资者对金融市场价格泡沫的影响。其中,文章同样采用了 Wilcoxon Mann-Whitney test 的方式,来比较男性和女性对资产产生的平均价值偏差的差异,结果发现,全为女性的市场产生的平均价值偏差数值要显著小于男性市场($z=-2.722,p=0.007$),具体代码如下:

```
…
ranksum averagebias, by(treatment)
// averagebias 表示平均价值偏差
// treatment 表示不同的实验局,文中总共有两个实验局,参与者分别为"全为女性"和"全为男性"
```

四、非参检验 II:Wilcoxon 匹配符号秩检验

(一)原理和适用情况

Wilcoxon 匹配符号秩检验(Wilcoxon matched-pairs signed-ranks test)的原理较为简单,即构建一个统计量来判断两样本之间的差异是否对称地分布在大约为 0 的中位数两边(Mann and Whitney,1947;Wilcoxon,1945;Jacquemet and L'haridon,2018)。此检验的假设条件是 $Y_i^1-Y_i^2$ 对称地分布在中位数 θ 周围。原假设是两样本差异的中位数为 0,即 $H_0:\theta=0$,备择假设是 $H_1:\theta\neq0$。对于两个样本的差异值 $\Delta_i=Y_i^1-Y_i^2$ 的两种可能性,即正的差异(T^+)和负的差异(T^-),通过对正负差异进行排序,然后求两者数目的期望值,得出我们需要的检验统计量,临界值为 z 值。也就是说,此检验统计量是基于 Y_i^1 和 Y_i^2 之间的正、负差异的计数,如果其期望值过大或者过小,都会拒绝原假设,统计量越接近于 0,越倾向于接受原假设。

此检验的使用条件比较宽松,相对于其他严格的检验方法,此方法可以适用于判断非独立样本(匹配样本)之间的差异大小。

(二)应用实例

signrank 命令可以实现 Wilcoxon 匹配符号秩检验,用来检验匹配样本观测值的相等性,原假设是两个分布是相同的,其语法为 signrank varname=exp[if][in]。

陈叶烽等(2020)还研究了在无质量考核框架下,支付方式对医生努力程度的作用,使用被试内数据检验的方法,分别将固定工资支付与按人头支付、按服务支付两种支付方式下的报告完成数进行对比,进行 Wilcoxon 匹配符号秩检验,代码如下:

```
…
signrank TotalReport1 = TotalReport2 if treatment = = 1
//TotalReport1 表示固定工资支付方式下的报告完成数
//TotalReport2 表示按人头支付方式下的报告完成数
//treatment = = 1 表示无质量考核实验局
signrank TotalReport1 = TotalReport4 if treatment = = 1
//TotalReport4 表示按服务支付方式下的报告完成数
```

固定工资支付与按人头支付、固定工资支付与按服务支付两种对比条件的报告完成数 Wilcoxon 匹配符号秩检验结果分别为 $z=-6.512(p=0.000)$；$z=-2.703(p=0.007)$，其中 z 值为负值且均显著拒绝原假设，且检验中 Y^1 代表按照固定工资支付的数据样本，Y^2 代表按照其他方式支付的数据样本，那么 z 值越小说明 Y^1 小于 Y^2 的数目越多，由此可知固定工资下医生的努力水平显著低于其他两种支付方式下的努力水平。

Wilcoxon 匹配符号秩检验方法的运用同样出现在 Malmendier and Schmidt(2017) 的文章中，该文通过此方法做了两组对比：其一，比较决策者的选择和其对其他决策者行为的预测的差异；其二，决策者对自身行为的预测和对其他决策者行为的预测的差异。具体代码如下：

```
…
signrank Guess_sum_korrekt_others = Prefchosen if Type = = "decision maker"
//Guess_sum_korrekt_others 表示决策者对其他决策者行为的预测，Prefchosen 表示决策者的选择
signrank Guess_sum_korrekt_self = Guess_sum_korrekt_others if Type = = "decision maker"
//Guess_sum_korrekt_self 表示决策者对自身行为的预测
//Guess_sum_korrekt_others 表示决策者对其他决策者行为的预测
```

前者秩检验结果为 $z=0.404(p=0.687)$，说明此检验不拒绝两者来自相同分布的假设，换言之，比较决策者的选择和其对其他决策者行为的预测无差异。后者的检验结果为 $z=14.619(p=0.001)$，此结果拒绝两者来自相同分布的假设，因此可知，决策者对自身行为的预测远高于对其他决策者行为的预测。

另外，Isoni et al.(2014)研究了不同空间分配线索下讨价还价博弈中有利者和不利者在收益分配方面的差异，采用了 Wilcoxon 匹配符号秩检验的方法来检验特定空间背景下两者在收益方面的区别，以文中 G18 的空间分配线索设置为例，检验结果为 $z=1.828(p=0.065)$，考虑使用单边检验的方法，在 5% 的显著性水平上($p=0.033$)，有利者的收益高于不利者的收益，具体代码如下：

```
…
signrank FavEarnGrp = UnfavEarnGrp
//FavEarnGrp 表示有利者的收益，UnfavEarnGrp 表示不利者的收益
```

此方法除了可以检验非独立样本决策之间的差异，还可以用来判断样本的决策是否在统计上显著等于某一数值。我们再次运用 Eckel and Füllbrunn(2015)一文中的数据分析来学习这一工具的运用，文中采用这种方式分别判断了男性和女性对资产价格的偏差是否等于 0，代码如下：

```
…
bysort treatment:signrank averagebias = 0
//treatment 表示不同的实验局,文中总共有两个实验局,参与者分别为"全为女性"和"全为男性"
//averagebias 表示平均价格偏差
```

男性市场检验结果为 $z=2.201(p=0.028)$,发现显著拒绝平均偏差等于或低于 0 的原假设,支持在全男性市场中平均偏差超过 0 的备择假设(单边检验 $p=0.014$),但女性市场的检验结果为 $z=-1.363(p=0.173)$,从单边检测的角度来看,弱接受平均偏差小于 0 的原假设(单边检验 $p=0.086$)。

第四节　回归分析

在实证分析中,线性回归是判断相关关系简单而有效的方法,由于普通实证数据的统计性特征,可能难以断定主要变量之间的因果关系,而实验数据在识别因果关系方面有其自身的优势。实验数据因果推断的过程是:首先,明确研究主题,确定因果问题;其次,通过不同的实验设置来模拟因果关系中的自变量;再次,收集不同设置中可能受自变量影响的结果变量的信息;最后,对实验设置变量进行虚拟编码,并连同实验结果变量一起做回归分析。由此看来,实验数据分析能够很好地区分"原因"变量和"结果"变量,此时,回归分析成为研究因果关系的有用工具。

根据变量的具体定义,我们通常将变量分为数量变量和属性变量,前者一般为连续变量,主要是记录计量型或者是计数型数据,后者则多见于记录名义数据和有序数据,其形式是离散变量,这些数据的大小已经没有数量意义,通常仅用于分类所需。对于不同类型的因变量,需要采用不同的回归方法进行分析。我们曾提到,实验室实验数据大多为平衡的短面板数据[①],在此基础上,本节将重点阐述实验室实验常用的面板数据模型和定性离散因变量模型。由于实验数据分析需要重点探究不同实验设置之间的差异,对实验设置进行虚拟变量的准确定义尤为重要,因此,在介绍回归分析之前,我们先对实验设置虚拟变量的定义做详细的说明。

一、实验设置虚拟变量的定义

不同于一般的统计数据,实验数据分析的关键自变量是实验设置,我们需要根据研

---

① 在正式数据分析时,分析者为确保分析的可靠性,可能会剔除少数异常数据,由此会造成面板数据不平衡的问题,此问题通常不会对数据分析产生不利的影响。

究目的,通过设置虚拟变量的方法,对实验设置进行编码处理,这就需要我们先学会利用虚拟变量进行数学建模。

对于实验设置虚拟变量的定义,为避免虚拟变量陷阱①,一般采用"$n-1$ 原则"和"二元变量设置原则",即对于同一研究因素的 n 种设置,需要设计 $n-1$ 个虚拟变量,根据实验设置的内容,将每一个虚拟变量的值设计为 0 或 1,以此实现对 n 种设置的定义以及设置之间的对比分析。下面我们以陈叶烽等(2020)一文中实验设置的变量设计为例进行详细的介绍。

对于具有两种设置的同一因素的变量设计比较简单,只需定义一个虚拟变量即可实现对不同样本的区分。例如,文中需要研究职业规范对某一因变量的影响,职业规范设置有两种,将"医学被试"定义为有职业规范,"非医学被试"定义为无职业规范,因此设计"职业规范"这一变量即可,对于"医学被试"样本,此变量取值为 1,对于"非医学被试"样本,此变量取值为 0。

对于具有三种或三种以上设置的同一因素的变量定义则较为繁琐,需要首先考虑不同设置之间的关系是否属于完全并列关系,然后确定如何定义虚拟变量。

对于完全并列的实验设置的虚拟变量定义,我们采用文中"支付方式"这一因素的变量设计来介绍。支付方式设置有三种:"固定工资支付""按人头支付"和"按服务支付",这三种实验设置是完全并列的,因此可设计两个变量——"按人头支付"和"按服务支付",因此实验设置对应虚拟变量的定义如表 6-3 所示,即当实验设置为按人头支付时,变量"按人头支付"值为 1,否则为 0;当实验设置为按服务支付时,变量"按服务支付"值为 1,否则为 0。

表 6-3 "支付方式"三种设置的虚拟变量定义

		虚拟变量	
		按人头支付	按服务支付
实验设置	固定工资支付	0	0
	按人头支付	1	0
	按服务支付	0	1

资料来源:根据陈叶烽等(2020)一文的实验数据自行编制。

对于存在同一归属关系的实验设置的变量定义,我们采用文中"考核方式"这一因素的变量设计来具体说明。"考核方式"总共有三种实验设置,"数量考核""数量考核+获得框架下的质量考核"和"数量考核+损失框架下的质量考核",其中后两种又同属于"数量考核+质量考核"实验设置。此时,我们可以进行如表 6-4 的变量定义。首先引入"质

---

① 假设需要定义 n 个定性变量,如果引入 n 个虚拟变量,此时模型解释变量间会产生完全共线性,产生模型无法估计的问题,此种情况被称为"虚拟变量陷阱"。

量考核"变量,用以区分是否有质量考核的实验设置,即对于"数量考核＋获得框架下的质量考核"和"数量考核＋损失框架下的质量考核"两种有质量考核的实验设置,此变量定义为1,对于"数量考核"实验设置,此变量定义为0;然后通过"损失框架"这一变量区分两种不同形式的质量考核设置,对于"数量考核＋损失框架下的质量考核"实验设置,此变量定义为1,对于其他的实验设置,此变量定义为0。

表 6-4　"考核方式"三种设置的虚拟变量定义

			虚拟变量	
			质量考核	损失框架
实验设置	100%数量考核	数量考核	0	0
	50%数量考核 ＋50%质量考核	获得框架	1	0
		损失框架	1	1

资料来源:根据陈叶烽等(2020)一文的实验数据自行编制。

二、面板数据模型的选择

我们首先以定量因变量为例,探讨实验室实验数据所适用的面板回归模型。面板数据回归常见的四种可能的估计方法是:混合普通最小二乘模型(pooled ordinary least squares model,混合 OLS)、固定效应最小二乘虚拟变量模型(fixed effects least squares dummy variable model,LSDV)、固定效应组内估计模型(fixed effects within-group model,WG)和随机效应模型(random effects model,REM)。虽然 WG 模型与 LSDV 模型在形式上是不同的,但两者在数学上是等价的。另外,WG 模型估计得到的是一致非有效估计量(古扎拉蒂和波特,2005)。① 因此,我们不对 WG 模型做过多的解释,本部分只探讨混合 OLS 模型、固定效应 LSDV 模型和随机效应模型。

(一)混合 OLS 模型

混合 OLS 模型是将所有的观察数据混合在一起,通过普通最小二乘法(ordinary least square,OLS)对参数进行估计②,构建 F 统计量可以检验模型整体的有效性,t 统计量则可以检验参数的显著性。由于此模型在数学上的简单性和计算原理上的科学性,其成为广大学者最常用的回归方法。

---

① WG 模型将变量表示成与其均值的离差,与原变量值相比,这些经过修正的变量值的变异程度变小,此时,误差项 u_{it} 的变异相对变大,导致估计系数标准误变大。
② 线性模型的使用需要满足六个基本假定:第一,自变量和因变量之间关于参数是线性关系;第二,所研究样本是总体中的随机样本;第三,自变量之间不存在完全线性关系;第四,误差项条件均值为零;第五,误差项同方差且无自相关;第六,误差项服从正态分布。根据高斯-马尔科夫定理,对于满足六个基本假定的多元线性回归,OLS 估计是最优线性无偏估计。

一般来讲，混合 OLS 模型具有以下形式：

$$y = \beta_0 + \beta_1 X_1 + \cdots + \beta_k X_k + u$$

其中，y 表示因变量，X_i 表示第 i 个自变量，β_i 则表示自变量相应的系数。回归系数采用最小二乘法进行估计，$b = (X'X)^{-1}X'y$，b 为所估计的系数向量，X 为 $(i \ X_1 \ \cdots \ X_k)$ 矩阵，i 是元素为 1 的列向量。

回归模型的检验主要分为模型整体检验和参数显著性检验两部分。模型整体检验是指对所有除常数项的系数都为零的联合检验，原假设是 $H_0: \beta_1 = \cdots = \beta_k = 0$，备择假设是 $H_1:$ 存在至少一个 $\beta_i \neq 0, i = 1, \cdots, k$，检验统计量为 $F(k, n-k-1) = \dfrac{\text{SSR}/k}{\text{SSE}/(n-k-1)}$①，此统计量服从自由度为 $(k, n-k-1)$ 的 F 分布。检验的逻辑是，F 统计量度量了我们强加所有斜率都是 0 这一约束对回归模型造成的拟合损失，F 值越大，原假设被拒绝的可能性越大，在现实应用中可根据具体的 F 分布临界值进行判断。

参数显著性检验是指对具体的某一参数为零的检验，原假设是 $H_0: \beta_i = 0, i = 1, \cdots, k$，备择假设是 $H_1: \beta_i \neq 0, i = 1, \cdots, k$，检验统计量为 $t(n-k-1) = \dfrac{b_i}{\sqrt{s^2 (X'X)^{-1}_{ii}}}$②，此统计量服从自由度为 $(n-k-1)$ 的 t 分布。类似地，检验逻辑是 t 统计量是强加所检验的变量系数为 0 这一约束的拟合损失的度量，t 值越大，原假设被拒绝的可能性越大，在现实应用中需根据具体的 t 临界值进行判断。

我们考虑如下的患者健康水平影响因素模型（1）：

$$\begin{aligned}\text{HealthLev}_{it} = {} & \beta_0 + \beta_1 \text{Cap}_{it} + \beta_2 \text{Efs}_{it} + \beta_3 \text{QualityInspection}_{it} + \beta_4 \text{LossFrame}_{it} \\ & + \alpha \text{Period}_{it} + \sum \gamma_i \text{Control}_i + u_{it}\end{aligned} \quad (1)$$

其中，HealthLev 表示健康水平，为连续变量；Period 为轮次；Control 是指一系列个人特征类控制变量；i 表示第 i 个研究对象（被试）；t 表示时间维度，本数据中时间维度为轮次。

注意到，我们将所有的观测数据混合使用，并假定所有研究对象的回归系数都是相同的，也就是说，被试之间没有区别，这是一个很难成立的假定。而且，本模型假定所有解释变量都是非随机的，即使是随机的，也与误差项不相关，有时甚至假定所有解释变量都是严格外生的。③ 为便于假设检验，它又假定误差项是正态分布的。

混合 OLS 回归的 Stata 语法为 regress depvar [indepvars][if][in][weight][,options]。本例中的回归代码如下，回归结果如表 6—5 所示。我们使用常用的准则来分析这个结果发现，所有的主要系数都是高度统计显著的，而且与先验预期一致，F 统计量也

---

① SSR 表示残差平方和，即 $\sum\limits_{i=1}^{n}(\hat{y}_i - \bar{y})^2$，SSE 表示估计平方和，即 $\sum\limits_{i=1}^{n}(y_i - \hat{y}_i)^2$。

② s^2 表示样本方差，即 $\dfrac{\text{SSE}}{n-k-1}$。

③ 如果一个变量是严格外生的，那么其必定与误差项 u_{it} 的当前值、过去值和未来值都不相关。

显著支持此模型的有效性。

```
…
xtset Id Period
//将数据集定义为面板数据
reg HealthLev Cap Ffs QualityInspection LossFrame Period age gender hhinc ///
    WorkAtHospital SeeADoctor DoctorWage, vce(cl Id)
//age gender hhinc WorkAtHospital SeeADoctor DoctorWage 为个人特征控制变量
//vce(cl Id)表示根据个人的特定编号求聚类标准误
```

表 6-5　不同设置对患者健康水平的作用回归——混合 OLS 模型

	按人头支付	按服务支付	质量考核	损失框架	轮次	个人特征	常数项
患者健康水平	−0.145*** (0.016)	−0.286*** (0.044)	0.255*** (0.051)	0.066** (0.034)	−0.018 (0.014)	√	0.884*** (0.103)

注：***、**、* 分别表示置信区间为 1%、5%和 10%；括号内为聚类标准误。下同。

虽然混合 OLS 回归模型是实验经济学文献中最为常见的模型,有大量的相关文献采用这种方法进行因果判断[①],但是,本模型并不是天衣无缝的。主要问题在于,它没有对被试进行区分,也没有告诉我们是否所有被试对应的患者健康水平在此期间对解释变量的反应都是一样的。换个说法,将不同被试不同时期的数据混合在一起进行研究,掩盖了各个被试原来可能存在的其他异质性。再换言之,有部分被试的个性特征被放进了误差项 u_{it} 中,因此误差项很可能与模型中的一些解释变量相关,使得忽略了某些非观测效应或异质性效应,这导致此方法的估计系数是有偏和不一致的。那么我们要如何在控制住所有异质性效应的基础上,估计出我们感兴趣的主要解释变量的一致和/或有效参数呢？毕竟我们的主要目的不在于得到无法观测变量的影响,因为对被试而言,它们总是保持不变的。接下来,我们转向这个问题的解决方案。

（二）固定效应 LSDV 模型

固定效应 LSDV 模型假定每个被观测的研究对象都有自己的截距值,以此来控制被观测对象之间的异质性,我们仍然使用患者健康水平回归的例子,如模型（2）所示。

$$\text{HealthLev}_{it} = \beta_{0i} + \beta_1 \text{Cap}_{it} + \beta_2 \text{Efs}_{it} + \beta_3 \text{QualityInspection}_{it} + \beta_4 \text{LossFrame}_{it}$$

---

① 使用混合 OLS 回归方法的部分实验经济学参考文献有 Zimmermann(2020)、Bordalo et al. (2019)、De Quidt et al. (2018)、Malmendier and Schmidt(2017)、Carvalho et al. (2016)、Eckel and Füllbrunn(2015)等。

$$+\alpha Period_{it}+\sum\gamma_{i}Control_{i}+u_{it} \tag{2}$$

值得注意的是,由于不同被试的回归截距可能有差异,我们在截距项上加了下标 i。[1] 这种差别可能来自除去控制变量以外的个性特质方面的异质性。

固定效应 LSDV 模型的 Stata 语法为 xtregress depvar [indepvars][if][in][weight],fe [FE_options]。本例中的回归代码如下,回归结果如表 6-6 所示。显而易见的是,固定效应 LSDV 模型不能识别那些不随时间变化的变量的作用[2],本模型中对于同一被试而言,其质量考核变量、损失框架变量和个人特征变量是不随时间变动的,这就导致无法得出我们感兴趣的变量的影响。

```
…
xtreg TotalReport Cap Ffs QualityInspection LossFrame Period age gender hhinc ///
        WorkAtHospital SeeADoctor DoctorWage,fe vce(cl Id)
```

表 6-6 不同设置对患者健康水平的作用回归——固定效应 LSDV 模型

	按人头支付	按服务支付	质量考核	损失框架	轮次	个人特征	常数项
患者健康水平	2.042*** (0.135)	0.906*** (0.104)	被忽略	被忽略	0.539*** (0.048)	被忽略	2.251*** (0.131)

固定效应 LSDV 模型的估计量总是一致的,在实证研究中,其被认为是一种较为科学的分析方法,因此被广泛使用[3],但是其在实验经济学中的应用存在着巨大的局限性。[4] 使用这一模型的逻辑是,在设定模型时,其不可以包含不随时间变化的相关解释变量,这大大降低了实验数据回归分析的意义。除此之外,固定效应回归采用的是不同截距的虚拟变量法来进行估计,由于实验数据的研究对象单位数目相对数据样本来说比较大,这种方法可能会使得回归模型引入太多的虚拟变量,导致自由度消耗过多,那么就会缺少足够的观察值做有意义的统计分析。因此,不建议实验经济学的相关研究采用此种模型。

(三)随机效应模型

既然将研究对象的异质性特征单纯地放在误差项或是截距值中都是不可取的,我们

---

[1] 此模型中,虽然截距在不同的研究对象之间可能不同,但是每个研究对象的截距不随时间的变化而变化。如果我们假定截距随时间而变化,那么截距项需表示为 β_{it},这种模型被称为双向固定效应模型。由于固定效应模型不适用于实验经济学研究,我们在此不对双向固定效应模型做过多的解释。

[2] 由于共线性,不随时间变动的变量在估计时会被忽略。

[3] 在实证分析中,固定效应 LSDV 模型和随机效应模型选择的检验方法为 Hausman test,我们在此不做赘述。

[4] 在实验经济学相关文献中,相比起混合 OLS 模型和随机效应模型,固定效应 LSDV 模型的应用较少,部分相关文献有 Ottoni-Wilhelm et al.(2017)、Duffy and Puzzello(2014)等。

为何不试着用合成的误差项来表示这种异质性呢？这正是随机效应模型（又称为误差成分模型）所做的事情，我们现在用患者健康水平影响因素模型来加以说明。

基本思想还是要从模型（2）开始说起：

$$\text{HealthLev}_{it} = \beta_{0i} + \beta_1 \text{Cap}_{it} + \beta_2 \text{Efs}_{it} + \beta_3 \text{QualityInspection}_{it} + \beta_4 \text{LossFrame}_{it}$$
$$+ \alpha \text{Period}_{it} + \sum \gamma_i \text{Control}_i + u_{it}$$

我们假定 β_{0i} 为随机变量，其均值是 β_0，此时，对于每个研究对象来说，其截距值可以表示为 $\beta_{0i} = \beta_0 + \varepsilon_i$，其中 ε_i 是一个服从 $N(0, \sigma_\varepsilon^2)$ 分布的随机误差项。其本质含义为，所有的研究对象是从更大的研究对象总体中随机抽取的，总体中所有样本的截距都有一个相同的均值 β_0，而且每个研究对象截距值的个别差异都由 ε_i 来表达。由此，我们可以得到模型（3），其中 $v_{it} = \varepsilon_i + u_{it}$。

$$\text{HealthLev}_{it} = \beta_0 + \beta_1 \text{Cap}_{it} + \beta_2 \text{Efs}_{it} + \beta_3 \text{QualityInspection}_{it} + \beta_4 \text{LossFrame}_{it}$$
$$+ \alpha \text{Period}_{it} + \sum \gamma_i \text{Control}_i + \varepsilon_i + u_{it}$$
$$= \beta_0 + \beta_1 \text{Cap}_{it} + \beta_2 \text{Efs}_{it} + \beta_3 \text{QualityInspection}_{it} + \beta_4 \text{LossFrame}_{it}$$
$$+ \alpha \text{Period}_{it} + \sum \gamma_i \text{Control}_i + v_{it} \tag{3}$$

合成的误差项 v_{it} 由 ε_i 和 u_{it} 两部分组成，ε_i 是特定研究对象的误差成分，u_{it} 是时间序列和研究对象误差成分的综合误差成分[1]，又被称为特异项。$u_{it} \sim N(0, \sigma_u^2)$，各个误差成分之间互不相关，不同研究对象单位和时间序列单元之间不存在自相关，但是一个给定研究对象单位的误差项在两个不同的时期是相关的。[2] 此相关性使得 OLS 估计量不是有效的，此时，最优的计算方法是广义最小二乘法（Generalized Least Squares，GLS）。由于 GLS 数学原理非常复杂，我们在此不做具体说明。随机效应模型的 Stata 语法为 xtregress depvar [indepvars][if][in][weight],re [RE_options]，本例中的回归代码如下，回归结果如表 6-7 所示。

```
…
xtreg HealthLev Cap Ffs QualityInspection LossFrame Period age gender hhinc ///
    WorkAtHospital SeeADoctor DoctorWage, re vce(cl Id) theta
xttest0
//"theta"表示显示用于随机效应检验的 σ_ε^2 值
//原假设：σ_ε^2 = 0,不存在个体随机效应,即混合回归是更合适的
//本结果为 σ_ε^2 = 0.193
```

---

① v_{it} 不仅随着研究对象的变化而变化，还随着时间的变化而变化。

② 随机效应需要满足假定：$\varepsilon_i \sim N(0, \sigma_\varepsilon^2)$，$u_{it} \sim N(0, \sigma_u^2)$，$E(\varepsilon_i u_{it}) = 0$，$E(\varepsilon_i \varepsilon_j) = 0 (i \neq j)$，$E(u_{it} u_{is}) = E(u_{it} u_{jt}) = E(u_{it} u_{js}) = 0 (i \neq j, t \neq s)$（古扎拉蒂和波特，2005）。此时，容易推出，$E(v_{it}) = 0$，$\text{Var}(v_{it}) = \sigma_\varepsilon^2 + \sigma_u^2$，$\rho = \text{corr}(v_{it}, v_{is}) = \dfrac{\sigma_\varepsilon^2}{\sigma_\varepsilon^2 + \sigma_u^2}$。

表 6-7　不同设置对患者健康水平的作用回归——随机效应模型

	按人头支付	按服务支付	质量考核	损失框架	轮次	个人特征	常数项
患者健康水平	−0.144*** (0.016)	−0.285*** (0.044)	0.256*** (0.051)	0.065* (0.034)	−0.017 (0.014)	√	0.879*** (0.103)

观察表 6-5 和表 6-7,我们不难发现,混合 OLS 模型和随机效应模型的结果非常相似,说明混合 OLS 回归中个体效应已经通过 $Control_i$ 变量做到了很好的控制(sigma_u=0.193,非常接近于 0),但其真实的模型到底是随机效应模型还是混合 OLS 模型呢? 对于这一问题的解答,我们需要求助于布罗施-帕甘(BP)的拉格朗日乘数检验,此检验的原假设是 $\sigma_\varepsilon^2=0$,即不存在个体随机效应。在此虚拟假设下,BP 统计量服从 $\chi^2(1)$ 分布,由于它的复杂性,我们不再介绍其数学表达式。我们可以通过 Stata 命令 xttest0 来得到这一统计量及其 p 值①,本例中我们得到的 χ^{2*} 为 20.26,p 值为 0.000,拒绝 $\sigma_\varepsilon^2=0$ 的原假设,说明存在个体随机效应,因此随机效应模型是更为合适的模型。

实际上,即使真实模型是混合 OLS 模型,随机效应模型估计量也是一致的。一般而言,在实验经济学研究中,随机效应模型被认为是更为合适的回归模型②,如果使用混合 OLS 模型,需要事先进行 BP 检验。

(四)估计系数解读

对于连续自变量对应的显著的系数,我们一般解释为自变量变化一个单位,因变量随之变化"系数"个单位,但是由于实验数据的关键自变量为实验设置虚拟变量,此时,这种解释便不再适用。对于实验设置变量的系数解读一般解释为实验设置之间的因变量差异。"按人头支付"变量 Cap 的系数表示按人头支付与固定工资两种设置下患者健康水平的差异;类似地,"按服务支付"变量 Efs 的系数则表明按服务支付与固定工资两种设置下患者健康水平的差异;同理,"质量考核"变量 QualityInspection 的系数表示引入质量考核与没有质量考核两种设置下患者健康水平的差异;"损失框架"变量 LossFrame 的系数表示损失框架与获得框架两种设置下患者健康水平的差异。

通过前面的分析,我们得出随机效应模型是最合适的模型,因此我们使用表 6-7 的结果进行说明。结合系数的正负性和显著性,我们可以得出结论:与固定工资相比,按人头支付与按服务支付下医生的治疗质量显著更低;引入质量考核能显著提高医生的治疗质量,采用损失框架进行质量激励能进一步提高患者的健康水平。

---

① xttest0 命令必须用于 xtreg,re 之后,其可以得出 Breusch and Pagan(1980)的随机效应拉格朗日乘子检验,即 $\sigma_\varepsilon^2=0$ 的检验。

② 应用随机效应模型的部分实验经济学参考文献有 Elias et al. (2019)、Ottoni-Wilhelm et al. (2017)、Isoni et al. (2014)等。

三、定性离散因变量模型的设定

到目前为止,我们所讨论的回归都是基于因变量为定量变量的前提,在实际应用中,定性因变量的研究与日俱增,对于这类特殊的因变量,相关的模型与线性模型不尽相同。接下来,我们转向定性离散因变量模型的设定问题。定性离散因变量主要分为二值伯努利因变量和多值因变量两种类型,一般采用定性响应模型(qualitative response models)对离散因变量进行回归分析,常见的定性响应模型有线性概率模型(linear probability model,LPM)、Logit 模型和 Probit 模型。

(一)线性概率模型

线性概率模型的具体形式、估计方法及其模型检验原理与第二部分讲述的线性模型非常相似,不同之处在于线性概率模型的因变量为定性离散变量,以伯努利变量居多,预测值 $\hat{y}$ 表示的是 y 取 1 的概率 p,因此,$E(y_i | X_i) = X_i \beta = p_i$。[①]

我们利用与模型(3)类似的线性概率模型(4)进行具体的说明,两模型的不同点在于因变量的定义,在模型(4)中,我们将健康水平 HealthLev 大于等于 0.8 的样本定义为健康,此时 Health 等于 1,其他的样本定义为不健康,Health 等于 0。[②]

$$\text{Health}_{it} = \beta_0 + \beta_1 \text{Cap}_{it} + \beta_2 \text{Efs}_{it} + \beta_3 \text{QualityInspection}_{it} + \beta_4 \text{LossFrame}_{it} \\ + \alpha \text{Period}_{it} + \sum \gamma_i \text{Control}_i + v_{it} \tag{4}$$

我们通过运行下述 Stata 代码,可得到表 6-8 的结果,"按人头支付"变量 Cap 的系数表示按人头支付与固定工资两种设置下患者健康概率不同,按人头支付的健康概率比按固定工资支付小 0.306;类似地,"按服务支付"变量 Efs 的系数则表明按服务支付与固定工资两种设置下患者健康概率的差异;同理,"质量考核"变量 QualityInspection 的系数表示引入质量考核与没有质量考核两种设置下患者健康概率的差异;"损失框架"变量 LossFrame 的系数显示损失框架与获得框架两种设置下患者健康概率的差异。结合此表,我们得出和模型(3)类似的结论。

```
  …
xtreg Health Cap Ffs QualityInspection LossFrame Period age gender hhinc ///
      WorkAtHospital SeeADoctor DoctorWage,re vce(cl Id)
```

[①] 根据线性模型基本假定,误差项服从零均值的正态分布。
[②] 此定义方式只是为了制造伯努利离散因变量,具体的定义内容没有任何理论和现实依据,因此不代表现实中真正的"健康"和"不健康"含义。

表 6-8 不同设置对患者是否健康的作用回归——线性概率模型

	按人头支付	按服务支付	质量考核	损失框架	轮次	个人特征	常数项
患者是否健康	−0.306*** (0.034)	−0.167*** (0.033)	0.234*** (0.047)	0.052 (0.040)	−0.017 (0.012)	√	0.760*** (0.092)

由于线性概率模型的简单性,在统计软件不发达的早期,其曾被相当广泛地使用,但是,在实际应用中,线性概率模型存在一定的问题,大大降低了线性概率模型的适用性。首先,由于误差项不服从正态分布,这样使得其在小样本情况下推断困难;其次,由于误差项存在异方差性,OLS 估计量可能不是有效估计量;再次,我们无法确保 $0 \leqslant E(y_i|X_i) \leqslant 1$ 是恒成立的;另外,在二值响应模型中,OLS 计算的拟合优度 R^2 的代表价值有限。最重要的问题是,线性概率模型逻辑上假定 p_i 随 X 线性增加,X 的边际效应一直保持不变,这显然是不现实的。

为了解决以上问题,我们需要首先对这个模型进行改进,将 $E(y_i|X_i)$ 的取值范围从 $(-\infty, +\infty)$ 映射到 $[0,1]$,这个映射函数最好是连续函数,因此我们可以采用其他的概率分布函数充当这个角色。其次,需要将 p_i 与 X_i 的关系转变为非线性的,X 的边际效应先增大后减小。最后,我们需要采用其他的方法实现参数估计。Logit 模型和 Probit 模型能够借助连续的概率分布函数,在保证边际效应满足变动性假定的情况下,将 $E(y_i|X_i)$ 的区间转化为 $[0,1]$,并采用最大似然估计的方法对参数进行有效估计,被认为是比线性概率模型更为科学的离散因变量预测模型(Gould et al., 2006)。

(二)Logit 模型

Logit 模型通过假定误差项服从标准 Logistic 分布①,采用标准 Logistic 分布函数求预测值的累积概率,将 $E(y_i|X_i)$ 的取值范围映射到 $[0,1]$。实验数据的离散因变量多见于二值变量,因此,我们只针对二值离散变量进行阐述。②

二值离散因变量的 Logit 模型的计算原理如下,其中,G 表示累积分布函数,Λ 表示标准 Logistic 分布,$Z_i = X_i\beta$。

$$p_i(y_i = 1 | X_i) = G(X_i\beta) = \Lambda(X_i\beta) = \frac{1}{1+e^{-X_i\beta}} = \frac{e^{X_i\beta}}{1+e^{X_i\beta}}$$

类似地,我们以患者是否健康为因变量做 Logit 回归,此时回归模型为模型(5):

$$p_{it}(\text{Health}_{it} = 1) = \Lambda(\beta_0 + \beta_1 \text{Cap}_{it} + \beta_2 \text{Efs}_{it} + \beta_3 \text{QualityInspection}_{it}$$
$$+ \beta_4 \text{LossFrame}_{it} + \alpha \text{Period}_{it} + \sum \gamma_i \text{Control}_i) \tag{5}$$

---

① 标准 Logistic 分布比标准正态分布具有稍微平坦的尾部,其以更缓慢的速度趋近于 0 或 1。
② 在很多实证研究中,因变量是多值变量,这种类型变量的 Logit 模型和 Probit 模型的数学原理较为复杂,加上这类因变量在实验室数据中很少探究,因此我们不做说明。

我们对患者健康的机会比率$\frac{p_{it}}{1-p_{it}}$取自然对数,得到模型(6),形如模型(6)这样的模型被称为Logit模型。

$$L_{it}=\ln\left(\frac{p_{it}}{1-p_{it}}\right)=Z_{it}=\beta_0+\beta_1\text{Cap}_{it}+\beta_2\text{Efs}_{it}+\beta_3\text{QualityInspection}_{it}$$
$$+\beta_4\text{LossFrame}_{it}+\alpha\text{Period}_{it}+\sum\gamma_i\text{Control}_i \quad (6)$$

本质上来说,模型(5)和模型(6)是等价的,只在形式上存在区别:p_{it}取值为$(0,1)$,L_{it}和Z_{it}取值为$(-\infty,+\infty)$;p_{it}与X_{it}是非线性关系,L_{it}与X_{it}是线性关系,这一特性也是Logit模型与线性概率模型的本质区别。

斜率β_{ij}的数值大小本身没有实际的经济含义,但是其估计同样重要。由模型(5),容易看出p_{it}关于x_{itj}的单调性取决于系数β_{ij}的正负性(j表示第j个变量),具体而言,当β_{ij}为正时,p_{it}关于x_{itj}单调递增,当β_{ij}为负时,p_{it}关于x_{itj}单调递减。

Logit模型的系数估计需要采用极大似然估计法,随机效应Logit模型的Stata语法结构为 xtlogit depvar [indepvars][if][in][weight],re [RE_options],本例代码如下,回归结果如表6-9所示。普通Logit回归系数的正负性表明相应变量对估计概率大小的影响方向,系数的大小只能说明相应变量的影响程度,但是不代表具体概率的差异。例如,"按人头支付"变量Cap的系数表示,按人头支付与固定工资两种设置下,患者健康概率存在差异,按人头支付人们的健康概率更低(系数值不代表概率差值)。对比表6-8和表6-9不难发现,两个回归模型在系数的正负性和显著性方面没有差异,仅在数值大小上存在差异,这种差异源于系数值大小的含义不同,不影响我们对两变量因果关系的推断。

```
...
xtlogit Health Cap Ffs QualityInspection LossFrame Period age gender hhinc ///
    WorkAtHospital SeeADoctor DoctorWage, re vce(cl Id)
```

表6-9 不同设置对患者是否健康的作用回归——普通Logit模型

	按人头支付	按服务支付	质量考核	损失框架	轮次	个人特征	常数项
患者是否健康	−2.078*** (0.282)	−1.243*** (0.267)	1.443*** (0.310)	0.363 (0.297)	−0.127 (0.084)	√	1.860*** (0.633)

(三)Probit 模型

Probit模型和Logit模型非常相似,主要的区别在于Probit模型假设误差项服从标准正态分布,通过这种分布函数将$E(y_i|X_i)$的取值范围映射到$[0,1]$。

当因变量为二值数据时,Probit 模型的计算原理如下,其中,G 表示累积分布函数,Φ 表示标准正态分布函数,$I_i = X_i\beta$。

$$p_i(y_i = 1 \mid X_i) = P(I_i^* \leqslant I_i) = G(X_i\beta) = \Phi(X_i\beta) = \int_{-\infty}^{X_i\beta} \varphi(z)\mathrm{d}z = \int_{-\infty}^{X_i\beta} \frac{1}{\sqrt{2\pi}} e^{-\frac{z^2}{2}} \mathrm{d}z$$

我们同样以患者是否健康为因变量做面板随机效应 Probit 回归,此时回归模型为模型(7)。

$$p_{it}(\text{Health}_{it} = 1) = \Phi(\beta_0 + \beta_1 \text{Cap}_{it} + \beta_2 \text{Efs}_{it} + \beta_3 \text{QualityInspection}_{it} \\ + \beta_4 \text{LossFrame}_{it} + \alpha \text{Period}_{it} + \sum \gamma_i \text{Control}_i) \tag{7}$$

我们对模型(7)求反函数可得等价模型(8):

$$I_{it} = \Phi^{-1}(I_{it}) = \Phi^{-1}(P_{it}) = \beta_0 + \beta_1 \text{Cap}_{it} + \beta_2 \text{Efs}_{it} + \beta_3 \text{QualityInspection}_{it} \\ + \beta_4 \text{LossFrame}_{it} + \alpha \text{Period}_{it} + \sum \gamma_i \text{Control}_i \tag{8}$$

模型(7)和(8)共同组成了 Probit 模型。现在我们讨论某一变量 x_{itj} 对 p_{it} 的边际影响(x_{itj} 表示第 j 个变量),对模型(7)两边关于 x_{itj} 求导可得 $\dfrac{\mathrm{d}p_{it}}{\mathrm{d}X_{itj}} = \varphi(X_{it}\beta)\beta_j$,其中 $\varphi(z) = \dfrac{\mathrm{d}\Phi}{\mathrm{d}z}$。变量 x_{itj} 对 p_{it} 具体的边际效应大小受 X_{it} 影响,可见使用 Probit 模型计算概率的变化非常繁琐。但更为重要的是,β_j 的正负性能够反映 x_{itj} 对因变量 p_{it} 的作用方向,显而易见地,β_j 为正数时,p_{it} 关于 x_{itj} 单调递增,β_j 为负数时,p_{it} 关于 x_{itj} 单调递减。

Probit 模型的系数估计同样需要求助于极大似然估计,随机效应 Probit 模型的 Stata 语法结构为 xtprobit depvar [indepvars][if][in][weight],re [RE_options],本例代码如下,回归结果如表 6-10 所示。普通 Probit 回归系数的含义与普通 Logit 回归系数非常相似,正负性表明相应变量对估计概率大小的影响方向,系数的大小只能说明相应变量的影响程度,但是不代表具体概率的差异。例如,"质量考核"变量 QualityInspection 的系数表示,和仅有数量考核的设置相比,存在质量考核的情况下,人们健康的概率更高。对比表 6-9 和表 6-10 能够看出,两个回归模型在系数的正负性和显著性方面没有差异,仅在数值大小上存在差异,这种差异源于不同概率分布函数的差异,不影响我们对两变量因果关系的推断。

```
…
xtprobit Health Cap Ffs QualityInspection LossFrame Period age gender hhinc ///
    WorkAtHospital SeeADoctor DoctorWage, re vce(cl Id)
```

表 6-10　不同设置对患者是否健康的作用回归——普通 Probit 模型

	按人头支付	按服务支付	质量考核	损失框架	轮次	个人特征	常数项
患者是否健康	−1.186*** (0.156)	−0.691*** (0.150)	0.835*** (0.178)	0.205 (0.171)	−0.068 (0.049)	√	1.047*** (0.495363)

(四)Logit 模型与 Probit 模型的对比选择

对于本说明性示例来说,线性概率模型、Logit 模型和 Probit 模型的结果都十分相似,但是正如我们所提到的,线性概率模型存在诸多问题,因此,我们重点探讨如何在 Logit 模型和 Probit 模型之间进行对比选择。

在现实应用中,这两个模型非常相似,主要区别在于 Logistic 分布的尾部稍微平坦,但这不会导致两模型间很大的系数估计差异,理论上没有必然的理由在两个模型之间做选择,但是因为 Logit 模型在数学推导和参数解释方面比 Probit 模型更为简单,所以 Logit 模型成了最为流行的离散因变量回归模型。

本讲参考文献

陈强,2014:《高级计量经济学及 Stata 应用》,北京:高等教育出版社。

陈叶烽、丁预立、潘意文等,2020:《薪酬激励和医疗服务供给:一个真实努力实验》,《经济研究》,第 1 期。

古扎拉蒂、波特,2005:《计量经济学基础》,北京:中国人民大学出版社。

李子奈,2012:《高级应用计量经济学》,北京:清华大学出版社。

Angrist, J. D. and Pischke, J. S., 2008, *Mostly Harmless Econometrics: An Empiricist's Companion*, Princeton: Princeton University Press.

Babcock, L., Recalde, M. P., Vesterlund, L. et al., 2017, "Gender differences in accepting and receiving requests for tasks with low promotability", *American Economic Review*, 107, 714—747.

Bordalo, P., Coffman, K., Gennaioli, N. et al., 2019, "Beliefs about gender", *American Economic Review*, 109, 739—773.

Breusch, T. S. and Pagan, A. R., 1980, "The lagrange multiplier test and its applications to model specification in econometrics", *Review of Economic Studies*, 47, 239—253.

Cameron, A. C. and Trivedi, P. K., 2009, *Microeconometrics Using Stata*, College Station, TX: Stata Press.

Carvalho, L. S., Meier, S. and Wang, S. W., 2016, "Poverty and economic decision-making: Evidence from changes in financial resources at payday", *American Economic Review*, 106, 260—284.

De Quidt, J., Haushofer, J. and Roth, C., 2018, "Measuring and bounding experimenter demand", *American Economic Review*, 108, 3266—3302.

Duffy, J. and Puzzello, D., 2014, "Gift exchange versus monetary exchange: Theory and evidence", *American Economic Review*, 104, 1735—1776.

Eckel, C. C. and Füllbrunn, S. C., 2015, "Thar SHE blows? Gender, competition, and bubbles in experimental asset markets", *American Economic Review*, 105, 906—920.

Elías, J. J., Lacetera, N. and Macis, M., 2019, "Paying for kidneys? A randomized survey and choice experiment", *American Economic Review*, 109, 2855—2888.

Fischbacher, U., Bendrick, K. and Schmid, S., 2019, "z-Tree 4.1: Tutorial and Reference Manual", https://www.ztree.uzh.ch/static/doc/manual_v4.pdf.

Gentzkow, M. and Shapiro, J. M., 2014, *Code and Data for the Social Sciences: A Practitioner's Guide*, Chicago, Illinois: University of Chicago Press.

Gould, W., Pitblado, J. and Sribney, W., 2006, *Maximum Likelihood Estimation with Stata*, TX: Stata Press.

Isoni, A., Poulsen, A., Sugden, R. et al., 2014, "Efficiency, equality, and labeling: An experimental investigation of focal points in explicit bargaining", *American Economic Review*, 104, 3256—3287.

Jacquemet, N. and L'haridon, O., 2018, *Experimental Economics Method and Applications*, Cambridge: Cambridge University Press.

Malmendier, U. and Schmidt, K. M., 2017, "You owe me", *American Economic Review*, 107, 493—526.

Maniadis, Z., Tufano F. and List, J, 2014, "One swallow doesn't make a summer: New evidence on Anchoring Effects", *American Economic Review*, 104, 277—290.

Mann, H. B. and Whitney, D. R., 1947, "On a test whether one of two random variables is stochastically larger than the other", *Annals of Mathematical Statistics*, 18, 50—60.

Mitchell, M. N., 2008, *A Visual Guide to Stata Graphics*, TX: Stata Press.

Moffatt, P. G., 2016, *Experimetrics: Econometrics for Experimental Economics*, New York: Macmillan International Higher Education.

Moffatt, P. G., 2019, "Data Analysis", in Schram, A. and Ule, A. eds: *Handbook of Research Methods and Applications in Experimental Economics*, Northampton: Edward Elgar Publishing.

Ottoni-Wilhelm, M., Vesterlund, L. and Xie, H., 2017, "Why do people give? Testing pure and impure altruism", *American Economic Review*, 107, 3617—3633.

Siegel, S., 1957, "Nonparametric statistics", *The American Statistician*, 11, 13—19.

Takeuchi, K., 2005, "ztree2stata.ado", https://sites.google.com/view/takekan/research/ztree2stata.

Weimann, J. and Brosig-Koch, J., 2019, "*Methods in Experimental Economics: An Introduction*", Cham: Springer Texts in Business and Economics.

Wilcoxon, F., 1945, "Individual comparisons by ranking methods", *Biometrics*, 1, 80—83.

Wooldridge, J. M., 2010, *Econometric Analysis of Cross Section and Panel Data*, Cambridge, MA: MIT Press.

Wooldridge, J. M., 2016, *Introductory Econometrics: A Modern Approach*, Boston, MA: Cengage Learning.

Zimmermann, F., 2020, "The dynamics of motivated beliefs", *American Economic Review*, 110, 337—361.

第七讲
实地实验方法

前面六讲中我们重点讨论了实验室实验,近年来这一实验方法已被主流经济学接受,并被广泛运用于经济学的各个主题。然而,实验室实验大多使用学生被试,且实验场地往往选择实验室,也正因为如此,实验室实验的外部有效性难免引起一些经济学家的质疑。实验室实验这种研究方法是否能够对现实的场景进行合理的抽象与刻画,是否能够对真实世界中的经济问题进行充分的研究与回应等一直都是实验方法论讨论中不可忽略的重要问题。为了发挥实验方法在经济学因果推断中的重要优势,实验经济学家将实验室实验搬出了机房,带入了广阔的真实世界中,用来自现实生活的背景和人群构建实验,实地实验作为实验方法的另一支重要组成得以兴起并快速发展。接下来,本讲就将从实地实验概述、实地实验研究方法、实地实验与RCT的比较、实地实验的运用以及实地实验在国内的研究展望五个方面对实地实验方法做介绍。

第一节 实地实验概述

一、什么是实地实验?

为了正确、深入地了解实地实验(field experiment),在对其展开正式论述之前,我们有必要弄清楚实地实验的规范含义。《牛津英语大词典(第二版)》(*Oxford English Dictionary*, *Second Edition*)对"field"一词定义如下:指在自然环境中而不是在实验室或办公室对某一物质、言语、动物等进行的调查、研究等。正如该词的本义,它强调了实地实验中所使用的实验环境来自真实的世界而非全部人为构建的实验室。

本书中所讨论的实地实验是一种经济学的研究方法,也被称为"田野实验"或"现场实验"。目前有不少文献对实地实验方法进行了讨论或述评(Harrison and List,2004;List,2006,2011;Banerjee and Duflo,2009;Levitt and List,2009;Roe and Just,2009;Bruhn and McKenzie,2009;List and Rasul,2011;罗俊等,2015,等等)。综合这些文献,我们可以对实地实验做如下定义:实地实验是指在真实的自然环境(naturally occurring environments)中,选择自然人群作为被试,运用实验的方法将被试随机分配到处理组和对照组,赋予处理组以外生的干预和冲击,观察两组被试行为决策的差异,以获取变量间的因果关系,从而检验经济理论或政策效果(姜树广和谯倩,2012;韩冬临,2018)。

简言之,实地实验是运用科学的实验方法,就真实环境中的干预或冲击对人们行为决策的因果影响进行检验,从而为经济理论研究提供更为有力的实证依据(罗俊等,2015)。

二、为什么要在实地进行实验?

相比于实地实验,传统的实验室实验更"舒适":招募标准的学生作为被试较为容易,学生被试理解能力较强,时间灵活度也较高;计算机实验室环境相对而言是"无菌"的[①],人为抽象出的实验情境能够更好地控制各种变量,获得干净的实验数据;通过编写实验程序将一个终端与另一个终端隔离开来在当前也容易实现。而反观实地实验不难发现,进行规范而严谨的实地实验通常需要更为周密的计划,不仅要巧妙地控制真实情境中的不同要素,研究人员还要花费大量的心思来确定参与者群体,甚至还要花更多的精力弄清楚如何与目标人群取得联系。此外,非学生群体的时间成本通常较高,这意味着实地实验的操作程序需要尽量简化,以最小化参与者的时间投入,确保能够获取到较为准确且干净的实验数据。实地实验的机会往往是转瞬即逝的,研究人员通常只有一次机会接触被试群体,难以回溯被试信息与数据。因此,实地实验研究人员是在"没有网"的情况下"在高空走钢丝"。既然如此,为什么现在研究人员宁愿放弃实验室实验的"舒适",也要在"没有网"的情况下进行更难以实施的实地实验研究呢?

一个显而易见的原因是实地实验可以很容易平息对实验室实验最常见的批评之一——缺乏外部有效性(List,2001)。"的确,研究的结果很有趣,但是谁又能保证'真实环境中的人'也会以这种方式做出决策呢?"(Carpenter et al.,2005)实地实验可以检验使用学生被试得出的研究结果是否可以向外推广至整个群体。此外,实地实验能够极大程度地扩展实验室实验在检验政策方面的功能,例如 Miguel and Kremer(2004)针对除虫药物发放对儿童教育影响的评估是无法在实验室内模拟完成效果检验的。

对实验室实验的第二个最常见的批评是:"是的,实验结果很有意思,但是谁又能保证学生被试的行为不会随着'现实的'报酬激励而改变呢?"实地实验真实情境下的报酬要远超过实验室实验的报酬,这是否会影响到被试的行为呢? 在北美和欧洲以外的许多

---

① 无菌实验室主要是指用于微生物学、生物医学、生物化学等研究使用的实验室,统称洁净实验室-生物安全实验室。这里主要用来强调实验室实验环境控制的干净纯粹。

地区,几美元或几欧元占据了一个人每月预算中的很大一部分比例,这为研究报酬对行为的影响提供了很好的机会。Cameron(1999)是关于实验报酬对个体行为决策影响被引用最多的论文之一,该研究指出,在最后通牒博弈实验中,当实验的报酬提高到印度尼西亚学生三个月的支出水平时,先行者的行为不受影响。

除了上述针对实验室实验的两点批评,更为重要的是实地实验本身所具有的"试点"功能越来越为大规模政策实施的政策决策者所青睐,Plott(1982)和Smith(1994)对此进行了讨论:实地实验使得政策制定者能够在全面实施一个可能产生重大影响的项目之前,小规模地进行试点以检验改变或实施新政策的效果。Gneezy and Rustichini(2000)列举了一个小规模范围的良好例证,他们调查了在以色列日托中心对接孩子迟到的父母进行罚款这一制度的效果。直觉上,罚款会降低父母迟到的可能性。然而,他们的实验研究发现,家长们把罚款当作迟到的成本,并且愿意为此支付成本,因此家长们迟到的频率实际上增加了。更为重要的是,当罚款措施取消后,父母在接孩子时仍然更有可能迟到。就该文作者的研究目的而言,关键在于大规模地实施罚款将使日托制度走上另一条道路;从该措施制定者的角度来看,这条道路将比现状更糟。此外,这种路径更改是无法逆转的。因此,实地实验作为大规模政策实施之前的试点检验可以为政策制定者提供政策参考依据,从而降低大规模政策推广的成本和风险。

三、实地实验发展简史

"实地实验同其他研究方法一样,从有争议到被接受,从分立到合流,经历了一个不断完善发展的过程"(罗俊等,2015)。总体来看,实地实验的发展经历了三个不同的发展阶段。第一个阶段可以被认为是实地实验的萌芽阶段:耶日·内曼(Jerzy Neyman)和罗纳德·费希尔(Ronald Fisher)在 20 世纪 20 年代和 30 年代的工作奠定了实地实验的基础,他们首次将随机化作为一种工具,通过对农业田地进行实验来回答有关农业生产力的重要经济问题。实地实验研究发展的第二个重要阶段是 20 世纪下半叶,政府机构开展了一系列大规模的社会实验,把探索的范围由小块土地扩展到个人群体。第三个阶段是过去二十多年经济学领域实地实验发展的新浪潮,经济学家在典型的实验室环境之外完成了一系列不同的受控实验。下面我们将分别就这三个不同发展阶段展开详细阐述。

(一)实地实验的萌芽——随机化思想的引入

社会科学研究的核心是对因果关系的识别与分析,主要目标在于估计某种行动(如一个新的政府计划、价格的变化)的因果效应,即估计采取与不采取某种行动所导致的结果有何不同。① 然而,我们永远无法同时观察到不同行动方案对同一个实施对象而产生的不同结果(除非有平行时空的存在)。于是,实验方法提供了一种近似的解决方案,如果保证实验组和对照组无系统差异,那么我们就可以把对照组的情况与数据当作没有被施加某种行动方案的"实验组"。因此,建立一个对照组使得我们得以观察到"反事实"的结果②,使得实验的因果识别更加干净。

对照组的构建并不是经济学家或其他社会科学学者的首创,对照组的使用在19世纪的医学和生物学实验中就已经得到了广泛的认可。1882年路易斯·巴斯德(Louis Pasteur)里程碑式的绵羊实验就是一个很好的例证(Cohn,1996):巴斯德早期的免疫发现被著名的兽医希波吕忒·罗西尼奥尔(Hippolyte Rossignol)公开质疑,这导致他对炭疽疫苗进行了一次非同寻常的公开实验。这项实验在巴黎南部的一个农场进行,对所有的50只羊均注入致命剂量的炭疽,只给其中25只羊注射巴斯德的疫苗,而另外25只羊作为对照组不给予疫苗接种。实验发现,接种疫苗两天后,对照组的25只羊全部死亡,而25只接种疫苗的羊存活得很好,这项实验支持了巴斯德的理论,同时引起了很高的关注度。

构建适当的反事实也推动了实地实验先驱者将实验方法应用于农业问题的研究。早期的实地实验研究主要用于解决农业生产问题,实验并非针对人类,也很少发表在经济学期刊上,因此经济学也很少被认为是实地实验流派的一部分。早期的实验是由知名的化学家约瑟夫·亨利·吉尔伯特(Joseph Henry Gilbert)和庄园主人约翰·班纳特·劳斯(John Bennet Lawes)于1843年在英国的一个庄园里进行的,他们通过实验对比研究了有机化肥和无机化肥的使用对庄园里种植的不同谷物的产量的影响。1919年,罗纳德·费希尔受聘将现代统计方法应用到劳斯和吉尔伯特收集的大量实验数据中。他很快意识到,上述实验方法不可复制,并且缺乏有效的处理,因此他开始认真地思考实验设计(Yates,1975)。在此过程中,费希尔引入了随机化的概念,并强调了实验的三要素:复制(replication)、区块化(blocking)和随机化(randomization),这些是进行实验分析的基础(Street,1990)。当然,随机化是关键,因为显著性检验的有效性源于随机化理论。费希尔的主要贡献在农业实地实验中得到了体现,他于1935年出版了具有里程碑意义的著作——《实验的设计》(*The Design of Experiments*),这本书无疑促进了随机化思想在

---

① 对因果效应的定义和估计是一个十分重要且微妙的问题,更多讨论参见 Josh Angrist、James Heckman and Donald Rubin 的相关研究,例如:Angrist,J. D.,Imbens,G. W. and Rubin,D. B.,1996,"Identification of causal effects using instrumental variables",*Journal of the American statistical Association*,91(434),444 – 455;Heckman,J. J.,1996,"Identification of causal effects using instrumental variables:Comment",*Journal of the American Statistical Association*,91(434),459 – 462.

② 所谓反事实,就是在"因"不存在的状况下将发生的潜在结果。具体而言,接受干预的个体的反事实就是指其处在未被干预状态下的潜在结果,未接受干预的个体的反事实就是当其处于被干预状态下的潜在结果。即某个个体在某一种状态下未被观测到时的数据,实验研究能够提供接受干预和未接受干预两种情况下的结果,因此能够用于识别变量之间的因果关系(韩冬临,2018)。

受控实验中的运用。

虽说现代实验设计的最大功劳要归于费希尔,但是内曼在农业实验方面的工作也不容忽视,Neyman(1923)强调了实验和调查之间的重要联系以及随机化在二者中的关键作用,Neyman 还意识到重复随机抽样的作用,并且认为随机化是概率推断的必要条件。

在进入下一个截然不同的实地实验阶段之前,我们不得不提 20 世纪 20 年代发生的经济学以外的具有里程碑式意义的实验活动。有两个典型的案例,第一个是哥伦比亚大学的教育心理学家威廉·麦考尔(William McCall)的研究(McCall,1923),他坚持采用定量的方法来检验教育计划的有效性,是使用随机化而不是匹配作为排除竞争假设的方法的早期支持者,他的研究至今仍影响着教育领域的实地实验。在政治学领域,哈罗德·戈斯内尔(Harold Gosnell)与查尔斯·梅里亚姆(Charles Merriam)进行的提高选民投票率的大规模实验常常被认为是第一个社会"大型项目",这些大规模的实验活动可以被认为是实地实验的前身。

(二)实地实验的前身——大规模的社会实验

在经济学文献中有许多关于社会实验的定义。Ferber and Hirsch(1982)将经济学中的社会实验定义为"……一项经过严格设计的、由政府资助并在一段时间内对一部分或多部分人群进行的实验研究,目的是评估实验处理的总体经济和社会效果。"Greenberg and Shroder(2004)认为社会实验至少具有以下四个特征:①随机分配;②政策干预;③随访/后续数据收集;④评估。因此,社会实验的主要动机就是"与决策者对话",为政策的实施与推广提供量化的、试点的依据。

与 20 世纪二三十年代农业方面的实验一样,20 世纪下半叶进行的大规模社会实验对经济学产生了巨大的影响。根据《社会实验文摘(第三版)》(*The Digest of Social Experiment*,*Third Edition*),最早的社会实验包括 1966—1972 年英国的四种电价设计,实验评估并发现了增加白天能源消耗和减少高峰时间能源消耗的电价设计方案。在美国,社会实验的想法源于 1960 年有关社会福利制度的辩论,其中极具影响力的一项研究是对负所得税效应的检验(Ross,1970),实验对象是 1300 个至少拥有一名可就业人员的男性户主家庭,实验改变了收入保障水平和负所得税税率。该实验持续了 3 年,实验期间对照组和处理组的家庭都被要求每间隔 3 个月回答一次问卷,问题涉及家庭劳动力供应、消费和支出模式、一般流动性、对政府的依赖和社会融合等问题,实验结果并没有发现处理组参与者的工作努力水平有所下降。这一初步探索引发了后来学者的进一步重新检验,得出的结论并不是确定性的(Moffit,1981)。这一早期的探索在随后的几十年中促进了社会实验的爆炸式增长,探索的项目包括就业计划、健康保险、住房补贴、福利计划等方面的公共政策(Hausman and Wise,1985)。这些社会实验对当时的政策制定产生了重要影响,如1988年通过的《家庭支持法案》对AFDC(Aid to Families with Dependent Children,受抚养儿童家庭援助)项目进行了全面改革(Manski and Garfinkel,1992)。[①]

尽管这一阶段的社会实验已经在使用实验的方法对政策效果进行估计,但从方法论的角度来看,这一阶段使用的实验方法是不够严谨的。第一个潜在问题是"随机偏误"(randomization bias),随机分配进入实验的被试和那些与实际政策利益相关的群体有所不同,这样会导致实验干预效果的有偏估计。Doolittle and Traeger(1990)在描述他们实施《职业培训伙伴关系法》(Job Training Partnership Act)的经验时,强调了随机偏误的现实重要性。与此相关的是Heckman(1992)、Heckman and Smith(1995)、Manski(1995)提出的实验样本非代表性问题,他们认为小规模实验的参与者并不能代表参与整体大规模项目的群体,由于缺乏信息扩散、一些人不愿意服从随机分配、整体大规模项目中的资源约束或其他原因,项目管理员将参与者限制在满足特定标准的人,这会使得实验中测量的被试情况与总体项目参与者的情况之间可能存在系统性差异,因而实验结果无法准确反映总体的情况。另一个相关但不同的问题是损耗偏误(attrition bias),这是由处理组和对照组之间参与者的不同损失(如参与者的流失或项目没有被如约正确实施等原因)而产生的系统性差异。Hausman and Wise(1979)指出,社会实验的一个特点是在实验开始之前和实验过程中对个体进行调查,一般情况下需要好几年的时间,一些被试可能在实验过程中就离开了当地而退出实验,导致样本损失进而影响实验结果。除此之外,在社会实验中,由于政策目标的公开性,几乎不可能对实施实验的人或被试隐瞒实验目标(Harrison and List,2004),并且当被试意识到自己在处理组时,会更加努力地表现自身的价值,进而影响政策评估效果。一些研究将这种效应称为"霍桑效应",如果霍桑效应对处理组和对照组的作用不对等,就会产生偏差。[②]

尽管存在这些问题,社会实验仍然是政策分析的重要工具,能够为社会公共项目的实施提供一定的实践依据。也正是因为社会实验在方法操作上的这些不足,才进一步推动了学者们在此基础上对实地实验有针对性地进行了一些加强和改进,这也是我们接下来将要介绍的实地实验发展的第三个阶段。

---

① 1988年美国通过了《家庭支持法案》,其目的在于针对不负责任的父母强制执行子女抚养命令,以及通过扩大职业训练和教育的机会来降低父母对于抚养费及社会福利的依赖程度。该法案在一定程度上改革了美国的福利体系。

② 近年来实地实验不断发展,在进行实地实验的因果推断时,往往不得不面对霍桑效应的问题——即使被试可能不知道他们是被随机分配到处理组,但在实验开始之前对被试进行调查仍可能会影响到之后在实验过程中的行为,实验员与被试这种反复的互动会导致实验干预的结果测量存在偏差。Gine et al.(2007)发表了一篇试图量化这种影响的论文。

(三)实地实验发展的新浪潮——实验室之外的受控实验

实地实验的第三个发展阶段是经济学中最新的实地实验浪潮(有关最近的综述,请参见Harrison and List,2004;List,2006;Reiley and List,2007)。与社会实验一样(但与第一代农业方面的实地实验研究不同),最新的实地实验通常将随机化应用于人类被试以获得识别。然而,与社会实验不同的是,最近的实地实验尽可能地在自然发生的环境中对"自然的被试"群体进行随机化,即研究对象往往没有意识到他们成为实验的一部分。因此,最新的研究往往是机会性的,而不是在最"重要"的市场或环境中进行的,其规模也小于社会实验。①

与社会实验(主要是与政策制定者对话)相比,这一阶段的实地实验通常具有更宏伟的理论目标,也就是说,这一阶段的实地实验在多数情况下是被设计用来检验经济理论,包括收集对构建理论有用的事实,并组织数据来测度理论假设正确前提下的关键参数等。除了这些贡献,与实验室实验相比,实地实验的发现更具说服力。类似于天文学利用粒子物理学和经典力学的洞见来获得更敏锐的发现,实地实验同样有助于提供必要的行为准则,使我们能够从实验室或自然发生的数据中获得更敏锐的推断(Levitt and List,2009)。

如今,实地实验是经济学实验方法的发展趋势之所在,List(2019)在自己创建的专门针对实地实验的网站(http://www.fieldexperiments.com)上统计了 1995—2018 年实验经济学中已经发表的利用实地实验方法进行研究的文章和工作论文(见图 7-1),可以发现实地实验的研究处于明显增长的趋势。②

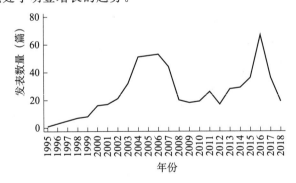

图 7-1 1995—2018 年在实地实验网站上发布的 3 种实地实验文章统计

资料来源:List,J. A.,2019,"A Summary of Papers on Fieldexperiments.Com:All Field Experiments Posted",The Field Experiments Website (http://www.fieldexperiments.com)。

---

① 从这个意义上来说,实地实验与利用"自然实验"的研究方法平行(Meyer et al.,1995;Rosenzweig and Wolpin,2000;Angrist and Krueger,2001),区别在于,在实地实验中,研究人员实际上是自己控制随机性,而在自然实验中,经济学家试图在现有的数据中找到"与随机分配一样好"的变化来源。

② 这表明约翰·李斯特在该网站上的统计只捕捉了部分市场上的实地实验研究,并非全部,在从该数据中进行解释时应该谨慎。

四、常见的实地实验类型

通过梳理实地实验发展的历程,我们可以看出相比于实验室实验,实地实验更贴近真实的世界,如在实地招募真实的被试、使用实际的物品而非诱导估值、实验环境设定是真实的情境(Carpenter et al., 2005)。实地实验因其较高的现实性而具备良好的外部有效性,也正因如此,越来越多的研究人员将实地实验用于科学研究。在过去的二十多年里,经济学中出现了三种主要的实地实验:人为的、框架的和自然的实地实验(Harrison and List, 2004),下面我们将分别从内涵和运用上对这三种实地实验进行详细阐述。

(一)人为实地实验

在经济学领域,许多实验研究都采取了实验室实验的形式,选取标准的学生被试在实验室中做决策。但是,实验室实验做出来的结果在多大程度上可以推广到非实验室环境中呢?这不可避免地会受到质疑。对这种质疑的自然反应就是"人为实地实验"(artefactual field experiment),它与常规的实验室实验类似,唯一的区别在于它使用的是"非标准"的被试池,即实验对象不再是学生,而是从相关的被试对象中随机选取的参与者。该类型实验的早期贡献包括 Bohm(1972)的开创性工作[1],他比较了当节目预演和付款是假设性的与实际发生的情况下,被试对于瑞典电视节目的预演付费意愿的差异。这项研究被认为是一项人为实地实验,因为实验对象是从斯德哥尔摩20—70岁的人群中随机抽取的,而不是大学生。

人为实地实验现在已经被广泛运用于金融、公共经济学、环境经济学、产业组织等领域,并用于检验博弈论的预测。一个特别活跃的领域是发展经济学,学者们会直接邀请企业的CEO、农民、证券公司的交易员和政府公务员等参与到实验当中,将实验室工具带到实地,在一个受控的环境中研究人们的行为。一个经典的例子是 Henrich et al. (2004)在发展中国家的15个不同的小规模社区中进行的最后通牒、独裁者和公共品博弈的人为实地实验。至关重要的是,在执行实验的过程中,实验员可以控制的环境(收益、博弈方式的描述等)几乎是相同的。实验发现,不同社区中人们的行为存在很大的差异,这些差异与他们所观察到的日常生活模式以及在这些不同社区中运作的社会规范有关。

---

[1] 彼得·博姆(Peter Bohm)被认为是实地实验之父,他是最早对实验室实验和实地实验的差别做系统性阐述的经济学家,并在 Bohm(1994)中首次在实验经济学界引入"field experiment"这一名词。但因其对实地实验的运用也仅限于环境、农业等领域,因此他在经济学实地实验发展历程中的地位一直以来都未被广泛认识。直到 Dufwenberg and Harrison(2008)对彼得·博姆的相关实验研究进行了专题介绍,人们才开始认识到彼得·博姆对实地实验发展的重要贡献。

人为实地实验的另一个运用是解释或预测非实验结果。该运用的早期例子是 Barr and Serneels(2004),他们将信任博弈实验中的行为与 Ghanian 制造企业员工的工资联系起来。实验发现,博弈中互惠性增加 1% 与工资增加 15% 相关。另一个例子是 Carpenter and Seki(2005)在一个特定日本社区的捕鱼工人中进行的实验,主要考察了标准公共品博弈中工人贡献的决定因素。实验发现那些在工作中面临较少竞争的工人在公共品博弈中的个人贡献更高,在工作场所感受到更多竞争的个人对公共品的贡献明显低于其他人,这取决于他们的工作类型。这类人为实地实验研究一方面可以回应学界对于实验室实验使用学生被试的样本非代表性问题的质疑,另一方面还可以为真实世界中个体的行为差异提供有趣的洞见。

(二)框架实地实验

当然,无论参与者是学生还是其他人,人为实地实验中对现实情境的抽象处理仍然无法回应对经济学实验结果有效性的质疑,即实验结果究竟在多大程度上受到实验室环境的影响。"框架实地实验"(framed field experiment)直接使用真实的社会环境,在一定程度上回应了该问题。框架实地实验除交易物品、实验任务、被试带入实验任务的信息均是真实情境外,在其他方面与人为实地实验类似(Harrison and List,2004)。但要注意的是,与实验室实验和人为实地实验一样,框架实地实验是以一种确保被试理解他们正在参与实验的方式进行的,被试的行为会被记录和详细审查,即被试仍然知晓自己是在参与实验活动。

框架实地实验是近年来非常活跃的一种实地实验类型,包括社会实验也是一种框架实地实验。如前所述,与社会实验密切相关的是在发展中国家的相关研究,这些研究通常直接与一系列实际的公共政策替代方案相联系,使用随机化来提高它们在自然发生的数据有限的情况下的识别,旨在为推进公共政策的实施提供一定的信息和适当的建议(如 Kremer et al.,2009;Duflo et al.,2006)。[①]

框架实地实验的运用更侧重于检验经济学理论。例如,在拍卖领域,List and Shogren(1998)研究了市场参与者之间的竞价如何随着拍卖特征而变化。在实验中,将拍卖活动设置为假设性和真实性两种框架,这两种处理形式在拍卖物品的数量和类型以及竞标者是否有市场经验方面存在差异。实验发现了假设性偏差(hypothetical bias)——真实框架下的竞价拍卖平均出价要比假设性框架下低。另一个早期示例是对多单位拍卖形式的理论预测的检验(List and Lucking-Reiley,2000)。在实验中,作者在一个卡片交易展上进行两人两单位的可收藏体育卡拍卖。统一价格拍卖会将两件物品都

---

① 感兴趣的读者可以访问 John List 的实地实验网站 http://www.fieldexperiments.com,以获取更多发展领域的实地实验的经典示例。

以第三高的价格(四个出价)授予中标者,而维克里拍卖会将这些物品以相等的金额授予中标者。正如供需理论所预测的,他们发现,统一价格处理中每个竞标者提交的第二单位投标价格要比在维克里拍卖处理中要低。

当然,框架实地实验在经济学领域还有其他方面的运用,包括拍卖理论的进一步检验(Lucking-Reiley,1999;Englebrecht-Wiggans et al.,2006;Katkar and Reiley,2006)、公共品私人供给理论的检验(Bohm,1984;List,2004a)、对新古典理论和前景理论的检验(List,2003,2004b)、成本—收益分析和偏好诱导的检验(List,2001,2002a;Lusk and Fox,2003;Ding et al.,2005)、实地环境中竞争市场理论的检验(List,2002b,2004c;List and Price,2005),以及专业金融交易员之间信息同化的测试(Alevy et al.,2007)。① 与社会实验不同,这类框架实地实验不需要担心上述讨论的许多缺陷。例如,因为被试不知道实验使用的是随机化,所以就可以消除任何随机化偏误。同样,这些实验往往是短暂的,因此损耗偏差也不是很重要。

(三)自然实地实验

前两类实地实验中,被试知道自己正在参与一个实验,并且意识到他们的行为正在被监控和详细记录,无论是作为处理组还是对照组的一员,都可能会对这样的设计做出反应,从而导致估计结果出现偏差,进而影响了实验结果的可推广性(Levitt and List,2007a,b)。心理学的研究也强调了被试角色、实验员本身及实验情境的影响(Orne,1962),这些都可能会影响实验的结果。因此,后来发展了另一种实地实验类型——"自然实地实验"(natural field experiment),被试在自然的环境中完成实验任务,同时并不知道自己是实验的参与者。自然实地实验代表了一种将实验室与自然产生的数据最吸引人的元素——随机性和真实性——相结合的方法。因此,在对从自然实地实验生成的数据进行推断时,上述许多限制均不是问题。

近年来,自然实地实验几乎在经济学的每一个子领域都得到了广泛的运用,包括偏好测度、捐赠、市场机制、歧视、收益成本分析等各方面的研究。例如,Azfar and Zinnes(2006)研究了培训激励,Camerer(1998)研究了资产市场的操纵,Gneezy and List(2006)研究了礼物交换,Jin and Kato(2007)研究了网络欺骗。总之,自然实地实验很好地解决了一些长期以来困扰经济学界的问题,为广大研究者所青睐。

尽管我们目前的讨论是根据是人为的、框架的还是自然的实地实验来划分实地实验的类型,但在尝试回答某些问题时,综合运用多种方法往往可以层层深入,得到更加详实的证据与稳健的结论。例如,List(2004d)在一个真实的市场环境中通过设计分配、讨价还价和拍卖,进行了一系列的实地实验——从人为的到框架的再到自然的实

---

① 当然,这只是此类研究的一部分,有关更全面的论述,请访问 http://www.fieldexperiments.com。

地实验——以提供一个经验框架来理清基于敌意和统计歧视的主要理论。已有关于歧视的实证文献均使单一的数据进行分析,仅发现主要存在三种类型的歧视:一是基于敌意的歧视,二是讨价还价能力的差异,三是统计上的歧视,但这些发现并不能准确识别歧视的本质问题。而该实验结果表明,我们观察到的歧视并不是由于敌意或讨价还价的差异,而是统计歧视。与此相关,List(2006)通过设计礼物交换实验研究社会偏好的重要性,为此进行了人为的、框架的和自然的实地实验,实验结果提供了社会偏好的有力证据。另外,在某些情况下,通过比较被试在不同类型实地实验中的行为,可以帮助我们更清楚地理解人们在实验室和实地实验中的行为差异,以及这种差异产生的原因(List,2011)。

(四)实验的其他分类

除了上述 Harrison and List(2004)的分类法,Charness et al. (2013)提出了另一种对实验进行分类的方法,所有的实验被分为三大类:实验室实验、实验室外实验和实地实验。在这种分类方式下,上述定义的人为的和框架实地实验将被归类为实验室外实验,唯一被归类为"实地实验"的是那些被试从事他们平日里会做的活动的实验(无论被试是否知道自己处于实验中)。Charness et al. (2013)也提到可以在实验室中进行实地实验。一个典型的示例是在实验室实验中故意给实验对象多付一些钱(以一种明显是偶然的方式),以此观察被试是否会报告多付的钱。在这个例子中,对超额支付的观察可以被归类为一个实地实验,因为这种情况不仅会在日常生活中发生,而且被试并没有意识到他们返还或自己保留超额支付的钱的决策是用于研究的目的。

此外,很难确定参与者在日常生活中可能发现的不寻常的干预是否应该归类为自然实地实验——即使他们没有被明确告知他们正处于实验中。例如去健身房收到钱(Charness and Gneezy,2009)、因选择健康的零食而收到玩具(List and Samek,2015)或者在收到食品配送服务时改变预先选择的健康食物,更倾向于选择不健康的食物(Sadoff et al. ,2015),这些都不是很自然的事情。考虑到非自然环境,被试可能会怀疑自己是否身处实验情境中,因此这种实验的分类可能介于自然实地实验和框架实地实验之间。

最后,除了实验室实验、实验室外实验、实地实验,Harrison and List(2004)还讨论了经济学家进行的其他类型的实验,如自然实验、思维实验(thought experiments)等。恰当地运用实地实验,在一定程度上有助于经验主义经济学"学派"的终结。任何一种可行的经验方法,无论是实验的还是非实验的,都有各自的优势和局限性。正如理论和实证模型一样,各种方法都应该被认为是相互之间强有力的补充,并且将每种方法的见解相结合,将会使我们对人文社会科学拥有更为深刻的理解和认识。

第二节 实地实验研究方法

社会科学研究最核心的工作是对因果关系的识别与解释,对于经济学家来说,实证方面最大的挑战也是超越相关分析,以提供因果关系的见解(List,2009),而实验的方法因其可以提供"反事实的框架"进而更干净地识别给定干预的因果效应而被认为是因果关系识别中最佳的社会科学研究方法(Druckman et al.,2011)。早期的实验室实验因其脱离真实的现实情境而饱受外部有效性的争议,为了使研究更贴近现实,学者们逐渐走出实验室,发展了实地实验。实地实验是结合了实地调查(fieldwork,field research)和实验研究的实验方法,将实验室和自然发生的数据有机地结合起来,在实验室程式化的环境和现实世界丰富的环境之间架起了一座有用的桥梁。作为目前社会科学领域因果推断的前沿方法,实地实验越来越被广泛运用(韩冬临,2018)。

但是实地实验的研究涵盖范围非常广阔,不仅可运用的研究领域广泛,研究方法也多样,如审计实验法(audit study)、通讯审计实验法(correspondence study)、随机对照实验(randomized controlled trial,RCT)等实际上都属于广义的实地实验方法,不同的研究方法之间差异很大,并且实地实验研究很大程度上依赖于现实情况和研究问题的特殊性,因此,我们在这里只给出较为统一具体的方法操作流程,主要围绕几种实地实验研究方法的核心思想、基本操作和运用进行介绍。

一、实地实验的核心思想和基本方法

(一)核心思想

实地实验是在真实的情境下,研究人员对实验对象施予外生的人为干预处理的实验调查活动,其中,"实地性"(fieldness)的程度可以用四个维度——干预真实性、参与者真实性、背景真实性以及结果测量真实性——来衡量(Gerber and Green,2012)。因此,与实验室实验相比,实地实验的实地性很强,也因而具有更高的外部效度(Reiley and List,2007)。实地实验背后的基本思想是利用随机化来捕捉现实世界的重要特征,通过实验的操作技巧来评估干预事件的处理效应(treatment effect)或者说变量间的因果效应(罗俊等,2015)。

(二)基本操作方法

实地实验操作的基本方法是在真实的社会环境(real setting)中,随机选取实验对象

(可以是个人、家庭、机构、村庄、社区及地区等不同单位),然后将其随机分配到实验组和对照组,控制其他因素不变,对实验组施予真实的干预,并对随后两组被试的行为决策差异进行比较,进而得出因果效应。因为被试是被随机分配的,所以实验中的处理组水平完全独立于个体特征和其他可能影响实验结果的因素,这就能够有效克服内生性(endogeneity)、遗漏变量(omitted variable)、混淆变量(confounder)、样本选择性偏误(selection bias)等统计推断中的常见问题(罗俊等,2015;王思琦,2018)。

实地实验的基本操作过程一般包括五大步:第一步,确定实验参与对象。第二步,对实验参与者随机分组,一般根据研究问题需要分成一个对照组以及一个或者多个实验组。分组随机化是实地实验操作至关重要的一步,旨在消除实施实验干预前不同组别之间的系统性差异以实现可比性。第三步,实施干预。对实验组的被试施加一定的实验干预措施,对照组不施加干预。第四步,收集实验数据。该步骤可以通过问卷、实地检测和经济学经典博弈等多种手段实现。第五步,对数据进行处理和分析,并得出研究发现。

实地实验操作的一个核心环节是随机分组,随机分组能够保证实验组或对照组之间没有系统性差异,被试都有相同的概率被分到实验组;如果被试被随机分配到实验组和对照组,并且没有实施任何真实的干预,就没有理由期望一个组比另外一个组的表现更好。也就是说,随机分配可确保实验组在接受干预之前具有相同的预期结果,这是无偏因果推断的基本要求(Gerber and Larimer,2008)。因此,实施干预后对照组和实验组之间的差异都可以归因于干预措施的影响(陆方文,2017)。实地实验试图尽可能地模拟一个因果关系发生的条件,并且这种随机化背后的精妙之处在于它处理了不可观察的问题,可以对感兴趣的因果关系进行更为纯粹干净的估计,这也在一定程度上增强了实验结果的外部有效性或可推广性(Al-Ubaydli et al.,2013)。当然,这仅仅是实地实验操作的基本步骤,在每一步的设计中还涉及很多细节问题,包括伦理道德问题[①],由于篇幅限制此处不再赘述,有关实地实验设计详细的小技巧可以参考 List(2011)等。

二、实地实验方法的有效性探讨

过去三十多年里,实验方法的崛起在社会科学研究中掀起了一场方法论革命。过去很长一段时间里,社会科学研究都是基于现实世界的经验观察数据来建立和检验因果关系,但是基于经验观察的因果推断(causal inference)容易出现自我选择、遗漏变量、反向因果等问题(Przeworski,2007)。而实验方法因其可以控制研究的相关变量、随机分配研究对象等优势逐渐成为最接近科学解释的理想方法(Lijphart,1971),并俨然已经成为社

[①] 任何科学实验都需要遵守一定的伦理道德准则,实地实验也不例外。一般主要包括以下几个准则:第一,不能给被试造成伤害,如食品、药品、注射等;第二,尽可能避免给社会造成伤害;第三,不可以欺骗被试,审计实验方法除外(陆方文,2014);第四,实地实验中被试中途可以随时退出,不能强制被试参与。

会科学因果关系分析的"黄金准则"(Holland,1986)。

尽管如此,实验作为一种研究方法并非完美,也存在一些方法上的局限性。随着实地实验的日益发展,有必要对其有效性问题进行讨论。由于实地实验是实验室实验的进一步补充和发展,因此对实地实验有效性问题的讨论往往依赖于与实验室实验的比较。已有文献已经对此做了相关评述(Carpenter et al.,2005;Ortmann,2005;List,2007,2011;Charness et al.,2013)。我们将在此基础上从可推广性、控制性、可复制性这三个主要方面对实地实验方法的有效性问题进行阐述。

(一)可推广性——外部有效性

在实证研究领域,研究者首先关注的是研究结果的有效性,而有效性通常与一个特定的结论或推论是否充分反映了事实有关(Trochim,2008)。有效性是一个多维度的概念,其中两个最为关键的维度是内部有效性和外部有效性。内部有效性是指所观察到的相关性确实是因果关系,外部有效性是指将研究中所发现的关系推广到其他群体、时间和环境中的能力(Pruitt and Kimmel,1977;Roe and Just,2009)。

外部有效性是实地实验典型的优势之一,也可被进一步具体化为"可推广性"。Roe and Just(2009)将可推广性这一概念细分为生态有效性(ecological validity)——将推断结果应用于自然环境中与实际政策利益相关的被试群体的能力,以及外部有效性——将结果推广到其他情境的能力。通常,即使研究结果的内部有效性令人信服,结果或结论的外部有效性也必须由其应用的环境所决定。

研究结果的可推广性之所以如此重要,原因主要有以下两点:第一,从理论的视角来看,理解一个重要的研究发现在不同情境下的适用性有助于我们了解一个理论的应用范围有多广,进而加深对理论知识的理解和掌握;第二,从政策与实践的角度来看,在实施政策或制度之前,了解哪些因素会影响政策或实践的预期方向变化对政策制定者来说是非常重要的(Samek,2019)。政策制定者一般对实验室实验的结果持谨慎态度,希望在更接近他们政策相关的群体中看到干预的效果。例如,List(2011)在回忆起他在美国经济顾问委员会(Council of Economic Advisers)任职期间时提到,白宫一名官员因为学生"不是真实的群体"而否定了实验室的结果。此外,Levitt and List(2007b)也强调了将实验室结果向外推广的重要性问题。

鉴于实验方法对经济学界的影响,可推广性问题显得愈加重要,Pruitt and Kimmel(1977)甚至在批评实验室实验时将可推广性问题视为最大问题之一。我们需要了解何时以及在何种情况下能够将实验室的结果推广到经济学家感兴趣的自然发生的市场环境中去。由此,实地实验的优势随之凸显。与实验室实验相比,实地实验在真实的情境中,选取真实的被试,采用真实的干预措施,所得出的实验结果对于所运用的环境情境更为普遍适用,更具可推广性,也因此具有更高的外部有效性。

(二)控制性——内部有效性

"实验控制"就是研究人员对想要研究的因果关系的控制(包括对实验员及其言行的控制),在这里可以理解为实验进行过程的稳定性。对实验进行控制可以在某种程度上减少误差方差,排除系统偏差的可能性,它是实现实验内部有效性的先决条件(Ortmann,2005)。任何不规范的实验操作都有可能威胁实验的内部有效性,进而影响到研究人员进行因果推理的能力。正如 Hoffman et al. (1996)和 Cherry et al. (2002)所证明的,实验室中对被试的社会距离(熟悉或陌生)或被试初始禀赋的来源(实验中赚来的或初始给定的)的控制会在很大程度上影响独裁者博弈的结果。Smith(1976,1982)、Binmore(1999)均指出了实验控制所需要严格遵守的实验准则,以便指导后来的研究者更为科学地对实验施加相应的控制。

相比于实验室实验,实地实验研究人员所能施加的控制更少,实地实验内部有效性更低(Levitt and List,2009)。首先是研究对象的控制,一般来说实地实验的被试群体知识文化水平整体上较低,在一定程度上增加了被试理解实验说明的难度,并且实地实验的被试生活经验比较丰富,这些都会对被试的决策形成一定干扰;其次是实验环境的控制,实地实验在自然的环境中进行,可控制的变量相对较少;最后是实施过程中的控制,当在实验室进行实验时,实验能否顺利实施往往仅依赖于大学提供的实验室空间、学生到实验室的出席率、计算机设备运行情况等,但在实地进行实验时,研究人员可能会面临诸多实施方面的挑战,例如寻找可信赖的实地合作伙伴(来自非营利组织、公司或学校的从业者)以及被试中途退出等问题(Samek,2019)。

此外,实验室的研究者可以单方面做出采用什么干预的决定,而实地实验需要研究者、实验干预者以及结果测量者之间不断协调以达成一致决定。Gueron(2016)描述了在一项合作研究项目中如何建立和发展这种合作关系,并且突出强调了在使用随机分配时合作方达成一致的重要性。研究的合作者和资助方有时可能会反对随机分配干预的想法,更倾向于全部干预或者精心挑选被试干预。因此,研究者必须提出一个令各方都能接受的实验设计。以上这些也正是实地实验难以实施的部分原因。

尽管普遍观点认为实验室实验对环境有更好的"控制性"(Falk and Heckman,2009),但 Al-Ubaydli and List(2015)纠正了实验室实验比实地实验能给研究者提供更大程度的"控制性"的笼统错误认识。他们认为,实验室实验为研究者提供了对被试一旦同意参加实验后的更大控制权,但在被试招募(参与决策)方面缺乏控制,在某些情况下,预期的代表性被试可能会出于某些原因而拒绝参加实验室实验,这样会导致实验样本缺乏代表性。例如,一位研究者想要调查在产品或劳动力市场上对残疾人歧视的性质和程度,按正常的招募,则需要招募潜在的雇主或者商品或服务的卖方参加一个实验室实验,但这可能会导致较高的拒绝率,因为潜在的被试可能认为他们的时间太宝贵。这种情况下,自然实地实验成为更好的一种路径,不仅可以直接绕过被试进入实验的选择,而且在自然环境中接触潜在的雇主或卖方可以更真实地刻画歧视行为(Gneezy et al.,2012)。由此可见,就实验的"控制性"而言,并不能简单地认为实验室实验与实地实验二者谁更优,需要视具体的研究问题和情境而定。

(三)可复制性

可复制性是实验方法的基石,也是实验方法的一个非常重要的优势(Fisher,1926)。正如 Roth(1994)所指出的,实验经济学之所以如此多产并且具有较高的可信度,很大程度上是因为其所报告的结果基本上是可以直接复制的。任何想进行实验研究的研究者都能够尝试复制以往的实验结果,并评估实验结果的有效性,而不必担心实验室的操作或环境差异可能带来的混淆影响。

一般而言,复制至少包括以下三个维度:第一个维度(也是最窄的维度)是获取原始数据进行重新分析以确认原始发现;第二个维度是重新进行一个与原始实验类似的实验操作,以考察使用新的实验参与者能否得出相同的实验发现;第三个维度(也是最普遍的维度)就是设计新的实验来检验原始的研究假设是否成立。对于实验室实验来说,上述三个维度的复制都相对比较容易;而对于实地实验来说,第二种维度的复制(在一个新的被试池中重新操作原始实验)比较困难,原因在于,许多此类实地实验都是机会性的,并且需要与政府或企业等组织一起合作,甚至可能需要前往特定地区说服其领导或负责人允许对其员工或村民进行实验等,这些外部的客观现实条件使得复制变得困难,甚至不可能(Levitt and List,2009)。

然而,不同的社会背景对实地实验操作和干预的效果具有很重要的影响,例如在美国教育研究中发现班级大小对儿童的学校表现有所影响,小班教学能够提高儿童的学业表现,但类似的效果并未在发展中国家显现,例如在肯尼亚等地区发现,班级规模的扩张和师生比的上升并没有引起学生在校表现的提升或下降(Duflo et al.,2015)。但这并不能说明美国情境下的实验结果是无效的、不可复制的,这反而凸显出实地实验作为政策检验工具的重要优势,即通过采用真实的情境捕捉到社会环境中的诸多因素,因此更适合有针对性地探究或验证政策的实施,突出体现政策执行的"因地制宜"性。

此外,在不同的国家或地区的群体中复制已有的实地实验研究发现能够进一步提高实地实验的可推广性,进而提高其外部有效性。2019 年经济学诺贝尔奖揭晓之后,最大争论就是对班纳吉等三位诺奖得主所倡导的随机实地实验方法的外部有效性问题的质疑——当更换不同的国家(地区)或环境,从最初实地实验中所获得的作为政策决策依据的见解能否同样适用(李宝良和郭其友,2019;罗必良,2020)。如果能够在不同的国家或地区复制出同样的研究发现,那么可以很好地回应目前学界对于随机实地实验外部有效性的争论。由此可见,可复制性的研究对于提高实地实验的外部有效性至关重要。

至此,我们可以看出,实地实验与实验室实验均面临外部有效性和内部有效性之间的权衡,但重要的是,上述将实地实验与实验室实验进行的比较不应该被解释为两种方法之间的一场竞技;相反,只是在某些情况下,一种方法比另一种方法更合适;而在另一些情况下,这两种方法是一种互补的关系,将二者结合使用会得出更为清晰、更令人信服的推断(Harrison and List,2004)。加里·查尼斯(Gary Charness)曾说过:"锤子是不是比螺丝刀更好的工具?有时需要锤子,有时需要螺丝刀。它们是不同的工具,适用于不同的目的。"(Charness,2015)

三、审计实验法及运用

如上文所述,在现实社会中展开可控的实地实验研究非常困难,但这并不代表实地实验无法实现。同实验室实验一样,根据研究的问题制定适宜的实验方案也是实地实验研究者的核心任务,因此所要实施实地实验的方法和难度都需要根据研究问题和方案进行灵活的选择与确定。在劳动经济学、卫生经济学等领域,实地实验研究中有一种设计巧妙且相对容易操作的研究方法——审计实验法,目前国内对这一方法的探讨与运用除陆方文(2014),还近乎空白。下面我们将从审计实验法的定义与操作、发展与运用、优势与局限性三个方面对该方法进行介绍。

(一)审计实验法的定义与操作

所谓审计实验法,是采用角色扮演的方式构建一个真实的实地研究环境,通过考察所扮演的角色与现实情境中行为主体的互动来研究所要探讨的社会经济问题。这里的角色扮演是指两个只在某一方面存在差异的个体分别与真实市场中的另一方行为人进行互动,研究者通过对比这两个个体所受到的差别对待来分析另一方的市场行为(陆方文,2014,2020)。

通过上述定义,我们可以看出审计实验法的操作比一般的实地实验设计简单,也更易实现。关键在于以下三个操作步骤:首先,我们需要设计两个不同的审计员(tester)。重要的是,这两个审计员之间仅存在某一方面的差异,其他方面必须保持几乎完全相同,至少不存在系统性差异,这是审计操作的最基本也是最核心的环节;其次,当两个审计员分别与真实存在的另一方市场主体进行互动时,另一方在整个互动过程中是完全不知情的,他并不知道自己处于实验中,否则会受"霍桑效应"的影响(Levitt and List,2009),导致其有意识的行为改变①；最后，最重要的是收集双方互动的信息，以分析这两个存在差异的审计员是否受到了另一方的不同对待。

从上述操作步骤中不难发现，审计实验法的操作在技术层面包含三个很关键的要素：审计员的差异性（仅在某一方面存在差异）、同质性（其他方面几乎都相同）和普遍性（贴近现实、代表一般水平），这三个要素既相互促进又彼此制约，直接影响着审计实验结果的核心变量，因此在设计时要格外谨慎。

(二)审计实验法的发展与运用

审计实验法的兴起最早可追溯到英国的英格兰房地产市场中的种族歧视研究(Daniel, 1968)。随后，美国在住房和城市发展中也广泛运用该方法来探讨房地产市场中的种族歧视问题(Hakken, 1979; Wienk et al., 1979)，研究证实美国房地产市场存在种族歧视(Yinger, 1986)。早期的房地产市场中的审计实验法运用主要采用人物形式，即人与人之间面对面互动的方式来实现实验。而在劳动力市场中出现了另外一种审计形式——书信形式（下文将提到的通讯审计实验法），最早开创书信形式的审计实验法的是罗杰·乔维尔(Roger Jowell)和帕特里夏·普里斯科特-克拉克(Patricia Prescott-Clarke)，他们于 1970 年使用该方法来研究英国就业市场中的种族歧视问题。

目前，审计实验法在国外经济学研究当中已经有了广泛运用，涉及商品交易、人事雇佣、委托代理关系(Schneider and Henry, 2012)等多个领域，但迄今国内经济界的研究寥寥可数。接下来我们将对目前运用较为广泛的歧视和医疗两个领域的研究进行概述。

1. 歧视方面的运用

审计实验法的一个常见应用是对歧视问题的研究。对于探讨歧视程度的审计研究，Fix and Struyk(1993)给出了操作上的一般参考：将两个审计员匹配为那些被认为会导致歧视的因素（例如种族、民族、性别）以外其他所有个人特征均相同的个体。然后让他们申请一份工作、一个住房单元、一笔抵押贷款，或者开始就一种商品或服务进行讨价还价，他们在交易中获得的结果和接受的处理会被密切观察、记录和分析，以考察这两位审计员是否会受到区别对待。当"受保护的审计员被系统地对待得比他们的同事还差"时，就出现了歧视(Yinger, 1998)。

一个著名的早期示例是 Ayres and Siegelman(1995)的研究。在这项研究中，成对的审计员（其中一个是白人男性）被训练进行同样的讨价还价，然后被派去芝加哥地区随机挑选的经销商处购买一辆新车，讨价还价遵循事先训练的统一脚本。审计员被进一步指示在谈判开始时告诉经销商，他们自己有能力购买汽车。实验发现，尽管谈判方式相同，

---

① 有证据表明，当被试知晓自己处于实验环境中时可能会改变他们的行为，以符合他们认为实验员所期望的行为(Orne, 1959a, 1959b, 1962)。

白人男性的报价却低于白人女性和黑人（男性或女性）。虽然辅助证据表明，经销商对女性和黑人的差别对待可能是由经销商对消费者保留价格的统计推断造成的，但这些数据并不能支持任何单一的歧视理论。

劳动力市场上一个著名的审计研究示例是 Neumark et al.(1996)的研究，该研究通过设计两名男大学生和两名女大学生前往费城 65 家餐厅亲自申请服务员的工作，考察了劳动力市场上的性别歧视。实验发现了明显的雇佣歧视，并且这会影响到服务员之间基于性别的收入差异。另一个有趣的运用是 Pager(2003)的研究，他将申请初级职位的个人配对，并探讨了以种族为条件的犯罪记录的影响。作者雇用了两名黑人审计员为一组，另一组是两名白人。在每个小组中，其中一名审计员被"指派"一份犯罪记录（这项指派是随机和轮流的，即每名审计员在某个时候都会扮演一次罪犯的角色）。总共有 350 名雇主接受了审计。实验发现：犯罪记录的影响在统计上是显著的，并且在规模上也是有意义的——有犯罪记录的白人中有 17% 收到了回复，而没有犯罪记录的白人收到回复的比例为 34%。也就是说，如果一位同样合格的白人申请者被认为是有前科的罪犯，那么他收到回复的可能性会减少一半。对于黑人申请者来说，影响更为明显：有犯罪前科的黑人申请者中有 5% 收到了回复，相比之下，没有前科的黑人收到回复的比例为 15%；也就是说，一个同样合格的黑人申请者，如果有犯罪记录，其收到回复的可能性约为无前科的三分之一。此外，这些估计表明，没有犯罪记录的黑人申请者收到回复的可能性与有犯罪记录的白人申请者差不多。

2. 医疗领域的运用

众所周知，现实中很难直接获取医疗方面的微观数据，这给医疗领域的实证研究造成很大困扰。然而，近期涌现出的一些研究创造性地使用了审计实验的方法来获取直接观察到的医患互动数据，以此来评估医疗服务质量。具体来说，是使用了一种被称为标准化病人(standardized patient, SP)的审计方法，该方法被认为是评估门诊医疗服务质量的黄金标准(Dupas and Miguel, 2017)。标准化病人被事先训练成"演员"，前往门诊看病并向医疗服务提供者传达给定的"病例"（症状）。诊疗结束后，他们会详细记录与医生互动的细节，特别是服务提供者提出的任何问题、所做的任何诊断及检查等。接下来，我们将介绍如何在医疗领域运用审计实验法以及可能产生的一些重要见解。

在最早的研究中，一般通过使用训练有素的标准化病人来衡量医生的医疗服务供给行为(Woodward, 1985; Tamblyn, 1997)。Das et al.(2012)使用标准化病人的方法和具有代表性的医疗服务提供者样本进行了一项大型的审计研究，该研究考察了 2008—2009 年印度中央邦的农村和城市地区医疗服务提供者的质量。该研究揭示了许多问题，包括：大多数医疗服务提供者没有接受过医学培训；城市和农村的医疗服务提供者质量都比较差，医生与患者互动的平均时间不到 4 分钟；诊断率（更无须说正确的诊断率）和正确治疗率都很低,其中过度治疗的水平很高。在中国某省的48家医疗服务提供者中进行的一项重复研究也发现了类似的结果(Sylvia et al.,2015)。

在这项研究之后,Das et al.(2016)使用标准化病人的方法比较了71名私人和公共医疗服务提供者之间的医生努力和治疗行为。测试患者被送到医生那里,并与医生交流三种预先确定的疾病中的一种症状。实验发现:尽管私人医生缺乏医疗资格,但私人和公共医疗服务提供者的诊断和治疗质量并无差异;在两种医生身上都发现了较高的不必要的治疗水平,大约70%的医生提供了过度治疗。

类似的过度医疗现象在中国也较为严重,抗生素滥用尤其有据可查(Li et al.,2012;Zhang et al.,2006)。为了探究抗生素滥用背后的驱动因素,Currie et al.(2014)一共招募了35名标准化患者,并于2011年10月至2012年6月在中国某城市随机选择的140家医院进行了两次审计实验,每次选取两位具有相同流感症状的学生作为模拟(标准化)患者去拜访同一位医生,以相同的描述向医生传达流感的症状。在实验设计中,通过向医生告知患者的购药选择、患者对抗生素的认知以及送礼行为等来改变医生的激励,以此考察医生的处方行为。实验发现,经济激励是中国抗生素滥用的主要驱动因素,减少经济激励可以有效减少抗生素的滥用,但对服务质量有负面影响;患者对抗生素的认知有效降低了处方率;送礼行为能适度减少药费支出。类似的研究还有 Currie et al.(2011)、Lu(2014)、林莞娟(2013)、刘汝刚(2018)、Gottschalk et al.(2020)等,均从不同角度采用标准化病人的审计实验考察了医生的医疗服务供给行为。

上述审计研究主要集中在医生行为上。在肯尼亚和乌干达(蚊帐分发计划是一个政府项目)以及加纳(蚊帐分发计划由一个非政府组织赞助),Dizon-Ross et al.(2016)对被要求实施针对孕妇的蚊帐分发计划的其他医疗工作者(主要是护士和助产士)的表现进行了审计。他们通过派出"神秘客户"——伪装成不够领取资格的卧底调查员,试图获得蚊帐——来衡量医疗工作者是否会对无资格人员的贿赂企图做出反应。实验发现,绝大多数符合条件的受益人都按计划领取了补贴的蚊帐,只有极少数的神秘客户成功地从产前中心获得了蚊帐。这表明在一个易于观察到的目标规则(只有孕妇有资格)的背景下,医疗工作者遵守了该规则,就像中国医生在知道患者对适当的治疗有所了解后减少过度处方一样(Currie et al.,2011)。

医疗服务质量的另一个重要方面也可以通过审计实验的设计来衡量,它涉及药物,特别是假药的盛行。Bennett and Yin(2019)把神秘顾客送到印度海得拉巴的小药店,这些神秘顾客购买了两种常见的非专利抗生素,然后在实验室里进行分析。他们发现6%的样本低于药典标准,在所谓的本地(廉价)品牌中,假冒药品的比例高达22%。在一项类似的研究中,Bjorkman-Nyqvist et al.(2012)在乌干达测试了抗疟药物(ACTs)的质量,发现约 30% 是假冒伪劣药物。

(三)审计实验法的优势与局限性

由上述经典示例可以看出,审计实验法的突出优势在于它在设计上呈现了两个"其他方面都相似但仅在某一方面存在差异"的审计员,使用配对的审计员和随机分配来分离特定变量的影响,排除了其他因素对研究变量的影响,且操作简单易实现,已被广泛运用于歧视、医疗等领域。但审计实验法并非没有缺陷,学者们对审计实验法的不足也进行了讨论,主要总结为以下两点。

首先是有效匹配的问题(Heckman and Siegelman,1993;Heckman,1998)。有效匹配意味着两个审计员除了在研究需要操纵的特征上变化,其他方面的特征需保持几乎完全相同。为了达到该要求,研究人员通常会根据几个特征(身高、体重、年龄、方言、着装风格和发型)对审计员进行匹配,并对他们进行集中的培训。然而,批评者指出,即使这样做也不太可能完全消除一对审计员之间存在的诸多潜在差异。

审计实验法的另一个局限性是实验设计不是双盲的:审计员知晓研究的目的,他们对实验的认识可能会影响他们的期望或行为,进而影响实验的结果(Turner et al.,1991)。例如,在一项关于雇佣中的种族歧视的研究中,由于种族歧视的预期,黑人审计员可能比白人审计员更紧张或信心不足(Pager,2003)。因此,任何观察到的黑人和白人审计员雇佣模式的差异都可以由他们自身的细微差异来解释。

四、通讯审计实验法及运用

(一)通讯审计实验法的发展与运用

为了解决上述审计实验方法的一些缺陷,出现了通讯审计研究。从本质上来说,它可以被看成审计实验法的另一种形式——书信形式,因为这两种方法除了使用的媒介不同,在研究方法本质上是一样的,都是通过改变审计员的某些特征来考察另一方市场主体可能做出的差别对待(陆方文,2014)。通讯审计实验法的审计员不需要与实际存在的市场主体(如潜在雇主或业主)面对面交流,而是作为虚构的申请者进行交流。具体来说,比如为了回应招聘广告或租房广告,研究者会发送许多成对的简历或信件,其中一份会被匹配易感知到的少数群体特征,通过比较有无可感知到的少数群体特征的虚拟申请人收到的回复情况来估计歧视。最常见的(但并不是唯一的)操纵少数群体特征的方法是通过申请者的名字(例如女性的名字、非裔美国人的名字、阿拉伯人的名字等)来研究诸如工作申请等方面的歧视。通讯审计实验法中实验结果主要(但不仅限于)依据雇主或房东对于虚构的申请人的邮寄或电子邮件的回复来评估(Bertrand and Duflo,2017)。

尽管 Guryan and Charles(2013)认为通讯审计实验法是"重要的方法论进步",并且在很早之前发表的关于市场歧视研究的综述中仅讨论了观察性研究和审计研究(Yinger,1998),但实际上该方法并不是最近才出现的新实验方法。大约半个世纪以前,为了揭露种族或宗教歧视,已经有不少研究采用将虚假的申请和简历发送给雇主的方式来探究歧视问题。① Bertrand and Mullainathan(2004)通过向波士顿和芝加哥报纸上刊登的招聘广告发送虚构的简历来研究劳动力市场中的种族歧视。为了操纵对种族的感知,他们随机给一半的简历起白人的名字(如 Emily Walsh 或 Greg Baker),给另一半简历起黑人的名字(如 Lakisha Washington 或 Jamal Jones)。他们总共对 1300 多份招聘广告做出了回应,涉及销售、行政支持、文书和客户服务等工作类别,并发出了近 5000 份简历。实验发现,白人的面试回复率比黑人高 50%,种族歧视很明显。继该研究之后,经济学中的通讯审计实验法逐渐增加,除了劳动力市场,还有租赁市场(Carpusor and Loges,2006;Ahmed and Hammarstedt,2009;Carlsson and Eriksson,2014)、零售行业(Zussman,2013)、学术界(Milkman et al.,2012)等,各领域的通讯审计实验法的研究正在以惊人的速度增长。

(二)通讯审计实验法的优势与局限性

与审计实验法相比,我们可以总结发现通讯审计实验法存在三点较为明显的优势。首先,由于通讯审计实验法的审计员选取的是虚构的而非真实存在的人的简历或申请,所以可以确信的是,不论对于雇主还是房东抑或是其他另一方市场主体来说,所接收到的信息可以在不同组之间产生严格的可比性,这也保证了任何观察到的差异都是由研究者所操纵的少数特征引起的。其次,选取纸质或电子版申请书不会受到需求效应的影响,即无须担心因审计员知晓实验目的而影响对实验的预期,进而影响实验的结果。最后,由于通讯审计实验法的边际成本很低,一个人可以发出大量的申请,除了能够提供更精确的估计外,更大的样本量还允许研究人员从更多的角度来研究差别对待的本质,从而有望将其与具体的歧视理论更紧密地联系起来。

虽然通讯审计实验法解决了审计实验法的一些关键弱点,但它自身也存在一些局限性。

首先是可以研究的实验结果变量比较单一和粗糙。大多数情况下,"回复率"(面试邀约或租赁报价)是通讯审计实验法所能获得的唯一结果(Doleac and Stein,2013)。很明显,在这一点上,通讯审计实验法不如审计实验法,因为没有真正的申请者,通讯审计

---

① 早期研究见 Jowell and Prescott-Clarke(1970)、Jolson(1974)、Carter and Hubbuck(1980)、Brown and Gay(1985)、Riach and Rich(1991)。需要注意的是,其中一些研究未能完全匹配少数群体和非少数群体之间的简历技能。

实验法不能考察申请者在面试、提供工作、工资设定阶段或签订租房合同阶段所受到的区别对待。显然,理论上,所有这些缺陷在使用真正的审计员时是可以被估计的。Riach and Rich(2002)认为,如果出现多数和少数候选人都被拒绝的情况,这并不能构成平等对待的证据,只有使用更多更连续的结果变量——这些变量通常是研究人员无法获得的,比如雇主对求职者的排名——才有可能解决该问题。但 Neumark(2012)在这一批评的基础上建设性地指出,如果在通讯审计实验法中增加可能影响招聘结果的可观察到的申请者质量的差异,将会使得研究的维度更为丰富。

另一个较为普遍的质疑是学者们对伦理道德方面的关注,但这并不是通讯审计实验法所独有的,而是在一般的实地实验设计中都会存在。雇主的时间必然是一种稀缺资源,而进行这些研究的研究者在未经有关各方同意的情况下占用了这些时间,并且使用虚假的申请者带有一定的"欺骗"性质。对这一伦理问题的一个积极看法是 List(2009)的研究,他认为"当研究能使得参与者生活得更好,对社会有益,并赋予所有研究对象匿名性和公正对待时,缺乏知情同意似乎是合理的。"

第三节 实地实验与 RCT 的比较

实地实验与 RCT 均属于科学实验的范畴,并且二者都是运用科学的实验方法来研究真实世界(或自然发生的环境)而不是发生在实验室中的干预。① 但 RCT 是否就等同于实地实验呢?很多学者容易将这两种方法混淆或视为等同,其实不然,二者在很多方面既存在联系也存在一定差异。下面我们将分别从兴起与发展、核心思想、方法论的有效性三个角度对二者进行比较区分。

一、兴起与发展

(一)提出路径

随机对照实验也被称为随机评估(randomized evaluation)、随机实地实验(randomized field trials),最早可追溯到 1747 年詹姆斯·林德(James Lind)为鉴定坏血病的治疗方法而进行的临床实验,随后被引入心理学和教育学领域。但是,早期的对照实验仅仅对可能影响实验结果的部分客观因素进行了一定程度的控制,以尽量使得治疗组和对照组的结果差异是由于干预措施引起的,并未强调必须对实验对象进行随机分组,因此

---

① 这里对随机对照实验和实地实验的解释具体参考了维基百科。

这在很大程度上削弱了观测结果的可靠性(张延和王琪,2019)。直至20世纪初,Neyman(1923)为避免选择性偏误,在农业和生物领域的实验研究中引入了随机化原则,并且基于数理统计理论对实验的设计方法进行了严格科学的规范,由此才形成了更为严格的控制实验法——随机对照实验。与此同时,这个时期费希尔在实验方面的贡献也推动了农业方面早期实地实验的发展,由此可以看出,该时期的随机对照实验和实地实验在方法论意义上可视为等同。

不难看出,实地实验早期主要产生于农业生产领域,并未源于直接针对人类行为或政策的研究,而随机对照实验最初源于医学领域,它是一种用来检测某种疗法或药物的效果的控制性临床医学实验,目的是减少新治疗方法或新药物真正投入使用时可能会产生的偏差(West et al.,2008;李树和严茉,2019)。二者在最初的提出路径上存在明显的区别。

(二)发展与运用

实地实验的发展总体上可分为两条路径:一条发展路径是从农业领域转向大规模的社会实验,将研究范围由小块土地扩展到人类群体身上,并在社会实验的基础之上进一步改进方法论,进而推动了实地实验朝更为科学规范的方向发展;另一条发展路径是出于学者们对于实验室方法的质疑和反思,为扩展实验室实验的外部有效性而发展了实地实验(罗俊等,2015)。目前实地实验的运用非常广泛,覆盖一系列领域,比如市场(Riach and Rich,2002)、慈善捐赠(List,2008b;Jasper and Samek,2014)、健康(Charness and Gneezy,2009;List and Samek,2015)、教育(Banerjee et al.,2007;Angrist and Lavy,2009;Heckman et al.,2010;Fryer,2011;Fryer et al.,2015)、劳动经济学(List and Rasul,2011)、发展经济学(Duflo,2006)等领域,尤其在行为经济学领域的运用更为丰富,因为实验是评估人类行为和不同决策理论的好方法(Camerer et al.,2002)。

20世纪80年代之前,实证经济学因其主要依赖观测(调查)数据而在政策评估时遇到诸多限制,主要困难在于无法同时观察到参与者在参与项目与没有参与项目时的表现(Duflo,2006)。基于此,在其他学科实验室中发展了两百多年的随机对照实验的"随机"和"对照"的思想被引入社会实验,并逐步发展为实验对象在日常环境中做出选择的实地实验(张延和王琪,2019),并且在方法上也不断得到改进与完善。随机对照实验起步比较晚,最近十多年来,随机对照实验方法才开始被正式引入经济学领域,逐渐成为发展经济学中政策评估的重要研究工具,用以指导相关政策的制定(Levitt and List,2009)。此外,随机对照实验的飞速发展还得益于阿比吉特·班纳吉、埃丝特·迪弗洛和塞德希尔·穆来纳森(Sendhil Mullainathan)于2003年共同创立的贫困行动实验室(Poverty Action Lab,2005年更名为J-PAL),它是目前全球范围内使用随机对照实验开展随机评估相关研究(主要是各种扶贫政策或项目)的"主阵地",旨在为扶贫行动提供科学的政策依据。这也在一定程度上推动了随机对照实验在社会科学领域的运用,主要用于解决医疗卫生服务、福利政策、贫困以及教育等问题(Gueron,2016)。

由此可见,从发展脉络上看,随机对照实验的"随机"和"对照"的思想被引入社会实验,由此才推动了实地实验的发展,因而随机对照实验与实地实验在方法论的发展上是一种前后承接关系。在运用领域方面,实地实验的运用范围更为广泛,内容上更为丰富;而随机对照实验更多运用于发展经济学、公共经济学领域,并且在发展经济学理论与政策适用性之间架起了一座直接的桥梁(Duflo,2006)。二者在应用领域上可能有交叉之处,但侧重点也比较明显。如果仅从 Harrison and List(2004)对实地实验的分类来看,可能只有自然实地实验能够兼具随机对照实验的特性(随机性和真实性)与实际的应用性。其实,随机控制实验通常也被称为随机实地实验,目前在学界来看,学者们并未对这两个概念做出明确的区分。但经济学者谈论"实地实验"的时候,大家通常默认是指 Levitt and List(2009)中的自然实地实验,而"随机控制实验"是指在所有自然实地实验中,直接用于项目评估目的,或者以解决实际问题,而非检验经济学理论为导向的自然实地实验研究(包特等,2020)。

二、核心思想

不论是实地实验还是随机对照实验,其核心思想几乎是一致的。从本质上来看,都是利用随机化的思想,将具有真实决策行为的参与者随机分为实验组(施加干预)和对照组(不施加干预),通过对比两组(或多组)参与者的行为差异来检验我们所关心的某种干预、政策或项目的处理效果(Duflo,2006)。其中随机化的操作可以确保平均而言,两组(或多组)之间所有事先可能的相关性的原因是相同的,因此,在一定程度上消除了选择性偏误,从而使得结果的任何显著的差异都可以归因于干预而不是其他一些未知因素的干扰的影响(Stolberg et al.,2004)。

这两种实验方法都是在试图回答一系列的"反事实"问题,这也是进行因果关系推断的本质之所在(Stock and Watson,2015;Duflo et al.,2007)。但是从狭义的范围而言,用于政策评估的实验方法一般是指随机对照实验,实验中政策干预的设计是依据发展经济学理论,数据的收集是基于微观个体的行为决策,因此最后得到的实验结果不仅可以为理论预测提供更强有力的经验依据,还能检验某一政策在现实中的效果。也正因此,随机对照实验被认为是发展经济学中理论检验和政策评估的一种新的强有力的工具(Levitt and List,2009;杨少瑞,2018)。

但是在经济学领域中,随机对照实验用于政策检验更偏向于由果溯因的一个过程:观察并评估已实施的政策干预效果,根据这个效果更进一步深入探究该政策影响背后微观个体决策的原因。而实地实验是预先设定可能会产生效果的某种机制或干预措施,然后检验该机制或干预是否真的会产生预测的影响,更像是一个由因到果的验证过程。此外,另有一种实地实验——lab-in-the-field(实地中进行的实验室实验)可以被用来测量被试的偏好,这部分实验数据可以较好地测量被试受到干预时的行为数据和偏好变量,可以为随机对照实验研究提供更加丰富的维度。[①] 通常,在进行 RCT 时,lab-in-the-field 的实验方法可以两种互补的方式作为 RCT 的辅助测量工具使用。第一,lab-in-the-field 可以作为 RCT 基线的一部分,这使得研究者能够研究干预效果是否取决于实验中测量的行为。第二,研究者可以将 lab-in-the-field 实验作为 RCT 结果的一部分,研究干预是否影响相关行为,如过度自信或竞争(Gneezy and Imas,2017)。这在金融类的扶贫干预措施中尤为突出,被试的偏好可能会带来干预效果的异质性影响(Ashraf et al.,2006;Cappelen et al.,2015)。从这个意义上来讲,实地实验与 RCT 互相促进,共同发展。

三、有效性

无论是实地实验还是随机对照实验,都是走出实验室之外,在实地进行的科学实验方法。因此,当其被用于社会科学领域尤其是经济学的研究时,学者们不可避免地会对其研究方法的有效性进行讨论。下面我们将主要围绕内部有效性和外部有效性问题对这两种实验方法进行对比探讨。

(一)内部有效性

内部有效性一般被定义为研究者在证明所观察到的相关性是因果关系方面的能力,即通过统计推断所测度的因果效应是否确实仅仅是由某一政策或干预所引起的(Roe and Just,2009)。

实地实验因其在自然的环境中进行真实的干预,研究人员所能施加的控制相对较少,尤其是对实验对象、实施环境以及实施过程中的其他未知的可能影响因素的控制。此外,实验组之间的系统性差异以及实验干预和被试反应之间的关系可能会随着时间的推移而改变(由于被试的学习效应或身体条件的变化)等,这些都将在一定程度上不利于因果关系的识别,因此实地实验面临着内部有效性的威胁(Levitt and List,2009;Samek,2019;罗俊等,2015)。

当因果关系的识别受到多方面的影响而变得比较复杂时,随机对照实验可以通过控制单一因素或某几个因素的组合实现对因果关系的准确识别,以实现内部有效性(Baner-

---

① 根据 Harrison and List(2004)对实地实验的分类,lab-in-the-field 是一种实地实验,在自然环境中使用标准化的、经过验证的实验室范式和非标准的学生被试,是框架实验的一类。

jee and Duflo,2009)。也有部分学者认为随机对照实验之所以在内部有效性问题上的可信度相对比较高,主要在于随机对照实验是针对特定的政策或项目干预,实验对象也是针对与该政策或项目相关的特定样本人群,并且是基于特定的有效时间(如政策实施的有效期间)和特定的实验设计(Duflo et al.,2006;Susan and Imbens,2017),而实地实验的对象是在自然环境中随机选取,并没有针对特定人群,因此随机对照实验的结果能够更为真实地反映某一政策或项目干预的效果。由此,综合比较可以看出,与实地实验相比,随机对照实验的内部有效性相对更高。

(二)外部有效性

目前,学界普遍认为实地实验具有较高的外部有效性主要是相对实验室实验的"非真实情境"而言,实地实验是在真实的自然环境背景下,随机选取真实的实验对象施加真实的干预,其现实性很强,因此具有较高的外部有效性(Reiley and List,2007)。但以 List 为代表的实地实验的先驱学者最近认为实地实验除了作为科学研究方法,更有望作为政策决策的依据,要想进一步提高实地实验用于大规模推广的政策干预的外部有效性,还须在实验样本与实验情境的选择上更具代表性(Al-Ubaydli et al.,2019)。

就随机对照实验而言,其外部有效性问题一直以来备受争议。主要原因在于随机对照实验一般是在小区域范围内展开的,若将随机对照实验的结论以政策的方式向其他区域推广,势必会受到区域自身存在的一些不可控因素的影响,进而对政策实施的效果产生一些预期外的不良影响(李树和严茶,2019)。因为随机对照实验对政策或项目的评估是基于特定的环境、特定的样本以及特定的实验条件,所以并不能保证其实验结果在其他环境下的普遍适用性,最多能为其他环境下实施同样的政策或项目提供一些参考,而非决定性的影响(Rodrik,2008;Deaton,2010)。总的来说,对于随机对照实验的结果是否可以复制或推广至其他环境中这一问题,通常包含以下三个方面的考虑:实验样本的非代表性、实验的实施过于复杂、实验环境的差异(Duflo et al.,2006)。这三点不仅仅限于随机对照实验,实地实验也存在同样的问题。

其中,环境的依赖性是随机对照实验外部有效性需要重点考虑的问题,而在现实环境下的复制性研究有益于解决这些担忧(Banerjee and Duflo,2009)。这就需要在不同的环境,或不同的实验样本,或不同的区域范围实施同样的或者类似的政策或项目干预。为此,Banerjee 和 Duflo 在许多研究中对随机对照实验的外部有效性问题进行了深入的探讨和分析,并不断尝试对已有的实地实验进行修正,再实施新的实地实验,反复验证了解决或提高外部有效性的方法,并将实验结论进行推广,以此来回应学界对随机对照实验外部有效性的质疑(Banerjee et al.,2007;Banerjee et al.,2016)。但与此同时,随机对照实验较强的情境依赖性也恰恰为经济学家们提供了另一种认识世界的工具,允许不同地区的经济学家就同一类问题或政策效果基于特定地区的背景环境进行解释,更能"因地制宜"地考虑政策干预的实施,同时也有利于将效果较好的政策干预措施在不同国家或地区之间进行推广,共同为世界经济发展的伟大蓝图贡献一份力量。

综上不难发现,随机对照实验其实可以被看作广义的实地实验,只是更偏向政策评估检验,并因局限于特定地区的政策评估而在外部有效性方面略逊于实地实验。但是整体而言,这两种实验方法都是进行因果推断的强有力工具,在研究方法与内容上互有交叉但并不互相包含,且均面临内部有效性和外部有效性之间的权衡,并无谁更优之说,我们需要根据所研究的问题来选择最适宜的方法。

第四节 实地实验的运用

关于实地实验在各类经济问题研究中的实际运用,大量文献已有所呈现,本书后面章节的不同主题中也会有所涉及,而为使读者快速了解和掌握实地实验方法,我们将从案例的典型性和易于理解的角度出发,围绕医疗服务、慈善捐赠、创新激励与腐败四个主题进行重点介绍。

一、医疗服务

医疗服务问题是关系民生稳定的头等大事,并且在一定程度上影响社会的发展。医疗市场的信息不对称导致患者即使在接受治疗后也无法判断实际接受的服务质量,进而加剧了紧张的医患关系。依靠传统的实证研究很难获取直接的医患互动数据,更难衡量医生的医疗服务质量;而实验方法的出现为这一难题提供了解决方法,尤其实地实验的涌现,使我们能够直接在真实的医疗环境中观察并记录医生的治疗行为,为评估医生的医疗服务质量提供真实的个体微观数据。我们接下来将以三个经典案例为例进行介绍。

Currie et al.(2011)以医疗市场抗生素滥用为背景,设计了两场实地实验,来考察患者对抗生素使用的认知对医生处方行为、患者药费支出以及医生服务质量的影响。研究者共招募了 28 名学生来扮演模拟患者,在实验开始之前对模拟患者进行了 9 个小时的小组指导和个人培训,包括相关指示、举止和着装等。在实验过程中,模拟患者使用统一的措辞向医生描述自己的症状,如"过去两天,我一直感到疲劳。我一直低烧,有点头晕,喉咙痛,食欲不振。今天早上,症状加重了,量了体温显示华氏 99 度"(病症较轻,医生无法立即判断是病毒感染还是细菌感染)。此外,实验设计改变问诊时的言辞,以对模拟患者关于抗生素使用的专业知识进行实验控制:扮演无专业知识的患者在对医生完成症状描述后不再有任何陈述;而扮演具有专业知识的患者在向医生完成症状描述后会进一步表达"我从网上得知普通的感冒不需要使用抗生素,是这样吗?"以此来表示自己对抗生素的使用具有一定的专业知识判断。实验发现,医生经常在没有正当理由的情况下开抗生素的处方,并且倾向于贵的抗生素;而患者对抗生素使用的认知大大减少了抗生素的滥用,并有效降低了药费支出。

为避免医生的过度服务行为,除了向医生传达药物使用方面的知识,还可以向医生传达购药选择和保险状况,以消除医生的经济激励。为此,Lu(2014)在北京的49家医院进行了一场实地实验研究,考察患者的保险状况和购药选择对医生诊疗和处方行为的影响,只需两名测试员假扮成一位假想的老年糖尿病或高血压患者的"家人"前往医院咨询即可完成实验。在实验前,实验设计者会对两名测试员进行统一的培训,并事先准备好最有可能被问到的关于病人身体状况的问题,比如家族病、吸烟、喝酒、身高、体重等。实验分两阶段进行:第一阶段是在进入医院挂号时,测试员(假想的患者的"家人")向挂号窗口的工作人员给出保险状况,并告知病人的相关信息,挂号人员要么使用电脑向医生传递信息,或者将信息打印在挂号票上由病人交给医生;第二阶段是在测试员见到医生后,这样介绍自己"我代替我的亲戚来咨询,他住在家乡,他想让高级医院的医生看一看情况",然后测试员根据事先准备的标准脚本向医生描述亲戚的健康状况,紧接着测试员会告诉医生"亲戚叫我从这里买药给他"或者"亲戚想要一个处方,然后在他当地的药店买药",最后测试员带着打印或手写的处方离开。实验发现,当医生被告知这些药物将在其所在的医院购买时,医生会为有保险的病人开出比没有保险的病人更昂贵的处方。类似的设计还有林莞娟(2013)、刘汝刚(2018)等。

另外一个有趣的实地实验是 Gottschalk et al. (2020)在牙科护理市场考察医生的治疗行为,只需要招募一个测试患者即可完成实验操作。招募完成后,测试患者被进行严格的培训,实验员与参考牙医(reference dentists)合作,制定了一个针对病例和测试患者特征的详细脚本。并且根据瑞士牙科指南和4名牙医的建议,该患者仅患有牙釉质的浅表龋齿病变,不应采用填充物的侵入性治疗,填充治疗会导致更高的龋齿风险。为确保所有的诊断都在相同的前提下进行,测试患者会事先做 X 光片检查,并且在每次就诊时都出示这同一份 X 光片。实验过程中,同样的这一位测试患者随机选择180名牙医就诊,并且在就诊过程中通过改变患者的社会经济地位和向医生传达的信息来考察医生的治疗行为。其中,测试患者的社会经济地位通过改变患者在服装和配饰方面的物理外观来实现,高社会经济地位的测试患者穿着高质量的西装和高端配件,比如昂贵的手表、汽车钥匙和昂贵的新手机,并且当被要求填写病人表格时,测试患者填写的职业是银行的翻译;而较低社会经济地位的测试患者穿着廉价的无品牌服装,一个旧背包,没有配饰,职业填写为一名翻译专业的学生(见图 7-2)。测试患者向牙医传达的信息分为两种:标准患者(standard patients)仅要求诊断,没有额外的脚本;而知情患者(informed patients)告诉牙医,出于好奇,他在前一天将自己的 X 光片上传到了一个提供免费诊断和建议的互联网牙医平台上,但是还没有收到回复。这种条件下,病人发出信号,表示他可能会从互联网平台上得到另一个诊断。实验发现,测试患者在平均每超过四次的就诊中,就会得到一次过度治疗的建议;过度治疗的建议具有显著的异质性,较高社会经济地位的患者的过度治疗建议明显较少,对于知情患者而言,这一差异逐渐减小。

低社会经济地位者　　高社会经济地位者

图 7-2　高低社会经济地位的测试患者的服装和配饰

资料来源:Gottschalk, F., Mimra, W. and Waibel, C., 2020, "Health services as credence goods: A field experiment", *The Economic Journal*, 130(629), 1346—1383.

二、慈善捐赠

慈善公益组织旨在为社会公众提供贫困救助、医疗卫生等社会公益品,有助于促进社会公平正义、维持社会稳定,是我国社会保障制度中必不可少的重要组成部分。慈善捐赠活动的重要性不言而喻。根据中国社会科学院的《中国慈善发展报告(2019)》估计,2018 年中国社会捐赠总量为 1 128 亿元,占同期 GDP 的 0.12%。而美国 2018 年捐赠总额为 4 277 亿美元,占 GDP 的比例达 2.09%。由此可见,我国慈善捐赠的总体水平同发达国家相比仍存在一定差距。

大力推进慈善事业的全民参与,使慈善真正成为社会发展、人民幸福的强大推动力,是近年来我国慈善捐赠事业的重要发展目标。很多慈善组织为激励个人捐赠行为设计了各种捐赠激励方式。很多学者也运用实地实验的方法在实地检验各种捐赠激励方式的效果(List and Lucking-Reiley, 2002; Landry et al., 2006),下面将列举两个经典案例来展示实地实验方法在慈善捐赠中的具体运用。

Falk(2007)通过设计自然的实地实验来考察礼物对个体捐赠行为的影响。该研究是与旨在为有需要的儿童提供帮助的某知名大型国际慈善组织合作进行的。该组织拥有一个大约包含 10 000 个邮件地址的列表(主要在苏黎世市),这个列表被称为"温暖列表"(warm list),因为该列表中的邮件的总体回复率比较高。该组织主要通过邮件征集的方式为贫困儿童筹集捐款。实验中该组织共发出了 9 846 封信件,信件里会告知潜在的捐赠者这封邮件是为达卡(孟加拉国)流浪儿童学校筹集资金,并邀请捐款。为考察礼物对捐赠的影响,随机选择三分之一的邮件附上小礼物(小礼物是一张明信片和一个信封),三分之一的邮件附上大礼物(一套四张明信片和四个信封),明信片上有孩子们画的彩画(见图 7-3),并且所有收到礼物的人在邮件最后都会被告知,这些明信片是"来自达卡的孩子们的礼物",可以"保留或送给他人"。① 剩下三分之一的邮件没有附上礼物。实验结果发现,礼物对于个体的捐赠行为有很大的影响:与没有礼物的情况相比,小礼物使捐赠的相对频率提高了 17%;大礼物使捐赠的相对频率提高了 75%。有学者解释这源于一个事实,即礼物越大,回报的义务就越强,类似于付出更高的努力水平来回应高工资(Fehr et al.,1993;Gneezy and List,2006)。

图 7-3 明信片的一个示例

资料来源:Falk,A.,2007,"Gift exchange in the field",*Econometrica*,75(5),1501—1511。

---

① 这句话的目的是向人们保证明信片是一件不需要支付任何费用的礼物,并在儿童(捐赠的潜在接受者)和捐赠者之间建立一种礼物交换关系。

除了礼物对捐赠会产生显著的影响,不同的捐赠信息公开方式本身也影响个体的捐赠行为。罗俊等(2019)通过自然实地实验方法设计了五种不同捐赠信息公开方式,分别是只公开捐款数额、只公开姓名、实名公开捐款数额、可选择是否实名公开捐款数额、强制性实名公开捐款数额,以此考察被试在这五种方式下个体捐赠行为的差异。实验分有偿问卷调查和募捐两阶段进行。其中有偿问卷调查活动与捐赠无关,仅仅是为了让被试通过真实的自身努力获取一定的初始禀赋,如果愿意参加第二阶段的慈善募捐活动,第一阶段所挣得的禀赋将用于捐款;反之将归参与者所有。直到第一阶段的调查结束并且被试的报酬支付完毕后,实验员才会询问被试是否愿意参加第二阶段的捐赠活动,在征得被试的自愿同意后,实验员将会引领获得30元固定报酬的被试至不远处的捐赠点进行第二阶段的捐赠活动。①

募捐活动开始之前,实验员会向被试详细介绍此次募捐活动的目的及捐款方式。随后实验员将主动退出捐赠点以确保被试在无干扰的条件下独自完成捐款,被试在完成捐款后将自行离去。为保证随机性和真实性,被试的招募是以路边随机抽样调查的方式进行,共询问了1108人,其中281人同意参加问卷调查,19人因时间原因在获得调查报酬后未能参加第二阶段的捐赠活动。为控制实验的节奏,尽可能保证前后两名被试参与问卷调查的时间间隔大于20分钟;同时为确保每名被试获取30元的固定初始禀赋的机会成本一致,实验员会通过控制询问语速来保证每位被试的问卷调查时间在30分钟左右。实验发现,捐款意愿较低的参与者会因为捐赠信息实名公开而拒绝参与捐赠;捐款意愿较高的参与者会因为捐赠信息实名公开而提高捐款数额。

三、创新激励

在当今知识经济时代,无论对于企业还是整个社会而言,创新都是决定竞争力和经济增长的重要因素。创新性想法对于拓展企业业务尤为重要,对于企业来说,一般创新主要来源于两方面:一是专门用于探索新知识的研发(R&D)实验室;二是非研发部门员工的有创意的想法,这些创新性想法可能有利于企业优化流程、改善客户服务或改进产品设计。想要获取员工创新性想法的一种方法是建立一个正式的建议系统,鼓励员工提交自己的想法,管理层可以通过这个系统获得创新性想法并决定是否推行和分享。Ohly et al.(2013)发现在英美两国有大约三分之一的公司采用了这样的建议系统。实地实验在这一方面的运用以 Gibbs et al.(2017)的研究较为典型。

Gibbs et al.(2017)在印度一家大型的国际化业务流程外包科技公司(HCL)中进行了一项实地实验。② 该公司的业务范围广泛,包括外包工作、研发、软件或硬件方案,而且

---

① 该慈善募捐活动基于中国扶贫基金会开展的"筑巢行动",旨在为偏远贫困地区的学生解决住宿等难题而筹集善款。
② 实验分为三个阶段:第一阶段是实验前,即2009年5月到2010年5月;第二阶段是实验过程中,即2010年6月到2011年6月;第三阶段是实验后,即2011年7月到2012年7月。

客户多为国际性大公司。为了更好地服务客户,公司建立了提案递交和评估系统 Idea Portal 以激励员工捕捉工作过程中的金点子,如果想法对客户有效,那么在得到客户同意后将会被真正执行。由于公司的员工分属于不同的独立运作团队,各种制度的实施几乎都是在团队层面进行的,并非以公司整体为一个单位。为了激励员工积极参与提交关于工作流程和提升产品质量的新想法,公司对 Idea Portal(完整具体的流程见图 7-4)这一建议系统进行了改进,对被采纳的想法进行奖励,以考察奖励是否会促进新想法的生成,从而发挥强化原有建议系统的作用。公司将 19 个团队(超过 11 000 名雇员)随机分配至实验组和对照组(分别为 6 000 多名和 5 400 多名员工),实验组员工提交的想法被采纳后将得到奖励,对照组的员工没有奖励。

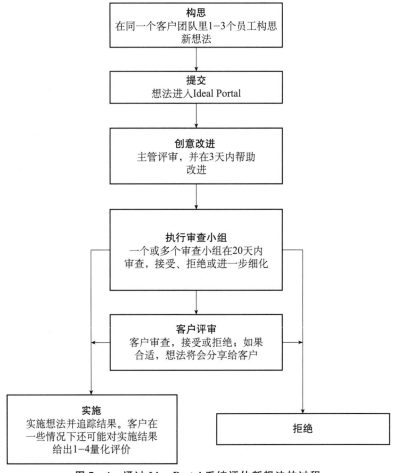

图 7-4　通过 Idea Portal 系统评估新想法的过程

资料来源:Gibbs,M., Neckermann,S. and Siemroth,C., 2017,"A field experiment in motivating employee ideas", *Review of Economics and Statistics*, 99(4), 577—590.

这个奖励是为了激励新想法的质量而不是数量,员工仅提交想法并不能获得奖励。雇员不知道自己提交的想法是否会被内部推行还是提交给客户,因此员工有激励去考虑客户的需求。如果提交的想法被客户接受了，所在团队的每个成员都可以得到 2000 点，这大约等价于一般雇员每月税后工资的 2.2%，点数可以兑换成消费品（比如智能手机）或者网店的代金券。① 实验发现，奖励制度不仅提高了员工对建议系统的参与度，而且显著提高了所提交的想法的质量；并且在取消奖励制度以后，员工的参与度仍然很高，该系统对于员工的激励具有更为持久的效应；此外，并没有发现激励挤出的证据。这对现如今企业对员工的创新激励问题是一个很好的启示。

四、腐败

在任何国家，腐败都被认为是一个严重影响社会效率而且无法彻底根除的问题（Krueger，1974；Shleifer and Vishny，1993；Bertrand et al.，2006）。由于腐败是非法的，因此腐败行为往往无法被直接观察到，进而导致很难在现实生活中去测度并遏制腐败行为。而实验方法尤其是实地实验的兴起为现实中腐败行为的刻画提供了很好的工具。接下来，我们将以一个具体的示例来介绍实地实验在腐败问题上的运用。②

Bertrand et al.（2007）以印度德里驾驶执照的分配项目为背景设计实地实验来研究腐败是否影响驾照分配以及如何影响驾照分配的问题。实验分为三个阶段：招募、随机分配实验组、后续跟进调查回访。在第一阶段，国际金融公司（International Finance Corporation，IFC）从四轮机动车驾照的申请人中进行招募，招募为期六个月，每两周为一周期，招募中要确保申请人以前没有驾照但想要获取驾照，且年满 18 周岁才能参与。招募过程中招募人员会向每个潜在参与者简要介绍该项目，同时提供一份概述该项目的时间范围和支付方式等的信息表，以便感兴趣的被试更好地了解有关该项目的更多信息。最终有 822 名参与者参与实验，在每两周的招募周期结束后，对参与者进行统一的信息统计。统计结束后，每名被试将获得一个信封，这些信封将每个周期内的被试分别随机分配到三个组：对照组、奖金组、课程组，这也进入了实验的第二阶段。其中，"对照组"只需在整个过程中对申请者进行追踪；"奖金组"的申请者如果能在 32 天（比官方规定的最短时间获得驾照的时间 30 天长两天）内获得驾照，就能得到 2000 卢比的奖金；"课程组"的申请者被提供免费的驾驶课程③。在获取驾照后，对照组的申请者被要求完成一份简单的调查以记录他们获取驾照的经历，为了激励被试完成调查，实验员会承诺被试在完成最终调查后可以得到 800 卢比（约合 17 美元）的奖励。

---

① 此外，当提交的想法被真正执行后，提出该想法的员工可以根据客户的评分获得额外的报酬。如果客户给出了最高的评分 4，则该员工可以获得的点数相当于一般员工每月税后工资的 40%，积累的点数可以兑换实物奖励。因此，奖励的力度还是比较大的，特别对于那些提交了得到客户高评分的想法的员工。
② 当然，与腐败相关的经典案例很多（如 Becker and Stigler，1974；Olken，2007；Olken and Barro，2009）。
③ 实验聘请了经过认证的驾驶学校来提供 15 次课程，即刻上课。

由此,我们可以推断奖金组和课程组都更有可能获得驾照。然而,奖金组成员更有可能支付额外的费用,并在不知道如何驾驶的情况下(通过实验的激励资金购买驾照以绕过驾驶考试等程序)获得驾照。随后,在 2004 年 10 月—2005 年 4 月期间,IFC 对 822 名驾照申请者进行了第三阶段的跟踪调查,收集了他们是否获得驾照以及有关具体程序、时间和支出的详细微观数据。在流程结束时,IFC 进行了一项突击的驾驶测试,以考察获得驾照的个人是否会开车。实验发现,在对照组中,接近 71% 的驾照获得者没有参加驾照考试;奖金组(多支付额外 178 卢比的费用)比对照组获得驾照的可能性高 24%[①],换句话说,奖金组更愿意支付额外更高的费用来换取驾照,导致不会驾驶技术但仍获得驾照的人数增加;课程组获得驾照的可能性比对照组高 12%。总之,实验结果发现腐败不仅反映了从公民到官僚的转移,而且还扭曲了分配。

第五节　实地实验在国内的研究展望

实地实验方法在经济学领域虽然较为新颖,但是却在较短的时间内获得了突飞猛进的发展,近年来,它甚至成为社会科学领域发展最快、最前沿的方法之一。目前,实地实验在国际学术界已被广泛用于回答有关教育、逃税、消费金融、负外部性、慈善捐赠和劳动力市场合同等极具理论与政策价值的问题(List and Metcalfe,2014),在国内学术界的运用方兴未艾。国内经济学界正紧跟国际学术前沿的步伐,不断丰富实地实验方法的应用场景,并为实地实验方法的完善和发展贡献"中国经验"。

一、用实地实验方法讲中国故事

为了尽可能地最小化政策实施的试错成本,政策制定者越来越重视"基于证据的政策"(evidence-based policy),而实地实验正好为决策者提供了这样一个绝好的工具,可以在真实的情境中帮助决策者识别某项干预或政策是否有效。现如今,许多经济学家、企业和政府的决策者及政策实施者都开始运用实地实验的方法评估参数、干预或政策的因果效应(List,2019),在中国这片有着广袤"实地"及独具特色文化背景的土地上更是如此。中国在千百年的发展历程中涌现出很多独有的现象或"故事",一些学者通过一系列的经济学实地实验(礼物交换、信任博弈等实验)对这些独具中国特色的"故事"进行验证和解释,例如针对中国社会转型时期出现的户籍身份对劳动力市场歧视的影响的研究

---

① 其中,在没有参加法律要求的驾驶考试的情况下,奖金组获得驾照的可能性也比对照组高 13%,而获得驾照并通过独立驾驶考试的可能性高 18%。

(Dulleck et al.,2012)、针对计划生育政策对独生子女性格和行为的影响的研究(Cameron et al.,2013)等。① 此外,我国学者何浩然和徐慧(2017)还在 Cameron et al. (2013)基础上,通过与之不同的随机抽样方式,对贵州省与北京市的独生子女与非独生子女的多种经济偏好和行为的差异进行了研究。他们于 2009—2012 年在不同类型的人群(大学生和非学生的工作人群)中随机招募独生子女和非独生子女两类被试,共开展了三个独立的实验,主要对比了这两类被试在风险偏好、时间偏好、亲社会的合作行为、反社会的侵占和报复行为上可能存在的差异。这对于计划生育政策实施以来,劳动力市场上普遍存在且备受关注的对独生子女这一群体的负面刻板印象提供了新的解释和依据。

当然,除了计划生育,中国社会各行各业的发展过程中还有很多"故事之谜"有待揭开,如设计什么样的机制可以让紧张的医患关系得到缓解? 如何解决中国的留守儿童问题? 如何解决互联网的发展尤其是网店和网上借贷平台带来的过度消费和还贷风险问题? 对于这些问题的解答,我们都可以用实地实验的方法,在政策真正大规模实施前进行干预效果的风洞测试。当然,可用实地实验方法讲述的"中国故事"也远不止上述这些,有待国内对实验方法感兴趣的学者们进一步挖掘与发现。

二、与企业、组织等实体机构合作

我们知道,实地实验是在"实地",即"真实的世界"中进行操作;招募的是现实的市场参与者,而不是校园中的学生被试;面对的是真实的利害关系、激励和环境的约束(Gerber and Green,2012;Harrison and List,2004)。也正因此,相比于学生,实际的市场参与者需要更高的真实激励才能诱导其真实可靠的行为。并且,由于复杂多变的社会环境的影响,实地实验设计的事前准备需要耗费大量精力,需要尽可能全面地考虑各种意外情况的发生。因此,不管在人力、物力还是财力的消耗上,实地实验都要远远超过实验室实验(罗俊等,2015)。图 7-5 提供了一个典型的实地实验操作的时间轴。

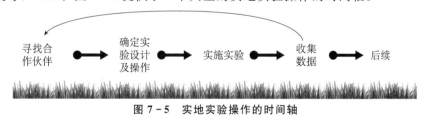

图 7-5 实地实验操作的时间轴

资料来源:Samek, A., 2019, "Advantages and disadvantages of field experiments", in Schram, A. and Ule, A. eds: *Handbook of Research Methods and Applications in Experimental Economics*, Northampton, MA: Edward Elgar Publishing.

---

① 2017 年之前,Cameron et al. (2013)在 *Science* 上发表的研究是比较独生子女与非独生子女经济偏好和行为的唯一经济学研究。

由此可见,作为一名研究人员,想要独立完成实地实验的操作是非常困难的。为了把实地实验当作一个项目来完成,研究者不仅要专注于自己的研究问题,还需要寻找合适的合作伙伴。Levit and List(2009)指出了未来实地实验操作的一个趋势,即与企业、组织等实体机构合作,更理想的是与之建立长久的联系。随着企业逐渐意识到经济学的实地实验可以帮助他们提高组织运行效率,以及学者们试图有效地与企业沟通以实现双赢的关系,未来这一领域将出现快速的增长。一些早期研究已经开始与企业、组织等实体机构合作,比如公司内部关于最佳的员工激励制度(Shearer,2004)或监督制度(Nagin et al.,2002)的设计,以及组织设计对企业绩效的影响(Bloom and Van Reenen,2010;Karlan and Valdivia,2011)等。此外,还可以与政府或机构的相关部门合作一起考察某项政策或干预可能带来的效果(汤颖梅等,2019),或是与慈善组织合作研究个体捐赠行为的影响因素(List and Luck-Reiley,2002),以及与学校合作研究儿童,尤其是偏远贫困地区儿童的教育问题(王春超和钟锦鹏,2018;崔盛等,2019)。

但是,就国内目前已经以及正在开展的实地实验研究来看,国内实地实验研究人员与企业、组织机构的合作还是相当缺乏的。一个重要的可能原因是研究人员不太熟悉市场或公司的运作,所以难以找到企业管理者感兴趣并且双方相契合的研究点。例如,当我们与食品连锁店合作时,若我们的研究主题是如何提高健康食品的选择(Sadoff et al.,2015),那么与我们合作的门店营养教育协调员(nutrition education coordinator)将会对该内容比较感兴趣。但是,为激励被试对健康食品的选择,我们会在实验设计中加入商店礼品卡的提供作为激励,这就会吸引商店管理人员的兴趣。因此,对于研究人员来说,要善于发现隐藏在日常现象中的实验机会,并且最好是提前设计几个初步的实验构想,与企业组织中的相关联系人进行非正式讨论,以便更好地了解企业相关管理人员最有可能接受哪种构想,这也更有利于促进双方在某一实验构想上达成共识(Samek,2019)。此外,值得注意的是,在实验正式实施以及后续的实验数据获取阶段,研究人员可能会由于与企业合作方的某些分歧而失去对实验的控制权,为避免可能的分歧与冲突,研究者应与企业人员保持积极的沟通与反馈,在争取更多的实验控制权的同时也要恪守必要的学术道德。

三、充分利用互联网设计并实施实验

随着互联网的快速发展,我们逐步进入大数据时代,大数据不仅可以提供宏观经济分析服务,还可以为我们进行互联网上的实地实验提供便利。线下的实地实验操作有时存在极大不便,尤其在类似2020年新冠肺炎疫情冲击的情况下,各类线下实验操作甚至被迫停止,而此时,线上实验的优势便更为凸显。有鉴于此,凭借丰富的网络资源和环境开展实地实验,获取被试数据,正在成为未来实地实验操作的发展方向之一。

Lucking-Reiley(1999)以及 Hossain and Morgan(2006)是使用互联网进行实地实验操作来检验理论的两个很好的例子。此外,在慈善募捐方面,Chen et al.(2006)是首个利用互联网环境设计慈善捐赠的自然实地实验的研究,该研究在互联网上设计了四种募捐机制,以考察不同募捐方式对个体捐赠行为的影响。这项研究开启了自然实地实验的一股热潮,探索慈善经济学其他方面的实地实验也见证了一个飞跃的发展,它们利用电子邮件和电话募捐等形式来考察个体的捐款行为,包括但不限于 Eckel and Grossman(2005)以及 Landry et al.(2006)。此外,利用互联网进行被试招募,不仅成本较低、招募的效率更高,而且被试的数据易于存取,更重要的是,还有利于弥补实地控制性差、难以复制的劣势(罗俊等,2015)。

总之,充分发挥互联网的优势,并探索与企业等机构的合作,是获得对经济现象重要见解的极具有吸引力的方法,也是成功进行实地实验的助推剂。当然,只有首先对现实世界的问题和制度背景拥有深刻的理解,才能更好地发挥实地实验的作用,从而为经济学家提供从经济学理论和经验证据到现实世界的坚实"桥梁"。

本讲参考文献

包特、王国成、戴芸,2020:《面向未来的实验经济学:文献述评与前景展望》,《管理世界》,第 7 期。

崔盛、吴秋翔,2019:《资助信息对农村学生选择重点大学的影响——基于高校专项计划的随机实地实验研究》,《华中师范大学学报(人文社会科学版)》,第 1 期。

韩冬临,2018:《田野实验:概念、方法与政治学研究》,《国外社会科学》,第 1 期。

何浩然、徐慧,2017:《独生子女的经济行为有别于非独生子女吗?——来自实验室和田野实验的证据》,《北京师范大学学报(社会科学版)》,第 1 期。

姜树广、谯倩,2012:《实地实验及其在经济学中的应用》,《经济评论》,第 5 期。

李宝良、郭其友,2019:《因果关系的实地实验与新实证发展经济学的贫困治理之道——2019 年度诺贝尔经济学奖得主主要经济理论贡献述评》,《外国经济与管理》,第 11 期。

李大洋,2017:《就业中的性别歧视:来自田野实验的证据》,湖南大学硕士学位论文。

李树、严茉,2019:《班纳吉和迪弗洛对发展经济学的贡献——2019 年度诺贝尔经济学奖得主学术贡献评介》,《经济学动态》,第 12 期。

林莞娟,2013:《中国医生诱导需求研究:一个减少抗生素滥用方法的田野实验》,《经济科学》,第 3 期。

刘汝刚,2018:《私人诊所医生处方行为的田野实验研究》,山东大学博士学位论文。

陆方文,2014:《经济学中的审计实验法研究》,《教学与研究》,第 4 期。

陆方文,2017:《随机实地实验:方法、趋势和展望》,《经济评论》,第 4 期。

陆方文,2020:《随机实地实验:理论、方法和在中国的运用》,北京:科学出版社。

罗必良,2020:《贫困、RCTs及其争议——2019年诺贝尔经济学奖简评》,《华中农业大学学报(社会科学版)》,第1期。

罗俊,2014:《田野实验——现实世界中的经济学实验》,《南方经济》,第6期。

罗俊、陈叶烽、何浩然,2019:《捐赠信息公开对捐赠行为的"筛选"与"提拔"效应——来自慈善捐赠田野实验的证据》,《经济学(季刊)》,第4期。

罗俊、汪丁丁、叶航等,2015:《走向真实世界的实验经济学——田野实验研究综述》,《经济学(季刊)》,第3期。

汤颖梅、杨月、葛继红,2019:《"银保互动"能否促进农户技术采用?——基于田野实验的实证分析》,《中国农村经济》,第1期。

王春超、钟锦鹏,2018:《同群效应与非认知能力——基于儿童的随机实地实验研究》,《经济研究》,第12期。

王思琦,2018:《公共管理与政策研究中的实地实验:因果推断与影响评估的视角》,《公共行政评论》,第1期。

杨少瑞,2018:《发展政策评估的实验方法及其应用研究》,华中科技大学博士学位论文。

余莎、耿曙,2017:《社会科学的因果推论与实验方法——评Field Experiments and Their Critics: Essays on the Uses and Abuses of Experimentation in the Social Sciences》,《公共行政评论》,第2期。

詹姆斯·斯托克、马克·沃森,2015:《计量经济学》,上海:格致出版社。

张延、王琪,2019:《迈克尔·克雷默对发展经济学的贡献——2019年度诺贝尔经济学奖得主学术贡献评介》,《经济学动态》,第12期。

Ahmed, A. M., Hammarstedt, M., 2009, "Detecting discrimination against homosexuals: Evidence from a fieldexperiment on the internet", *Economica*, 76, 588—597.

Alevy, J. E., Haigh, M. S. and List, J. A., 2007, "Information cascades: Evidence from an experiment with financial market professionals", *Journal of Finance*, 62, 151—180.

Al-Ubaydli, O. and List, J. A., 2013, "On the generalizability of experimental results in economics: With a response to Camerer", NBER Working Paper, No. 19666.

Al-Ubaydli, O. and List, J. A., 2015, "Do natural field experiments afford researchers more or less control than laboratory experiments?", *American Economic Review*, 105, 462—466.

Al-Ubaydli, O., List, J. A. and Suskind, D., 2019, "The science of using science: Towards an understanding of the threats to scaling experiments", *International Economic Review* (forthcoming).

Angrist, J. D. and Krueger, A. B., 2001, "Instrumental variables and the search for identification: From supply and demand to natural experiments", *Journal of Economic*

Perspectives,15,69—85.

Angrist,J. and Lavy,V.,2009,"The effects of high stakes high school achievement awards: Evidence from a randomized trial",*American Economic Review*,99,1384—1414.

Ashraf,N.,Karlan,D. and Yin,W.,2006,"Tying Odysseus to the Mast: Evidence from a commitment savings product in the Philippines",*Quarterly Journal of Economics*,121,635—672.

Ayres,I. and Siegelman,P.,1995,"Race and gender discrimination in bargaining for a new car",*American Economic Review*,85,304—321.

Azfar,O. and Zinnes,C.,2006,"Which incentives work? An experimental analysis of incentives for trainers",Working Paper,IRIS Center,University of Maryland,College Park.

Banerjee,A.,Banerji,R.,Berry,J. et al.,2016,"Mainstreaming an effective intervention: Evidence from randomized evaluations of 'teaching at the right level' in India",NBER Working Paper,No. 22746.

Banerjee,A. V.,Cole,S.,Duflo,E. et al.,2007,"Remedying education: Evidence from two randomized experiments in India",*The Quarterly Journal of Economics*,122,1235—1264.

Banerjee,A. and Duflo,E.,2006,"The economic lives of the poor",*Journal of Economic Perspective*,21(1),141—167.

Banerjee,A. V. and Duflo,E.,2009,"The experimental approach to development economics",*Annual Review of Economics*,1,151—178.

Banerjee,A. V.,Duflo,E. and Glennerster,R.,2008,"Putting a band-aid on a corpse: incentives for nurses in the Indian public health care system",*Journal of the European Economic Association*,6,487—500.

Barr,A. and Serneels,P.,2004,"Wages and reciprocity in the workplace",Center for the Study of African Economies Series Working Paper,Oxford University.

Barr,A.,Ensminger,J.,Tracer,D. et al.,2005,"'Economic man' in cross-cultural perspective: Ethnography and experiments from 15 small-scale societies",*Behavioral and Brain Sciences*,28(6),795—815.

Becker,G. S. and Stigler,G. J.,1974,"Law enforcement,malfeasance,and compensation of enforcers",*The Journal of Legal Studies*,3,1—18.

Bennett,D. and Yin,W.,2019,"The market for high-quality medicine: Retail chain entry and drug quality in India",*The Review of Economics and Statistics*,101,76—90.

Bertrand,M. and Duflo,E.,2017,"Field experiments on discrimination",in Duflo,

E. and Banerjee, A. eds: *Handbook of Economic Field Experiments*, Amsterdam: North Holland Publishing.

Bertrand, M., Djankov, S., Hanna, R. et al., 2006, "Does corruption produce unsafe drivers?", NBER Working Paper, No. 12274.

Bertrand, M., Djankov, S., Hanna, R. et al., 2007, "Obtaining a driver's license in India: An experimental approach to studying corruption", *Quarterly Journal of Economics*, 122(4), 1639—1676.

Bertrand, M. and Mullainathan, S., 2004, "Are Emily and Greg more employable than Lakisha and Jamal? A field experiment on labor market discrimination", *American Economic Review*, 94, 991—1013.

Binmore, K., 1999, "Why experiment in economics?", *The Economic Journal*, 109, 16—24.

Bjorkman-Nyqvist, M., Svensson, J. and Yanagizawa-Drott, D., 2012, "Can good products drive out bad? Evidence from local markets for (fake?) antimalarial medicine in Uganda", Working Paper.

Bloom, N. and Van Reenen, J., 2010, "Why do management practices differ across firms and countries?", *Journal of Economic Perspectives*, 24, 203—224.

Bohm, P., 1972, "Estimating the demand for public goods: An experiment", *European Economic Review*, 3, 111—130.

Bohm, P., 1984, "Revealing demand for an actual public good", *Journal of Public Economics*, 24, 135—151.

Bohm, P., 1994, "Behaviour under uncertainty without preference reversal: A field experiment", *Experimental Economics*, 19, 185—200.

Brown, C. and Gay, P., 1994, "Racial discrimination: 17 years after the act", in Burstein, P. ed: *Equal Employment Opportunity: Labor Market Discrimination and Public Policy*, New York: Transaction Publishers.

Bruhn, M. and McKenzie, D., 2009, "In pursuit of balance: Randomization in practice in development field experiments", *American Economic Journal: Applied Economics*, 1, 200—232.

Camerer, C. F., 1998, "Can asset markets be manipulated? A field experiment with racetrack betting", *Journal of Political Economy*, 106, 457—482.

Camerer, C. F., Ho, T. H. and Chong, J. K., 2002, "Sophisticated experience-weighted attraction learning and strategic teaching in repeated games", *Journal of Economic Theory*, 104, 137—188.

Cameron, L. A. , 1999, "Raising the stakes in the ultimatum game: Experimental evidence from Indonesia", *Economic Inquiry*, 37, 47—59.

Cameron, L. , Erkal, N. , Gangadharan, L. et al. , 2013, "Little emperors: Behavioral impacts of China's one-child policy", *Science*, 339, 953—957.

Cappelen, A. W. , Nygaard, K. , Sørensen, E. Ø. et al. , 2015, "Social preferences in the lab: A comparison of students and a representative population", *The Scandinavian Journal of Economics*, 117, 1306—1326.

Carlsson, M. and Eriksson, S. , 2014, "Discrimination in the Rental market for apartments", *Journal of Housing Economics*, 23, 41—54.

Carpenter, J. , Harrison, G. and List, J. A. , 2005, "Field experiments in economics: An introduction", *Research in Experimental Economics*, 10, 1—15.

Carpenter, J. P. and Seki, E. , 2005, "Competitive work environments and social preferences: Field experimental evidence from a Japanese fishing community", *Contributions in Economic Analysis & Policy*, 5(2), https://doi.org/10.2202/1538—0645.1460.

Carpusor, A. G. and Loges, W. E. , 2006, "Rental discrimination and ethnicity in names", *Journal of Applied Social Psychology*, 36, 934—952.

Carter, S. Hubbuck, J. and Commission for Racial Equality, London (UK), 1980, Half a chance?: A report on job discrimination against young blacks in Nottingham, Commission for Racial Equality.

Charness, G. and Gneezy, U. , 2009, "Incentives to exercise", *Econometrica*, 77, 909—931.

Charness, G. , 2015, "The hammer and the screwdriver", in Fréchette, G. R. and Schotter, A. eds: *Handbook of Experimental Economic Methodology*, Oxford: Oxford University Press.

Charness, G. , Gneezy, U. and Kuhn, M. A. , 2013, "Experimental methods: Extra-laboratory experiments-extending the reach of experimental economics", *Journal of Economic Behavior & Organization*, 91, 93—100.

Chen, Y. , Li, X. and MacKie-Mason, J. K. , 2005, "Online fund-raising mechanisms: A field experiment", *Contributions in Economic Analysis & Policy*, 5(2), https://doi.org/10.2202/1538—0645.1477.

Cherry, T. L. , Frykblom, P. and Shogren, J. F. , 2002, "Hardnose the dictator", *American Economic Review*, 92, 1218—1221.

Cohn, D. V. , 1996, "The Life and Times of Louis Pasteur", School of Dentistry, University of Louisville.

Currie, J. , Lin, W. and Meng, J. , 2014, "Addressing antibiotic abuse in China: An experimental audit study", *Journal of Development Economics*, 110, 39—51.

Currie, J., Lin, W. and Zhang, W., 2011, "Patient knowledge and antibiotic abuse: Evidence from an audit study in China", *Journal of Health Economics*, 30, 933—949.

Daniel, W., 1968, *Racial Discrimination in England*, Middlesex: Penguin Books.

Das, J., Holla, A., Das, V. et al., 2012, "The quality of medical care in clinics: Evidence from a standardized patients study in a low-income setting", *Health Affairs*, 31, 2274—2784.

Das, J., Holla, A., Mohpal, A. et al., 2016, "Quality and accountability in health: Audit evidence from primary care clinics in India", *American Economic Review*, 106(12), 3765—3799.

Deaton, A., 2010, "Instruments, randomization, and learning about development", *Journal of Economic Literature*, 48, 424—455.

Ding, M., Grewal, R. and Liechty, J., 2005, "Incentive-aligned conjoint analysis", *Journal of Marketing Research*, 42, 67—83.

Dizon-Ross, R., Dupas, P. and Robinson, J., 2016, "Governance and effectiveness of health subsidies", NBER Working Paper, No. 21324.

Doleac, J. L. and Stein, L. C. D., 2013, "The visible hand: Race and online market outcomes", *Economic Journal*, 123, F469—F492.

Doolittle, F. and Traeger, L., 1990, Implementing the National JTPA Study, New York: Manpower Demonstration Research Corporation.

Druckman, J. N., Green, D. P., Kuklinski, J. H. et al., 2011, "Experiments: An introduction to core concepts", in Druckman, J. N. et al. eds: *Cambridge Handbook of Experimental Political Science*, New York: Cambridge University Press.

Duflo, E., 2006, "Field experiments in development economics", *Econometric Society Monographs*, 42, 322—348.

Duflo, E., Dupas, P., Kremer, M. et al., 2006, "Education and HIV/AIDS prevention: Evidence from a randomized evaluation in Western Kenya", *Policy Research*, Working Paper 4024, World Bank.

Duflo, E., Dupas, P. and Kremer, M., 2015, "School governance, teacher incentives, and pupil-teacher ratios: Experimental evidence from Kenyan primary schools", *Journal of Public Economics*, 123, 92—110.

Duflo, E., Glennerster, R. and Kremer, M., 2007, "Using randomization in development economics research: A toolkit", *MIT Development of Economics*, Working Paper No. 06—36.

Dufwenberg, M. and Harrison, G. W., 2008, "Peter Bohm: Father of field experiments", *Experimental Economics*, 11, 213—220.

Dulleck, U., Fooken, J. and He, Y., 2012, "Public policy and individual labor market discrimination: An artefactual field experiment in China", Working Paper.

Dupas, P. and Miguel, E., 2017, "Impacts and determinants of health levels in low-income countries", in Duflo, E. and Banerjee, A. eds: *Handbook of Economic Field Experiments*, Vol. 2, Amsterdam: Elsevier.

Eckel, C. C. and Grossman, P. P., 2005, "Subsidizing charitable contributions: A field test comparing matching and rebate subsidies", Working Paper, Virginia Polytechnic Institute and State University.

Engelbrecht-Wiggans, R., List, J. A. and Reiley, D., 2006, "Demand reduction in multi-unit auctions with varying numbers of bidders: Theory and evidence from a sports card field experiment", *International Economic Review*, 47, 203—231.

Falk, A., 2007, "Gift exchange in the field", *Econometrica*, 75, 1501—1511.

Falk, A. and Heckman, J. J., 2009, "Lab experiments are a major source of knowledge in the social sciences", *Science*, 326, 535—538.

Fehr, E., Kirchsteiger, G. and Riedl, A., 1993, "Does fairness prevent market clearing? An experimental investigation", *Quarterly Journal of Economics*, 108, 437—459.

Ferber, R. and Hirsch, W. Z., 1982, *Social Experimentation and Economic Policy*, London: Cambridge University Press.

Fischbacher, U., 2007, "z-Tree: Zurich toolbox for ready-made economic experiments", *Experimental Economics*, 10, 171—178.

Fisher, R. A., 1926, "The arrangement of field trials", *Journal of the Ministry of Agriculture of Great Britain*, 33, 503—513.

Fisher, R. A., 1935, *The Design of Experiments*, Edinburgh: Oliver and Boyd.

Fix, M. and Struyk, R. J., 1993, *Clear and Convincing Evidence: Measurement of Discrimination in America*, Washington, D. C.: Urban Institute Press.

Fryer, R. G., 2011, "Financial incentives and student achievement: Evidence from randomized trials", The *Quarterly Journal of Economics*, 126, 1755—1798.

Fryer, R. G., Levitt, S. D. and List, J. A., 2015, "Parental incentives and early childhood achievement: A field experiment in Chicago Heights", NBER Working Paper, No. 21477.

Gerber, A. S. and Green, D. P., 2012, *Field Experiments: Design, Analysis and Interpretation*, New York: W. W. Norton.

Gerber, A. S. and Larimer, C. W., 2008, "Social pressure and voter turnout: Evidence from a large scale field experiment", *American Political Science Review*, 1, 33—48.

Gibbs, M., Neckermann, S. and Siemroth, C., 2017, "A field experiment in motivating employee ideas", *Review of Economics and Statistics*, 99, 577—590.

Gine, X., Karlan, D. and Zinman, J., 2007, "The risk of asking: Measurement effects from a baseline survey in an insurance takeup experiment", World Bank Working Paper.

Gneezy, U. and Imas, A., 2017, "Lab in the field: Measuring preferences in the wild", in Duflo, E., and Banerjee, A. eds: *Handbook of Economic Field Experiments*, Amsterdam: North Holland Publishing.

Gneezy, U. and List, J. A., 2006, "Putting behavioral economics to work: Testing for gift exchange using field experiments", *Econometrica*, 74, 1365—1384.

Gneezy, U., List, J. A. and Price, M. K., 2012, "Toward an understanding of why people discriminate: Evidence from a series of natural field experiments", NBER Working Paper, No. 17855.

Gneezy, U. and Rustichini, A., 2000, "A fine is a price", *Journal of Legal Studies*, 29, 1—17.

Gosnell, H. F., 1927, "*Getting-out-the-vote: An Experiment in the Stimulation of Voting*", Chicago: University of Chicago Press.

Gottschalk, F., Mimra, W. and Waibel, C., 2020, "Health services as credence goods: A field experiment", *The Economic Journal*, 130(629), 1346—1383.

Greenberg, D. and Shroder, M., 2004, *The Digest of Social Experiments*, Washington: The Urban Institute Press.

Gueron, J. M., 2016, "The Politics and Practice of Social Experiments: Seeds of a Revolution", Forthcoming in the *Handbook of Field Experiments*, edited by Abhijit Banerjee and Esther Duflo.

Guryan, J. and Charles, K. K., 2013, "Taste-based or statistical discrimination: The economics of discrimination returns to its roots", *The Economic Journal*, 123, F417—F432.

Hakken, J., 1979, "Discrimination against Chicanos in the Dallas rental housing market: An experimental extension of the housing market practices survey", Washington, DC: U. S. Department of Housing and Urban Development, Office of Policy Development and Research, Division of Evaluation.

Harrison, G. W. and List, J. A., 2004, "Field experiments", *Journal of Economic Literature*, 42, 1009—1055.

Hausman, J. A. and Wise, D. A., 1979, "Attrition bias in experimental and panel data: The Gary income maintenance experiment", *Econometrica*, *Journal of Econometric Society*, 47, 455—473.

Hausman, J. A. and Wise, D. A., 1985, "*Social Experimentation*", Chicago: University of Chicago Press.

Heckman, J. J., 1992, "Randomization and social policy evaluation", in Manski, C. F. and Garfinkel, I. eds: *Evaluating Welfare and Training Programs*, Cambridge: Harvard University Press.

Heckman, J. J., 1998, "Detecting discrimination", *Journal of Economic Perspectives*, 12, 101—116.

Heckman, J. J., Moon, S. H., Pinto, R. et al., 2010, "The rate of return to the High Scope Perry Preschool program", *Journal of Public Economics*, 94, 114—128.

Heckman, J. J. and Siegelman, P., 1993, "The urban Institute audit studies: Their methods and findings", in Fix, M. and Struyk, R. eds: *Clear and Convincing Evidence: Measurement of Discrimination in America*, Washington, DC: Urban Institute Press.

Heckman, J. J. and Smith, J. A., 1995, "Assessing the case for social experiments", *Journal of Economic Perspectives*, 9, 85—110.

Henrich, J., Bowles, S., Boyd, R. et al., 2001, "In search of homo-economicus: Behavioral experiments in 15 small-scale societies", *American Economic Review*, 91, 73—78.

Henrich, J. and Mc Elreath, R., 2002, "Are peasants risk-averse decision makers?", *Current Anthropology*, 43, 172—181.

Hoffman, E. K., McCabe, K. and Smith, V. L., 1996, "On expectations and the monetary stakes in ultimatum games", *International Journal of Game Theory*, 25, 289—301.

Holland, P., 1986, "Statistical and causal inference", *Journal of the American Statistical Association*, 81, 945—960.

Hossain, T. and Morgan, J., 2006, "…Plus shipping and handling: Revenue (Non) equivalence in field experiments on eBay", *B. E. Journal of Economic Analysis & Policy*, 6 (2), 63—91.

Jasper, C. R. and Samek, A. S., 2014, "Increasing charitable giving in the developed world", *Oxford Review of Economic Policy*, 30, 680—696.

Jin, G. Z. and Kato, A., 2007, "Dividing online and offline: A case study", *Review of Economic Studies*, 74, 981—1004.

Jolson, M. A., 1974, "Employment barriers in marketing: How do employers react to the race or religion of an applicant for a marketing position?", *Journal of Marketing*, 38,

67—69.

Jowell, R. and Prescott-Clarke, P., 1970, "Racial discrimination and white-collar workers in Britain", *Race*, 11, 397—417.

Karlan, D. and Valdivia, M., 2011, "Teaching entrepreneurship: Impact of business training on microfinance clients and institutions", *Review of Economics and statistics*, 93, 510—527.

Katkar, R. and Reiley, D., 2006, "Public versus secret reserve prices in eBay auctions: Results from a Pokemon field experiment", *B. E. Journal of Economic Analysis & Policy*, 6, 1—23.

Kremer, M., Miguel, E. and Thornton, R., 2009, "Incentives to learn", *Review of Economics and Statistics*, 9: 437—456.

Krueger, A. O., 1974, "The political economy of the rent-seeking society", *American Economic Review*, 64, 291—303.

Landry, C. E., Lange, A., List, J. A. et al., 2006, "Toward an understanding of the economics of charity: Evidence from a field experiment", *Quarterly Journal of Economics*, 121, 747—782.

Levitt, S. D. and List, J. A., 2007a, "What do laboratory experiments measuring social preferences reveal about the real world?", *Journal of Economic Perspectives*, 21, 153—174.

Levitt, S. D. and List, J. A., 2007b, "Viewpoint: On the generalizability of lab behavior to the field", *Canadian Journal of Economics*, 40, 347—370.

Levitt, S. D. and List, J. A., 2009, "Field experiments in economics: The past, the present, and the future", *European Economic Review*, 53, 1—18.

Lijphart, A., 1971, "Comparative politics and the comparative method", *American Political Science Review*, 65, 682—693.

List, J. A., 2001, "Do explicit warnings eliminate the hypothetical bias in elicitation procedures? Evidence from field auctions for sports-cards", *American Economic Review*, 91, 1498—1507.

List, J. A., 2002a, "Preference reversals of a different kind: The more is less phenomenon", *American Economic Review*, 92, 1636—1643.

List, J. A., 2002b, "Testing neoclassical competitive market theory in the field", *Proceedings of the National Academy of Science*, 99, 15827—15830.

List, J. A., 2003, "Using random nth price auctions to value non-market goods and services", *Journal of Regulatory Economics*, 23, 193—205.

List, J. A., 2004a, "Young, selfish, and male: Field evidence of social preferences", *Economic Journal*, 114, 121—149.

List, J. A., 2004b, "Neoclassical theory versus prospect theory: Evidence from the marketplace", *Econometrica*, 72, 615—625.

List, J. A., 2004c, "Testing neoclassical competitive theory in multi-lateral decentralized markets", *Journal of Political Economy*, 112, 1131—1156.

List, J. A., 2004d, "The nature and extent of discrimination in the marketplace: Evidence from the field", *Quarterly Journal of Economics*, 19, 49—89.

List, J. A., 2007, "Field experiments: A bridge between lab and naturally occurring data", *The B. E. Journal of Economic Analysis & Policy*, 5, 1—47.

List, J. A., 2008a, "Informed consent in social science", *Science*, 322, 672—675.

List, J. A., 2008b, "Introduction to field experiments in economics with applications to the economics of charity", *Experimental Economics*, 11, 203—212.

List, J. A., 2009, "An introduction to field experiments in economics", *Journal of Economic Behavior & Organization*, 70, 439—442.

List, J. A., 2011, "Why economists should conduct field experiments and 14 tips for pulling one off", *Journal of Economic Perspectives*, 25, 3—15.

List, J. A., 2019, "A summary of papers on field experiments. Com: All Field Experiments Posted" (No. 00650), The Field Experiments Website (http://www.fieldexperiments.com).

List, J. A. and Lucking-Reiley, D., 2000, "Demand reduction in multiunit auctions: Evidence from a sports-card field experiment", *American Economic Review*, 90, 961—972.

List, J. A. and Lucking—Reiley, D., 2002, "The effects of seed money and refunds on charitable giving: Experimental evidence from a university capital campaign", *Journal of Political Economy*, 110, 215—233.

List, J. A. and Metcalfe, R., 2014, "Field experiments in the developed world: An introduction", *Oxford Review of Economic Policy*, 30, 585—596.

List, J. A. and Price, M. K., 2005, "Conspiracies and secret price discounts in the marketplace: Evidence from field experiments", *Rand Journal of Economics*, 36, 700—717.

List, J. A. and Rasul, I., 2011, "Field experiments in labor economics", in Ashenfelter, O. and Card, D. eds: *Handbook of Labor Economics*, San Diego, CA: North Holland.

List, J. A. and Shogren, J. F., 1998, "Calibration of the difference between actual and hypothetical valuations in a field experiment", *Journal of Economic Behavior & Organization*, 37, 193—205.

List, J. A. and Samek, A. S., 2015, "The behavioralist as nutritionist: Leveraging behavioral economics to improve child food choice and consumption", *Journal of Health Economics*, 39, 135—146.

Li, Y., Xu, J., Wang, F. et al., 2012, "Overprescribing in China, driven by financial incentives, results in very high use of antibiotics, injections, and corticosteroids", *Health Affairs*, 31, 1075—1082.

Lucking-Reiley, D., 1999, "Using field experiments to test equivalence between auction formats: Magic on the internet", *American Economic Review*, 89, 1063—1080.

Lu, F., 2014, "Insurance coverage and agency problems in doctor prescriptions: Evidence from a field experiment in China", *Journal of Development Economics*, 106, 156—167.

Lusk, J. L. and Fox, J. A., 2003, "Value elicitation in laboratory and retail environments", *Economics Letters*, 79, 27—34.

Manski, C. F., 1995, "Learning about social programs from experiments with random assignment of treatments", University of Wisconsin-Madison: Institute for Research on Poverty, *Discussion paper*, 1061—1095.

Manski, C. F. and Garfinkel, I., 1992, Introduction, in Manski, C. F. and Garfinkel, I. eds: *Evaluating Welfare and Training Programs*, Cambridge: Harvard University Press.

McCall, W. A., 1923, *How to Experiment in Education*, Macmillan: New York.

Meyer, B. D., Viscusi, W. K. and Durbin, D. L., 1995, "Workers' compensation and injury duration: Evidence from a natural experiment", *American Economic Review*, 85(3), 322—340.

Miguel, E. and Kremer, M., 2004, "Worms: Identifying impacts on education and health in the presence of treatment externalities", *Econometrica*, 72, 159—217.

Milkman, K. L., Akinola, M. and Chugh, D., 2012, "Temporal distance and discrimination: An audit study in academia", *Psychological Science*, 23, 710—717.

Moffit, R. A., 1981, "The negative income tax: Would it discourage work?" *Monthly Labor Review*, 104(4), 23—27.

Nagin, D. S., Rebitzer, J. B., Sanders, S. et al., 2002, "Monitoring, motivation, and management: The determinants of opportunistic behavior in a field experiment", *American Economic Review*, 92, 850—873.

Neumark, D., 2012, "Detecting discrimination in audit and correspondence studies", *Journal of Human Resources*, 47, 1128—1157.

Neumark, D., Bank, R. J. and Van Nort, K. D., 1996, "Sex discrimination in restaurant hiring: An audit study", *The Quarterly Journal of Economics*, 111, 915—941.

Neyman, J., 1923, "On the application of probability theory to agriculture experiments", Essay on Principles, Section 9, *translated in Statistical Science*, 5, 465—480.

Ohly, S., Leach, D. and Zou, Q., 2013, "Suggestion-making in Organizations: A review and multilevel model", University of Kassel manuscript.

Olken, B. A., 2007, "Monitoring corruption: Evidence from a field experiment in Indonesia", *Journal of political Economy*, 115, 200—249.

Olken, B. A. and Barron, P., 2009, "The simple economics of extortion: Evidence from trucking in Aceh", *Journal of Political Economy*, 117, 417—452.

Orne, M. T., 1959a, "The demand characteristics of an experimental design and their implications", paper read at the American Psychological Association, Cincinnati, Ohio.

Orne, M. T., 1959b, "The nature of hypnosis: Artifact and essence", *Journal of Abnormal and Social Psychology*, 58, 277—299.

Orne, M. T., 1962, "On the social psychological experiment: With particular reference to demand characteristics and their implications", *American Psychologist*, 17, 776—783.

Ortmann, A., 2005, "Field experiments in economics: Some methodological caveats", *Field Experiments in Economics (Research in Experimental Economics)*, 10, 51—70.

Pager, D., 2003, "The mark of a criminal record", *American Journal of Sociology*, 108, 937—975.

Plott, C. R., 1982, "Industrial organization theory and experimental economics", *Journal of Economic Literature*, 20, 1485—1527.

Pruitt, D. G. and Kimmel, M. J., 1977, "Twenty years of experimental gaming: Critique, synthesis, and suggestions for the future", *Annual Review of Psychology*, 28, 363—392.

Przeworski, A., 2007, "Is the science of comparative politics possible?" in Boix, C. and Stokes, S. eds: *The Oxford Handbook of Comparative Politics*, New York: Oxford University Press.

Reiley, D. and List, J. A., 2007, "Field experiments in economics", in Durlauf, S. N. and Blume, L. E. eds: *The New Palgrave Dictionary of Economics, 2nd Edition*, New York: Palgrave Macmillan.

Riach, P. A. and Rich, J., 1991, "Testing for racial discrimination in the labor market", *Cambridge Journal of Economics*, 15, 239—256.

Riach, P. A. and Rich, J., 2002, "Field experiments of discrimination in the market place", *The Economic Journal*, 112, 480—518.

Rodrik, D., 2008, "The new development economics: We shall experiment, but how shall we learn?", Working Paper.

Roe, B. E. and Just, D. R., 2009, "Internal and external validity in economics research: Tradeoffs between experiments, field experiments, natural experiments, and field data", *American Journal of Agricultural Economics*, 91, 1266—1271.

Rosenzweig, M. R. and Wolpin, K. I., 2000, "Natural 'natural experiments' in economics", *Journal of Economic Literature*, 38, 827—874.

Ross, H. L., 1970, "An experimental study of the negative income tax", *Child Welfare*, 49(10), 562—569.

Roth, A. E., 1994, "Let's keep the con out of experimental econ.: A methodological note", *Experimental Economics*, 19, 99—109.

Sadoff, S., Samek, A. S. and Sprenger, C., 2020, "Dynamic inconsistency in food choice: Experimental evidence from a food desert", *The Review of Economic Studies*, 87(4), 1954—1988.

Samek, A., 2019, "Advantages and disadvantages of field experiments", in Schram, A., and Ule, A. eds: *Handbook of Research Methods and Applications in Experimental Economics*, Northampton, MA: Edward Elgar Publishing.

Schneider, H. S., 2012, "Agency problems and reputation in expert services: Evidence from auto repair", *Journal of Industrial Economics*, 60, 406—433.

Shearer, B., 2004, "Piece rates, fixed wages and incentives: Evidence from a field experiment", *Review of Economic Studies*, 71, 513—534.

Shleifer, A. and Vishny, R. W., 1993, "Corruption", *Quarterly Journal of Economics*, 108, 599—617.

Smith, V. L., 1976, "Experimental economics: Induced value theory", *American Economic Review*, 66, 274—279.

Smith, V. L., 1982, "Microeconomic systems as an experimental science", *American Economic Review*, 72, 923—955.

Smith, V. L., 1994, "Economics in the laboratory", *Journal of Economic Perspectives*, 8, 113—131.

Stock, J. H. and Watson, M. W., 2015, *Introduction to Econometrics, 3rd ed*, Harlow: Pearson Education.

Stolberg, H. O., Norman, G. and Trop, I., 2004, "Randomized controlled trials", *American Journal of Roentgenology*, 183, 1539—1544.

Street, D., 1990, "Fisher's contributions to agricultural statistics", *Biometrics*, Vol. 46,

937—945.

Susan, A. and Imbens, G. W., 2017, "The econometrics of randomized experiments", in Banerjee, A. and Duflo, E. eds: *Handbook of Field Experiments*, Vol. 1, North Holland: Elsevier.

Sylvia, S., Shi, Y., Xue, H. et al., 2015, "Survey using incognito standardized patients shows poor quality care in China's rural clinics", *Health Policy Plan*, 30, 322—333.

Tamblyn, R., Berkson, L., Dauphinee, W. D. et al., 1997, "Unnecessary prescribing of nsaids and the management of NSAIDs related gastropathy in medical practice", *Annals of Internal Medicine*, 127, 429—438.

Trochim, W. M., 2008, "Introduction to Validity", available at http://www.socialresearchmethods.net/kb.

Turner, M. A., Fix, M. and Struyk, R. J., 1991, *Opportunities Denied, Opportunities Diminished: Racial Discrimination in Hiring*, Washington, DC: The Urban Institute.

West, S. G., Duan, N., Pequegnat, W. et al., 2008, "Alternatives to the randomized controlled trial", *American Journal of Public Health*, 98, 1359—1366.

Wienk, R. E., 1979, "Measuring racial discrimination in American housing markets: The housing market practices survey", Washington, DC: U. S. Department of Housing and Urban Development.

Woodward, C. A., Mcconvey, G. A., Neufeld, V. et al., 1985, "Measurement of physician performance by standardized patients", *Medical Care*, 23, 1019—1027.

World Bank, 2008, in Amin, S., Das, J. and Goldstein, M. eds: "*Are You Being Served?: New Tools for Measuring Service Delivery*", Washington, DC: World Bank Publication.

Yates, F., 1975, "The early history of experimental design", in Srivastava, J. N. ed: *A Survey of Statistical Design and Linear Model*, Amsterdam-Oxford: North Holland/American Elseviser.

Yinger, J., 1986, "Measuring racial discrimination with fair housing audits: Caught in the act", *The American Economic Review*, 76, 881—893.

Yinger, J., 1998, "Evidence on discrimination in consumer markets", *Journal of Economic Perspectives*, 12(2), 23—40.

Zhang, R. F., Eggleston, K., Rotimi, V. et al., 2006, "Antibiotic resistance as a global threat: Evidence from China, Kuwait and the United States", *Globalization and Health*, 2, 1—14.

Zussman, A., 2013, "Ethnic discrimination: Lessons from the Israeli online market for used cars", *Economic Journal*, 123, 433—468.

第八讲
实验在行为经济学中的应用

　　实验经济学的一个重要应用领域是行为经济学。实验经济学与行为经济学关系密切。从学科起源看,实验经济学与行为经济学均以检验新古典经济学的理性模型作为研究起点,二者均强调以受控实验方法为重要依托,虽然起源不同却殊途同归。一方面,行为经济学是实验经济学的重要支柱,目前学界一般公认实验经济学的兴起来自三个方面,其中之一便是以"阿莱悖论"为代表的对个体决策行为和效用标准的研究;另一方面,实验经济学是行为经济学的关键方法,行为经济学的核心是对新古典经济学的理性人假设的批判,而为了使用更符合人类现实决策的假设,扬弃理性人假设,就必须对人类的真实决策有准确且丰富的观察、记录、比较,因此需要大量干净、受控的真实决策数据,这正是实验经济学的优势所在。实验经济学与行为经济学关联如此紧密,以至于经常被同时提起、并列出现,甚至被混淆。可以说,实验经济学与行为经济学共同将受控实验方法和个体心理过程引入经济学领域,联袂扩展了经济学研究范式,成为最近几十年西方经济学的重要演进特征(那艺和贺京同,2019)。

　　本讲重点介绍实验在行为经济学中的应用。行为经济学的研究范围很广,为了聚焦主题,本章重点讨论的是个体决策领域的实验经济学研究,主要分为不确定性决策和跨期选择两个部分。在每个部分,我们都将先回顾主流研究方法,随后总结主流研究方法所不能解释的"异象",并提供行为经济学理论解释和实践应用的实验文献。具体来说,在不确定性决策部分,我们首先介绍主流经济学的期望效用理论,随后列举以阿莱悖论为代表的应用期望效用理论解释现实问题时发现的"异象",最后介绍行为经济学用于解释异象的前景理论和参照点依赖偏好及其应用;在跨期选择部分,我们先介绍一般折现模型,随后介绍自我控制模型和应用行为经济学解决自我控制问题的相关研究。

第一节　不确定性决策Ⅰ:风险偏好与期望效用理论

　　不确定性下的决策探究人们在结果不确定情况下的决策,是微观经济学的重要内容,也是行为经济学的一个重要研究主题,涉及风险、概率、参照点、模糊性等行为经济学相关主题。早在 1738 年,尼古拉·伯努利(Nicolaus Bernoulli)就提出了著名的"圣彼得堡悖论",该悖论深刻影响了现代不确定性下决策理论的发展。圣彼得堡悖论描述了这样一个游戏:投掷一枚硬币直到正面朝上,假设 n 为投掷硬币的次数,则投掷者可得奖金 2^n 元;如果掷出反面,则游戏仍可进行,直至掷出正面,游戏结束。尼古拉·伯努利提出的问题是:人们愿意出多少钱来玩这个游戏?

通过简单的计算可得知这个赌约的期望收益是无穷大。因此,如果按照赌约的期望值来评估彩票的价值,人们无论出价多少都会愿意接受这个打赌。然而这一推论和我们认知的现实相去甚远。为了解决上述问题,丹尼尔·伯努利(Daniel Bernoulli)认为小额收益的单位价值和大额收益的单位价值并不一样,即存在边际效用递减,因此大额收益带来的实际效用要远小于表面上的货币值。这一理论也揭示了边际效用递减和风险偏好的紧密联系。以上直觉在 20 世纪 50 年代被进一步拓展,莱纳德·萨维奇(Leonard Savage)和保罗·萨缪尔森(Paul Samuelson)总结出了期望效用理论(Samuelson,1952,1953;Savage,1953,1954)。此后,期望效用模型便在经济学的其他领域被广泛应用。

一、期望效用理论与风险偏好

期望效用理论是建立在不确定性决策上的,理论上一般用彩票的形式来描述不确定性。假定彩票 L 有 N 种不同结果 x_n,每种结果的概率由 p_n 表示。期望效用理论预测人们对彩票的偏好等同于结果效用按概率加权平均,公式为:

$$u(L) = \sum_{n=1}^{N} p_n u(x_n)$$

其中,$u(\cdot)$ 是彩票结果的效用函数。

以上期望效用模型可以由四个很简单的公理推导出来。这四个公理分别是完备、连续、可传递和独立性。前三个公理保证偏好的一般基本性质,而第四个公理可以推导出期望效用的核心结论,即彩票的效用等于结果效用的期望。独立性公理也可以推导出一个特殊性质,即概率线性。详细内容请参见 Mas-Colell et al.(1995)等教材。

独立性公理 如果对所有 L、L'、L'' 和 $\alpha \in (0,1)$,有:

$$L \succsim L' \Leftrightarrow \alpha L + (1-\alpha) L'' \succsim \alpha L' + (1-\alpha) L''$$

则偏好关系 $\succsim$ 满足独立性公理。

概率线性 效用函数 $u(.)$ 满足:

$$u(pL + (1-p)L') = pu(L) + (1-p)u(L')$$

期望效用模型对 $u(.)$ 没有任何限制,但 $u(.)$ 与个人的风险偏好紧密相关。如果某人相对于某张彩票 L 更偏好该彩票期望值,那么该人是全局风险厌恶。效用函数的凹凸性可以体现风险偏好的方向:函数为凹则是风险厌恶,函数为凸则是风险追寻,函数为线性则是风险中性。实际效用函数的凹凸性可能随着 x 的改变而改变,因此风险偏好也会在不同的局部区间有不同的性质。但由于很多期望效用的应用是基于刻画风险规避的需求,它们大多假设全局风险厌恶。

二、风险偏好的实验测量

经济学家和心理学家发展了一系列的实验方法来测量人们的风险态度。这一部分将介绍几种常见的测量风险偏好的方法,并尝试给出相应的优点和缺点。我们将根据方法的复杂度进行分类。复杂的方法一般被用来估计某一个风险偏好模型的参数,而且可以用来支持或反对某些决策理论。复杂的方法更需要被试的理解能力甚至数学计算的能力。这里根据 Charness et al. (2013)将几种不同的测量方法大体归类为简易的测量方法和多价格列表法。前者更多地用在一些比较大型的问卷和调查中,操作方便简易;后者在实验室实验中运用较多,而且有一系列的变体来检测理论预测是否成立。

(一) 简易的测量方法

1. 气球任务

气球任务(balloon analogue risk task,BART)是利用计算机模拟用气泵吹气球的过程(Lejuez et al. ,2002;Lejuez et al. ,2003)。在被试进行一次充气后,一方面气球的体积会变大,而且被试获得的收益也会增加;另一方面,在气球到达一定体积之后,随着气球的体积增大,气球爆炸的可能性也会越来越大。一旦气球爆炸了,被试将不会获得任何收益。具体的实验界面可以参见 MacLean et al. (2018)在手机上的实现(见图 8-1)。

因此,在任意的时刻,被试可以选择冒着气球爆炸的风险继续充气,或者选择放弃充气保留现在的收益。被试将会面临一系列的气球,不同的气球有着不同的爆炸概率增长速度。例如,其中一种气球的增长速度是 1/128,意思是每充气一次气球的爆炸概率会上升 1/128,所以在充气 128 次后,气球就一定会爆炸。另外两种气球的增长速度分别是 1/8 和 1/32。最终的充气次数可以解释被试的风险态度。气球任务的原理非常符合直觉,而且上述研究也发现这个指标的测量和很多现实世界中的风险行为(如赌博、吸毒等)有着相关关系。但是气球任务也有一定的缺点,例如,它的结果不一定能扩展到经济决策或其他领域上,和其他指标的相关关系也不太明晰,对设备条件有一定的要求。

2. 问卷

一般的问卷采用被试自我汇报的风险倾向。与风险相关的典型问题是"您是否会在下列情况中选择冒险",并采用李克特量表来让被试表达冒险的意愿。一些证据显示问

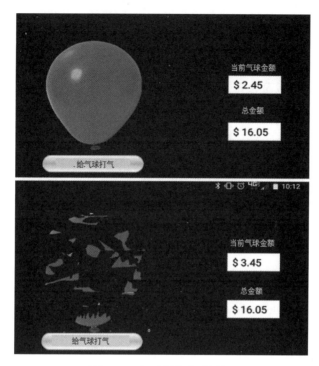

图 8-1 气球任务实验界面

资料来源：MacLean, R. R., Pincus, A. L., Smyth, J. M. et al., 2018, "Extending the balloon analogue risk task to assess naturalistic risk taking via a mobile platform", *Journal of Psychopathology and Behavioral Assess*, 40(1), 107—116.

卷的结果可以很好地显示相应情境中的风险态度。为了显示在不同情况下的风险态度，Weber et al.(2002)发展了特定领域风险尝试量表(domain-specific risk-taking，DOSPERT)，包括娱乐、健康、社交、道德、财务领域。量表的问题具体是询问被试进行这些风险行为的频率，例如"社交场合喝醉酒""用一个星期的工资去赌博"，冒险的意愿用一个 1 到 7 的李克特量表来衡量，具体问题的一些例子有：①娱乐领域，进行高空跳伞；②财务领域，将年收入的 10% 投资到股票市场；③社交领域，在重大问题上质疑权威人物；④道德领域，把朋友的秘密告诉其他人；⑤健康领域，开车不系安全带。

问卷的优点是涉及的领域非常具体和广泛，而且在实践中也便于操作。但是对于实验经济学来说，问卷最大的问题在于它没有经济激励。因此，一个常见的质疑是被试自己汇报的答案是否就是被试真实的风险态度，特别是在经济投资的领域，这个问题更加突出。因此，运用问卷存在方法简便和被试隐瞒之间的权衡。

3. Gneezy and Potters 投资任务

Gneezy and Potters(1997)提供了一个真实金钱激励的、财务背景的投资任务，用来测度被试的风险偏好，关注于解决前面几种方法所缺乏的金钱激励和财务背景的问题。

在该任务开始时,被试将会收到 X 单位的收入,然后选择将其中一部分 x 放入一个投资账户中。投资账户有一定的概率 p 可以收获到 kx 的回报(其中 $k>1$),有 $1-p$ 的概率会损失掉所有的金额。

这一流程非常简单,而且是具有金钱激励和财务背景的实验,已经被广泛地使用。Gneezy and Potters(1997)用该方法检验财务决策领域的风险偏好,他们发现学生财务决策具有短视的风险厌恶。Charness and Gneezy(2012)采用上述方法测量了男性和女性在风险厌恶方面的差异。该方法流程的简易性使其能够非常方便地运用到大规模的实地实验中。Haigh and List(2005)将其应用于职业交易员中,Gneezy et al.(2009)将其应用于母系社会的原始部落研究中。但是,该任务也有一定的问题,它不能区分风险中性和风险偏好的被试,因为对于这两种被试来说,结果都是选择将所有的金额都投入投资任务。

4. Eckel and Grossman 方法

这个方法最早由 Eckel and Grossman(2002)提出,可以用于估计具体的效用函数中的参数。它包含一系列彩票,被试需要从中挑选出自己偏好的一个。彩票组合的设置可以根据需要自由设置和变化,表 8-1 展示了 Dave et al.(2010)所选用的 6 个彩票。Dave et al.(2010)采用了常相对风险厌恶(constant relative risk aversion,CRRA)的假设,假设被试的效用函数形式为 $u(x)=x^{1-r}$,根据被试所选择的彩票可以推断出系数 r 的范围。

表 8-1 Eckel and Grossman 风险偏好测度量表

选择(50—50 彩票)	低收益	高收益	期望收益	标准差	CRRA 范围
彩票 1	28	28	28	0	$3.46<r$
彩票 2	24	36	30	6	$1.16<r<3.46$
彩票 3	20	44	32	12	$0.71<r<1.16$
彩票 4	16	52	34	18	$0.50<r<0.71$
彩票 5	12	60	36	24	$0<r<0.50$
彩票 6	2	70	36	34	$r<0$

Dave et al.(2010)发现该方法和一些更加复杂的测量方式相比结果更加稳定、噪声更少,特别是对于数学能力较低的被试效果更好。Eckel and Grossman 方法比较容易理解,但是不能区分不同程度的风险追寻行为。

(二)多价格列表法

上述简易方法的优势是容易理解和实施,而且测度出来的风险偏好也与个人特征、现实生活中的风险行为正相关。多价格列表法(multiple price list method,MPL)比上述所有方法都更复杂,它让被试从不同彩票组合中多次进行二选一。这种方法能够比 Eckel and Grossman(2002)更加精确地测度被试效用函数中的曲率和参数。最早将多价格列表法运用于实验经济学的是 Binswanger(1981),该文测度了印度农民的风险偏好。但多价格列表法的流行应归功于 Holt and Laury(2002)这篇具有影响力的文章。现在很多研究者在提及多价格列表法时就是特指 Holt and Laury(2002)测度风险偏好的方法。

Holt and Laury(2002)测度风险偏好的方法需要让被试在 10 对彩票组合中做 10 次二选一的决策,具体如表 8-2 所示。每一对彩票组合都分为选项 A 和选项 B 两个序列,被试需要逐一选择要选项 A 还是选项 B。所有选项 A 或选项 B 内的收益在 10 个彩票组合中都是一致的,组合之间只有概率发生变化。在序号 1 彩票组合中,两个选项都只有 1/10 的概率得到高收益,选项 A 的期望收益是 \$1.17,远高于选项 B,因此只有非常风险追寻的人才会在序号 1 中选择选项 B。随着序号的增大,高收益的概率越来越高。特别是到最后的选项中可以确定获得高收益,退化为在 \$2.00 和 \$3.85 之间做出选择。如果被试能够正确理解实验规则,他应在序号 10 中选择选项 B。因此对于大多数人来说,他应该在一开始选择选项 A,随着序号的增大,在某一位置跳转到选项 B,而跳转的位置就可以测度他的风险偏好。

表 8-2　多价格列表法风险偏好测度量表

序号	选项 A	选项 B
1	1/10 概率获得 \$2;9/10 概率获得 \$1.60	1/10 概率获得 \$3.85;9/10 概率获得 \$0.10
2	2/10 概率获得 \$2;8/10 概率获得 \$1.60	2/10 概率获得 \$3.85;8/10 概率获得 \$0.10
3	3/10 概率获得 \$2;7/10 概率获得 \$1.60	3/10 概率获得 \$3.85;7/10 概率获得 \$0.10
4	4/10 概率获得 \$2;6/10 概率获得 \$1.60	4/10 概率获得 \$3.85;6/10 概率获得 \$0.10
5	5/10 概率获得 \$2;5/10 概率获得 \$1.60	5/10 概率获得 \$3.85;5/10 概率获得 \$0.10
6	6/10 概率获得 \$2;4/10 概率获得 \$1.60	6/10 概率获得 \$3.85;4/10 概率获得 \$0.10
7	7/10 概率获得 \$2;3/10 概率获得 \$1.60	7/10 概率获得 \$3.85;3/10 概率获得 \$0.10
8	8/10 概率获得 \$2;2/10 概率获得 \$1.60	8/10 概率获得 \$3.85;2/10 概率获得 \$0.10
9	9/10 概率获得 \$2;1/10 概率获得 \$1.60	9/10 概率获得 \$3.85;1/10 概率获得 \$0.10
10	10/10 概率获得 \$2;0/10 概率获得 \$1.60	10/10 概率获得 \$3.85;0/10 概率获得 \$0.10

多价格列表法也可以用来测度效用函数中的参数。以 CRRA 效用函数为例,从选项 A 到选项 B 的"跳跃点"可以给出参数 r 的范围。例如,若跳跃点是在序号 4 的彩票组合则意味着风险中性,系数 r 的范围是 $(-0.15, 0.15)$;而跳跃点是在序号 6 则意味着风险厌恶,系数 r 的范围是 $(-0.41, 0.68)$。

在实际的实验操作中,通常不会支付所有选项的金额,而是随机从 10 个选项中挑选一个作为最后的收益计算。如果被试抽取的过程是完全随机的,他们所做的选择对最后哪一组彩票被抽取没有影响,那么他们会真实地表露自己的实际偏好。Azrieli et al. (2018)从理论上证明随机挑选一个组合进行支付是应用多价格列表法的唯一激励相容的方式。Laury(2005)的实验结果也证明随机挑选和全部支付之间没有显著的区别。

多价格列表法已经在实验经济学中有广泛应用,除了测度风险偏好,还被用于测度时间偏好(Andersen et al.,2008;Andreoni et al.,2015;Dohmen et al.,2010;Tanaka et al.,2010)。但是多价格列表法的缺点是它的效果取决于被试池,有一大部分被试可能难以理解实验的流程,这会极大削弱测量的稳健性。例如,在实验中会经常出现多个跳跃点的问题(Dave et al.,2010;Holt and Laury,2002)。在某些被试池中,这个问题会变得非常严重。Jacobson and Petrie(2009)发现非洲卢旺达的成人被试出现不一致选择的情况达到55%;Viceisza and Charness(2016)发现塞内加尔的农村被试有75%的不一致。

对于这一问题,Andersen et al.(2006)认为出现来回跳转现象是因为被试对中间这几个彩票组合的偏好无差异。但其他研究者认为这代表了被试的疑虑,因此需要从数据中剔除。此外,为了应对这一情况有两种常见的处理经验。一是在实验规则或界面中强制要求被试只能出现一个跳跃点。Andersen et al.(2006)直接让被试从表8-2选择从选项A到选项B的跳跃点位置。Tanaka et al.(2010)也用类似的方法保证只有一个跳跃点。二是直接选择第一次跳跃的地方作为最后的测度结果。两种处理经验虽然能够让实验流程继续进行,但不能解决方法本身的问题,直接剔除和强制一个跳跃点也会带来偏误。

此外,还需要注意的是,虽然多价格列表法等复杂方法非常便于估计参数,但是需要实验员给出效用函数的具体设定。当函数形式变更之后,估计的参数也可能改变。因此,将参数用于其他领域的预测时需要格外注意外部有效性。

第二节 "异象"与对期望效用理论的批评

期望效用理论是主流经济学解决不确定性选择的重要方法,但是,如同理性人假设一样,经济学家们使用期望效用理论解释现实问题时发现了很多难以解释的"异象"。本节中我们将描述期望效用理论解释现实时遇到的一系列问题,这些问题在参照点依赖偏好理论发展过程中发挥重要作用。

一、阿莱悖论

Allais(1953)提出了两个著名的"悖论"。两者均违反独立性公理和概率线性,引发了后来一系列与概率权重相关的主观概率的研究。这两个悖论分别被称为共同结果悖论(common-consequence paradox)和共同比率悖论(common-ratio paradox)。

共同结果悖论 选择1:$A \equiv (100,1)$ $v.s.$ $B \equiv (500,0.10;100,0.89;0,0.01)$;

选择 2:C≡(100,0.11;0,0.89) $v.s.$ D≡(500,0.10;0,0.90)

选择 1 和选择 2 是两道独立的问题,在每道问题中都有两个彩票或金额,回答的人需要从中选出自己认为更有价值的一个。选择 1 中的两个选项是:彩票 A 是确定获得 100 元;彩票 B 是以 0.10 的概率获得 500 元,以 0.89 的概率获得 100 元,以 0.01 的概率获得 0 元。选择 2 中的两个选项是:彩票 C 是以 0.11 的概率获得 100 元,以 0.89 的概率获得 0 元;彩票 D 是以 0.10 的概率获得 500 元,以 0.90 的概率获得 0 元。大多数人会在彩票 A 和 B 之间选择彩票 A,而在彩票 C 和 D 之间选择彩票 D,即认为彩票 A 优于彩票 B,彩票 D 优于彩票 C。但独立性公理则会推导出彩票 A 优于彩票 B 应当等价于彩票 C 优于彩票 D:从彩票 A 和 B 中提取出共同结果(100,0.89),并用(0,0.89)进行替代,便可得到彩票 C 和 D。根据独立性公理,这不应该改变人们的偏好,因此得出悖论。[①]

共同比率悖论 选择 1:A≡(100,1) $v.s.$ B≡(500,0.98;0,0.02);

选择 2:C≡(100,0.01;0,0.99) $v.s.$ D≡(500,0.0098;0,0.9902)

和前一个悖论类似,人们通常在彩票 A、B 之间更偏好 A,彩票 C 和 D 之间更偏好 D。这种选择是违反期望效用的。根据独立性公理,对彩票中非零选项的缩小也不应该改变人们的偏好——在这里是将(100,1)和(500,0.98)同时缩小了 100 倍产生彩票 C 和 D。

二、Rabin 校准定理

Rabin 校准定理(Rabin's calibration theorem)是由 Rabin(2000)提出的。他用期望效用理论推导出一个结论:对于任意额度的彩票,人们必须在某一区间近似风险中性。这一定理是对 Arrow(1971)和 Pratt et al.(1964)的小额彩票经典结论的扩展。经典结论认为如果彩票 L 的期望值为正而且赌注足够小,人们就会愿意冒较小的风险来争取这一正收益,因此必须近似风险中性。Rabin(2000)将该结论推广至任意额度的彩票。他的推导思路主要采用反证法的逻辑:假设一个人在任何区间均对某张彩票表现出风险厌恶,即全局风险厌恶,那么期望效用理论将预测,当额度稍微上升一点后,风险厌恶程度就会到达一个非常极端的地步——人们会不愿意冒任何风险,即使期望收益趋于无穷大。而这种程度的风险厌恶在现实中是不合理的,因此期望效用理论不允许上述假设成立。所以,即使是任意额度的彩票,人们也必须在某一个区间接近风险中性。他举了一

---

① 因为 A≿B,即 $0.89×(100,1)+0.11×(100,1)≿0.89×(100,1)+0.11×\left(500,\frac{0.10}{0.11};0,\frac{0.01}{0.11}\right)$,由独立性公理有 $(100,1)≿\left(500,\frac{0.10}{0.11};0,\frac{0.01}{0.11}\right)$。再运用独立性公理有 $0.11×(100,1)+0.89×(0,1)≿0.11×\left(500,\frac{0.10}{0.11};0,\frac{0.01}{0.11}\right)+0.89×(0,1)$,即 C≡(100,0.11;0,0.89)≿D≡(500,0.10;0,0.90)。

些例子,例如,假设有一张50%—50%彩票,可能损失10美元或获得11美元,假如一个期望效用最大化者在所有财富水平上均拒绝这张彩票,那么他还必须拒绝一张损失1000美元或赢得无限美元的50%—50%的巨额彩票。拒绝一张小额彩票意味着:

$$u(w+11)-u(w)<u(w)-u(w-10)$$

而由于边际成本递减,所以我们有:

$$11[u(w+11)-u(w+10)]<10[u(w-9)-u(w-10)]$$

这表明赢得第11美元的效用仅仅是损失第10美元的效用的10/11。那么在21美元的区间内,1美元的边际效用下降了近10%。随着财富每增加21美元,边际效用就会继续下降10%。边际效用的下降是指数性的,这意味着面对小的损失也会拒绝非常非常大的收入。

Rabin(2000)暗示期望效用与许多风险偏好的现象不一致。例如,有一张50%—50%的彩票,该彩票可能损失100美元或获得110美元。考虑一个对接受与拒绝该彩票无差异的人,那么他也会对损失1000美元或获得1100美元50%—50%的彩票无差异。这种模式似乎是很符合常理的,但Rabin校准定理揭示了它与期望效用不一致。

三、反射效应

如果发生一种疾病,你作为决策者可以选择两种方案中的一种,方案A会确定导致400个人死亡,方案B有1/3的概率无人死亡,有2/3的概率死亡600人,你会选择哪种方案呢?如果在另一种情境下,方案A可以确定救活200人,方案B有1/3的可能救活600人,有2/3的可能一个人也救不活,那又会怎么选择呢?聪明的读者会发现,这两者本质上是在描述同一个选择,然而在实验中,在第一种叙述方式下,78%的人选择了方案B,在第二种叙述方式下,这一比例降为28%。这似乎暗示着,在面对损失时,人们更容易倾向于风险追寻,反之,在面对收益时则倾向于风险厌恶。这种现象被称为反射效应(the reflection effect)。

Kahneman and Tverskey(1979)设计了一系列巧妙的实验来证明这一点。

反射效应　　选择1:$A\equiv(4\,000,0.8)$ $v.s.$ $B\equiv(3\,000,1)$;

选择2:$C\equiv(4\,000,0.2)$ $v.s.$ $D\equiv(3\,000,0.25)$;

选择3:$A'\equiv(-4\,000,0.8)$ $v.s.$ $B'\equiv(-3\,000,1)$;

选择4:$C'\equiv(-4\,000,0.2)$ $v.s.$ $D'\equiv(-3\,000,0.25)$

在选择1中,被试以0.8的概率获得4000元和确定获得3000元之间二选其一;在选择2中,被试以0.2的概率获得4000元和以0.25的概率获得3000元之间二选其一,事实证明,大部分被试的偏好是$(3\,000,1)\succ(4\,000,0.8)$和$(3\,000,0.25)\succ(4\,000,0.2)$,这意味着在面对可能获得收益的选择时,被试更倾向于风险厌恶。在选择3和选择4

中,在概率设置完全不变的情况下,被试可能的收益变成了可能的损失,此时大部分被试的偏好顺序变为$(-4000,0.8)>(-3000,1)$和$(-4000,0.2)>(-3000,0.25)$,因此,在面对可能获得损失的选择时,被试更倾向于风险偏好,这也就是赌场中常见的"赢缩输谷"现象。

上述结果表明,在负期望(面临损失)的情境下,被试展示出的偏好是正期望偏好的镜像,恰如物理学中的反射一般,期望以零为临界点颠倒了偏好的顺序,这违背了期望效用理论。

第三节　不确定性决策Ⅱ:参照点依赖偏好

前文所描述的"异象"可以总结为两类:概率线性相关的偏差和效用函数相关的偏差。前者主要由阿莱等经济学家通过"主观概率"的方式进行修正。后者主要由另一批经济学家修正,他们摒弃了全局风险厌恶的效用函数。

理论的发展源自对现象的解释。Friedman and Savage(1948)很早就发现人们会买期望为负的彩票,但是也会买保险。他们认为效用函数可能部分区域为凹,部分区域为凸,即同时允许局部风险厌恶和局部风险追寻。Markowitz(1952)对上述结论进一步拓展,引入了对收益和损失的考虑。他认为在收益端,随着额度提高,人们会从风险追寻变为风险厌恶,而在损失端则相反。

Kahneman and Tversky(1979)提出了著名的"前景理论",该理论在整合了前人关于效用函数修正思路的成果后,结合概率线性的修正思路,进行了非常细致的研究,并提出了新的效用模型。首先,他们收集了人们的实际选择数据,其中包含一些类似于阿莱悖论以及关注于收益和损失的问题,从中提炼出一系列的性质。然后,他们据此提出了一种满足上述性质的模型。他们的模型和传统的期望效用理论主要有两点不同。第一是权重部分采用的是和概率相关的函数而非直接的概率,即概率不是线性的。第二是被加权的部分采用的是收益或损失情境的价值函数而非单纯的最终结果。而本小节主要介绍第二点,即与收益或损失相关的部分。关于参照点依赖偏好理论更详细的讨论请参见O'Donoghue and Sprenger(2018)。

一、前景理论

我们从前景理论开始介绍参照点依赖偏好的模型。前景理论也是对彩票 L 的效用函数进行建模,但引入一个参照点 r,当结果大于 r 时为收益,小于 r 时为损失,公式如下:

$$V(L \mid r) \equiv \sum_{n=1}^{N} p_n v(x_n - r)$$

前景理论认为价值函数 v 需要满足三个性质：一是标准化，即 $v(0)=0$；二是人们对收益和损失的敏感度递减，在收益端类似于边际效用递减；三是损失带来的影响比收益大。而损失厌恶的假设包含两个方面：一是效用的规模，二是边际效用。相较于收益，大小相当的损失在这两方面的变化都更大。

Tversky and Kahneman(1992)提出了符合上述特征的一些函数实例，这些实例在 0 处都会有一个弯折点(kink)。例如：

$$v(x) = \begin{cases} x^\alpha, & x > 0 \\ -\lambda(-x)^\beta, & x \leq 0 \end{cases}$$

其中，$\alpha,\beta \in (0,1]$ 且 $\lambda \geq 1$；又例如，两段线性函数：

$$v(x) = \begin{cases} x, & x > 0 \\ \lambda x, & x \leq 0 \end{cases}$$

其中，$\lambda \geq 1$。

总体来说，前景理论经常被认为由四种不同的风险偏好组成：①人们对中等概率的收益是风险厌恶的；②人们对中等概率的损失是风险追寻的；③人们对小概率的收益是风险追寻的；④人们对小概率的损失是风险厌恶的。但重要的是，这些推断其实都和损失厌恶没有关系。只有在同时涉及损失和收益的彩票中，损失厌恶才会发挥作用，它会导致额外的风险厌恶。

二、基于期望的参照点偏好

围绕恰当定义的外生参照点的依赖被证明可以解释现实中广泛的行为，从风险决策到金融、劳动力供给。然而，另外一支文献中，研究人员采取了不同的方法来处理参照点，其中收益和损失是基于期望来定义。

基于期望的参照点和上述外生参照点模型最大的不同是前者中的参照点具有不确定性，因此参照点也是一个彩票。人们有两种不同的模型来处理具有不确定性的参照点。一是"失望厌恶模型"(disappointment aversion，以下简称为"DA 模型")，它是由 Bell(1985)和 Loomes and Sugden(1986)提出的。二是 Köszegi and Rabin(2006)提出的模型，我们根据两位作者的名字把该模型简称为"KR 模型"。

DA 模型认为人们会保持一定的理性预期，会对参照点彩票形成一个期望，将其作为参照点，并把最后结果和参照点彩票的期望作比较，进而产生收益或损失的效用。KR 模型则认为 DA 模型基于理性预期的假设过于强烈，因此收益或损失的判断需要对参照点彩票中的每个选项分别进行比较，产生对应的收益或损失效用后再加总。换句话说，二者的区别有两点:一是 DA 模型是期望值的(收益-损失)效用,KR 模型则是(收益-损失)效用的期望,即前者是先取期望值后再得出效用,后者是先得出效用再取期望值;二是 DA 模型把期望值作为参照点,KR 模型则把每一种可能的结果都作为参照点一一进行计算,再按照相应概率加权。

两种模型反映了人们感受得失的不同心理过程。此外,它们还会产生不同的预测,例如,当参照点彩票风险增加时,二者的预测不同。在 DA 模型下,参照点彩票中的风险增加对行为没有影响。与此相反,在 KR 模型下,参照点彩票的风险增加会使人们更容易承担风险——一种风险中的禀赋效应,即人们更愿意保留现有彩票。二者预测不同的原因在于 DA 模型的参照点只考虑参照点彩票中的最终期望,而与参照点彩票中具体的概率和结果大小无关。与此相反,KR 模型因为参照点的不确定性提升了,固定收益的相对优势减小了,因此人们变得更愿意选择具有不确定性的彩票。Sprenger(2015)设计了一个实验检验上述现象,结论更支持 KR 模型。

而参照点偏好的另一个重要问题是期望如何决定。鉴于篇幅问题,本节不进行阐述,具体内容可以参见 Köszegi and Rabin(2007)和 Köszegi and Rabin(2009)。

三、检验参照点偏好

参照点偏好意味着效用函数在参照点处会出现一个弯折变化,而检验参照点偏好的关键主要在于如何检验效用函数中的弯折点。文献中一般会采用两种思路:一是参照点依赖满意度,通过问卷来调查人们在参照点之上和参照点之下的满意程度或测度人们在面对不同结果时的行为反应;二是参照点依赖努力供给(effort provision),测度人们在各种不同非线性预算集下的劳动供给行为,或者检验在参照点附近是否会出现集束效应(bunching)。

(一)参照点依赖满意度

参照点依赖满意度主要是通过寻找现实生活中较为明显和确定的参照点,考察人们在低于参照点和高于参照点时的行为变化。研究人员运用这一思路并采用实证或实验的方法在多个实地领域对参照点偏好进行了检验,其中包括避税(Engström et al.,2015)、奖金和工作满意度(Ockenfels et al.,2015)、警察工资仲裁结果和他们的工作效率(Mas,2006)、体育比赛结果和家庭暴力(Card and Dahl,2011)、高尔夫球赛(Pope and Schweitzer,2011)、马拉松运动员(Markle et al.,2018)、框架效应和员工绩效(Hossain and List,2012)、具有丰厚回报的电视节目(Post et al.,2008)等。我们将对以上文献进行一个简单的介绍。

Engström et al.(2015)考察了避税情境中的参照点偏好:假设有两个纳税人A和B,他们的应纳税款均为3000元。他们的雇主在支付工资时会预缴一部分税款,但A和B的区别是雇主的预扣税不同,A的雇主预缴了2900元,而B的雇主预缴了3100元。因此,A还需要缴纳100元的税款,而B将获得100元的退税。在新古典理论下,二人避税和申请减免税务的倾向一致;而在参照点偏好或损失厌恶下,A会比B有更大的动力去避税,因为他处于损失域。作者考察了2006年瑞典的360万条纳税数据,以0为参照点检验了参照点偏好的存在(见图8-2),初始状态是赤字的个体(A)比盈余的个体(B)有更高的概率去申请退税,概率在0的附近存在明显的弯折。

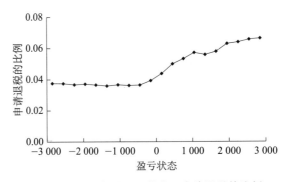

图8-2 不同初始盈亏状态下申请退税的比例

资料来源:Engström,P.,Nordblom,K.,Ohlsson,H. et al.,2015,"Tax compliance and loss aversion",*American Economic Journal:Economic Policy*,7(4),132—164.

Ockenfels et al.(2015)利用一家大型跨国企业的奖金分配政策来考察检验参照点的影响。该公司的奖金政策每年都会给每位员工制定一个奖金目标,它将取决于公司绩效、部门绩效、级别等其他变量。但是最终每位员工的奖金还要取决于上司赋予的一个权重,奖金等于权重乘以奖金目标。但是,部门的奖金总额是固定的,当上司赋予一个员工高于100%的权重时,他需要赋予另一个员工低于100%的权重。而公司中大部分员工的绩效评价都是相似的,因此他们会将初始的奖金目标作为参照点。作者在该公司做了一个大规模的调查(见图8-3),结果发现权重低于100%的员工工作满意度很低,而且事后也会显著降低绩效,两个指标均在100%附近存在着明显的弯折变化。作者同时比较了美国和德国分公司的情况,两个国家之间有着不一样的披露政策,德国在监管上的透明度要求更高,上司需要明确告诉员工权重的具体数值,而美国的上司则可以有更高的自由度。结果发现参照点依赖在德国的影响更高,上司分配的权重也更加集中于100%,而美国的权重分配更离散,参照点带来的影响也更严重。最后,作者在实验室中构建了类似的实验并得到了相同的结论。

Mas(2006)以新泽西州警察工会工资仲裁作为背景检验了参照点偏好。在背景中,警察工会和市政当局存在薪金上的劳资纠纷,需要仲裁介入决定。如果仲裁成功,警察

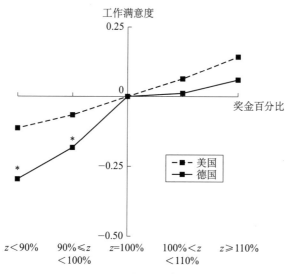

图 8-3　员工满意度与奖金百分比关系

资料来源：Ockenfels, A., Sliwka, D. and Werner, P., 2015, "Bonus payments and reference point violations", *Management Science*, 61(7), 1496—1513.

将会获得他们要求的高工资，如果失败则只能获得原来的较低工资。这一背景为检验参照点偏好理论提供了独特机会。结果发现新泽西州警察在仲裁失败后的几个月内，逮捕率和平均刑期下降，而犯罪报告相对于仲裁成功时有所上升。当授予的工资与警察工会的要求相距甚远时，绩效的下降幅度更大。

Card and Dahl(2011)利用橄榄球比赛的结果与家庭暴力的关系来检验参照点偏好，他们探究了家庭暴力与当地橄榄球队输赢相关的情绪暗示之间的联系。作者将职业橄榄球队比赛作为背景有一系列的原因：球迷对当地的球队非常热衷；球赛有组织良好的博彩市场，作者可以从中推断出每场比赛的预期结果，并将它作为参照点；橄榄球联盟有丰富的比赛数据可以用于识别比赛的重要程度和地方主队获胜的可能性。将赛前预测作为参照点后，作者发现主队爆冷输球会使家庭暴力比率增加 10 个百分点。

Pope and Schweitzer(2011)用职业高尔夫球赛事来检验参照点偏好。高尔夫球的比赛规则给检验参照点偏好提供了非常良好的背景(见图 8-4)。高尔夫球比赛的规则要求选手用尽量少的杆数(击球次数)把球从球座送入球洞中。赛事中，选手需要完成一系列的球洞，累计杆数最少的选手获胜。因此，从总体来看，每一杆的击球应该是同等重要的。但是，高尔夫球赛事中给每一个球洞根据难度设定了标准杆(par)，它代表着根据球场设计球员完成球洞应当使用的杆数。同时，高尔夫球也根据标准杆设定了一系列指示结果的术语，例如低于标准杆一杆为小鸟球(birdie)，低于标准杆两杆为老鹰球(eagle)，而高于标准杆一杆为柏忌(bogey)。因此，标准杆很自然地成为球员击球时的参照点。作者分析了高尔夫球最高级别的赛事中，选手在不同情境下的推杆(putt)表现，有部分推杆是在还差一杆完成标准杆下进行(尝试完成标准杆),有部分是在距离标准杆还差两杆下进行(尝试完成小鸟球)。图8-5显示,在用赛事提供的数据控制了推杆的难度之后,选手尝试标准杆推杆的准确度要远远高于尝试小鸟球或老鹰球的推杆准确度。围绕标准杆附近有明显的曲折变化,说明即使是在极高报酬的赛事和非常专业的运动员中,损失厌恶也是广泛存在的。

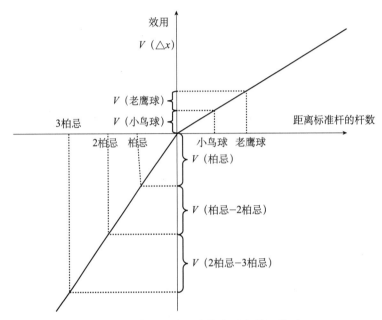

图 8-4　高尔夫球比赛的参照点效用模型

资料来源:Pope,D. G. and Schweitzer,M. E.,2011,"Is Tiger Woods loss averse? Persistent bias in the face of experience,competition,and high stakes",*American Economic Review*,101(1),129—157.

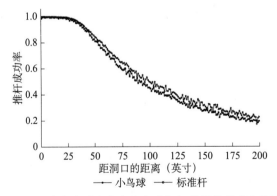

图 8-5　高尔夫球比赛中小鸟球和标准杆的成功率差异

资料来源:Pope,D. G. and Schweitzer,M. E.,2011,"Is Tiger Woods loss averse? Persistent bias in the face of experience,competition,and high stakes",*American Economic Review*,101(1),129—157.

Markle et al.(2018)采用了马拉松的场景来测试参照点偏好。他们通过问卷的方法询问了大批参加马拉松比赛的选手,选手们将被随机分进六个不同的场次。场次的区别取决于两个要素:马拉松前设置和马拉松后设置。在马拉松比赛开始前,选手们分成三个场次——不询问目标、早询问目标、晚询问目标。早询问目标场次是在马拉松比赛前6周和2周都要填写目标成绩的问卷,晚询问目标场次是在比赛前2周填写问卷。在马拉松比赛后,选手需要填写一份关于比赛满意度的问卷。马拉松后设置的区别在于填写比赛满意度问卷的时间,一部分选手是比完赛后一天就被询问结果,而另一部分则是两周以后。研究结果发现目标和最后成绩的差距会显著影响选手的比赛满意度,当结果远低于目标时会有明显的损失厌恶。而且对于专业的马拉松运动员来说,还存在多个参照点的现象,除了目标,他们还会把上次的结果也作为参照点,两个参照点均会影响最后的满意度。

Hossain and List(2012)在中国的一家高科技公司实施了一个大规模的自然实地实验,采用框架效应的方式考察参照点偏好的影响。他们在员工的工资中增加了奖金部分,采用了"收益"框架和"损失"框架两种方法描述奖金政策。在收益框架中,如果员工的每周工作时间超过某一个阈值,他们将会获得一笔奖金;而在损失框架中,如果员工的每周工作时间低于某个阈值,他们的奖金将会被扣除。两种方式仅有描述上的区别而无实质上的区别。两种奖金框架均能够提高员工个人和全体的生产效率,即为激励效应。但是损失框架的影响要更大,体现为损失框架比收益框架高1%的生产率,即为框架效应。此外激励效应和框架效应在长期中均能保持有效性。图8-6显示了损失框架下员工产出与收益框架下的差值,除了任务3,其他任务均在损失框架下观察到更高的员工努力,这验证了框架效应的稳健性。

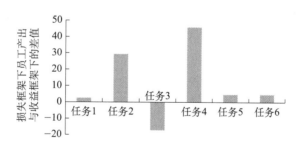

图8-6 不同任务中损失框架和收益框架下员工产出的差值

资料来源:Hossain, T. and List, J. A., 2012, "The behavioralist visits the factory: Increasing productivity using simple framing manipulations", *Management Science*, 58(12), 2151—2167.

Post et al.(2008)采用大型电视节目中出现的风险决策来考察参照点偏好的影响。作者考察了名为"Deal or No Deal"的电视节目,节目中嘉宾会面临一系列大额的风险决策。嘉宾将会面对26个公文包,公文包内包含着从0.01欧元到5 000 000欧元的奖金。嘉宾选择拥有其中一个公文包,但是无法知晓其中的金额。接下来,他需要从剩余的25个公文包内选择6个公开其中的金额数目。此时,主持人将会根据情况给出一个确定的金额,并询问嘉宾是否愿意把手中的公文包与它交换。如果嘉宾拒绝,将会继续打开另外5个公文包,主持人也会重新给出新的金额,直到嘉宾接受为止。作者分析了电视节目中嘉宾的最终决策,结果发现嘉宾的决策非常依赖之前的经历,并体现出一定程度的"路径依赖"。这一现象和期望效用理论相悖,并支持了参照点依赖理论。

(二)参照点依赖努力供给

参照点依赖努力供给一般有两种常见的方式,一是考察人们在非线性预算集下的劳动供给行为,二是考察在参照点附近是否出现集束现象,即人们的实际劳动供给量会集中于参照点附近的现象。

1. 集束现象

参照点依赖偏好的行为人在参照点的两边有着不一样的边际效用:在低于参照点的区域会有比较高的边际效用,而在高于参照点的区域则有着较低的边际效用。因此,当收益到达参照点后,行为人的边际收益可能就会低于边际成本,进而选择不再投入更多的努力水平。由此,在参照点附近会出现比较多的观测值,这种现象被称为集束现象。同时,在参照点左右两侧,人们也应该表现出不一样的行为模式。

Rees-Jones(2018)考察了在报税这一环节中的损失厌恶。在每年的四月份,美国的纳税人需要登记去年一年的纳税相关信息,并最终计算得出精确的纳税额。而在登记之前,纳税人的雇主一般会根据较为粗略的预扣规则和预测值预先上缴税款。纳税人需要将精确计算得出的纳税额和预缴税额进行比较。如果预缴税额较多,纳税人可以申请退税。相反,如果预缴税额不足,则纳税人需要补交剩余税额。但是,无论预缴税额是较多还是较少,纳税人都可以通过寻找抵扣项的方式争取税收减免。在这一背景下,需要补交税额为0很自然地成为纳税人的参照点。当参照点不起作用时,预缴税额的误差应该在0的左右两边无差异。但如果参照点起作用,0的左右两边将会存在差异。因为当纳税人发现需要额外补交税额时,这笔税款对他们而言是一种损失,他们会尽力地寻找抵扣项来降低应付税额。但是当纳税人发现不需要补交税额时,税收减免变成了一笔收入,他们便没有那么大的动力来寻找抵扣项以争取更多的退税。因此,在0附近会形成集束现象。Rees-Jones(2018)用美国国税局的数据估计的结果显示集束现象相当明显,发现在损失域的纳税人会比在获得域的纳税人多寻求34美元的税收减免。

集束行为的另一知名证据来自Allen et al. (2017)。Allen et al. (2017)考察了马拉松运动员在比赛中是否存在参照点偏好。他们检验运动员是否会对成绩产生参照点。马拉松一般需要持续4个小时左右,运动员会在意能否在整数时点附近完成比赛,因此会在整数时点形成集束现象。例如,3小时内完成赛程的效用要远高于3小时01分完成赛程的效用。他们采用拥有约950万条马拉松成绩的大型数据集,发现了明显的集束现象(如图8-7)。而且他们进一步验证了这种现象不能被奖金、同群效应或规则所解释。

研究者还拟合了一系列参照点偏好模型,估计得到的参数结果与实验中估计的参数有着基本一致的性质。

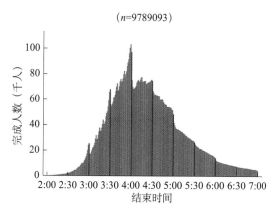

图 8-7　1970—2013 年 6 888 个马拉松赛事选手完成时间分布

资料来源:Allen, E. J., Dechow, P. M., Pope, D. G. et al., 2017, "Reference-dependent preferences: Evidence from marathon runners", *Management Science*, 63(6), 1657—1672.

2. 预算集变化下的劳动供给

预算集变化下的劳动供给经常围绕需要每天选择劳动供给的工人(例如出租车司机)。假设他们会为每天的收入设定一个基础目标,也就是说他们以每天收入为单位进行归类,因此他们会把自己的每天收入和某个目标进行比较,产生相应的参照点依赖偏好。

行为经济学中对出租车司机的劳动供给的讨论是参照点依赖偏好实证研究发展中的一段重要历史篇章。该问题的争论持续了 20 多年,多位学者在顶级期刊上发表多篇相关文章,至今仍然没有完全解决该问题。此处先简单介绍所争论的问题,再逐一梳理各种观点的发展。

要理解参照点依赖偏好如何影响劳动供给就需要先介绍新古典经济学对此的理论预测。新古典经济学认为当工资上升提高了劳动的边际收益,司机会增加自己的劳动供给,因此劳动供给与工资之间存在正相关关系。当存在参照点依赖偏好时,劳动供给和工资可能存在负相关关系。假设司机有一个参照点(例如每天的收入目标),由于损失厌恶的影响,司机对目标收入附近的评价不同。低于收入目标的部分对司机来说比高于收入目标的部分更为重要。因此,劳动供给的边际收益会出现一个断点式下滑,司机的劳动供给会在收入目标附近发生一个曲折变化。当工资收入不变时,司机一旦达到了目标就不再工作。若工资收入上升一点,因为司机更容易到达自己的收入目标,所以司机的劳动供给减少,此时劳动供给和工资之间存在负相关。只有当工资收入上升一大段后,劳动供给的边际收益才能恢复到低于参照点的水平,司机才会重新开始工作。总的来说,参照点偏好理论和新古典经济学模型最大的区别在于工资与劳动供给之间是否在一定范围内负相关。

实证研究验证上述假说的方法是估计出租车司机的劳动供给弹性,然后判断其是否为负。文献主要分为两派,分别是支持参照点偏好的支持派和否定参照点偏好的否定派。作为最早研究这一问题的文献,Camerer et al.(1997)发现劳动供给弹性在一段区间内为负,印证了参照点偏好的预测。虽然 Camerer 等人的研究支持了参照点的假说,但是他们采用的计量方法遭到了否定派的质疑。其中的代表是亨利·法伯(Henry Farber),他在一系列文章中通过采用质量更高的数据集或更复杂的计量模型检验参照点偏好的稳健性。由于 Camerer 等人的研究采用了日收入的数据,并用日收入除以平均工作时长来近似得到单位工资,因此可能存在较大的测量误差。测量误差会导致一个除法偏误(Borjas,1980),从而导致估计参数偏低。为了修正这一问题,Farber(2005)采用以司机换班为单位的新数据,并用结构模型的方法估计了司机的劳动供给,最终估计的系数虽然为负,但并不显著。Farber(2008)在之前研究的基础上调整了计量模型,用门槛模型代替原来的线性模型。虽然他的估计结果一定程度上支持参照点偏好假说,但他发现结果的异质性很大,而且对司机行为的预测力并不强。更进一步地,Farber(2015)采用一个拥有 62000 名司机的样本,在近亿条的大型数据基础上重新估计了结果,他发现收入参照点影响并不显著。但他采用的方法仍然遭到一部分学者的质疑(O'Donoghue and Sprenger,2018)。

部分学者尝试通过引入多个参照点或参照点动态变化的方式缓解二者的冲突。Crawford and Meng(2011)引入了两个不同的参照点:工作收入参照点和工作时长参照点。当工资高于平均水平时,收入参照点更容易达到,工资是司机停止工作的主要原因。而当工资低于平均水平时,工作时长的目标更容易达到,时长是司机停止工作的主要原因。Thakral and To(2021)允许参照点动态变化,他们发现司机停止工作的概率和最近时间段的收入最为相关,因此获得收入的时间点也会产生重要影响。

但是,上述研究都存在工资收入变化来源的问题,工资波动既可能来自供给方也可能来自需求方。这一问题只有通过实验的方法才能比较容易解决。Fehr and Goette(2007)实施了一个实地实验外生地控制了工资的变化。实验的被试群体是瑞士的自行车信使,他们和出租车司机的工作内容极为相似。实验分为高收入的实验局和正常收入的控制局。实验结果发现,在高工资下自行车信使会选择更多班次,但平均每次工作时长和单次收入却减少了,不过累计的总收入是上升的。研究者认为有两种模型可以解释上述行为。一是标准的损失厌恶模型。二是拓展后的新古典经济学模型,它假设上一时段劳动供给会影响这一时段劳动供给的边际成本。为了进一步验证假说,研究者还将自行车信使招至实验室中进行了一个实验室实验,结果发现只有损失厌恶的被试才会在工资上升时降低自己的劳动供给,从而验证了损失厌恶理论。Fehr and Goette(2007)的研究体现了实验方法的优势:既能更好地进行因果识别,也能进一步探究潜在的行为机制。

(三)参照点期望检验

参照点依赖理论的一个关键问题是参照点是如何产生的。这可能源于现状,也可能基于人们的期望。例如,Köszegi and Rabin(2007)认为,参照点是个体的一种理性预期,是个体对于近期决策的信念(recent beliefs)。Abeler et al.(2011)通过一个实验室实验巧妙证明了参照点的来源更可能是期望而非现状。在实验中,被试需要在两阶段重复完成如图 8-9 所示的真实努力任务:在第一个阶段,被试被要求在四分钟内尽可能多地完成任务,以便于被试熟悉任务,作为被试生产力的测度;在第二个阶段,被试可以自行决定工作时间,当被试想停止时,他们只需要按下屏幕上的一个按钮实验就结束了。实验通过下述报酬结算方式巧妙地操纵了被试的预期:被试的报酬有两种可能的支付方式,一种是按照第二阶段的绩效进行结算,另一种是领取固定报酬。在实验开始前,装有两种支付方式的纸条被分别放在一个信封里,被试从两个信封中挑取一个,但直到实验结束时才可以打开。作者通过设置不同的固定报酬金额来操纵被试的期望收益。在低固定报酬实验局中,被试的固定报酬选项为 3 欧元,在高固定报酬实验局中则为 7 欧元。

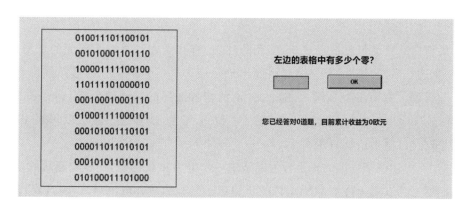

图 8-8 实验中真实努力任务示例

资料来源:Abeler,J.,Falk,A.,Goette,L. et al.,2011,"Reference points and effort provision",*American Economic Review*,101(2),470—492.

作者通过这样的设计讨论参照点依赖偏好的来源。在期望效用理论下,被试的效用为 $U(e,f,w)=u(f)/2+u(we)/2-c(e)$,最优化一阶条件为 $u'(we^*)=2c'(e^*)/w$,最优化努力 e^* 与固定报酬 f 无关;如果参照点是基于现状的,被试的努力水平并不能改变现状的潜在损失,因此,改变固定支付的金额对努力没有影响。然而,如果参照点的产生是基于预期的,那么不同实验局中的被试将呈现不同的努力水平,因为人们不喜欢让自己的期望"落空"。实验结果证实了这一点。从图 8-10 中可以看到,相比于 3 欧元,当可能的固定报酬为 7 欧元时,被试的努力水平显著提高了。这证明了参照点的选择更可能是基于期望而不是现状。

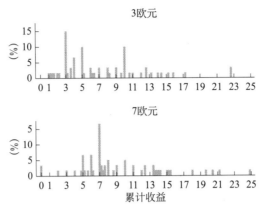

图 8-9 在 3 欧元和 7 欧元下被试努力分布

资料来源：Abeler,J.,Falk,A.,Goette,L. et al.,2011,"Reference points and effort provision",*American Economic Review*,101(2),470—492.

第四节 参照点依赖偏好应用：禀赋效应

如果你向来只买每瓶不高于 35 美元的红酒，有一天你以每瓶 5 美元的价格购买了一箱 50 年的红酒，几年后，有一个红酒商出价每瓶 100 美元购买你的这箱红酒，你愿意卖吗？理查德·塞勒在他 1980 年的论文《论消费者选择的实证理论》(Towards a Positive Theory of Consumer Choice)中描述了一位 R 先生，他坚决不愿意以每瓶 100 美元的价格将这些红酒卖给红酒商。

事实上，上述例子描述的正是行为经济中一个非常重要的现象——"禀赋效应"。它是指人们愿意为获得一件物品所支付的价格（支付意愿，willingness to pay，WTP）往往显著低于放弃一件物品时愿意接受的价格（接受意愿，willingness to accept，WTA）。根据"支付意愿"与"接受意愿"的定义，上述例子中同样的一瓶红酒，R 先生对它的接受意愿超过 100 美元，支付意愿是 35 美元，前者远大于后者。

那为什么会出现这种现象呢？Thaler(1980)用损失厌恶来解释现实中出现的这种禀赋效应。卖出物品时是放弃该物品的所有权，对所有者来说是一种损失；而买入物品是获得该物品的所有权，对所有者来说是一种收入。损失厌恶意味着损失一件物品的负效用要大于获得该物品的正效用，因此 WTA 会大于 WTP。以 R 先生的故事为例，损失一瓶自己的红酒比获得一瓶另外的红酒要更难以接受。

归纳法是科学研究中常见的方法，但"禀赋效应"是不是一个科学规律需要进一步证明。为此，Thaler 和他的合作者们设计了估值任务和交换任务两个任务类型来证明禀赋效应的存在(Knetsch,1989;Kahneman et al.,1990,1991)。

在估值任务中,实验者需要设计三种不同的身份被试:不拥有物品(禀赋)的买家、拥有物品(禀赋)的卖家和选择者。他们分别要完成以下任务:买家需要汇报他们对物品的估值,即支付意愿;卖家需要汇报他们对物品的定价,即接受意愿;选择者需要在一定数量的现金和是否获得物品之间进行选择,选择者在物品与现金之间做出的选择被记作等价收益(equivalent gain,EG)。

为证明"禀赋效应"的存在性不因物品价值而发生改变,Kahneman et al.(1990)分别以马克杯和钢笔作为被估值的对象(见图 8-10)。他们发现,无论是对于马克杯还是钢笔,人们的接受意愿都要显著高于支付意愿 2—3 倍。这一结果后来被大量的实验文献多次证明,可参见 Horowitz and McConnell(2002)的汇总。另外,由于财富效应也会影响选择,他们用选择者的估值来控制财富效应。因为当不存在禀赋效应的时候,无论是卖家还是选择者,他们面临的选择都是"物品或现金"。实验结果表明,人们的支付意愿与等价收益更接近,但是接受意愿要远大于等价收益。以上方法可以分别估计出物品的损失厌恶和金钱的损失厌恶。Tversky and Kahneman(1991)进一步研究发现人们对物品引起的损失厌恶要远高于金钱引起的损失厌恶。

图 8-10　Kahneman et al.(1990)实验中的马克杯和钢笔

资料来源:Kahneman,D.,Knetsch,J. L. and Thaler,R. H.,1990,"Experimental tests of the endowment effect and the Coase theorem",*Journal of Political Economy*,98(6),1325—1348.

采用交换任务的经典文献是 Knestch(1989),该文献证明了禀赋效应在不涉及金钱的物物交换中也会存在。研究者设计了三个实验局。在第一个实验局中,拥有马克杯的被试需要选择是否交换巧克力棒;在第二个实验局中,拥有巧克力棒的被试需要选择是否交换马克杯;第三个实验局中的被试不拥有任何一件物品,但需要在马克杯与巧克力棒中做出选择。研究发现,拥有巧克力棒的被试大概率更喜欢巧克力棒,拥有马克杯的被试选择不交换的比例更高,而实验前什么都不拥有的被试对于巧克力棒和马克杯的选择不相上下。总的来说,交换任务的核心就是让拥有不同禀赋的被试在物品 A 和物品 B 之间做出选择。

损失厌恶可以很好地解释禀赋效应,但是后续出现的一些实验结果进一步挑战了这个简单的解释,并进一步引申到基于预期的模型。此外,禀赋效应一直被认为是决策心理方面最稳健的一个结论(Knetsch et al.,2001),但是在 2000 年后,其稳健性也受到了挑战,并在挑战中得到了进一步的发展。

第一,市场的交易经验显著降低禀赋效应,以 List(2003,2004)为代表。作者检验理论的场景是运动卡片市场,他对比了几类不同被试的行为:专业的交易商、有交易经验的消费者、没有经验的消费者。此外,因为运动卡片是独一无二的,而且也是这些交易商和消费者长期从事的市场,所以他还检验了这些被试在几种他们不熟悉的其他商品上的禀赋效应:马克杯和糖果棒。如图 8-11 所示,在所有的场景中,没有交易经验的非交易商都展示了极高的禀赋效应,有交易经验的被试的禀赋效应会小一些,专业的交易商几乎不存在任何的禀赋效应。这些结果说明禀赋效应在现实的交易市场中会更少出现,特别是在市场中都是富有经验的交易员的时候。

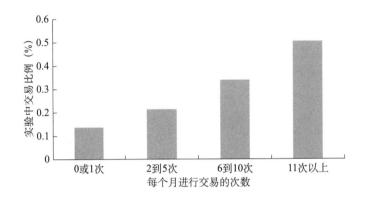

图 8-11 List(2003)实验中被试交易次数和用运动卡片交易的比例

资料来源:List,J. A.,2003,"Does market experience eliminate market anomalies?",*The Quarterly Journal of Economics*,118(1),41—71.

第二,实验员效应影响禀赋效应。Plott and Zeiler(2005)和 Plott and Zeiler(2007)认为实验中的一些环节会给被试产生不同程度的实验员效应,从而造成被试的误解。他们认为实验的程序中存在 4 个不同的问题:一是分配禀赋时所用的语言会让被试觉得这是一份实验员赠予的"礼物";二是分配禀赋物品的语言暗示物品本身的相对价值可能更高;三是将禀赋物品放置于被试面前;四是将个人的决策通过举手在公开场合公布。Plott and Zeiler(2005,2007)认为这些实验细节可能会影响最后的结果,而非纯粹的禀赋效应。他们设计实验控制了这些问题:①强调禀赋确定的随机性,禀赋由抛硬币决定,而不采用语言;②弱化所属权,舍弃原来采用的"想要保留物品 M""想用 M 去交换 P"改为在纸上直接圈出"物品 M""物品 P"或"都可以";③控制被试与禀赋之间的物理距离,例如将非禀赋的物品放在被试前;④控制被试与禀赋之间的社会距离,改为用纸张的匿名选择。经过这一系列的控制之后,禀赋效应基本消失了。后续的研究中,Ericson and Fuster(2014)和 Isoni et al.(2011)的实验也认为被试的误解造成了禀赋效应的存在。但是,Isoni et al.(2011)发现在严格的实验流程下,在一般商品中禀赋效应被消除,但在应用于彩票时,禀赋效应仍然存在,这也为参照点偏好的解释提供了证据。不过也有另外的实验研究给出了不一样的结果,Fehr et al.(2015)和 Bartling et al.(2015)等文章试图评估被试误解对实验结果的影响。Fehr et al.(2015)采用了和 Plott and Zeiler(2011)类似的实验设计来评估被试对于彩票的禀赋效应。不过在测量流程之前,他们增加了一个对彩票的 BDM 机制[①]的流程和另外的训练,通过这个额外的设计区分了误解实验流程的被试和没有误解的被试。他们发现即使是完全理解实验流程的被试仍然存在禀赋效应。类似地,Bartling et al.(2015)运用了另外的博弈流程和测量机制得到了相同的结论。

为什么上述因素会影响禀赋效应的强弱甚至是存在性呢？早期学者们的观点是上述因素改变了人们的参照点。在市场交易经验与禀赋效应的研究中,人们的交易经验会改变人们对物品的归属感,即由于新购入的物品仍然存在被交易的可能性,因此不会被归类为"最终消费品",从而放弃这些物品时不会产生损失的体验。在实验员效应与禀赋效应的研究中,Plott and Zeiler(2005)的设置可能会使得被试对"禀赋"的感受减弱。在传统的禀赋效应实验中,被试的参照点是"有或无",但是在有市场交易经验或控制实验流程之后,被试由于拥有了市场交易的经验或者因为严格的实验控制而改变了想法,拥有一个禀赋物品并不会产生消费或使用甚至仅仅是拥有它的预期,被试的参照点转变为"无"。因此,无论禀赋是什么,被试只会根据当下物品的相对效用进行选择。Knetsch and Wong(2009)做了一个实验来验证这种解释。他们在实验设计中明确地改变人们的预期,并查看人们的禀赋效应大小。他们设置了三种不同的实验局:①所有权－弱参照点实验局。禀赋分配是随机抽取决定的。所有权是在禀赋分配阶段就会让被试明确知道禀赋物品是可以带回家的。弱参照点是采用"决策表"让被试再选择一次自己想要的物品,而且在整个决策流程中被试是不能看见物品的。②所有权－中等参照点实验局。禀赋分配是由被试的学号最后一位数字决定。决策阶段采用的是"交换"的语言,即"是否保留钢笔"或"用钢笔去交换马克杯"。③无所有权－强参照点实验局。无所有权是被试在禀赋分配之后被明确告知,他们还不拥有它,只有所有决策做完之后才能得到它。强参照点是被试可以观看到禀赋的物品,但是不允许使用它。决策阶段也是使用交换的语言。实验结果发现即使没有强调所有权,在有参照点情况下,仍然会出现较强的禀赋效应。

以上的理论和实验都是假设在做决策的时候,期望是外生形成的(根据交易经验和实验的流程控制)。一些研究者开始考虑内生期望的解释,但由于内生期望形成的时候考虑的是未来的情况,只有当实验局存在不确定性、未来的选择集改变的时候,内生期望

---

① BDM 机制指的是 Becker,DeGroot and Marschak 创立的比较经典的偏好诱导方法(Becker et al.,1964),被试首先要提供心目中某种彩票或产品的等价现金,然后由实验员从服从某一分布的随机程序中抽取一个价格作为产品的价格,如果被试的出价高于抽取的价格则赢得产品并支付抽取的价格,否则保留现金,不能获得产品。

才会发生改变。研究者们改变了一下经典的禀赋效应实验来将内生期望应用于禀赋效应中。例如,Ericson and Fuster(2011)和 Heffetz and List(2014)采用了一个新的设定:交易有一定的概率不能被执行。具体来说,被试将被分配一个禀赋,然后进行交易的选择,即用禀赋去交换另一个物品,但是有一定的概率 q 这个交易被执行。在这个修改之后,选择集就与禀赋相关了。如果被试选择了保留钢笔,那么最后的结果和交易是否被执行没有关系,所以她的选择就是和钢笔相关的彩票。而相反,如果她选择了马克杯,就有 $1-q$ 的概率交换成功变成马克杯,但是有 q 的概率交换失败,保留钢笔。如果被试选用固定的参照点,那么被试的行为将不会受概率 q 的影响。相反,如果参照点是由内生期望决定的,概率 q 的上升会导致被试更倾向于保留禀赋物品。也就是说,概率 q 上升,禀赋效应将会更加明显。Ericson and Fuster(2011)发现在 $q=10\%$ 的时候比 $q=90\%$ 的时候更愿意去交换。但是相反,Heffetz and List(2014)在 $q=1\%$ 和 $q=99\%$ 之间,以及 $q=10\%$ 和 $q=90\%$ 之间,都没有发现交换的意愿有显著的差异。面对实验得出的互相矛盾的结果,Heffetz(2021)认为预期的形成需要被试完全理解彩票的概率,才能形成相应的参照点,而之前文献中的相反结果是由于被试的信念形成过程中不够沉浸其中(sink in)。为了验证这一假说,他增加了一个沉浸操作的实验设计来增加被试的体验。具体来说,被试需要连续抛 18 个骰子,并记录骰子的结果,然后根据结果回答实验中决策的问题,将抽象的概率转换为具象的理解。增加沉浸操作之后,采用和 Heffetz and List(2014)相同的实验流程,得到的结果符合内生期望参照点的预测。

除了从参照点偏好来理解禀赋效应,相关文献也对禀赋效应进行了其他的解释,并尝试寻找禀赋效应的来源。一些基于动物和儿童的实验表明动物和儿童不存在禀赋效应(Gintis,2014;Harbaugh et al.,2001;Lucas et al.,2008)。Apicella et al.(2014)对于非洲狩猎—采集社会的实验表明,越接触现代社会,禀赋效应会越明显。这些文献都对禀赋效应是人类长期演化的结果提供了侧面的证据。另外,禀赋效应也被看作自然的私有产权的确立基础。

第五节 跨期选择、时间偏好与自我控制

行为经济学中的另外一个重要主题是跨期决策,"跨期"意味着决策的重点在于效用流发生的时间点,体现为行为人对发生在不同时间点效用流的评估有所不同。在日常生活中,人们已经总结发现随着时间推移,效用流的价值将会不断减少。这种直觉被 Ramsey(1928)和 Samuelson(1937)建模得到了经典的贴现效用模型。得益于贴现效用模型的简洁和易于应用,它被经济学中的大部分领域所采用,成为最流行的跨期决策模型。但是,随着行为经济学的发展,该模型被发现无法解释人们在实际跨期选择中的一些现

象。其中最主要的一点是贴现效用模型隐含着动态一致性。

但是,大量的实验证据和日常生活经验揭露了动态不一致的现象,我们将在本节第二部分中对此进行介绍。为了更好地解释人们在跨期选择中的动态不一致现象和自我控制问题,行为和实验经济学家对经典的贴现效用模型进行了修正,提出一系列新的模型,其中最具代表性的模型是拟双曲贴现模型,我们将在本节第三部分进行总结。最后,学者们针对不同人的自我控制问题提出了一些解决方案,如自控工具等,我们将在本节最后一部分进行阐述。

一、时间偏好理论

跨期选择中最经典的是指数型贴现效用模型。指数型贴现效用模型假设未来效用流对现期决策的影响随着时间推移不断减弱,并呈现指数型衰减。因此,行为人在 t 期的效用为:

$$U_t(x) = \sum_{\tau=0}^{\infty} \delta^\tau u(x_{t+\tau})$$

其中 δ 被称为折现系数。以上模型可以推导出动态一致性。动态一致性指的是人们的决策不会受他做决策的时间点影响,也意味着人们的决策不会随时间推移而发生反转,人们也一定会依照自己制定的计划行事,长期利益和短期利益在很大程度上是一致的,而且人们也不会出现自我控制的问题。例如,人们为下周拟订了计划,认为认真工作比看电影更好。那么等到了一周后,他依然认为认真工作是比看电影更好的选择,他的行为才符合动态一致性。指数型贴现效用模型符合动态一致的原因是折现系数之比只与间隔的期数有关,即 $U_{t+\tau}(x)/U_t(x)=\delta^\tau$。因此如果在 t 时刻认为选择 x 优于选择 y,即 $U_t(x)>U_t(y)$,进而 $\delta^\tau U_t(x)>\delta^\tau U_t(y) \Leftrightarrow U_{t+\tau}(x)>U_{t+\tau}(y)$,在 $t+\tau$ 时刻也会认为选择 x 优于选择 y。但是,日常经验和实验文献都发现动态一致性难以成立,存在大量动态不一致的现象。

为了解释这种普遍存在的时间偏好不一致现象,经济学家从多个角度建立新的贴现模型,包括同期内多重自我模型(multiple-self model)、跨期的多重自我模型、诱惑模型(temptation model)等。多重自我模型认为人们内心中存在两个不同的自我,二者的意见并不统一,人们的最终决策是这两个自我共同影响后的结果,并最终导致了动态不一致的现象。多重自我模型又分为两种类型,一是同期内多重自我模型(Bernheim and Rangel,2004;Fudenberg and Levine,2006;Fudenberg and Levine,2011;Loewenstein,1996;Shefrin and Thaler,1988;Thaler and Shefrin,1981),二是跨期的多重自我模型(Strotz,1955;Loewenstein and Prelec,1992;Phelps and Pollak,1968;Akerlof,1991;Laibson,1997)。同期内模型中,两个自我的区别在于是重视长期利益且遵循计划,还是仅重视短期利益。跨期模型中的两个自我的区别在于时间点,一个是现时的自我,一个是未来或过去的自我,其解释动态不一致的直觉类似于俗话说的"今天的我不是昨天的我"。诱惑模型(Dekel et al.,2009;Gul and Pesendorfer,2001)是从选择集的角度建立效用模型,人们的效用不仅仅取决于最终选择结果,还取决于选择集。模型据此出发解释动态不一致,修正了传统经济学中"选择越多越好"的假说,模型认为选择集太大反而会出现诱惑,进而降低福利。诱惑模型的特点是继承了传统理性模型的一些优良的理论性质,例如在控制选择集后,人们依然是理性且动态一致的。

以上理论模型虽能解释动态不一致的现象,但大多数模型由于太过复杂而不方便被其他领域所应用。但 Phelps and Pollak(1968)、Akerlof(1991)和 Laibson(1997)所提出的拟双曲贴现模型则具有简洁的优势,被广泛运用。下面我们将对该模型进行详细的解释。

在经典折现模型中,时间折现函数呈指数型,因此不同期之间的折现系数之比只与间隔的期数有关,而与处于哪一期无关,因而无法解释时间偏好不一致问题。因此,想要兼容时间偏好不一致,就必须改变时间折现函数的形式,Strotz(1955)进行了类似的尝试。Strotz 的模型沿用了经典折现模型的大部分假设以及总效用是每期效用折现后的加总的形式,但是时间折现函数不再是指数型,因此可以产生动态不一致。后续研究者在此基础上引入多种不同的设定,其中最广为接受的折现函数设定是双曲折现函数和基于双曲折现函数的"拟双曲折现函数"。双曲折现函数最早由 Mazur(1984)提出并检验,在该模型中,时间贴现函数采取双曲的形式,即

$$D(\tau) = \frac{1}{1+k\tau}$$

其中,k 为常数。Mazur(1984)和 Davidson(1988)等在实验中采集被试的时间偏好数据,估计出 k 值,并发现双曲比指数贴现能更好地拟合实验室中的折现数据。不过,当折现函数呈现双曲性质时,每两期之间的折现率都不一致,这会给均衡分析带来诸多困难。拟双曲偏好是对时间偏好不一致更简洁的刻画,也是目前行为经济学领域应用最广的贴现模型。拟双曲偏好贴现模型包括 Loewenstein and Prelec(1992)提出的连续时间双曲函数模型,即 $D(\tau)=(1+\alpha\tau)^{-\frac{\gamma}{\alpha}}$;以及 Phelps and Pollak(1968)、Akerlof(1991)和 Laibson(1997)提出的离散时间拟双曲折现函数,即

$$D(\tau) = \begin{cases} 1, \tau = 0 \\ \beta\delta^\tau, \tau > 0 \end{cases}$$

具体来说,当 $\beta=1$ 时,拟双曲函数退化为经典的指数贴现函数,而当 $\beta<1$ 时,相比于当前期效用,之后的所有期效用贴现值都变得更低,而之后各期贴现率依旧呈现简洁的指数形式,即在拟双曲折现函数下当期效用的贴现变得更高,而"未来"与"更远的未来"之间的折现依旧是理性的。因此,拟双曲偏好下可能发生时间偏好不一致的问题,且偏好逆转只发生在当期和下一期的决策中:例如,对处于第 0 期的决策人来说,第 1 期和第

2期效用的权重分别为 $\beta\delta$ 和 $\beta\delta^2$,即第 1 期效用的贴现权重是第 2 期的 δ 倍。但是,当时间来到第 1 期时,对处于第 1 期的决策人来说,第 2 期效用在第 1 期的贴现权重只有 $\beta\delta<\delta$。也就是说,对处于第 1 期的决策人来说,第 1 期的效用与后续各期效用的比重高于第 0 期,当期的效用更加重要,这可能会导致第 1 期的决策人可能不同意自己在第 0 期的决定,想要在当期进行更多的消费,进而产生动态不一致的现象。

为了帮助读者更好地理解为何拟双曲偏好可以解释时间偏好不一致,我们通过吃蛋糕和做运动两个例子进行说明。假设在这两个例子中的行为人符合拟双曲偏好,且满足 $\beta=1/2,\delta=1$。

例 1:吃蛋糕。一块味道鲜美但是对健康不利的蛋糕摆在你的面前,如果吃下它,当天可以增加 10 单位的效用,但在第二天却会带来 -15 的效用。如果你在今天为明天做决策,那么你是否应该吃蛋糕呢?答案是否定的,因为明天吃下蛋糕的效用是 10,而后天却损失 15,二者的贴现值之和 $0.5\times(10-15)<0$,也就是说,蛋糕的长期效用损失超过了短期效用的增加,因此理性的人应该选择不吃蛋糕。但是,如果是今天的自己为当下做决策呢?因为今天的效用格外重要,所以 $10-0.5\times(-15)>0$,人们会选择今天将蛋糕吃掉,即便在明天会面临 15 的效用损失。此时,时间偏好不一致的问题出现了:从长远来看,人们应该选择拒绝诱惑,但是当诱惑真的近在眼前时却无法抗拒。与吃蛋糕类似,吸烟、嗜酒、吸毒等一系列不良嗜好都可能呈现出"不理性"的上瘾行为。

例 2:做运动。与不良嗜好上瘾相对应,对好习惯的拖延也可以用拟双曲偏好解释。假设进行体育锻炼会在当期带来 -6 的效用,但在长期会带来 $+8$ 的效用。如果在今天决定明天是否运动,理性的选择是什么呢?由于明天和之后的贴现因子均为 1,因此总的贴现值 $0.5\times(-6+8)>0$,人们会选择运动,但是,当今天决定此时是否运动时,因为 $-6+0.5\times8<0$,所以理性的选择是不运动。

通过以上例子可以看到,拟双曲模型兼顾了理论的简洁性和对现实的良好拟合,因而被广泛地应用于储蓄(Zhang,2013)、退休选择(Diamond and Köszegi,2003)、吸烟(Ida,2014)、社会保障(Schwarz and Sheshinski,2007)等涉及跨期选择和自我控制问题的领域。例如,Schwarz and Sheshinski(2007)发现,在拟双曲折现偏好下,宏观领域的两种基本社会保障制度——"基金制"和"现收现付制"——不再等价,并且"现收现付制"下任何强制的代际转移都会被抵消。Zhang(2013)将拟双曲折现偏好纳入消费者储蓄和工作时间最优化决策模型,发现相比于指数折现,拥有拟双曲折现偏好的行为人的效用最大化选择是更少储蓄和更早退休,因此拥有现时偏差的人可能同时存在储蓄不足、退休时间过早等问题。

二、实验文献中发现时间偏好不一致的证据

拟双曲线偏好模型较好地解释了时间偏好逆转的"异象",后续实验文章也确实发现

了支持的证据,在本节,我们选取其中几篇较有代表性的文献提供依据。

最早系统研究时间偏好不一致问题的可能是行为经济学家理查德·塞勒。Thaler(1981)对比了3个月、1年和3年的年收益率,发现收益率随着时间的增加而逐渐下降。这一异象在之后诸多研究中得到复现(Benzion et al.,1989;Green et al.,1997;Kirby,1997),Benzion(1981)进一步探究了0.5年、1年、2年、4年等不同时间间隔和40美元、200美元、1000美元和5000美元等不同金额下结论的稳健性,Chapman and Elstein(1995)发现,被试的时间偏好不一致现象与场景无关,无论面对现金、健康还是假期休息都比较稳健。

在实验室实验中,一系列研究利用实验方法对被试的时间偏好进行测度。这些方法的共同点是让被试在较短时间内得到较少的收益和在较长时间后得到更多收益(money earlier or later,MEL)之间决策,这类实验范式下最为大众所熟知的研究莫过于沃尔特·米歇尔(Walter Mischel)的"棉花糖实验"(Mischel and Ebbesen,1970)。实验中的孩子如果愿意等到实验员回来,就可以获得更多的棉花糖。很多类似的实验也通过不同媒介测度了人们的时间偏好。例如,Kirby(1997)利用二级密封价格拍卖获得被试的真实折现信息,在实验中,每名被试对不同的延期支付(如15天后获得10元)出价,出价最高的被试支付第二高的价格,以此获得被试的折现率。Kirby(1997)的实验数据显示,被试的折现率普遍存在时间偏好不一致的现象,相比于指数型折现模型,双曲折现模型能更好地拟合数据。

不过,使用货币作为测度工具的有效性常常受到经济学家的质疑,而且一些以货币为媒介的实验也没有得到理想的结果,因此在后续研究中,经济学家们使用食品、工作任务等媒介探究更真实的选择行为,例如,Read and van Leeuwen(1998)采用食物作为消费品。作者提供8种不同的食物,其中部分是不健康的(例如糖果棒),另一部分是比较健康的(例如水果)。被试在他们饥饿时(吃饭前)或饱腹时(吃饭后)选择食物。被试需要进行两次选择:一次是进食的一周前;另一次是在需要进食的时候。研究者通过改变被试的饱腹程度来测度其情绪状态如何影响偏好,并通过改变时间维度来测度被试是否存在动态不一致。他们发现一周前选择不健康食物的概率比进食前低32个百分点。

Read et al.(1999)实施了一个类似的设置,但采用的消费品是看电影。被试需要选择是看比较平常的商业片,还是比较学院派的文艺片。被试需要在实验中选择现在看的电影和过一段时间后看的电影。大部分被试会选择现在看商业片,而在将来看文艺片。

McClure et al.(2007)在一个神经实验中选用果汁作为消费品。在实验开始前三个小时被试不能饮水,而且实验开头需要吃一些比较咸的食物。在持续一个小时的实验过程中,被试需要多次在诸如一系列"延迟D分钟可以获得R小杯果汁"的选项中进行选择。实验结果出现了明显的动态时间不一致现象。在实验开始时决策的被试选择等待的比例为60%;10分钟后进行决策的被试选择等待的比例上升至70%;20分钟后的决策的被试等待比例上升至80%。所以,实验结果发现被试对果汁的偏好在不同时间点发生了变化,较晚决策的被试比早决策的被试更相信自己能够忍受更长的时间。

Augenblick et al.(2015)则进一步设置被试是选择现在还是七周内完成一项真实努力任务,同时填写汇报以货币为支付方式的时间偏好,通过对比,研究发现实验被试对真实努力任务的现时偏差比货币更显著。此外,Gruber and Köszegi(2001)、Richards and Hamilton(2012)不仅利用实验室实验发现了被试时间偏好不一致的证据,更发现被试的时间偏好与饮酒、吸烟等上瘾行为和肥胖高度相关,将双曲折现模型和拟双曲折现模型应用于自我控制领域的研究。

DellaVigna and Malmendier(2006)利用三家美国健身俱乐部内7978名会员三年来的选择和日常出勤信息进一步证明了人们的行为呈现显著的动态不一致。在健身俱乐部,支付方式分为按次付款、月卡(自动续约)、年卡三种类型。通过比对会员类型和出勤数据,研究发现,办理月卡的客户每月参加4.8次,这意味着每次运动的均价约为17美元,高于按次付款的价格(10美元)。而且,办理月卡的消费者比办理年卡的用户更有可能在一年后继续注册。研究者对这两种现象的解释是人们普遍存在对未来效率或未来自制力的过度自信,以至于高估了自己的出勤率。

O'Donoghue and Rabin(1999)进一步拓展了这一分析,按照人们是否知晓自己存在"现时偏向"将人们分为天真者(naïve)、半天真者(partially naïve)和复杂者(sophisticated),其中,天真者认为未来的偏好与当前的偏好是一致的,即错误地相信未来的自我不会产生"现时偏向",对未来自我的耐心过于乐观;复杂者尽管不能克服自我控制问题,但却对"现时偏向"有着理性的预期,能够准确地预测他们的偏好会如何随时间推移而发生变化。半天真者知道未来的自我会产生当下享乐偏差,但低估了偏差的程度。O'Donoghue and Rabin(1999)进一步讨论了天真者和复杂者在决策时的差异。该模型将任务分为"休闲品"和"投资品",我们用看电影和写论文作为例子对进行说明。为了计算方便,我们同样假设$\beta=1/2, \delta=1$。对于休闲品,假设人们要决定在四周内的某一周看电影,电影只能去看一次;每一周,人们选择看电影或等待(见表8-3)。

表8-3 休闲品不同时期成本收益

时间	收益(v)	成本(c)
第一周	3	0
第二周	5	0
第三周	8	0
第四周	13	0

对于时间偏好一致的人来说,由于第四周的收益最多,因此理性的选择是在第四周看电影。对于复杂者来说,我们使用以下逆推法(见表8-4)可知,第一周去看电影是最优选择。对于天真者,情况则不尽相同。由于天真者没有认识到自己存在现时偏向的问题,因此会误以为自己在未来会选择第四周去观看(见表8-5)。

表8-4　复杂者逆推法下的最优选择

时间	判断	选择
第四周	如果还没去看电影,就去看,效用为13	去看电影
第三周	如果选择看电影,效用为8;不看电影则第四周会看,8>1/2×13	去看电影
第二周	如果选择看电影,效用为5;如果选择等待,预期到自己进入第三周会看电影,5>1/2×8	去看电影
第一周	如果选择看电影,效用为3;如果选择等待,会在第二周去看,3>1/2×5	去看电影

表8-5　天真者逆推法下的最优选择

时间	判断	选择
第四周	如果还没去看电影,就去看,效用为13	去看电影
第三周	如果选择看电影,效用为8;不看电影则第四周会看,8>1/2×13	去看电影
第二周	如果选择看电影,效用为5;如果选择等待,预期自己会在第四周看电影,5<1/2×13	不去看电影
第一周	如果选择看电影,效用为3;如果选择等待,预期自己会在第四周看电影,3<1/2×13	不去看电影

由此可见,天真者会选择在第三周前去看电影。以上分析似乎表明,在面临休闲品时,天真者比复杂者更接近时间偏好一致下的最优选择。不过,当面临投资品时,情况则发生了逆转。假设人们必须在四周内写完一篇论文,任务可以一次性完成,且必须在四周内完成任务;每一阶段,选择完成任务或等待。每阶段完成任务的收益和成本如表8-6所示。

表8-6　投资品不同时期成本收益

时间	收益(v)	成本(c)
第一周	0	3
第二周	0	5
第三周	0	8
第四周	0	13

对于时间一致的人,由于第一周完成的成本最小,因此会选择在第一周完成,对于复杂者和天真者,其在逆推法下的决策分别如表8-7和表8-8所示。

表 8-7　复杂者逆推法下的最优选择

时间	判断	选择
第四周	如果还没做完,就必须完成,损失 13	写论文
第三周	如果选择完成,损失为 8;如果选择等待,会在第四周完成,$8>1/2\times13$,等待	不写论文
第二周	如果选择完成,损失为 5;如果选择等待,已知自己进入第三周依然会等待,由于我们有 $5<1/2\times13$,完成	写论文
第一周	如果选择完成,成本为 3;如果选择等待,会在第二周完成,$3>1/2\times5$,等待	不写论文

表 8-8　天真者逆推法下的最优选择

时间	判断	选择
第四周	如果还没做完,就必须完成,损失 13	写论文
第三周	如果选择写论文,损失为 8;不写论文则第四周会写,$8>1/2\times13$	不写论文
第二周	如果选择写论文,损失为 5;如果选择等待,则预期自己会在第三周写论文,$5>1/2\times8$	不写论文
第一周	如果选择写论文,损失为 5;如果选择等待,预期自己会在第二周写论文,$3>1/2\times5$	不写论文

综上,复杂者会选择在第二周完成任务,而天真者则会在第四周完成任务,对比两种情况,文章得出结论:现时偏向并不总是会导致拖延,是否拖延还要取决于个人类型(复杂者/天真者)与行动类型(休闲品/投资品)。对于有着即时成本的行动(投资品),天真者福利遭受严重损失,复杂者福利遭受轻微损失;对于有着即时收益的行动(休闲品),复杂者福利遭受严重损失,天真者福利遭受轻微损失。

三、自我控制的解决

在自我控制的实验类文献中,大部分文献致力于讨论自我控制的解决方法。目前常见的解决方法有改变收益结构、设置目标和自控工具三种,下面我们将结合具体的文献分别进行介绍。

(一)改变收益结构

人们对于投资品的拖延源自当前效用损失和长期效用增加之间的权衡,因此,一个自然的想法是人为改变投资品的收益结构,例如,对当前产生成本但有长期收益的行为(投资品),提供一个即时激励,抵消短期的效用损失。

这一类文献的核心在于激励结构的设计。Royer et al. (2015)为世界 500 强公司中的 1000 多名员工提供健身激励计划,并衡量了该计划在实施过程中和实施后的长期影响。从图 8-12 中可以看到,在激励计划开始前,三组并没有显著的差异。在实验期中,被试每次前往健身房可以获得 10 美元的报酬(每周最多 30 美元)。在一个月的激励期结束后,被试可以选择是否开设一个储蓄账户,如果选择开设账户,且在接下来两个月内保持足够的出勤率,账户里的钱依然归本人所有,否则账户中的存款被捐献给慈善组织。研究发现,在实验期内,员工对激励计划的反响很强烈(前往健身房的人数比例增加了 20%—25%),但是激励计划的影响在激励计划截止之后迅速衰减甚至消失,这似乎意味着,短期的激励措施能带来立竿见影的效果,但却很难带来长期的改变。

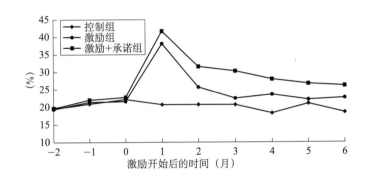

图 8-12　Royer et al. (2015)激励计划开始时间与每周定期前往健身房的员工比例

资料来源:Royer,H. ,Stehr,M. and Sydnor,J. ,2015,"Incentives,commitments,and habit formation in exercise: Evidence from a field experiment with workers at a Fortune-500 company",*American Economic Journal:Applied Economics*,7(3),51—84.

(二)设置目标/最后期限

另一种思路是通过更合理地设置目标来避免拖延。Kaur et al. (2010)进行了一个为期 13 个月的实地实验来探究目标的设置对自控水平的影响。在实验中,从事打字输入工作的工人被随机分配签订两类合同,一类是完全标准的计件工资制,另一类则设置了一定的最低目标,如果产量低于目标值,则报酬减半(见图 8-13)。对于一部分被试,目标值是外生给定的,对于另一部分被试,目标值是自己选择的。研究发现,计件工资+目标方案在不影响产品质量的情况下,增加了产量和工人报酬。具体来说,实验组被提供承诺合同后与控制组相比平均产量增加了 2.3%。在所有的参与者中,接受承诺合同的人计件工资增加了 7%。

除了设置产量目标,更合理地安排最后期限也是设置目标的可能手段。最早提出这一观点的经济学家是乔治·阿克洛夫(George Akerlof)。据说,约瑟夫·斯蒂格利茨(Joseph Stiglitz)在一次离开印度返回美国时,由于民航限制行李数量,留下一箱衣物让阿克洛夫抽空寄回,但当时印度的邮政系统服务很差,效率很低,阿克洛夫估计如果寄这

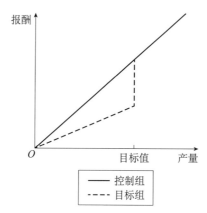

图 8-13 Kaur et al. (2010) 控制组和目标组的报酬计算方式

资料来源：Kaur, S., Kremer, M. and Mullainathan, S., 2010, "Self-control and the development of work arrangements", *American Economic Review*, 100(2), 624—628.

个箱子要花掉至少一天的时间，于是拖延行为就出现了：阿克洛夫一直在思考，是今天寄呢还是明天寄。结果日复一日，一直拖了8个月左右，箱子还没有寄过去，最后他干脆做出决定，不寄了，等年底回美国的时候顺便带过去。而阿克洛夫对此提出的解决方案就是：每次决定把事情拖延到下期再做的时候，决策者是没有理性预期的，要阻止这类"病态"拖延行为的继续，必须有一个最后期限。

Ariely and Wertenbroch (2002)利用一个课程实验证明了这一点。在该实验中，参加课程的同学必须在三周内完成三篇文章的语法错误校对工作（每篇文章中大约有300个常见的语法错误），为比较设置最后期限对工作效率的影响，被试被分为三组，分别接受以下的安排：A 每周必须提交一篇文献；B 自己设置三篇文献的提交时间；C 在三周后的最后期限前提交即可。文章比较了被试的论文提交日期和完成质量，如图8-14所示。首先，在不设置其他期限时，将近40%的被试会将任务拖延到最后一周完成，而均匀设置最后期限大大降低了拖延现象的发生，自我选择最后期限的效果位于二者之间。其次，从完成质量上看，均匀设置最后期限下被试完成任务的质量最高：其找到的错误最多，获得的收益也最大，自我选择最后期限的效果同样介于均匀设置最后期限和只设置一个最后期限之间。这提示我们，当面临多任务的时候，首先，均匀设置最后期限是最有效的；其次，拖延越少发生，任务完成的质量也越高；最后，相比于只设置一个最后期限，自我设置的最后期限同样会产生一定的作用。其他一些研究也发现设定最后期限会带来积极的影响，无论这类最后期限是外生给定的还是被试自己设定的，例如，Baumeister and Newman(1994)、Kuhl and Beckmann(1985)和 Gollwizer and Bargh(1996)都证明了内部控制机制（心理设置最后期限、暗示和设置预期计划）能有效遏制拖延行为。

不过，更多的研究却不支持这一结论。例如，个人通常只能在年度公开注册期内转换医疗保险计划，这提供了一个自然的最后期限。然而，大量的文献表明，个人不会改变

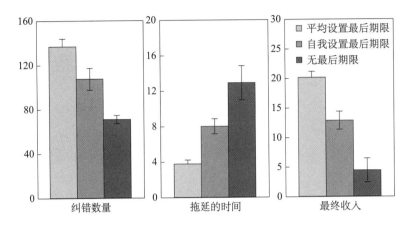

图 8-14 Ariely and Wertenbroch(2002)三组实验结果

资料来源:Ariely, D. and Wertenbroch, K., 2002, "Procrastination, deadlines, and performance: Self-control by precommitment", *Psychol Sci*, 13(3), 219—224.

健康计划,尽管改变计划的好处可能非常多,甚至是数百或数千美元(Handel,2013;Ericson,2017)。同样,许多学生未能在重要期限(King,2004)之前申请经济援助,个人也未能在到期前提交退税(Pechmann and Silk,2013)。同样,Burger and Lynham(2010)研究了英国的减肥赌注,在英国,人们可以打赌在最后期限前达到减肥目标,然而,绝大多数投注者都输了,这表明这种自我设定的最后期限是无效的。Clark et al.(2020)以课堂为测试,将学生的成绩作为激励手段,参加课程的学生被随机分配到一个被要求为他们设定目标的处理组或一个没有设定目标的对照组。设定目标的绩效指标包括课程总成绩、期中考试成绩和期末考试成绩。研究发现,基于绩效的目标对课程绩效的影响是积极的,但很小,且统计学上不显著。Bisin and Hyndman(2020)甚至发现,在一个面向大学生的大规模实地实验中,为学生的课程作业设置最后期限反而可能伤害学生的任务完成度和质量。

(三)自控工具

最后,我们重点介绍当前文献中最常见的自我控制手段——自控工具——在文献中的应用。自控工具的最形象描述是将自己绑在桅杆上的奥德修斯,其含义是通过在当期做出一个约束未来选择集的选择,以预防未来的自己因为现时偏向而偏离最优决策。对自控工具的直观理解是:既然"今天"的我想要为今天而活,但对未来任何时期的消费仍需要保持相对理性;也就是说,在今天和明天之间进行权衡时,今天的我可能会非常不理性,但在明天和未来任何时期之间进行权衡时会非常有耐心。因此,今天的我可能想制订一个计划,以便在未来平稳消费……如果今天的我认识到未来的我想要偏离这个计划,今天的我可能想要做出承诺使得偏离的代价变得非常昂贵。

自控工具有多种形式。对违背了自己承诺的行为给予实际经济处罚或对成功遵守自己承诺的行为给予实际奖励的自控工具被称为强制(hard)自控工具,而不涉及经济利益、主要产生心理后果的自控工具被称为非强制(soft)自控工具。以储蓄中的自控工具为例,强制自控工具可以采取承诺储蓄账户的形式:比如如果没有每月按时存款,那么之前的利息将被没收;或者为账户设置一个目标金额,在达到预设目标日期之前取款会产生实质性罚款。非强制自控工具则可能是成立注有各种标签的账户——例如一个标有"学费"的账户,存款人在将资金用于非教育费用时会产生内疚或损失的心理成本(Shefrin and Thaler,1988)。此外,一些研究为被试提供上锁的储蓄盒,但是钥匙交给被试自己保管,这也可以被认为是一种非强制自控工具的形式。

自控工具在自我控制领域中有着极为广泛的应用。例如,大量研究探究了自控工具对储蓄不足的激励作用。以 Ashraf et al.(2006)为例,该研究团队与菲律宾格林银行合作,通过提供强制储蓄账户探究强制自控工具对储蓄的影响。该银行创建了一个名为 SEED(save、earn、enjoy deposits)的储蓄产品,为格林银行的现有客户提供两种承诺选择:①基于时间,其中账户余额仅可用在特定的未来日期(例如婚礼或庆典的时间)取出;②基于金额,即一旦达到某个目标(例如修理房屋所需的资金),资金就会变得可用。客户可以自由选择是否在他们的账户中应用这些限制。但是,一旦做出决定,SEED 客户在达到他们选择的目标之前无法提取资金。研究发现,被提供强制自控工具的被试不仅在实验期内增加了储蓄,在实验结束 12 个月后的平均储蓄金额依然更高,因此,提供短期强制自控工具可能会改变被试的长期行为。Brune et al.(2011)将被试分为三组,分别是普通储蓄账户组、承诺储蓄账户组和对照组,对照组的被试不给予任何帮助,普通储蓄账户组的被试在实验员的帮助下协助开设储蓄账户,而承诺储蓄账户则采取这样的形式:资金先存入普通账户,直到达到他们所选择的"触发"水平(下限)之后,资金将存入承诺账户,直至达到个人预先设定的目标(上限)。研究进一步观测了账户开户率、使用率、农业投入、作物产量和家庭支出等情况(见表 8-9),我们可以看到,提供承诺储蓄账户的被试在开户率、储蓄率、农业投入等方面都有显著增加。

表 8-9 承诺储蓄账户和普通储蓄账户的差别

观测变量	承诺储蓄账户	普通储蓄账户
开户率	20.7%	18.1%
储蓄水平(相比对照组)	+18801MK	+16513MK
农业种植面积	7.7%	无显著增加
种植期间农业投入	17.1%	无显著增加
收获后的家庭支出	13.5%	无显著增加

除了储蓄,自控工具还被广泛应用于戒烟、戒酒等行为。例如,Giné et al.(2010)研

究了一种自愿自控工具,旨在帮助吸烟者戒烟。吸烟者有机会把钱存入银行账户。6个月后,他们接受尼古丁测试。通过测试的人可以拿回他们的钱,而通不过测试的人可以看到他们的钱被捐给慈善机构。Giné et al.(2010)发现,自控组中的吸烟者在12个月后通过尼古丁测试的可能性高于那些没有承诺机会的吸烟者。一些研究还表明,具有某些承诺特征的产品可以带来更高的储蓄(Thaler and Benartzi,2004;Ashraf et al.,2006;Duflo et al.,2011 等)。Schilbach(2019)在酒精消费方面同样发现了自控工具的显著效果。Thaler and Benartzi(2004)提出了一种新的自控工具来提高员工的储蓄:员工承诺将未来加薪的一定比例分配给退休储蓄。此外,Royer et al.(2015)发现自控工具还可能与其他自控手段相结合,发挥更显著的作用。

本讲参考文献

那艺、贺京同,2019:《行为经济学与实验经济学的学术分野》,《经济学动态》,第7期。

Abeler, J., Falk, A., Goette, L. and Huffman, D., 2011, "Reference points and effort provision", *American Economic Review*, 101(2), 470—492.

Akerlof, G., 1991, "Procrastination and obedience", *American Economic Review*, 81(2), 1—19.

Allais, M., 1953, "Le comportement de l'homme rationnel devant le risque: Critique des postulats et axiomes de L'ecole Americaine", *Econometrica*, 21(4), 503—546.

Allen, E. J., Dechow, P. M., Pope, D. G. et al., 2017, "Reference-dependent preferences: Evidence from marathon runners", *Management Science*, 63(6), 1657—1672.

Andersen, S., Harrison, G. W., Lau, M. I. et al., 2006, "Elicitation using multiple price list formats", *Experimental Economics*, 9(4), 383—405.

Andersen, S., Harrison, G. W., Lau, M. I. et al., 2008, "Eliciting risk and time preferences", *Econometrica*, 76(3), 583—618.

Andreoni, J., Kuhn, M. A. and Sprenger, C., 2015, "Measuring time preferences: A comparison of experimental methods", *Journal of Economic Behavior & Organization*, 116, 451—464.

Apicella, C. L., Azevedo, E. M., Christakis, N. A. et al., 2014, "Evolutionary origins of the endowment effect: Evidence from hunter-gatherers", *American Economic Review*, 104(6), 1793—1805.

Ariely, D. and Wertenbroch, K., 2002, "Procrastination, deadlines, and performance: Self-control by precommitment", *Psychological Science*, 13(3), 219—224.

Arrow, K. J., 1971, "The theory of risk aversion", in Arrow, K. J. ed: *Essays in the Theory of Risk-Bearing*, Chicago: Marham Publishing Company, 90—120.

Ashraf, N., Karlan, D. and Yin, W., 2006, "Tying Odysseus to the mast: Evidence from a commitment savings product in the Philippines", *The Quarterly Journal of Economics*, 121(2), 635—672.

Augenblick, N., Niederle, M. and Sprenger, C., 2015, "Working over time: Dynamic inconsistency in real effort tasks", *The Quarterly Journal of Economics*, 130(3), 1067—1115.

Azrieli, Y., Chambers, C. P. and Healy, P. J., 2018, "Incentives in experiments: A theoretical analysis", *Journal of Political Economy*, 126(4), 1472—1503.

Augenblick, N., Niederle, M. and Sprenger, C., 2015, "Working over time: Dynamic inconsistency in real effort tasks", *The Quarterly Journal of Economics*, 130(3), 1067—1115.

Bartling, B., Engl, F. and Weber, R. A., 2015, "Game form misconceptions are not necessary for a willingness-to-pay vs. willingness-to-accept gap", *Journal of the Economic Science Association*, 1(1), 72—85.

Baumeister, R. F. and Newman, L. S., 1994, "Self-regulation of cognitive inference and decision processes", *Personality and Social Psychology Bulletin*, 20(1), 3—19.

Becker, G. M., DeGroot, M. H. and Marschak, J., 1964, "Measuring utility by a single-response sequential method", *Behavioral Science*, 9(3), 226—232.

Bell, D. E., 1985, "Disappointment in decision making under uncertainty", *Operations Research*, 33(1), 1—27.

Benjamin, D. J., Laibson, D., Mischel, W. et al., 2020, "Predicting mid-life capital formation with pre-school delay of gratification and life-course measures of self-regulation", *Journal of Economic Behavior and Organization*, 179, 743—756.

Benzion, U., Rapoport, A. and Yagil, J., 1989, "Discount rates inferred from decisions: An experimental study", *Management Science*, 35, 270—284.

Bernheim, B. D. and Rangel, A., 2004, "Addiction and cue-triggered decision processes", *American Economic Review*, 94(5), 1558—1590.

Binswanger, H. P., 1981, "Attitudes toward risk: Theoretical implications of an experiment in rural India", *The Economic Journal*, 91(364), 867—890.

Bisin, A. and Hyndman, K., 2020, "Present-bias, procrastination and deadlines in a field experiment", *Games and Economic Behavior*, 119, 339—357.

Borjas, G. J., 1980, "The relationship between wages and weekly hours of work: The role of division bias", *The Journal of Human Resources*, 15(3), 409—423.

Brune, L., Giné, X., Goldberg, J. et al., 2011, "Commitments to save: A field experiment in rural Malawi", *World Bank Policy Research Working Paper*, 5748.

Burger, N. and Lynham, J., 2010, "Betting on weight loss and losing: Personal gambles as commitment mechanisms", *Applied Economics Letters*, 17(12), 1161—1166.

Camerer, C., Babcock, L., Loewenstein, G. et al., 1997, "Labor supply of New York City cabdrivers: One day at a time", *The Quarterly Journal of Economics*, 112(2), 407—441.

Card, D. and Dahl, G. B., 2011, "Family violence and football: The effect of unexpected emotional cues on violent behavior", *Quarterly Journal of Economics*, 126(1), 103—143.

Chapman, G. B. and Elstein, A. S., 1995, "Valuing the future: Temporal discounting of health and money", *Medical Decision Making*, 15(4), 373—386.

Charness, G. and Gneezy, U., 2012, "Strong evidence for gender differences in risk taking", *Journal of Economic Behavior & Organization*, 83(1), 50—58.

Charness, G., Gneezy, U. and Imas, A., 2013, "Experimental methods: Eliciting risk preferences", *Journal of Economic Behavior & Organization*, 87, 43—51.

Clark, D., Gill, D., Prowse, V. et al., 2020, "Using goals to motivate college students: Theory and evidence from field experiments", *Review of Economics and Statistics*, 4, 648—663.

Crawford, V. P. and Meng, J., 2011, "New York City cab drivers' labor supply revisited: Reference-dependent preferences with rational-expectations targets for hours and income", *American Economic Review*, 101(5), 1912—1932.

Dave, C., Eckel, C. C., Johnson, C. A. et al., 2010, "Eliciting risk preferences: When is simple better?", *Journal of Risk and Uncertainty*, 41(3), 219—243.

Davison, M., 1988, "Delay of reinforcers in a concurrent-chain schedule: An extension of the hyperbolic-decay model", *Journal of the Experimental Analysis of Behavior*, 50(2), 219—236.

Dekel, E., Lipman, B. L. and Rustichini, A., 2009, "Temptation-driven preferences", *Review of Economic Studies*, 76(3), 937—971.

DellaVigna, S. and Malmendier, U., 2006, "Paying not to go to the gym", *American Economic Review*, 96(3), 694—719.

Diamond, P. and Köszegi, B., 2003, "Quasi-hyperbolic discounting and retirement", *Journal of Public Economics*, 87(9—10), 1839—1872.

Dohmen, T., Falk, A., Huffman, D. et al., 2010, "Are risk aversion and impatience related to cognitive ability?", *American Economic Review*, 100(3), 1238—1260.

Duflo, E., Kremer, M. and Robinson, J., 2011, "Nudging farmers to use fertilizer: Theory and experimental evidence from Kenya", *American Economic Review*, 101(6), 2350—2390.

Eckel, C. C. and Grossman, P. J., 2002, "Sex differences and statistical stereotyping in attitudes toward financial risk", *Evolution and Human Behavior*, 23(4), 281—295.

Engström, P., Nordblom, K., Ohlsson, H. et al., 2015, "Tax compliance and loss aversion", *American Economic Journal: Economic Policy*, 7(4), 132—164.

Ericson, K. M., 2017, "On the interaction of memory and procrastination: Implications for reminders, deadlines, and empirical estimation", *Journal of the European Economic Association*, 15(3), 692—719.

Ericson, K. M. and Fuster, A., 2011, "Expectations as endowments: Evidence on reference-dependent preferences from exchange and valuation experiments", *The Quarterly Journal of Economics*, 126(4), 1879—1907.

Ericson, K. M. and Fuster, A., 2014, "The endowment effect", *Annual Review of Economics*, 6(1), 555—579.

Farber, H. S., 2005, "Is tomorrow another day? The labor supply of New York City cabdrivers", *Journal of Political Economy*, 113(1), 46—82.

Farber, H. S., 2008, "Reference-dependent preferences and labor supply: The case of New York City taxi drivers", *American Economic Review*, 98(3), 1069—1082.

Farber, H. S., 2015, "Why you can't find a taxi in the rain and other labor supply lessons from cab drivers", *The Quarterly Journal of Economics*, 130(4), 1975—2026.

Fehr, E. and Goette, L., 2007, "Do workers work more if wages are high? Evidence from a randomized field experiment", *American Economic Review*, 97(1), 298—317.

Fehr, D., Hakimov, R. and Kübler, D., 2015, "The willingness to pay-willingness to accept gap: A failed replication of Plott and Zeiler", *European Economic Review*, 78, 120—128.

Friedman, M. and Savage, L. J., 1948, "The utility analysis of choices involving risk", *Journal of Political Economy*, 56(4), 279—304.

Fudenberg, D. and Levine, D. K., 2006, "A dual-self model of impulse control", *American Economic Review*, 96(5), 1449—1476.

Fudenberg, D. and Levine, D. K., 2011, "Risk, delay, and convex self-control costs", *American Economic Journal: Microeconomics*, 3(3), 34—68.

Gintis, H., 2014, *The Bounds of Reason: Game Theory and the Unification of the Behavioral Sciences-Revised Edition*, Princeton: Princeton University Press.

Giné, X., Karlan, D. and Zinman, J., 2010, "Put your money where your butt is: A commitment contract for smoking cessation", *American Economic Journal: Applied Economics*, 2(4), 213—235.

Gneezy, U., Leonard, K. L. and List, J. A., 2009, "Gender differences in competition: Evidence from a matrilineal and a patriarchal Society", *Econometrica*, 77(5), 1637—1664.

Gneezy, U. and Potters, J., 1997, "An experiment on risk taking and evaluation periods", *The Quarterly Journal of Economics*, 112(2), 631—645.

Gollwitzer, P. M. and Bargh, J. A., 1996, *The Psychology of Action: Linking Cognition and Motivation to Behavior*, New York: Guilford Press.

Green, L., Myerson, J. and McFadden, E., 1997, "Rate of temporal discounting decreases with amount of reward", *Memory & Cognition*, 25(5), 715—723.

Gruber, J. and Köszegi, B., 2001, "Is addiction 'rational'? Theory and evidence", *The Quarterly Journal of Economics*, 116(4), 1261—1303.

Gul, F. and Pesendorfer, W., 2001, "Temptation and self-Control", *Econometrica*, 69(6), 1403—1435.

Haigh, M. S. and List, J. A., 2005, "Do professional traders exhibit myopic loss aversion? An experimental analysis", *The Journal of Finance*, 60(1), 523—534.

Handel, B. R., 2013, "Adverse selection and inertia in health insurance markets: When nudging hurts", *American Economic Review*, 103(7), 2643—2682.

Harbaugh, W. T., Krause, K. and Vesterlund, L., 2001, "Are adults better behaved than children? Age, experience, and the endowment effect", *Economics Letters*, 70(2), 175—181.

Heffetz, O., 2021, "Are reference points merely lagged beliefs over probabilities?", *Journal of Economic Behavior & Organization*, 181, 252—269.

Heffetz, O. and List, J. A., 2014, "Is the endowment effect an expectations effect?", *Journal of the European Economic Association*, 12(5), 1396—1422.

Holt, C. A. and Laury, S. K., 2002, "Risk aversion and incentive effects", *American Economic Review*, 92(5), 1644—1655.

Horowitz, J. K. and McConnell, K. E., 2002, "A review of WTA/WTP studies", *Journal of Environmental Economics and Management*, 44(3), 426—447.

Hossain, T. and List, J. A., 2012, "The behavioralist visits the factory: Increasing productivity using simple framing manipulations", *Management Science*, 58(12), 2151—2167.

Ida, T., 2014, "A quasi-hyperbolic discounting approach to smoking behavior", *Health*

Economics Review, 4(1), 1—11.

Isoni, A., Loomes, G. and Sugden, R., 2011, "The willingness to pay—willingness to accept gap, the 'endowment effect,' subject misconceptions, and experimental procedures for eliciting valuations: Comment", *American Economic Review*, 101(2), 991—1011.

Jacobson, S. and Petrie, R., 2009, "Learning from mistakes: What do inconsistent choices over risk tell us?", *Journal of Risk and Uncertainty*, 38(2), 143—158.

Kahneman, D., 2000, "Preface", Kahneman, D. and Tversky, A. eds: *Choice, Values, and Frames*, New York: Cambridge University Press and Russell Sage Foundation.

Kahneman, D., Knetsch, J. L. and Thaler, R. H., 1990, "Experimental tests of the endowment effect and the Coase theorem", *Journal of Political Economy*, 98(6), 1325—1348.

Kahneman, D., Knetsch, J. L. and Thaler, R. H., 1991, "Anomalies: The endowment effect, loss aversion, and status quo bias", *Journal of Economic Perspectives*, 5(1), 193—206.

Kahneman, D. and Tversky, A., 1979, "Prospect theory: An analysis of decision under risk", *Econometrica*, 47(2), 263—292.

Kaur, S., Kremer, M. and Mullainathan, S., 2010, "Self-control and the development of work arrangements", *American Economic Review*, 100(2), 624—628.

King, Z., 2004, "Career self-management: Its nature, causes and consequences", *Journal of Vocational Behavior*, 65(1), 112—133.

Kirby, K. N., 1997, "Bidding on the future: Evidence against normative discounting of delayed rewards", *Journal of Experimental Psychology: General*, 126(1), 54—70.

Knetsch, J. L., 1989, "The endowment effect and evidence of nonreversible indifference curves", *American Economic Review*, 79(5), 1277—1284.

Knetsch, J. L., Tang, F. F. and Thaler, R. H., 2001, "The endowment effect and repeated market trials: Is the Vickrey auction demand revealing?", *Experimental Economics*, 4(3), 257—269.

Knetsch, J. L. and Wong, W. K., 2009, "The endowment effect and the reference state: Evidence and manipulations", *Journal of Economic Behavior & Organization*, 71(2), 407—413.

Kuhl, J. and Beckmann, J., 1985, "Historical perspectives in the study of action control", in Kuhl, J. and Beckmann, J. eds: *Action Control: From Cognition to Behavior*, Berlin: Springer.

Köszegi, B. and Rabin, M., 2006, "A model of reference-dependent preferences", *The Quarterly Journal of Economics*, 121(4), 1133—1165.

Köszegi, B. and Rabin, M., 2007, "Reference-dependent risk attitudes", *American Economic Review*, 97(4), 1047—1073.

Köszegi, B. and Rabin, M., 2009, "Reference-dependent consumption plans", *American Economic Review*, 99(3), 909—936.

Laibson, D., 1997, "Golden eggs and hyperbolic discounting", *The Quarterly Journal of Economics*, 112(2), 443—478.

Laury, S., 2005, "Pay one or pay all: Random selection of one choice for payment", *Andrew Young School of Policy Studies Research Paper Series*, 6(13), 1—19.

Lejuez, C. W., Aklin, W. M., Zvolensky, M. J. et al., 2003, "Evaluation of the balloon analogue risk task (Bart) as a predictor of adolescent real-world risk-taking behaviours", *Journal of Adolescence*, 26(4), 475—479.

Lejuez, C. W., Read, J. P., Kahler, C. W. et al., 2002, "Evaluation of a behavioral measure of risk taking: The balloon analogue risk task (Bart)", *Journal of Experimental Psychology: Applied*, 8(2), 75—84.

List, J. A., 2003, "Does market experience eliminate market anomalies?", *The Quarterly Journal of Economics*, 118(1), 41—71.

List, J. A., 2004, "Neoclassical theory versus prospect theory: Evidence from the marketplace", *Econometrica*, 72(2), 615—625.

Loewenstein, G., 1996, "Out of control: Visceral influences on behavior", *Organizational Behavior and Human Decision Processes*, 65(3), 272—292.

Loewenstein, G. and Prelec, D., 1992, "Anomalies in intertemporal choice: Evidence and an interpretation", *The Quarterly Journal of Economics*, 107(2), 573—597.

Loomes, G. and Sugden, R., 1986, "Disappointment and dynamic consistency in choice under uncertainty", *The Review of Economic Studies*, 53(2), 271—282.

Lucas, M. M., Wagner, L. and Chow, C., 2008, "Fair game: The intuitive economics of resource exchange in four-year olds", *Journal of Social, Evolutionary, and Cultural Psychology*, 2(3), 74—88.

MacLean, R. R., Pincus, A. L., Smyth, J. M. et al., 2018, "Extending the balloon analogue risk task to assess naturalistic risk taking via a mobile platform", *Journal of Psychopathology and Behavioral Assess*, 40(1), 107—116.

Markle, A., Wu, G., White, R. et al., 2018, "Goals as reference points in marathon running: A novel test of reference dependence", *Journal of Risk and Uncertainty*, 56(1),

19—50.

Markowitz, H., 1952, "The utility of wealth", *Journal of Political Economy*, 60(2), 151—158.

Mas, A., 2006, "Pay, reference points, and police performance", *Quarterly Journal of Economics*, 121(3), 783—821.

Mas-Colell, A., Whinston, M. D. and Green, J. R., 1995, *Microeconomic Theory*, New York: Oxford University Press.

Mazur, J. E., 1984, "Tests of an equivalence rule for fixed and variable reinforcer delays", *Journal of Experimental Psychology: Animal Behavior Processes*, 10(4), 426—436.

McClure, S. M., Ericson, K. M., Laibson, D. I. et al., 2007, "Time discounting for primary rewards", *Journal of Neuroscience*, 27(21), 5796—5804.

Mischel, W. and Ebbesen, E. B., 1970, "Attention in delay of gratification", *Journal of Personality and Social Psychology*, 16(2), 329—337.

Ockenfels, A., Sliwka, D. and Werner, P., 2015, "Bonus payments and reference point violations", *Management Science*, 61(7), 1496—1513.

O'Donoghue, T. and Rabin, M., 1999, "Doing it now or later", *American Economic Review*, 89(1), 103—124.

O'Donoghue, T. and Sprenger, C., 2018, "Reference-dependent preferences", Bernheim, B. D., DellaVigna, S. and Laibson, D. eds: *Handbook of Behavioral Economics: Applications and Foundations 1*, Amsterdam: North-Holland.

Pechmann, C. and Silk, T., 2013, "Policy and research related to consumer rebates: A comprehensive review", *Journal of Public Policy & Marketing*, 32(2), 255—270.

Phelps, E. S. and Pollak, R. A., 1968, "On second-best national saving and game-equilibrium growth", *The Review of Economic Studies*, 35(2), 185—199.

Plott, C. R. and Zeiler, K., 2005, "The willingness to pay-willingness to accept gap, the 'endowment effect,' subject misconceptions, and experimental procedures for eliciting valuations", *American Economic Review*, 95(3), 530—545.

Plott, C. R. and Zeiler, K., 2007, "Exchange asymmetries incorrectly interpreted as evidence of endowment effect theory and prospect theory?", *American Economic Review*, 97(4), 1449—1466.

Plott, C. R. and Zeiler, K., 2011, "The willingness to pay—willingness to accept gap, the 'endowment effect,' subject misconceptions, and experimental procedures for eliciting valuations: Reply", *American Economic Review*, 101(2), 1012—1028.

Pope, D. G. and Schweitzer, M. E. , 2011, "Is Tiger Woods loss averse? Persistent bias in the face of experience, competition, and high stakes", *American Economic Review*, 101(1), 129—157.

Post, E. , Pedersen, C. , Wilmers, C. C. et al. , 2008, "Warming, plant phenology and the spatial dimension of trophic mismatch for large herbivores", *Proceedings of the Royal Society B: Biological Sciences*, 275(1646), 2005—2013.

Pratt, J. W. , Raiffa, H. and Schlaifer, R. , 1964, "The foundations of decision under uncertainty: An elementary exposition", *Journal of the American Statistical Association*, 59(306), 353—375.

Rabin, M. , 2000, "Risk aversion and expected-utility theory: A calibration theorem", *Econometrica*, 68(5), 1281—1292.

Rabin, M. and Thaler, R. H. , 2001, "Anomalies: Risk aversion", *Journal of Economic Perspectives*, 15(1), 219—232.

Ramsey, F. P. , 1928, "A mathematical theory of saving", *The Economic Journal*, 38(152), 543—559.

Read, D. , Loewenstein, G. and Kalyanaraman, S. , 1999, "Mixing virtue and vice: Combining the immediacy effect and the diversification heuristic", *Journal of Behavioral Decision Making*, 12(4), 257—273.

Read, D. and van Leeuwen, B. , 1998, "Predicting hunger: The effects of appetite and delay on choice", *Organizational Behavior and Human Decision Processes*, 76(2), 189—205.

Rees-Jones, A. , 2018, "Quantifying loss-averse tax manipulation", *The Review of Economic Studies*, 85(2), 1251—1278.

Richards, T. J. and Hamilton, S. F. , 2012, "Obesity and hyperbolic discounting: An experimental analysis", *Journal of Agricultural and Resource Economics*, 37(2), 181—198.

Royer, H. , Stehr, M. and Sydnor, J. , 2015, "Incentives, commitments, and habit formation in exercise: Evidence from a field experiment with workers at a Fortune-500 company", *American Economic Journal: Applied Economics*, 7(3), 51—84.

Samuelson, P. A. , 1937, "A note on measurement of utility", *The Review of Economic Studies*, 4(2), 155—161.

Samuelson, P. A. , 1952, "Probability, utility, and the independence axiom", *Econometrica*, 20(4), 670—678.

Samuelson, P. A. , 1953, "Utilité, préfèrence et probabilité", *colloques internationaux du centre national de la recherche scientifique* (*Econometrie*) 40, Centre National de la Recherche Scientifique, Paris: 141—150.

Savage, L. J., 1953, "Une axiomatisation de comportement raisonnable face à l'incertitude", *colloques internationaux du centre national de la recherche scientifique* (*Econometrie*) 40, Centre National de la Recherche Scientifique, Paris: 29—33.

Savage, L. J., 1954, *The Foundations of Statistics*, New York: Wiley.

Schilbach, F., 2019, "Alcohol and self-control: A field experiment in India", *American Economic Review*, 109(4), 1290—1322.

Schwarz, M. E. and Sheshinski, E., 2007, "Quasi-hyperbolic discounting and social security systems", *European Economic Review*, 51(5), 1247—1262.

Shefrin, H. M. and Thaler, R. H., 1988, "The behavioral life-cycle hypothesis", *Economic Inquiry*, 26(4), 609—643.

Sprenger, C., 2015, "An endowment effect for risk: Experimental tests of stochastic reference points", *Journal of Political Economy*, 123(6), 1456—1499.

Strotz, R. H., 1955, "Myopia and inconsistency in dynamic utility maximization", *The Review of Economic Studies*, 23(3), 165—180.

Tanaka, T., Camerer, C. F. and Nguyen, Q., 2010, "Risk and time preferences: Linking experimental and household survey data from Vietnam", *American Economic Review*, 100(1), 557—571.

Thakral, N. and To, L. T., 2021, "Daily labor supply and adaptive reference points", *American Economic Review* (*Forthcoming*).

Thaler, R., 1980, "Toward a positive theory of consumer choice", *Journal of Economic Behavior & Organization*, 1(1), 39—60.

Thaler, R., 1981, "Some empirical evidence on dynamic inconsistency", *Economics Letters*, 8(3), 201—207.

Thaler, R. H. and Benartzi, S., 2004, "Save more tomorrow™: Using behavioral economics to increase employee saving", *Journal of Political Economy*, 112(1), 164—S187.

Thaler, R. H. and Shefrin, H. M., 1981, "An economic theory of self-control", *Journal of Political Economy*, 89(2), 392—406.

Tversky, A. and Kahneman, D., 1991, "Loss aversion in riskless choice: A reference-dependent model", *The Quarterly Journal of Economics*, 106(4), 1039—1061.

Tversky, A. and Kahneman, D., 1992, "Advances in prospect theory: Cumulative representation of uncertainty", *Journal of Risk and Uncertainty*, 5(4), 297—323.

Viceisza, A. and Charness, G., 2016, "Three risk-elicitation methods in the field: Evidence from rural Senegal", *Review of Behavioral Economics*, 3(2), 145—171.

Weber, E. U., Blais, A.-R. and Betz, N. E., 2002, "A domain-specific risk-attitude scale: Measuring risk perceptions and risk behaviors", *Journal of Behavioral Decision Making*, 15(4), 263—290.

Wertenbroch, K., 1998, "Consumption self-control by rationing purchase quantities of virtue and vice", *Marketing Science*, 17(4), 317—337.

Zhang, L., 2013, "Saving and retirement behavior under quasi-hyperbolic discounting", *Journal of Economics*, 109(1), 57—71.

第九讲
实验在公共经济学中的应用

实验研究方法的出现使得公共经济学研究获益颇多。首先,公共经济学的研究重点在于社会整体福利,实验方法的引入使得人们能够从微观角度深入探究公共经济学问题的本质和经济机制运行的机理,帮助政府更准确、更合理地制定公共政策,以提高社会福利。其次,部分公共经济学问题在现实中很难收集到客观和准确的相关数据,例如腐败问题,此时通过实验方法能够解决数据可得性问题,使得现实中隐匿的关系和机理能够得到真实有效的分析,填补了该领域部分问题在研究上的空白。最后,由于公共政策的实施对社会具有不可逆的影响,因此制定重大政策往往需要缜密的分析和试验,而实验方法则为政策制定提供了试验的"风洞",减少了政策失误带来的风险,提高了政策实施的有效性。

本讲从腐败、税收遵从、投票和慈善捐赠四个比较有代表性的公共经济学研究主题入手,梳理和介绍了实验方法在其中的应用,具体安排如下:第一节介绍与腐败相关的研究,这一研究主题的成果相对丰富;第二节从财政因素和非财政因素两方面介绍税收遵从相关的研究;第三节介绍投票相关的研究;第四节是对慈善捐赠机制和影响捐赠因素的相关介绍。

第一节 腐败实验

一、腐败问题与腐败的实验研究

随着全球化进程的加快,腐败逐渐演变为一个全球性的问题,并且被世界银行等国际组织认为是经济和社会发展的最大障碍。长久以来,经济学家和其他社会科学家都对腐败问题显示出浓厚的兴趣(Rose-Ackerman,2007),他们研究了腐败现象与治理结构(Shah,2006)、等级制度(Mishra,2006)、政权分化(Fan et al.,2009)、文化(Husted,1999)及个体特征(Mocan,2008;Olken,2009)的关系,研究对象包括多种不同形式的腐败,如贿赂、挪用及一般性的寻租行为等。腐败活动对经济效率和社会发展有不可忽视的影响,因此对腐败问题的研究关乎整个群体的福祉。

在现实生活中,腐败行为很少被观察到,每个腐败行为的参与者都有足够的理由对此保持沉默。近年来,一些组织开发了用于测度腐败的量表或问卷,如腐败感知指数(Corruption Perception Index,CPI)、行贿指数(Bribe Players Index,BPI)、世界银行企业调查(World Bank Enterprise Surveys,WBES)等,从而对腐败程度进行定性的评估。毫无疑问,这些基于量表或问卷的测量数据对理解腐败在各国的蔓延做出了重要贡献,但是,如果想对腐败行为有更深入的了解,仍是障碍重重——腐败在几乎所有国家和地区中都是违法违纪行为,导致研究对象总是谨慎地躲开研究者的视线范围。

实验方法的应用解决了腐败研究中的一些难题,弥补了理论和实证研究的不足。在以下三种有关腐败问题的研究中,实验方法具有其他研究方法无可取代的优势。第一,对理论模型的检验。在对涉及策略的生活现象建模时,理论学家依赖的行为假设通常是完全理性的效用最大化假设。如果假设无法得到满足,可能会得到失真的理论结果。然而在实验室中,可以对模型的行为基础进行严格的控制。第二,鉴于腐败行为的私密性,腐败行为的现实数据难以获取,相比之下实验方法拥有不可比拟的优越性。第三,即使能够获得部分有关腐败的真实数据,也还是可以进行实验数据的并行收集。不同的数据收集方法之间有较强的互补性,实证数据在采集过程中会不可避免地受到噪声、识别困难和缺乏控制等问题的困扰,而在实验中,通过严格控制的程式化环境,研究人员能够对真实的腐败场景进行模拟,以可控的方式获取腐败数据,检验不同因素的影响。实验过程中,被试需要在实验员制定的规则限制下做出决策,并根据自己的决策结果获得真实的金钱收益。这一过程能够确保被试有足够的动机最大化自己的收益,并做出谨慎的决策。

Abbink et al.(2002)提出了一个交互式的实验室实验,构建了一个基础腐败博弈模型(以下简称"AIR 模型"),从而直接对模拟贿赂场景进行观察。在该场景下,一家企业想申请实施一项对环境有害的项目,为获得项目审批,企业试图向负责批准该项目的官员行贿。官员的工资收入并不丰厚,因此,通过行贿受贿,企业和官员均能在损害公共利益的前提下获得收益提升。Abbink et al.(2002)为腐败的实验室研究设立了基本完善的研究范式,后续相当一部分有关腐败的研究均在此基础上展开,接下来我们对 AIR 模型进行详细的介绍。

在最简单的贿赂场景中,官员能够自由地做出两种选择:接受或拒绝贿赂。一名潜在的行贿者可以向一名官员转移贿赂,并希望这一行为能够影响官员,使其做出对自己有利的决策。在这两人的序贯博弈中,先行者代表潜在的行贿者,第二行动者则代表政府官员,其决策会影响潜在行贿者的效用。

Abbink et al.(2002)的实验中共包括三个实验局:纯互惠(pure reciprocity,PR)、负外部性(negative externality,NE)及突然死亡(sudden death,SD)。其中,PR 实验局是控

制局，NE 实验局中引入对其他被试的损失来刻画社会福利的损失，SD 实验局中则引入了外生的风险。接下来我们以 PR 实验局为例，对实验流程进行介绍，具体的博弈过程如图 9-1 所示。

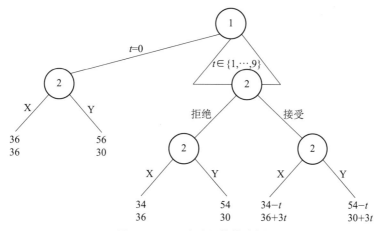

图 9-1 PR 实验局的博弈树

资料来源：Abbink, K., Irlenbusch, B. and Renner, E., 2002, "An experimental bribery game", *Journal of Law, Economics, and Organization*, 18, 428—454.

博弈双方的初始实验点数均为 36。第一阶段中，先行者决定是否向第二行动者转移数量为 t 的实验点数并决定转移的具体数量。若他选择了大于零的转移数量，则必须支付一小笔"转移费用"，该费用为 2 个实验点数，代表行贿者接近政府官员并试图建立互惠关系的成本，值得注意的是，无论官员是否接受贿赂，这笔转移费用都不可返还。接着，第二行动者需要决定是否接受行贿者的转移金额。若第二行动者拒绝，转移无法实施，双方的账户保持不变——除了行贿者支付的转移费用；若第二行动者接受，则他收到三倍于转移金额的数目即 $3t$。这一因素直接反映了双方的不同边际效用：考虑到公共服务者的收入比私人企业更低，同样数目的金额对行贿者来说比对官员更不值一提。

第二阶段中，代表政府官员的第二行动者需进行二元决策 X 和 Y。其中，决策 Y 非常有利于先行者，使其收益变为 $54-t$；决策 X 对第二行动者有微弱的优势，使其收益为 $36+3t$。这意味着行贿者能够通过操控官员的决策获得巨大的好处，相比之下，官员只是略微偏好诚实的替代方案，即不给予行贿者好处。

NE 实验局中引入了关于贿赂的第二个特征——负外部性。每当第二行动者选择一次决策 Y，所有其他被试都会受到一次固定的金钱损失。在 SD 实验局中，腐败行为存在被发现的风险，实验中使用一个外生的彩票对这一风险进行刻画。一旦有正的转移金额被接受，彩票就被触发。虽然被发现的概率极低，但一旦被发现，腐败双方将无法继续参加实验并失去之前轮次中获得的所有收益。不提供任何收益是实验中能够实现的最严厉惩罚，可以很好地对现实进行刻画：一旦代理人的行为被发现，他的职业生涯就走到尾声,他对违法行为的投入也将覆水难收。

这一案例充分体现出腐败需具备的三个必要条件。第一,腐败双方存在互惠关系:行贿者和官员通过腐败达成利益交换。然而,行贿是违法行为,双方无法就腐败交易制定强制性的合约,其利益交换必须依托于彼此之间的信任和互惠。第二,腐败会对公众带来严重的负面影响。第三,一旦被发现,行贿和受贿行为均会导致严重的惩罚。

Abbink et al.(2002)提出的这一腐败的实验室实验模型,实现了在一个模拟的贿赂环境下对腐败行为的直接观察。基于该实验,其他学者可以通过改变实验环境探讨包括惩罚机制(Abbink et al.,2002;Berninghaus et al.,2013)、效率工资(Abbink,2000;Armantier and Boly,2011;Van Veldhuizen,2013)、监督(Azfar and Nelson,2007;Olken,2007;Barr et al.,2009;Serra,2012)、岗位轮换(Abbink,2004)、中介信息(Berninghaus et al.,2013)、责任不对称(Abbink et al.,2014)等在内的不同变量对腐败行为的影响。这使得学界对腐败的研究不再局限于实证分析,而且也为腐败的成因和治理研究提供了思路。

二、腐败的影响因素

(一)文化和社会规范等外部环境对腐败的影响

Harrison and Huntington(2000)认为文化是社会中普遍存在的价值观、态度、信仰、取向和基本假设,它可以指信任、宗教信仰或制度等具体的因素,也可以指价值观、社会规范或道德等较为抽象的事物。此外,文化也时常用于解释其他因素无法解释的差异。本小节将通过一系列实验,从文化的具体方面出发,探索腐败与文化之间的关系,并概述文化如何影响实验室中的个体腐败行为。

为什么有些人选择腐败而不是清廉?他们的决定是否会受成长环境中的社会规范和价值观的影响?在影响腐败行为的诸多因素中,经济成本和收益固然重要,行为人的内在动机也起着决定性作用。内在动机源于社会规范的内在化,当规范背后的价值观为整个社会所共享时,规范就是"社会的"。在此基础上,对规范的偏离会引发社会的不满并引起当事人的羞耻感和内疚情绪(Elster,1989)。因此,文化的价值观在一定程度上成为一种规定和指导社会制度运行的方式,个体借此选择行为方式、评价其他个体和事件,并为他们自身的行为做出解释或辩护(Licht et al.,2007)。

自从 Abbink et al.(2002)设立了腐败的实验室研究范式,使用实验室研究腐败和反腐败机制的成果蓬勃增长。文化与腐败息息相关,Cameron et al.(2009)率先关注跨文化的腐败行为差异,他们根据腐败感知指数的大小,选择澳大利亚、新加坡、印度、印度尼西亚这四个腐败程度不同的国家进行了贿赂实验。实验过程中,企业需决定是否为政府官员提供昂贵的贿赂,一旦腐败交易达成,公民可以选择承担一定的惩罚成本,来使企业和官员受到经济损失。实验使用一次性的序贯博弈,因此排除了公民决策受未来经济预期的影响。研究发现,在印度和澳大利亚,日常生活中接触到更多腐败可能会增强被试对腐败的容忍程度;作为一个高腐败国家,印度尼西亚的被试对腐败的接受程度相对较低;尽管新加坡是一个较为清廉的国家,实验中被试表现出相对较高的腐败参与意愿和较低的腐败惩罚意愿。不同文化中对于腐败的态度远比想象中复杂。

价值观和信仰会影响人们对社会规范的遵守,遵守社会规范的人群比例也会反过来影响个体对规范背后的价值观的信仰,并因此影响到包括子孙后代在内的其他人将该规范内化的可能性。这些策略互补可能导致多重均衡,其特点是对基本价值的规范和信念的不同程度的遵守。将这一理论与禁止腐败的社会规范相结合,可以帮助我们理解为什么"腐败文化"在特定的国家中存在并流传至今(Hauk and Saez-Marti,2002)。因此,在其他条件相同的情况下,成长于腐败盛行的社会中的个体应该比成长于腐败罕见的社会中的个体更可能参与腐败行为。Fisman and Miguel(2007)通过一个自然实验,分析联合国官员在曼哈顿的违章停车行为,试图研究是否存在能够随着时间的推移改变腐败规范的政策干预。2002年之前,外交豁免权使得联合国外交官不受违章停车执法的影响,外交官的行动仅受文化规范的影响;之后,执法部门拥有了没收违章者外交牌照的权利。研究表明,2002年之前,来自高腐败地区的外交官积攒了大量未支付的违章案例;执法力度提升之后,外交官的违章行为急剧下降,减少了98%以上。联系外交官的违章停车数据和其国籍,作者发现,外交官违章停车行为的数量与外交官祖国的腐败措施密切相关,表明与腐败相关的文化或社会规范非常顽固:即使在数千公里之外的城市,外交官的行为举止也会令人联想起他们本国的政府官员。

Barr and Serra(2010)试图通过于2005年和2007年进行的跨国腐败实验对这一假设进行检验。实验中,公民需决定是否行贿,官员需决定是否接受贿赂以及接受的贿赂金额。一旦腐败交易达成,其他社会成员会受到一定损失。在2005年的实验中,本科生的研究结果支持上述假设,与Fisman and Miguel(2007)的结论一致,但人数占比更多的研究生被试并不符合该假设的内容。2007年,作者招募了完全不同的被试又进行一次实验,实验中官员向公民索贿,公民需决定准备支付的贿赂额。作者再次发现,可以根据本科生的祖国的腐败程度预测其参与腐败的情况,而无法对研究生进行同样的预测。这一现象的产生可能是出于两种原因:第一,如果研究生比本科生在所居住国家生活的时间更长,他们会更加融入新居住国家流行的文化价值观、信仰和社会规范,因而削弱了祖国文化对其行为的影响;第二,考虑到本科生和研究生入学的不同选拔机制,研究生们选择留学可能是因为他们的偏好、价值观和信仰不同于祖国,于是不太可能成为其祖国人口的代表性样本。因此,腐败是一种文化现象,一些人(但不是所有人)对腐败的态度反映了他们成长的社会中盛行的价值观和社会规范,个人与腐败有关的规范、价值观和信仰也可能会随着环境的变化而改变。

Salmon and Serra(2017)通过实验室实验对居住在美国的移民后代进行抽样研究,试图评估社会执行机制对减少腐败行为的有效性。实验过程中,被试首先进行一个画作偏好选择任务,随后被分为三人小组进行腐败决策。实验员根据官员和公民行为可观察性的不同设置了行动隐藏实验局、被害者知情实验局和社会评价实验局等三个实验局。实验发现,通过社会评价来减少腐败的作用有限,仅适用于那些在文化上较为认同低腐败程度国家的个体。每个社会和组织的正常运行都取决于指导其成员行为的规范的建立和实施,鉴于构成一种社会规范的因素以及由此产生的期望行动在社会上是否得到认可是由文化背景决定的,该实验结果至少证明了社会执行机制的有效性部分取决于目标人群中普遍存在的社会文化规范。

(二)性别、风险态度等个体特征对腐败的影响

性别差异是生理差异和社会差异共同作用的结果,个体的社会角色和在公共领域的存在形式对其行为有重要影响。大量证据表明,女性比男性更加厌恶风险(Levin et al.,1988;Charness and Gneezy,2012)。鉴于腐败交易大多存在被发现且被处罚的风险,男性和女性对于风险的不同态度可能会产生不同的腐败决策。从劳动力市场的宏观角度上看,占人口数量近一半的女性是社会建设的重要工作者。因此,如果女性较高的风险厌恶程度使得她们参与腐败交易的可能性较低,那么对社会而言未尝不是一件好事。

Frank and Schulze(2000)在学校电影俱乐部的放映厅前进行了实验,参加该实验的学生面临一个虚构的决策场景,他们必须从名单中选择一名水管工来取回一张掉进排水管的钞票,该钞票属于电影俱乐部的财产,被试代表俱乐部进行决策。公司报价单中,每名水管工所在的公司都有一个报价,该价格包括两部分,一部分是水管工的服务价格,另一部分是选择该公司时从水管工处获得的款项,即贿赂额。服务价格越高,获得的款项也越高,具体的公司报价单如表9-1所示。作者对多种可能影响腐败的因素进行研究,发现经济学专业的学生明显比其他专业的学生更加腐败。此外,女生的腐败程度比男生低,但这一结果并不显著。对于经济学专业和非经济学专业两种情况而言,男生比女生更看重自身利益,经济学专业的男生最为腐败,而非经济学专业的男生腐败程度较低。Schulze and Frank(2003)使用与 Frank and Schulze(2000)相似的实验框架探究受贿被发现的风险对受贿比率的影响。作者将有被抓风险的实验局和无被抓风险的实验局进行对比,发现在没有被抓风险时性别差异并不明显,而一旦引入了被抓风险,虽然接受贿赂的比率不会降低,但却改变了贿赂金额的分布——接受最高贿赂额的比例从29%下降到13%。在极高的查处概率下,愿意接受高额贿赂的被试减少。此外,作者发现在有被抓

风险实验局中,女性不太可能接受贿赂,表现得更加不腐败。

表9-1 水管工公司报价单

公司	电影俱乐部需要支付的价格(德国马克)	你收到的数量
A1	20	0
A2	40	16
A3	60	32
A4	80	48
A5	100	64
A6	120	80
A7	140	96
A8	160	112
A9	180	128
A10	200	144

资料来源:Frank,B. and Schulze,G. G. ,2000,"Does economics make citizens corrupt?",*Journal of Economic Behavior & Organization*,43,101—113.

Alatas et al. (2009)认为,前人研究中所呈现的性别差异主要基于西方国家的数据,可能是一种特有的文化现象。作者通过对比在澳大利亚、印度、印度尼西亚和新加坡获得的实验数据,发现澳大利亚的女性比男性对腐败的容忍程度更低,但在其他三个国家中,性别在影响腐败的作用上并无明显差异。但是,四个国家的数据均表明,女性行为波动比男性更大。Waithima(2011)在肯尼亚复制了 Alatas et al. (2009)的结果。但与其不同的是,在 Waithima(2011)的实验中,每名被试都能知晓三人小组中其他两人的性别和种族。遗憾的是,作者在肯尼亚的实验中没有发现性别上的明显差异。

Rivas(2013)在 AIR 的实验框架上增加了对性别因素的刻画,作者考虑了四种不同的性别组成:女性厂商与女性官员、女性厂商与男性官员、男性厂商与女性官员、男性厂商与男性官员。该实验使用中性实验框架,实验过程中,被试可获知交互对象的性别。即使厂商不向官员提供贿赂,官员也可以在"不给厂商提供好处"和"提供较小的好处"之间选择。若官员选择后者,则场内所有其他参与者的收益都减少 3 个实验点数;如果厂商向官员提供贿赂,那么官员接受贿赂后,可选择为厂商提供帮助或不提供帮助。当然,官员也有权拒绝贿赂,选择不提供帮助的中立选项,或者对提供贿赂的厂商施加惩罚。此外,作者还调查了厂商对官员接受贿赂并选择互惠行为的信念。实验结果表明,相对于男性厂商,女性厂商的行贿频率更低;男性厂商对官员接受贿赂并选择互惠行为的信念更高,但两种性别都希望女性官员不要频繁地选择腐败行为。虽然两种性别接受贿赂的频率没有明显差别,但女性官员选择互惠的频率比男性官员低;当厂商和官员都是女性时,接受贿赂的频率明显下降,对整个社会造成的负外部性最小。此外,Lambsdorff and Frank(2011)在一个修正的最后通牒博弈中探究了性别对腐败的影响。实验中,企业可以向官员行贿以获得好处,博弈过程中,官员首先行动,在基于提供贿赂的假设上做出决定,其行为有三种可能的模式:检举企业行贿;接受贿赂,但偏袒另一个没有行贿的企业;接受贿赂并为企业提供帮助。如果官员接受贿赂,无论是否为行贿的企业提供帮助,企业都可以选择向有关部门检举官员。其子博弈完美均衡是官员接受贿赂后偏袒另一家企业,而行贿的企业选择袖手旁观。实验结果表明,当作为官员时,65%的女性选择不为行贿的企业提供帮助而是偏袒另一个企业;只有 49%的男性如此选择。另外,27%的男性为行贿企业提供帮助,只有 5%的女性有互惠倾向;24%的男性选择检举行贿企业,女性检举的比例为 30%,但这一差异并不显著。

除性别外,个人经历、风险态度、信念等个体特征也会影响个体参与腐败行为。Campos-Ortiz(2011)研究个体的腐败背景对其腐败行为参与程度的影响,并考察个体的腐败经历对反腐措施实施的影响程度。以过去是否参与过腐败的标准来划分,参与过腐败的被试更容易做出有利于贿赂的选择:扮演公民的被试选择实现较少的要求并提供更高的贿赂;扮演监察员的被试在面临腐败机会时更有可能要求贿赂。当评估反腐政策的影响时,作者发现个体的腐败背景会影响反腐措施的成果,腐败环境越恶劣,官员越愿意参与腐败,阻止官员索贿的机会越小;提高对监察员的处罚可能会损害公民的福利,因为监察员会要求更高的贿赂来抵消可能的更高的处罚。这些发现强调了个体特征在腐败行为和反腐政策的实施效果方面的重要性。

Berninghaus et al.(2013)设计了一个协调博弈来模拟风险态度、信念和不确定性对腐败行为选择的影响。根据 Knight(1921),影响行为的不确定性分为两种,一种是外生不确定性,即风险(risk),它与已知的所有可能状态的先验概率有关;另一种是内生不确定性,它源于先验概率的缺乏。作者通过一个彩票任务判断被试的风险类型,被试的收益与场内被试对彩票的选择情况有关,随后,在不同实验局中,被试对彩票不同结果的实现可能性的了解程度不同。实验结果表明,参与者的风险态度并不能很好地解释他们在腐败和非腐败行为之间的选择,但信念(belief)似乎能很好地预测他们是否会选择非腐败行为。此外,通过改变不确定性程度可以改变被试获得的信息数量,实验结果发现不确定性程度提高,腐败程度下降。

在 Banerjee(2016a)对腐败和以信任衡量的社会资本之间的关系的研究中,被试需完成两个实验,第一个实验为一个骚扰贿赂博弈或不同框架的最后通牒博弈;在第二个实验中,作者让一组独立的被试判断大多数人在特定情况下的行为是否道德,如果他们有关适当性评判的分数与场内大多数其他人的评判相匹配就会得到奖励,从而提取贿赂博弈和最后通牒博弈中符合社会规范的行为。通过这一设计,能够对比发现在贿赂博弈中被索贿的被试是否比在最后通牒博弈中相同角色的被试更不愿意信任他人。实验结果表明,腐败对信任存在负的溢出效应,索贿违反了社会适当性规范,而违反规范反过来又会消极地影响被索贿者对配对者的可信度的信念。

在腐败行为的诱因中,信念也扮演着重要的角色。在实践中,腐败行为受到风险和策略不确定性的影响，如贿赂被发现的可能性和官员兑现承诺的可能性。这种信念也会在社会或道德层面上影响人们的决策；认为腐败无处不在的信念可能会反过来鼓励人们参与腐败行为。因此，对腐败盛行的担忧也是影响人们看法的重要因素之一。Fišar et al. (2016)在Cameron et al. (2009)的基础上，探究行为和信念中的性别差异。研究发现，当人们认为处于相同角色的其他个体也会做出同样的腐败决策时，人们更倾向于做出参与腐败的决策。当考虑性别的影响时，该研究发现在其他条件相同的情况下，男性更可能行贿，而女性不太可能行贿。

腐败问题及其对发展的不利影响一直受到研究人员和政策制定者的广泛关注，经济学实验为我们提供了一个观测腐败行为的窗口，实验经济学家通过精心设计的经济学实验对现实进行全方位的刻画。腐败的影响因素是复杂的、多方面的。在进行微观层面的分析时，需考虑文化背景和个体因素对腐败行为的影响，以便分析差异产生的原因。

三、常见的反腐机制

在早期研究中，不乏观点认为腐败能增强市场效率，是经济发展的"润滑剂"(Leff, 1964)。然而，实证分析结果表明，腐败对经济发展、贫困、社会资源分配、教育、健康等多方面都存在严重的负面影响，并且这一负面效果大于为相关代理人带来的收益总值。因此，从整个社会层面来看，腐败是无效率的，亟须对腐败的发生机制进行研究，从而设计合理的反腐机制，以抑制腐败的发生，减轻腐败带来的社会效率损失。

有关腐败问题的理论研究表明，以金钱奖励和惩罚为导向的反腐机制能够有效防止政府官员的职权滥用现象。同样，当私人腐败收益较高或存在制度漏洞时，个体的腐败倾向更高。随着腐败个体比例的增加，寻找腐败行为的合作者的难度和腐败被发现的概率均大幅度降低。尽管已有的经济模型为一些政策议题提供了坚实的理论基础，但仍有很多问题的解答超出了理论研究的能力范围。此外，虽然对腐败的实证研究在近几十年内蓬勃发展，但它们主要依赖于跨国数据和对腐败感知的主观测量，这些研究的结果在反腐政策的设计应用方面存在一些挑战。首先，这些研究所使用的度量标准过于主观，存在一定的测量误差和局限性；其次，不同研究者之间采用不用的研究范式，其结论之间往往存在矛盾；再次，不同国家之间存在社会规范和历史文化上的差异，不是所有的研究结果都存在政策含义，需要具体问题具体分析；最后，这些研究无法在个体层面对腐败背后的微观机制进行探讨。

本小节中，我们将通过对腐败实验文献的解读，从物质激励和非物质激励两方面探讨不同反腐制度的作用效果以及彼此之间的相互作用。其中，物质激励机制包括监督和惩罚、高薪养廉、机构重组和检举等，非物质激励包括框架效应和负外部性两个视角。

(一)物质激励

1. 监督和惩罚

在任何场景下,贿赂行为被发现之后都会受到惩罚,但是在不同地区,腐败行为败露的概率和惩罚力度各有不同。潜在的腐败个体所面对的问题不仅是对与错的选择,还是对风险和回报的综合考虑。

根据惩罚发生方式的不同,可以将其分为内生惩罚和外生惩罚两种。外生惩罚通常由一个外生事件的发生概率决定,不受被试决策的影响。例如,在 Abbink et al.(2002)最初提出的贿赂实验中,设置了一个"突然死亡"实验局,其中存在转移支付的配对有固定但极低的概率被发现,一旦被发现则行贿者和官员都将失去全部实验所得并结束实验。这一设置抓住了长期腐败关系的本质,即腐败案例被发现的可能性相对较低,一旦腐败行为暴露就足以引发严重的后果。在对实验数据的分析中作者发现,惩罚对腐败双方均存在非常强烈的抑制效果。

与 Abbink et al.(2002)的研究中所使用的交互博弈不同,Schulze and Frank(2003)使用了与 Frank and Schulze(2000)相似的实验框架,但增加了监督环节。在面对水管工的报价时,被试选择的报价越高,其行为被发现的概率越高。在对比有监督和无监督两个实验局的数据后,作者发现监督带来的威慑减少了腐败的发生,但是,其作用效果仅体现在接受报价的分布上的改变,被试会远离非常高的报价而向较低的报价靠拢,但也会远离完全诚实的选择。被试对出价的选择变成了对机会和风险的权衡,道德上的考虑相对来说不那么重要,诚实的内在动机遭到破坏。

Abbink et al.(2002)和 Schulze and Frank(2003)将监督和惩罚的发生刻画成外生的随机事件,其发生概率和惩罚力度均是固定不变的,并且会把相关信息提前告知被试。在此基础上,学者对更加具体的惩罚设定进行研究。Berninghaus et al.(2013)设计了一个多重均衡博弈,博弈中,一部分官员同时在一个无风险选项 A(诚实)和一个风险选项 B(腐败)中进行选择,选择无风险选项会获得一个固定的收益,即固定工资,选择风险选项可以获得较高的收益或者零收益。在风险选项中,较高的收益包括固定工资加上贿赂金额,获得较高收益的概率取决于选择该选项官员的数量,选择风险选项的官员越多,被发现的概率越低,获得较高收益的概率越高。通过这一设定,实现了对现实中"法不责众"这一现象的还原。实验中存在两种纯策略纳什均衡:若没有官员腐败,则腐败被抓住的概率极高,腐败行为无利可图,不接受贿赂是最优决策;若大量官员接受贿赂,则腐败被发现的概率极低,接受贿赂变成更占优的选择。实验结果表明,不确定的惩罚概率极大地抑制了腐败的发生,不确定性上升会使得腐败行为减少。

在 Azfar and Nelson(2007)的实验中,采取了人为监督而不是外生惩罚的设计。该实验使用一个复杂的多阶段博弈模拟了一个挪用公款的场景，其中 8 名被试分别扮演不同的角色。每一轮开始时，由选民选举产生一名管理者，同时存在一名监督者，该监督者可能由管理者任命或者从同时发生的另一场选举中产生。管理者通过掷骰子决定收到多少片珍贵瓷砖，并选择保留一定数量的珍贵瓷砖，将其他珍贵瓷砖分发给选民。监督者对其分发行为进行监督，可以为选民披露管理者自己保留而不是分发给选民的珍贵瓷砖情况。最后，该轮次结束，管理者经历重新选举。作者根据监督者的产生方式、管理者和监督者的工资高低、掩盖腐败的难易程度等，进行了 12 场实验。实验结果表明，由选举产生的监督者比由管理者任命的监督者在揭露管理者的腐败行为上更加警惕。

以上案例中对腐败的监督均为自上而下的干预，并依赖于外部控制的概率或惩罚的严厉程度。相对应地，当自上而下的干预不够有力时，也可以通过自下而上的监督来打击腐败。Olken(2007)进行了一个随机实地实验，研究了在印度尼西亚的 608 个乡村道路项目中，由政府审计员进行的自上而下监督和由基层进行的自下而上监督的效果。研究开始时，研究中的每个村庄都准备开始修建一条乡村道路，作为全国村级基础设施项目的一部分。作者使用了外部审计（"审计"）、参加问责会议（"邀请"）和参加问责会议并匿名评论（"邀请加评论"）等三种腐败干预方式，根据这三种干预方式的使用情况设置了 5 个实验局，并设置了无干预的基准局（见表 9-2）。其中，外部审计是根据官方项目成本与独立工程师估算成本之间的差异进行审计，项目结束后，工程师和测量员会在每条道路上挖掘核心样品来估计使用的材料数量，并对当地供应商进行调查来确定原材料价格，通过采访村民以确定项目的工资，进而估算出每个项目的实际建设成本，然后逐行逐项地与村中报告的项目支出进行比较，用二者之间的差异度量报告中的缺失支出。在获得项目资金后、开始修建前，作者随机挑选了一些村庄，告诉他们该项目将在建成后接受中央政府审计部门的审计，这相当于将这些村庄被审计的可能性从大约 4% 的基准线提高到 100%。此外，外部的政府审计意味着理论上存在刑事诉讼的可能，更重要的是，审计的结果将会在一个公开的村镇会议上当众宣读，因此可能会导致重大的社会制裁。问责会议是村级会议，项目官员会在该会议上说明项目资金的使用情况。为增加问责会议的参与度，作者在整个村庄分发了数百份会议邀请，鼓励村民直接参与监督，以降低精英人士在会议中的主导地位。同时，为获得村民的匿名评论，作者会在分发会议邀请的同时分发匿名评论表，让村民可以在反馈项目信息的同时不用担心被报复，村民的反馈信息将在问责会议上进行总结。研究发现，当外部审计的可能性从 4% 提高到 100% 时，可以将缺失支出减少 8 个百分点。相比之下，增加基层参与监督的影响不大，只有在有限的劳动力搭便车问题和精英垄断话语权的情况下才会减少支出。但总体而言，研究结果表明，即使在高度腐败的环境中，传统的自上而下的监督也可以在降低腐败方面发挥重要的作用。

表 9-2　每个实验局类别中的村庄数量

	基准局	邀请	邀请加评论	合计
基准局	114	105	106	325
审计	93	94	96	283
合计	207	199	202	608

资料来源：Olken, B. A., 2007, "Monitoring corruption: Evidence from a field experiment in Indonesia", *Journal of Political Economy*, 115, 200—249.

类似地，Serra(2012)通过实验室实验，探究了在一个脆弱的制度环境中，官员在无监督场景、传统的自上而下审计场景以及将自下而上的监督和自上而下的审计相结合的问责场景下的索贿倾向。实验结果表明，即使由公民的"发声"导致的自上而下惩罚的概率很低，问责制也可以非常有效地遏制腐败。实验过程中，官员在博弈的第一阶段有索贿的权利，在第二阶段中，代理人决定是否支付贿赂。若代理人达到官员的期望则自动获得对其有利的官员决策。除了基准局，该实验还设置了两个有监督的实验局，其中一个实验局中，当官员索贿时，有 4% 的概率受到惩罚；在另一个实验局中，若官员索贿，代理人可以无成本地对其行为进行举报，只有在代理人行使举报权时，官员才有 4% 的概率受到惩罚。实验结果表明，在两种监督机制并存的实验局中，尽管受到惩罚的威胁较小，但官员索贿的概率更低。

2. 高薪养廉

Klitgaard et al. (2000)将腐败得以存在的制度条件列为：腐败＝自由裁量权＋垄断－问责制。其中，问责制的内容包括腐败被发现的成本和概率。在岗位中获得的福利待遇越高，腐败被发现的成本就越大，因此，更高的工资理应抑制腐败的发生。具体来说，对于公职人员的薪金和其腐败程度之间的关系，研究者们的解释主要分为三类：第一，公共部门的相对工资水平越高，官员因腐败行为落网而承受的损失越大，一旦官员的腐败行为被发现，通常会被开除公职，被迫在私营部门工作；第二，给公职人员过低的工资只会吸引不称职甚至不诚实的申请人，从而导致行政效率低下；第三，当政府部门职位的薪酬低于其他同类职位时，腐败的道德成本会随之降低，与收入相对公平的官员相比，很难谴责收入较低的政府官员接受贿赂。

对于第三类解释，Abbink(2000)探究政府官员和私营部门之间收入分配的变化对腐败的道德成本是否有直接或间接的影响。其中，直接影响为官员通过受贿获得的额外收入；间接影响则为腐败导致的负外部性。实验过程中，腐败行为的负外部性将被施加在一组执行与实验任务完全无关的工人被试身上。通过改变工人的工资来实现工人和政府官员之间的相对工资变化，两个实验局中工人的工资各不相同：在一个实验局中，工人的工资始终低于官员；在另一个实验局中，工人的工资非常高，即使承受最大的损失也会高于官员和行贿者。因此，出于公平的考虑，在高工资待遇的实验局中腐败情况应比低工资待遇的实验局中更加严重。然而,结果显示两个实验局中的贿赂和腐败并没有显著差异。这一结论可以表明,行贿者和官员之间的互惠似乎超过了对社会其他成员分配公平的担忧,提高公共部门的工资水平并不会像预期中一样降低官员的腐败程度。

但是,Abbink(2000)的实验结果可能是由于其实验设计上存在缺陷,导致无法完全呈现实验局效应。在此之后,其他研究者在不同的设定中发现了工资对腐败决策的影响。在 Azfar and Nelson(2007)的挪用实验中,作者设置了不同水平的管理者和监督者工资,实验发现,一方面,政府工资的增加能够减少腐败;另一方面,选民不太可能重新选举那些有腐败前科的管理者。Barr et al.(2009)借鉴了 Azfar and Nelson(2007)的博弈框架,但在其设计中,公职人员随机产生,监督者由选举或随机选择的公职人员担任,同时设定了不同的公职人员工资水平。实验发现,高收入公职人员具有更低的挪用倾向。

Van Veldhuizen(2013)的实验同样在 AIR 的基础上进行了改进,官员可以选择接受贿赂,并在一个中性行动和一个腐败行动中进行决策。实验中,负外部性的承受者是一个慈善机构,并反映为对慈善机构捐款的减少。此外,作者也对官员在实验中获得的收益进行了调整,官员的工资等于或者高于行贿者在中性行动中的收入。实验结果发现,相对于薪酬较低的官员,高薪官员接受贿赂的比例减少了三分之一以上,并且不太会选择腐败行动。

总的来说,工资的增加会对腐败行为产生两种影响:一种为收入效应,富有的官员从腐败中获得的效用更少;另一种是激励效应,相对高薪的行政职位的流失可能会对腐败起到限制作用。除了 Abbink(2000),大多数研究结果表明,政府官员的工资水平会影响他们的腐败决策,向官员支付公平的工资会减少他们接受贿赂的现象。虽然这并不意味着支付更高的薪酬在任何情况下都能发挥作用,但仍可以将其视为反腐工作中一个较为可行的方向。

3. 机构重组

岗位轮换和四眼原则是实验研究中常见的两种机构重组机制。在岗位轮换机制下,官员频繁改变其工作内容和工作环境,因此很难与客户建立长期的私人关系。鉴于腐败往往建立在官员和公共服务享有者之间的信任和互惠基础上,潜在的行贿者和官员之间的长期关系更有助于滋生腐败。具体来说,可以从以下几个方面来理解岗位轮换机制可能起到的腐败预防作用:首先,公职人员无法指望在之后的交互中再次收受贿赂,因而不太会受到礼物的影响;其次,行贿者认为不太可能与公职人员达成长期的合作关系,因此不信任公职人员的回报;最后,潜在的行贿者与接触到的公职人员之间并无打交道的经验,会认为政府官员的行为难以预测,在一定程度上增加了腐败行为的不确定性。

在实验室中,岗位轮换机制的实现思路非常直观。Abbink(2004)在 AIR 的基础上进行改进,每一轮中,将官员与潜在的行贿者随机匹配,从而模拟官员之间的岗位轮换。

与 AIR 的数据相比,岗位轮换机制下,平均腐败决策数量下降了几乎三分之二,比该系列的其他任何实验机制的作用效果都更加强烈。

虽然岗位轮换机制能够有效遏制公职人员的腐败行为,但是其成本也非常高昂。当公职人员与其客户之间具有长期关系时,不需要经常熟悉新的流程、案例和客户;在现实生活中,官员轮换过程中所需的培训费用、工作效率损失、对官员个人生活的影响等各种因素都是切实存在的,因此这一机制距离大范围推广仍有很长的路要走。

除岗位轮换机制外,四眼原则也是被经常提及的机构重组机制,在现实中被广泛讨论和使用(Poerting and Vahlenkamp,1998)。这一机制认为,在公共服务的敏感领域中,决策的制定一定要得到超过一名官员的认可。学者认为,四眼原则,即两名官员互相监督的情形,可以起到对官员和行贿者的威慑作用,这样即使两名官员都有可能腐败,行贿也失去了它的魅力,毕竟对两名官员行贿大大增加了腐败的成本。

Schikora(2010)在 AIR 的博弈框架上共设置了四个实验局,用以检验四眼原则机制引发的贿赂分摊效应和团队决策效应。其中,在检测四眼原则有效性的实验局中,官员由两名被试共同组成,他们需要在自由沟通后做出联合决定。在其中一个团队实验局中,一名行贿者向官员转移贿赂,两名官员都能同时获得这一贿赂;在另一个团队实验局中,两名行贿者分别向官员行贿,两名官员平分贿赂,每个官员只能得到一半的贿赂额。实验结果发现,四眼原则的整体效果是有害的:在团队实验局中,转移贿赂和腐败决策的比例都高于个体实验局,从而导致整体福利的损失并有损公平。此外,由两名官员之间的贿赂转移导致的贿赂分摊效应通过改变成本与收益之间的平衡降低了腐败程度,但是这一效应却被拥有更高腐败倾向的团队决策效应过度补偿,使得四眼原则的整体作用效果是负面的。在腐败的社会困境中,利益最大化动机在团队决策过程中牢牢占据主导地位。

Schikora(2010)的实验结果表明,四眼原则的实施会受多方因素的影响,在现实中的应用仍需谨慎。不过,单一的实验无法证明反腐机制是否有效,更无法一锤定音,作为反腐政策是否有效的决定性证据。

4. 检举

与传统的外生惩罚不同,检举(whistle-blowing)被视为遏制腐败的有力工具,通常涉及一个愿意正式举报腐败个体的内部参与者,检举者提供有关腐败交易的证据,其证词会导致对腐败个体的指控。被检举者是否被定罪取决于他在法庭上的证词,如果检举者本人也参与腐败,那么也会给其本人带来腐败指控。因此在一个典型的检举系统中,对官员腐败行为的调查依赖于检举者的精确指控。

Lambsdorff and Frank(2010)将礼物交换嵌入具有负外部性的腐败环境中,使用了一个简单的迷你最后通牒博弈。其中,商人首先向官员转移一定金额,并将这一金额标记为"礼物"或者"贿赂";其次,官员须在检举、投机行事、互惠等三个预先确定的选项中做出选择;随后商人作为回应者,可以选择检举(废除腐败交易)或什么都不做。若官员行使检举权,则商人本轮收益为0;若官员不行使检举权,而商人对官员的行为进行检举,则双方均获得零收益。实验结果显示,相当一部分官员通过检举背离了收益最大化策略,但这一现象可能是由实验员需求效应导致的。因此,并不能认为该结果能够解释官员的频繁检举行为。在Schikora(2011)的实验中,行贿者和受贿者可以在腐败博弈的不同阶段行贿或者索贿。与其他贿赂博弈不同的是,腐败会带来负外部性,而不腐败则会带来正外部性。作者根据检举结果的不同设置了两个检举实验局,在对称检举实验局中,行贿者和受贿者都可以在博弈的任何阶段对对方的行为进行检举,无论检举者是谁,双方被检举后均会受到金钱损失;在非对称检举实验局中,受贿者若检举行贿者,可以受到宽大处理:保留他收到的行贿额。实验发现,当行贿者有检举索贿官员的机会时,官员做出互惠决策后,腐败的发生频率增加,也就是说,行贿者可使用检举来威胁官员互惠。但另一方面,在非对称的情况下,检举让官员有机会避免互惠而不会引起行贿者的检举,减少了腐败的发生。

Abbink et al.(2014)通过实验检验了非对称责任机制对骚扰贿赂的作用效果。实验中,官员有义务为公民服务,但也拥有拒绝服务或者无限期推迟服务的自由裁量权。因此官员有机会向公民索贿以换取快速服务。公民可以选择以高昂的代价拒绝支付贿赂、支付贿赂或者支付贿赂并举报。若公民举报腐败,则贿赂行为更有可能被发现。作者根据腐败被发现后的情况设置了四个实验局:第一个实验局中,腐败双方都会受到惩罚;第二个实验局中,只有官员受到惩罚,行贿者被豁免并拿回所支付的贿赂(前两个实验局没有举报机制,博弈树如图9-2所示,[]中的收益为第二个实验局中的收益);第三个实验局中,只有官员受到惩罚,行贿者被豁免并拿回所支付的贿赂,官员可以进行报复;第四个实验局中,只有官员受到惩罚,行贿者被豁免,官员可以进行报复。结果显示,与对称责任机制实验局相比,允许行贿者享有法律豁免权增加了对官员索贿行为的举报,减少了官员的索贿行为。同时,通过对比报复实验局和不退款实验局,发现严格的经济激励(退还贿赂)不一定会增加举报行为。本文为宽严相济制度的威慑效果提供了乐观的证据,然而在现实生活中,相对较低的定罪率可能会在一定程度上阻碍举报行为,此外,公民还会担忧未来是否会受到官员的报复。因此,不对称的责任机制应该与其他补充性的措施(如岗位轮换机制)一起实施,以增强对发起举报的公民的保护。

Abbink and Wu(2017)使用一个合谋贿赂博弈探究嘉奖自我检举者这一反腐机制的有效性,分别研究了官员和客户均能自我检举以及只有一方能够自我检举的情况。研究发现,只有一方可以检举时,腐败的降低并不显著;当双方均能自我检举时,对自我检举者的嘉奖使得腐败双方不再信任彼此,即使在当局监管不力的情况下也能有效减少腐败。

以上实验表明,检举降低了个体参与贿赂的可能,但它可能被当作一种威胁来鼓励互惠。从这一点来说,检举对腐败行为的作用效果比较模糊,仍有大量问题等待解答。

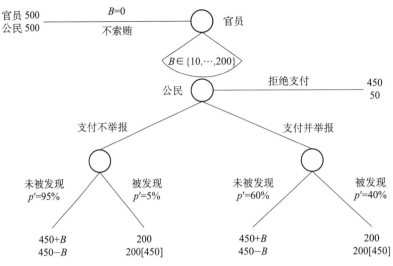

图 9-2 没有举报机制的实验局的博弈树

资料来源：Abbink, K., Dasgupta, U., Gangadharan, L. and Jain, T., 2014, "Letting the briber go free: An experiment on mitigating harassment bribes", *Journal of Public Economics*, 111, 17—28.

(二)非物质激励

根据社会心理学,个体在选择是否遵守行为规则或社会规范时会根据他们所面临的外部激励和内在动机将自身行为合理化。个体在决策过程中的内在动机通常来自社会规范的内在化,决策所遵守的行为规则也可以通过由内疚以及由社会非难和制裁带来的羞愧感来增强。那么,当外部激励不足以让个体保持诚实时,腐败是否一定会发生?此时以内疚形式出现的内在动机是否也会起到决定性的作用?

本小节旨在调查内在动机在腐败决策中所扮演的角色,即个体对腐败本质的意识是否会对其决策产生影响。具体地,我们将探讨非中性的腐败框架语言以及对腐败带来的负外部性的认知等两个方面对个体决策的影响。

1. 框架效应

实验经济学家认为,提示性的措辞可能会导致数据失真。因此,传统的经济学实验均尽可能地选择中性的实验框架,以免行为决策受到框架语言的影响。腐败场景同样也受到背景呈现方式的影响。腐败是一种危害社会的犯罪行为,人们对这一现象的看法和态度都比较负面。因此,实验中所塑造的腐败场景非常容易受到实验说明的诱导。而如果腐败会受到道德上的谴责,那么就可能通过强调腐败所带来的负面后果来降低参与腐败行为的倾向。

Abbink and Hennig-Schmidt(2006,以下简称为 AHS)认为,由于腐败是一种违法的不道德行为,当腐败交易中的内在动机很重要时,为实验参与者提供厂商和官员之间的腐败交易场景,相对于中性的实验框架更能激发出腐败带来的社会和心理影响,从而降低个体的腐败倾向。因此,AHS 在 AIR 的基础上进行了修改,设计了中性框架实验局和非中性框架实验局。在中性框架实验局中,厂商和官员被称为选手 1 和选手 2,厂商提供给官员的贿赂则被称为"转移",具体的博弈树如图 9-3 所示。但是,作者发现在中性框架和非中性的腐败框架下,个体参与腐败的决策并没有显著区别,这意味着内在动机在腐败决策中发挥的作用可能并没有想象中突出,或者实验设计中使用中性框架传递的腐败相关的特征已足够明确,腐败框架的使用并没有大幅增加被试对任务的理解。此外,该实验中所有收益的呈现方式均相同,不同实验局的复杂程度也相同,这也在一定程度上削弱了框架带来的影响,使被试得以超越框架进行决策(Chatterjee et al.,2000)。

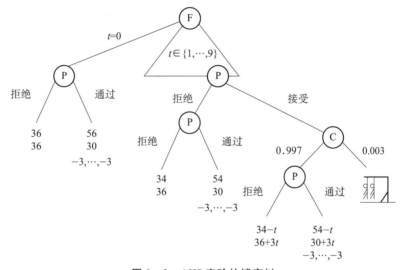

图 9-3 AHS 实验的博弈树

资料来源:Abbink,K. and Hennig-Schmidt,H.,2006,"Neutral versus loaded instructions in a bribery experiment",*Experimental Economics*,9,103—121.

但是,也有研究者在对框架效应的研究中得到了相对正面的结论。Chaudhuri et al.(2016)将 Cameron et al.(2009)的一次性博弈改为重复博弈,重新进行实验,发现使用非中性的描述框架能够显著降低贿赂的发生并提高惩罚力度。

Banerjee(2016b)认为,为发现"心理和社会因素"的影响,理想的基准局不能仅仅提供一个中性的对比框架,而应当创造一个可以适当改变代理人预期的环境。由于被试总体上认同其潜在的结构,中性语言描述并不会改变被试的心理参照点,因此很难产生框架效应。而理想的反事实框架应该在保持策略选择一致的情况下改变参考框架本身,这不仅需要使用中性框架,还需要改变被试对权利的意识。因此,作者设置了三个实验局,第一个实验局是带框架的骚扰贿赂实验局(BG);在第二个反事实实验局中,使用了策略相同但框架不同的最后通牒实验局(UG),使被试的心理参照点随权利的细微变化而改变;由于前两个实验局在框架和权利感方面存在差异,第三个实验局为中性框架的贿赂实验局(BG-N),用于确定究竟是哪种因素导致了可观察的实验局效应。实验发现,在 BG 和 UG 实验局中,索贿的被试比例、贿赂的金额以及贿赂接受率都存在显著差异。此外,作者发现,BG 和 BG-N 实验局之间并不存在实验局效应,表明改变语言本身并不会改变参考框架,这也为过去试图通过改变框架语言描述来寻找框架效应但未成功的研究提供了解释。

2. 负外部性

根据 Abbink et al. (2002),腐败的一个显著特征是腐败交易会对交易双方之外的群体产生负外部性。研究者认为,如果潜在的腐败参与者意识到自己的腐败行为会对社会带来严重的后果,那么他就可能会因此承受非物质成本,并因此减少腐败参与行为。Abbink et al. (2002)在 AIR 模型中第一次就这一问题进行研究。在该实验的负外部性实验局中,一旦腐败交易达成,所有行贿者-受贿者配对都将受到金钱损失。但是,AIR 发现负外部性的引入并没有达到预期的效果。

Büchner et al. (2008)在一个采购实验中发现,即使参与者能意识到腐败对社会不利,也不会对腐败行为的减少有多少影响。该实验中,销售者通过竞价来获得公共合约,每个销售者的出价中可以包括付给采购者(公职人员)的贿赂。实验共进行 30 轮,每 10 轮中,由多名销售者组成的团队都会匹配另一个销售者团队作为对照。在这一过程中,提供更高额贿赂的团队会收到一个较低的兑换率,因而得到的实验收益也会降低。作者发现,即使在消极的描述框架下,销售者也会积极地行贿。根据在四个不同国家中获得的数据结果,Cameron et al. (2009)同样也没有发现更高的负外部性会带来更少的贿赂。与 AIR 模型不同的是,他们的实验是一次性博弈,行贿者与受贿者之间的信任和互惠没有发挥作用,因此贿赂成了一种非常有利可图的行为。

尽管 Abbink et al. (2002)、Abbink and Hennig-Schmidt(2006) 和 Cameron et al. (2009)等在对框架效应和负外部性的研究中并没有得到有效的结果,但 Barr and Serra (2009,以下简称为 BS)认为,这些研究的无效结果可能是因为其实验设计并不适用于小型腐败场景。因此,BS 设计了一个简单的小型腐败博弈,并且证明了负外部性的影响和框架效应的存在。在 BS 的小型腐败交易场景中,官员一旦接受贿赂就会提供腐败服务,交易双方几乎同时决策,因此可视为一次性博弈。此外,实验中的腐败场景发生在公民和官员之间,并设置了不需要做出决策的其他社会人员,但每当有腐败交易达成时,其他社会人员中的每一位都会受到一次金钱上的损失。作者根据负外部性的高低和框架语言的不同设置了四个实验局,通过操控对其他社会成员带来的负外部性的规模来检测外部效应的存在,发现当对其他社会人员带来的负外部性更高时,公民和官员参与腐败的倾向降低,表明小型腐败产生的巨大社会成本可能对小型腐败行为有显著的威慑作用;同样,通过对比抽象框架和腐败框架的不同,发现在腐败框架下,公民参与者受到了框架效应的影响,变得不那么愿意提供贿赂,但官员似乎并不受框架效应的影响。作者认为,这一结果可能是因为在实验参与者看来,腐败框架的"人为性"过于明显,以至于它可能会诱发被试的角色扮演,而不是引导被试的内在欲望来让其放弃不道德的腐败行为。

AIR 和 BS 在负外部性上得到的截然不同的结果可能是多种原因带来的。首先,在二者的负外部性实验局中,负外部性的程度和承受者都不相同。其次,在 BS 的设计中,行贿者和受贿者配对内部的正互惠以及不同配对之间的负互惠均被排除;而在 AIR 的设计中,行贿者和受贿者之间的信任和互惠主导了其腐败决策,并对其他任何与减少他们福利相关的内疚倾向起到了显著的抑制作用。对于 AHS 的研究结果,BS 认为,如果 AHS 对学生被试使用的框架看起来是人为的,那么该框架可能会诱导学生进行角色表演,而不是通过触发他们的内在欲望使其放弃不道德的腐败行为。

总的来说,框架效应和负外部性的作用效果是混合的,其激发被试对腐败负外部性认知的机制有效性仍有待确认。在大多数腐败场景下,框架效应和负外部性无法唤醒个体对腐败行为的违法性和不道德性的认知,只有在特定的实验设计中,才能通过有限的人为痕迹减少公民对小型腐败的参与。

本节中,我们从物质激励和非物质激励两个角度,回顾了反腐政策对个体的有效性实验研究,并探索了个体内在动机在反腐斗争中的影响。腐败有多种不同的表现形式,因此对腐败的实验研究也拥有诸多不同的设计,但对于目前多种的反腐措施,我们仍能够基于物质激励的反腐机制设计得到一些假设性的结论:第一,即使被发现的概率非常小,严厉的惩罚仍然是遏制腐败的有效方式;第二,当惩罚不那么严重时,可以通过影响个体对发现概率的感知来降低腐败参与;第三,增加公共资金管理的透明度并提高对相关负责人的监督能有效减少挪用公款的行为;第四,公职人员薪酬的提高可能会减少其腐败现象;第五,在不对称的宽大处理条件下,检举似乎可以减少腐败。

综上,由于腐败的私密性特征,学者很难对这个领域直接进行研究。在过去的 20 年里,腐败研究从基于案例数据和感知程度的调查转向了依赖实验方法的微观分析。本节对与腐败相关的实验室和实地研究进行了一般性的总结和介绍,从外部环境和个体特征等两方面探究腐败的影响因素,并从物质激励和非物质激励的角度对常见的反腐机制进行介绍。在未来的研究中,仍需进一步致力于探究不同类型的腐败成因并系统地设计反腐机制,从而为决策者提供政策上的支持和建议。

第二节 税收遵从实验

税收是国家财政的重要收入来源,是社会公共经济的主要组成部分,保证税收收入及时征收、防止税源流失对国家而言意义重大。尽管近年来随着科技的发展,各种税收征管手段不断完善,但是企业利用不法手段进行偷逃税的行为仍然广泛存在。最新统计显示,截至 2021 年 1 月 19 日,打击"三假"累计查处涉嫌虚开骗税企业 32.23 万户,挽回损失 850.15 亿元,累计抓捕犯罪分子 21532 人,4312 名犯罪嫌疑人主动投案自首(李华林,2021)。可见,国内偷逃税问题十分严峻,如何有效征税依然是国家发展中的重大问题。

税收遵从问题也一直是广大学者关注的焦点,早在 1972 年,Allingham and Sandmo(1972)就开创性地提出了逃税的犯罪经济学标准理论模型,而后许多学者对此模型进行了扩展和补充(Srinivasan,1973;Andreoni et al.,1998;Alm,1999;Slemrod and Yitzhaki,2002),这些扩展使得模型分析更加丰富,有关税收遵从的数据分析型文献都是基于此类理论模型开展研究的。由于逃税的违法性和其信息的私密性,学者基本无法获取到真实的逃税信息,税收问题的实证分析往往很难保证其可靠性。而实验经济学的引入恰好能够克服此障碍,通过实验来模拟各式各样的税收环境,获得纳税人(被试)的上报收入信息,进而探究逃税问题的解决方案。Friedland et al.(1978)利用 15 个被试做了首个关于税收遵从的实验,而后关于此主题的实验研究在学术界遍地开花。

在基本的税收遵从实验框架中,被试需向税收部门申报自己的收入,并依据这一数额缴纳税款,未申报的部分无须纳税。税款交付后,税收部门会以一定的概率抽查被试的逃税情况,逃税则必须补缴税款。在此设计基础上,我们可以很容易地引入各种政策变化以探究税收决策的相关影响因素,如审计概率或审计规则的变化、罚款率的不同、税率的变动等,这些因素是合规决策中的主要财政变量。此外,纳税是一种贡献公共经济的举动,这种行为也可能会受到某些非财政因素的影响。因此,本节将税收遵从实验研究分为财政因素研究和非财政因素研究两部分,并依次进行阐述。

一、财政因素

研究财政因素对税收遵从度的影响,需要先站在理性人的角度思考问题,纳税人拥有一部分应纳税所得额,根据环境中的审计概率和罚款倍数,权衡逃税的收益、被惩罚带来的成本、纳税带来的回报等,以追求预期效用的最大化。参考由 Allingham and Sandmo(1972)提出的关于税收遵从的理论模型,考虑这样一个较为完整的纳税环境:政府制定一定的稽查概率和逃税惩罚倍数,纳税人基于自己的收入,自主填报纳税申报表,社会中的税收一部分用于建设公共项目,纳税人可以从公共项目中获得一定的效用,对于那些未被稽查到或者被稽查到未逃税的纳税人,政府可能会给予一定的奖励。在这种复杂的纳税环境中,我们虽然很难分析出准确的申报纳税额最优解,但是它依然可以为通过实验来研究纳税遵从中财政因素的影响提供较为合理的思路。具体来说,这一环境包含了对税收遵从起主要作用的财政因素:税率、罚款率、审计率或审计规则、税收回报和诚实纳税奖励,我们将分成三部分依次对其展开阐述。

几乎所有相关的实验研究都一致发现,更低的税率(Alm et al.,1992)、更高的罚款率(Alm et al.,1992)、更高的审计率(Coleman,1996;Choo et al.,2016)和更高的税收回报(Doerrenberg,2015)会激发更高的税收遵从度,尽管这种影响似乎是非线性的。最为经典的研究是 Alm et al.(1992)进行的实验,作者采用基本的税收遵从博弈框架,被试被随机赋予一个初始收入值(分别是 2.00、2.25、2.50、2.75、3.00),然后决定申报的应纳税所得额,他们面临一个特定的税务稽查概率,若被查到逃税,则需要支付一定的罚款,除此之外,他们可以从所有人缴纳的税费中获得一部分公共收益。为分别探究税率、罚款率、审计率和税收回报对税收遵从度的影响,作者使用被试内实验设计,将实验分为 8 个阶段,在所有阶段中,被试在做决策前被告知当前阶段的税率、罚款率、审计率和税收回报,最后通过阶段间对比的方法,对实验结果进行分析(见表 9-3)。通过对比阶段 1、3 和 4,得出税率越低人们的税收遵从度越高;通过比较阶段 1、5 和 6,得出罚款率越高人们越是倾向于诚实纳税;通过比较阶段 1、7 和 8,得出审计率越高人们的税收遵从程度越高;通过比较阶段 1 和 2,得出税收回报的引入能够诱导出更高的税收遵从度。另外,大多数研究发现,随着罚款率的提高,人们的税收遵从度只有轻微的提高,估计的申报收入—罚款率弹性通常小于 0.1(Friedland et al.,1978;Beck et al.,1989)。

表 9-3　实验结果分析

阶段	税率	罚款率	审计率	税收回报	平均税收遵从度
1	0.30	2.0	0.04	否	0.332
2	0.30	2.0	0.04	是	0.374
3	0.10	2.0	0.04	否	0.376
4	0.50	2.0	0.04	否	0.200
5	0.30	1.0	0.04	否	0.317
6	0.30	3.0	0.04	否	0.376
7	0.30	2.0	0.02	否	0.321
8	0.30	2.0	0.06	否	0.365

资料来源:Alm,J.,Jackson,B. R. and McKee,M.,1992,"Estimating the determinants of taxpayer compliance with experimental data",*National Tax Journal*,45,107—114.

鉴于税务机关在一段固定时间内的稽查资源有限,什么样的稽查规则(inspection regulation)可以最大限度地利用有限的稽查资源来达到更高的目标遵从度就值得探讨。为了更有效地使用政府稽查资源,大多数国家税务稽查系统都具有一个核心特征:政府税务机构不会随机选择税收报表进行审计,而是使用报表中的信息从战略上确定审计对象,即审计的概率不是固定和随机的,而是可变和内生的,这部分取决于纳税人和税务机构的行为(Alm et al.,1993),这种审计规则通常被称为内生审计规则(endogenous audit selection rules)或者条件审计规则(conditional audit rules)。

内生审计规则有多种形式,Alm et al.(1993)通过实验方法研究了三种内生审计规则的有效性:第一种是当期被发现不诚实纳税的个人将被迫在未来纳税期间接受更为频繁的审计;第二种是当期被发现逃税的个人需要接受以前纳税申报的追溯审计;第三种是门槛规则(cut-off rule),指的是申报收入低于某个阈值的纳税人将被确定为审计对象。实验结果表明,与随机审计规则相比,这种内生审计规则能够产生更高的税收遵从度,而且内生审计规则还能够通过减少个人税收遵从度的变化来平滑税收水平。Marchese and Privileggi(2009)同样验证了门槛规则的有效性,研究结果表明,相比于随机审计规则,在门槛规则下,低收入纳税人的税收遵从度会显著提高,而高收入纳税人的报告收入会处于门槛水平。

Clark et al.(2004)通过实验室实验的方法将两个"前瞻性"条件审计规则的稽查率和合规率与相当于简单随机审计的规则进行了比较。这两种"前瞻性"条件审计机制是Harrington(1988)提出的过去遵从性靶向(past-compliance targeting)审计机制和Friesen(2003)提出的最佳靶向(optimal targeting)审计机制。这两种方案都利用当前审计的信息,将个人分配到两个审计池中,称之为"绿色"和"红色",绿色审计池对应为"好"公司,红色审计池对应为"坏"公司,绿色审计池中个体的罚款和审计率低于红色审计池。采用过去遵从性靶向审计机制的监管机构依靠审计结果将被审计对象在审计池之间相互转移。相比之下,最佳靶向审计机制下监管机构将个人从绿色池随机转移到红色审计池,并仅根据审计结果来将行为合规的个人移至绿色审计池。通过使用两个审计池,这两种机制对合规行为提供了激励,行为不合规可能会导致未来更严格的审查,而合规可能会带来更低的审计率和罚款额。研究结果表明,执法机构可能会面临合规性和最小化审计率之间的生产可能性边界。随机审计在提高税收遵从度方面似乎最有效,但审计成本很高。最佳靶向审计机制在最小化审计率方面似乎最有效,但代价是牺牲了税收遵从度,过去遵从性靶向审计几乎实现了与随机审计规则一样高的税收遵从度,同时需要的审计成本几乎与最佳靶向审计机制一样少。

带有门槛性质的审计规则(比如上文中提到的门槛规则和最佳靶向审计规则)能够节省审计成本,但这也可能导致难以实现目标税收遵从度,成本效益无法达到理想状态,如何在规定的成本内实现更高的税收遵从度是学者们的研究难点。

Alm and McKee(2004)提出将内生审计规则和条件审计规则相结合的方法,以期达到纳税流程中的成本效益最优,并通过实验的方法进行验证,除此之外,为模拟现实中纳税主体之间的沟通和交流,实验在某些设置中引入了纳税申报前纳税人之间的廉价谈话(cheap talk)机会。具体而言,基本的审计规则是对申报收入与平均申报收入之间偏差最大的纳税人进行审计,在此基础上,为了模拟税务机构审计程序的不精确性以及机构的预算约束,在某些实验设置中加入偏差的门槛规则,如果所有纳税人报告的偏差均低于门槛值,则没有人接受审计;如果超过一个主体报告的收入偏差超过门槛值,则对偏差最大的主体进行审计。同时,为了探究条件随机审计规则在内生审计规则中的附加使用效果,在某些实验设置中,还引入了一个额外的审计规则,如果被试组中所有纳税偏差均在最小门槛偏差值之内,则进行随机审计,五人组中的一人以固定和预定的审计率被随机选择接受审计。实验报告表明,基于偏差的内生审计规则通常能够实现高水平的税收遵从度,但是纳税信息共享可以很成功地帮助纳税人达到较高的逃税水平。面对这种纳税沟通,使用额外的随机审计规则对提高税收遵从度非常有用,其产生的税收合规水平大大高于单独使用条件审计规则所达到的水平。重要的是,这种更高的合规性是在不花费更多审计资源的情况下实现的。

另外,Tan and Yim(2014)研究了统一概率规则和有限规则对税收遵从度的影响。实验中,被试只能选择报告低收入或者高收入。统一概率规则中所有被试面临一样的稽查概率;有限规则中最多抽查两个选择报告低收入的被试,而具体稽查概率值取决于选择报告低收入的被试的人数。实验发现,二者的遵从度不存在显著差异。

Cason et al.(2016)比较了随机稽查规则和锦标赛稽查规则,在随机稽查机制中税务机关以一定概率随机选择纳税人进行稽查;而在锦标赛稽查规则下,在稽查之前税务机关会以一定的计量方法估计纳税人的应纳所得额,其稽查概率随着估计的漏报程度的增加而增加。研究发现,锦标赛稽查规则下的税收遵从度显著高于随机稽查规则。

对诚实纳税这种正当行为给予奖励可以为纳税人的积极纳税提供更多的动力(Alm et al.,1992)。Torgler(2003)对学生进行了税收遵从实验,保持惩罚的可能性和罚款率等传统的因素不变,分析其他因素对税收遵从的影响,研究结果表明,对诚实纳税人的积极奖励提高了其税收遵从度。Fatas et al.(2021)在实验室实验中比较了两种基于审计的税务合规机制,这些机制都从发现的违规者那里收取罚款。实验中根据罚款在小组成员之间的重新分配机制的不同,设计了三个实验设置,分别为针对性奖励实验局、非针对性奖励实验局和象征性奖励实验局。在针对性奖励实验局中,对被审计发现不合规的被试收取的罚款将被平均分配给被审计且合规的被试,如果所审计的被试均为不合规,则款项将平均重新分配给所有未被审计的被试。在非针对性奖励实验局中,从那些被审计并发现不合规的人那里收集的钱被均匀地重新分配给所有其他被试,这种机制不区分诚实的纳税人和未经审计的纳税人(可能诚实也可能不诚实),作者通过对比前述两种机制中被试的纳税遵从度来探讨对诚实纳税人进行针对性奖励这一机制的有效性。引入象征性奖励实验局是为了区分针对性奖励的两种潜在影响:物质激励效应(奖励的钱会集中在被审计的合规主体手中)和潜在的心理"需求"效应(通过对税收遵从者的针对性奖励暗示合规是可取的),象征性奖励实验局仍然使用有针对性的奖励,但奖励的货币价值被降低到可以忽略不计的数额,以消除高奖励可能产生的物质激励效应,同时保留其潜在的心理"需求"影响。研究发现,当纳税能够产生社会回报时,针对性的奖励能够提高遵从度。这种效果不能完全用奖励的象征性价值来解释,也不能只用纯物质激励来解释。作者认为现有的税收机制有改进的余地:可以从财政上奖励那些被审计并发现合规的人,进而提高税收遵从度。

二、非财政因素

影响纳税行为的非财政因素,主要来自与人口统计学相关的性别、年龄等因素以及与社会交互相关的社会规范等因素。

(一)人口统计学因素

不同类型人口的缴税行为可能存在差异,某些人口统计学的因素可能会作用于税收遵从度,这些因素包括年龄、性别、受教育程度和风险态度等。Friedland et al. (1978)和Baldry(1987)发现老年人比年轻人更税收遵从;Baldry(1987)发现女性比男性更倾向于诚实纳税。受教育程度对税收遵从的影响是不明确的,Wilson and Sheffrin(2005)没有发现受教育程度与诚实纳税程度之间的联系,而 Chan et al. (2000)观察到受教育程度越高,人们的税收遵从度越低,相反地,García et al. (2012)发现了合规性与受教育程度之间的正向关系。Castro and Rizzo(2014)发现风险规避对逃税行为有负面影响。

(二)社会交互因素

财政因素研究和人口统计学因素研究详细说明了个人独立做出申报纳税决策的影响因素,但是单纯基于理性人假设模型的分析,不能完全阐述税收遵从的影响因素。自觉诚实缴税是一种社会责任,纳税人必然与外界的许多相关机构和个人存在诸多的交互,他们之间是相互作用和彼此依赖的(Kirchler et al. ,2010;Alm et al. ,2012a;Alm et al. ,2012b),我们需要站在社会人的角度,进一步扩宽研究思路,分析社会交互因素对税收遵从的影响。

在进行社会交互因素影响的回顾之前,我们需要先了解与税收活动相关的交互对象有哪些,Pickhardt and Prinz(2014)通过构建图形模型的方法形象地展示了税收博弈主体框架(见图 9-4)①,并说明了纳税人与制度基础设施之间的关系。首先,最重要的互动是纳税人和税务机关之间的联系,税务机关可以执行税法和惩罚违法的纳税人,纳税人可以向税务机关申请纳税申报或税务咨询,并可根据有关税务机关的行动信息,自愿做

---

① 图中粗实线表示纳税人、税务从业人员和税务机关的直接相互作用,细实线表示纳税人和税务从业人员之间、纳税人和纳税人之间实际或者潜在的联系,虚线表示纳税人、税务从业人员、税务机关和税务立法者之间的间接联系。

出申报纳税决策,既可以选择诚实纳税,也可以选择逃税;纳税人和税务机关的另一关系是"信任和被信任",纳税人可以根据其对税务机关的信任水平做出相应的申报纳税决策。毫无疑问,纳税人与税务机关的互动是税收博弈的核心,这一主题是经济学和心理学领域中的重要研究部分。其次,税务从业人员在税收博弈中的作用是有趣的。一方面,他们是纳税人的盟友,作为专业顾问可以帮助纳税人尽量减少税收负担,这可以被解释为支持避税;另一方面,由于税务从业人员与税务机关定期互动,他们可能比个人纳税人更了解税务机关的策略,他们有法律义务在服从税法的同时,向纳税人提出专业建议。不可否认,税务从业人员的建议对纳税人的纳税行为起着重大的作用。由于税务从业人员的业务范围往往与复杂的收入结构相挂钩,一般服务于企业,这在实验中很难实现,因此我们不探讨税务从业人员对纳税人行为的影响。另一个值得注意的互动是纳税人之间的交互,社会人会根据同群人的行为方式和社会距离进行社会比较,并体会到社会规范,然后做出相应的纳税决策,例如纳税行为的同伴效应。此外,税务机关、税务从业人员甚至纳税人与税务立法者之间的互动也是存在的。虽然税务立法者与税务机关、税务从业人员应该严格分开,但三者之间天然地存在重大的相互作用。因为税法是一个非常复杂的主题,需要收集大量的信息,做出科学的分析,才能制定出一部符合时代要求、实现社会福利最大化的法律。因此,如果没有税务机关和税务从业人员的支持,税务立法者可能会失去事实依据。由于这一主题主要探讨的是纳税人与税务立法者之间的间接互动,其在实验经济学中的表现形式通常与税务机关和纳税人之间联系的研究密不可分,在本部分,我们也不做单独的阐述。

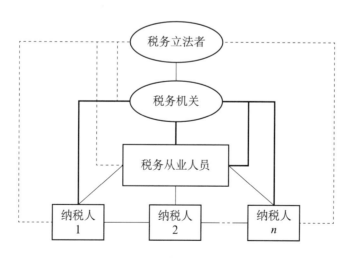

图 9-4 税收博弈主体框架

资料来源:Pickhardt,M. and Prinz,A.,2014,"Behavioral dynamics of tax evasion:A survey",*Journal of Economic Psychology*,40,1—19.

综上所述,我们可以将税收遵从社会交互因素的实验研究分成两部分进行回顾和学习:税务机关对纳税人税收遵从的影响、纳税人之间税收遵从的相互影响。

1. 税务机关对纳税人税收遵从的影响

税务机关对纳税人税收遵从的影响主要分为三个方面:执法权力的影响(审计率和惩罚力度的作用)、服务的影响(发送征税信函和社会服务的作用)和公信力的影响(税务机关"可信任水平"和"对纳税人信任水平"的作用),这三个方面在很大程度上决定了纳税人的税收遵从度。其中,执法权力和社会服务是财政因素中探讨的话题,在此部分不做赘述。征税信函和公信力的作用是社会交互因素中受到关注的焦点。

在纳税人进行纳税申报之前,税务机关可以向纳税人发送提醒其如期申报纳税的信函。这些信函的发送形式和具体内容可能会影响纳税人的行为。Blumenthal et al. (2001)探讨了1994年明尼苏达州税务局为研究道德劝诫对提高税收遵从度的有效性而设计的一项实地实验。实验包含两个对照设置和一个控制设置,三个设置均随机抽取了20000名真实纳税人。税务局未向控制组发送任何提醒纳税申报的信函,仅向两个对照设置中的纳税人分别发送了一封纳税提醒信函,两封信函内容包含相同的开头和结尾,开头为"提醒:纳税申报阶段已经开始,请务必在扣除适当成本后,仔细报告所有收入",结尾是一些关于如何获得帮助的信息以及纳税申报表格和时间安排。但是不同的对照组信件在中间的内容上存在差异,对于对照组1,中间内容为"税收支持社会服务"的相关信息,讲述了税收收入是如何在明尼苏达州分配使用的,并写道"若纳税人不为他们的收入缴纳税款,那么所有州民都可能会因此得不到该有的社会保障";对于对照组2,中间内容为"加入诚实纳税的行列"的相关信息,扭曲了逃税事实,写道"经过我们的审计数据,绝大部分的人都正确地填写了应纳税所得额,并自愿为93%的收入缴纳税款。虽然有小部分人少报了应税收入,但他们中的绝大多数并不是故意的,可能是不小心漏报的"。研究发现,三个设置中的诚实纳税程度并没有想象中的巨大差异,这些信件似乎并没有影响纳税人群体的合规行为。可能的原因是:其一,本实验中使用的规范性诱导语言对纳税人的态度没有任何影响,因此在改变遵从行为方面并不成功;其二,这些信件确实对态度产生了影响,但这些态度的调整并没有诱导出行为变化,原因可能是态度变化太小,或者是受影响的态度与遵从行为无关。

税务机关的公信力是影响税收遵从度的重要因素。"信任"是一种双边关系,因为只有当纳税人与税务机关相互信任时,这份信任才是稳定存在的,只有双方建立起良好的信任,才能促成合作共赢的局面。税务机关的执法权力(审计和罚款制度)体现了其对纳税人的部分质疑,对两者之间的信任关系起到破坏的作用,这不利于税收遵从度的提高;税务机关可以通过友好的服务态度和拉进社会距离来增加其与纳税人之间的信任,进而诱导出纳税人的合规行为。在现实环境中,执法力度同时体现了"执法权力"和"信任",执法力度越高,越能体现高的执法权力,但却降低了社会信任,执法权力和信任两者对税收合规行为的作用是如何的呢？Kirchler et al.(2008)强调"执法权力"和"信任"对纳税合规行为的作用可能取决于纳税人的特点；"逃税思维"的纳税人可能会对"执法权力"做出更强烈的反应，而对于"合规思维"的人来说，"信任"可能至关重要(Prinz et al.,2014)。Hartl et al.(2015)的实验结果发现，参与者对税务机关权力的信任显著影响了合规决策。该研究通过机构描述的方法设置3个税务机构：具有强制权的权力机构、合法权力机构、强制与合法权力相结合的机构。对高强制力和高合法性权力的描述影响着人们对税务机关权力的信任，对税务诚信产生积极影响。两种力量同时使用，这种效果仍然有效。为了提高税收遵从的水平，税务机关的某些态度改变是可取的：通过引入良好的"服务范式"来对待纳税人，支持纳税人申报纳税，减少不确定性和信息成本，这样可以增加双边信任(Alm,2007；Alm et al.,2012b；Alm et al.,2010)。Djawadi and Fahr(2013)通过设置是否允许纳税人决定他们的税收将用于什么样的公共物品来改变社会距离。研究表明，在税务机关权力较低的税收系统中，在公共支出完全透明以及纳税人有可能决定其税收用途时，税收遵从度较高。Casal et al.(2016)发现，缩小纳税人与税务机关之间的社会距离，有助于提高纳税人对税负的接受度和税收遵从度。在这一实验中，参与者需要支付其申报的税款。之后，税款要么是根据一个外部选择的固定方案进行分配，要么是参与者有可能改变分配模式(在分配中发声)。结果表明，在税收分配上有发言权可以提高遵从度。

2. 纳税人之间税收遵从的相互影响

在许多遵从度研究中，纳税人之间相互影响的行为因素是"社会规范的传播"和"不当行为的传染"的作用，社会规范是指一种被社会认可的行为模式，不当行为则是其反面，即被社会不赞成的行为模式。不同于财政因素的结果导向，这两个行为因素的作用是面向过程的。由于社会人具有群体间的学习能力，这两种相反的行为模式都可能会在人群中扩散。根据社会规范理论(Elster,1989；Cialdini,1998)，当人们看到社会一片祥和、所有人都诚实合规地做事时，自己也会受到社会规范的感染而做出诚实的举动，但是当人们所看到的是不当行为时，人们做坏事的心理成本可能会因此降低，进而做出损人利己的事情。而且，这两种社会风气的扩散可能与社会距离和社会比较有较强的联系(Mason,1987；Lefebvre et al.,2011)，一般而言，行为人之间的社会距离越近、社会比较差异越小，行为模式的传染越迅速。

Lefebvre et al.(2015)在不同的实验局中分别提供当期被试逃税百分比的最大值和最小值，实验结果显示，稽查结果的社会信息对纳税行为的影响是不对称的。当纳税人面对的是遵从度较高的"好信息"时，他们不会改变自己的纳税行为；相反，当个体面对的是遵从度较低的"坏信息"时，税收遵从度会变得更差。Alm et al.(2009)的实验中也曾出现过相似的现象，具体实现方式是在实验中允许被试从给定的信息中进行选择并传递给其他被试,这些信息包括了该纳税人的遵从情况,但也可以选择说假话。Blaufus et al. (2017)一共设计了三个实验局,在没有信息的基准局中,被试没有收到任何关于他人纳税的信息;在部分信息实验局中,个人税务信息以匿名方式公开披露;在全部信息实验局中,所有个人信息连同照片都被完全公开披露。实验发现,与不披露信息相比,匿名披露信息加剧了逃税现象;在完全披露信息实验局中,虽然短期内由于羞耻效应的影响,逃税比例有所下降,但长期来看,信息披露依然会加剧逃税。

Alm et al. (2017)发现,个人的纳税行为受其邻居的行为影响,或者受其可能了解的人、认识的人或定期与其互动的人的行为影响。当个人认为其他个人也在申报纳税时,他们更有可能申报纳税;相反,当个人认为其他人在骗税时,他们自己很可能成为逃税者。作者采用实验方法来测试同伴效应的信息对依从性行为的影响。在基准设置中,告知个人其邻居提交纳税申报表的频率;在第二个设置环境中,告知他们接受审计的邻居的数量及其支付的罚款。在这两种情况下,探究信息对报告行为的影响。研究发现,提供邻居是否提交申报表和/或申报收入的信息,对个人申报决策具有统计上和经济上的重大影响。然而,邻居信息并不总是能提高合规性,这取决于信息的确切内容。

总之,由于逃税的违法性和其信息的私密性,学者难以从现实中获取真实完整的逃税信息,关于逃税问题的实证研究很难捕获到可靠的因果效应,实验经济学的引入为这一研究主题提供了便利的工具。本节从财政因素研究和非财政因素研究两个方面对税收遵从的实验研究进行了系统的介绍,其中,财政因素的研究主要探究的是对纳税遵从起着重要作用的税率、罚款率、审计率或审计规则、税收回报和诚实纳税奖励等经济因素,非财政因素的研究则主要考察人口统计学因素和社会交互因素对人们纳税遵从的作用。构建和谐的税收环境对社会的稳定和进步起着至关重要的作用,因此,在后续的研究中,通过合理的实地实验来探究税务机关与纳税人之间的社会交互对税收遵从的影响将具有重大的现实意义。

第三节 投票实验

投票是公共决策产生的重要方法之一,它的作用是产生符合多数民意的决定。通过实验研究投票行为对于公共决策具有重要意义,政府部门可以从中了解投票者行为的内在机理,由此制定更为合理的投票机制。本节内容安排如下:首先介绍两种投票类型——表决和选举,接着介绍投票活动中容易出现的从众行为,最后介绍影响投票的常见因素。

一、两种投票类型

广义上的投票一般有两种形式:表决和选举。表决,即通过集体投票决定某个事项是否实施或决定实施哪个项目,比如集体决定是否出资建设公共道路、是否向某个慈善机构捐款等。选举,即集体投票选择一个候选人当选某个职位(多数情况下是重要的领导职位),常见于政治选举情形。

两种投票类型既有区别,又有联系。从差异性上看,表决主要用于选事,而选举主要用于选人,因此表决适用的情境更为广泛,而选举适用情境较为狭窄,基本集中于政治选举。从相似性上来看,两种投票类型都会涉及两个问题:第一,投票者是否参与投票;第二,参与投票的投票者选择了什么。简要概括即为两个问题:投票率、投票选择,且投票率的研究相对更多。对于表决,研究问题集中于公共品的供给,以解决社会困境(例如搭便车),侧重于研究投票率的不足;对于选举,研究问题在于选民[①]的党派选择和投票率,而党派选择方面的文献相对较少,因此选举相关文献也倾向于投票率的研究。

(一)表决

表决中的投票行为一般可分为工具性投票和表达性投票。其中,工具性投票符合理性假设,投票者依据成本和收益做出是否投票的决策;而表达性投票增加了对其他人投票行为的预期,当预期他人的投票比例越接近平局时,投票成本越高[②]。低成本理论可用于预测表达性投票行为。根据低成本理论,如果向具有道德价值的项目投票的成本很高,那么投票者依据自身利益投票;如果此时成本很低,那么投票者依据道德投票。Tyran(2004)通过征税以用于捐赠的例子比较了这两种投票类型,表9-4展示了投票者 i 在支持或反对投票情形下的收益。

表 9 - 4 Tyran(2004)的工具性投票和表达性投票示例

投票者 i 的投票	少数人投票(预期概率为 q)	平局(预期概率为 p)	多数人投票(预期概率为 r)
是	$x+\varepsilon$	$y+\alpha+\varepsilon$	$y+\alpha+\varepsilon$
否	x	x	$y+\alpha$

资料来源:Tyran,J. R.,2004,"Voting when money and morals conflict:An experimental test of expressive voting",*Journal of Public Economics*,88,1645—1664.

其中,x 表示项目被拒绝时 i 的物质收益,y 表示项目被接受时 i 的物质收益,且 $x>y$。$\alpha \geqslant 0$ 表示一个具有利他偏好的投票者从捐赠中获得的效用,它是一种工具性效用,因

[①] 在选举中,投票者也被称作选民。
[②] 表达性投票的成本为 $p(x-y)$,其中 p 表示预期平局的概率,$x-y$ 表示投票所需付出的物质成本,随着 p 的增加,投票成本也增加。

为这是投票者 i 应得的。$\varepsilon \geqslant 0$ 表示投票者 i 向具有道德价值的项目投票这一行为带来的表达性效用,只要投票者 i 选择投票就会获得该效用,它与捐赠最终能否发生是相互独立的。工具性收益 x、y、α 依赖于公众投票的结果,而表达性收益 ε 则依赖于对具有道德价值项目的表达性支持。

考虑所有投票者同时投票的情形,假定投票者 i 对投票结果有预期:q 表示少数人支持的预期概率,r 表示多数人支持的预期概率,p 表示平局的预期概率。因此,投票支持项目的期望效用为:$\pi(是)=q(x+\varepsilon)+p(y+\alpha+\varepsilon)+r(y+\alpha+\varepsilon)$;而不投票的期望效用为:$\pi(否)=q(x)+p(x)+r(y+\alpha)$。当且仅当 $\varepsilon>p(x-y-\alpha)$ 时,投票者 i 选择投票。

对于纯自利的工具性投票($\alpha=0$,$\varepsilon=0$),投票者总是不投票($p>0$)。对于具有利他偏好的工具性投票($\alpha>0$,$\varepsilon=0$),当 $\alpha>x-y$ 时投票者选择投票。对于工具性投票来说,投票者的决策与他对其他投票者的决策预期无关。对于具有表达性偏好的投票($\alpha=0$,$\varepsilon>0$),当 $\varepsilon>p(x-y)$ 时投票者选择投票。假定表达性效用相对于税收损失的效用是很小的($\varepsilon<x-y$),那么表达性投票者的道德投票取决于他成为关键人物的概率 p。当投票者预期决策是低成本(p 足够小)时他会选择支持,而当他预期决策是高成本(p 足够大)时他会选择不支持。

以上讨论展示了表决中工具性投票和表达性投票之间的差异。工具性投票者是为了某一特定的结果而投票,而表达性投票者依赖于其预期。除了相关理论,从实验研究来看,表决相关的投票实验主要探究如何提高投票率的问题。

在表决的投票率方面,学者们经常探究如何提高投票率的问题。较早的相关实验研究来自 Schram and Sonnemans(1996),作者将低投票率抽象为搭便车问题,并对如何提高投票率进行了探究。在实验中,作者通过购买光盘的行为模拟有成本的投票行为。在两个小组竞争的环境下,组内每个成员都可以花费成本购买光盘,通过光盘数量体现公共品的供给。实验设置了两种竞争机制:赢家通吃和比例代表。在赢家通吃中,购买光盘数量最多的小组获胜,获胜组中每个成员都能得到额外收益,而失败组成员则不能获得额外收益;在比例代表中,每个小组成员的收益等于小组购买光盘总数占两个小组购买光盘总数的比例乘以某一固定金额。在这两种竞争机制下,每个小组成员均有动机搭便车不购买光盘。为了提高小组成员的购买率,实验设置了另外一个维度——群体认同,分为三个层次:混合性,小组构成随轮次变化;盲目性,每轮小组成员不变但被试之间相互不知道谁在哪个小组;开放性,每个被试均知道谁在哪个小组。结果发现小组成员的购买率随着群体认同的增加而增加,即群体认同减轻了表决中的搭便车行为。此外,Tyran(2004)与 Bischoff and Egbert(2013)的研究也与表决中的投票率有关,他们均以慈善捐赠作为研究背景,探究投票者在不同情况下的投票率。不过这两个实验研究的重点不是搭便车,而是侧重于投票中的从众行为。

表决过程中也研究投票选择。例如 Lefgren et al.(2016)研究了经济回报和努力对再分配的投票选择。被试在该实验中需通过真实努力任务获得固定数额的报酬,但在每个实验局中努力对应的经济回报有所不同,即运气不同;之后每个被试选择从高收益被试向低收益被试转移的税额。结果发现努力工作会让人倾向于选择更高的回报,即低回报的努力被试投票选择高税额,高回报的努力被试投票选择低税额。

(二)选举

在选举方面,虽然有关投票选择的文献相对较少,但相关研究还是较为深入的。例如 Kittel et al. (2014)关于多党选举的研究,他们描述了一个多党选举模型,并针对该模型设计了一个实验室实验。在 Kittel et al. (2014)的博弈模型中,共有四种偏好类型的选民:E、F、G、H,以及三个党派 A、B、C。每个党派在选举中获胜时,每种类型的选民的收益不同(见表 9-5)。表中定义了选民在选举中对三个党派的偏好。E 和 H 类型的选民拥有第一偏好的党派(E 偏好 A,H 偏好 B),且对于其他党派的偏好无差异,因此他们的理性决策为总是投票给第一偏好党派。而 F 和 G 类型的选民对党派的偏好有明显的排序,被称作摇摆选民,因为他们的偏好结构会导致他们有策略性投票:一旦第一偏好党派不可能获胜,他们就会投票支持第二偏好党派。其中,关于各党派获胜的可能性,需要选民根据一定的信息来预测。

表 9-5 Kittel et al. (2014)的多党选举中的收益

投票者类型	获胜党派		
	A	B	C
E	155	75	75
F	155	105	55
G	105	155	55
H	75	155	75

资料来源:Kittel, B., Luhan, W. and Morton, R., 2014, "Communication and voting in multi-party elections: An experimental study", *The Economic Journal*, 124, 196—225.

基于以上模型,Kittel et al. (2014)开展了相应的多党选举实验。实验加入了计算机选民,他们总是投票给党派 C,以改变人类选民面临的决策情形。该实验主要探究在多党选举中交流对投票选择的影响,实验中设置了不同程度的交流。实验中选民可以根据选民类型的分布或交流得到的信息来预测每轮投票中获胜可能性最大的党派,并根据自身类型投票给能够使自己收益尽可能高的党派。当然,投票是有成本的且可以弃权。被试的投票行为被分为真诚投票和策略性投票。真诚投票表示坚持第一偏好党派的投票选择,而策略性投票则表示偏离第一偏好党派的投票选择。结果表明交流增加了策略性投票的比例,即选民通过交流的方式获取了更多其他选民投票意愿的信息,由此导致更多的选民做出了策略性投票行为(关于交流对投票行为的具体影响见后文)。

此外，一些文献研究了选举中的投票率，例如 Banerjee et al.(2011)和 Green et al.(2003)，他们均通过实地实验的方式探究了影响选民投票率的因素。Banerjee et al.(2011)在印度选举前夕向贫民窟居民发放有关政绩信息的报纸，结果发现，相较于对照组，实验组的贫民窟选民的投票率更高。Green et al.(2003)则在选举日前几天通过面对面的游说方式来鼓励选民投票，游说内容为简单地提醒选民即将进行选举以鼓励投票。结果表明被游说的实验组投票率高于未被游说的对照组。

二、投票中的从众行为

投票中有一种较为常见的现象——从众行为。Bischoff and Egbert(2013)归纳了从众行为的四种背后动机：①个人对从众的偏好；②社会信息可能被视为有关商品或慈善组织质量的一个信号——个人将其观察到的许多参与团购或消费特定商品的个人解释为相关商品具有高质量；③当计票时，选民可能更愿意投票给获胜的政党、候选人或提案；④厌恶焦虑的选民有动机与预期多数人一起投票，因为这减少了选举结果的不确定性。

从众行为在投票表决中比较常见。Tyran(2004)利用慈善捐赠框架探究了投票决策中的从众行为。该实验以慈善捐赠的群体投票表决为背景，群体成员需投票决定是否将其全部禀赋捐给慈善机构，在支持率未超过规定比例时提案将被否决，而超过规定比例则予以接受。作者设置了两种投票规则 T1 和 T2，改变了接受提案时的捐款结果。在 T1 中，若提案被接受，则所有群体成员均需捐款；在 T2 中，若提案被接受，则只有那些支持捐款的人需捐款，不支持者不捐款。在这两种规则下，每个成员支持投票的成本不同：当实际支持率高于规定比例时，在 T1 中被试是否投票支持不影响其收益，而在 T2 中其决策会影响其收益。此时被试在 T1 中面临低成本决策，而在 T2 中面临高成本决策。当实际支持率低于规定比例时，被试在 T1 和 T2 中均面临低成本决策，因为此时被试不论是否支持均无须捐款。此外，实验还设置了 1%、25%、50%、75% 和 99% 这 5 个不同的投票规定比例，被试除了做投票决策，还需分别对 5 种规定比例给出预期支持率。结果表明，在两种投票规则下，支持率均随预期支持率的增加而增加，而与低成本理论无关。因此，如果人们预期有许多人投票支持提案，他们往往也会投票支持，即人们的预期会促进投票的从众行为。

Bischoff and Egbert(2013)与 Tyran(2004)的实验研究非常相似，均以慈善捐赠的群体投票为背景探究投票中的从众行为。在实验中，每轮每个群体成员需决定是否向某个服务于慈善或公共利益的非政府组织捐赠 10 美元。若每轮支持率低于 50%，则无须捐款，每个被试可兑现 10 美元；否则，每个被试均需将 10 美元捐给非政府组织。实验中被试会收到关于主修经济学或管理学的学生的支持率信息，并猜测每轮的实际支持率。结果表明,不论是男生还是女生,均会参考支持率信息以投票决策,即存在从众行为。由此可知,存在社会信息时,人们的决策会遵循多数群体的行为模式。

三、影响投票的因素

在投票活动中,投票者的行为往往会受到多种因素的影响。本小节从外在因素和内在因素两个角度来分析投票行为。其中,外在因素主要通过信息来影响投票行为,内在因素则主要通过信念来影响投票行为。

(一)外在因素

不论是选举还是表决情形,投票者的行为均会受到外在因素的影响。外在因素主要通过信息来影响投票者的行为。在投票情境下,投票者的行为会受到两方面信息的影响,一方面是投票对象的信息,另一方面是社会信息(其他人的投票信息)。一般来说,投票者在了解到投票相关信息后,其投票行为往往会发生变化。

在投票对象的信息方面,目前有学者研究了政绩信息(Banerjee et al.,2011)和腐败信息(Klašnja and Tucker,2013)对选民投票行为的影响。

Banerjee et al.(2011)通过实地实验探究了政绩信息对选民投票率的影响。实验是在印度德里的选举前两周开展的,且实验对象为贫民。作者选择了贫民窟密度高的10个司法管辖区,并在每个辖区随机抽取了20个投票站进行处理(每个投票站对应约400个家庭)。在实验组中,贫民家庭门口都被放了一份免费报纸,报纸上附有关于立法者政绩的报告单。为提高贫民区居民收到报告单的概率,实验员在分发报纸前通过发放小册子来预告报纸的发放,并在报纸分发的48小时内组织了一次公开阅读报告单的活动。每份报告单均包含两个辖区(所在辖区和邻近辖区)的立法者特征和表现的信息(报告单样式见图9-5)。而对照组中有575个投票站,且贫民家庭无信息干预。结果表明,政绩信息的提供提高了选民的投票率,并减少了买票行为[1];相对于对照组贫民区,在实验组贫民区中,对现任者的投票率随着现任者的表现和资历的提升而增加,但表现比资历更重要;现任者在两个委员会[2]的出席率越高,在贫民区的支出越高,以及富有的挑战者比例越高,则现任者得到的支持率越高。

类似地,Klašnja and Tucker(2013)通过问卷调查探究了腐败信息对选民投票行为的影响。在实验中,被试需在给定的某一情境下回答对假想的市长的支持程度。实验设

---

[1] 买票行为即候选人为获得更多选票而向选民支付现金的行为。
[2] 立法者可以出席三个委员会:粮食警戒委员会、警察警戒委员会、区域发展委员会。但在实验样本中没有立法者出席区域发展委员会,因此样本中最多只有出席两个委员会的情况。

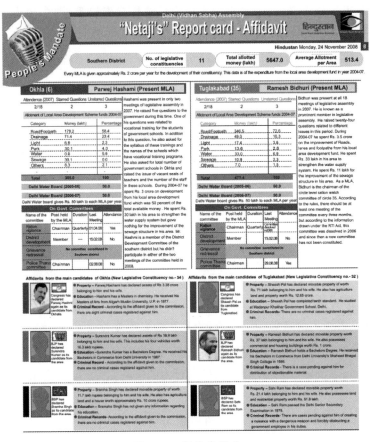

图 9—5 报告单样式

资料来源：Banerjee, A., Kumar, S., Pande, R. and Su, F., 2011, "Do informed voters make better choices? Experimental evidence from urban India", Working Paper.

置了三个维度：①市长是否通过腐败方式获得选票；②官员的腐败是否被市长惩罚；③经济形势是增长还是恶化。在某个情境中，被试对市长支持程度的选项范围从"一定不会"到"一定会"，共有五个选项。此外，作者还依据腐败程度的高低分别选择了两个国家进行比较：高腐败国家摩尔多瓦，低腐败国家瑞典。实验结果发现：①在低腐败国家（瑞典），无论经济形势如何，选民对腐败信息均做出负面反应，即减少支持；②在腐败严重的国家（摩尔多瓦），只有当经济状况很糟糕时，选民才会对腐败信息作出负面反应；③低腐败国家选民对腐败信息刺激的反应程度比高腐败国家强；④在低腐败国家，社会倾向性的投票相对更为重要，而在高腐败国家，买票相对更多一些。

以上两个实验均为选举情形下通过投票对象信息来影响选民投票行为的研究。但 Banerjee et al. (2011) 的实验相对更实际一些，主要由于实地实验的真实环境使得被试行为更贴近现实，而问卷调查主要依赖被试的想象，且给出的腐败相关信息也是不真实的，所以被试的决策与其真实行为可能有较大偏差。

在社会信息方面,Bischoff and Egbert(2013)以捐赠为背景探究了社会信息对投票行为的影响。在该实验中,社会信息为经济学或管理学专业学生之前对各非政府机构实施捐赠的支持率。被试可以参考这些信息对每个机构做出是否捐赠的投票决策,实验最后根据群体内的支持率是否超过50%来决定是否捐款。此外,实验中还会告知被试在相似群体中该信息是用于投票的不错的预测。该实验设置了两个不同专业学生的支持率信息的实验组,主要是为了比较在对同一机构的投票决策中,支持率信息差异对被试投票行为的影响。结果不出意外,他人的支持率信息会影响被试本人的支持率,且随着他人支持率的提高,被试实际的支持率也会提高。

除了直接获得的社会信息,投票者之间的交流也能使投票者获得社会信息,从而影响投票率。交流主要有两方面的作用:第一,交流能够使投票者了解其他投票者的意图,以做出更符合自身利益的投票决策;第二,交流帮助投票者传达自身的信念和观点,以影响其他投票者的立场。不论是党派选举还是群体内的投票表决,这种交流互动方式均会对两种投票模式产生影响。

Schram and Sonnemans(1996)对交流的作用进行了初步的研究。作者将购买光盘行为作为有成本的投票,以开放性实验局(同组被试能够相互识别)为基础,在购买光盘决策结束后,让被试在组内交流5分钟,之后再重复同样的购买决策。结果表明,额外的交流促进了被试的购买率,这是由于交流提供了一个做出承诺、协调行动(特别是在公共品中)和增强群体认同的机会。因此,即便是在这种简单的表决情形下,群体内部的交流也能提高被试对公共品投入的投票率,减少搭便车现象。

Kittel et al. (2014)关于交流对选民投票行为的影响的实验较为完整地阐述了交流的作用。该实验设定了一个多党选举的场景,被试被指定为四种偏好类型的一种,并向三个党派投票以决定最后获胜的党派。根据交流程度的不同设了四个实验局:基准局、党派标签局、党派交流局和全部交流局。在基准局中,被试知道的信息包括他们的选民类型、投票成本、选民数量、选民类型的分布,以及计算机选民的数量;在党派标签局中,除了告知选民类型,被试还被指定党派,E和H类型的选民总是被分配到第一偏好的党派,而F和G类型的选民(摇摆选民)则一部分被分配到党派A,一部分被分配到党派B;在党派交流局中,除了在投票前选民能在同一党派内与其他成员聊天,其他所有设置均与党派标签局相同;在全部交流局中,除了选民可以与实验中所有选民交流,其他所有设置均与党派交流局相同。实验结果表明,交流提高了投票率和策略性投票的比例,且在党派交流中,选民往往比在全部交流情况中更坚持初衷。

(二)内在因素

除了外在因素,内在因素也在投票决策中起到重要的影响,它主要体现在个体信念中。在投票情境中,个体信念包括对自己投票关键性的信念和对他人投票的信念。信念的变化会导致投票行为的差异。

Duffy and Tavits(2008)认为个人对自己的投票起关键性作用的信念强度会影响投票行为。为此,他们设计了一个能够激发被试信念的投票实验。该投票实验中两个组的成员购买代币进行竞争,购买成本为 0.18 美元。代币数量多的组获胜,获胜组的每个成员可以获得 1 美元回报,而失败组则无。此外,实验每轮预先宣布了平局赢家,以助于评估关键性决策。实验设有信念组与对照组,两者的唯一差异在于:在信念组中,被试需在决定是否购买代币前报告他们的主观信念,即他们购买代币的决策是否具有关键性,而对照组被试无须报告信念。该实验研究的信念主要聚焦于当被试的关键性信念超过投票成本时,被试是否会投票。① 结果表明,相信自己的投票对结果具有关键影响的被试更有可能参与投票,且被试系统地高估了他们的投票决策是否关键的概率。

除了对自己投票的关键性信念,对群体投票的预期信念也会影响投票行为,例如前述的 Tyran(2004)研究了群体投票率的预期与实际投票率之间的关系。在该实验中,被试需在群体内投票是否对慈善机构进行捐赠,而捐赠是否实施取决于群体投票率是否超过规定比例。作者主要通过改变投票规则和规定比例来改变被试预期的群体支持率。根据低成本理论,投票者越确定自己不会做一个高成本决策,他们就越倾向于支持提议。据此,Tyran(2004)预测了在规定比例(Q_j)为 50% 的情况下,在两个投票规则 T1(提议通过则全员捐款)和 T2(提议通过只有选择投票的成员需捐款)中,被试的投票率与预期投票率之间的关系(见图 9-6)。

图 9-6 表明,当预期投票率低于规定比例时,由于此时的投票不太可能导致捐款实施,因此不论是对于规则 T1 还是规则 T2,选择投票均是低成本的。此时随着预期投票率的提高,投票成本也随之增加,因而实际投票率随之降低。而在预期投票率高于规定比例时,两种规则下的不同捐款结果,导致预期投票率与实际投票率的关系也不同。在 T1 中,此时提议通过的概率很高,捐款的发生与被试是否选择投票基本无关,因此投票的成本较低,且随着预期投票率的提高,被试认为捐款因其投票而发生的概率相应降低,投票成本随之降低,实际投票率随之提高。而在 T2 中,此时提议一旦通过则选择投票的被试必须捐款,那么其投票成本就很高。随着预期投票率的提高,被试因选择投票而捐款的概率越高,所以投票成本也增加,实际投票率也就随之下降。

然而遗憾的是,实验结果表明在两个投票规则下实际投票率均随着预期投票率的提高而提高,该结果与低成本理论不符。这说明,不论在哪种投票规则下,被试的投票行为与其预期投票率是正相关的,人们总是会跟随预期的方向投票。

---

① 假设被试的投票为关键性投票(即该票能够决定输赢)的概率为 p,投票成本为 c,当获胜收益为 1 时,被试的期望收益为 $p-c$。因此当关键性信念 p 大于投票成本 c 时,理论上被试应该选择投票。

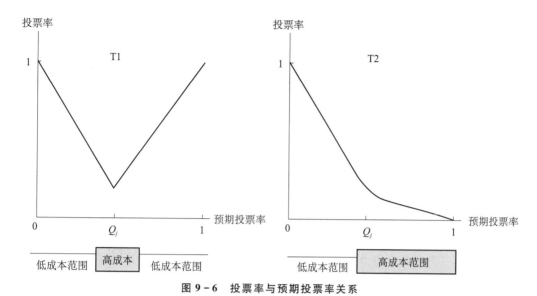

图 9-6 投票率与预期投票率关系

资料来源：Tyran, J. R., 2004, "Voting when money and morals conflict: An experimental test of expressive voting", *Journal of Public Economics*, 88, 1645—1664.

综上所述，投票相关的实验研究相对较少，但这部分研究也让我们更加深刻地认识了投票行为。可以看到，人们的投票行为往往不是完全遵从内心的，而是会受到外界因素的干扰。因此，如何设计更好的投票机制以及如何干预使得人们的投票行为朝着更好的方向发展，是值得我们进一步研究的。

第四节　慈善捐赠实验

慈善捐赠是为社会提供公共品的一种重要方式。它能一定程度上减轻资源的不平等，同时也促进了社会和谐。研究如何促进社会中的捐赠行为具有重要意义。本节介绍了通过实验方法来研究的四种常见慈善捐赠机制，以及影响捐赠行为的相关因素。

一、常见的慈善捐赠机制

在慈善捐赠中，除了最基本的直接募捐方式，为了提高捐赠率和捐赠额，往往会设置一些捐赠机制，目前比较常见的有匹配捐赠、回扣机制、领导捐赠、阈值捐赠等。

（一）匹配捐赠

匹配捐赠是根据捐赠者的捐款按一定比例进行补偿捐赠，这种捐赠机制放大了捐赠者捐赠的总额。许多学者研究了匹配捐赠机制对捐赠行为的影响。Karlan and List(2007)利用自然实地实验研究了匹配价格变化对慈善捐赠的影响。实验以一个非营利慈善组织的名义通过邮件向先前捐赠过的人募捐,所有人会收到一封四页的信。被试随机进入匹配组或对照组,两者只有两方面的差异:第一,在匹配组中,信中第二页顶部会增加一段话,宣布"有关会员"将对他们的捐款进行匹配捐赠;第二,匹配组的回复卡对匹配细节进行了加粗,而在对照组中回复卡没有匹配相关的语句,取而代之的是组织的徽标。信的其余部分由该慈善组织编写和设计,且符合他们典型的募捐做法。

匹配组包括最大匹配数额、价格比例和建议数额三个研究维度。最大匹配数额是指匹配捐赠的最高限额,共有 25 000 美元、50 000 美元、100 000 美元、未声明四档;价格比例是指匹配捐赠的比例,共有 1∶1、2∶1、3∶1 三种,其中 2∶1 表示每捐赠 1 美元,匹配捐赠 2 美元;建议数额是指推荐给被试的捐款数额,也有三种,即被试以前的最高捐款额、被试以前最高捐款额的 1.25 倍、被试以前最高捐款额的 1.50 倍。

该实验的结果表明,匹配捐赠能够增加捐赠收入和捐赠的可能性,但是较高的匹配率(3∶1 和 2∶1)相对于较低的匹配率(1∶1)没有产生额外的影响,且最大匹配数额与建议数额两个维度没有显著影响。因此,匹配捐赠能够增加捐赠,但并不是匹配率越高越好,这表明匹配捐赠对人们捐赠的激励是有限的。

(二)回扣机制

回扣机制是在捐赠后对捐赠者按照一定比例进行补偿,但不改变捐款收入。回扣机制与匹配捐赠机制有些类似,两者都是在捐赠后进行补偿捐款,理论上降低了捐赠的价格。两者的主要差异在于补偿对象:匹配捐赠机制补偿的是受捐助者,而回扣机制补偿的是捐赠者。

Eckel and Grossman(2003)将匹配捐赠机制与回扣机制进行比较,以探究哪种补偿机制更适合慈善捐赠。在实验中,被试需先从给定的名单中选择一家慈善机构,再完成 12 个不同的分配决策,然后通过投掷一个 12 面的骰子来确定哪个分配决策问题决定被试收益。这些决策问题的差异在于:①禀赋:40、60、75 或 100 个代币[①];②向慈善机构捐赠 1 美元的成本:1 美元、0.80 美元、0.75 美元或 0.50 美元;③成本的减少是否源于回扣或匹配,回扣比例有 20%、25% 和 50%,匹配比例有 25%、33% 和 100%。结果表明,捐赠行为对补偿都很敏感,不论是回扣还是匹配;但与回扣机制相比,匹配机制产生的捐款更高。产生该结果的原因可能是,捐赠行为具有"光热效应",捐赠者不仅关心公共品的水平,也关心自己对这项事业的贡献。

---

① 在每种情况下,1 代币=0.1 美元。

(三)领导捐赠

领导捐赠是在筹款中有人承诺提供一大笔捐款,用以带动人们积极捐赠。领导捐赠往往有两种形式:一种是领导捐赠者承诺直接捐赠,另一种是领导捐赠者将该笔捐款以匹配的方式进行捐赠。因而在匹配捐赠中,实际上已经暗含了领导捐赠者的存在,因此匹配捐赠这种方式,可能既包含匹配机制的效果,也包含宣布领导捐赠(或领导捐赠者)存在的效果。关于领导捐赠存在的效果,Huck and Rasul(2011)整理了两种理论解释:第一,在纳什均衡中,自利者会选择搭便车而不捐赠,但领导捐赠可以促进合作而远离纳什均衡;第二,领导捐赠作为一种可信度工具,能够向潜在的捐赠者发送关于项目质量信息的信号。

为探究领导捐赠中存在的净效应,Huck and Rasul(2011)在一次慈善募捐中实施了实地实验,从匹配捐赠中分离了领导捐赠的效应。他们通过歌剧院向观众发送了募捐信件,信件接收者随机进入四个实验组:对照组 T0、领导捐赠组 T1、50% 匹配组 T2 和 100% 匹配组 T3。在 T0 中,没有关于领导捐赠者的信息;在 T1 中,告知被试有匿名领导捐赠者将直接捐 6 万欧元;在 T2 中,告知有匿名捐赠者对每 1 欧元匹配捐赠 0.5 欧元,最高匹配额度为 6 万欧元;T3 除了对每 1 欧元的匹配捐赠变为 1 欧元,其他均与 T2 一致。结果表明,只要宣布领导捐赠的存在就能够增加捐款额;而匹配捐赠虽然能够提高收到的捐款总额(包括匹配的捐赠),但却部分挤出了实际的捐款,这与 Rondeau and List(2008)的结论基本一致。图 9-7 展示了四个实验组的捐赠分布,可见领导捐赠组中大额捐赠的比例相对更多。因此,在存在领导捐赠的情况下,如果慈善机构寻求最大化捐赠,只需宣布领导捐赠的存在。

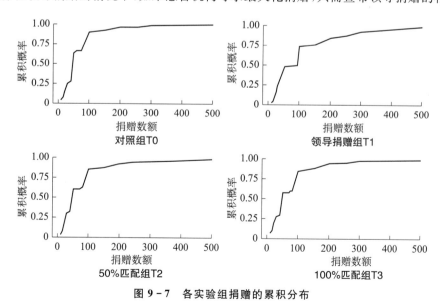

图 9-7 各实验组捐赠的累积分布

资料来源:Huck, S. and Rasul, I., 2011, "Matched fundraising: Evidence from a natural field experiment", *Journal of Public Economics*, 95, 351—362.

(四)阈值捐赠

阈值捐赠是指在捐赠中设有一定的阈值,例如捐赠人数或捐赠数额,只有达到阈值要求才会实施相应的捐赠。例如,Rondeau and List(2008)和 Gee and Schreck(2018)分别研究了捐赠数额阈值和捐赠人数阈值对捐赠行为的影响。

在捐赠数额的阈值方面,Rondeau and List(2008)在实验中将捐赠数额阈值与匹配捐赠、挑战捐赠分别结合来探究其对捐赠行为的影响,其中挑战捐赠是指捐赠者无条件承诺的一笔捐赠。作者实施了实地实验和实验室实验。其实地实验依托俱乐部的筹款活动展开,向俱乐部支持者们发送募捐信。在该筹款活动中,只有当募捐总额达到某一阈值数额时,募捐才会实施,否则如数退款。共有四个实验组:①在低对照组中,捐款需达到2500美元;②在高对照组中,捐款需达到5000美元;③在挑战组中,募捐总额为5000美元,但有领导捐赠者已承诺2500美元的挑战性捐赠,因此捐赠者实际只需捐2500美元就能达到阈值;④在匹配组中,募捐总额为5000美元,且领导捐赠者承诺以1∶1的比例对前2500美元进行匹配捐赠,此时达到阈值也只需捐赠者捐2500美元。结果表明存在阈值效应,即捐款规模与捐款数额的阈值正相关。

其实验室实验与实地实验非常相似,只是将捐赠改为基金投资,并修改了实验参数。六人一组的被试每人有12.0美元初始禀赋,在私人账户和群体基金之间做分配决策。只有当组内供款达到最低阈值时才会进行投资,投资成功时每个小组成员会收到某一固定报酬,且超过阈值的部分每多1.0美元就可得到0.2美元的额外报酬,若未达到阈值则退款。共设有五个实验组:高对照组、挑战组、匹配组、低对照组、低对照组2。其中,前三个实验组的阈值均为45.0美元,两个低对照组的阈值为22.5美元;除了挑战组和匹配组有领导捐赠者承诺的22.5美元捐赠外,其他均无;在达到阈值时,低对照组2的固定收益为4.5美元,而其他实验组均为9.0美元(见表9-6)。其中两个低对照组提供了进一步的对照。实验室实验的结果与实地实验结果基本一致,存在很强的阈值效应。阈值的降低使得捐赠率和捐赠额均下降,且挑战基金对捐赠行为有积极影响,而匹配基金则无。

表9-6 各实验组参数设置

实验组	阈值(美元)	领导捐赠(美元)	达到阈值时的个人收益(美元)	额外报酬(美元)	被试数量(人)
高对照组(HC)	45.0	0	9.0	0.2	48
挑战组(CH)	45.0	22.5	9.0	0.2	48
匹配组(MA)	45.0	22.5	9.0	0.2	48
低对照组(LC)	22.5	0	9.0	0.2	48
低对照组2(LC2)	22.5	0	4.5	0.2	48

资料来源:Rondeau, D. and List, J. A., 2008, "Matching and challenge gifts to charity: Evidence from laboratory and natural field experiments", *Experimental Economics*, 11, 253—267.

从参数设置上来看,Rondeau and List(2008)实验中的挑战捐赠和匹配捐赠本质上是一样的①,只是对捐赠机制的描述有所差异,却产生了不一样的结果:挑战捐赠机制这种直接承诺一笔大额捐款的方式更能激励人们捐赠。作者对此的解释是,领导捐赠者的捐赠传递了公共品的质量信息,从而促进了人们的捐赠。

在捐赠人数的阈值方面,Gee and Schreck(2018)在匹配捐赠的实验中结合了捐赠人数的阈值,用以探究个人对同伴捐赠行为的信念对其自身捐赠行为的影响,同样也分别通过实地实验和实验室实验加以比较。

在实地实验中,作者共设了五个实验组——无任何匹配捐赠的对照组,提供1∶1的匹配捐赠的匹配组,另外还有三个阈值匹配组:T1、T2、T3。在阈值匹配组中,10人一个小组进行捐赠,如果选择捐赠的人数达到阈值,那么第三方将向慈善机构额外匹配捐赠50美元的固定金额,其中T1、T2、T3的阈值分别为1、2、3人。结果发现,除了T3实验组,其他实验组在捐赠率上与对照组无显著差异,表明匹配机制不是总能提高捐赠率。这可能是因为个人认为同伴捐赠已达到阈值,因而他们的捐赠对获得匹配的资金不是关键。

在实验室实验中,作者采用了类似的方法。不同的是,实验室被试有固定的16美元禀赋,其捐赠决策为0或5美元的二元选择,且作者设置了更多类型的阈值。② 每个被试均参加了六个实验组——对照组C中被试仅做捐赠选择而无匹配捐赠;其他五个为阈值匹配组:T1、T3、T5、T7、T10分别对应1、3、5、7、10人的捐赠阈值,在10人的小组中只有达到捐赠阈值时才会匹配捐赠固定的50美元。在捐赠结束后进入信念激发阶段,对于先前捐赠阶段的每一轮,被试需报告他们对其同伴行为的信念,具体为:被试对其他选择捐赠的人数(0,1,2,…,9)的每个可能性进行分配,这些概率加起来等于1。结果发现,T3实验局的捐赠率和捐赠总额最高,这说明在10人小组捐赠中,阈值人数为3是最佳的。此外,捐赠率与阈值的关系呈倒U形(见图9-8),这与被试对同伴捐赠的信念的解释是一致的。当阈值较低时被试不相信自己此时起关键作用,因为其他捐赠者很容易达到阈值,所以被试会选择搭便车(比如T1);而当阈值很高时,被试认为在如此苛刻的阈值下,即使自己捐赠也无法达到捐赠阈值,因而捐赠率下降(比如T10)。

二、影响捐赠的因素

(一)信息因素

捐赠者的捐赠行为会受到多种因素的影响,目前文献研究主要集中于信息的影响,

---

① 在Rondeau and List(2008)的实验中,在其他参数一致的情况下,由于设有捐赠数额的阈值,且匹配捐赠和挑战捐赠的数额相同(均为阈值的一半),因此不论是匹配捐赠还是挑战捐赠,为达到阈值被试需要捐赠的最低捐款总额是相同的。从这个角度上来看,匹配捐赠和挑战捐赠对被试的激励是相同的。

② 补充实验室实验的原因有两个:第一,由于该实验主要通过阈值改变被试对同伴捐赠的信念,但实地实验并未有效激发出被试的信念;第二,实地实验的阈值变化范围太小。

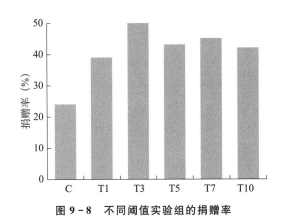

图 9-8 不同阈值实验组的捐赠率

资料来源：Gee, L. K. and Schreck, M. J., 2018, "Do beliefs about peers matter for bonation matching? Experiments in the field and laboratory", *Games and Economic Behavior*, 107, 282—297.

这可能与信息容易产生和获得且容易影响被试的想法和行为有关。其中社会信息是学者们研究捐赠行为的重要影响因素。

Martin and Randal (2008)从社会信息的角度出发，通过自然实地实验研究了他人捐赠对捐赠行为的影响。实验通过透明捐款箱内的钱币体现他人的捐款。作者选择了美术馆作为实验地点，在门厅处放了一个透明的捐款箱，通过改变捐款箱中的初始钱币来操纵社会信息。实验采用了三个实验组和一个对照组：50 美元组、5 美元组、50 美分组，以及无钱币组。除了无钱币组，其他三个实验组均是非空的且总钱币价值接近。50 美元组的特点是有一些大面额的钞票；5 美元组为中间情况，钞票的面额较小；而 50 美分组的特点是有大量铸币。每个实验组中捐款箱的初始内容物如图 9-9 所示。捐款箱的钱币可能会影响被试对先前捐赠的数量和频率的看法；或者说，捐款箱的钱币可以作为一个认知的锚点，反过来影响被试的捐赠行为。

  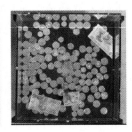

图 9-9 非空捐款箱初始内容物（从左向右：50 美元组、5 美元组、50 美分组）

资料来源：Martin, R. and Randal, J., 2008, "How is donation behaviour affected by the donations of others?", *Journal of Economic Behavior & Organization*, 67, 228—238.

每天结束时，捐款箱内的全部内容物被收走，实验员记录当天捐款并在第二天重新设置捐款箱。摄像机被放在盒子上方，用以监测捐款箱的捐款情况。同时美术馆独立监控每日参观人数。结果表明，非空的捐款箱可以提高访客的平均捐赠额，且捐款的构成与捐款箱的初始内容物比较一致。其中,相较于无钱币组,50 美分组中每个访客的平均捐赠额有所增加,这主要是由于访客的捐赠倾向增加,但是每个捐赠者的平均捐赠额与无钱币组无差异;50 美元组和 5 美元组相对于无钱币组,访客的平均捐赠额有所增加,但访客的捐赠倾向和捐赠者的平均捐赠额却并没有显著增加。这说明,不同的社会信息的确对捐赠行为有不同影响。50 美分组给出的信号是他人较小的捐赠额,而 50 美元组或 5 美元组给出的信号则是他人较大的捐赠额。对于他人较小的捐赠额,访客更容易增加捐赠倾向。

Shang and Croson(2009)认为社会信息对捐赠行为的影响可能存在两种不同方向的作用,他们阐述了两类关于社会信息对捐赠行为影响的理论。第一,替代理论:个人捐赠与他人捐赠负相关。第二,补充理论:个人捐赠与他人捐赠正相关。为检验上述理论,作者设计了一个自然的实地实验,通过一个公共广播电台的募捐活动来开展。选择公共广播电台的理由有两个。首先,由于每个人都有动机免费听广播而不捐款支持电台建设,但电台的运营有固定成本,因此如果其他人捐款,那么个人就有动机搭便车,从而具有验证替代理论的可能性。其次,当情况模糊时,个人更容易受到社会信息的积极影响;而如果有明显合理的事情要做,那么其他人正在做的事情的社会信息不会影响一个人决策,而公共广播正好满足模糊条件,且推荐捐款的多样性不会让受访者产生合理的捐款认知[①],从而提供了检验补充理论的机会。

实验通过广播电台向听众募捐,听众可以打电话给电台做出捐款承诺。实验员作为接线员对电话交流内容做了三种社会信息处理,分别告知被试有另一个成员捐赠了 75 美元、180 美元或 300 美元,然后询问被试承诺捐款的意愿,而对照组则不提供关于其他人的捐款信息。为了不对被试构成欺骗,作者在实验前已确认另一个成员在之前捐了相应的金额。结果表明,社会信息对捐赠行为有积极作用,且 300 美元的社会信息组明显比对照组产生更多的捐赠,而 75 美元的社会信息组与对照组无差异。因此,实验结果支持了关于社会信息的补充理论。

(二)禀赋因素

在现实中,人们的捐款往往来源于自己的财富,相当于禀赋。然而,一些实验室实验表明,当被试的禀赋为实验室禀赋时,他们的自利行为比当他们的禀赋来自真实努力任务或来自实验室外时更少(Hoffman and Spitzer,1985;Cherry et al.,2002)。因此,禀赋获得方式的不同可能会导致不同的捐赠行为。何浩然和陈叶烽(2012)就通过一个自然

---

① 先前的研究发现,大多数捐赠者无法正确地回忆起他们过去捐款的数额(Rooney et al.,2004),且在做出当前决定时他们需评估过去的决策是否依然适合当前的需求。作者认为,建议捐赠数额的多样性(和范围)且缺乏清晰记忆,意味着潜在的捐赠者不知道什么是合理的捐款。

的实地实验探究了禀赋获得方式对捐赠行为的影响。他们在校园超市中开展了一项慈善募捐活动，并设置了 2×2 的处理，包括禀赋获得方式和性别两个维度。其中，禀赋获得方式包括白得和挣得两种方式：白得禀赋通过超市回馈消费者活动实现，被随机选中的被试可以获得 50 元现金回馈；而挣得禀赋通过商业调查活动来实现，被试需参与有关超市塑料袋提供情况和超市销售服务情况的有偿调查以获得 50 元现金。在被试获得禀赋之后，实验员告知被试，超市正在开展一个慈善募捐活动，并让被试私下决定是否捐赠以及捐赠数额。结果发现，被试在白得禀赋的情况下比在真实努力任务下获得禀赋的情况下更加慷慨，而性别对捐赠行为无显著影响。

Reinstein and Riener(2012)也通过实验室实验对禀赋类型在慈善捐赠中的作用进行了探究，但该实验中真实努力得到的禀赋降低了被试慷慨程度的结果并不显著。尽管如此，作者还从另一个角度探究了禀赋的作用，即禀赋的类型。该实验为 2×2 的设计，主要考虑禀赋类型和禀赋获得方式两个维度。禀赋类型包括现金禀赋和账户禀赋，现金禀赋是指捐赠前直接获得现金，而账户禀赋为显示在电脑屏幕上的禀赋。禀赋获得方式有两种，一种是通过真实努力任务(算术题)获得，另一种是直接获得。实验中，被试先通过真实努力任务获得禀赋或直接获得禀赋，然后做出捐赠决策。结果表明，禀赋获得方式对捐赠行为的影响无显著差异，而禀赋类型却对捐赠行为产生了显著的影响：被试在现金禀赋下比在账户禀赋更不愿意捐赠。这说明了人们在面对真实的金钱时，行为会变得更不慷慨，这与现实情况十分相符。因此，若要提高慈善募捐的总额，采用信用卡、网络支付等无形的交易方式可能更加适合。

(三)其他因素

除了信息、禀赋等因素，其他因素也会对慈善捐赠行为产生影响。例如，Alpizar et al.(2008)从匿名性、互惠性、参照点三个维度研究捐赠行为，其中参照点维度属于上文提到的信息因素。该慈善捐赠实验在哥斯达黎加国家公园实行，并招募律师作为实验员，律师需随机抽取国际游客进行采访并提议捐款。实验涉及三种不同的处理。第一，匿名性。在匿名情况下，被试将装有捐款的信封放入盒子里，实验员无法看到捐款额；而在非匿名情况下，实验员告知被试需清点和登记其捐款。第二，互惠性。在互惠情况下，实验员会在提出捐款请求前送给被试一个价值约为 3 美元的小礼物；而在非互惠情况下则不包括任何礼物。第三，参照点。有参照点的情况就是告诉被试其他游客的常见捐款为 2/5/10 美元，而无参照点情况中则不告知其他人的捐款。因此，实验为 2×2×4 的设计。结果表明，首先，匿名性会减少捐款，在律师面前的捐款平均比私人捐款高 25%，这说明身份效应是捐款行为的重要解释；其次，互惠可以诱导更多人捐款，同时也降低了平均捐款额，这与提供 2 美元参考信息和不提供参考信息的结果比较是类似的，这两种情况似乎强迫了那些在其他情况下不捐款的被试做出捐款决策,但他们的捐款往往比其他人少;最后,参照点对捐赠额的影响是正向的。由此可知,慈善捐赠这种利他行为,有时候并不单单源自纯粹的利他偏好,而是会受到声誉、社会压力的影响。

此外,捐款默认值的设置也会影响捐赠行为。默认值是一种助推方式,它在不改变捐赠机制的情况下,通过默认的捐款设置来推动捐赠行为的增加。Altmann et al. (2019) 借助德国一家大型慈善捐赠在线平台探究了默认值对捐赠行为的影响。该实验通过两个维度的默认值进行探究:一是项目捐赠,即对慈善机构的捐款数额;二是共同捐赠,即对该在线平台的附加捐款比例。在该在线平台中,被试既可以捐款给慈善机构,也可以捐款给平台以帮助平台支付开发和维护成本(见图 9-10)。项目捐赠和共同捐赠金额之和为捐赠者的总捐赠,平台会自动计算总金额并显示给被试。作者根据项目捐赠和共同捐赠两个维度设了 12 个不同的实验组。在项目捐赠维度,潜在的捐赠者随机进入四个实验处理:在捐赠选项中,显示的默认金额为 0、10 欧元、20 欧元或 50 欧元。在共同捐赠维度,共同捐赠选项里有三个实验处理:共同捐赠比例的默认值为 5%、10% 或 15%。①

图 9-10 捐款界面

资料来源:Altmann, S., Falk, A., Heidhues, P. et al., 2019, "Defaults and donations: Evidence from a field experiment", *Review of Economics and Statistics*, 101, 808—826.

结果发现,默认值对捐赠行为有很强的影响:在每个实验组中,两个选择维度中的捐款与特定的默认值相关。然而,默认值对平均捐赠额没有显著影响,在项目捐赠中默认值导致一部分人捐赠更多,而另一部分人捐赠更少。相比之下,在共同捐赠维度中,较高的默认值能够使得被试对在线平台的平均捐赠额更高。由此表明,默认值信息具有较强的引导作用,使得人们朝着默认值推荐的方向决策。项目捐赠和共同捐赠方面的结果差异,主要还是因为一方面人们进入该在线平台是为了给慈善机构捐款,原本就有一个意向的捐赠额,默认值对不同捐款意向的被试的正负影响相互抵消了;而另一方面多数人进入平台前并没有捐款给平台的想法,但是受到了默认值的影响,反而整体提升了对平台的捐款额。因此,默认值也能推动人们的捐款意愿。

---

① 这些默认值均为默认显示的,而不是被试只能选择这些比例。在项目捐赠选项中,被试可以输入任何捐赠额;在共同捐赠选项中,被试可以选择不捐款、5%、10%、15%、20%、25% 或其他金额。

综合来看,慈善捐赠是一种常见的公益模式,如何更好地发挥它的筹款作用值得我们思考。本节介绍了四种常见的捐赠机制——匹配捐赠、回扣机制、领导捐赠、阈值捐赠。从这些机制的研究结果可知:盲目使用匹配捐赠或盲目增大匹配比例,并不一定会提高募捐效果;设置阈值也需要在合理的范围内才能促进捐赠;使用直接的领导捐赠可以增加捐款规模。此外,捐赠行为也容易受到信息、禀赋及其他因素的影响,因此不论是现实中的筹款活动还是与慈善捐赠相关的实验研究,都应该考虑机制的适用性和若干因素的影响。

本讲参考文献

何浩然、陈叶烽,2012:《禀赋获得方式影响被试行为是否存在性别差异:来自自然现场实验的证据》,《世界经济》,第4期。

李华林,2021:《稽查"利剑"促税收营商环境持续优化》,《经济日报》,2021年1月19日市场财经版(第8版)。

Abbink, K., 2000, "Fair salaries and the moral costs of corruption (No. 1/2000)", Bonn Econ Discussion Papers.

Abbink, K., 2004, "Staff rotation as an anti-corruption policy: An experimental study", *European Journal of Political Economy*, 20, 887—906.

Abbink, K., Dasgupta, U., Gangadharan, L. et al., 2014, "Letting the briber go free: An experiment on mitigating harassment bribes", *Journal of Public Economics*, 111, 17—28.

Abbink, K. and Hennig-Schmidt, H., 2006, "Neutral versus loaded instructions in a bribery experiment", *Experimental Economics*, 9, 103—121.

Abbink, K., Irlenbusch, B. and Renner, E., 2002, "An experimental bribery game", *Journal of Law, Economics, and Organization*, 18, 428—454.

Abbink, K. and Wu, K., 2017, "Reward self-reporting to deter corruption: An experiment on mitigating collusive bribery", *Journal of Economic Behavior & Organization*, 133, 256—272.

Alatas, V., Cameron, L., Chaudhuri, A. et al., 2009, "Gender, culture, and corruption: Insights from an experimental analysis", *Southern Economic Journal*, 75, 663—680.

Allingham, M. G. and Sandmo, A., 1972, "Income tax evasion: A theoretical analysis", *Journal of Public Economics*, 1, 323—338.

Alm, J., 1999, "Tax compliance and administration", in Hildreth, W. B. and Richardson, J. A. eds: *Handbook on Taxation*, New York: Marcel Dekker.

Alm, J., 2007, "Administrative options to close the tax gap: Insights from research",

Tax Notes, October, 22.

Alm, J., Bloomquist, K. M. and McKee, M., 2017, "When you know your neighbour pays taxes: Information, peer effects and tax compliance", *Fiscal Studies*, 38, 587—613.

Alm, J., Cherry, T., Jones, M. et al., 2010, "Taxpayer information assistance services and tax compliance behavior", *Journal of Economic Psychology*, 31, 577—586.

Alm, J. and Jacobson, S., 2007, "Using laboratory experiments in public economics", *National Tax Journal*, 60, 129—152.

Alm, J., Jackson, B. R. and McKee, M., 1992, "Estimating the determinants of taxpayer compliance with experimental data", *National Tax Journal*, 45, 107—114.

Alm, J., Jackson, B. R. and McKee, M., 2009, "Getting the word out: Enforcement information dissemination and compliance behavior", *Journal of Public Economics*, 93, 392—402.

Alm, J., Kirchler, E. and Muehlbacher, S., 2012a, "Combining psychology and economics in the analysis of compliance: From enforcement to cooperation", *Economic Analysis and Policy*, 42, 133—151.

Alm, J., Kirchler, E., Muehlbacher, S. et al., 2012b, "Rethinking the research paradigms for analysing tax compliance behaviour", CESifo forum, 13, 33—40.

Alm, J. and Mckee, M., 2004, "Tax compliance as a coordination game", *Journal of Economic Behavior & Organization*, 54, 297—312.

Alm, J., Mckee, M. and Cronshaw, M. B., 1993, "Tax compliance with endogenous audit selection rules", *Kyklos*, 46, 27—45.

Alpizar, F., Carlsson, F. and Johansson-Stenman, O., 2008, "Anonymity, reciprocity, and conformity: Evidence from voluntary contributions to a national park in Costa Rica", *Journal of Public Economics*, 92, 1047—1060.

Altmann, S., Falk, A., Heidhues, P. et al., 2019, "Defaults and donations: Evidence from a field experiment", *Review of Economics and Statistics*, 101, 808—826.

Andreoni, J., Erard, B. and Feinstein, J., 1998, "Tax compliance", *Journal of Economic Literature*, 36, 818—860.

Armantier, O. and Boly, A., 2011, "A controlled field experiment on corruption", *European Economic Review*, 55, 1072—1082.

Azfar, O. and Nelson, W. R., 2007, "Transparency, wages, and the separation of powers: An experimental analysis of corruption", *Public Choice*, 130, 471—493.

Baldry, J. C., 1987, "Income tax evasion and the tax schedule: Some experimental results", *Public Finance*, 42, 357—383.

Banerjee, R., 2016a, "Corruption, norm violation and decay in social capital", *Journal of Public Economics*, 137, 14—27.

Banerjee, R., 2016b, "On the interpretation of bribery in a laboratory corruption game: Moral frames and social norms", *Experimental Economics*, 19, 240—267.

Banerjee, A., Kumar, S., Pande, R. et al., 2011, "Do informed voters make better choices? Experimental evidence from urban India", Working Paper.

Barr, A., Lindelow, M. and Serneels, P., 2009, "Corruption in public service delivery: An experimental analysis", *Journal of Economic Behavior & Organization*, 72, 225—239.

Barr, A. and Serra, D., 2009, "The effects of externalities and framing on bribery in a petty corruption experiment", *Experimental Economics*, 12, 488—503.

Barr, A. and Serra, D., 2010, "Corruption and culture: An experimental analysis", *Journal of Public Economics*, 94, 862—869.

Beck, P. J., Davis, J. S. and Jung, W. O., 1989, "Uncertainty and taxpayer aggressiveness: Experimental evidence", BEBR faculty working paper.

Berninghaus, S. K., Haller, S., Krüger, T. et al., 2013, "Risk attitude, beliefs, and information in a corruption game: An experimental analysis", *Journal of Economic Psychology*, 34, 46—60.

Bischoff, I., and Egbert, H., 2013, "Social information and bandwagon behavior in voting: An economic experiment", *Journal of Economic Psychology*, 34, 270—284.

Blaufus, K., Bob, J., Otto, P. E. et al., 2017, "The effect of tax privacy on tax compliance—An experimental investigation", *European Accounting Review*, 26, 561—580.

Blumenthal, M., Christian, C., Slemrod, J. et al., 2001, "Do normative appeals affect tax compliance? Evidence from a controlled experiment in Minnesota", *National Tax Journal*, 45, 125—138.

Büchner, S., Freytag, A., González, L. G. et al., 2008, "Bribery and public procurement: An experimental study", *Public Choice*, 137, 103—117.

Cameron, L., Chaudhuri, A., Erkal, N. et al., 2009, "Propensities to engage in and punish corrupt behavior: Experimental evidence from Australia, India, Indonesia and Singapore", *Journal of Public Economics*, 93, 843—851.

Campos-Ortiz, F., 2011, "Experience, attitudes and corrupt behavior: Insights from an experiment on bribery", Manuscript, Department of Economics, Brown University.

Casal, S., Kogler, C., Mittone, L. et al., 2016, "Tax compliance depends on voice of taxpayers", *Journal of Economic Psychology*, 56, 141—150.

Cason, T. N., Friesen, L. and Gangadharan, L., 2016, "Regulatory performance of audit tournaments and compliance observability", *European Economic Review*, 85, 288—306.

Castro, M. F. and Rizzo, I., 2014, "Tax compliance under horizontal and vertical equity conditions: An experimental approach", *International Tax and Public Finance*, 21, 560—577.

Chan, C. W., Troutman, C. S. and O'Bryan, D., 2000, "An expanded model of taxpayer compliance", *Journal of International Accounting Auditing and Taxation*, 9, 83—103.

Charness, G. and Gneezy, U., 2012, "Strong evidence for gender differences in risk taking", *Journal of Economic Behavior & Organization*, 83, 50—58.

Chatterjee, S., Heath, T. B., Milberg, S. J. et al., 2000, "The differential processing of price in gains and losses: The effects of frame and need for cognition", *Journal of Behavioral Decision Making*, 13, 61—75.

Chaudhuri, A., Paichayontvijit, T. and Sbai, E., 2016, "The role of framing, inequity and history in a corruption game: Some experimental evidence", *Games*, 7, 13.

Cherry, T. L., Frykblom, P. and Shogren, J. F., 2002, "Hardnose the dictator", *American Economic Review*, 92, 1218—1221.

Choo, C. L., Fonseca, M. A. and Myles, G. D., 2016, "Do students behave like real taxpayers in the lab? Evidence from a real effort tax compliance experiment", *Journal of Economic Behavior and Organization*, 124, 102—114.

Cialdini, R. B. and Trost, M. R., 1998, "Social influence: Social norms, conformity and compliance", in Gilbert, D. T., Fiske, S. T. and Lindzey, G. eds: *The Handbook of Social Psychology*, New York: McGraw-Hill.

Clark, J., Friesen, L. and Muller, A., 2004, "The good, the bad, and the regulator: An experimental test of two conditional audit schemes", *Economic Inquiry*, 42, 69—87.

Coleman, S., 1996, "The Minnesota income tax compliance experiment: State tax results", MPRA Paper 4827, University Library of Munich, Germany.

Djawadi, B. M. and Fahr, R., 2013, "The impact of tax knowledge and budget spending influence on tax compliance", IZA discussion papers.

Doerrenberg, P., 2015, "Does the use of tax revenue matter for tax compliance behavior?", *Economics Letters*, 128, 30—34.

Duffy, J., 2010, "Experimental macroeconomics", in Durlauf, S. N. and Blume, L. E., ed: *Behavioural and Experimental Economics*, London: Palgrave Macmillan.

Duffy, J. and Tavits, M., 2008, "Beliefs and voting decisions: A test of the pivotal voter model", *American Journal of Political Science*, 52, 603—618.

Eckel, C. C. and Grossman, P. J., 2003, "Rebate versus matching: Does how we subsidize charitable contributions matter?", *Journal of Public Economics*, 87, 681—701.

Elster, J., 1989, "Social norms and economic theory", *Journal of Economic Perspectives*, 3: 99—117.

Fan, C. S., Lin, C. and Treisman, D., 2009, "Political decentralization and corruption: Evidence from around the world", *Journal of Public Economics*, 93, 14—34.

Fatas, E., Nosenzo, D., Sefton, M. et al., 2021, "A self-funding reward mechanism for tax compliance", *Journal of Economic Psychology*, 86, 102421.

Fisman, R. and Miguel, E., 2007, "Corruption, norms, and legal enforcement: Evidence from diplomatic parking tickets", *Journal of Political Economy*, 115, 1020—1048.

Fišar, M., Kubák, M., Špalek, J. et al., 2016, "Gender differences in beliefs and actions in a framed corruption experiment", *Journal of Behavioral and Experimental Economics*, 63, 69—82.

Frank, B., Li, S., Bühren, C. et al., 2015, "Group decision making in a corruption experiment: China and Germany compared", *Jahrbücher für Nationalökonomie und Statistik*, 235, 207—227.

Frank, B. and Schulze, G. G., 2000, "Does economics make citizens corrupt?", *Journal of Economic Behavior & Organization*, 43, 101—113.

Friedland, N., Maital, S. and Rutenberg, A., 1978, "A simulation study of income tax evasion", *Journal of Public Economics*, 10, 107—116.

Friesen, L., 2003, "Targeting enforcement to improve compliance with environmental regulations", *Journal of Environmental Economics and Management*, 46, 72—85.

García, G. A., Beyaert, A. and de Pablos, L., 2012, "Fiscal awareness: A study of female versus male attitudes towards tax fraud in Spain", in Pickhardt, M. and Prinz, A. eds: *Tax Evasion and the Shadow Economy*, London: Edward Elgar Publishing.

Gee, L. K. and Schreck, M. J., 2018, "Do beliefs about peers matter for donation matching? Experiments in the field and laboratory", *Games and Economic Behavior*, 107, 282—297.

Green, D. P., Gerber, A. S. and Nickerson, D. W., 2003, "Getting out the vote in local elections: Results from six door-to-door canvassing experiments", *The Journal of Politics*, 65, 1083—1096.

Harrington, W., 1988, "Enforcement leverage when penalties are restricted", *Journal of Public Economics*, 37, 29—53.

Harrison, L. E. and Huntington, S. P., 2000, *Culture Matters: How Values Shape Human Progress*, New York: Basic books.

Hartl, B., Hofmann, E., Gangl, K. et al., 2015, "Does the sole description of a tax authority affect tax evasion? The impact of described coercive and legitimate power", *PloS ONE*, 10, 1—19.

Hauk, E. and Saez-Marti, M., 2002, "On the cultural transmission of corruption", *Journal of Economic Theory*, 107, 311—335.

Hoffman, E. and Spitzer, M. L., 1985, "Entitlements, rights, and fairness: An experimental examination of subjects' concepts of distributive justice", *The Journal of Legal Studies*, 14, 259—297.

Huck, S. and Rasul, I., 2011, "Matched fundraising: Evidence from a natural field experiment", *Journal of Public Economics*, 95, 351—362.

Husted, B. W., 1999, "Wealth, culture, and corruption", *Journal of International Business Studies*, 30, 339—359.

Karlan, D. and List, J. A., 2007, "Does price matter in charitable giving? Evidence from a large-scale natural field experiment", *American Economic Review*, 97, 1774—1793.

Kirchler, E., Hoelzl, E. and Wahl, I., 2008, "Enforced versus voluntary tax compliance: The 'slippery slope' framework", *Journal of Economic Psychology*, 29, 210—225.

Kirchler, E., Muehlbacher, S. and Kastlunger, B., 2010, "Why pay taxes? A review of tax compliance decisions", in Alm, J., Martinez-Vazquez, J. and Torgler, B. eds: *Developing Alternative Frameworks for Explaining Tax Compliance*, Oxon: Routledge.

Kittel, B., Luhan, W. and Morton, R., 2014, "Communication and voting in multi-party elections: An experimental study", *The Economic Journal*, 124, 196—225.

Klašnja, M. and Tucker, J. A., 2013, "The economy, corruption, and the vote: Evidence from experiments in Sweden and Moldova", *Electoral Studies*, 32, 536—543.

Klitgaard, R. E., Abaroa, R. M. and Parris, H. L., 2000, "*Corrupt Cities: A Practical Guide to Cure and Prevention*", Washington, D. C.: World Bank Publications.

Knight, F. H., 1921, *Risk, Uncertainty and Profit*, Boston: Houghton Mifflin.

Lambsdorff, J. G. and Frank, B., 2010, "Bribing versus gift-giving——An experiment", *Journal of Economic Psychology*, 31, 347—357.

Lambsdorff, J. G. and Frank, B., 2011, "Corrupt reciprocity——Experimental evidence on a men's game", *International Review of Law and Economics*, 31, 116—125.

Ledyard, J. O., 1995, "Public goods: A survey of experimental research", in Kagel,

J. H. , and Roth, A. E. eds: *The Handbook of Experimental Economics*, Princeton: Princeton University Press.

Lefebvre, M. , Pestieau, P. , Riedl, A. et al. , 2011, "Tax evasion, welfare fraud, and the broken windows' effect: An experiment in Belgium, France and the Netherlands", CESifo working paper series.

Lefebvre, M. , Pestieau, P. , Riedl, A. et al. , 2015, "Tax evasion and social information: An experiment in Belgium, France, and the Netherlands", *International Tax and Public Finance*, 22, 401—425.

Leff, N. H. , 1964, "Economic development through bureaucratic corruption", *American Behavioral Scientist*, 8, 8—14.

Lefgren, L. J. , Sims, D. P. and Stoddard, O. B. , 2016, "Effort, luck, and voting for redistribution", *Journal of Public Economics*, 143, 89—97.

Levin, I. P. , Snyder, M. A. and Chapman, D. P. , 1988, "The interaction of experiential and situational factors and gender in a simulated risky decision-making task", *The Journal of Psychology*, 122, 173—181.

Licht, A. N. , Goldschmidt, C. and Schwartz, S. H. , 2007, "Culture rules: The foundations of the rule of law and other norms of governance", *Journal of Comparative Economics*, 35, 659—688.

Marchese, C. and Privileggi, F. , 2009, "A model of the Italian cut-off system for taxing small businesses", *Research in Economics*, 63, 127—134.

Martin, R. and Randal, J. , 2008, "How is donation behaviour affected by the donations of others?", *Journal of Economic Behavior & Organization*, 67, 228—238.

Mason, R. , 1987, "A communication model of taxpayer honesty", *Law and Policy*, 9, 246—258.

Mishra, A. , 2006, "Corruption, hierarchies and bureaucratic structure", in Rose-Ackerman, S. ed: *International Handbook on the Economics of Corruption*, Cheltenham: Edward Elgar Publishing.

Mocan, N. , 2008, "What determines corruption? International evidence from microdata", *Economic Inquiry*, 46, 493—510.

Olken, B. A. , 2007, "Monitoring corruption: Evidence from a field experiment in Indonesia", *Journal of Political Economy*, 115, 200—249.

Olken, B. A. , 2009, "Corruption perceptions vs. corruption reality", *Journal of Public Economics*, 93, 950—964.

Pickhardt, M. and Prinz, A. , 2014, "Behavioral dynamics of tax evasion——A survey",

Journal of Economic Psychology, 40, 1—19.

Poerting, P. and Vahlenkamp, W., 1998, "Internal strategies against corruption: Guidelines for preventing and combating corruption in police authorities", *Crime, Law and Social Change*, 29, 225—249.

Prinz, A., Muehlbacher, S. and Kirchler, E., 2014, "The slippery slope framework on tax compliance: An attempt to formalization", *Journal of Economic Psychology*, 40, 20—34.

Reinstein, D. and Riener, G., 2012, "Decomposing desert and tangibility effects in a charitable giving experiment", *Experimental Economics*, 15, 229—240.

Rivas, M. F., 2013, "An experiment on corruption and gender", *Bulletin of Economic Research*, 65, 10—42.

Rondeau, D. and List, J. A., 2008, "Matching and challenge gifts to charity: Evidence from laboratory and natural field experiments", *Experimental Economics*, 11, 253—267.

Rooney, P., Steinberg, K. and Schervish, P. G., 2004, "Methodology is destiny: The effect of survey prompts on reported levels of giving and volunteering", *Nonprofit and Voluntary Sector Quarterly*, 33(4), 628—654.

Rose-Ackerman, S., 2007, "*International Handbook on the Economics of Corruption*", Cheltenham: Edward Elgar Publishing.

Salmon, T. C. and Serra, D., 2017, "Corruption, social judgment and culture: An experiment", *Journal of Economic Behavior & Organization*, 142, 64—78.

Schikora, J. T., 2010, "Bringing the Four-eyes-principle to the Lab", Manuscript, Department of Economics, University of Munich.

Schikora, J. T., 2011, "Bringing good and bad whistle-blowers to the lab (No. 2011—4)", Munich discussion paper.

Schram, A. and Sonnemans, J., 1996, "Why people vote: Experimental evidence", *Journal of Economic Psychology*, 17, 417—442.

Schulze, G. G. and Frank, B., 2003, "Deterrence versus intrinsic motivation: Experimental evidence on the determinants of corruptibility", *Economics of Governance*, 4, 143—160.

Serra, D., 2012, "Combining top-down and bottom-up accountability: Evidence from a bribery experiment", *The Journal of Law, Economics, and Organization*, 28(3), 569—587.

Shah, A., 2006, "Corruption and decentralized public governance", in Ahmad, E. ed: *Handbook of Fiscal Federalism*, Cheltenham: Edward Elgar Publishing.

Shang, J. and Croson, R., 2009, "A field experiment in charitable contribution: The impact of social information on the voluntary provision of public goods", *The Economic Journal*, 119, 1422—1439.

Slemrod, J. and Yitzhaki, S., 2002, "Tax avoidance, evasion, and administration", in Auerbach, A. J. and Feldstein, M. eds: *Handbook of Public Economics*, Amsterdam: Elsevier.

Srinivasan, T. N., 1973, "Tax evasion: A model", *Journal of Public Economics*, 2, 339—346.

Tan, F. and Yim, A., 2014, "Can strategic uncertainty help deter tax evasion? An experiment on auditing rules", *Journal of Economic Psychology*, 40, 161—174.

Torgler, B., 2003, "Beyond punishment: A tax compliance experiment with taxpayers in Costa Rica", *Revista de Análisis Económico*, 18, 27—56.

Tyran, J. R., 2004, "Voting when money and morals conflict: An experimental test of expressive voting", *Journal of Public Economics*, 88, 1645—1664.

Van Veldhuizen, R., 2013, "The influence of wages on public officials' corruptibility: A laboratory investigation", *Journal of Economic Psychology*, 39, 341—356.

Waithima, A. K., 2011, "The role of gender, ethnicity and harambee in corruption: Experimental evidence from Kenya", doctoral dissertation, University of Cape Town.

Wilson, J. L. and Sheffrin, S., 2005, "Understanding surveys of taxpayer honesty", *FinanzArchiv*, 61, 256—274.

第十讲
实验在产业经济学中的应用

产业经济学以产业为研究对象,探究经济发展中产业间的关系结构、产业内企业的组织结构变化及其规律。具体而言,产业经济学涉及产业组织理论、产业结构理论、产业关联理论等领域。而在众多领域中,产业组织理论与实验方法的诞生和发展密不可分,因此本讲重点介绍了实验在产业组织理论方面的应用。

产业组织理论面向现实产业,实验是怎样发挥其作用呢?首先,实验方法为检验理论的有效性提供了可能。大部分产业组织理论的成立依赖于严格的前提假设,而现实环境很难满足这些条件,因此,不少经济学家对理论模型的解释力产生怀疑。实验的设计不仅能够在最大程度上模拟现实的市场环境,还能排除其他因素的干扰,使我们集中观察感兴趣的因素。其次,实验的引入很大程度上推进了产业组织理论的创新。产业组织理论的长足发展得益于其研究范式上的完善,分析方法的变化推动了产业组织理论的创新。在实验方法之前,产业组织理论的方法论以实证、模型推导为主,而实验方法将理论和实证分析有机地结合在一起。例如,大量实验表明,即使不满足完全竞争市场的条件,市场也有可能达到均衡状态,实现帕累托最优配置。

本讲内容选取了四个相关主题介绍实验方法的研究脉络与成果。具体安排如下:第一节介绍产业组织理论中的市场实验;第二节介绍市场匹配的相关实验研究;第三节介绍信任品的相关实验研究;第四节介绍拍卖的相关实验研究。

第一节 市场实验

市场均衡理论作为新古典经济学的核心理论,同样与市场实验的诞生和发展紧密相连。公认的第一个市场实验由 Chamberlin(1948)在哈佛大学的课堂上展开。实验中通过控制相关条件以模拟真实的市场交易。该实验的初衷在于引导学生理解竞争市场上均衡的实现过程,但是实验结果与预期结果并不一致。尽管实验结果并不理想,但却为之后的经济学家提供了新的研究思路,由此开创了市场实验的研究热潮。

张伯伦认为,现实生活中的诸多因素无法满足市场均衡的前提假设,因此不可能产生竞争性均衡。至此,他未对实验方法进行后续的研究。而作为参与实验的一个学生,弗农·史密斯对实验结果的看法却不相同。他认为,实验失败的原因在于市场交易制度的设计。1962年,史密斯在普度大学的课堂上再次进行了实验。不同的是,实验中的交易机制由最初的"一对一"变成了"双向拍卖"。出乎意料的是,Smith(1962)观测到了竞争性均衡的产生,由此获得了市场实验的首次成功。受这一实验结果的鼓舞,史密斯继续对市场实验进行了深入的研究。

从目前关于市场实验的文献来看,早期的市场实验主要关注对市场均衡结果的检验,后续的研究转向关注于影响市场均衡的参数变化以及市场势力。下面我们首先将对两个经典的市场实验进行简单介绍,其次介绍市场制度和市场结构对市场均衡的影响机制,最后介绍市场势力的相关实验。

一、代表性市场实验

(一)不完全市场的实验研究

Chamberlin(1948)针对市场均衡理论设计了一个课堂实验。课堂中的学生被随机分为买家和卖家,市场中的商品是一些没有真正内在价值的物品,如扑克牌、小纸条等。实验中,他给学生们分发一张标有字母和数字的卡片。卡片上的"B"和"S"分别代表买家和卖家;同时每张卡片上标有一个价格数字,对于买家代表保留价格,对于卖家则代表生产成本。比如"B-30"表示该买家最高愿意出价30购买商品,而"S-25"则表示该卖家愿意以最低25的价格出售商品。每个参与者都寻求利润最大化,并且不会透露卡片上的信息。因此,实验中卖家的收益为交易价格与生产成本的差值,买家的收益为保留价格与交易价格的差值。实验过程中,学生在教室中走动。买卖双方可以进行讨价还价,直到最后交易成功。若双方成交则将卡片交还,同时报告成交价格,并在黑板上进行公布。

根据理论预测,均衡交易量为15个单位,均衡价格为57。实验结果显示,实际成交量为19个单位,平均的实际成交价格为52.63。实验中的交易数量超过竞争性市场出清水平的均衡数量,而交易价格低于市场出清时的价格,实验结果出现了系统性的偏离(见图10-1)。

图10-2为我们直观地展示了实验中具体的成交信息,以帮助我们更好地理解实验结果的产生。例如,在理论预测中,生产成本为58的卖家与保留价格为56的买家进行配对,最终无法达成交易;而在实际交易中,生产成本为58的卖家与保留价格为68的买家达成了交易。换言之,拥有许多货币的买家可能无法买到商品,因为商品已经被以低于市场出清水平价格出售,这一定程度上违背了"利益最大化"的原则。Chamberlin

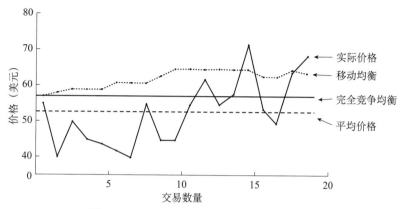

图 10-1　Chamberlin(1948)的实验结果之一

资料来源:Chamberlin,E.H.,1948,"An experimental imperfect market",*Journal of Political Economy*,56,95—108.

(1948)认为,实验的失败源于信息不对称的交易市场,买卖双方并不知道对方的私人信息,导致了部分均衡交易未成立。

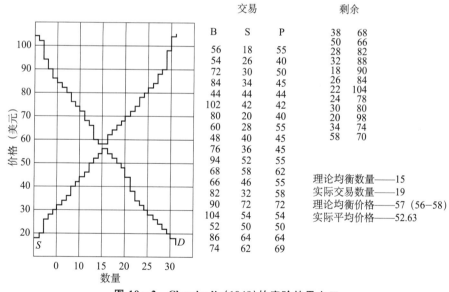

图 10-2　Chamberlin(1948)的实验结果之二

资料来源:Chamberlin,E.H.,1948,"An experimental imperfect market",*Journal of Political Economy*,56,95—108.

(二)完全竞争市场的实验研究

弗农·史密斯提出了"双向拍卖"的概念,并且检验在双向拍卖机制下市场均衡的结果。被试也被随机分为买家和卖家,每个卖家都有一单位商品和一个保留价格,每个买家都有一个保留价格。Smith(1962)认为,交易制度的选择可能对市场均衡具有重要影响,因此在 Chamberlin(1948)的基础上进行了改进。首先,实验采用"双向口头拍卖"的交易方式,卖家逐渐进行降价,买家逐渐提高价格。所有的价格信息被公布在黑板上,当买卖双方的价格达成一致时进行交易。这一交易制度带来的直观影响便是竞争强度大大增加,更符合现实市场的竞争环境。其次,实验采取了真实的货币激励,实验参与者能够通过交易获得真实的收益,真实地刻画了市场交易的情境。

在实验结果的度量上,Smith(1962)记录了交易价格、交易量和市场效率等常规的指标。另外,Smith(1962)定义了收敛参数 $\alpha=100\times\sigma_0/p_0$,以度量交易价格的收敛性。其中,$\sigma_0$ 为交易价格围绕理论价格的标准差,p_0 为理论价格。实验结果如表 10-1 所示,实验 1—3、5—7、9 和 10 中的市场交易价格趋向于竞争均衡。随着交易期的增加,收敛速度逐渐减小。尤其在实验 2、4A、5、6A、7、9A 和 10 中呈现单调递减的趋势。实验结果证明,第一,公开信息减少了低效率交易,使得交易价格逐渐逼近竞争市场的均衡价格;第二,在双向拍卖制度下,交易结果收敛于竞争市场均衡。通过 10 个实验局的结果,Smith(1962)认为,市场达到竞争均衡的有效性与市场的初始经济条件无关,但是初始经济条件会对收敛速度产生影响。以此实验为契机,史密斯相继研究了双向拍卖制度下各个要素对于市场均衡的影响,均得到相似的结果,佐证了之前的猜想。

表 10-1 Smith(1962)的实验结果

实验条件		理论均衡价格	理论均衡数量	实际交易价格	实际交易数量	α
1	/	2.00	6	2.03	6	3.5
2	供给与需求富有弹性	3.425	15	3.42	16	2.2
3	供给与需求缺乏弹性	3.50	16	3.55	15	5.7
4A	供给曲线完全弹性	3.10	10	3.32	9	7.6
4B	供给曲线完全弹性且需求曲线左移	3.10	8	3.29	6	6.5
5A	被试为经济学专业研究生	3.125	10	3.12	9	0.6
5B		3.45	12	3.52	12	4.3
6A	供给能力受到限制	10.75	12	10.90	12	9.4
6B		8.75	12	9.14	6	11.0
7	买家租金小于卖家租金	3.40	9	3.34	9	2.7
9A	允许一次交易两个单位	3.40	18	3.07	18	13.2
9B	允许一次交易两个单位且需求曲线右移	3.80	20	3.52	20	10.3
10	允许一次交易两个单位	3.40	18	3.38	17	2.2

资料来源:Smith, V. L., 1962, "An experimental study of competitive market behavior", *Journal of Political Economy*, 70, 111—137.

值得一提的是,史密斯明确了经济学实验的基本原理,并且提出了诱导价值理论,即构造同现实相似的市场环境,并为被试提供物质激励。通过合适的机制设计,我们可以考察被试在物质激励下真实的经济行为。

二、交易制度与市场结构

实验市场涵盖市场结构与交易制度两个维度。市场结构对于市场均衡的影响不言而喻,而在传统的产业组织理论中,我们往往并不关注交易制度这一变量,但 Plott and Smith(1978)的研究发现了交易制度对于市场均衡的重要影响。实验结果表明,在双向拍卖市场中,被试在交易期间能够调整价格,交易价格趋向于均衡价格;而在明码标价市场中价格固定,交易价格的收敛速度大大降低。Plott(1982)随后观察到交易制度对于市场均衡的影响非常大,甚至超过了市场集中度和公司规模的影响程度。因此,大量经济学家开始对市场结构和交易制度的影响展开研究。前者包括完全竞争市场、垄断市场和寡头垄断市场,后者则有双向拍卖、明码标价和密封报价等。这一部分我们将对不同交易制度下的市场均衡进行梳理。

(一)明码标价

明码标价(posted-offered)是指由买家或卖家公开标明商品价格且不允许讨价还价的交易制度。明码标价又可以分为买家报价和卖家报价两类。具体而言,在交易开始前,一方独立决定一个价格,然后呈递给实验员,实验员收集完所有价格信息后进行展示,另一方决定是否进行购买或者出售。另外,明码标价制度要求价格在交易阶段都不能进行更改。

Hoggatt et al.(1959)和 Siegel et al.(1961)最先在寡头市场上分析明码标价的作用,之后 Williams(1973)和 Plott and Smith(1978)等才正式研究了明码标价制度对于完全竞争市场均衡的影响。大多数实验中均是进行一单位商品的交易,而 Williams(1973)对多单位商品的交易方式产生了浓厚的兴趣,作者将实验设置为多单位商品交易,同时他分别对买家标价和卖家标价两种竞价方式进行研究。实验结果如图 10-3 所示,实验数据表明,明码标价下交易价格收敛于竞争均衡水平的速度十分缓慢甚至根本不可能收敛。另外,卖家报价的平均交易价格会高于完全竞争的均衡价格,而买家报价的平均交易价格会低于完全竞争的均衡价格。

Plott and Smith(1978)对上述的实验结果进行了复制,但是买卖双方不进行多单位商品交易。其实验结果与 Williams(1973)大致相似:①在市场行为方面,卖方报价市场的价格高于双向拍卖市场的交易价格;买方报价市场的交易价格低于双向拍卖市场的交易价格;②在市场绩效方面,明码标价市场不能实现理论预测的市场效率,其市场效率波动幅度也较大,远低于双向拍卖市场。这两个实验很好地阐述了明码标价市场的特征,消费者不能通过抵制消费来达到获得心仪商品的目的,因为一旦价格确定,在交易结束之前就不可进行更改。

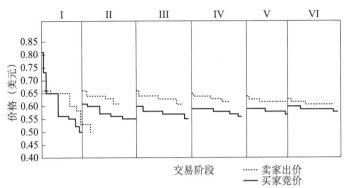

图 10-3　买家标价与卖家标价的市场价格对比

资料来源：Plott, C. R. and Smith, V. L., 1978, "An experimental examination of two exchange institutions", *Review of Economic Studies*, 45, 133—153.

上述的实验均是在完全竞争市场的背景下进行的,之后的经济学家开始对不同市场结构下的明码标价制度进行研究。以垄断市场为例,垄断理论主张,垄断市场上的均衡价格会偏离竞争均衡而趋向垄断均衡,造成福利损失。那么在不同的市场结构下,明码标价会使得均衡发生怎样的变化?

Smith(1981)的实验中对比了垄断市场中明码标价制度和双向拍卖制度的差异,他设计了两组实验,两组中的垄断者均拥有 12 单位边际成本递增的商品,买家则拥有 2 单位不同价值的商品。通过求得边际收益与边际成本曲线的交点,可以计算出均衡产量为 5 单位,均衡价格为 1.1 美元(大于竞争均衡价格 0.8 美元)。两组实验均在不完全信息条件下进行,只存在交易制度的差别。实验结果显示,在卖家明码标价制度下(见图 10-4),价格在经历了几期交易波动后,稳定在垄断价格水平处,市场的垄断效率达到了 1.00,远大于双向拍卖制度下的 0.60。明码标价下的市场行为很好地贴合了垄断理论的结果,当垄断卖家进行明码标价时,买家只能选择接受或者拒绝,没有机会在交易的后半阶段弥补刚开始放弃的收益。垄断者可以通过不断调整价格以满足市场需求,最终,垄断者将价格定在垄断水平,交易量也达到垄断水平。

以上实验证明了在卖家明码标价制度下,市场结果是趋向于垄断均衡的。Isaac et al.(1984)则设置了一个买家明码标价的实验市场,由买家向唯一的卖家出价。在与卖家明码标价的相同信息条件下,发现交易价格与竞争均衡价格相似,市场的垄断效率仅为 0.45。以上两个实验的对比表明,在买家明码标价的市场上,垄断者难以维持垄断均衡价格;而在卖家明码标价的市场上,垄断者很容易达到垄断价格。因此,在不同的出价方式下,收入与利润的分配也不同。在买家明码标价的市场上,买卖双方剩余的分配情况与完全竞争市场相似;而在卖家明码标价的市场上,卖家实现全部的垄断剩余。

在 Coursey et al.(1984)的实验中,作者还设置了被试经验的区别。实验发现,在被试都具有类似的交易经验时,买家对于市场中的定价行为出现了一定的抵制行为,垄断

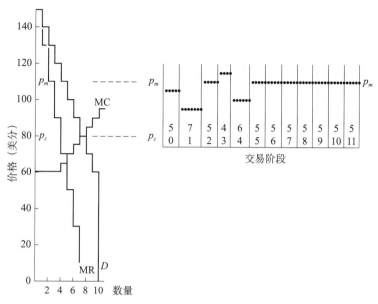

图 10-4　垄断环境下明码标价的市场结果

注：图中 p_m 表示垄断价格，p_c 表示竞争价格，D 表示需求，MR 表示边际收益，MC 表示边际成本。

资料来源：Smith, V. L., 1981, "An empirical study of decentralized institutions of monopoly restraint", in George, H. and James, P. Q. eds: *Essays in Contemporary Fields of Economics in Honor of Emanuel T. Weiler*, West Lafayette: Purdue University Press.

效率只有 0.56。这一发现为后续关于经验程度的讨论带来参考，除此之外，一部分学者还讨论了买家类型与成本函数性质对均衡结果的影响。我们分别列出了不同变量下的垄断市场的均衡结果（见表 10-2）。值得注意的是，后三个实验中的买家类型为计算机仿真。Harrison and McKee(1985)认为，在许多自然的垄断市场中，买家过于分散以至于无法观察到真实的垄断市场效应，而模拟买家可以有效地解决这一问题。

Harrison et al.(1989)在模拟买家的基础上，研究了买家经验对市场均衡的影响。他们发现，买家的经验程度越高，市场的垄断效率越高。另外，他们还研究了不同成本函数的具体影响，数据显示，固定成本下的垄断效率为 0.77，成本递减下的垄断效率为 0.76，成本递增下的垄断效率为 0.09。我们总结了相关的实验研究，并在表 10-2 中进行展示。

表 10-2　明码出价下不同要素对市场效率的影响

	经验程度	买家类型	成本函数	垄断效率	竞争垄断效率
Smith(1981)	未知	真人	递增	1.00	/
Isaac et al.(1984)	无经验	真人	递增	0.45	/
Coursey et al.(1984)	有经验	真人	递减	0.56	0.20
Harrison and McKee(1985)	设计经验	计算机仿真	递减	0.72	0.09
Harrison et al.(1989)	无经验	计算机仿真	递减	0.44	0.00
Harrison et al.(1989)	角色经验	计算机仿真	递减	0.78	0.06

资料来源：Holt, C. A., 1995, "Industrial organization: A survey of laboratory research", in Kagel, J. and Roth, A. eds: *Handbook of Experimental Economics*, Princeton: Princeton University Press.

(二)双向拍卖制度

双向拍卖是指由买卖双方序贯报价,并自愿就某一成交价格达成交易的制度。在双向拍卖市场中,任何卖家都可以由高到低自由要价,任何买家都可以由低到高自由出价。只要一方中有人接受另一方的叫价,两者便可以达成交易。与明码标价不同的是,双向拍卖制度下,买卖双方的信息是不完全的,即买家不知道卖家的成本价格,同样卖家也不清楚买家的保留价格。

Smith(1962)首次将双向拍卖制度引入了市场实验,并研究其对市场均衡的影响。在实验的正式交易前,实验员分别告知买家和卖家有关商品的保留价格及成本价格,但这一信息并不公开。实验结果表明,在双向拍卖制度下,市场结果符合完全竞争市场理论的预测,最终的交易收敛于完全竞争市场的均衡解。随后,Smith(1965,1976)进一步研究了不同需求和供给曲线下的市场均衡结果。实验结果表明,在双向拍卖制度下,需求与供给曲线的形状影响了市场收敛于竞争均衡的路径,但不会对市场的最终均衡结果产生影响。从史密斯的一系列实验中,可以得到两个一般性的结论。第一,在双向拍卖制度下,市场具备了特定的收敛趋势及均衡效率,而这种性质与初始的经济条件无关。无论市场参数如何改变,只要基本的结构及制度不发生变化,市场总能收敛于完全竞争均衡。第二,初始经济条件的改变会对市场均衡的收敛速度产生影响。例如,在买家租金小于卖家租金的情况下,市场达到均衡的收敛速度降低;而增加被试的经验程度会加速市场达到均衡(见图10-5)。

史密斯的大部分实验旨在对市场均衡结果及市场出清效率进行验证,后续的经济学家对双向拍卖制度下市场均衡的有效性进行验证。他们将研究范围延伸至市场要素的各个方面。例如,Plott and Smith(1978)的实验中研究了买家出价与卖家要价两种情况。实验数据显示,当买家出价时,价格自上而下向均衡价格靠拢,利润分配对于买家更有优势;当卖家要价时,价格变化方向相反。Plott(1982)研究了市场集中度对市场均衡的影响,实验结果表明,即使市场的集中度较高,双向拍卖制度仍然有效。这一结果似乎说明,交易制度对市场均衡的影响甚至超过市场集中度。Smith and Williams(1982)的实验观测到,在买方剩余与卖方剩余不相等时,市场结果仍然趋向于竞争均衡,但是其收敛路径并不一致。卖方剩余较大对交易价格的影响程度更大。Holt et al.(1986)的研究表明,即使市场主体存在一定的操纵市场行为,双向拍卖制度下市场结果仍会达到竞争性均衡。Smith(1991)研究了完全信息对于市场均衡的影响。实验设计了两个对比组:第一组实验中,买家的保留价格与卖方的生产成本信息并不公开,两方仅拥有自己的私人信息;第二组实验中保留价格与生产成本为双方公共的信息。最后得到的实验结果令人感到意外:第一组的均衡收敛速度远高于第二组。对此的解释可能为,信息并非多多益

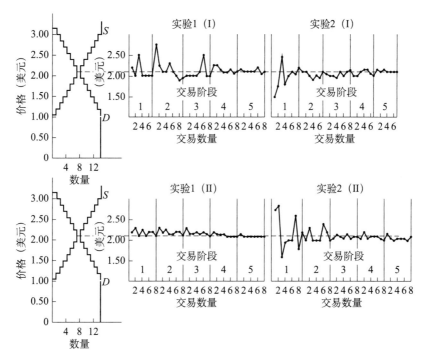

图 10-5 参数改变对市场收敛速度的影响

资料来源：Smith，V. L.，1976，"Bidding and auctioning institutions：Experimental results"，in Amihud，Y. ed：*Bidding and Auctioning for Procurement and Allocation*，New York：New York University Press.

善，在信息过剩的情况下，市场参与者会付出多余的努力对剩余信息进行处理，而市场参与者过度的认知推断过程减缓了市场价格收敛的速度。

上述一系列实验证明了在双向拍卖制度下市场最容易实现竞争市场均衡。这一结论包括两个要点：首先，完全信息并非必要条件，即使市场中双方存在信息不对称，最后的均衡结果仍然与完全竞争解一致；其次，大量市场交易者也并非必要条件，即使只有少数交易者，市场仍能较快达到均衡结果。

既然双向拍卖制度能有效地促进市场达到竞争均衡解，那么其在垄断市场中又表现出怎样的市场行为呢？Smith（1981）的实验对此做出了解答。史密斯设计了两组实验，探究双向拍卖与明码标价制度下完全垄断市场中的交易结果差异。图 10-6 为双向拍卖下的市场结果。图中的垄断价格为 1.10 美元，竞争价格为 0.80 美元。在双向拍卖制度下，价格有很强的偏离垄断均衡的趋势。经过几期交易，价格逐渐下降，最后固定在竞争均衡价格与垄断均衡价格之间，垄断效率为 0.36。其原因在于，在双向拍卖制度下，买家不再是被动地接受垄断价格，他们可以通过抵制购买来压低市场价格，而此时损失的收益仍能在之后的交易阶段获得，正是双向拍卖制度使得买卖双方具有同等的谈判权利。

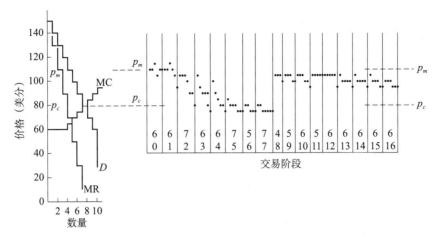

图 10-6　Smith(1981)的实验结果

资料来源：Smith, V. L., 1981, "An empirical study of decentralized institutions of monopoly restraint", in Quirk, J. and Horwich, G. eds.； *Essays in Contemporary Fields of Economics in Honor of E. T. Weiler* (1914—1979), West Lafayette：Purdue University Press.

三、市场势力

由于垄断者将价格固定在边际成本之上以获取超额利润，导致了社会福利损失以及效率损失，但双向拍卖机制能够有效地抑制垄断价格的产生，这使得不少经济学家将目光聚焦于市场主体在不同制度下的市场势力(market power)。具体来说，市场势力是指卖家通过提高价格至竞争价格以上以获取利润的能力。如果市场中的其他卖家均采用竞争均衡策略，一个卖家有单独偏离该趋势的策略，那么我们认为他具有单边市场势力。实验方法允许研究者单独分离出市场势力这一特殊元素，并观测其在实验市场中如何发挥作用。在传统的产业组织理论中，市场结构占据核心地位，较为普遍的观点认为市场势力的作用机制依赖于市场结构。而实验结果显示，交易制度对市场势力的发挥起主导作用，交易制度能够加剧或者削弱市场势力的效果。接下来我们将对市场势力的相关实验研究进行介绍。另外，市场势力可以分为买家的市场势力与卖家的市场势力，这里我们主要关注卖家的市场势力。

(一)双向拍卖

大量实验表明，双向拍卖制度下，大部分市场的交易价格趋向于竞争均衡。这一结论同时暗示着，单边市场势力在此制度下不复存在。我们可以进行直觉上的判断，由于双向拍卖制度给予买卖双方相同的议价权，卖家的市场势力由于无法达到足够的销售量而无法实施或者难以被观察到。例如，假设市场中只有一名卖家，他拥有两单位在竞争价格时被卖出的商品，那么为了提高一单位商品的价格而牺牲另一单位商品是不理智的。

为了检验双向拍卖下的市场势力效果,Holt et al.(1986)设计了相关实验。市场中存在 5 名卖家与买家,其中通过设置供给与需求曲线来构造不对称的价格影响程度。图 10-7 的左边显示了该市场的供给与需求结构,市场需求曲线在理论均衡价格附近非常缺乏弹性,以低利润的边际单位出售的卖家有动机提升价格,而买家无法通过保留交易来压低价格。因此,该市场中卖家具有单边市场势力而买家不具有。从右边的实验结果可以看出,在经历了几个交易阶段后,交易价格没有向竞争均衡价格收敛,最后固定在高于竞争价格的区域中(竞争价格为 2.60 美元,最后的价格在 2.60 美元和 2.85 美元之间)。Davis and Williams(1991)用 PLATO 软件对此实验结果进行检验,他们同样发现了均衡价格超过竞争价格。

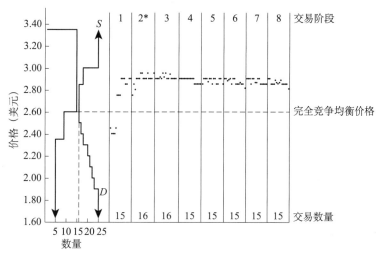

图 10-7 双向拍卖下市场势力的实验检验

资料来源:Holt, C. A., Langan, L. W. and Villamil, A. P., 1986, "Market power in oral double auctions", *Economic Inquiry*, 24, 107—123.

上述实验的一般性结论可以归纳为:在双向拍卖制度下,即使在供需条件上具有优势的一方也很难实现其市场势力。归根结底,在双向拍卖制度下,双方都具备竞争性,表现在相等的议价能力以及对价格的影响能力。因此,即使在垄断市场环境中,双向拍卖制度下的市场效率也几乎接近完全竞争市场。

(二)明码标价

一系列明码标价的市场实验均得到了相似的结果,即市场的交易价格高于双向拍卖市场。一部分经济学对此现象进行研究,发现市场势力发挥了较大作用。在明码标价市场中,购买者无法进行讨价还价,只能选择接受或者拒绝。这一事实也暗示着卖家能够发挥其市场势力进而获取超额利润。

Davis and Williams(1986)的实验对明码标价下的市场势力略有提及。实验显示,在明码标价制度以及卖方具备单边市场势力的情况下,市场的交易价格高于竞争价格水平,但他们并未对市场势力如何实施展开讨论。Davis and Holt(1994)设计了相关实验以检验明码标价下的市场势力。他们通过调整卖家之间的资本分配以控制市场势力的形成(见图10-8)。市场的总供给为11单位,其中5单位的成本为0,另外6单位的成本为c(大于0);市场的总需求为也为11单位,其中8单位的保留价格为r,另外3单位的保留价格为P_c(小于r)。由图10-8左图可知,市场的竞争均衡交易量为11单位,均衡价格介于P_c与r之间。右图是在左图的基础上对买家之间的商品进行分配,此时买家具有市场势力。他们进行了六场明码标价实验,每场分别包括30个具备市场势力和不具备市场势力的交易阶段。实验观察到,在不具备市场势力时,价格较低且相对平稳,反之,则价格较高并且不稳定。在具有市场势力的情况下,卖家能够将价格定在高于竞争价格的水平;在不具有市场势力的情况下,虽然前几期卖家能够定高价格,但是随着交易期数的增加,市场势力逐渐消除,最后向竞争价格收敛(见图10-9)。

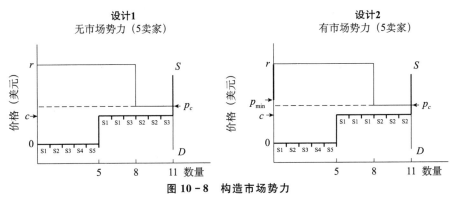

图10-8 构造市场势力

资料来源:Davis, D. D. and Holt, C. A., 1994, "Market power and mergers in laboratory markets with posted prices", *The RAND Journal of Economics*, 25, 467—487.

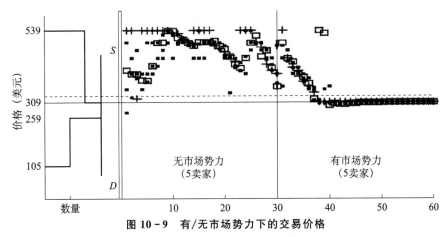

图10-9 有/无市场势力下的交易价格

资料来源:Davis, D. D. and Holt, C. A., 1994, "Market power and mergers in laboratory markets with posted prices", *The RAND Journal of Economics*, 25, 467—487.

第二节 市场匹配

市场的一个主要功能是对离散资源进行分配和组合,例如劳动力市场将工人与公司进行匹配、婚姻市场将单身男女进行配对等。稳定的匹配对于市场效率的重要性不言而喻,因此如何进行稳定的匹配成为经济学家研究的核心话题。价格机制是实现双方匹配的有效工具,但其在一些没有价格或者价格受到严格限制的市场中作用有限。一些经济学家试图在原有的理论基础上对匹配机制进行改良,或者为新的需求关系设计新的匹配市场。罗伊德·沙普利(Lloyd Shapley)和埃尔文·罗斯(Alvin Roth)便在此领域取得了突破性的进展,前者为稳定匹配设计出了一种选择机制,而后者则将抽象理论延伸至实际的市场设计。

实验的方法对市场匹配设计具有重要意义。首先,实验能够帮助发现和诊断现有市场的问题、测试新的市场设计;其次,实验结果也使政策制定者更易于理解新设计的实际效果(Roth,2008)。实验经济学为经济理论的验证提供了一个简易、可操作化的平台。针对一个或几个匹配机制,经济学家可以设计若干个经济学实验来研究市场匹配的相关问题。本节我们主要围绕稳定匹配理论进行展开,我们会对稳定匹配理论的相关概念进行介绍,然后对市场匹配的实验研究进行简单梳理。

一、稳定匹配理论

(一)双边市场匹配

我们可以将市场匹配分为"单边市场匹配"(single-sided market match)和"双边市场匹配"(two-sided market match)。单边市场匹配是指市场中仅存在一个群体集合,该集合中的个体根据自身偏好进行两两配对;而双边市场匹配则是市场中存在两个集合,第一个集合中的个体只能与第二个集合中的个体进行匹配。单边市场匹配容易导致不稳定匹配,如四个同事进行配对,1最偏好2,2最偏好3,3最偏好1,且4是他们都不偏好的人。此时,无论哪种两两组合都无法实现稳定,因为和4配对的人会结束当前匹配去寻找最偏好他的人进行再次匹配,且新的匹配总会成功。而双边市场匹配最早由Gale and Shapley(1962)在研究大学入学和婚姻市场时提出。他们证明了,只要市场中个体的偏好具有完备性和可传递性,以及市场不限制个体的任何匹配,最终总能够形成稳定匹配。同样以四个同事为例,其中1和2完成工作一,3和4完成工作二,且要求不同工作的人相互匹配,此时便可以达到稳定的匹配。

双边市场匹配具有稳定性这一特征,使得其在实验研究中受到了广泛的关注与应用。Roth(1984)最初在研究实习医生的就业市场时发现,当时的劳动力市场的组织方式虽然能保证大多数个体匹配成功,但是这种匹配缺乏稳定性。具体而言,实习机会多于学生数量,导致各家医院相互竞争,医院向学生进行招募的时间逐渐提前,甚至影响到学校教学。因此,相关机构设置了一个固定日期,在此日期前,禁止学校向学生提供相关就业信息。尽管这种举措提高了一些稳定性,但是仍然引发了其他一些问题。接着,Roth(1984,1991,2002)在此市场上进行了相关实验,以描述市场面对各种无效率和失灵时的自我调节过程。实验证明了 Shapley 匹配设计能够减少原先的匹配不稳定和其他无序问题。

(二)延迟接受算法

延迟接受算法(deferred acceptance algorithms),也被称作 GS 算法,由 Gale and Shapley(1962)研究学校申请和婚姻市场时提出。该算法是指,当申请者收到邀请时,他会拒绝较差的邀请而保留较好的邀请,并且重复这一操作直至匹配结束。下面我们用数学公式来表示这一过程:在双边匹配模型中存在两个集合 $A=\{a_1,a_2,\cdots,a_n\}$ 和 $B=\{b_1,b_2,\cdots,b_n\}$。集合 A 中的个体存在一个满足完备性和可传递性的偏好 $P(x)$,例如 $P(a_i)=b_1,b_3,\cdots,b_m$,表示 a_i 的第一偏好为 b_1,第二偏好为 b_3,以此类推。第一轮中,集合 A 中的个体根据自身的第一偏好向集合 B 中的某一个个体发出信号,接收信息后个体 b_j 不需要立即进行决定;在第二轮中,所有 a_i 再次向第二偏好发出信号,从该轮开始,个体 b_j 只保留自己到现在为止最偏好的个体,但是 b_j 没有立即接受而是给出了"暂时性接受"的反馈,并告知"正式接受"需要等到最后匹配结束才能给出。接着,所有被拒绝的 a_i 根据心中排名继续在下一轮对集合 B 中的某一个个体发送信号,发生新一轮的匹配。若市场中被拒绝的个体不再向集合 B 中的个体发送信号,则匹配结束。在满足一定条件假设下,该机制能够实现资源的最优配置,达到稳定匹配。

二、市场匹配的实验研究

(一)延迟接受算法

在 Gale and Shapley(1962)提出稳定匹配的概念后,Roth(1984)陆续研究了多个市场的演进及稳定性,其中包括美国实习医生市场、英国医生就业市场及加拿大律师就业市场。他观察到,不同地区的同类市场采取了不同匹配机制,一些可以产生稳定的匹配,有些则不能,而那些能够产生稳定匹配的市场机制几乎都是成功有效的。进一步基于理论分析,Roth 直接设计或者改进了多个市场的匹配系统,从实习匹配系统到择校问题、肾脏交易系统,再到肠胃病学研究员工职位分配和经济学博士匹配系统等。不仅局限于理论分析,他也将匹配的思想引入经济学实验,并取得了巨大的成功。他一方面将稳定匹配理论付诸实践,另一方面以期通过实验发现一些推动经济理论发展的新问题。

基于英国居民健康系统(National Health Service,NHS)与美国居民匹配系统(National Resident Matching Program,NRMP)的相似性与地区差异性,Roth(1991)利用两个国家的共 10 个市场进行了自然的实地实验,其中包括美国的 2 个市场和英国的 8 个市场。他在英国的不同地区采用不同的方式组织实习医生就业市场,以检验"稳定匹配造就市场成功"这一假说。实验结果显示,美国的 2 个市场和英国的 2 个市场产生了稳定匹配并且一直持续运行,而英国的其余 6 个市场无法达到稳定匹配,有 4 个市场相继瓦解。该实验结果初步印证了上述假说,即稳定的市场匹配是市场存续的必要条件,而不稳定市场更易于解体。对于实验中剩余 2 个不稳定市场并未解体的现象,Roth(1991)也提出了自己的猜想。他认为,这 2 个市场属于 6 个市场中最小的 2 个市场,涵盖面较小,参与者因为互相认识对方而承受了较大的社会压力,因此即使不能产生稳定匹配也仍然得以延续。

但是,各个市场处于不同的地区,除了市场制度的不同,还存在市场规模、市场环境等要素的差异,我们可以轻易得出"市场制度是影响上述结果的主要原因"这一结论吗?为此,Kagel and Roth(2000)又进行了一次实验室实验,以检验何种市场制度能够达到稳定的匹配。他们模拟了现实的市场情境并增加了提前匹配的成本,分别研究了集中匹配机制和分散匹配机制的作用效果。在每个实验市场中,都存在 12 名参与者,分别扮演 6 家企业和 6 名工人。在 6 家企业中,3 家企业为高生产力企业,3 家企业为低生产力企业。在 6 名工人中,3 名工人为高能力工人,3 名工人为低能力工人。若和高生产力企业或高能力工人匹配,则获得收益 15 美元,再减去个人支付值。若和低生产力企业或低能力工人匹配,则获得收益 5 美元,另外再减去个人支付值。没有匹配成功则收益为 0。

他们首先设计了分散匹配实验。匹配过程分成 3 阶段,分别为 −2 阶段、−1 阶段和 0 阶段,数字代表匹配行动需要付出的成本。每个阶段,企业只能给一个工作邀请,一个工人只能接受一个工作。一旦匹配成功,双方离开市场。匹配成功并不是公共信息,故每个人都有可能与已经匹配的人匹配,最终的结果是一定失败。匹配结束之后,所有的信息进行公开。

在集中匹配实验中,−2 阶段和 −1 阶段依旧是分散匹配,但之后的 0 成本阶段是一个集中匹配市场。在 0 成本阶段,所有未匹配的参与者都提交一个排序,然后电脑根据某一匹配机制进行集中匹配。匹配结束之后,所有信息依然进行公开。其中,集中匹配实验中有三个实验组采用 Newcastle 机制[1],三个实验组采用 GS 机制。另外,他们设置

---

[1] Newcastle 机制根据优先级进行排序:学生与医院的整体匹配是通过确定每个匹配的优先级,并按照优先级顺序将学生与工作进行单独匹配来确定的。第一步是使所有的第一优先级匹配。然后是医院对空缺职位和仍需要工作的学生进行匹配,以确定是否有第二优先级匹配,以此类推。

了 5 个低错配成本的匹配实验局,具体表现为和高生产力企业或高能力工人匹配的收益减少 5 美元。

实验结果显示,在 0 成本阶段,分散市场不能有效率地完成所有匹配,而集中匹配市场可以完成匹配。但是,GS 机制的匹配结果稳定,而 Newcastle 机制的匹配结果不稳定。他们进一步对比分析了高错配成本和低错配成本下的市场匹配结果,如图 10-10 所示。左图为高错配成本下的市场结果,右图为低错配成本下的市场结果。隔断的虚线左边是分散市场(完全分散市场),右边是集中市场之前的分散市场(称为混合市场)。在分散市场中,高类型匹配的数量比低类型匹配更多,成本也更高。集中机制的引入对低类型匹配的影响更显著,表现为成本迅速下降;高类型匹配成本则在 GS 机制下缓慢下降,在 Newcastle 机制下上升。GS 机制减少错配的功能在高错配成本下显著,而在低错配成本下没有明显发挥作用。因此可以认为,较高的错配成本增加了提早私自匹配的可能性。

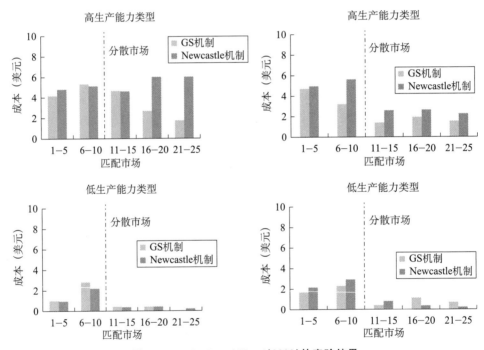

图 10-10　Roth and Kagel(2000)的实验结果

资料来源:Kagel, J. H. and Roth, A. E., 2000,"The dynamics of reorganization in matching markets: A laboratory experiment motivated by a natural experiment", *The Quarterly Journal of Economics*, 115(1), 201—235.

结果表明,当提前行动的成本低于错配的成本时,实验结果就呈现了现实中存在的市场失灵问题。由于拥挤、时间有限等,集中匹配市场出现了低效率,于是匹配双方为了得到理想的匹配结果,都倾向于提早私自匹配。一个稳健的集中匹配机制能够成功修复这种市场失灵,在这点上,GS 机制比 Newcastle 机制的作用效果更好。这个实验也佐证了现实中不同市场匹配结果不同是来自机制而不是市场本身的其他因素。

(二)市场机制比较

除了 GS 算法机制,市场匹配设计领域还存在几种著名的匹配机制,如随机序列独裁机制(random serial dictatorship,RSD)、最优交易循环机制(top trade cycle algorithm,TTC)、偏好序独裁机制(dictatorship algorithm)、波士顿机制(Boston algorithm,BOS)等。那么哪种匹配机制能够达到最优的市场效果呢?一些经济学家对多种匹配机制进行了比较,如单边匹配市场中的 RSD 机制和 TTC 机制(Chen and Sönmez,2002)、双边匹配市场中的多种机制等(Chen and Sönmez,2006;Calsamiglia et al.,2010)。

Chen and Sönmez(2002)在宿舍分配问题上比较了 TTC 机制和 RSD 机制的匹配结果。美国大学大多采用 RSD 机制为学生分配宿舍。每个现有租户可以维持当前宿舍或者放弃当前宿舍进入待定区。待定区的申请者会随机或者根据年级和 GPA 权重被分配优先权,轮到行使优先权时,就可以选择剩余宿舍中最偏好的宿舍。RSD 机制是抗策略的,即对每个申请者而言,提交真实偏好是占优策略。但是不利之处在于,对于现有租户而言,如果放弃当前宿舍,就会面临住宿条件变差的风险,因此并非所有现有租户都会进入待定区重新匹配,这导致了一定的交换效益损失,属于非个人理性和非帕累托最优的结果。

在 TTC 机制里,申请者同样被分配优先权,并且按顺序提交最高偏好宿舍。当申请者提出想要现有租户的住房时,如果该现有租户已被分配其他租房,则分配过程不受影响;反之,则需要将该现有租户提上当前的最高优先序先进行选择,而后继续分配过程。这一机制使得现有租户成为优先级队列的顶部,保证了现有租户参与重新匹配后至少获得一样好的住房。另外,如果出现"我想要你的房间,你想要我的房间"的情况或三人及以上的人数组成一个循环(环状),则交换成立并移出匹配系统。

理论上,TTC 机制优于 RSD 机制,它既是抗策略的,也能满足个人理性和帕累托最优。当面对有限理性的实际参与者时,结果是否一致?在将 TTC 机制引入现实运用之前,实验室实验为我们提供了一个很好的检验视角,既能最小化实践成本又可以解决真实世界中的问题。

Chen and Sönmez(2002)构建了包含现有租户的住房分配模型并设计了相关实验。实验中有 12 个参与者,其中 8 名现有租户和 4 名新来者;有 12 间住房,包含 8 种不同类型 A 至 H。8 名现有租户居住在 8 间不同类型的住房 A 至 H 内,另有 4 间空住房 A 至 D。两组实验除了匹配机制的不同,其余均相同。参与者都是在不完全信息下进行决策,即每个个体都只知道自己的偏好序情况,而且不知道"不同的人可能有不同的偏好序"这一点。个体的偏好序由实验开始前抽取的乒乓球号码决定。为了检验结果的稳健性,作者另外设计了完全信息环境实验局、较大规模实验局以及随机实验局,其中随机实验局中放宽了对偏好序的限制,偏好序中的效用水平是从 1—15 随机抽取的。

实验结果如表10-3所示，我们可以观察到，TTC机制的效率水平显著高于RSD机制；TTC机制和RSD机制在初始和较大规模两种实验环境下的效率水平并不存在显著差异。RSD机制在随机实验下的效率水平显著高于在初始实验下的效率水平；TTC机制在随机实验下的效率水平略高于在初始实验下的效率水平。因此，我们可以得出结论，在现实中用TTC机制代替RSD机制可以提高匹配效率。

表10-3 两种机制下初始、较大规模、随机实验的效率水平

机制	阶段	实际效率	预期效率	平均效率的重组估计
RSD（初始）	R_o1	0.673	0.693(0.031)	$\hat{\mu}_{rsd}=0.754(0.020)$ $\sigma^2=0.00358$ $\varphi=0.000203$
	R_o2	0.737	0.741(0.023)	
	R_o3	0.836	0.849(0.027)	
	R_o4	0.661	0.698(0.027)	
	R_o5	0.750	0.802(0.033)	
RSD（较大规模）	R_t1	0.743	0.742(0.007)	$\hat{\mu}_{rsd}=0.742(0.001)$ $\sigma^2=0.000331$ $\varphi=0.0000000542$
	R_t2	0.737	0.746(0.013)	
TTC（初始）	T_o1	0.924	0.934(0.061)	$\hat{\mu}_{ttc}=0.889(0.020)$ $\sigma^2=0.00332$ $\varphi=0.000157$
	T_o2	0.743	0.802(0.044)	
	T_o3	0.901	0.871(0.050)	
	T_o4	0.930	0.911(0.021)	
	T_o5	0.877	0.890(0.025)	
TTC（较大规模）	T_t1	0.913	0.903(0.01)	$\hat{\mu}_{ttc}=0.875(0.006)$ $\sigma^2=0.000692$ $\varphi=0.00000107$
	T_t2	0.837	0.830(0.012)	
RSD（随机）	R_r1	0.865	0.875(0.023)	$\hat{\mu}_{rsd}=0.877(0.001)$ $\sigma^2=0.00057$ $\varphi=0.000000547$
	R_r2	0.858	0.876(0.023)	
	R_r3	0.901	0.884(0.023)	
	R_r4	0.834	0.876(0.023)	
	R_r5	0.913	0.873(0.026)	
TTC（随机）	T_r1	0.919	0.934(0.018)	$\hat{\mu}_{ttc}=0.931(0.018)$ $\sigma^2=0.00252$ $\varphi=0.000132$
	T_r2	0.865	0.877(0.028)	
	T_r3	0.925	0.947(0.031)	
	T_r4	1.041	1.000(0.027)	
	T_r5	0.938	0.925(0.018)	

资料来源：Chen, Y. and Sönmez, T., 2002, "Improving efficiency of on-campus housing: An experimental study", *American Economic Review*, 92(5), 1669-1686.

Chen and Sönmez(2006)又在择校问题上对比了波士顿机制、GS机制以及TTC机制的匹配效率。在介绍具体的实验流程之前，我们对这三种机制在实验中的应用进行简要介绍。

首先是波士顿机制的匹配过程：第1轮中，只考虑学生的第一志愿。对每所学校而

言,按照自己的偏好序,依次匹配并录取那些把该学校列为第一志愿的学生,直到名额已满或者所有学生都匹配过一次。第 k 轮中,只考虑剩下学生的第 k 志愿。对每一所还没招满名额的学校而言,按照自己的偏好序,依次匹配那些尚未被录取的学生并录取其中把该学校列为第 k 志愿的学生,直到名额已满或者所有剩下来的学生都匹配过一次。

其次是 GS 机制的匹配过程:第 1 轮中,每个学生都向第一志愿的学校投递申请。每所学校则根据自己的偏好序和名额限制,对所有向自己投递申请的学生按照偏好序依次录取,直到名额已满或者所有向自己投递申请的学生都已被录取。第 k 轮中,在前一轮被拒绝而剩下来的那些学生向自己偏好序中的下一所学校投递申请。每所学校将已录取的学生与新投递申请的学生放在一起比较,按照偏好序依次录取,直到名额已满。最终结果为所有学生的申请都被接受并且每个学生都被录取。

最后是 TTC 机制的匹配过程:每个学生都暂时被安排到他所处的学区对应的学校,所有学生都排成一列。队列最前方的学生向他心目中排名第一的学校递交申请。如果第一名的学校就是他所在的学区对应的那个学校,那么之前的那个临时安排就是最终的录取结果,这个学生和他所占用的那个名额都将从待匹配的系统中清除。然后从第二个学生开始继续匹配;如果申请是递交给其他学校的,比如学校 S,那么被临时安排在 S 学校的队伍中相对位置最靠前的那个学生就自动移到整个队伍的最前方进行选择。

作者设计了一个 3×2 的实验来比较三种机制在抗操纵性和效率水平方面的效果。为了模拟现实中申请学校的复杂程度,作者设置的这些学校在学校规模、地理位置、教学质量上都各有特色。现实中,学生对学校的偏好主要是由学校教学质量和学校离家的远近来决定的。因此在实验环境设计中,作者也根据这两点来决定学生偏好。学生对学校的偏好序是由一个效用函数决定的。效用函数具体是一个由学校教学质量(40,20,10)、学校距离远近(10,0)以及一个随机干扰项(0—40)构成的线性函数。为了检验机制的稳健性,他们另外设计了一组随机实验,限制条件主要是让被试人员只知道自己的偏好序情况,在不完全信息水平下做一次性的决策。

实验部分结果如表 10-4 和表 10-5 所示。在两种环境下,波士顿机制的抗操纵性显著比 GS 机制和 TTC 机制要弱。在实验环境下,GS 机制的抗操纵性比 TTC 机制显著要强,而在随机环境下这种显著性有所下降。在实验环境下,效率水平由高到低依次为 GS>TTC>BOS。在随机环境下,效率水平由高到低依次为 GS~BOS>TTC。作者最后总结,波士顿机制的应用比较广泛,但是 GS 机制和 TTC 机制的理论优势比较显著。总之,研究结果与理论一致,波士顿机制的抗操纵性很弱。在实验环境下,波士顿机制的效率水平明显比其他两者要低。然而,与理论相反的是,GS 机制的效率水平是最高的,显著优于 TTC 机制。实验结果表明,采用 GS 机制或 TTC 机制来取代波士顿机制均将显著提升效率水平。

表 10-4　三种机制下的真实偏好揭露比率和操纵性行为

实验局	真实偏好揭露比率	偏好的错误表达							
		1. DSB	2. SSB	3. SPB	1&2	1&3	2&3	1&2&3	其他
BOS_d	0.139	0.153	0.083	0.000	0.153	0.014	0.028	0.431	0.000
GS_d	0.722	0.014	0.014	0.014	0.000	0.000	0.153	0.069	0.014
TTC_d	0.500	0.014	0.014	0.000	0.042	0.000	0.167	0.236	0.028
BOS_r	0.278	0.083	0.042	0.042	0.097	0.208	0.028	0.208	0.014
GS_r	0.556	0.028	0.069	0.069	0.028	0.042	0.125	0.042	0.042
TTC_r	0.431	0.056	0.028	0.083	0.028	0.139	0.111	0.097	0.028

注：在表格第1列的实验局表述中，下标 d 表示设计实验局，下标 r 表示随机实验局。第3—10列代表了每个实验局中八种详尽且相互排斥的错误偏好表达，其中 DSB(district school bias) 表示参与者将其地区学校置于比真实偏好顺序更高的位置；SSB(small school bias) 表示参与者将学校 A 或 B(或两者)置于比真实偏好排序更低的位置，可能是由于 A 和 B 学校的课时较少；SPB(similar preference bias) 表示参与者将收益最高的学校置于较低的位置，这可能是参与者认为其他人有相似的偏好，因此，个人最想要的学校也可能是其他人想要的。

资料来源：Chen, Y. and Sönmez, T., 2006, "School choice: An experimental study", *Journal of Economic Theory*, 127(1), 202—231.

表 10-5　三种机制下的效率水平

实验局	平均值	方差	协方差	不对称方差	标准差
BOS_d	11.150	0.040	0.001	0.011	0.105
GS_d	11.713	0.115	0.001	0.010	0.098
TTC_d	11.412	0.059	0.001	0.023	0.151
BOS_r	12.835	0.133	0.0002	0.004	0.064
GS_r	12.787	0.234	0.002	0.037	0.193
TTC_r	12.351	0.228	0.004	0.066	0.256

资料来源：Chen, Y. and Sönmez, T., 2006, "School choice: An experimental study", *Journal of Economic Theory*, 127(1), 202—231.

Chen and Sönmez(2006)的一个缺陷在于实验条件中并没有对报考志愿数量进行限制，与现实情况存在出入。Calsamiglia et al.(2010)在此基础上进行改进，研究了填报志愿数量限制对策略性行为和匹配结果的影响。没有数量限制的情况下，作者的实验设计和 Chen and Sönmez(2006)相同。存在数量限制的情况下，允许学生最多向3个学校递交入学申请，以尽量模拟现实中的择校情况。实验结果显示，增加了填报志愿数量上的限制以后，策略性行为显著增加，导致三种机制的抗策略性水平相近；匹配结果的效率水平没有产生显著变化，但使得 GS 机制的稳定性水平有所下降。

Pais and Pintér(2008)从信息角度对匹配机制的作用效果进行拓展，他们设计了一个教师与学校的匹配实验，并假定学校必定按照真实偏好进行选择，不参与实验操作，仅教师具有主动权，参与实验操作。实验设置了四种信息水平，从零信息一直上升到完全信息，分别从横向和纵向对信息量进行增加。零信息的情况下，每个人只知道学校容量、相应职位和薪水，不知道其他人的偏好序，不过了解每个人都可能有不同的偏好序；低信息的情况下，除了以上的信息，参与者还知道自己是哪个学校的第一选择；部分信息的情况下，除了知道零信息的内容，参与者还知道每个学校的第一选择；完全信息的情况下，参与者知道所有人和所有学校的偏好序。实验结果显示,信息水平确实在匹配市场参与者的决策中发挥了重要作用。首先,在各种信息水平下,TTC 机制或 GS 机制在真实偏好激励方面的表现均优于波士顿机制。其次,在效率水平方面,TTC 机制的效率水平对信息水平不敏感,另外两个机制的变化较为显著;在信息水平比较低的时候,GS 机制和波士顿机制都表现出较高的效率水平;而在信息水平比较高的时候,各种机制的效率水平没有显著差异。

从这些比较中可以得出,在效率水平上 TTC 机制确实优于 GS 机制;当信息水平很低时,TTC 机制的真实偏好激励是最强的;但同时,波士顿机制的表现也出乎意料的好,在稳定性和有效性水平上已经基本和 TTC 机制及 GS 机制持平。

之后,Pais et al.(2011)继续沿用 Pais and Pintér(2008)的框架,但是放宽了"学校必定提交真实偏好"的假设,设置了三种信息水平和两种匹配角色。实验角色包括学校和教师,信息水平包括零信息、部分信息和高信息。零信息是指每个教师只知道自己的偏好序以及学校容量,并且知道每个人都可能有不同的偏好;部分信息是指除了零信息的内容,每个教师还知道每个学校最偏好的教师,学校也知道每个教师最偏好的学校;完全信息是指每个教师都知道所有人和学校的偏好序。

实验也得出较为一致的结论:TTC 机制的表现是最好的,波士顿机制仅次于 TTC 机制,但也显著优于 GS 机制。信息对 GS 机制和波士顿机制的效率与稳定性都有显著影响;TTC 机制能较为成功地提取私人信息,对信息水平的敏感程度要低于另外两种机制,但在效率和稳定性上的表现都优于另外两个机制。这个结果和先前对三个机制特性和优劣的研究是有出入的,不过一定程度上和 Pais and Pintér(2008)的结果是吻合的,主要体现在波士顿机制发挥出了异常卓越的水平。

关于不同匹配机制的对比研究仍有大量文献,我们在此不一一列举。有兴趣的读者可以自己搜索查阅。匹配实验在国外的发展方兴未艾,而国内在这方面的研究仍处于起步阶段。无论是理论还是应用研究,研究人员和文献都比较缺乏,仅有少量学者进行试探性的研究。例如,钟笑寒等(2004)关注于分数不确定性对不同能力高考考生填报志愿的影响,一个重要结论是考前填报使得高能力的考生更容易被好学校录取。聂海峰(2006)在分析为何高考录取过程中出现"高分低就"的原因时,提出了考生之间的偏好具有隐私性,使考生对其他参与者的偏好不确定,从而导致匹配的结果是混合策略均衡,宁愿选择比较保守的策略。但是上述研究也都局限于理论模型的发展和完善,因此用实验方法进行匹配理论的研究探索仍具有广阔的前景。

第三节 信任品市场

理论模型中的市场大多基于完美信息的假设,但是现实中许多重要的市场存在着不完美信息。例如,医疗服务或修理服务市场就是以其买卖双方显著的信息不对称为特征。消费者在购买前无法确定商品或服务的质量,而卖家可以通过自身的信息优势,提出建议引导消费者需求。因此,卖家可能没有动力提供合适质量的产品,而买家没有办法核实建议的正确性而不得不依赖卖家的诚信。我们将这样的商品或服务称为信任品(Dulleck and Kerschbamer,2006)。

由于不对称信息,信任品市场普遍存在欺骗激励以及由欺骗预期导致的低效率行为。鉴于信任品市场中大量的欺骗行为及其带来的效率损失,研究信任品市场的性质并探究其治理机制具有理论和现实的双重价值。早期的研究侧重于理论分析,缺乏实证数据的支持。实证研究的缺乏源于信任品的特征:信任品市场中消费者的真实需求是卖家的私人信息,这一部分的数据难以获取。实验的引入拓宽了信任品问题的研究方法,为信任品市场的实证检验提供了可能。研究者可以通过实验室实验构建抽象的信任品市场,或者在实地实验中排除其他因素的干扰,准确地对信任品市场进行观察。下面我们将首先对信任品的概念与卖家欺骗行为进行介绍,接着对信任品市场的实验研究进行梳理。

一、信任品的概念与卖家欺骗行为

(一)信任品的概念

信任品是指卖家比买家更了解其所需的商品或服务(Dulleck and Kerschbamer,2006)。[①] 在信任品市场中,卖家不仅是商品或服务的提供者,还为消费者提供建议并且引导需求。常见的信任品包括医疗服务、维修服务、法律咨询以及金融咨询和投资管理等。Fong et al.(2014)指出,信任品市场中的信息不对称包含两个纬度:在进行交易前,消费者知道自身需求但是无法判断商品的质量;在进行交易后,消费者仍然无法判断所获商品的真实质量以及自己的实际需求。

信任品在现实生活中交易频繁,占据社会生产的重要部分,而因信息不对称带来的效率损失也不可小觑。例如,医疗卫生支出仅在经合组织(OCED)成员国就占到其GDP的10%[②],这些支出的很大一部分是由于医生对病人有很大的信息优势,病人不仅不知道最有效的治疗方式,甚至可能事后也无法区分便宜和昂贵的药物。欧盟仅汽车修理每年产值就有1000亿欧元,其中很大一部分是不必要的(Hubbard,1998),可能是因为机修工利用了信息优势,提供了不合适的服务与商品,而且客户的事后检查可能无法区分是

[①] 需要注意,信任品和经验品的区别在于:经验品是指只能在使用后去确认特征的产品;而信任品是即使在使用后仍无法确认其特征的产品。

[②] 具体统计数据可见 www.oecd-library.org。

更换了部件还是修理了部件。世界银行、世界卫生组织与我国三部委(中国财政部、国家卫生计生委、人力资源和社会保障部)合作公布的医改联合报告《深化中国医药卫生体制改革——建设基于价值的优质服务提供体系》也指出:"若能控制(医疗服务中的)相关不合理因素,减少体系中的低效率,中国可以节省大约占其 GDP 3% 的支出。"总之,信任品市场的信息不对称为卖家的欺骗行为提供了强烈的物质激励与客观条件。

(二)卖家欺骗行为

为了更清晰地定义信任品市场中不同类型的欺骗行为,我们考虑一个患者去医院就医的情形,医生可能有动机在两个维度上欺骗患者:第一,医生给患者开具不必要的药物或实施不必要的治疗,这种情况被称为过度处理(也可称为过度治疗),因为医生提供的治疗高于患者的实际需求,由此造成低效率;而医生开具不充分的药物或实施不充分的治疗的情况被称为处理不足(也可称为治疗不足)。第二,医生向患者收取的费用高于其所提供的治疗,这种情况被称为过度收费。

更一般而言,卖家在交易前针对买家需求给出建议(在例子中表现为诊断),并且提供与建议一致的商品或服务(在例子中表现为药物或治疗)。过度处理是指卖家的建议高于消费者需求,并提供与建议一致的商品或服务;处理不足是指卖家的建议低于消费者需求,并提供与建议一致的商品或服务。过度收费属另一个范畴,是指卖家向消费者收取的费用高于实际提供的质量。过度处理与处理不足关注于消费者需求是否得到了合适的处理;过度收费的侧重点是消费者支付的价格与其得到的商品或服务是否一致。因为这些欺骗行为,市场中的交易双方并不信任彼此,进而没有人进行交易,更甚者可能会导致市场瓦解(Akerlof,1970)。

信任品市场中的普遍欺骗行为得到了一些实证数据的支持。在卫生服务市场,Gruber et al.(1999)的研究表明,剖宫产的可能性与剖宫产和自然分娩的报酬差距呈现正相关。两者的价格差距每增加 100 美元,剖宫产的可能性就增加 0.7%。剖宫产的可能性也取决于孕妇所在家庭是否有自己的医生或律师,这和什么对她是最好的处理并没有关系。Iizuka(2007)的研究发现,在控制医学病征和药物效力后,日本医生倾向于开高价的药物(日本医生被允许在诊所销售药品)。修理服务市场也存在大量过度服务行为,例如在产值 20 亿美元的美国汽车维修市场中,有一半的维修都是不必要的(Hubbard,1998)。尽管现实中的实证数据表明了这一现象,但对于各个变量的影响程度仍然无法进行度量。而实验研究的重要优势在于:控制其他条件不变的情况下,研究影响欺骗程度和欺骗类型的单个因素。因此,实验分析已经成为实证研究的重要补充,为信任品市场的低效率和欺诈行为提供了可靠的证据,也为缓解这些问题提供了可能的解决方案。

二、信任品市场的实验研究

信任品市场的欺骗行为造成了巨大的效率浪费,因此如何缓解甚至解决欺骗问题是该领域的核心话题。作为一个典型的产业组织问题,先前的研究主要聚焦于理论推导,如 Dulleck and Kerschbamer(2006)、Fong et al.(2014)、王雅洁(2012)、喻言(2013)与田森等(2017)。随着实验的兴起,越来越多的学者也将研究范式拓展到了实验领域,Kerschbamer and Sutter(2017)梳理了信任品的实验研究。既然欺骗行为源于专家的信息优势,那么减小买卖双方的信息差异是解决问题的根本方法。因此,经济学家提出了多种解决机制并应用于实验,如消费者知识、责任制与认证制、声誉和竞争等。这些机制分别从消费者端、专家端以及市场环境对信息不对称问题进行改善,为消费者提供了额外的信息,使得消费者更能判断自己的真实需求。下面我们将从以上几个方面进行具体介绍。

(一)减小消费者的信息劣势:增加消费者信息

既然卖家可以利用自身的专业知识对消费者进行欺骗,那么如果我们增加消费者的信息,使其能够进行更好的判断,专家的欺骗行为能否得到抑制?这一想法具有较高的实施要求,因为现实中的信任品市场(如医疗服务、法律咨询、维修服务等)一般具有较高的专业壁垒。因此,研究者降低操作难度,提出让消费者掌握一部分信息的想法,并通过实验方法进行检验。

Schneider et al.(2016)的研究根据 Hyndman and Ozerturk(2011)[①]的理论模型展开,他采用实验室实验来研究消费者信息对于专家欺骗行为的影响。专家在诊断时能够判断消费者的需求,同时能够知晓消费者信息以及消费者对于严重处理的估值。实验结果显示:专家不会更多地欺骗无专业知识的消费者,而是倾向于去欺骗那些具有高估值且得到了严重问题信息的消费者。Schneider et al.(2016)还发现,无论专家是否能知晓消费者所得的信息,消费者的专业知识都能够降低欺骗率,提高整体福利。

一些学者通过实地实验研究消费者信息的影响。Balafoutas et al.(2013)考察了雅典出租车市场上司机的欺骗行为。三名实验员分别扮演雅典本地乘客、非雅典的希腊乘客和外国乘客。实验过程中,三名实验员在一个指定的出租车摊位前等待,然后一个接

---

① Hyndman and Ozerturk(2011)构建了一个垄断的信任品市场,并设置消费者具有轻微问题与严重问题,消费者可以接收到关于自身问题的相关信息。当前关于信任品的实验研究均采取相似的博弈框架,消费者面临轻微问题或严重问题,专家可相应提供轻微处理或重要处理,其中轻微处理仅能解决轻微问题不能解决严重问题,而重要处理能同时解决两种问题,消费者和专家按照顺序行动。感兴趣的读者可以去查阅更多关于信任品市场的理论文献(Pitchik and Schotter,1987;Wolinsky,1993;Dulleck and Kerschbamer,2006;Dulleck et al.,2014,等等)。

一个地上车。三名实验员均携带 GPS,以记录出租车司机所走的准确路线。雅典本地乘客用希腊语说出目的地;非雅典的希腊乘客同样用希腊语说出目的地,并且询问司机是否知道位置,补充说明他并不熟悉这座城市;外国乘客的措辞与非本地乘客相同,但是使用英语询问。由于出租车收费系统受到全国范围内的监管,司机有理由认为,雅典本地乘客与非雅典的希腊乘客对计费方式的认识大致相同。

因此,通过语言和描述目的地的区别,司机对于三种乘客具有不同的认识:雅典本地乘客熟悉路线和计费方式;非雅典的希腊乘客不熟悉路线但清楚计费方式;外国乘客对两者都不了解。这种认识的区别可能带来司机的不同行为:对非本地的希腊乘客和外国乘客采取绕远路的过度服务方式,对外国乘客采取过度收费。为了保证结果的客观性以及可对比性,作者让实验员走了许多不同的路线,并选取了其中的最短路线为标准。通过 GPS 记录的时间和路线,再运用收费系统来计算正确的价格。因此,研究者可以通过对比路程距离和价格分别观察司机的过度服务与过度收费行为。

实验结果表明,首先,相比于最短路线,雅典本地乘客平均经历了 1.03 倍的路程,非雅典的希腊乘客平均经历了 1.08 倍的路程,外国乘客平均经历了 1.09 倍的路程。本地乘客的路程显著低于其他两类乘客,表明司机对其他两类乘客进行了过度服务。其次,司机对 3.4% 的雅典本地乘客、7.8% 的非雅典的希腊乘客和 22.4% 的外国乘客使用了较贵的计费方式,三者之间存在显著差异。

Balafoutas et al. (2013)的实验提供了令人信服的证据,表明消费者的知识水平确实会显著影响卖家的欺骗行为。这个实验也给我们带来较多启发:对于在陌生城市中搭乘出租车的人来说,隐藏信息劣势有助于减少被过度收费的概率,而减少信息不对称可能比隐藏信息劣势更好。掌握相关信息的一种方式是知道司机选择哪一条路线或是主要街道,而这一建议在现代智能技术的条件下,具有较强的实施性。从监管机构的角度而言,一种监管措施是,要求卖家尽可能透明地提供服务信息,减少信息不对称,例如,要求出租车司机安装导航系统,在城市地图的每一个点上显示乘客的位置和驾驶方向;另一种监管措施是,对不太知情的消费者经常经过的路线设定固定票价,例如从机场到市中心的路线。

Currie et al. (2011)研究了患者知识对于医生处方行为的影响,该研究以我国的抗生素滥用现象为背景:细菌性感冒需要使用抗生素,而病毒性感冒往往不需要。患者无法判断自己是否需要抗生素,并且抗生素一般不对患者造成伤害,因此,医生往往有强烈的动机向患者开具抗生素处方。Currie et al. (2011)招募健康被试使其扮演感冒病人,采用统一的措辞向医生描述症状,而医生无法通过患者的描述判断其是细菌性感冒还是病毒性感冒。实验过程如图 10-11 所示,在无专业知识的实验组中,患者在描述症状后不再进行任何陈述;在有专业知识的实验组中,患者在描述症状后继续补充"我从网上了解到,普通的感冒不需要服用抗生素,是这样吗?"。实验结果显示,医生对 64% 的无知识的消费者开具抗生素处方,患者知识的干预使得这一比例降低至 39%。患者对抗生素的认知大大减少了医生处方率,有效减少了药费支出。医生向有知识的患者平均开具 2.57 件药品,平均总价 105.84 元;向无专业知识的患者平均开具 2.84 件药品,平均总价 145.81 元。实验的另一个重要发现是,患者的知识对医患互动质量方面呈消极影响。虽然 Currie et al.(2011)记录了抗生素的过度使用情况,并表明了增加消费者知识的干预能够改善这种情况,但是它并没有将金钱激励的效果与消费者需求或其他信念的效果分开,在第十一讲中我们将对此进行介绍。

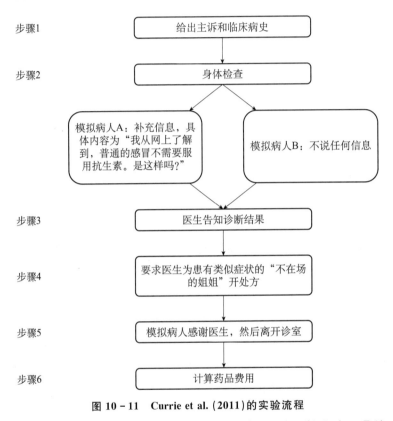

图 10-11 Currie et al.(2011)的实验流程

资料来源:Currie,J.,Lin,W. and Zhang,W.,2011,"Patient knowledge and antibiotic abuse:Evidence from an audit study in China", *Journal of Health Economics*, 30(5),933—949.

(二)减小消费者的信息劣势:声誉

若市场中的双方可能进行多次交易,则历史交易信息能为消费者提供更多的信息。在信息不对称市场中,声誉可能对卖家行为产生重要的影响,卖家考虑到自己现在的行为会影响到未来交易,就可能对自己的处理与收费进行约束。但是由于信任品独有的特征,买家仅能观察到处理不足,却不能辨别是否存在过度处理和过度收费的行为。因此声誉制度在信任品市场中作用有限,下面我们将介绍一系列关于声誉的实验研究。

Schneider(2012)开创了声誉机制的实验研究,他在汽车维修市场中考察声誉对于维修师的行为影响。Schneider(2012)事先安排有一系列问题的车辆(包括电池电缆松动、冷却液位低和尾灯缺失等,如图10-12所示),并送去维修厂修理。实验员将扮演一次性顾客或者重复性顾客。作为一次性顾客,实验员表示自己即将离开,并且放置一个行李箱在后备厢作为佐证。作为重复性顾客,实验员提供了在车库附近的家庭住址,并补充正在寻找当地维修师以保持长期业务联系。顾客要求维修师对车辆进行全面检查,提供维修诊断建议并询问估计价格。事后她们对维修师发现的问题数量、诊断费用、维修质量与价格进行统计。一次性顾客和重复性顾客分别代表低声誉和高声誉两种情况,以此观察两个实验局中维修师的欺骗行为。实验结果显示,声誉的作用并不显著。与低声誉局相比,高声誉局中的维修建议、维修质量与价格并未存在明显不同。但是声誉机制在两种顾客的诊断费用上存在明显的影响,低声誉局中的平均诊断费用为59.8美元,而高声誉局中的诊断费用为37.7美元。

图10-12 Schneider(2012)实验中的问题车辆

资料来源:Schneider, H. S., 2012,"Agency problems and reputation in expert services:Evidence from auto repair", *The Journal of Industrial Economics*,60,406—433.

Rasch and Waibel(2018)的研究同样报告了声誉对于卖家行为的影响。由经验常识可知,距离高速公路的直线距离越近,一次性顾客相对较多(故障的汽车通常被拖到最近高速公路出口附近的修理店),从而声誉起到的作用并不突出。因此作者以修理店距离高速公路的直线距离来定义声誉程度,直线距离小于1.5千米的修理店为低声誉组,反之则为高声誉组。通过OLS回归分析发现,声誉对于维修师的诚实行为起到一定的积极影响,高声誉的修理店进行了更少的欺骗行为,比低声誉修理店的欺骗率低7.7%。其结论与Schneider(2012)不太一致,原因可能在于数据来源的差异。Schneider(2012)的实验样本较小,在控制相关条件下,观察个体具体的行为;而Rasch and Waibel(2018)的调查样本虽大,但对数据获取的控制有待改进。

实验室实验的证据基本显示了声誉机制的积极作用。Dulleck et al.(2011)的研究中以卖家的可识别性刻画了声誉,卖家可以与特定的买家建立声誉。实验中对卖家进行固定编号,使得买家可以追踪到与特定卖家的历史交易记录。实验结果显示,在不存在责任制与认证制的实验局中,声誉大大降低了过度收费的概率;但在责任制或认证制的实验局中,声誉的影响并不显著。Mimra et al. (2016)进一步研究了不同信息类型和价格设置下的声誉作用,实验局设计如表 10-6 所示。作者将 Dulleck et al. (2011)实验中的声誉局定义为私人信息局,并设置了公开信息局:在私人信息局中,买家只能追踪与特定卖家的交易记录;在公开信息局中,买家可以观察到市场中所有的交易信息。实验结果发现,无论是在固定价格还是在竞争价格的环境下,卖家行为在两种信息局中没有显著变化。大量实验均表明,声誉机制的作用通常是较弱的,主要在无责任制与认证制的环境中发挥作用。因此,声誉一般被看作难以实施的制度保障的不完美替代。

表 10-6 声誉机制实验局设计

		声誉机制	
		私人历史信息	公开历史信息
价格方式	固定价格	PRH Fixed	PUH Fixed
	竞争价格	PRH Comp	PUH Comp

资料来源:Mimra, W., Rasch, A. and Waibel, C., 2016, "Price competition and reputation in credence goods markets: Experimental evidence", *Games and Economic Behavior*, 100, 337—352.

(三)对卖家的限制:责任制与认证制

卖家的欺骗行为可能导致消费者福利的较大损失,因此许多模型假设中对卖家的行为进行了限制。责任制要求卖家必须解决消费者的问题,认证制要求卖家提供的商品或服务必须与收取的价格一致。在现实中可以通过一些管制措施实现责任制与认证制,例如,前者有法律对顾客的相关权益进行保障;后者规定开具详细收费清单等。责任制避免了处理不足的情况,但是其不能防止过度处理与过度收费;认证制禁止了过度收费的现象。Dulleck and Kerschbamer(2006)在理论上证明了责任制与认证制都能使得信任品市场达成诚实均衡。责任制下专家制定统一价格并且如实处理;认证制要求专家制定公平价格,不同商品与服务所获的利润相同,因此专家没有进行欺骗的激励。

Dulleck et al. (2011)首次对责任制与认证制的作用进行了实验室实验,采取了 2×2×2×2 的实验局设计(见表 10-7)。被试被分为商品的卖家与买家。在博弈开始阶段,卖家提供两种外生质量商品并且给定价格,买家决定是否进入市场。如果买方拒绝进入市场,则买卖双方收到外部选择;如果买家选择进入市场,则卖家给出建议,并提供相应商品、收取相应价格。责任制实验局中不允许专家向具有严重问题的消费者提供轻微治疗,认证制实验局中要求专家建议的处理方案与其提供的处理方案必须一致。实验结果如图 10-13 所示,其证实了一部分理论预期,责任制显著减少了专家的过度处理与过度收费,责任制实验局中的过度处理率从基准局的 6% 下降至 2%,过度收费率从基准局的 88% 下降至 75%。但是认证制并未显著影响处理不足与过度处理的现象。认证制实验局的过度处理率与处理不足率与基准局无显著区别。

表 10-7　责任制与认证制实验局设计

制度条件	市场条件			
	B(无竞争/无声誉)	R(无竞争/有声誉)	C(有竞争/无声誉)	CR(有竞争/有声誉)
N(无责任制/无认证制)	B/N	R/N	B/N	B/N
L(有责任制/无认证制)	B/L	R/L	B/L	B/L
V(无责任制/有认证制)	B/V	R/V	B/V	B/V
LV(有责任制/有认证制)	B/LV	R/LV	B/LV	B/LV

资料来源：Dulleck,U.,Kerschbamer,R. and Sutter,M.,2011,"The economics of credence goods:An experiment on the role of liability,verifiability,Reputation,and competition",*American Economic Review*,101,526—555.

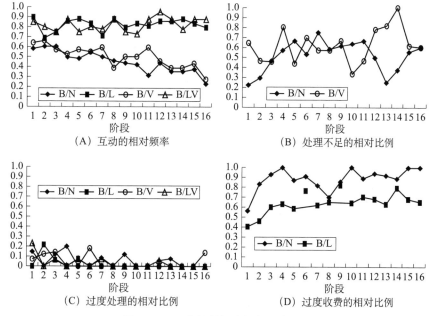

图 10-13　责任制与认证制实验结果

资料来源：Dulleck,U.,Kerschbamer,R. and Sutter,M.,2011,"The economics of credence goods:An experiment on the role of liability,verifiability,Reputation,and competition",*American Economic Review*,101,526—555.

认证制在实验中基本失效，这一结果引起了进一步的研究。Beck et al.(2014)认为，认证制失效的原因可能在于被试代表性不足。学生样本和非学生样本在很多方面是不同的，可能会转化成在实验室和实地中的不同行为。为了判断学生样本数据的有效性，Beck et al.(2014)将学生行为与相同环境下的专业人员行为进行比较。因此，Beck et al.(2014)重复了 Dulleck et al.(2011)的实验，区别在于卖家由现实中的汽车维修师担任，顾客为学生被试。实验发现汽车维修师和学生对责任制与认证制做出的定性反应非常相似。与基准局相比，责任制提高了交易率和市场效率，而认证制对交易率和市场效率没有显著影响。值得一提的是,汽车维修师作为卖家更容易过度处理。可能的原因在于过度处理通常不会被发现,处理不足却可能带来负面影响。因此,汽车维修师往往更容易受到过度处理的激励。

Kerschbamer et al.(2016b)在Dulleck et al.(2011)的博弈框架下设置了5组价格来对卖家的社会偏好进行分类,其中包括五种不同的偏好:效率偏好、不平等厌恶、恶意、不平等偏好、自私。实验发现,不到四分之一的被试按照标准假设行动,不同的社会偏好导致了不同的行为决策。Kerschbamer et al.(2016b)的结果可以部分解释认证制效果不佳的原因,但由于Dulleck et al.(2011)的实验中未测定被试的偏好类型,我们无法判断被试偏好对其实验结果的确切影响。

(四)对市场结构的改进:竞争的作用

信任品市场通常以卖家之间的竞争为主,但是竞争对于消费者福利的影响尚不清楚。一方面,竞争使得价格降低,进而增加市场上商品的交易量。但是较低的价格也为卖家进行欺骗行为提供了激励。两种效果哪个占主导地位尚不明确,因此不少实验针对此话题进行设计。

Dulleck et al.(2011)设计实验了以检验竞争对卖家行为的影响。他们将8名被试分为一组,其中包含4个卖家和4个买家。在前八轮交易中,每个卖家与来自同一组的买家随机匿名匹配。随后的八轮交易引入了竞争机制,4个卖家发布了高质量与低质量商品的价格,买家观察到价格后自由选择卖家进行交易。在竞争环境下,某些卖家吸引到多个买家,而另一些卖家找不到买家。Dulleck et al.(2011)比较了垄断环境与竞争环境下的市场结果,实验结果如图10-14所示。竞争显著降低了交易价格并且提高了交易量:竞争实验局的交易率为73%,而垄断实验局的交易率为45%;竞争实验局的高质量商品价格为7.3,而在垄断实验局中为5.7。但是这两方面的有利影响被市场中更多的欺骗行为抵消,尽管竞争市场中过度处理和过度收费的发生频率并不显著,但是处理不足的频率显著高于垄断市场(73% v.s.53%)。更高频率的欺骗行为抵消了更多的交易量,导致两种情况下的市场效率大致相等。

在Dulleck et al.(2011)的实验中,卖家分别在竞争环境和垄断环境下进行自由定价。不同于Dulleck et al.(2011)的外生匹配和内生匹配,Mimra et al.(2016)的实验对比了固定价格与竞争价格时卖家的欺骗行为。Mimra et al.(2016)的实验沿用了Dulleck et al.(2011)的基本框架,在其竞争—声誉实验局的基础上,设置了固定价格实验局。在该实验局中,买家可以自由选择卖家,但卖家仅能以外生的固定价格出售其服务。前九轮的价格设置为竞争—声誉实验局中最常见的价格组合。实验结果显示,竞争价格下的处理不足和过度收费的发生频率显著高于固定价格。固定价格下被试的处理不足从竞

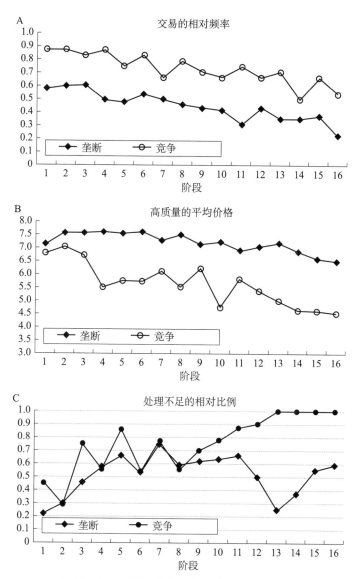

图 10-14 垄断环境与竞争环境下的市场结果

资料来源：Kerschbamer, R. and Sutter, M., 2017, "The economics of credence goods-a survey of recent lab and field experiments", *CESifo Economic Studies*, Vol. 63(1), 1—23.

争价格下的 58.47% 降至 31.43%，过度收费从 86.54% 降至 41.24%，市场效率显著提高。Mimra et al.(2016)认为专家的内生价格竞争会挤出质量竞争，因此导致了竞争市场中效率的降低。

Rasch and Waibel(2018)利用德国汽车协会收集的数据，对竞争的作用进行分析。他们以两种指标度量维修店的竞争程度：一是 10 千米范围内的维修店数量，采用中位数将维修店分为高竞争维修店和低竞争维修店；二是维修店的财务报告，特别是资产净值的正负。研究结果显示，两种方式衡量的竞争均对过度收费有显著影响，但作用方向相反。10千米范围内的竞争者数量越多,竞争强度越大,过度收费的频率越低(见图10-15)。但是,严峻的财务状况(竞争压力越大)显著增加了过度收费的频率。不同研究结果的差距可能源于实验方法与调查方法的差异,在后续的研究中需要进行更深的讨论。

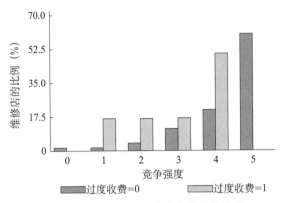

图 10-15　竞争程度对过度处理的影响

资料来源:Rasch,A and Waibel,C.,2018,"What drives fraud in a credence goods market? ——Evidence from a field study",*Oxford Bulletin of Economics and Statistics*,80,605—624.

(五)对消费者的补贴:保险

以上四种机制均是从削弱卖家信息优势以降低专家欺骗意愿的角度出发,对卖家的行为起到一定约束作用。不同于上述机制,保险通过分摊风险提高消费者进入市场的意愿,以期提高消费者问题被解决的概率。保险作为分摊风险、缓解不确定性的重要手段,在信任品市场得到了广泛的应用。在许多信任品市场上,消费者仅需承担部分价格,甚至完全不用付费。医疗保险便是一个很好的例子,虽然保险不会改变医生的欺骗激励,但购买保险的患者可以负担更高的诊疗费用,接受更多的治疗,其健康状况会有所提高。

一些经济学家针对信任品市场中的保险作用开展了实地实验。Balafoutas et al. (2017)在出租车市场中探究保险的作用。实验中被试身着商务套装,扮演出差的商务人士。旅程中向司机透露他们对城市并不熟悉,从而强化司机在信息方面的优势。而主要的实验变化仅仅是在两个实验局之一加入了一句简短的话语。在实验组的乘客表示他们需要收据来报销,而在控制组的乘客只会说在行程结束时需要收据但不说明具体目的。实验结果发现,司机对有报销的乘客采取了更多的欺骗行为。当提到报销时,乘客在特定行程中的支付高于合理价格的可能性要高出17%,但过度供给(通过绕道耗时)的比率在不同处理组并没有不同。因此,保险并没有增加过度供给,但对过度收费的行为产生了显著的影响。Balafoutas et al. (2017)还提出二级道德风险(second degree moral hazard)预测。首先,购买保险的顾客对价格不再敏感,产生了道德风险问题。其次,司机预测到顾客的道德风险,进而更多地进行过度处理或过度收费。

二级道德风险预测得到了 Kerschbamer et al.(2016a)实验证据的支持。Kerschbamer et al.(2016a)在电脑维修市场上进行了实地实验以观察保险的作用效果。他们事前准备了随机存取储存器(RAM)损坏的笔记本电脑,并送至电脑维修店。RAM损坏的好处在于电脑屏幕上会创建明确的错误信息,从而排除了错误判断带来的实验误差。控制组顾客要求一张账单,而实验组顾客另外要求了保险账单的信息,并说明修理费用可以报销。实验结果显示,在有保险的情况下,维修价格从基准局的70欧元上升至129欧元,上升程度显著。大约三分之二的价格上涨(40欧)是由于修理时间延长的过度收费造成的,有保险条件下的修理时间平均更长30分钟(见图10-16)。Kerschbamer et al.(2016a)的研究很好地契合了 Balafoutas et al.(2017)的发现,如果第三方在信任品市场上通过报销支付账单,卖家往往会利用这个机会来虚加账单。

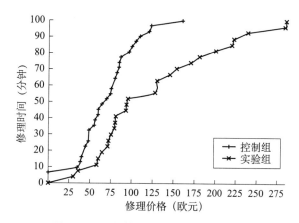

图 10-16　报销机制对卖家行为的影响

资料来源:Kerschbamer,R.,Neururer,D. and Sutter,M.,2016a,"Insurance coverage of customers induces dishonesty of sellers in markets for credence goods", *Proceedings of the National Academy of Sciences*,113,7454—7458.

实验室实验也对保险的作用进行了补充,Huck et al.(2016)研究了医疗保险如何影响卖方供给以及买方需求。实验结果显示,引入保险将患者的问诊率从基准局的40.7%提升至55.3%,同时过度治疗率由26.3%急剧增长至70.9%,但整体市场效率依然有显著提升。存在保险的情况下,医生过度治疗的潜在成本由所有患者共同承担。保险的引入增加了患者的问诊率,由于医生预料到患者不再担心治疗费用,故保险导致了更多的过度治疗。

第四节　拍卖

拍卖在生活中的应用十分广泛,从艺术拍卖、项目竞标到土地使用、资源开采等。拍卖涉及的理论领域也涵盖运筹学、管理学以及经济学等。由于拍卖的普遍性与重要性，对于拍卖的研究也应运而生，而随着拍卖研究的深入，拍卖的形式日趋丰富。那么，拍卖究竟指什么呢？

辞海中对拍卖的定义为"拍卖也称竞买，是商业中的一种买卖方式，卖方把商品卖给出价最高的人"。经济学中的拍卖含义更加细化，是指一个集体（拍卖群体）决定价格及其分配的过程。McAfee and McMilllan(1987)则给出了更为准确的定义："拍卖是一种市场状态，此市场状态在市场参与者标价基础上具有决定资源配置和资源价格的明确规则。"

最早将拍卖引入经济学的是Vickrey(1961)，作者根据标的物价值将拍卖分为私人价值拍卖（private value auctions）与公共价值拍卖（common value auctions）。随着实验的引入，拍卖的范围被拓展为单向拍卖（one-sided auction）与双向拍卖（double auction）。除此之外，市场还存在一些难以划分且使用频繁的拍卖方式，如讨价还价、明码标价拍卖及多属性拍卖等。下面我们将首先对拍卖的类型进行具体介绍，其次对私人价值拍卖与公共价值拍卖的相关实验研究进行介绍。

一、拍卖理论概述

（一）拍卖类型

在介绍拍卖的相关理论研究以及实验研究之前，对拍卖类型的划分是必要的，根据Vickrey(1961)，市场上存在两大拍卖类型，分别为私人价值拍卖和公共价值拍卖。两者的区别在于前者中的标的物价值对于竞标者并不是完全相同的，例如常见的艺术品拍卖；而在后者中是相同的，如石油开采权拍卖。其中私人价值拍卖又可以根据不同的方式分为英式拍卖与荷式拍卖、一价拍卖与二价拍卖。

英式拍卖与荷式拍卖的区别在于竞价者汇报价格的顺序，前者的竞价由低到高，而后者的竞价由高到低，两者均属于公开拍卖。一价拍卖与二价拍卖则是在密封拍卖的环境下进行，一价拍卖中赢者支付最高报价，二价拍卖中赢者支付次高报价。

英式拍卖与荷式拍卖、一价拍卖与二价拍卖是生活中常见的标准拍卖，且均是以一对多的方式进行，我们将其称为单向拍卖。单向拍卖实质上指一对多的拍卖形式，卖方或者买方中一定有一方作为主体，具有资源的垄断优势，而最终的成交价格是由人数多的一方共同决定的，具有信息的垄断优势。随着对拍卖形式研究的逐渐丰富，拍卖又被拓展到双向拍卖。双向拍卖的具体含义为：市场是"多对多"的结构，即买方和卖方都不止一个，该市场中买卖双方的关系从单向拍卖中的"信息优势方"或"资源优势方"，转变为一种平等的供给和需求关系。严格来讲，双向拍卖是随着实验室实验应运而生的。从本讲第一节市场实验的内容我们已经了解到,Smith(1962)首次在实验中引入双向拍卖并得到了令人满意的价格出清结果。我们将常见的拍卖类型总结在表 10-8 中,并简要阐述了其相关特点。

表 10-8 拍卖类型

分类标准	拍卖类型	主要形式	特点
标的物价值	私人价值拍卖	英式拍卖与荷式拍卖、一价拍卖与二价拍卖	标的物价值对买者不尽相同
	公共价值拍卖	/	标的物价值对买者相同
拍卖市场结构	单向拍卖	公开拍卖	常见为英式拍卖、荷式拍卖
		密封拍卖	常见为一价拍卖、二价拍卖
	双向拍卖	/	/
其他类型	讨价还价	/	/
	明码标价拍卖	/	价格给定,买家无法影响价格
	多属性拍卖	/	考虑价格属性与非价格属性

(二)私人价值拍卖

为了展示各个拍卖下的均衡,我们首先对 Vickery(1961)提出的独立私人价值模型(the independent private model,IPV)进行简要介绍。某人想卖掉一件物品,有 N 个买方对此物品感兴趣。卖家对此物品的估值为 0,某个买方 i 根据物品在买家中的价值分布函数 $F_i(v_i)$ 得到对此物品的估值 v_i。独立私人价值模型基于四个基本假设:①买家与卖家均是风险中性的;②每个买家能够观察到其他人的出价信息,但是无法得知其他人的估值;③买家的估值是独立同分布的随机变量,每个买家仅知道自身估值独立于其他买家的估值,但是知道所有买家的估值分布;④支付是报价的函数。若某个买家 i 的估值为 v_i,他支付价格 p 赢得拍卖,则他的收益为 $v_i - p$。在该模型中,"独立"是指每个买家的私人信息独立于其他买家;"私人价值"是指每个买家的估值仅由自身的私人信息决定,而与其了解到的其他买家的私人信息无关。

根据规则的不同,私人价值拍卖又可细分为英式拍卖与荷式拍卖。在英式拍卖中,卖家确定一个保留价格,竞价者的出价由低到高依次递增。当到达拍卖的截止时间时,出价最高者成为赢家。在英式拍卖中,每位出价者知道彼此的出价信息,但不了解其他人的估价。荷式拍卖的规则与英式拍卖相反,在拍卖开始前,卖家确定一个最高价并进行公布,随后卖家由高到低进行降价,当有竞价者接受价格时拍卖结束。另外,在荷式拍卖过程中,买家并不知道彼此的估价及出价。

此外,根据成交价格不同,私人价值拍卖又可以进行另一组划分,包括一价拍卖与二价拍卖。一价拍卖是指出价最高的竞价者以最高竞价获得标的物的拍卖形式;二价拍卖是指出价最高的竞价者以次高竞价获得标的物的拍卖形式。值得注意的是,一价拍卖与二价拍卖都属于"密封"式拍卖,每一个竞价者都将出价记录在一张纸上,并密封在一个信封中。最终所有的信封集中在一起,出价最高的人将赢得拍卖。由于竞价者同时出价,因此他们并不知道彼此的价格信息。

1. 一价拍卖与荷式拍卖

我们用 $b_i(v_i)$ 表示竞价者的出价,为了简化证明流程,我们假设每个买家的行为决策是对称的,即 $f_i(v_i)=f(v_i),b_i(v_i)=b(v_i)$。给定其他买家的出价,只有当买家 i 的出价大于其他人时,他才赢得拍卖并且支付价格,即 $b(r)>b_i(v_j)$,其中 r 表示买家 i 汇报的自身估值。因此,我们可以得到买家 i 赢得拍卖时的收益,为:

$$u(r,v)=F^{N-1}(r)(v-b(r))$$

对上式求导,我们可得在均衡状态下,买家的出价为[①]:

$$b(v)=\frac{1}{F^{N-1}(v)}\int_0^v x\mathrm{d}F^{N-1}(x)$$

在荷式拍卖中,竞价者思考的问题是:我应该以什么价格来表示我购买商品的意愿,此时,出价最高的买家赢得拍卖并支付价格。不难发现,荷式拍卖的证明思路与上述相同,只需要把出价 b 改为价格 p。因此,上面的证明同样适用于荷式拍卖。

由此,我们能够得到一价拍卖的对称均衡以及荷式拍卖的对称均衡。

一价拍卖的对称均衡

如果 N 个竞价者从公共价值分布 F 中提取独立的私人价值,则其出价为:

$$b(v)=\frac{1}{F^{N-1}(v)}\int_0^v x\mathrm{d}F^{N-1}(x)$$

当某个买家的估值为 v 时,此为一价密封拍卖下的对称纳什均衡,且是唯一的对称纳什均衡。

荷式拍卖的对称均衡

如果 N 个竞价者从公共价值分布 F 中提取独立的私人价值,则当价格达到下式的数值时,买家应价:

$$\frac{1}{F^{N-1}(v)}\int_0^v x\mathrm{d}F^{N-1}(x)$$

当某个买家的估值为 v 时,此为荷式拍卖下的对称纳什均衡,且是唯一的对称纳什均衡。

2. 二价拍卖与英式拍卖

假设二价拍卖下,某个买家 i 的估值为 v_i,场上其他竞价者的最高报价为 B。考虑以

---

① 详细的推导过程可见 Jehle, G. A. and Reny, P. J., 2001, *Advanced Microeconomic Theory*, Boston, MA: Addison-Wesley.

下三种情况:当 $v_i>B$ 时,即他的估值超过场上任何其他人的报价时,他倾向于赢得拍卖;当 $v_i<B$ 时,退出拍卖是其弱占优策略;只有当 $v_i=B$ 时,他对是否赢得拍卖无差异。因此,无论其他竞价者出价为何,买家的最优策略为出价 v_i。

在英式拍卖下,当价格达到买家的估值时,此时他的收益为零,买家退出竞拍是占优策略,剩余的买家继续进行拍卖,直至仅剩一人。最后仅剩的一人以当前不高于自身估值的次高价格进行支付。从逻辑上看,英式拍卖与二价拍卖是相同的。

由此,我们可以得到二价拍卖的对称均衡以及英式拍卖的对称均衡。

二价拍卖的对称均衡

如果 N 个竞价者具有独立的私人价值,那么在二价密封拍卖中,其估值是唯一的弱占优竞价策略。

英式拍卖的对称均衡

如果 N 个竞价者具有独立的私人价值,那么当价格达到其估值时退出是每个竞价者唯一的弱占优竞价策略。

我们已经简单地对四种拍卖的竞价策略进行了分析,从中可以发现,一价密封拍卖与荷式拍卖等价,二价密封拍卖与英式拍卖等价。由此可以自然而然地想到在两种等价的拍卖下收益回报是相同的。①

(三)公共价值拍卖

顾名思义,公共价值拍卖是指标的物的价值对于所有竞价者都是相同的,但竞价者在进行拍卖时并不知道准确价值。例如,一项石油开采权拍卖,多家石油公司通过拍卖购买土地的开采权,由于开采土地带来的利润相同,因此开采权的实际价值对于竞拍者是相同的,但是特定土地的石油产量难以被准确估计,因此各家公司的出价也不尽相同。

因为标的物的价值并不会对竞价者进行公开,所以很有可能出现竞价者的估价大于标的物的实际价值的情况。最后由估价最高的买家获得商品,若竞价大于实际价值,我们将这种情况称为"赢者诅咒"(winner's curse)。"赢者诅咒"的概念最初由 Atlantic Richfield 公司的三位工程师提出,虽然赢得了拍卖,但是很可能会遭受亏损。

"赢者诅咒"在各个市场上普遍存在,如 Cassing and Douglas(1980)、Blecherman and Camerer(1998)发现棒球自由球员市场存在"赢者诅咒",Massey and Thaler(2005)发现了在美国职业橄榄球联赛中存在"赢者诅咒"等。

Kagel and Levin(1986)对公共价值拍卖进行建模,在 N 个竞价者的公共价值拍卖中,公共价值 V^* 包含在一个统一的分布区间 $[\underline{x},\overline{x}]$ 中,竞价者 i 对于 V^* 的估计为 x_i,且

---

① 收益等价定理的推导过程可见 Jehle,G. A. and Reny,P. J. , 2001,*Advanced Microeconomic Theory*,Boston,MA:Addison-Wesley.

$x_i \in [\underline{x}+\varepsilon, \overline{x}-\varepsilon]$,在风险中性条件下,纳什均衡价格为估值的线性函数,即:

$$b(x_i) = x_i - \varepsilon + Y$$

其中,$Y = \frac{2\varepsilon}{N+1} e^{-\frac{N}{2\varepsilon}[x_i-(\underline{x}+\varepsilon)]}$。由于篇幅有限,这里我们仅阐述其理论均衡,具体的推导过程可以查阅相关资料。① 该理论模型表明,在纳什均衡下,由估值最高者出最高价格,由于每个买家对于公共价值的估计是相互独立的,并且最高估值很可能超过标的物的真实价值,因此导致"赢者诅咒"现象。

二、拍卖实验

(一)私人价值拍卖实验

早期关于拍卖的实验研究大多在简单的环境设置中进行,例如固定的竞价者数量以及标的物均为一单位商品。Vickery(1961)利用博弈论方法得到了理论结果,在一些合理的约束条件下(风险中性竞价者的数量以及保留价格相等的情况下),四种拍卖形式产生相同的平均收益,即收益等价定理。如果某些前提假设被打破,收益等价定理并不总是成立。例如,若竞价者是风险厌恶的,则一价拍卖的收益高于二价拍卖;若竞拍者的估值不是独立的,则一价拍卖的收益低于二价拍卖;若竞拍者对自身估值存在不确定性,则二价拍卖的收益低于英式拍卖。我们对相关的模型预测进行了梳理,如表10-9所示。

表10-9 不同模型假设下,四种拍卖的收益比较

模型假设	收益比较②
独立、私人价值可知、风险中性	$D=F=S=E$
独立、私人价值可知、风险厌恶	$D=F>S=E$
关联、私人价值可知、风险中性	$D=F<S=E$
关联、私人价值未知③、风险中性	$D=F<S<E$

资料来源:Lucking-Reiley, D., 1999, "Using field experiments to test equivalence between auction formats: Magic on the Internet", *American Economic Review*, 89(5), 1063—1080.

收益等价定理无疑是拍卖理论中最基础且最重要的研究主题之一,但现实数据的难获得性以及数据的可控性问题使其在现实中的验证受到阻碍。而实验室实验为检验收益等价定理的有效性带来了可能,自实验引入以来,研究者在实验室中进行了大量检验收益等价定理的实验研究。Coppinger et al.(1980)首先在实验室中研究了私人价值拍

---

① Kagel and Levin(1986)提供了详细的证明过程。
② 其中,D=荷式拍卖,F=一价拍卖,S=二价拍卖,E=英式拍卖。
③ 私人价值未知是指在拍卖结束前,尽管竞价者有一些关于自身价值的嘈杂信号,但其对自己的估价不确定。共同价值拍卖便是一个特例。

卖的收益比较。作者设置了两个实验局,在一个实验局中被试进行英式拍卖与荷式拍卖($N=8$),另一个实验局中的被试进行一价拍卖与二价拍卖($N=5$),其余条件信息均保持相同。实验结果显示,二价拍卖与英式拍卖的成交价格在数量和分布上相近,从而证明了二价拍卖与英式拍卖的等价性;而一价拍卖的收益显著大于荷式拍卖,不存在等价性。

Coppinger et al. (1980)实验中两个实验局的人数并不相等,而人数对于拍卖均衡的影响不能够忽略。在理论预测中,被试数量是影响实验结果的重要因素,因此,Cox et al. (1982,1983)进行了更严格的实验控制,改变了进行拍卖的被试人数,重复了以上的实验。实验结果(见表 10-10)显示,一价拍卖的成交价格显著高于荷式拍卖的价格,表明了一价拍卖与荷式拍卖的不同之处,且两者的价格差异随着参与者数的增加而增加。作者为两者的价格差异提供了两种可能的解释。一种推测是,两种拍卖中买家的不同心理可能导致实验结果的差异。一价拍卖为密封拍卖,买家无法得知对方的出价,只能"预测"对方的估价;而在荷式拍卖中,买家在"等待"对方的出价。另一种推测是,荷式拍卖中的出价随着时间降低,买家也逐步调整自身的估值,若一直并未有人出价,卖家容易认为自己最初的定价较高,从而不断降低自身的估计。

表 10-10 一价拍卖与荷式拍卖的价格差异

人数 N	一价拍卖价格 m_f	荷式拍卖价格 m_d	$m_f - m_d$
3	2.36	1.98	0.38
	2.60	2.57	0.03
4	5.42	4.98	0.44
	5.86	5.68	0.18
5	9.15	8.72	0.43
	9.13	8.84	0.29
6	13.35	13.25	0.10
	13.09	12.89	0.20
9	31.02	30.32	0.70

资料来源:Cox, J. C. , Roberson, B. and Smith, V. L. , 1982, "Theory and behavior of single object auctions", *Research in Experimental Economics*, 2,1—43.

Cox et al. (1988)还用计算机程序进行实验,实验结果同样证明了荷式拍卖产生的收益低于一价拍卖。一价拍卖的收益大大高于风险中性纳什均衡,而荷式拍卖的收益等于或略低于风险中性纳什均衡。之后的理论模型试图对荷式拍卖与一价拍卖均衡价格的背离进行解释,一种观点认为卖家的风险厌恶特征是其主要原因,卖家害怕失去标的物因而提高自己的出价。Kagel et al. (1987)证明了英式拍卖符合理论预测,二价拍卖的收益大于英式拍卖。Kagel and Levin(1993)的实验观察到二价拍卖的收益超过理论预测。

(二)公共价值拍卖实验

不少学者对私人价值拍卖的适用范围提出质疑,他们认为,在私人价值拍卖中,每个参与者对商品都存在一个独立的私人价值,而在现实中的大多数情况下,标的物对于买家是同一价值,而买家对于标的物价值的估计可能是不准确的。

由于买家并不是经典假设中的完美理性人,因此共同价值拍卖与"赢者诅咒"几乎如影随形。而大多关于公共价值拍卖的研究也关注于证明"赢者诅咒"的存在。大量实证和实验研究表明,"赢者诅咒"普遍存在。Bazerman and Samuelson(1983)最早在实验室中证明了"赢者诅咒"现象。他们发现,在一价密封拍卖中,获胜者对标的物的平均竞价高于标的物的真实价值。Samuelson and Bazerman(1985)还对信息不对称条件下双边讨价还价市场中的"赢者诅咒"进行实验,实验数据显示标的物的真实价值为8美元,其平均估价为5.13美元,但是赢者的平均竞价为10.01美元,平均损失2.01美元。Kagel and Levin(1986)不仅从理论上证明了"赢者诅咒"的存在,并且通过实验加以检验。一般而言,存在"赢者诅咒"的市场满足两个条件:一是标的物的价值不确定;二是双方存在信息不对称问题。这两种不确定性将使竞拍者的平均利润低于正常水平甚至为负。

"赢者诅咒"的普遍存在已经成为大家的共识,后来的经济学家对如何规避这种现象进行研究。一方面,"赢者诅咒"的结果可能是由于参加实验的被试对于拍卖不熟悉,被试的经验情况将影响最终的拍卖结果;另一方面,拍卖环节中严重的信息不对称问题加剧了被试决策的不确定性,信息反馈情况可能有助于改善"赢者诅咒"。因此被试的经验程度以及信息反馈机制成为研究的切入点。

Kagel and Levin(1986)考察了公共信息对于拍卖结果的影响,首先,竞价者参与一系列对结果有反馈的拍卖以形成经验;其次,他们控制了参与拍卖的被试人数,分别为6—7人的大群体与3—4人的小群体。实验结果显示,即使经验丰富的买家也可能产生负收益,而且"赢者诅咒"更容易在较多竞价者的市场中发生。较多竞价者(6—7)的拍卖市场比少数竞价者(3—4)的拍卖更具竞争性,从而会产生负收益。当竞价人数相对较少时,有经验的竞价者能够规避"赢者诅咒",但是随着竞价人数的增多,"赢者诅咒"仍会发生。在没有"赢者诅咒"的情况下,提供有关该物品价值的公共信息可以增加卖家的收益,反之则会产生相反的结果(见表10-11)。

表10-11 竞价者数量对卖家收益的影响

卖家收益的改变	拍卖阶段的竞价者数量		
	数量较多(6—7)		数量较少(3—4)
	赢者诅咒	无赢者诅咒	无赢者诅咒
增加	6	12	29
减少	11	5	10

资料来源:Kagel,J. H. and Levin,D.,1986,"The winner's curse and public information in common value auctions",*American Economic Review*,76,894—920.

另外值得一提的是,针对被试经常性产生负收益的现象,Kagel and Levin(1986)的处理方式为指定一个现金平衡,一旦被试打破该平衡即停止出价。Hansen and Lott

(1991)则认为这样的方式不能够清晰地分析"赢者诅咒"现象,上述实验结果可能是由于竞价者只承担有限责任而出现的恶意竞价。因此,他们采取了另外的处理方法,允许被试将获得的收益去投资于另一种活动(增加收益或者减少收益)。相较于 Kagel and Levin(1986)的实验结果,其结果中的"赢者诅咒"稍有减少,但并不显著。实验发现包含理性竞价者和非理性竞价者在内的所有被试均存在"赢者诅咒"现象。

Ball et al.(1991)在 Bazerman and Samuelson(1983)的基础上引入了学习机制,研究了市场学习与调整对"赢者诅咒"的影响。实验中被试参加了多轮竞拍,实验结果显示,有 37% 的被试学会了避免"赢者诅咒"。随后的大量实验表明,即使有经验的竞价者能够从他们的决策中得到反馈,从而做出趋近于理性的决策,但是仍然不能完全消除"赢者诅咒"的作用。

信息反馈机制是指每一轮实验中为被试提供所有参与者的收益信息。信息的引入可能会让被试认识到自身的收益情况,进而在下一轮的实验中做出最优决策。Ball et al.(1991)同样研究了反馈信息的影响。实验过程中给予被试信息反馈,实验结果显示仅减少了很小一部分"赢者诅咒"的影响。他们认为,在存在无经验竞拍者的重复讨价还价中,"赢者诅咒"问题并没得到改善。

三、网络拍卖

网络技术的发展促使了电子商务的萌芽,网络拍卖便是其中使用较为广泛的形式。由于低成本、高质量以及灵活便利等特征,网络拍卖在经济学实验中得到了越来越多的应用。一种常见的应用便是运用网络拍卖的形式验证拍卖理论中的收益等价定理。Lucking-Reiley(1999)首先进行了尝试,他在网络上以四种拍卖形式(荷式拍卖、英式拍卖、一价拍卖和二价拍卖)出售一种可收集的交易卡。实验结果如表 10-12 所示,荷式拍卖的收入比一价拍卖高出了 30%,与理论预测结果产生了一定出入。而英式拍卖与二价拍卖的收益结果大致相等。这一实验首次为收益等价定理提供了来自真实市场的证据,并为实验室实验提供了方向,如在收益等价的实验室研究中增加内生投标人进入的可能性。

表 10-12 一价拍卖与荷式拍卖的差别

	一价拍卖	荷式拍卖
样本值	87	86
荷式拍卖收益更高的样本数量	63	59
相同价格的样本数量	12	5
一价拍卖收益更高的样本数量	12	22
荷式——一价平均差(标准差)	0.38 美元 (0.07)	0.25 美元 (0.17)

	一价拍卖	荷式拍卖
平均对数差 （标准差）	0.293 美元 (0.038)	0.288 美元 (0.059)
Wicoxon 检验统计量	5.66	2.78

资料来源：Lucking-Reiley, D., 1999, "Using field experiments to test equivalence between auction formats: Magic on the Internet", *American Economic Review*, 89, 1063—1080.

网络拍卖与线下拍卖的一个重要不同点是，网络拍卖存在一种"狙击"行为，即竞价者在拍卖结束前的最后时刻提交价格。对于这种行为，Roth and Ockenfels(2002)的解释是，网络拍卖近似于独立私人价值拍卖，最后出价是买家的一种合谋行为。eBay 采取固定的关闭时间，而 Amazon 则对迟到的出价进行自动响应，对关闭时间进行延长。我们可以观察到，Amazon 拍卖机制的出价数量要比 eBay 拍卖机制少很多。为什么会存在如此大的差异？Roth and Ockenfels(2002)提出了一些可能性：在私人价值拍卖中，"狙击"属于一种合谋行为，因为大量价格同时提交可能阻止某些最后时刻的出价出现在网站页面上；另外，对于缺乏经验的人而言，"狙击"是应对递增拍卖价格的最佳方式。

由于现实的网络拍卖之间存在诸多差异，为了更清晰地识别因果关系，Ariely et al. (2005)设计了一个实验室实验，实验中拍卖机构之间的唯一区别是商品的终止规则——一个接受延迟出价的可能性为 0.8 或 1(类似 eBay 拍卖)，另一个接受延迟出价的可能性为 0.8(类似 Amazon 拍卖)。实验局包括两场类似于 eBay 关闭时间规则的拍卖和一场类似于 Amazon 关闭时间规则的拍卖。实验结果表明，被试在 eBay 拍卖中出价更高；比起 Amazon 拍卖，被试在 eBay 拍卖中更有延迟出价的激励。在概率为 1 的 eBay 实验局中的延迟出价多于概率为 0.8 的 eBay 实验局。实验证明了合谋不一定是"狙击"的唯一原因，最后时刻出价是那些缺乏经验的竞价者的最佳反应。

在网络拍卖的情境下，买家无法观察到标的物的全部特征，进而无法评价商品的价值，因此容易出现"赢者诅咒"的问题。Roth and Ockenfels(2002)认为，在共同价值拍卖中，同样存在"狙击"行为，一方面，信息更多的竞价者努力隐藏关于标的物价值的信息；另一方面，竞价者可以随时根据出价更新其对标的物的估价。Bajari and Hortacsu (2003)报告了共同价值对于商品竞价的影响。结果证明，在 eBay 的共同价值拍卖中，买家通过最后时候出价来隐藏其对于商品价值的个人信息，且竞价买家越多，出现"赢者诅咒"的可能性越大。

本讲参考文献

聂海峰，2006：《填报高考志愿哪种方式对考生有利？》，《南方经济》，第 6 期。

田森、雷震、翁社泉，2017：《专家服务市场的欺诈、信任与效率——基于社会偏好和空谈博弈的视角》，《经济研究》，第 3 期。

王雅洁,2012:《信任品市场卖方欺诈行为研究综述》,《产业组织评论》,第1期。

喻言,2013:《信任品市场研究述评》,《珞珈管理评论》,第1期。

钟笑寒、程娜、何云帆,2004:《花落谁家:高考志愿填报机制的博弈分析》,《经济学(季刊)》,第3卷第3期。

Akerlof, G. A., 1970, "The market for lemons: Quality uncertainty and the market mechanism", *The Quarterly Journal of Economics*, 84(3), 488—500.

Ariely, D., Ockenfels, A. and Roth, A. E., 2005, "An experimental analysis of ending rules in internet auctions", *The RAND Journal of Economics*, 36(4), 890—907.

Bajari, P. and Hortaçsu, A., 2003, "The winner's curse, reserve prices, and endogenous entry: Empirical insights from eBay auctions", *The RAND Journal of Economics*, 36(2), 329—355.

Balafoutas, L., Beck, A. and Kerschbamer, R., 2013, "What drives taxi drivers? A field experiment on fraud in a market for credence goods", *Review of Economic Studies*, 80, 876—891.

Balafoutas, L., Kerschbamer, R. and Sutter, M., 2017, "Second-degree moral hazard in a real-world credence goods market", *The Economic Journal*, 127, 1—18.

Ball, S. B., Bazerman, M. H. and Carroll, J. S., 1991, "An evaluation of learning in the bilateral winner's curse", *Organizational Behavior and Human Decision Processes*, 48, 1—22.

Bazerman, M. H. and Samuelson, W. F., 1983, "I won the auction but don't want the prize", *Journal of Conflict Resolution*, 27, 618—634.

Beck, A., Kerschbamer, R. and Qiu, J., 2014, "Car mechanics in the lab——Investigating the behavior of real experts on experimental markets for credence goods", *Journal of Economic Behavior and Organization*, 108, 166—173.

Blecherman, B. and Camerer, C. F., 1998, "Is There a Winner's Curse in the Market for Baseball Players", mimeograph, Brooklyn Polytechnic University, Brooklyn, NY.

Calsamiglia, C., Haeringer, G. and Klijn, F., 2010, "Constrained school choice: An experimental study", *American Economic Review*, 100(4), 1860—1874.

Cassing, J. and Douglas, R. W., 1980, "Implications of the auction mechanism in baseball's free agent draft", *Southern Economic Journal*, 47(1), 110—121.

Chamberlin, E. H., 1948, "An experimental imperfect market", *Journal of Political Economy*, 56, 95—108.

Chen, Y. and Sönmez, T., 2002, "Improving efficiency of on-campus housing: An experimental study", *American Economic Review*, 92(5), 1669—1686.

Chen, Y. and Sönmez, T., 2006, "School choice: An experimental study", *Journal of Economic Theory*, 127(1), 202—231.

Coppinger, V. M., Smith, V. L. and Titus, J. A., 1980, "Incentives and behavior in English, Dutch and sealed-bid auctions", *Economic Inquiry*, 18, 1—22.

Coursey, D., Isaac, R. M. amd Smith, V. L., 1984, "Natural monopoly and contested markets: Some experimental results", *The Journal of Law and Economics*, 27(1), 91—113.

Cox, J. C., Roberson, B. and Smith, V. L., 1982, "Theory and behavior of single object auctions", *Research in Experimental Economics*, 2, 1—43.

Cox, J. C., Smith, V. L. and Walker, J. M., 1983, "Tests of a heterogeneous bidders theory of first price auctions", *Economics Letters*, 12, 207—212.

Cox, J. C., Smith, V. L. and Walker, J. M., 1988, "Theory and individual behavior of first-price auction", *Journal of Risk and Uncertainty*, 1(1), 61—99.

Currie, J., Lin, W. and Zhang, W., 2011, "Patient knowledge and antibiotic abuse: Evidence from an audit study in China", *Journal of Health Economics*, 30, 933—949.

Davis, D. D. and Holt, C. A., 1994, "Market power and mergers in laboratory markets with posted prices", *RAND Journal of Economics*, 25, 467—487.

Davis, D. D. and Williams, A. W., 1986, "The effects of rent asymmetries in posted offer markets", *Journal of Economic Behavior and Organization*, 7, 303—316.

Davis, D. D. and Williams, A. W., 1991, "The Hayek hypothesis in experimental auctions: Institutional effects and market power", *Economic Inquiry*, 29, 261—274.

Dulleck, U. and Kerschbamer, R., 2006, "On doctors, mechanics, and computer specialists: The economics of credence goods", *Journal of Economic Literature*, 44, 5—42.

Dulleck, U., Kerschbamer, R. and Konovalov, A., 2014, "Too much or too little? Price-discrimination in a market for credence goods", *Working Papers in Economics and Statistics*, 2473(582).

Dulleck, U., Kerschbamer, R. and Sutter, M., 2011, "The economics of credence goods: An experiment on the role of liability, verifiability, reputation, and competition", *American Economic Review*, 101, 526—555.

Fong, Y. F., Liu, T. and Wright, D. J., 2014, "On the role of verifiability and commitment in credence goods markets", *International Journal of Industrial Organization*, 37, 118—129.

Gale, D. and Shapley, L. S., 1962, "College admissions and the stability of marriage", *The American Mathematical Monthly*, 69(1), 9—15.

Gruber, J., Kim, J. and Mayzlin, D., 1999, "Physician fees and procedure intensity: The case of cesarean delivery", *Journal of Health Economics*, 18(4), 473—490.

Hansen, R. G. and Lott, J. R., 1991, "The winner's curse and public information in common value auctions: Comment", *American Economic Review*, 81(1), 347—361.

Harrison, G. W. and McKee, M., 1985, "Monopoly behavior, decentralized regulation, and contestable markets: An experimental evaluation", *The RAND Journal of Economics*, 16, 51—69.

Harrison, G. W., McKee, M. and Rutstrom, E. E., 1989, "Experimental evaluation of institutions of monopoly restraint", in Green, L. and Kagel, J. eds.: *Advances in Behavioral Economics*, 2, Norwood: Ablex Press.

Hoggatt, A. C., 1959, "An experimental business game", *Behavioral Science*, 4, 192—203.

Holt, C. A., 1995, "Industrial organization: A survey of laboratory research", in Kagel, J. and Roth, A. eds: *Handbook of Experimental Economics*, Princeton: Princeton University Press.

Holt, C. A., Langan, L. and Villamil, A., 1986, "Market power in oral double auctions", *Economic Inquiry*, 24, 107—123.

Hubbard, T. N., 1998, "An empirical examination of moral hazard in the vehicle inspection market", *The RAND Journal of Economics*, 29(2), 406—426.

Huck, S., Lünser, G. and Spitzer, F., 2016, "Medical insurance and free choice of physician shape patient overtreatment: A laboratory experiment", *Journal of Economic Behavior and Organization*, 131, 78—105.

Hyndman, K. and Ozerturk, S., 2011, "Consumer information in a market for expert services", *Journal of Economic Behavior and Organization*, 80(3), 628—640.

Iizuka, T., 2007, "Experts' agency problems: Evidence from the prescription drug market in Japan", *The RAND Journal of Economics*, 38(3), 844—862.

Isaac, R. M., Ramey, V. and Williams, A. W., 1984, "The effects of market organization on conspiracies in restraint of trade", *Journal of Economic Behavior and Organization*, 5, 191—222.

Jehle, G. A. and Reny, P. J., 2001, *Advanced Microeconomic Theory*, Boston, MA: Addison-Wesley.

Kagel, J. H., Harstad, R. M. and Levin, D., 1987, "Information impact and allocation rules in auctions with affiliated private values: A laboratory study", *Econometrica*, 55(6), 1275—1304.

Kagel, J. H. and Levin, D., 1986, "The winner's curse and public information in common value auctions", *American Economic Review*, 76, 894—920.

Kagel, J. H. and Levin, D., 1993, "Independent private value auctions: Bidder behaviour in first-, second-and third-price auctions with varying numbers of bidders", *The Economic Journal*, 103, 868—879.

Kagel, J. H. and Roth, A. E., 2000, "The dynamics of reorganization in matching markets: A laboratory experiment motivated by a natural experiment", *The Quarterly Journal of Economics*, 115(1), 201—235.

Kerschbamer, R. and Sutter, M., 2017, "The economics of credence goods——A survey of recent lab and field experiments", *CESifo Economic Studies*, 63(1), 1—23.

Kerschbamer, R., Neururer, D. and Sutter, M., 2016a, "Insurance coverage of customers induces dishonesty of sellers in markets for credence goods", *Proceedings of the National Academy of Sciences*, 113, 7454—7458.

Kerschbamer, R., Sutter, M. and Dulleck, U., 2016b, "How social preferences shape incentives in (experimental) markets for credence goods", *The Economic Journal*, 127, 393—416.

Lucking-Reiley, D., 1999, "Using field experiments to test equivalence between auction formats: Magic on the Internet", *American Economic Review*, 89(5), 1063—1080.

Massey, C. and Thaler, R., 2005, "Overconfidence vs. market efficiency in the National Football League", NBER Working Paper, No. 11270.

McAfee, R. P. and McMillan, J., 1987, "Auctions and bidding", *Journal of Economic Literature*, 25, 699—738.

Mimra, W., Rasch, A. and Waibel, C., 2016, "Price competition and reputation in credence goods markets: Experimental evidence", *Games and Economic Behavior*, 100, 337—352.

Pais, J. and Pintér, Á., 2008, "School choice and information: An experimental study on matching mechanisms", *Games and Economic Behavior*, 64(1), 303—328.

Pais, J., Pintér, Á. and Veszteg, R. F., 2011, "College admissions and the role of information: An experimental study", *International Economic Review*, 52(3), 713—737.

Pitchik, C. and Schotter, A., 1987, "Honesty in a model of strategic information transmission", *American Economic Review*, 77(5), 1032—1036.

Plott, C. R., 1982, "Industrial organization theory and experimental economics", *Journal of Economic Literature*, 20, 1485—1587.

Plott, C. R. and Smith, V. L., 1978, "An experimental examination of two exchange institutions", *Review of Economic Studies*, 45, 133—153.

Rasch, A. and Waibel, C., 2018, "What drives fraud in a credence goods market? —— Evidence from a field study", *Oxford Bulletin of Economics and Statistics*, 80, 605—624.

Roth, A. E., 1984, "The evolution of the labor market for medical interns and residents: A case study in game theory", *Journal of Political Economy*, 92(6), 991—1016.

Roth, A. E., 1991, "A natural experiment in the organization of entry-level labor markets: Regional markets for new physicians and surgeons in the United Kingdom", *American Economic Review*, 81(3), 415—440.

Roth, A. E., 2008, "What have we learned from market design?", *The Economic Journal*, 118(527), 285—310.

Roth, A. E. and Ockenfels, A., 2002, "Last-minute bidding and the rules for ending second-price auctions: Evidence from eBay and Amazon auctions on the Internet", *American Economic Review*, 92(4), 1093—1103.

Samuelson, W. F. and Bazerman, M. H., 1985, "Negotiation under the winner's curse", *Research in Experimental Economics*, 3, 105—138.

Schneider, H. S., 2012, "Agency problems and reputation in expert services: Evidence from auto repair", *The Journal of Industrial Economics*, 60, 406—433.

Schneider, T., Meub, L. and Bizer, K., 2016, "Consumer information in a market for expert services: Experimental evidence", *CEGE-Center for European, Governance and Economic Development Research Discussion Paper*.

Siegel, S., Fouraker, L. E. and Ellsberg, D., 1961, "Bargaining and group decision making: Experiments in bilateral monopoly", *American Economic Association*, 51, 420—421.

Smith, V. L., 1962, "An experimental study of competitive market behavior", *Journal of Political Economy*, 70, 111—137.

Smith, V. L., 1965, "Experimental auction markets and the Walrasian hypothesis", *Journal of Political Economy*, 73, 387—393.

Smith, V. L., 1976, "Bidding and auctioning institutions: Experimental results", in Amihud, Y. ed: *Bidding and Auctioning for Procurement and Allocation*, New York: New York University Press.

Smith, V. L., 1981, "An empirical study of decentralized institutions of monopoly restraint", in Quirk, J. and Horwich, G. eds.: *Essays in Contemporary Fields of Economics in Honor of E. T. Weiler* (1914—1979), West Lafayette: Purdue University Press.

Smith, V. L., 1991, *Papers in Experimental Economics*, London: Cambridge University Press.

Smith, V. L. and Williams, A. W., 1982, "The effects of rent asymmetries in experimental auction markets", *Journal of Economic Behavior and Organization*, 3, 99—116.

Vickrey, W., 1961, "Counterspeculation, auctions, and competitive sealed tenders", *The Journal of Finance*, 16, 8—37.

Williams, F. E., 1973, "The effect of market organization on competitive equilibrium: The multi-unit case", *The Review of Economic Studies*, 40(1), 97—113.

Wolinsky, A., 1993. "Competition in a market for informed experts' services", *The RAND Journal of Economics*, 24, 380—398.

第十一讲
实验在卫生经济学中的应用

在卫生经济学领域,实验方法可以发挥什么独特的作用呢?第一,实验可以有效地控制实验场景,减少干扰因素的影响,构建更接近理论模型本身的环境,对相关理论进行有效检验。例如过度治疗问题广受关注,但由于医疗服务具有不确定性、个性化等特征,对过度医疗行为的判定是研究难点,而实验方法可以避开这一难题,在实验室中准确地定义或通过巧妙设计在实地中可靠地观察过度治疗行为。第二,卫生经济学理论中的一些行为与实践在现实中难以观察,我们可以运用实验进行研究。例如,大家知道医疗服务中存在不道德行为,却往往不清楚其动机。例如,许多研究显示按病种支付(diagnosis related groups,DRG)情况下医生会通过向上编码(upcoding)提高自身收益(Silverman and Skinner,2004;Jürges and Köberlein,2015),但研究者不清楚什么因素如何影响了医生的这种行为,而 Hennig-Schmidt et al. (2019)通过一个人为的实地实验发现个人的一些诸如性别、医学背景和诚信等个体特征会影响到医生的向上编码行为。第三,实验方法有助于研究不同机制的因果效应,这对于政策制定有重要的参考价值。实验方法强调控制性,检验机制作用时可以更好地排除其他干扰因素,准确分析机制的影响。对于政策制定者而言,在大规模推广政策前利用实验评估政策效果具有重大的参考价值。第四,实验中观察到的行为结果不仅有利于更好地理解医疗健康相关的决策行为,也有助于推进卫生经济学的相关理论。例如,对实验中行为的观察可以帮助研究者发现实际行为与理论的偏离,进而推动相关理论的发展。

实际上,实验方法在卫生经济学领域也不是新事物。早在 20 世纪七八十年代就有学者在美国展开了大规模随机控制实验,以探究保险合同和共付率对医疗成本与医疗质量的影响(Newhouse et al.,1981;Manning et al.,1987)。这个实验进而启发了俄勒冈医疗保险实验,该实验测度了医疗保险对低收入人群的作用(Finkelstein et al.,2012;Finkelstein and Taubman,2015)。俄勒冈医疗保险实验可能是卫生经济学领域最有影响力的研究之一,大幅推进了研究者对医疗保险作用的认识。卫生经济学领域中的实验研究不仅限于随机控制实验,而且囊括了从实验室实验到实地实验的整个光谱。[①]

本讲内容选取了五个广受关注的医疗问题,简单介绍实验方法在卫生经济学领域的一些研究成果。安排如下:第一节介绍与诊疗分离相关的两个实地实验研究;第二节介绍医生薪酬激励相关研究,该领域成果相对丰富;第三节介绍医疗保险相关研究,其中着重介绍俄勒冈大型实验;第四节介绍器官捐赠激励的相关研究。

第一节 诊疗分离

长期以来,医药分离是我国医疗改革的讨论热点。医疗市场中"以药养医"的痼疾是导致"看病贵"的重要原因。医院能够通过"以药养医"方式获取利润的一个重要原因在于医院既是诊断者又是药品销售方,患者在医院获得诊断后在本院药房购买药品,确保医生的过量开药能够给本院带来利润。医药分离能够切断医院的这一条获利渠道,若分离医院的诊断者与药品销售方这两个角色,医院就不能通过对患者过量开药获取利润,理论上"以药养医"的问题得以从源头上解决。因此,评估医药分离政策收益的关键在于估计医药一体时医生过量开药的规模。Lu(2014)与 Currie et al.(2014)的实地实验均报告了对医生过量开药的准确估计。

Lu(2014)采用审计实验方法,考察了药品收入的经济激励对医生开药行为的影响。实验于 2010 年在北京进行,实验员扮演患者的家属向医生口述患者的症状,请医生根据病情描述开具处方。作者虚拟了两个病人以多维度衡量医生的开药行为:病人 1 是一名 66 岁的男性,近期的医疗检查结果显示其有甘油三酯升高、高血糖与高血压的问题,且尚未服用任何药物。虽然病人 1 的甘油三酯水平高于标准水平,但依据临床标准无须服药,若医生为病人开具相关药物就属于过度治疗。病人 2 是一名有高血压问题的 65 岁男性,已在服用硝苯地平缓释片剂(治疗高血压的有效药物),但血压依然异常,向医生咨询调整药物。实验员经过训练,标准化地向医生描述症状并回答医生的问题,且在医生开具处方前告知是否会在本院购买药品,以控制医生过量开药的激励。若实验员告知医

[①] 需要特别指出的是,选择实验(choice experiments)是卫生经济学的重要研究方法,但我们并没有将选择实验视为实验方法的一种。这是因为尽管都被称为"实验",但是二者存在本质的区别。首先是理论基础的区别,实验方法的理论基础是诱导价值(Smith,1976),通过将实验中被试的行为与收益联系起来,使得被试的行为准确反映自身的偏好;选择实验的理论基础是偏好分解与诱导偏好,强调人们对某件产品或服务的偏好可被分解为对多个要素的偏好,研究者可以通过一系列问题的诱导得到受访者的显示偏好。其次是研究目标不同,行为实验的研究目标往往是对理论假设或机制的检验,关注于待检验问题是否成立,关注"质变";选择实验关注的是支付意愿与接受意愿,关注"量变"。最后是技术路线不同,行为实验的设计强调实验局效应,在不同实验局中设计不同的变量与要素,通过实验局之间的结果对比获得结论;选择实验强调正交设计(orthogonal design),对多个影响因素的多个数量水平进行不同的组合,通过各组合的结果计算出最优组合。综上所述,选择实验与行为实验存在明显的区别。对卫生经济学的选择实验研究感兴趣的读者可以参阅 Ryan and Gerard(2003)、De Bekker-Grob et al.(2012)和 Clark et al.(2014)的综述,这些文献对相关研究有完整而详细的整理与介绍。

生将在本院购买处方药物,医生可以从处方中获得药品销售的相关收入,具有过量开药的激励;若实验员告知医生将不在本院购买处方中的药物,医生就没有过量开药的激励。Lu(2014)在实验中还设置了保险变量,区分虚拟病人是否有医保。激励与保险两个变量形成了实验中的四种不同情形,得到实验结果如表11-1所示。数据显示,在患者无医疗保险的情况下,医药分离并未显著影响医生的处方;但当患者有医疗保险时,医药分离显著地减少了医生的过量开药行为。从表中的数据看,在有医保的情形下,医药分离使得医生在各个方面都降低了过量开药行为,医生开具甘油三酯处方的概率、每月降压药消费额、处方中降压药数量、降压药的剂量单位与品牌降压药的比例均有所降低,虚拟患者的平均药品开支从522.11元急剧下降至365.14元。Lu(2014)通过进一步的计量分析发现,当患者具有医疗保险时,患者增加的药品消费中有80%来自医生医药一体带来的激励,约占消费药品总价格的25%。

表 11-1 Lu(2014)实验结果描述统计

	有保险有激励	无保险有激励	有保险无激励	无保险无激励
药品支出额(元)	522.11 (35.80)	365.14 (23.63)	—	—
是否为甘油三酯开具处方	0.64 (0.10)	0.40 (0.10)	0.28 (0.09)	0.40 (0.10)
降压药的月支出(元)	424.78 (23.54)	298.71 (15.84)	324.50 (18.95)	307.03 (15.44)
降压药数量(种)	2.47 (0.10)	2.20 (0.08)	2.18 (0.07)	2.18 (0.06)
降压药剂量(剂)	2.53 (0.11)	2.09 (0.08)	2.16 (0.09)	2.12 (0.07)
品牌降压药比例(0—1)	0.83 (0.04)	0.68 (0.05)	0.81 (0.03)	0.80 (0.04)
甘油三酯样本数	25	25	—	—
其他变量样本数	49	49	49	49

资料来源:Lu, F., 2014, "Insurance coverage and agency problems in doctor prescriptions: Evidence from a field experiment in China", *Journal of Development Economics*, 106, 156—167.

Currie et al.(2014)以我国的抗生素滥用为研究背景,也运用了审计实验法考察医药分离的可能影响。Currie et al.(2014)让实验员扮演感冒患者,统一描述其症状为"最近两天感到乏力,发低烧,有轻微的头晕,喉咙疼且没有食欲。今天早上感到身体状况恶化,自测体温37℃"。该症状描述下医生需要进一步的检查才能判断患者是病毒性感冒还是细菌性感冒,而根据卫生部的指导手册,仅能在通过血检或尿检后确诊为细菌性感冒时才能够使用抗生素。与Lu(2014)的设计相似,Currie et al.(2014)也通过告知不在本院购买药品实现医药分离的效果,实验员将告诉医生:"医生,我在药店里买药能享受折扣价,但我不知道该买什么药。您能为我开一张处方吗?"实验流程如图11-1所示。Currie et al.(2014)同样发现医药分离全方位地显著降低了医生过量开药的行为:与基准实验局 A 相比,医药分离的实验局 C 中医生开抗生素的比例、处方中的药品数量与处方中药品的总价均有大幅下降:医生开具抗生素的概率从有激励时的55%降至10%,处方中的平均总药品数从2.63降至1.79,患者的平均药品总支出从97.86元降至38.17元,下降幅度高达60%。

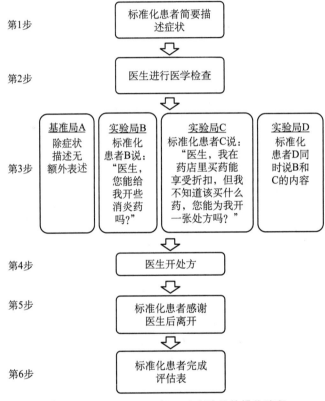

图 11-1　Currie et al.(2014)实验员的操作流程

资料来源:Currie,J.,Lin,W. and Meng,J.,2014,"Addressing antibiotic abuse in China:An experimental audit study",*Journal of Development Economics*,110,39—51.

Lu(2014)与 Currie et al.(2014)在实地环境下证明了医药分离对抑制过量开药问题的显著作用,为政策制定提供了有力的证据。而 Greiner et al.(2017)得益于实验室实验的优良控制性,探讨了更深入的问题:在分离了诊断与治疗后,赋予双方不同的议价权会如何影响市场结果。Greiner et al.(2017)通过逆推归纳法发现,诊断者与治疗者公布价格的顺序影响其议价权,先发布价格的一方具有更强的议价权。研究者设计了5个实验局:基准实验局(B)中医生既诊断也治疗患者。分离实验局(S)中区分处方医生与治疗医生,分别负责诊断与治疗患者,服务价格外生给定。三个内生价格实验局中处方医生与治疗医生有不同的议价权；ST-P 实验局中处方医生先定价，赋予其议价能力；ST-T 实验局中治疗医生先定价，赋予其议价能力；ST-B 实验局中两个医生同时定价，具有相同的定价权。Greiner et al. (2017)预测，诊疗分离后过度治疗问题将不复存在，市场中没有效率损失，且具有议价权的一方将通过提高定价从病人处攫取所有剩余，无议价权的一方仅能在成本处定价。实验结果显示，与基准实验局(B)相比，分离实验局(S)中医生的过度治疗更低，且患者更多地接受诊断与治疗。但同时分离实验局(S)中的不足治疗率也增加了，这使得诊疗分离没有显著地提升市场效率。当允许医生独立定价时(实验局 ST-P、ST-T 与 ST-B)，过度治疗和不足治疗并未显著变化，但患者的诊断接受率显著降低，因而效率低于分离实验局。患者诊断接受率的降低是由于价格设定环节的协调失败，两类医生设定的价格非常高，使得总价格超过了病人获得合适治疗后的预期收益。尽管实验局 ST-P、ST-T 与 ST-B 将议价能力分别赋予处方医生、治疗医生或平均分配，但是没有观察到这些不同的议价能力条件对价格和其他变量有显著的影响。

第二节　医生薪酬激励

医生的薪酬激励也是一个广受关注的问题。随着医疗行业的发展，在诸多激励因素中薪酬激励已经逐渐成为医疗部门最直接和最有效的激励方式。在我国的历次医疗改革中，薪酬制度都是重要的改革领域，因为薪酬是公立医院员工最主要的经济来源，是其生存和发展的重要保证和价值体现。有效的公立医院薪酬激励，能够给医生提供可靠的经济支撑，满足其内在和外在需求，实现其自我价值。如果薪酬水平及薪酬支付方式不能很好地激发医生的工作动机，就无法调动医生的积极性，不利于医疗改革的深入。

Hennig-Schmidt et al. (2011)开创性地把实验方法引入了医生薪酬激励方面的研究，实验也由此成为考察医生薪酬激励问题的一种常用方法。自 Hennig-Schmidt et al. (2011)以来的不到十年间，已涌现了一批实验室实验从多角度考察不同薪酬激励制度对医生行为的影响。采用实验室实验研究薪酬激励问题强调对实验环境的控制，有利于规避内生性或自我选择问题(Baicker and Goldman, 2011)，更好地展开薪酬制度与治疗行为间的因果分析。实验方法补充了传统经济学在医生薪酬激励问题上的研究，从微观角度对许多传统经济学难以解释的现象提出了可能的原因与机制，并且还进一步丰富了行为经济学与委托代理理论的具体研究内容，包括经济性激励与非经济性激励、个体层面的激励与集体层面的激励、个体内在激励与外在激励的异同等。薪酬激励主题的实验研究将实验作为相关政策具体实施之前的"风洞"(Hennig-Schmidt et al., 2011)，利用实验结果检验和评估某项政策制度的效果，从而最大化地减少政策试错可能带来的损失。接下来将从经济性激励与非经济性激励分别介绍相关重要文献。

一、经济性激励

一般认为,支付方式的改变会影响医生的医疗服务供给行为,其中最常见的三种支付方式是按服务收费(fee-for-service,FFS)、按人头支付(capitation,CAP)和固定工资(salary)。理论文献分析了医生如何应对来自支付方案的激励,尤其是 FFS 和 CAP 激励与医生提供的医疗服务之间的关系(Ellis and McGuire 1986;McGuire,2000;Selden,1990)。这些理论分析认为,FFS 给医生形成了过度治疗的激励,而 CAP 给医生形成了治疗不足的激励。

Hennig-Schmidt et al. (2011)设计的实验室实验验证了以上的理论预测。实验中的被试扮演医生为患者选择医疗服务的数量,其选择会直接影响患者的健康收益。Hennig-Schmidt et al. (2011)设计了可能患有五种疾病($k=A,B,C,D,E$)的患者,每种疾病的严重程度从低到高分为三个水平($j=1,2,3$),患者类型与疾病的结合表现为特定患者 1A、1B、1C、…、3D、3E。医生可提供的医疗服务数量为 $q \in \{0,1,2,\cdots\cdots 10\}$,病人从医疗服务中获得的健康收益($B_{1k}(q)$、$B_{2k}(q)$、$B_{3k}(q)$)不同。医生对医疗服务的选择同时决定了病人的利益和其自身利润 $\pi_{jk}(q)$,假设患者总是接受医生提供的医疗服务。

Hennig-Schmidt et al. (2011)通过收益的参数设计体现了支付方式对医生的激励,参数设置如表 11-2 所示。表中第一项为医生的报酬:在 FFS 中,医生按照提供的医疗服务量获得报酬 $R_{jk}(q)$,提供服务量越多可得收益越高;在 CAP 中,医生治疗患者获得固定的报酬,与其提供的医疗服务量无关。表中第二项为医生的治疗成本,在两种支付方式下医生的治疗成本均与提供的服务量成正比。据此可以计算医生的利润,即表中第三项,医生在 FFS 中提供的服务越多自身利润越高,而在 CAP 中提供的服务量与自身利润成反比。表中第四项为患者的健康收益,Hennig-Schmidt et al. (2011)在设计中刻画了"最优治疗量"的特征,患者并非接受越多的医疗服务越好,因为治疗副作用、治疗开支等因素会降低患者效用,由此医疗服务量与患者健康收益间呈倒 U 形的关系。在实验中,每一种严重程度下病人的最优治疗量都不同。另外,虽然实验中被试均扮演医生而患者并不真实存在,但被试被告知实验中的患者收益将被捐助给慈善机构帮助真实世界中的患者,以促使被试在实验决策中认真考虑患者的收益。

表 11-2 Hennig-Schmidt et al. (2011)的参数设计

环境	变量	数量(q)										
		0	1	2	3	4	5	6	7	8	9	10
Ⅰ FFS	$R_{jA}(q)$	0.00	1.70	3.40	5.10	5.80	10.50	11.00	12.10	13.50	14.90	16.60
	$R_{jB}(q)$	0.00	1.00	2.40	3.50	8.00	8.40	9.40	16.00	18.00	20.00	22.50
	$R_{jC}(q)$	0.00	1.80	3.60	5.40	7.20	9.00	10.80	12.60	14.40	16.20	18.30
	$R_{jD}(q)$	0.00	2.00	4.00	6.00	8.00	8.20	15.00	16.90	18.90	21.30	23.60
	$R_{jE}(q)$	0.00	1.00	2.00	6.00	6.70	7.60	11.00	12.30	18.00	20.50	23.00

（续表）

环境	变量	数量(q)										
		0	1	2	3	4	5	6	7	8	9	10
Ⅱ FFS,CAP	$c_{jk}(q)$	0.00	0.10	0.40	0.90	1.60	2.50	3.60	4.90	6.40	8.10	10.00
Ⅲ FFS	$\pi_{jA}(q)$	0.00	1.60	3.00	4.20	4.20	8.00	7.40	7.20	7.10	6.80	6.60
	$\pi_{jB}(q)$	0.00	0.90	2.00	2.60	6.40	5.90	5.80	11.10	11.60	11.90	12.50
	$\pi_{jC}(q)$	0.00	1.70	3.20	4.50	5.60	6.50	7.20	7.70	8.00	8.10	8.30
	$\pi_{jD}(q)$	0.00	1.90	3.60	5.10	6.40	5.50	11.40	12.00	12.50	13.20	13.60
	$\pi_{jE}(q)$	0.00	0.90	1.60	5.10	5.10	5.10	7.40	7.40	11.60	12.40	13.00
CAP	$\pi_{jk}(q)$	12.00	11.90	11.60	11.10	10.40	9.50	8.40	7.10	5.60	3.90	2.00
Ⅳ FFS,CAP	$B_{1k}(q)$	0.00	0.75	1.50	2.00	7.00	10.00	9.50	9.00	8.50	8.00	7.50
	$B_{2k}(q)$	0.00	1.00	1.50	10.00	9.50	9.00	8.50	8.00	7.50	7.00	6.50
	$B_{3k}(q)$	0.00	0.75	2.20	4.05	6.00	7.75	9.00	9.45	8.80	6.75	3.00

资料来源：Hennig-Schmidt, H. Selten, R. and Wiesen, D., 2011,"How payment systems affect physicians' provision behavior: An experimental investigation", *Journal of Health Economics*, 30, 637—646.

实验结果发现，医生的医疗服务供给行为受到了支付方式的显著影响。医生在 CAP 下提供的医疗服务比 FFS 要少 33%，这与早先的实地研究结果一致（如 Gaynor and Pauly, 1990; Gaynor and Gertler, 1995; Sørensen and Grytten, 2003）。被试在 FFS 下过度供给并且在 CAP 下供给不足。同时他们发现，支付方式产生的激励并非影响医疗服务供给数量的唯一因素，患者效用也非常重要，但是患者效用在两种支付方式中的影响不同：需要较少数量医疗服务的患者，即病情较轻的患者，在 CAP 下能获得更多效用，而需要较多数量医疗服务的患者，即病情较重的患者，在 FFS 下会获得更多效用。

Brosig-Koch et al. (2013a, b) 在 Hennig-Schmidt et al. (2011) 基础上，探讨了混合支付激励对医生供给行为与患者健康的影响。Brosig-Koch et al. (2013a) 设置了九种实验条件，分别对 CAP 和 FFS 条件下的纯支付方案和混合支付方案进行了对比分析。实验发现，CAP 与 FFS 方案相结合的混合支付激励可以大大减少医疗服务供给不足和过度供给的现象，且混合支付方案患者的健康效益更高。该发现与来自实地研究的证据一致，这些证据表明患者在从纯支付方案转变为混合支付方案后会过得更好（Krasnik et al., 1990; Iversen and Luras, 2000）。也就是说，将单一的支付方案相互混合会对医生的供给行为产生积极的影响，而不仅仅是货币激励。Brosig-Koch et al. (2015) 采用组内设计进一步检验了混合支付的效果。Brosig-Koch et al. (2015) 在实验过程中让每一组被试参加两部分实验，被试知道实验由两部分组成，但只有在第一部分结束后才知道第二部分的规则，其中第一部分为单一支付方式（FFS 或 CAP），第二部分为混合支付方式。实验全部结束后，被试根据实验每一部分随机选定的医疗服务结果获得报酬，这样的设计可以帮助排除收入效应（income effects）。Brosig-Koch et al. (2013a, 2015) 的实验结果都证实了 Ellis and McGuire(1986)的模型结论,即医生会同时关注自身收入和患者福利,混合支付方式将产生最优水平的医疗服务。

Brosig-Koch et al.(2013b)还进一步探讨了绩效奖励机制(pay-for-performance, P4P)的作用。作者同样在 Hennig-Schmidt et al.(2011)基础上,以 FFS 和 CAP 作为基本支付方案,并引入额外的绩效薪酬激励来检验其对不同类型患者的治疗的影响。实验分两部分,第一部分采用基本支付方式(CAP 或 FFS),第二部分采用 P4P 激励方案,在医生治疗病人接近最佳状态时发放绩效奖金。实验发现,无论 P4P 与何种基本支付方式结合,患者都明显受益于绩效薪酬的引入。但 P4P 也存在明显的缺陷,一方面 P4P 激励方案的额外成本超过整体的福利增加,另一方面 P4P 中包含的经济激励可能会挤出内在的服务动机。Brosig-Koch et al.(2013b)根据实验结果指出,如果政策制定者的目标是提高医疗服务质量,P4P 奖励可以是一种成功的政策手段;但如果政策制定者同时希望提高医疗服务单位支出带来的患者福利,P4P 激励措施还不充分。

Hennig-Schmidt et al.(2011)实验框架的诸多优点使其成为研究医生薪酬激励问题最常用的实验框架,但该框架将治疗行为简化为医疗资源的投入,而忽略了治疗过程中医生的努力与付出。医生的产出是多维的,即使将注意力集中在临床护理上,也不仅要决定治疗患者的数量,还要决定需要为每个患者投入的时间以及所提供医疗服务的质量等。一些研究引入了真实努力任务,将医生在治疗过程中的努力也纳入实验中进行考察。Green(2014)根据医生、患者和雇佣者的关系,建立了一个 2 委托人、1 代理人的双重委托代理模型,要求实验参与者在不同的薪酬支付方式下为他人纠正拼写错误。该实验分为两个阶段,首先确定"患者"的最优治疗数量,然后观察"医生"在不同支付方式下提供的治疗数量。在第一阶段中,每个代表患者的被试被要求校对 10 篇文章,每篇文章中有 10 个拼写错误,每一个没有被改出来的错误都会使该被试遭受一定的经济惩罚,没有被改出来的错误就代表了患者的最优治疗数量。在第二阶段中,代表医生的被试为第一阶段中的患者提供服务,即改正遗留的错误,每位医生都会得到 10 篇文章,这分别代表需要治疗的 10 位患者,他们必须决定为谁提供治疗和提供多少治疗,并按照以下六种不同的支付方式获得报酬:①FFS;②CAP;③固定工资;④CAP 与公开报告;⑤CAP 与 P4P;⑥FFS 与 P4P。实验中患者并非虚拟,但保证医生和患者只接触一次,使患者不能够选择医生,因此可以不考虑医生声誉、晋升和离职的影响。实验流程设计如图 11-2 所示。Green(2014)发现内在动机对医生决策有重要影响,而事后支付会"挤出"内在动机。实验结果表明,当支付是事后发生的(如 FFS、FFS 与 P4P),医生会提供较低质量的医疗服务;相反,当支付是事前发生的(如固定工资和 CAP),医生会提供较高质量的医疗服务。

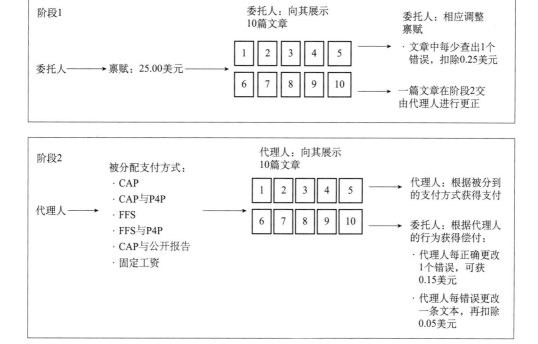

图 11-2 Green(2014)的真实努力任务流程

资料来源:Green,E. P. ,2014,"Payment systems in the healthcare industry:An experimental study of physician incentives",*Journal of Economic Behavior & Organization*,106,367—378.

二、非经济性激励

除了经济激励,非经济的因素也能影响医生的决策。在实践中已有许多国家在医疗行业引入了非经济绩效激励以提高医疗服务质量,如英国公立医院医生每年至少有一个半月的带薪休假,享受免费社会医疗和保险,并且拥有更加灵活的上班时间、灵活的退休制度、带薪病假等福利(史书源等,2016)。一些研究开始运用实验方法研究非经济性激励因素对医生行为的影响,但因为非经济性激励因素相对难以测量,其作用机制也较为复杂,所以对非经济性激励因素的相关研究仍处于起步阶段。

公开报告是一种常见的非经济性激励方式,是指公开有关医生治疗结果或者绩效的数据。来自医疗行业公开报告的证据显示,这一举措会使医生改变其供给行为(Kolstad,2013),但对治疗质量的影响存在不确定性(Marshall,2000)。Kairies-Schwarz and Krieger(2013)采用实验室实验方法,分离了私人反馈激励和公开反馈激励的作用,从而对公开报告的激励作用进行了较为准确的分析。其实验沿用了 Brosig-Koch et al. (2013a,b)的框架,分为两个阶段,被试扮演医生,第一阶段被试基于 FFS 决定为患者提供的治疗数量,第二阶段被试为同样的患者提供治疗,而与第一阶段的不同之处在于,他们将在实验最后收到反馈。反馈的形式为竞争性排名,其中私人反馈实验局中被试将在其电脑屏幕上看到排名,公开反馈实验局中被试被要求在念到排名的时候站立起来。实验大致结果如图11-3所示,非经济性激励因素影响医生的治疗质量,但依赖于具体的反馈模式:私人反馈对治疗质量没有影响,而公开反馈能够产生显著的积极影响。

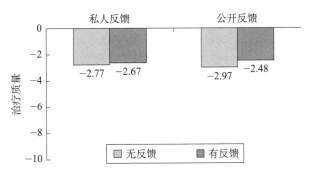

图 11-3 Kairies-Schwarz and Krieger(2013)实验结果

资料来源:Kairies-Schwarz,N. and Krieger,M.,2013,"How do non-monetary performance incentives for physicians affect the quality of medical care? :A laboratory experiment",*Ruhr Economic Papers*,No. 414.

另一个广受关注的非经济性激励因素是职业规范。Arrow(1963)指出,人们对医生行为的期待与对商人行为的期待有很大差别,人们期待医生表现出对患者福利的关心。一些实验研究中研究者分别招募了医学生与非医学生作为被试,通过比较两类被试的行为来检验职业规范是否会影响医生的治疗行为(Ahlert et al.,2012;Hennig-Schmidt and Wiesen,2014;Brosig-Koch et al.,2016)。研究者认为,与其他专业的学生相比,医学生具有相对更高的医生职业道德,一方面因为选择专业时的自我选择,另一方面因为在日常医学训练中医学专业的学生会受到医生职业规范的潜移默化的影响。这些研究中都观察到了职业规范的显著作用,医学被试比非医学被试更少地过度治疗或治疗不足。Kesternich et al.(2015)则采取了另一种思路检验职业规范的影响,他们通过启动效应(priming)引发被试的道德倾向。在其实验中,被试首先被要求填写一份有关社会经济背景的问卷,其中一半被试在问卷最后会看到现代版本的希波克拉底誓言,看到希波克拉底誓言的被试即为具有职业规范的一方。结果表明,来自希波克拉底传统的职业规范使医生在决策时更加关注患者利益,从而降低对个人利益的关注。

在最新的研究中,研究者综合分析了经济性激励与非经济性激励的影响。陈叶烽等(2020)设计了一个真实努力任务,不仅考察了固定工资、CAP 和 FFS 三种基本薪酬支付方式下的医疗服务供给行为,还在此基础上设计了质量考核和框架效应两种新的薪酬激励制度并检验了其效果,并对比了非医学被试和医学被试的行为以探讨职业规范的影响。被试在实验中扮演医生,需运用纸质血常规检查报告单修改电子版报告单中的错误项目,被试对报告单的纠错过程模拟了医生诊断与治疗患者的努力。血常规检查报告单样表如图 11－4 所示，其中左图为纸质报告单，右图为电子报告单。作者在基本支付方式的基础上，设置了质量考核作为补充，且区分了框架效应对质量考核作用的影响：被试质量考核部分的收入由其治疗正确率决定，在获得框架下质量考核收入从 0 开始随正确率上升而增加，在损失框架下从上限起随正确率下降而递减。陈叶烽等(2020)还通过比较医学专业与非医学专业学生的行为差异考察职业规范的影响。

编号：C022

项目名称	检查结果	单位	参考范围
血小板数目	229	10E9/L	100－300
血小板压积	0.142	%	0.108－0.282
中性粒细胞数目	5.23	10E9/L	2.00－7.00
单核细胞百分比	7.4	%	3.0－12.0
平均红细胞血红蛋白含量	31.7	pg	27.0－34.0
红细胞分布宽度标准差	41.6	fl	35.0－56.0
平均血小板体积	11.8	fl	6.5－12.0
血红蛋白浓度	147	g/L	110－150
嗜酸性粒细胞数目	0.42	10E9/L	0.02－0.50
中性粒细胞百分比	63.2	%	50.0－70.0
嗜碱性粒细胞百分比	0.8	%	0.0－1.0
平均红细胞体积	91.5	fl	80.0－100.0
嗜碱性粒细胞数目	0.06	10E9/L	0.00－0.10
嗜酸性粒细胞百分比	3.1	%	0.5－5.0
白细胞数目	7.24	10E9/L	4.00－10.00
异常淋巴细胞数目	0.08	10E9/L	0.00－0.20
红细胞分布宽度变异系数	14.2	%	11.0－16.0
血小板分布宽度	16.3	%	9.0－17.0
平均红细胞血红蛋白浓度	332	g/L	320－360
淋巴细胞数目	3.6	10E9/L	0.80－4.00
红细胞压积	41.7	%	37.0－47.0
红细胞数目	4.15	10E12/L	3.50－5.00
淋巴细胞百分比	34.2	%	20.0－40.0
单核细胞数目	0.54	10E9/L	0.12－1.20

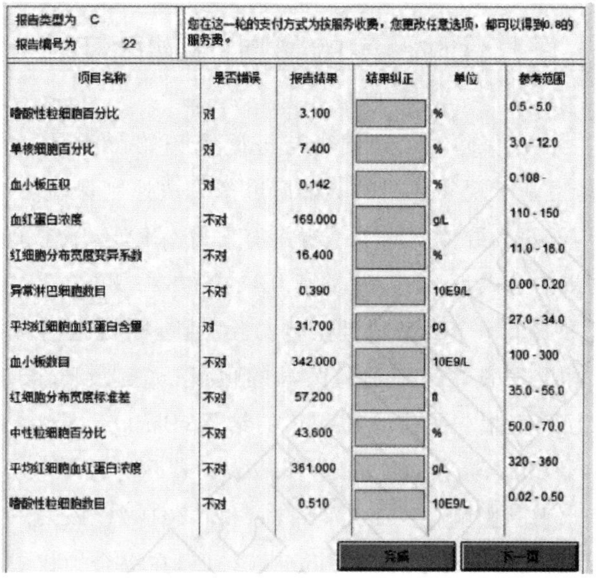
报告类型为　C
报告编号为　22
您在这一轮的支付方式为按服务收费，您更改任意选项，都可以得到0.8的服务费。

项目名称	是否错误	报告结果	结果纠正	单位	参考范围
嗜酸性粒细胞百分比	对	3.100		%	0.5－5.0
单核细胞百分比	对	7.400		%	3.0－12.0
血小板压积	对	0.142		%	0.108－
血红蛋白浓度	不对	169.000		g/L	110－150
红细胞分布宽度变异系数	不对	16.400		%	11.0－16.0
异常淋巴细胞数目	不对	0.390		10E9/L	0.00－0.20
平均红细胞血红蛋白含量	对	31.700		pg	27.0－34.0
血小板数目	不对	342.000		10E9/L	100－300
红细胞分布宽度标准差	不对	57.200		fl	35.0－56.0
中性粒细胞百分比	不对	43.600		%	50.0－70.0
平均红细胞血红蛋白浓度	不对	361.000		g/L	320－360
嗜酸性粒细胞数目	不对	0.510		10E9/L	0.02－0.50

完成　下一页

图 11－4　陈叶烽等(2020)实验中采用的血常规检查报告单

资料来源：陈叶烽、丁预立、潘意文等，2020：《薪酬激励和医疗服务供给：一个真实努力实验》，《经济研究》，第 1 期。

陈叶烽等(2020)发现，首先，医生面临治疗数量和治疗质量之间的两难权衡：与固定工资相比，CAP 和 FFS 能显著提升医生的治疗数量，但 CAP 会导致严重的治疗不足，FFS 会导致严重的过度治疗，这与先前研究的结果相同。其次，引入质量考核能显著降低医生的过度治疗与治疗不足问题，其中损失框架下医生的表现更好。最后，职业规范的积极影响随着薪酬激励和职业规范两难冲突的缓解而削弱。当薪酬激励与职业规范存在激烈冲突或一定冲突时，医学专业学生各方面的表现显著优于非医药专业学生，职业规范明显发挥了积极作用；当不存在激烈冲突时，医药专业学生与非医药学生的行为并没有显著区别，职业规范仅能缓解而不能消除支付方式形成的不当激励。

第三节　医疗保险的影响

医疗保险的相关问题一直是卫生经济学的焦点问题。从宏观的视角来看，医疗保险对于国民健康水平的影响是经久不衰的研究热点;而在微观上,个人对医疗保险的购买与选择也是一个很有价值的问题。本节重点介绍两组文献:一是艾米·芬克斯坦(Amy Finkelstein)等人在俄勒冈进行的大型实地实验,其实验形成的一系列论文回答了医疗保险覆盖的作用;二是 Schram and Sonnemans(2011)首创的个人保险选择实验,相关研究部分回答了如何助推(nudge)人们购买合适的保险。

一、医疗保险覆盖的影响:俄勒冈实验

医疗保险对个人健康与健康服务的影响是一个热点研究问题,相关研究不可计数,但基于现实数据的实证研究都无法控制保险者与未保险者之间种种不可观察的差异,即两个群体间除了是否具有医疗保险还存在统计数据无法体现的差异,这降低了结果的有效性(Levy and Meltzer,2008)。Amy Finkelstein(艾米·芬克斯坦)与其合作者开展了一个大型随机控制实验,通过随机地选择保险对象解决了以上难题,研究结果相继发表在经济学和医学的顶级杂志上:Finkelstein et al.(2012)在《经济学季刊》(*QJE*)上报告了实验第一年的结果;Baicker et al.(2013)在《新英格兰医学杂志》(*The New England Journal of Medicine*)着重介绍了实验第二年后医疗保险对被保险者健康水平的影响,且 Finkelstein et al.(2016)在该杂志上又补充了医疗保险对急诊服务的影响;Finkelstein and Taubman(2015)在综合性权威刊物《科学》杂志(*Science*)上介绍了更多实验结果。

研究者依托俄勒冈健康计划(Oregon Health Plan,OHP)的项目展开控制实验。俄勒冈健康计划有 OHP Plus(俄勒冈健康计划扩展版)与 OHP Standard(俄勒冈健康计划标准版)两个子项目,前者覆盖符合美国医疗补助计划条件的孕妇、儿童、残疾人与 TANF(Temporary Assistance to Needy Family,贫困家庭临时援助)援助对象,而后者面向不符合前者援助条件的低收入人群。OHP Standard 作为美国医疗补助计划的一个扩展项目,以抽签的方式选择性援助符合条件的申请人,向被资助者提供综合的保障,涵盖范围包括所有的外科项目、处方药、心理治疗、临终关怀以及一些耐用医疗设备。据测算,2001—2004 年 OHP Standard 的人均支出达每年 3 000 美元。2004 年 OHP Standard 项目因预算不足而关闭,2008 年该项目重启,根据预算计划登记 10 000 名成人予以资助。俄勒冈州正确地预测到报名者会远超计划人数,预先获得了医疗保险和公共医疗津贴服务中心(Centers for Medicare and Medicaid Services)的许可,通过随机抽签的形式从预约名单中增加超额受助者,报名时间为 2008 年 1 月 28 日至 2 月 29 日,与此同时州政府还进行了关于抽签概率的公共宣传,共有约 90 000 名低收入公民进行了登记(见图 11-5)。俄勒冈州民政部(Oregon's Department of Human Services)从这些登记者中抽取了 35 169 名公民(共计 29 664 个家庭)获得 OHP Standard 项目资助的资

格，取得受助资格者需在45天内提交纸质申请材料，最终约30%的人成功登记并获得资助。

OHP Standard reservation list request

You can give us your reservation request in any of the following ways:

- **Electronically** – Use the link on www.oregon.gov/DHS/open to give us your information.
- **Mail** – Mail this form to OHP Standard, PO Box 14520, Salem, OR 97309-5044.
- **Fax** – Fax this form to: 503-373-7866 or 503-378-6296.
- **In person** – Drop this form off at any DHS field office (call 800-699-9075 for locations).
- **Phone** – Call 800-699-9075 or 503-378-7800 (TTY), Mon-Fri, 7a.m. - 7p.m. PST. The call will take 10-20 minutes.

① Your name (Last, First, M.I.) Maiden or other names used

Phone Number ( ) Message Number ( )

Home Address City State ZIP

Mailing Address (if different) City State ZIP

② List anyone 19 or older in your household you want to add to the reservation list.

Name (Last, First, M.I.)	Relation to you	Gender	Date of Birth	(voluntary) *Social Security Number
	Self	☐ M ☐ F		
		☐ M ☐ F		

*Providing a Social Security Number (SSN) is voluntary for the OHP Standard Reservation List request. DHS is allowed to ask for SSNs by OAR 461-135-1125(5) to help identify people to prevent duplicate reservations. DHS will not deny a request to be placed on the OHP Standard Reservation List if you do not provide an SSN.

③ If you need materials in a language other than English, check the appropriate box

☐ Spanish ☐ Russian ☐ Vietnamese ☐ Other: ____________

④ If you want written materials in a different format, check the box that applies:

☐ Braille – information is printed in Braille.
☐ Audio tape – information is recorded on an audiocassette tape.
☐ Large print – materials are printed in this size.
☐ Computer disk – information is saved as "plain text" on a 3.5-inch floppy disk.
☐ Spoken – information is read by a DHS employee in person or over the telephone.

I understand that this request is not an application for medical assistance.

Signature Date

OHP 3203 (10/25/07)

OHP Standard reservation list request

The Oregon Health Plan (OHP) is a medical assistance program for low-income Oregonians. OHP offers two primary benefit packages – OHP Plus and OHP Standard.

The OHP Standard benefit package offers medical assistance to low-income people who are 19 or older and not pregnant. OHP Standard has been closed to new enrollment for the past three years because of funding restrictions.

We are getting ready to open the OHP Standard program to a limited number of people. To be fair to everyone, we have created an OHP Standard reservation list. Anyone can ask to be put on the reservation list – the reservation list is not an application.

The OHP Standard reservation list will be open from January 28 - February 29, 2008. During this time frame you can add your name to the list. The front of this form shows the ways you can request an OHP Standard reservation.

Once your name has been added to the reservation list, we will send you a confirmation postcard with a reservation number. After the list is closed, we will randomly pull a limited number of names and mail OHP Standard Reservation List applications to those individuals.

Remember

1. We can add your name to the reservation list only between January 28 - February 29, 2008. We will not accept reservation requests that are received after February 29, 2008, even if they are postmarked with an earlier date. If you are making your request close to the end of February 2008 you should make your request by phone, fax or electronically.
2. Anyone can add your name to the list. You can have someone else call or send in a request form for you. You can have only one reservation.
3. This information applies only to OHP Standard. OHP Plus and other benefit packages have different eligibility requirements. You already may qualify for coverage through one of these packages. To see if you or anyone in your household is eligible, you must complete an OHP Application. To request an OHP Application, call 1-800-359-9517 or pick one up at your local DHS branch office.
4. Adding yourself to the reservation list does not mean you have applied for or qualified for any kind of OHP coverage. At any time you can complete an OHP Application to see if you already qualify for OHP coverage, even if your name is on the reservation list.
5. You can have only one reservation. We will not add your name to the reservation list more than once.

OHP 3203 (10/25/07)

图 11－5 俄勒冈州 OHP Standard 项目申请表

资料来源：Finkelstein, A. N., Taubman, S. L., Wright, B. et al., 2012, "The Oregon health insurance experiment: Evidence from the first year", *The Quarterly Journal of Economics*, 127, 1057—1106.

抽签结果自发形成了控制组与对照组，未被选中获得OHP Standard资助的申报者即为控制组，最终获得项目资助的申报者为对照组。研究者从多方面收集了数据。首先是官方数据，研究者从州政府处获得了个体层面的医院出院数据，从环联(TransUnion)消费者信贷数据库获得了详细的信贷记录，还从俄勒冈卫生数据中心(Oregon's Center of Health Statistics)获取了死亡数据。作为官方数据的补充，研究者还向所有的受助者和等量的未受助申请者发放了问卷，回收了约50%的有效问卷。

Finkelsteinet al. (2012)汇报了第一年的结果。与未受助者相比，受助者的医疗服务利用率显著更高，自费的医疗支出显著更低，且自我汇报的健康状况更佳。数据显示，若被抽中资助资格①，研究周期内申请者的保险覆盖率提高了25%，且覆盖率的提

① 被抽中受助资格并不意味着能最终得到资助。根据Finkelstein et al. (2012)的说明，被抽中受助资格的人中仅60%在规定时间内提交了正式的申请表格，经过核查其中约一半的人符合资助条件。因此，被抽中受助资格的人中仅30%最终得到了资助。

高只是来自医疗补助计划的资助,个人购买的保险并未因此被挤出。与未获资助的人相比,受助者的住院率提高了 2.1%(相对增加了 30%)[1],获得处方药的概率提高了 8.8%(相对增加了 15%),门诊访问量提高了 21%(相对增加了 35%)。保险还减少了医疗责任与自费开支,其中送至讨债机构的未付医疗账单减少了 6.4%(相对减少了 25%),患者自费开支的概率减少了 20%(相对降低了 35%)。鉴于美国的医疗账单时常存在坏账,扩大医疗保险覆盖范围在经济上不仅有利于被保险人,也有利于医疗服务提供者。Finkelstein et al.(2012)还发现保险显著地提高了人们自我报告的生理与心理健康水平,且有证据表明这种自我报告的结果确实反映了报告者的真实状况。

Finkelstein et al.(2016)聚焦医保覆盖对急诊服务的影响,发现在获得资助后的 15 个月中被保险者的急诊问诊次数与控制组相比增加了 40%(见图 11-6),而一般认为医保会鼓励被保险人增加基础医疗消费而减少急诊的使用。Finkelstein et al.(2016)指出,政策制定者应从该结果中认识到新的被保险人会增加各类医疗服务消费,既包括住院服务也包括急诊服务。

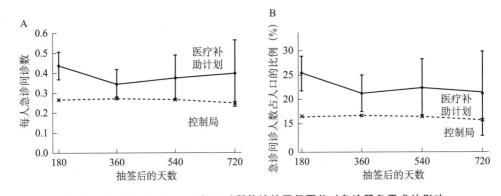

图 11-6　Finkelstein et al.(2016)所估计的医保覆盖对急诊服务需求的影响

资料来源:Finkelstein,A. N. ,Taubman,S. L. ,Allen,H. L. et al. ,2016,"Effect of Medicaid coverage on ED use: Further evidence from Oregon's experiment", *The New England Journal of Medicine* ,375,1505—1507.

二、个人的保险选择

Schram and Sonnemans(2011)根据荷兰的医保政策现状设计了一个医保选择实验,被试作为参保人选择自己的医疗保险组合。作者设置了 A—E 五种疾病与服务质量 Z,不同的医保组合对各种疾病的赔偿不同,其服务质量也不同。各种疾病的发病率在各期

---

[1] "相对增加(减少)"是指与未受资助者相关指标水平相比的变化。例如,"受助者的住院率提高了 2.1%(相对增加了 30%)",意味着未受助者的住院率约为 7%,受助者的住院率约为 9.1%。

会波动,但病发给被试带来的损失不变,各医保组合的覆盖范围与保费也随之变动。每一期中被试可以在多种医保组合中进行选择,但被试只能无成本地看到一个组合的具体信息,获知其他医保组合信息需另付成本。运用这一设计,Schram and Sonnemans(2011)分析了改选方案成本、备选方案数量、健康状况变化对参保人选择的影响,还控制了风险偏好对选择行为的影响,这些因素都是现实数据无法控制与分析的重要内容。实验界面如图11-7所示。

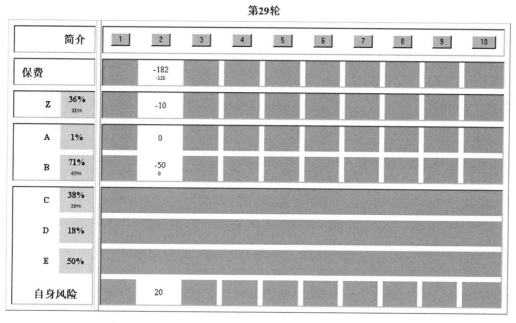

图11-7 Schram and Sonnemans(2011)的医保方案选择界面

资料来源:Schram, A. and Sonnemans, J., 2011, "How individuals choose health insurance: An experimental analysis", *European Economic Review*, 55, 799—819.

Schram and Sonnemans(2011)的结果表明,第一,增加备选方案并不能显著提高参保人的效用,因为备选方案的增加提高了参保人的搜寻成本与转换成本,并降低了其决策质量。第二,改选方案时的转换成本减少了参保人转换保险方案的频率,但并未减少被试检索信息的频率与决策时间。第三,若健康状况平滑地变化,参保人不会积极地调整方案,呈现"温水煮青蛙"的状态;而若健康状况出现了突然的恶化,参保人调整方案的频率有显著的增加,且选择方案时会更认真地计算自身收益。

Kairies-Schwarz et al.(2017)将研究视角聚焦在风险偏好对人们医疗保险选择行为的影响。作者采用被试内的实验设计,首先采用Schram and Sonnemans(2011)的实验框架让被试进行保险方案选择,然后按照Wakker and Deneffe(1996)与Abdellaoui(2000)的方法设计了彩票组合来测度辨别被试决策时的偏好:是累积前景理论偏好(cumulative prospective theory preference)还是期望效用偏好(expected utility theory preference)。

研究发现,累积前景理论下约38%的被试选择了最优合约,共计66%的被试选择了最优或次优合约;期望效用理论下仅约25%的被试选择了最优合约,共计55%的被试选择了最优或次优合约。进一步的分析表明,被试选择医保方案时,91%显示出累积前景理论偏好,仅9%为期望效用偏好。作者还比较了被试在选择保险方案时与彩票选择时的偏好一致性,发现约有14%的被试表现出偏好不一致性,而这些偏好不一致的被试选择最优或次优合约的概率大幅低于平均水平。这一结果与Abaluck and Gruber(2011a,b)和Ketcham et al.(2016)的实证结果相同,即一些人在选择医疗保险合同时的偏好与其潜在偏好不一致。此外,Kairies-Schwarz et al.(2017)同样发现,随着保险备选方案的增加,被试的决策质量显著下降。

在一些国家,公民可以选择不参加公共医疗卫生项目,以个人的医疗保险项目代替。Buckley et al.(2016)探讨了人们退出公共医疗卫生项目的选择。作者研究了普遍退出选项(universal-exit option)与条件退出选项(conditional-exit option)两种退出规则,在前一情形下所有人都可以选择退出公共医疗卫生项目,后一种情形下仅高收入者可以退出。Buckley et al.(2016)对这两种退出规则的影响进行了理论分析,并运用实验室实验进行验证。实验结果显示,条件退出时实验结果与理论预测一致,但普遍退出时结果与理论不一致:高收入者退出公共项目的概率低于预测,且未退出者对公共项目的投入高于预测。Buckley et al.(2016)通过进一步的实验数据挖掘发现,普遍退出选项下理论与实验结果的差异不是因为涉他偏好(other-regarding preference)的影响,更可能是因为规则导致的暗示:普遍退出选项下人们认为公共项目是默认选项,但并不认为退出公共项目是个更优的选项;但在条件退出选项下,仅高收入者可以退出公共项目,人们会认为退出是更优选项,从而更愿意退出公共项目。

Huck et al.(2016)的实验分析了医疗保险与过度治疗的关系。与上文介绍的几个实验不同,Huck et al.(2016)将医生也纳入了研究范围,运用信任品的研究框架分析保险的作用。Balafoutas et al.(2013)对信任品的实验研究显示,保险会给信任品市场带来二级道德风险问题,即消费者在有保险后对价格不敏感,这使得专家更多地以过度处理或过度收费的方式欺骗消费者,获取更高收益。Huck et al.(2016)进一步考察允许患者自由选择医生会如何影响保险的作用,作者将这种患者的选择权定义为竞争。实验结果显示,保险鼓励患者更多地进入市场,患者的健康水平因此提高,但同时出现了二级道德风险问题,即医生的过度治疗增加。竞争降低了过度治疗的问题,也吸引患者更多地向医生问诊。当保险与竞争同时存在时,竞争部分地减轻了保险的不利影响:既吸引了大多数患者求诊,又将过度治疗限制在中等水平。但Huck et al.(2016)指出,实验结果显示高公共健康水平与高支出相对应,保险与竞争可以给政策制定者提供更丰富的选择,却不能兼顾高健康水平与低支出(见图11-8)。

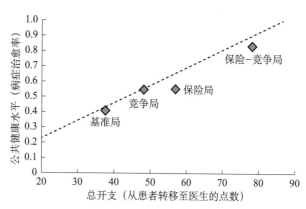

图 11-8 Huck et al. (2016) 医疗支出与公共健康水平的对比

资料来源：Huck, S. et al., 2016, "Medical insurance and free choice of physician shape patient overtreatment: A laboratory experiment", *Journal of Economic Behavior & Organization*, 131, 78—105.

第四节 器官捐献激励

随着相关医疗技术的进步，器官移植已成为器官功能衰竭问题的主流解决方案，这项技术成功挽救了众多患者的生命。但器官供应不足的难题长期困扰着世界各国，器官供需的巨大缺口使得需要器官移植的患者不得不排队等待，许多患者在等待器官的过程中过世。我国的每百万人口尸体器官捐献数量仅 2.0 左右，是世界上器官捐献率最低的国家之一，这造成了我国器官移植供体短缺问题非常严峻：我国每年有近 30 万患者急需器官移植，但最终能够进行移植手术的仅有 1 万余人（郑恒，2017）。为了鼓励民众捐献器官，缓解器官供需的不平衡，一些学者根据现实情况与经济理论设计了器官捐献的激励机制（如 Roth and Peranson, 1999），在此基础上一些研究运用实验方法对激励机制进行了检验。实验研究主要集中于两个问题：一是授权选择框架对器官捐赠的作用，二是优先权分配的作用。

一、授权选择框架

器官捐献传统采用登记制度，即预设公民不同意捐献器官，若有捐献意向则到相关机构进行登记。近年来，法国、西班牙、新加坡、瑞典等国家采用默认规则，事先推定人们愿意捐献器官，若要退出捐献则到相关机构进行登记。一系列的实证研究表明，无论是对特定国家默认同意立法前后的比较，还是不同规则的国家间的比较，都发现推定同意默认规则提高了器官捐献率（Rithalia et al., 2009）。

默认规则变化的效果实际上是框架效应的体现,在器官捐赠中另一个使用框架效应的场景是授权选择政策。Kessler and Roth(2014a)的一项实地实验研究表明,授权选择框架可能无法有效地影响器官捐赠率。作者首先关注了美国加利福尼亚州改变授权选择政策的效果。加利福尼亚州原本采用参与框架(opt-in frame),捐献者可以选择同意捐赠或跳过该问题。2011 年 7 月起加州改为以主动选择框架(active-choice frame)询问捐赠意愿,捐献者需在明确的"是"与"否"选项中进行选择。两种框架下的问卷如图 11-9 所示:上图为原先的参与框架,下图为新引入的主动选择框架。在上图的参与框架中没有拒绝捐赠的选项,若登记者不愿捐赠器官则可以跳过该问题。

7	DO YOU WISH TO REGISTER TO BE AN ORGAN AND TISSUE DONOR?	
DO YOU WISH TO REGISTER TO BE AN ORGAN AND TISSUE DONOR?	☐ YES! I want to be an organ and tissue donor. ☐ $2 voluntary contrbutian to support and promote organ and tissue donation.	If you mark "YES!" you will be added to the Donate Life Califomia organ and tissue donot registry and a pink donor dot wll be printed on the front of your driver license or identification card. If you are currently registered, you must cheak "YES!" to heve the pink donor dol printed on your license or identificstion card. If you wish to remave your name fram the donor registry, you must contact Donato Lito California (sco back). Tho Dopartment of Motor Vehidos can only remove the pink donor dot from your license or identificalion card.

A:加州器官捐献的旧问题(直至2011年6月30日)

7	DO YOU WISH TO REGISTER TO BE AN ORGAN AND TISSUE DONOR?	
DO YOU WISH TO REGISTER TO BE AN ORGAN AND TISSUE DONOR?	☐ YES! add my name to the dcnor registry ☐ I do not wish to register at this time ☐ $2 voluntary contribution to support organ and tissue donation	Marking 'Yes' adds your name to the Donate Life Califomia Organ and Tiesue Doncr Registry and a pink 'Donor' dot wil appear on your license, If you registered through the DMV previously, check 'Yes' to have the pink 'Donor' dot printed on your license or ID card. If you wish to rcmovo your name from the registry, you must contact Donate Life California (see back); DMV can remove the pink dot from your license but cannot temove your name from the registry.

B:加州器官捐献的新问题(直至2011年7月1日起)

图 11-9 Kessler and Roth(2014a)中关于器官捐赠的问题

资料来源:Kessler, J. B. and Roth, A. E., 2014a, "Don't take'No'for an answer: An experiment with actual organ donor registrations", NBER Working Paper, No. 20378.

Kessler and Roth(2014a)比较了其他 25 个采用参与框架的州与加州的器官捐赠数量变化情况,选取了加州修改框架前后 3 个季度的数据(见图 11-10)。结果显示,修改框架前加州与其他 25 州的登记捐献率非常接近,但改为主动选择框架后加州的登记捐献率出现了明显的下降,显著地低于其他 25 州的水平。

Kessler and Roth(2014a)设计了一个实验,却未能复现加州的结果。他们招募了具有马萨诸塞州驾照或身份证的被试,让被试在实验中选择是否改变其器官捐赠者的状态。作者基于马萨诸塞州器官和组织捐赠者登记系统(Massachusetts Organ and Tissue Donor Registry)开发了一个网页插件,使得被试在实验中通过该插件登录进入系统,能够真实地修改自己的捐赠意愿。Kessler and Roth(2014a)采用了 2×2 的实验设计:一个维度为选择框架,即采用参与框架或主动选择框架;另一个维度为信息,控制局中仅笼统地告知被试选择是否成为捐赠者,列表局中向被试详细列举捐赠的器官。但实验结果显

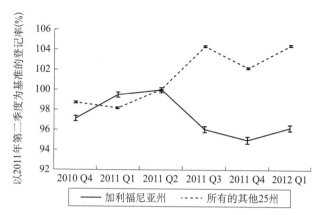

图 11-10　Kessler and Roth(2014a)修改参与框架前后加州与其他州的捐献登记率对比

资料来源:Kessler,J. B. and Roth,A. E. ,2014a,"Don't take'No'for an answer:An experiment with actual organ donor registrations",NBER Working Paper,No. 20378.

示,在不同选择框架下被试的捐献意愿存在差异但并不显著。由于注册并非移植器官来源的唯一渠道,未注册者死后的器官也可能被其尚健在的亲属捐献,Kessler and Roth(2014a)还进一步考察了人们对家人过世后器官捐赠的意愿,他们另招募了一批被试,让其在参与框架或主动选择框架下选择对家人器官的捐赠意愿,此时被试在两种框架下的捐赠意愿无差异(见图 11-11)。

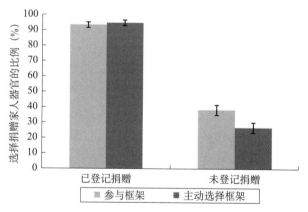

图 11-11　Kessler and Roth(2014a)中被试对家人器官捐献的捐赠选择比较

资料来源:Kessler,J. B. and Roth,A. E. ,2014a,"Don't take'No'for an answer:An experiment with actual organ donor registrations",NBER Working Paper,No. 20378.

Kessler and Roth(2014a)的实验结果显示授权选择框架的变化并不如人们希望的那样影响器官的捐赠率,这一点很可能是非常重要的。马萨诸塞州的历史数据表明,超过一半的未登记器官捐献者的死后器官捐献是由其家人同意再捐献的。加利福尼亚州的结果仅说明了授权选择框架对自身器官捐献决策的影响,而 Kessler and Roth(2014a)关于亲属器官捐赠的实验则说明了授权选择框架在该场景下的无效性。

二、优先权分配

在器官供需缺口巨大的背景下,捐献器官的分配是另一个非常重要的问题。一些国家还通过分配规则鼓励器官捐赠,新加坡、以色列、智利等国引入了优先权分配机制,如果个体同意并注册成为器官捐献者,则该个体或其家人在未来需要进行器官移植时可以优先获得他人捐赠的器官。Kessler and Roth(2012,2014b)与 Li et al. (2013)运用实验分析了优先权分配机制对器官捐赠的影响。

Kessler and Roth(2012)通过实验方法研究了优先权分配机制产生的效应,发现优先分配机制下器官捐献量明显要比控制组高。作者通过巧妙的设计在实验室中模拟了器官捐献机制。实验中每个被试有 1 个 A 单元和 2 个 B 单元,分别代表人的大脑与肾,每一轮中 A 单元有 10% 的概率坏死,B 单元有 20% 的概率坏死。若 A 与 B 都正常运转,则代表健康,被试每轮可获得 1 美元;若 A 单元坏死,代表死亡,被试立刻退出实验并结算收益;若 B 单元坏死,代表需要移植器官,被试有 5 轮的时间等待可移植的器官且等待中无收益,若超过 5 轮未获得移植则退出实验。若 B 坏死,被试只能从退场的被试处移植,因而在每一轮开始前被试都要决定是否愿意在 A 单元坏死的情况下捐赠 B 单元。Kessler and Roth(2012)通过这一框架模拟了器官捐赠与移植的博弈。在基准条件下,被试排队等待 B 单元,等待时间久的被试优先移植;在优先权条件下,同意捐赠的被试优先于不同意捐赠者。

Li et al. (2013)沿用 Kessler and Roth(2012)的实验框架,评价了优先权分配机制与默认规则结合带来的不同效应。作者以 2×2 设计了 4 个实验局:控制局为推定不同意进入框架,被试默认为非捐献者且捐献者没有优先权,这刻画了美国的政策;退出局为推定同意退出框架,默认被试为器官捐献者且没有优先权,但被试可以自由地退出捐献,这反映了西班牙和奥地利的政策;优先局在推定不同意进入框架下赋予了捐献者优先权,刻画了以色列的政策;最后一组为优先—退出局,在推定同意退出框架下赋予捐献者优先权,刻画了新加坡实施的政策。作者另外还在控制局的基础上设置了中性局,检验语言描述框架的影响。每场实验分为两期,每期 15 轮,两期可能采用不同实验局。实验结果如图 11-12 所示:推定同意加优先分配制度下器官捐献登记率最高。相比改变默认规则,从推定不同意进入框架到推定同意的退出框架,优先分配制能产生更大的边际收益。

尽管优先分配政策能够显著提高器官捐赠量,但该政策有效的前提在于注册捐献的登记者需在获得优先权后如约履行捐献承诺。Kessler and Roth(2014b)发现以色列的优先分配政策存在漏洞,捐献者在注册登记的器官捐献卡上还存在一个复选框,如果打勾则意味着捐献者死后,还需要其家庭选择一个牧师对其器官捐献进行许可。一些人利用了这一政策,签署器官捐献卡以获得移植器官的优先分配权,但同时勾选复选框,寄希

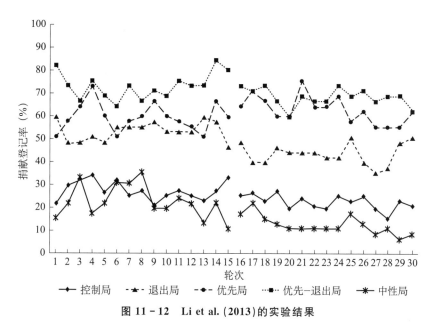

图 11-12 Li et al. (2013)的实验结果

资料来源:Li,D.,Hawley,Z. and Schnier,K.,2013,"Increasing organ donation via changes in the default choice or allocation rule",*Journal of Health Economics*,32,1117—1129.

望于家人或牧师在自己死后拒绝捐献。这一政策漏洞客观上使得不捐献器官的人获得了优先权。因此,Kessler and Roth(2014b)运用 Kessler and Roth(2012)的框架进一步研究了有漏洞时优先分配机制的效果,实验中漏洞实验局设计为被试在获取优先权时可以选择履行捐献承诺与否。实验表明,当在优先分配机制中引入漏洞后,漏洞完全消除了优先分配带来的激励效应。在漏洞实验局中,几乎所有不捐献者都获得了优先权,优先权获得率高达 96%。尤其当提供给被试相应的信息,如先前轮次利用漏洞的人数等,此时捐献率甚至低于没有引入优先分配规则时的状况。

本讲参考文献

陈叶烽、丁预立、潘意文等,2020:《薪酬激励和医疗服务供给:一个真实努力实验》,《经济研究》,第 1 期。

史书源、史芮源、田立启,2016:《公立医院医务人员薪酬制度改革研究》,《卫生经济研究》,第 4 期。

郑恒,2017:《中国器官捐献激励机制研究》,浙江大学博士学位论文。

Abaluck,J. and Gruber,J. 2011a,"Choice inconsistencies among the elderly:Evidence from plan choice in the Medicare Part D program",*American Economic Review*,101, 1180—1210.

Abaluck,J. and Gruber,J.,2011b,"Heterogeneity in choice inconsistencies among the elderly: Evidence from prescription drug plan choice", *American Economic Review*, 101, 377—381.

Abdellaoui, M., 2000, "Parameter-free elicitation of utility and probability weighting functions", *Management Science*, 46, 1497—1512.

Ahlert, M., Felder, S. and Vogt, B., 2012, "Which patients do I treat? An experimental study with economists and physicians", *Health Economics Review*, 2, 1—11.

Arrow, K., 1963, "Uncertainty and the welfare economics of medical care", *American Economic Review*, 53, 941—969.

Baicker, K. and Goldman, D., 2011, "Patient cost-sharing and healthcare spending growth", *Journal of Economic Perspective*, 25, 47—68.

Baicker, K. Taubman, S. L., Allen, H. L. et al., 2013, "The Oregon experiment——Effects of medicaid on clinical outcomes", *New England Journal of Medicine*, 368, 1713—1722.

Balafoutas, L., Beck, A., Kerschbamer, R. et al., 2013, "What drives taxi drivers? A field experiment on fraud in a market for credence goods", *Review of Economic Studies*, 80, 876—891.

Brosig-Koch, J., Hennig-Schmidt, H., Kairies-Schwarz, N. et al., 2013a, "How to improve patient care? ——An analysis of capitation, fee-for-service, and mixed payment schemes for physicians", Ruhr Economic Papers, No. 412.

Brosig-Koch, J., Hennig-Schmidt, H., Kairies-Schwarz, N. et al., 2013b, "How effective are pay-for-performance incentives for physicians? A laboratory experiment", Ruhr Economic Papers, No. 413.

Brosig-Koch, J., Hennig-Schmidt, H., Kairies-Schwarz, N. et al., 2015, "The effects of introducing mixed payment systems for physicians: Experimental evidence", *Health Economics*, 26, 243—262.

Brosig-Koch, J., Hennig-Schmidt, H., Kairies-Schwarz, N. et al., 2016, "Using artefactual field and lab experiments to investigate how fee-for-service and capitation affect medical service provision", *Journal of Economic Behavior & Organization*, 131, 17—23.

Buckley, N., Cuff, K., Hurley, J. et al., 2016, "Should I stay or should I go? Exit options within mixed systems of public and private health care finance", *Journal of Economic Behavior & Organization*, 131, 62—77.

Clark, M. D., Determann, D., Petrou, S. et al., 2014, "Discrete choice experiments in health economics: A review of the literature", *Pharmacoeconomics*, 32, 883—902.

Currie, J., Lin, W. and Meng, J., 2014, "Addressing antibiotic abuse in China: An experimental audit study", *Journal of Development Economics*, 110, 39—51.

De Bekker-Grob, E. W., Ryan, M. and Gerard, K., 2012, "Discrete choice experiments in health economics: A review of the literature", *Health Economics*, 21, 145—172.

Ellis, R. P. and McGuire, T., 1986, "Provider behavior under prospective reimbursement: Cost sharing and supply", *Journal of Health Economics*, 5, 129—151.

Finkelstein, A. N. and Taubman, S. L., 2015, "Randomize evaluations to improve health care delivery", *Science*, 347, 720—722.

Finkelstein, A. N., Taubman, S. L., Allen, H. L. et al., 2016, "Effect of medicaid coverage on ED use——Further evidence from Oregon's experiment", *The New England Journal of Medicine*, 375, 1505—1507.

Finkelstein, A. N., Taubman, S. L., Wright, B. et al., 2012, "The Oregon health insurance experiment: Evidence from the first year", *The Quarterly Journal of Economics*, 127, 1057—1106.

Gaynor, M. and Gertler, P., 1995, "Moral hazard and risk spreading in partnerships", *Rand Journal of Economics*, 26, 591—613.

Gaynor, M. and Pauly, M., 1990, "Compensation and productive efficiency in partnerships: Evidence from medical group practice", *Journal of Political Economy*, 98, 544—573.

Green, E. P., 2014, "Payment systems in the healthcare industry: An experimental study of physician incentives", *Journal of Economic Behavior & Organization*, 106, 367—378.

Greiner, B., Zhang, L. and Tang, C., 2017, "Separation of prescription and treatment in health care markets: A laboratory experiment", *Health Economics*, 26, 21—35.

Hennig-Schmidt, H., Jürges, H. and Wiesen, D., 2019, "Dishonesty in health care practice: A behavioral experiment on upcoding in neonatology", *Health Economics*, 28, 319—338.

Hennig-Schmidt, H., Selten, R. and Wiesen, D., 2011, "How payment systems affect physicians' provision behavior——An experimental investigation", *Journal of Health Economics*, 30, 637—646.

Hennig-Schmidt, H. and Wiesen, D., 2014, "Other-regarding behavior and motivation in health care provision: An experiment with medical and non-medical students", *Social Science & Medicine*, 108, 156—165.

Huck, S., Lünser, G., Spitzer, F. et al., 2016, "Medical insurance and free choice of physician shape patient overtreatment: A laboratory experiment", *Journal of Economic Behavior & Organization*, 131, 78—105.

Iversen, T. and Luras, H. , 2000, "The effect of capitation on GPs' referral decisions", *Health Economics*, 9, 199—210.

Jürges, H. and Köberlein, J. , 2015, "What explains DRG upcoding in neonatology? The roles of financial incentives and infant health", *Journal of Health Economics*, 43, 13—26.

Kairies-Schwarz, N. , Kokot, J. , Vomhof, M. et al. , 2017, "Health insurance choice and risk preferences under cumulative prospect theory——An experiment", *Journal of Economic Behavior & Organization*, 137, 374—397.

Kairies-Schwarz, N. and Krieger, M. , 2013, "How do non-monetary performance incentives for physicians affect the quality of medical care? ——A laboratory experiment", *Ruhr Economic Papers*, No. 414.

Kessler, J. B. and Roth, A. E. , 2012, "Organ allocation policy and the decision to donate", *American Economic Review*, 102, 2018—2047.

Kessler, J. B. and Roth, A. E. , 2014a, "Don't take 'No' for an answer: An experiment with actual organ donor registrations", *NBER Working Paper*, No. 20378.

Kessler, J. B. and Roth, A. E. , 2014b, "Loopholes undermine donation: An experiment motivated by an organ donation priority loophole in Israel", *Journal of Public Economics*, 114, 19—28.

Kesternich, I. , Schumacher, H. and Winter, J. , 2015, "Professional norms and physician behavior: Homo oeconomicus or homo hippocraticus?", *Journal of Public Economics*, 131, 1—11.

Ketcham, J. D. , Kuminoff, N. V. and Powers, C. A. , 2016, "Choice inconsistencies among the elderly: Evidence from plan choice in the Medicare Part D Program: Comment", *American Economic Review*, 106, 3932—3961.

Kolstad, J. T. , 2013, "Information and quality when motivation is intrinsic: Evidence from surgeon report cards", *American Economic Review*, 103, 2875—2910.

Krasnik, A. , Groenewegen, P. P. , Pedersen, P. A. et al. , 1990, "Changing remuneration systems: Effects on activity in general practice", *British Medical Journal*, 300, 1698—1701.

Levy, H. and Meltzer, D. , 2008, "The impact of health insurance on health", *Annual Review of Public Health*, 29, 399—409.

Li, D. , Hawley, Z. and Schnier, K. , 2013, "Increasing organ donation via changes in the default choice or allocation rule", *Journal of Health Economics*, 32, 1117—1129.

Lu, F. , 2014, "Insurance coverage and agency problems in doctor prescriptions: Evidence from a field experiment in China", *Journal of Development Economics*, 106, 156—167.

Manning, W. G., Newhouse, J. P., Duan, N. et al., 1987, "Health insurance and the demand for medical care: Evidence from a randomized experiment", *American Economic Review*, 77, 251—277.

Marshall, M. N., Shekelle, P. G., Leatherman, S. et al., 2000, "The public release of performance data: What do we expect to gain? A review of the evidence", *Journal of the American Medical Association*, 283, 1866—1874.

McGuire, T. G., 2000, "Physician agency", in Culyer, A. J. and Newhouse, J. P. eds: *Handbook of Health Economics* Vol. 1, Amsterdam: Elsevier.

Newhouse, J. P., Manning, W. G., Morris, C. N. et al., 1981, "Some interim results from a controlled trial of cost sharing in health insurance", *New England Journal of Medicine*, 305, 1501—1507.

Rithalia, A., McDaid, C., Suekarran, S. et al., 2009, "Impact of presumed consent for organ donation on donation rates: A systematic review", *British Medical Journal*, 338, 284—287.

Roth, A. E. and Peranson, E., 1999, "The redesign of the matching market for American physicians: Some engineering aspects of economic design", *American Economic Review*, 89, 748—780.

Ryan, M. and Gerard, K., 2003, "Using discrete choice experiments to value health care programmes: Current practice and future research reflections", *Applied Health Economics and Health Policy*, 2, 55—64.

Schram, A. and Sonnemans, J., 2011, "How individuals choose health insurance: An experimental analysis", *European Economic Review*, 55, 799—819.

Selden, T. M., 1990, "A model of capitation", *Journal of Health Economics*, 9, 387—409.

Silverman, E. and Skinner, J., 2004, "Medicare upcoding and hospital ownership", *Journal of Health Economics*, 23, 369—389.

Smith, V. L., 1976, "Experimental economics: Induced value theory", *American Economic Review*, 66, 274—279.

Sørensen, R. and Grytten, J., 2003, "Service production and contract choice in primary physician services", *Health Policy*, 66, 73—93.

Wakker, P. and Deneffe, D., 1996, "Eliciting von Neumann-Morgenstern utilities when probabilities are distorted or unknown", *Management Science*, 42, 1131—1150.

第十二讲
实验在发展经济学中的应用：
RCT 与反贫困

前面我们在第七讲实地实验方法中已经对随机对照实验（randomized controlled trial, RCT）进行了简单的介绍，并从方法论的角度给出讨论与评述。我们已经了解到 RCT 方法是通过随机分配来构建"反事实"，将被试随机地分配到实验组与对照组中，基于"实验组与对照组在实验开始前同质且无系统性差异"的假设，对实验组施加干预，干预结束后，通过观察实验组与对照组在实验前后的差异就可以分离出干预产生的效果。理想情况下，合适的随机方法可以使研究者"干净"地识别出干预措施与结果之间的因果关系，尽可能减少一般观察性数据收集中不能直接观测到的变量带来的偏误。不同于实验室实验以及一些以检验经济理论、进行机制识别为主要目的自然实地实验，RCT 在真实情境中对被试施加干预，往往用于在真实的社会经济背景下解决实际问题（包特等，2020），对已有政策或潜在可推广干预进行影响评估。RCT 的使用目的决定了不同 RCT 项目的研究目的、实际实验条件、研究步骤以及分析思路相差较大，因此只要在政策与干预评估时使用了随机的方法将不同的被试（政策受众）分入不同的实验组与对照组，一般就认为属于 RCT 的范畴，不再对具体实验实施方式和实验操作多加限定。

21 世纪以来，RCT 方法被引入发展经济学，引起了许多学者们极大的关注与讨论。RCT 方法的设计与实施依托于各个国家与地区不同的社会经济文化背景，结合在基线和项目结束时收集的详尽的微观数据，研究者能够以一种自下而上的方式来观察贫困人口的个体选择，进而实现对反贫困政策干预措施效果的评估。2019 年，阿比吉特·巴纳吉、埃斯特·迪弗洛与迈克尔·克雷默因使用实验的方法推进世界范围内反贫困措施的实施与研究而获得了诺贝尔经济学奖，再次将 RCT 方法引入大众视野，也说明了将 RCT 方法深入发展中国家尤其是用于贫困地区的研究得到了更广泛的认可。

在近二十年的发展过程中，RCT 在发展中国家的应用已经覆盖了许多发展经济学所讨论的话题，有些主题（如健康、教育等）已经开枝散叶成长成一个较为完整的系统，不同的研究分支彼此联系又各自深入。与实验室实验以及一些精心设计不同识别环节的实地实验不同，RCT 的研究和反贫困问题的解答与实践是一个漫长且需要大量合作的过程，这种合作不仅体现在一个项目或一个团队内部，还体现在不同项目之间研究内容的承接与对影响机制的不断深入剖析上。

一种干预措施的进行需要在项目开始之初就规划详细的实施方案,协调好相关职能部门人员的配合工作。在现实环境中实施干预时往往会出现各种各样的问题干扰评估的正常进行,因此 RCT 评估的政策干预宜简不宜繁,只有这样才能保证一定的实验遵从度,有效地实现因果关系的识别。但是,简洁的随机与干预也会带来相应的问题:仅实施一种干预的结果对现实问题的回答是有限的,一次干预效果的评估往往只能检测这一干预的有效性,并不能回答更进一步有关影响机制和传导路径的问题。而对于那些在理论和过去实证中有效而在 RCT 检验下显示无效的干预措施,只有在评估结果的基础上进一步设计更加深入的项目干预,才能进一步探究是哪些原本没有考虑在内的因素影响了干预效果的发挥——这种由果溯因的思路在发展经济学尤其在反贫困问题中尤为重要,贫困人口受困于有限的发展条件与基础设施,一些被理论和直觉忽视的"小障碍""小错误"都可能成为阻碍干预发挥作用的原因(阿比吉特·班纳吉和埃斯特·迪弗洛,2018),RCT 直接从干预到结果的评估方式能够帮助识别这种"异象"的存在。

在接下来的介绍中我们会发现,许多 RCT 项目之间具有很强的铺垫与发展的关系,许多项目设计都是在原有干预的基础上,进一步针对原有干预可能失效的原因施加新的干预以修正或解决。因此,使用 RCT 方法进行研究就像学者们一起在拼图,大家在不同的地区开展相同或不同主题的研究,都是先拼接自己手中的图块,当拼图逐渐完整时,我们便能对贫困的成因与解决方式有更加深刻的理解,研究者也就掌握了更加有力的"武器",用以改善更多生活在中低收入国家的弱势人群的福祉。

本讲将从农业、金融、健康、教育和劳动五个方面介绍世界范围内反贫困 RCT 项目的主要研究思路和研究成果,还会重点介绍一些在中国进行的反贫困 RCT 项目。本讲的主要目的在于尽可能地为读者提供一个涵盖范围较广的反贫困 RCT 项目概览,受限于篇幅,一些更加细分的主题需要读者依照自己的兴趣进一步扩展阅读。[①]

第一节　农业

与发达国家不同,发展中国家的经济发展尤其是低收入国家,很大程度上依赖于农业的发展。作为整个国家产业结构的基石,农业不仅事关全国经济产出,而且也吸纳了大量的劳动力,因此农业生产率的提高能帮助占人口大多数的农村人口提高收入,积累未来发展所需要的资本,实现当期与未来的长期发展。但是,农业生产率的提高并非只

---

① 比如可参考《发展经济学手册》(*Handbook of Development Economics*,Rodrick and Rosenzweig,2009)和《实地实验经济学手册》(*Handbook of Field Experiments*,Duflo and Banerjee,2017)。

依赖于投入的增加,气温、降水和土地质量等自然条件都影响着农业的产出,因而也给农业生产和农民收入带来极大的不确定性。发展中国家的农民不仅受限于技术条件,而且抵御风险的能力也很弱,波动不定的产量让他们周而复始地在基本生存线上下徘徊。发展经济学家和农业经济学家们将研究的重心放在农业技术的提升与农业生产中的风险管理上。然而,仅仅停留在理论分析上的模型并不能有力地证明经济学家们所设计的政策和机制与农业产出增加、农民福利提升之间确切的因果关系,因此当 RCT 方法被引入经济学领域并逐步推广时,农业干预方面的讨论也主要聚焦于农业技术的推广与农村金融两大方面,尤其是风险工具的使用。

一、农业生产技术的使用

在农业技术的推广中,肥料的使用一直被认为是提高土地产量的重要方式,少量肥料的使用可以带来较为可观的产量增长,因此,许多国家都对农业肥料的使用进行了补贴。但是,当肥料使用作为政策推广时,现实的环境与家庭决策、行为都可能带来肥料效果的扭曲,使其无法充分发挥作用。Duflo et al. (2008)较早地利用 RCT 方法对肥料使用带来的回报率进行了测量,在与荷兰非营利组织国际儿童扶助组织(International Child Support, ICS)的合作中,研究团队根据当地学校注册儿童的父母列表将其中的农民随机分入不同的实验组,由他们按照不同的干预(如提供杂交种子、肥料等)来耕种提前被划分和测量好的土地,一些干预还包括提供相应的技术人员来教他们如何使用肥料。如果按照市场价格来对增加的产量进行换算,这些干预结果发现正确使用肥料可增加15%的收入,甚至高于当地农民的月工资,因而肥料的推广与使用的潜在收益极为明显。但如此高的回报率也带来了新的问题,那就是为何肥料在现实农业生产中的使用频率仍然很低。Duflo et al. (2011b)试图通过提供肥料补贴和提示农民使用肥料这两种干预来帮助农民做出使用肥料的决策。农民随机进入不同的干预组,实验发现在农季开始前提供免费的肥料可以有效提高农民的肥料接受率,这个效果要远优于在农季尾声时提供下一期肥料的使用率。这与农民的时间偏好有关,大多数农民不断拖延,不能及时做出生产决策,最终错过了使用肥料的最佳时机,这说明农民的拖延症使他们无法合理分配较近未来与较远未来的收益,因而也无法对当期可支配资源进行最优利用。作者还给出了缓解这种拖延症的两种思路,一种是为农民提供相关的信息,使农民更了解肥料的使用及其带来的收益;另一种则是利用金融工具帮助农民弥补时间偏好带来的决策不足,鼓励农民们在丰收之后进行储蓄,以便在下一农季来临时有充足的现金流购买肥料来投入农业生产。另外,Beaman et al. (2013)在马里向女性水稻农民提供免费的肥料,同时还测量了她们在使用肥料后付诸的其他生产投入,与 Duflo et al. (2011b)的干预相比,这一项目对女性水稻农民的干预强度大大减弱,因为这里的随机干预不仅没有改变原有的土地分配情况，所有农民仍然是在自己的土地上进行生产，而且也没有提供全程的指导，只在肥料提供现场进行简短的培训。结果显示，水稻的产量显著提高了31%，且其他投入要素，如雇佣劳动数量和除草剂都有显著的提升，农民更愿意增加对农业生产的投入。但是受制于成本的增加和其他不可控因素带来的价格波动，实验组的农民并没有因产量提升而实现收入增加。这一结果也暗示了肥料推广政策可能失效的原因之一，即由于影响农业产出的要素过多，肥料带来的产出增加与短期农业收入增加之间不一定呈现出强烈的正相关关系，这会挫伤农民投资肥料的积极性，进而影响其生产投入决策。

另一类较为常见的技术推广是优良品种的使用。印度部分水稻产区常年受洪水影响，产量波动较大，Dar et al. (2013)将一种新型抗洪稻种在128个村庄进行推广，发现即使田地被淹没10天之久，新型水稻产量相较于原来提高了近一半。印度常年的阶级分化的结果是底层农民耕种的都是地势较为低洼、饱受洪涝之害的农田，因而产量低与贫困之间形成了恶性循环。这种新型水稻品种的使用与推广为他们破除这种循环、缩小与其他农民之间的收入差距提供了一种新的思路。

二、农业技术与信息的传播

肥料和改良品种的推广都是为了促使农民主动投入这些生产资料，只有农民接受了被推广的农业技术，才能真正将这些技术转化为实际的产量与收入。因此，除了提供这些农业技术，一个更受关注的问题就是如何提高农民对技术的了解与接受率，增强他们对农业技术的需求。

技术的使用与收益对于农民来说是一种信息，因此具有在社群中扩散的可能，Duflo et al. (2004)在一篇未发表的工作论文中利用之前肥料推广的项目，对农民接受信息并且在已有社会网络中传播的可能进行了研究，这项实验发现，在人们的口口相传和行为模仿中，肥料的使用方法和肥料带来的预期回报率信息得以传播。Conley and Udry(2010)使用调研数据分离了社会学习效应，尽可能地弱化了不可观测因素在技术传播中发挥的作用，发现农业伙伴投入决策调整带来的产出结果会影响到农民自己的农业决策，朋友得到好(不好)的产出结果会使得农民增加(减少)投入。基于这一结论，Vasilaky(2013)在肯尼亚面向当地家庭，尤其是女性农民进行了棉花种植培训，进入实验组的女性被分入固定的小组，鼓励她们定期交流培训收获与生产心得，这相当于在她们原有的社会网络结构之外利用干预构建出了一些新的社会联系，结果发现鼓励沟通使得实验组选择棉花种植的人数显著提升，而且一年后没有人退出棉花生产，实验干预产生的效果得以有效维持。在实验识别的基础上，作者还利用项目中的调查数据对实验组的女性进行了异质性分析，发现这一项目对那些更为贫困的家庭效果最为显著，参加培训项目带来的产量提升至少相当于原来女性年均产量的35%。同时，从成本收益分析的角度来看，由于社会网络中知识与信息的传播,培训本身的成本被分散到更多人身上,降低了单位收益所需要的成本,可以作为女性农民减贫的有效方法予以推广。

一些研究则关注个体学习和接受新信息的过程与特点,帮助农民识别到更多的生产信息并加以运用。农业生产投入项目繁杂,农民往往无暇顾及全部的信息,或者没有意识到自己保有某些信息,因此只能根据自己注意到的有限信息来安排投入。Hanna et al.(2014)认为大多数农民并没有明确地从失败的投入中得到经验教训,因此,先帮助他们意识到有价值信息的存在,再帮助他们利用信息来调整自己的生产才能够真正发挥生产信息的作用。他们的实验面向印度尼西亚种植海藻的农民展开,这些农民虽然掌握了一定的生产技巧,但他们很少关注海藻荚的大小与他们生产场地之间的最优产量关系。统计员会按照不同的指标(海藻荚大小和海藻荚重量)为进入不同实验组的农民进行海藻种植安排,并且帮助他们记录和分析海藻种植安排与最优产量。当向农民提供了有关海藻荚尺寸大小的信息后,他们仍然随机地使用不同大小的海藻荚,这说明他们并没有将信息转化为学习成果。然而,当这些零散信息被整理起来并与产量挂钩后,农民们的行为显著改变了,他们开始挑选合适的海藻荚大小投入生产。这说明,单纯地提供更多的信息并不能有效地帮助农民从中学到生产技巧,而通过添加对技术生产结果的描述,更具体的信息可以帮助农民更好地接受生产技艺。

信息贯穿农业生产的始终,信息的掌握对于农民做出正确农业决策具有重要的作用(见图12-1),因而信息提供的方式和途径也十分重要(Mittal et al.,2010)。随着通信技术在发展中国家的普及,通过短信提供农业技术信息、设立技术咨询热线电话等方式被广泛地运用于反贫困领域,不过,目前使用RCT方法对这类干预进行评估的项目还较少。Aker(2011)认为引入RCT方法能够帮助数码通信干预更好地识别干预作用机制,例如,提供手机但不提供相应的信息服务是否会增加被试对信息的接受,以此剥离提供短信服务干预的净效应;或是将热线电话服务与上门推广的效果进行比较。信息的传递与接受对农业技术的推广具有重要的作用,深入探究其影响机制以及提高知识传播效率的方法对发展中国家农业产出的增加具有重要意义,因此,这一领域的研究还需要更多长期的、深入的RCT项目来继续推进。

三、农村金融与风险管理

农业生产收入不仅受制于不可控的土地条件、气温与降水量等自然因素,较长的农业生产周期使得投入和产出之间存在着极大的滞后性,农民收入在一个生产季度之内和不同生产季度之间都有着较大的波动,极大地影响到农民及其家庭的收入的稳定性与流动性。稳定性影响着农民的家庭生活水平和对产出的积极性,流动性使得农业收入不能平衡地分配到一年中的各个生产阶段,可能会带来播种期资金不足,限制投入的足量使

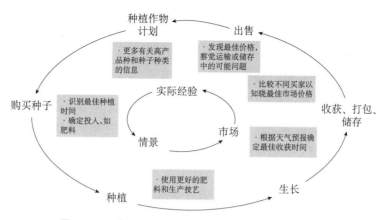

图 12-1 农业生产过程中农民做出决策需要的信息

资料来源：Mittal, S., Gandhi, S. and Tripathi, G., 2010, "Socio-economic impact of mobile phones on Indian agriculture", Indian Council for Research on International Economic Relations (ICRIER), Working Paper, No. 246.

用，因此合理使用金融工具进行资金周转和风险管理对农业生产和增加农民收入具有重要意义：储蓄、借贷等金融服务能够帮助农民缓解当期资金紧张，而天气保险等风险管理工具能够帮助农民平滑风险，减少自然灾害带来的收入大幅波动。

一般来说，农民的可支配收入在收获季节较多，Brune et al. (2016)在该季节为马拉维的烟草农民随机提供不同类型的储蓄服务，以此来研究储蓄对农业投入的影响，这是第一篇专门在收获时节对农民储蓄进行研究的文献。实验组分为普通储蓄账户组和承诺储蓄账户组，前者为农民提供了储蓄账户以方便农民进行储蓄，后者则在此基础上增加了固定期限的选择，在这一天来临之前农民不能取出之前所存的金额；对照组则只是鼓励农民为未来农业投入要素的购买而储蓄，但不提供任何储蓄服务。实验结果发现两种正式储蓄带来了十分显著的效果，在下一期农季开始前，实验组农民的储蓄水平都显著提升，农业投入支出和最终的产量都显著增加。这说明鼓励农民在流动资金充裕时进行储蓄能够有效地帮助他们积累农业生产资本，为下一季农业投入做好准备。此外，正式的储蓄制度可以帮助农民减少不必要的冲动消费，或者帮助他们拒绝来自周围社会网络的借款压力。

从改善资金流动性的角度来看，储蓄和借贷都属于跨期资金配置工具，在农业生产投入中发挥着相似的作用。在欠发达地区发展小额信贷能够帮助当地民众缓解资金紧张，增加他们对生产的投入，这一类的具体文献将在下一节金融类干预部分详细展开。需要强调的是，与用于消费、人力资本投资的贷款决策不同，对农业贷款的需求还与农民对生产风险的认知和管理有关。对于农民来说，无法控制的天气因素和随之带来的市场价格波动对当年的收入有着决定性影响，因此他们必须在贷款前考量自己的偿还能力。

还有一些项目致力于在经常遭受干旱或涝灾的区域推行天气保险，以帮助当地农民平滑农业生产中面临的风险。为了推广新的高产杂交玉米和落花生种子,Giné and Yang (2009)随机向一组农民提供用于购买种子的贷款,向另一组农民提供相似信贷服务的同时要求他们购买天气保险,当干旱发生时,这种保险可以免除部分或者全部的种子信贷。在"农民是风险厌恶的"假设下,研究者预期提供天气保险的实验组贷款接受率会更高,但实验结果却发现受保险保护的农民贷款接受率反而低于那些没有被要求购买天气保险的农民贷款率,这可能是因为购买保险才可以获得贷款变相地增加了贷款的成本。进一步的分析发现,在提供天气保险的实验组中,农民自身的受教育程度、收入和财富水平与他们的贷款接受意愿成正比。这一结论侧面反映了在贫困地区运用与理论和直觉都认可的干预未必真的有效,贫困人口的行为模式和他们受限的能力都可能会影响干预效果按照预期发挥作用,通过在现实背景中使用 RCT 方法发现这些问题并进一步利用微观数据和后续的实验结果来厘清其中的机制是十分必要的。Karlan et al. (2014)在加纳进行了为期三年的实验,第一年随机向当地玉米农民提供每英亩 85 美元的现金并提供能够支付与每亩土地对应的降雨保险的现金;第二年继续提供现金转移,但不再免费提供降雨保险,而是随机向农民提供价格不同的降雨保险,价格范围从降雨保险原价的八分之一到全额不等;第三年取消现金转移干预,持续随机提供价格不同的降雨保险。对比不同实验局结果可以发现,提供用于支付降雨保险的现金对农业生产投入带来的增加显著高于单纯提供现金带来的增加,这说明现金流动性限制并不是最严重的问题,相反,降雨保险的购买为农民扩大生产投入甚至进行更有风险的投资提供了保障,因而刺激了生产的投入。这个项目说明提供天气保险不仅发挥了保障收入的作用,更重要的是,保险的存在为农民提供了一个积极的信念,让他们愿意投入更多的生产资料以尽可能增加产出,而不用担心外生的天气状况会使他们的努力付之东流。

总体来说,目前学界已经开始使用 RCT 对农业方面的干预措施进行研究,但在这个话题下展开的讨论还是有限的,关于目前干预措施的影响机制和大规模国家型农业政策推广的效果,如农民培训学校等,还需要更多的研究。另外,农业是一个国家的基础产业,提供某种生产资料和补贴也许是有效的,但是相比于提供这种外生的短期冲击,在发展中国家进行何种政策设计才能从根源帮助贫困农民突破自身的局限、实现主动而有益的选择是未来 RCT 项目所担负的使命之一,也是反贫困议题讨论中最为核心、最有价值的内容。

第二节 金融

缺少资金是贫困人口最为外显的特征,与生产技术和人力资本等致力于开发贫困人口发展潜力的干预措施相比,来自金融方面的发展援助看起来更为直接。金融工具可以帮助家庭储蓄、积累财富，同时增强家庭抵御风险的能力；还可以为民众与小微企业提供小额贷款，缓解资金短缺，帮助其投资收益率更高的生计以增加收入；此外，上一节提到的保险能够帮助家庭平滑风险，提高生产积极性。但是，金融活动中存在的信息不对称问题也给提供金融服务的机构带来较大的不确定性，贫困的贷款人是否能妥善使用信贷并按时还本付息，是金融机构与政策制定者在提供金融服务时必须考虑并妥善解决的问题，由此涉及的贷款机制的设置和监督系统的运转等问题也是反贫困议题中金融类 RCT 深入探讨的主题之一。许多 RCT 项目还引入了行为发展经济学的方法对贫困人口的时间偏好、风险偏好等经济偏好进行测量，试图对贫困人群的行为模式和决策方式进行刻画，以更好地理解干预措施的作用机制。

一、储蓄服务的提供与储蓄需求

与过往使用宏观数据对储蓄进行讨论的文献不同，RCT 项目对储蓄的关注是从微观个体出发的，注重储蓄行为对个体和家庭的行为与决策带来的影响。这部分的研究在思路上分为供给和需求两方面，前者主要致力于扩展发展中国家民众与家庭接触银行储蓄的可能，以及提供适合的储蓄机制；而后者则致力于刺激民众的储蓄需求，帮助他们提高储蓄的自觉性。

提高储蓄服务的可得性是增加贫困人口储蓄的一条重要思路，最常见的干预就是免除银行储蓄账户的开户费，或是对开户费用予以补贴。Dupas and Robinson(2013a)为肯尼亚一些市场销售员（以女性为主）和一些人力车车夫（全部为男性）随机地提供免费的银行账户和第一笔小金额存款来帮助他们减少开通储蓄账户的成本。与那些没有受到免费账户干预的个体相比，被试之间性别差异显著：实验组的女性较为频繁地使用这一银行账户，储蓄有所增加，同时她们也更愿意为自己的小生意投资；然而这一干预对男性影响不显著。Prina(2015)在尼泊尔也为女性随机提供免费的银行账户帮助这些家庭进行规律的储蓄，尽管项目进行一年后实验组在收入与家庭资产方面相较对照组并未发现显著差异，但实验组的家庭支出结构发生变化，教育和肉类项目消费增加，此外，实验组女性对家庭经济状况的主观感受也呈现积极的态度。降低银行开户的门槛有效促进了女性的储蓄行为，她们也更愿意开展小投资以增加自己的收入，更重要的是，储蓄行为带来的可支配收入的增加使她们的支出与消费结构发生变化，提高了福利水平，使得女性在经济中的贡献增加，在家庭中的话语权有所上升。

承诺机制的设计在储蓄上也有非常广的应用，这个机制不同于普通的储蓄那样存取自由，在未达到承诺目标或承诺日期前，承诺储蓄的客户不能提前将账户中的存款取出。这样的机制以强硬的外部约束帮助客户提高自控能力，以克服消费享乐的诱惑或来自社交网络借款的压力，成功地实现积累资金的目的。Ashraf et al.(2006)在菲律宾与当地一家银行合作,发起了一项承诺储蓄机制 SEED(save,earn,enjoy deposits),旨在通过外部储蓄规则的限制来鼓励贫困家庭为未来的重要决策而储蓄,如子女教育投资、小生意投资等。在随机发出的项目邀约中,自愿选择加入项目的客户(共 202 位,参与率约 28.4%)组成实验组,而没有收到项目邀约的用户作为对照组参与实验数据的调查与追踪。具体的承诺储蓄形式由实验组用户自行选择,他们需要根据自己的储蓄目标(见表 12-1)来选择不同的承诺机制,一类以时长为限,在储蓄一个月之后才能取回;另一类则以数量为限,在达到目标数额后才能取回。实验组中 140 位客户选择了时间约束,62 位选择了数量约束。在没有收到邀约的对照组用户中,一些会定期收到回访鼓励进行储蓄,另一些没有受到其他的干预。实验的结论从两层数据得出。第一层数据涉及邀约接受与否的调查,在那些随机收到邀约的被试中,时间偏好呈现双曲线(对较近未来与较远未来的偏好不一致)的被试更愿意接受承诺储蓄的邀约,而且性别差异较大。第二层数据则分析了干预实施一段时间后,实验组与对照组被试的储蓄情况。在项目实施 6 个月后,实验组的平均储蓄比对照组高出约 235 比索(44.3 个百分点);在项目实施 12 个月后,实验组的平均储蓄比对照组高出 411 比索(81 个百分点),说明承诺储蓄机制的效果不仅局限于短期效果,在未来一段时间内依旧可以有效地提升贫困人口的储蓄意愿。针对对照组一些用户的回访鼓励也带来了一定的积极作用,但是由于结果并不显著,因此影响可能是有限的。

表 12-1 承诺储蓄用户的储蓄目标

	频率	百分比(%)
圣诞节/生日/节日庆典/毕业	95	47.0
教育	41	20.3
购买与修建不动产	20	9.9
商业资本	20	9.9
购买或维护机器设备	8	4.0
未说明存款原因	6	3.0
农业投资	4	2.0
度假旅行	4	2.0
个人需求或未来支出	3	1.5
医疗健康	1	0.5
总计	202	100.0

资料来源:Ashraf,N.,Karlan,D. and Yin,W.,2006,"Tying Odysseus to the mast:Evidence from a commitment savings product in the Philippines",*Quarterly Journal of Economics*,121,673—697.

承诺储蓄机制还有助于女性在家庭中话语权的上升,Ashraf et al. (2010b)扩展了 SEED 项目的实施范围,并对参与项目的女性用户进行了跟踪调查。结果发现已婚女性对干预的反应极其明显,承诺机制帮助她们拥有了自己的储蓄,经济水平的改善也使得她们在家庭中的决策指数显著上升。尤其是那些原本家庭话语权较低的女性,她们的决策权重上升更为明显,与女性相关的一些耐用消费品(如洗衣机、缝纫机和厨房用品等)的支出增加也佐证了她们话语权的提高。因此,女性,尤其是那些饱受贫困和平等困扰的女性,通过储蓄拥有一定可自由支配的资金在她们权利提升的道路上具有重要的意义,鼓励女性进行储蓄也应该作为发展中国家推动女性赋权的一项有效措施予以实施和推广。

承诺储蓄机制还被用于解决贫困人口自控较差的问题,通过与强制储蓄相结合的方式,帮助他们戒除烟瘾、酒瘾等成瘾性不良嗜好。Banerjee and Duflo(2007)发现贫困人口尽管营养不足,但如果有多余现金却会首先消费在烟、酒等享受性消费上。然而这类产品不仅相对价格较为昂贵,而且具有成瘾性,对健康造成长期的损害,给未来留下较大的风险。Giné et al.(2010b)与地方银行合作,在菲律宾开展了 CARES(committed action to reduce and end smoking)项目来提供尼古丁代替手段以帮助当地烟民戒除烟瘾。在这个项目中提供的承诺储蓄工具主要起到了"押金"的作用,这笔无息储蓄不带来额外的财富增加,收到这一项目随机发放的邀请并自愿选择这一承诺工具的烟民只有在通过 6 个月后的尿检测试后才可以将这笔钱取出,而那些戒烟失败的烟民则面临这笔钱被捐向基金会的损失。这些参加项目的烟民在 6 个月期间的储蓄平均为 550 比索,相当于一个月 1/5 的收入或大概 6 个月的香烟消费。干预结束后,接受了承诺储蓄的烟民通过戒烟尿检的可能性提高了 3—6 个百分点。为了增加戒烟尿检结果的可信度,避开提前克制吸烟以通过尿检的行为,在项目开始 12 个月后,实验员再次对烟民进行"突击"尿检,实验组的烟民通过尿检的可能性依然高出 4—6 个百分点,戒烟的效果得以保持,说明依靠承诺储蓄机制来帮助自控力差的贫困人口戒掉花费高昂的不良习惯是有效的。Schilbach(2019)则利用类似的随机戒酒承诺储蓄实验发现即使是酒精成瘾个体,其中一部分人也对承诺机制表现出极大的需求,尽管实际到手的实验收益不高,但他们仍然有强烈的意愿通过外界约束来帮助自己戒除酒瘾。

贫困人口对储蓄的需求有限可能是由于他们缺乏信息与相关的知识,并不知道储蓄意味着什么,更无从知道储蓄的益处。Karlan and Zinman(2018)为被试随机地提供不同档位的利率,结果发现高利率组储蓄产品的接受率和储蓄金额要高于低利率组,但系数并不显著,这意味着被试对利率并不敏感。一方面,这可能是因为贫困人群认知能力较低,储蓄收益的计算超出了他们能够理解的范围;另一方面,这可能是因为他们缺乏金融知识导致。因此,向贫困人群提供金融素养提升培训成为一些实证与 RCT 研究关注的措施,尽管以往的实证数据显示这类培训的作用十分明显,但 Fernandes et al.(2014)对 168 篇相关文献进行综合分析后却发现使用 RCT 方法得出的结论都不尽人意,这可能是因为培训过程中介绍的金融知识并没有完全被受众吸收,没有完成从理论到实践的转化,也可能是由于受众并没有重视培训内容,或是对培训内容持怀疑态度,没有投入其中进行学习,更不会运用其中的理念进行金融实践。

二、小额信贷的供给与投入结构的变动

与存款对应的是面向贫困家庭和小微企业提供小额信贷,从时间价值的角度来看,储蓄是将现在的收入留到未来以备不时之需或者为大额支出做准备,而贷款则是将未来的收入提前取来,同样可以用来缓解冲击或进行投资。因此,小额信贷也可以起到平滑消费、促进生产性投资的作用,也是帮助微观个体摆脱贫困的重要措施之一。

由于收入低且无可担保资产,面临资金短缺的民众往往很难通过金融机构的身份审核并申请到贷款,一些干预尝试满足他们的信贷需求,通过缓解资金紧张以提高他们的福利水平。Karlan and Zinman(2010)在南非与一家常年向低收入工人提供高利率消费贷款但无须抵押的公司合作,依据贷款公司的信息和评估结果,项目对按照正常的审核规则应该拒绝、短期内无借贷历史的新贷款申请者进行重新评估,并将非信用极端不良的申请者列入实验名单,不到一半的人被分配为实验组,剩下的人被分配为对照组。最终,实验组中一半的被试接受了高利率的贷款。在贷款提供项目结束后的 6—12 月中,实验组工人的福利得到显著提高,他们在劳动力市场上的表现有所提升,被雇佣率、收入和食物消费都高于对照组,他们的幸福指数也显著上升。在更远的 15—27 个月中,他们还受益于这次贷款经历对信用历史带来的积极影响,降低了未来再次借贷的难度。但是,放松信贷限制可能为银行和放贷机构带来较大的贷款收回风险,在实践中,这项干预的展开仍然受到很多因素的限制。

更多的文献关注信贷发放后带来的结果,探究小额信贷对贷款家庭与企业行为的改变,即是否帮助他们缓解了流动性约束,使其具有足够的资金进行回报率更高的投资。De Mel et al. (2008)在斯里兰卡随机为一些小企业主提供了一笔资金来帮助他们发展,研究发现这笔资金对企业的资本存量和利润都有积极的影响,企业在这笔资金的帮助下获得了高于市场利率的盈利回报。不过,这一干预的影响在不同性别之间差异较大,男性企业主的盈利水平更高。为了改善女性的借贷状况,Banerjee et al. (2015)开展了针对女性提供小额贷款的项目,实验组女性的贷款期限要长于对照组女性。结果发现贷款带来了更多的耐用品消费,这种消费可视为一种家庭投资,与此相对应的是冲动消费的减少。这笔贷款为那些已经在经营小企业的女性带来了更为积极的影响,她们更愿意扩展自己的生意,即使在项目开展三年后,当年接受贷款的企业的收益仍然保持在较高的水平。这个贷款项目追踪时间较长,干预效果可能受到了期间其他金融组织提供信贷服务的影响,尽管这可能影响到"干净"实验数据的获取,但这种情况更接近真实信贷市场状态下产生的效益。Crépon et al. (2015)在摩洛哥的实验排除了其他金融机构的业务影响——当地无其他金融机构同时在宣传信贷产品,该项目随机向自己在家中组织生产的家庭提供信贷产品,发现接受信贷使家庭农业和牲畜养殖的投入增加,但总收入和消费

没有显著变化,这是因为家庭内部利润的提升挤出了家庭成员外出务工的劳动性收入。但是,尽管实验组整体的平均利润有所上升,这一影响显示出极大的异质性:利润的上升主要是由那些本身效益就比较好的家庭带来,效益较差的家庭不仅没有提升利润,甚至还显示出被贷款拖累、收益下降的倾向。

无论是针对个体还是家庭、企业,小额信贷都提供了一个增加投资、开发潜在生产力和提升利润的机会,对这类群体处境的改善具有极其重要的作用。适当地放松信贷条件,为潜在的信贷需求者开放贷款机会,可能产生一系列的积极效应:不仅提高了短期回报率,靠这笔资金投入带来的边际生产率的提高还可能在长期增加收入,同时还可能引起消费结构的变动,从而带来当地有限资源的合理流动,对发展中国家尤其是贫困地区民众的长期发展具有重要影响。

三、降低信贷风险的机制创新

在金融和信贷问题中,对贷款人的行为进行跟踪和监督是识别逆向选择并予以限制、降低道德风险的有效方法。考虑到信誉也是社会生活的重要基础,一些机构利用一定范围内彼此熟悉的社会关系网络来实现对贷款人的低成本监督。许多实证文献已经对基于小组提供借贷服务的项目进行了研究,较早的孟加拉乡村银行尝试和在斯里兰卡、泰国进行小组借贷后的高还款率显示出这种干预的有效性(Sharma and Zeller,1997)。但随着外部条件的变化,相似的干预可能产生不同程度的效果,为了排除一些可能会干扰效果评估的偏误并确定干预与高还款率之间存在因果关系,还需要引入 RCT 项目进行进一步研究。较早的文献是 Karlan(2007)研究团队借助秘鲁 FINCA-Peru 项目实施了小组借贷干预,与过去基于原有社会关系和邻里之间构建小组贷款的措施不同,为了排除同伴选择带来的偏误,想要参加贷款项目的申请人是按照项目名单顺序随机地被分入不同的小组,每个小组不超过 30 人,这也尽可能地排除了小组成员事前就存在监督的可能,使实验中成员之间的互相监督得以识别。为了模拟实际的金融机构储蓄借贷模式,项目的参与者同时拥有向项目贷款的权利和向小组内部共同基金贷款的权利,后者的基金池依赖于小组内部成员每周的定期储蓄(防止违约不还)和自愿储蓄的金额,于是小组内部形成了某种贷款风险共担机制。实验结果发现,在地域和文化方面联系更近的个体的还款率和储蓄率都相对较高,因为这使得个体彼此监督的成本降低,一旦发生违约无法还贷的情况,关系近的小组成员更能利用社会关系对违约者施压甚至是惩罚。不过,结果还显示那些社会关系较多也较好的人违约更可能被原谅,因为同伴们能够大致分辨违约的原因是故意逃避责任还是真的力不从心、资金不足无以偿还贷款。当然,小组借贷并非完美无缺,合约无法阻止成员的"搭便车"行为,也无法应对小组成员的合谋行为,一些人为实地实验通过抽象信贷环境,对小组借贷的机制进行了更加深入的研究(Giné et al.,2010a)。

利用更多的信息以对贷款人信息进行评估也是保障贷款能够顺利偿还的一种尝试,Karlan and Zinman(2010)在南非放松贷款人要求这一干预已经蕴含了这样的信息,即这些原来被拒绝但最终入选贷款项目的被试虽然缺少有价值的抵押品,但是现有身份信息还是为贷款机构的评估员所接受的。这样筛选出的被试贷款偿还率与过去的偿还率相比并没有出现较大断层,而且这次成功的贷款经历也增加了未来申请到贷款的可能性。因此,如果每位贷款人能够有唯一的身份标识,他的贷款经历和信用就可以追踪,金融机构共享信息即可预测贷款申请人的还款率。一般来说,身份证、社保卡或驾驶证等都是唯一且可识别身份的,但发展中国家往往缺乏相应的系统,无法识别贷款人身份成为信贷服务开展的绊脚石。Giné et al.(2012)在马拉维通过收集贷款人的指纹来识别其身份,这一身份标识不仅是唯一的,而且不会丢失,这样的制度为贷款人提供了一个约束,即这次的贷款历史是被记录在个人名下而且可以被追踪;同时也提供了一种激励,即本次良好的信贷历史是未来再次成功申请贷款的重要依据。随机进入实验局的贷款人将进行指纹录入,并将其还贷情况与未录入指纹的对照组的还贷情况进行比较,实验组中,即使是潜在违约风险较高的贷款人,在被采集指纹后,都有着较高的还款率,采集指纹作为个人身份识别凭证有效地降低了贷款人道德风险和逆向选择带来的不良后果。

除了利用监督和激励的方式抑制道德风险和逆向选择的发生,一些 RCT 项目试图通过改善贷款人资金使用效率和分期还款的方式来帮助那些的确无力偿还贷款的用户提高还款能力。Karlan and Valdivia(2011)试图为小企业主提供商业训练,以帮助他们提高盈利能力,从而提高偿还贷款的能力。而 Karlan et al.(2012)则是向贷款人发送还款信息,虽然这项干预的效果并不显著,但是异质性分析显示,如果信息中提及贷款人的姓名,而且是针对那些非首次贷款人,那么还款率会显示出稳健的上升,这一定程度上印证了之前 Giné et al.(2012)对身份识别干预的研究结论。另外,考虑到集中还款给贷款人造成的压力,Field and Pande(2008)随机将贷款人应还款项分期,要求贷款人从收到贷款后的一周或一个月开始规律还款,虽然违约率在一周组和一月组之间没有显著差异,但是要求定期按时规律还款在保持金融借款机构人力投入不变和不牺牲资金安全性的情况下,扩大了资金流动性,降低了交易成本。然而,对于贷款人来说,分期还款一定程度上降低了资金的流动性,Field et al.(2013)对小企业主的贷款还款方式进行干预,在开始定期还款之前,提供一个长达两个月的还款缓和期,研究发现缓和期带来了短期生意投入的增加,并且有利于长期利润的提升,但是与此伴随的代价是还款偿还率的下降。这意味着分期还款的措施是在低违约率和高减贫效率、资金流动性之间的权衡,需要政策制定者妥善考量。这些项目的实施也极大地展现了 RCT 项目在实施与研究过程中所蕴含的人道主义内核,措施实施与评估的结果并未只停留在数字和回归表格中,学者们更看重的是对一个问题的彻底解决,因此无论是哪种思路、何种干预,只要对提高贫困人群福利有着潜在的价值,那就值得去实施,这也是为什么许多 RCT 项目的切入点极其细微,却有着重大政策意义和理论价值的原因。

从现有的文献来看,金融政策对于发展中国家家庭和企业的收入、福利的提升是有效的,但具体项目的情况仍然需要结合当地的实际情况才能判断是否有推广的价值。金融方面的干预更多是一种手段,最终仍是为了提高个人与家庭的可支配收入与资产,从而提高生活质量,增加生产、健康、教育等方面的投入,进而全面地提高生产率与福利水平。因此,未来金融政策的评估不仅需要扩大观察的区域,测试其在不同经济社会背景下的结果与有效性,还应该更关注金融政策对投入、消费结构和福利水平的长期影响。

第三节　健康

作为人力资本发展中最基础的因素,健康是 RCT 项目在发展经济学中一个备受关注的研究主题。一般来说,民众健康水平的提升有赖于经济发展和收入增加带来营养的改善和生活环境与水平的提高,同时,健康水平也影响着民众人力资本的发展以及在劳动力市场中的表现,进而影响个体的收入与财富的积累。相对而言,贫困人口更容易限于摄入营养的不足和体质的虚弱,无法参与正常的劳动,因而也无法获得足以养活自己的收入,最终陷入恶性循环中。为了更好地研究个人收入与健康水平之间互为因果的双向关系,利用 RCT 方法能够比收集普通调查数据更好地解决估计时的内生性问题,对健康干预政策的效果给出更加准确的评估。

需要说明的是,在健康干预涉及的方法论问题上,一方面,RCT 方法最初源于医学与药学对药物有效性的测量,二者有一定关联,健康干预措施中的不少干预与基础医疗卫生中的医学处置手段相关,例如,提供寄生虫驱虫药、注射疫苗、补铁以提高血红蛋白水平治疗贫血等,这些干预以医学理论与实践为基础,一些健康干预的评估文献也发表在医学领域的著名期刊中,如《柳叶刀》《英国医学杂志》(*British Medical Journal*, BMJ)等;另一方面,经济学中对健康干预有效性的评估与医学领域对药物和治疗方案的评估并不相同,两个学科 RCT 项目评估的视角具有鲜明的学科特点。首先,二者关注的"有效性"不同,医学关注治疗方案对医治个体的效力,而经济学的政策评估关注被试福利的提升,经济学(也可以扩展到社会科学)的 RCT 项目评估不仅关注接受干预的个体的健康水平的改善,还关注健康水平改善带来的个体其他社会经济情况的变化,例如,经济状况的改善、受教育年限的增加等;其次,二者关注的对象不同,医学往往关注治疗方案对被试的效果,而政策评估中使用的 RCT 方法除关注实验组被试,也关注受到健康干预措施"溢出效应"影响的人群,尽管这种外部性在统计上"污染"了实验组与对照组之间存在的结果差异,但如果能够提高社会整体福利,那么就会得到经济学政策评估的认可;最后,RCT 方法在两个学科中的具体实施也存在差异,医学常常会为对照组被试提供安慰剂,而政策评估却不将安慰剂的提供作为必需(有些评估项目的确也提供了安慰剂),甚至有些项目分别对不同的被试组提供不同的干预,以对比两种措施效果的强弱和成本收益,研究的维度比医学更丰富也更灵活。

一、健康与公共卫生服务的提供

较早利用 RCT 方法对健康干预进行研究的是 Miguel and Kremer(2004),这个项目致力于解决非洲地区寄生虫病的传染,样本覆盖 75 所小学近 30000 多名儿童,比以往任何一个健康干预研究的规模都要大。实验项目以小学为随机单位,向被选入实验组的小学提供除虫药物。在药物干预一年之后,实验组儿童自我汇报的健康水平与对照组相比有了显著的提升,证明了提供除虫药物的有效性,对当地儿童产生了一个正面的健康冲击。这个健康冲击对儿童的出勤率有较为显著的提升,实验组儿童的缺勤率降低了四分之一,这主要是因为服药治疗后,因感染寄生虫导致的身体不适减少,从而使得儿童缺勤情况得到缓解,在校时间增加。图 12-2 显示了三个分组之间出勤率随项目进度的推进而产生的变化,三个实验分组的区别只在于参加项目的先后顺序:第一组学校在 1998 年和 1999 年参加除虫项目,此时第二组和第三组的学校为对照组;第二组学校在 1999 年参加项目,此时第三组为对照组;第三组学校在 2001 年参加除虫项目。

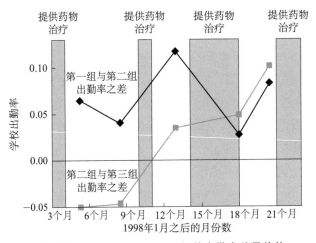

图 12-2 实验组与对照组之间的出勤率差异趋势

注:第一组参加了四次药物治疗,第二组只参加了 1999 年 3 月开始的两次药物治疗。
资料来源:Miguel,E. and Kremer,M. ,2004,"Worms:Identifying impacts on education and health in the presence of treatment externalities",*Econometrica*,72,159—217.

考虑到寄生虫的传染性,项目还发现提供除虫药物对实验组学校周围未参加除虫药物干预的学校产生了溢出效应,切断传染源后,实验组周边地区儿童感染寄生虫的概率都有所下降,因而也带来相应的出勤率的提升。溢出效应的存在也意味着实验组和对照组之间可能无法彻底隔离,对照组难免会获益于传染源的减少,在结果变量上与实验组的差距缩小,因此之前对干预效果的评估可能低估了除虫药带来的真实效果。但从推广干预和项目外部性的角度来看,提供少量的除虫药收益极大,尤其是对实验组之外的周边学校带来正外部性。受限于观察追踪时间和溢出效应的影响,这篇文献并没有发现实验组儿童的成绩在短期内显著增加,结论缺少对长期人力资本产出结果的观察与讨论。Baird et al. (2016)的调查为这一项目补全了长期影响,经过追踪发现,当年在校参加过除虫干预的女性升入中学的可能性增加了 25%,缩小了性别差距,而男性也因为在校时间健康水平得到提升而在劳动力市场上获得了更好的产出结果,他们的工作时间更长,从事非农产业的比例也更高。这一组文献论证了除虫这种健康干预项目能够以较低的成本提升教育水平,并对未来劳动产出有着积极的作用。

贫血也是许多欠发达地区由于有限的营养摄入而造成的严重健康问题,Thomas et al. (2006)在印度尼西亚面向 30—70 岁成年人开展了长达一年的每周补铁项目,以缓解由缺铁带来的身体不适和疾病,如血红蛋白水平较低而造成的贫血。依托一项微观调查项目,项目在代表性地区随机选择个体所在家庭进入补铁实验组,在干预开始后的六个月测试中,那些原本缺铁的成年人在生理、心理和经济表现上都获得了极大的提升。尤其是原本缺铁的男性在定期补铁后健康状况得以改善,他们更加有活力,工作时间更长,因病缺勤的概率也大大降低,补铁作为一项健康干预不仅改善了被试的身体状况,还超越了医学领域的"有效性",给社会科学所关注的劳动力市场表现、福利水平等方面带来积极的影响。

除了寄生虫和缺铁,还有一定数量的文献关注疟疾传播的阻断与治疗,并提供相应的预防措施(如蚊帐)和治疗措施(如提供对应药物),这些措施都对当地被试的健康水平提高和日常生活条件改善起到了积极作用,后文我们将从其他视角来介绍这些项目。

除了提供药物和辅助预防物品来治疗、阻隔疾病的传播,改善生活区的卫生环境条件也是一类健康干预措施,例如提供清洁的饮用水来改善儿童死于腹泻或感染肠胃寄生虫的情况。Ahuja et al. (2010)回顾了过去有关水源的取用(例如,提供管道供水系统)与净化(例如,使用氯消毒)的文献,发现提供清洁的生活用水不仅降低了儿童腹泻的频率,对健康水平的提升带来一定帮助,而且受益于清洁水资源取用的家庭对这项产品和服务的支付意愿也会上升。其中,Deveto et al. (2012)提供管道水的文献还说明取水的便利降低了时间成本,为休闲与社交活动留出了更多的时间,提高了人们的幸福感。从成本收益的角度来看,处理和提供干净水资源是一项十分划算的干预,即使民众对价格极其敏感且支付意愿有限,对于那些重视儿童健康与发展的政策制定者来说,提供补贴来推进干净水源的净化与推广使用是值得一试的。

然而,除了基本的医疗预防与治疗手段的缺位,公共卫生医疗系统内部的问题也可能会影响健康产品和服务的供给数量与质量,例如,医护人员缺勤率较高,无法保证工作量,或者是受限于知识与技能水平或不恰当的激励,医疗系统内部工作人员无法提供高效的医疗解决方案(Basinga et al.,2011;Olken et al.,2014)。由于医护缺勤率和水平受限的问题与后文我们将讨论的教育系统内对教师的激励与技能提升属于同一类问题,在这里我们不做详细的展开。另外,健康产品与服务尤其是医疗品是典型的信任品,医疗体系中存在的过度治疗和药品滥用问题并非发展中国家独有,这一部分的实验研究除了RCT,还会使用实验室实验和审计实地实验的方法(Currie et al.,2011;Currie et al.,2014;Lu,2014),这一支文献也与健康产品及服务的供给相关,尤其是关注信息不对称情况下专业医生与患者之间的互动关系。

二、健康需求的刺激与增加

健康需求的讨论都根植于一个事实——即使已经建立了可以符合当地民众基本医疗健康需求的系统,欠发达地区的民众对这些医疗健康手段与方案的需求仍然很低,尤其表现在一些可以通过接受疫苗、蚊帐等方法就可以预防的疾病上。接下来介绍的项目并不一定直接提供医疗和健康服务的干预,这些项目力图从不同途径来探究该种影响机制是否成立且有效,也将从不同角度来分析需求低迷的原因。

一些学者试图通过价格低廉,甚至是免费的健康产品来刺激民众对健康产品和服务的需求。Kremer and Miguel(2007)在之前除虫项目有效性的基础上,通过对照不同的药物提供方式来探寻提高除虫药物使用的自觉性和可持续性的可能,其中一种方式是取消除虫药物的免费提供,向取用药物的人索取一个极低的费用以缓解项目全额提供药物的成本压力,实验结果显示,尽管与除虫药本身的成本相比,需要支付的价格仍然很低,但实验组取药进行治疗的比率却下降了80%,这显示出人群对健康产品的需求有着巨大的价格弹性。Cohen and Dupas(2010)在肯尼亚利用杀虫蚊帐(insecticide-treated nets,IT-Ns)对价格因素进行了进一步的研究。尽管这种蚊帐的制造成本较高,但蚊帐对疾病的预防效果已被肯定,使用杀虫蚊帐能够有效降低疟疾带来的产妇贫血与婴儿夭折,且对周围环境有正面溢出效应,因而值得推广。这个RCT项目借助肯尼亚20个产科诊所来开展,除了将4个诊所作为对照组,向其他16个诊所提供的杀虫蚊帐价格不同,它们被随机分配到四档价格,范围落在0—0.6美元,其中,价格为0意味着蚊帐将免费提供。与Kremer and Miguel(2007)结果相似,杀虫蚊帐价格的轻微变动会引起需求量的大幅变动。为了进一步探究价格对使用行为的影响,实验员还会在几个月后拜访购买蚊帐的女性,看看她们是不是还在使用着蚊帐——关于价格对使用频率的影响,两个常见的假设分别是选择效应和沉没成本效应:前者认为使用频率越高的人愿意支付的价格更高;后者则从心理学视角出发,基于损失厌恶,高额的沉没成本会促使购买者更加频繁地使用产品,以获得心理上的平衡。为了观察沉没成本,项目还对购买过蚊帐的女性提供了一个购买后的彩票,随机为她们提供返利,返利最低为 0,即无法返利,最高为她们支付蚊帐的全款。但调查结果发现,那些高价购买蚊帐的女性与低价甚至是免费得到蚊帐的女性在使用频率上并无显著差异,排除了沉没成本效应的存在。高价购买蚊帐女性的血红蛋白水平与低价或免费获得蚊帐的女性相比无差异,选择效应也未发生。这说明以较低的价格提供健康产品、让使用者分担一些成本的方式并不一定能有效地帮助到那些身体状况更差的群体,从健康产品和服务带来的正外部性来看,也许保持全额提供免费健康干预的方案带来的健康收益和社会经济效益会更高一些。Ashraf et al. (2010a)在赞比亚上门推广用于净化家庭饮用水的消毒液项目也研究了价格对健康产品使用的影响,尽管也未发现沉没成本效应,但是发现了显著的选择效应,那些愿意为消毒水支付更高价格的家庭往往使用消毒水的频率也更高。这说明家庭对于健康产品的购买决策可能是基于他们所拥有的私人信息,即他们使用这个产品的频率以及这个产品对于他们的价值。因此,除去价格因素的影响,他们对健康产品的了解和重视也会影响他们对健康产品的需求。

除了通过直接降低价格或提供补贴来刺激贫困地区家庭和个人对健康产品与服务的需求,一些变相的补贴与经济激励也被用来观察对需求的影响。发表在《柳叶刀》杂志的 Robertson et al. (2013)在津巴布韦开展了用条件现金转移(conditional cash transfer,CCT)和无条件现金转移(unconditional cash transfer,UCT)来鼓励为儿童进行出生登记、疫苗接种和入学接受教育的项目。项目将每个实验地的被试分为条件现金转移组(CCT 组)、无条件现金转移组(UCT 组)和控制组,项目为两个实验组的被试提供的现金金额相同——每两个月 18 美元,此外每多一个孩子增加 4 美元。与 UCT 组无要求不同,CCT 组家庭只有满足一些条件才能获得上述金额:从出生 3 个月到 18 岁的儿童都必须登记并持有出生证,5 岁以下的儿童必须及时接种其所需要的疫苗并且每年去诊所至少两次,6—17 岁的儿童每月在校出勤率要高于 90%,以及每个家庭要派出一名代表参加项目主办的技能培训,且至少参加三分之二的技能培训。项目以金钱激励的方式为 CCT 组设立了一系列有益的行事规则,成果十分显著。无论是出生证的管理,还是疫苗接种、入学率,CCT 组都显著高于 UCT 组,尤其是疫苗接种率比 UCT 组高出 3.1 个百分点,比控制组高出 1.8 个百分点,说明了用金钱激励变相对健康产品和服务的需求进行补贴也具有一定的效果,能够显著提高家庭与个体的社会福利。

还有许多其他的现金转移项目用于刺激健康的需求和提升健康水平,而且这些现金转移项目不一定发生在健康领域。Baird et al. (2011)为未成年少女提供现金转移项目,发现 CCT 组的少女无论是在入学率还是在知识掌握程度上都优于 UCT 组,从长期来看,CCT 项目还显著降低了年龄稍大一些少女的早孕率,延缓了她们结婚的时间,帮助她们进行人力资本的积累。Duflo et al. (2015a)使用 7 年的实验数据发现为少女提供教育补贴(比现金转移更加直接一些)显著降低了未成年女性的辍学率、早孕率和早婚率,与当地政府提供的 HIV 课程相结合还能够降低少女经性行为感染艾滋病的概率,这对发展中国家未成年女性的健康和未来发展具有重要影响。

然而,无论是提供免费的健康产品和服务,还是提供补贴或者用现金转移的方式变相降低健康产品和服务的价格,都将一定的成本转移到了公共健康系统中,造成较大的预算负担。因此,在贫困地区人口对健康产品和服务(尤其是预防性措施)极高的需求弹性和减轻补贴负担中进行权衡,利用小额信贷为贫困家庭和人口放松流动性约束成了较为理想的折中选项。Tarozzi et al. (2014)在印度提供小额消费贷款以帮助当地家庭缓解资金约束,让他们有足够的资金购买价格较高的杀虫蚊帐。① 结果显示,尽管提供消费贷款的实验组成员面临的杀虫蚊帐价格是无补贴的原价,但与没有提供贷款的控制组相比,仍有 52% 的实验组家庭购买了至少一个杀虫蚊帐,说明当期可支配现金限制了贫困家庭和人口对健康产品的需求与购买,适当放松信贷约束、提高资金流动性能够提高他们对健康产品和服务的购买意愿与购买力。与金融信贷相对应的另一端是储蓄,Dupas and Robinson(2013b)在肯尼亚为一些家庭提供了带锁的储蓄盒子以用于健康投资,这一项目引入了承诺储蓄机制来为家庭增强抵御健康冲击的能力。随机分入带锁储蓄实验组的家庭在干预实施后健康储蓄增加了 66%,极大地增强了家庭对健康产品的购买力,虽然文献并没有继续追踪这笔钱的使用情形,但强制储蓄的方式的确从金融的另一端增强了家庭支付能力,使得贫困家庭对健康产品和服务的需要在紧急情况下能够真正转化为需求,以抵御健康冲击。

在经济激励和购买能力之外,约束贫困人口需求的还有他们有限的认知与贫乏的信息,而这两者往往会造成他们对健康以及健康医疗产品和服务价值的低估,他们无法知晓自己的健康状况,也就无从知道应该采取的措施;或者他们持有某种错误的信念,无法正确地寻求科学的帮助。因此,一些学者试图通过不同的方式来提供更多有关健康作用和健康产品必要性与重要性的信息,简单的措施包括一些健康信息的直接提供,更加深入的措施则包括通过教育、社会网络传播等方式提高健康意识等。Thornton(2008)在马拉维开展了一项知晓 HIV 检测结果的经济激励项目,实验员会为当地居民提供上门的 HIV 病毒检测,在无任何激励的情况下,只有 34% 的测试者会主动前往自愿咨询检测点取他们的 HIV 病毒检验结果,而在随机提供一个 0—3 美元的知情彩票后,取报告的可能性增加了一倍。尽管这笔激励金额的最大值也不过相当于一天的薪水,最小的金额甚至只有日薪的十分之一,但却使得 HIV 检测结果知情率大大上升。信息的增加带来了行为的改变,知道自己 HIV 检测呈阳性的个体与那些呈阳性却不知道检测结果的个体

---

① 之前的文献中已经发现家庭和个人对健康产品的价格极为敏感,尤其是杀虫蚊帐这种价格相当于当地农业日收入的 3—5 倍的健康产品。

相比,更愿意购买避孕套以保护自己的性伴侣,这在艾滋病的预防与控制中是最为常见、有效且价格最为低廉的阻断方式。这说明提供信息,即使是最简单的携带病毒与否的结果报告,都会对需求产生一个正面的冲击。同样是为了降低艾滋病在非洲的传播,Dupas(2011)将目光转向儿童,在肯尼亚小学推广艾滋病风险教育。尽管国家已经有教导节欲望的防艾课程,但却不教授保护措施等内容,因此官方性教育课程效果甚微,少女的早孕率并未有效降低。该项目根据青少年的年龄和性别重新组织了教学材料,在接受官方课程的学校中进一步随机抽选样本,由项目执行者直接进入教室传递艾滋病风险信息,意在强调艾滋病带来的风险,以及如何预防艾滋病或降低 HIV 病毒感染的可能性,传递了更多风险信息。这一课程使得女孩在一年内生育的概率降低了 28%,意味着女孩的无保护性行为减少了,这将极大地降低她们感染 HIV 病毒的可能性,对艾滋病的预防与控制具有重要意义。不过,与之前的经济激励和补贴相似,信息的提供不一定局限于健康领域,例如 Jensen(2010)和 Jensen and Lleras-Muney(2012)在多米尼加共和国发起了一项 RCT 项目,为学生们提供教育回报率的信息,这一措施显著提高了被试学生对教育回报率的预期,是他们在项目开始前预估的两倍多,而且被试的复学率有所提升,受教育年限有所延长,与此相伴随的就是他们务工的时间缩短。除此之外,项目的实施极大改善了他们的日常习惯,他们的吸烟频率与酒精摄入量显著降低,降低了未来因为过量吸烟和过度饮酒而带来负面健康冲击的可能性。

健康既是基本人权,也是个体未来生存与发展的基础,卫生条件和营养供应的改善与身体素质的提高是健康干预政策最直接也是最首要的目标,而且在疾病预防与控制方面,医疗处置方案的推广具有极大的正外部性,对提高周边地区民众的健康水平和福利水平都有着积极的影响。未来对健康干预效果的研究需要更加深入地研究项目有效性的内在机制,从贫困家庭和人口的个体决策视角出发,更好地了解他们现有决策模式中的薄弱环节,从而设计更加具有针对性的措施并予以加强。另外,在生理健康之外,发展中国家民众的心理健康也需要受到关注,这些也与他们的切身福祉紧密相连。

第四节 教育

接受教育对整个人的一生都有重要的影响,早期的教育能提升儿童的认知能力,基础教育使得青少年具备基本的数理逻辑、语言表达能力,并且为进入劳动力市场做好准备,高等教育则将培育出高素质劳动者,为国家的发展提供科学和技术上的支撑。教育的普及和教育质量的提高不仅意味着劳动力素质的提高和人力资本的积累,还作用于公共卫生、思想文化等方面,对整个社会福利的提升都有基础性的意义。因此,在发展中国家反贫困议题中,教育政策往往作为一类重要的措施被予以广泛的关注。

在联合国千年发展目标的推进过程中，大多数发展中国家已经注意到了教育的重要性，并且建立了一定数量的公立学校和基础教育体系，试图推进基础教育的普及。因此，用 RCT 来评估教育措施更多关注的是如何让投入教育资源更加有效率地发挥其作用——降低缺勤率，提高教育供给质量或是刺激教育需求，而非简单地扩张教育资源。

一、刺激教育需求

对于发展中国家的贫困人口而言，微薄收入和资金约束是他们时刻要面对的问题，因此对人力资本的投资需求弹性极大，一个直接的方法就是通过降低接受教育的经济成本（如学费）来刺激他们的需求。较早开始的是墨西哥的 Progresa 项目，该项目由政府发起，鼓励家庭进行有效的健康、教育投资以实现减贫的目的。一些项目在开始之初随机选择家庭提供补贴和鼓励服务，因而为 RCT 研究提供了丰富的素材。Schultz(2004)对一项针对送孩子上学的家庭提供现金补贴的干预进行了讨论，由于现金补贴降低了儿童上学费用，评估发现 1—8 年级的儿童入学率显著上升了 3.4 个百分点，当地原本 6.8 年的平均受教育年限提高了 0.66 年，这意味着未来个人在劳动力市场上获得的薪酬水平将小幅增加。由于 Progresa 项目在墨西哥进展良好，类似条件的现金支付政策也在许多拉丁美洲国家展开，洪都拉斯的 PRAF 项目覆盖了将近六分之一的人口，Glewwe et al.(2004)发现其中有关教育现金支付的政策将中学入学率提高了 12.3 个百分点，并且将 13 岁孩子的平均受教育年限延长了 0.14 年。上述两类文献虽然都降低了实际支付的学费，但由于这类补贴是有条件的，其中蕴含了激励的含义，因此效果比直接减免学费带来的效果更好。Garlick(2013)测量了一项在南非全国施行的为贫困地区中小学注册费和学费进行减免的政策，但随机进入实验组收到补贴的儿童的入学率提高并不显著，这说明实验组学校附近的贫困家庭对上学的学费并不敏感，这些家庭一方面低估了教育带来的收益，不愿意为教育进行投资，另一方面他们并没有意识到目前的价格已经有所下调，说明他们对教育价格信息并不了解。因此，同样是在减轻学费为家庭带来的经济负担，用条件现金转移和补贴的干预框架要优于直接降价的干预框架。

不仅学费给家庭带来经济上的负担，上学的日常固定开支也会增加家庭教育负担。Kremer(2003)与非营利组织 ICS 在肯尼亚的 14 所学校中随机选择 7 所学校提供免费的校服、课本和一些教学设施，使得实验组学校的辍学率下降，平均受教育年限延长，即教育总成本的降低刺激了当地家庭对教育的需求。与这类干预措施相似的是学校提供一些附带的药物、营养餐，这些额外的健康服务很大程度上刺激了学生的出勤率与参与率。我们之前在健康干预中提到的 Miguel and Kremer(2004)的除虫项目不仅提高了学生的出勤率，而且吸引更多学生转学进入实验组学校。Kremer and Vermeersch(2005)在肯尼亚从 50 所幼儿园中选取 25 所提供免费早餐，包括一碗富含蛋白质和脂肪的营养粥，这比通常在家的早餐营养更加丰富多样，而且保证热量供应。实验组的学校参与率(包括以前未上学的学生和经常缺勤的学生)比对照组高出30%，同时，在一些有经验老师较多的学校里，实验组学生的成绩有一定的提升，说明这一措施还提高了教学效果。这一支文献也呈现出健康与教育干预措施之间的双向关系，在使用RCT剔除内生性问题的影响后，结合上一节中在学校采取的一些干预对健康结果的影响，我们可以发现一种干预可能会得到两方面有益的成果，使得单位收益所需要的成本降低。Kremer and Holla (2009)在总结之前十年的教育干预政策时，对几类主要的干预进行了成本收益比较(见图12-3)，发现健康类措施，如除虫、补铁和营养餐的单位收益成本最低，是成本收益分析中极具优势的一类措施。

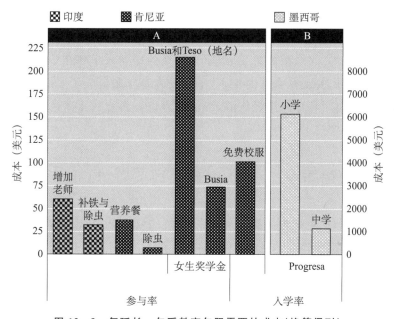

图 12-3 每延长一年受教育年限需要的成本(换算得到)

资料来源：Kremer, M. and Holla, A., 2009, "Improving education in the developing world: What have we learned from randomized evaluations?", *Annual Review of Economics*, 1, 513—542.

除了通过价格机制刺激家庭决策，奖学金也能很大程度上激励学生自觉的努力，从而提高他们获取知识的主动性，提高他们接受教育的成效。Kremer et al.(2009)面向肯尼亚的女生提供了一项奖学金鼓励她们提高成绩，以增加她们升入中学的机会，这项措施的效果十分显著，不仅是之前排名靠前的女生成绩有所提高、进入中学读书的可能性提高，那些本来就与奖学金无缘的女生，甚至是男生，在项目实施后，成绩也出现了显著的进步。提供奖学金干预并没有挫伤普通学生的积极性、有失教育的公允，相反，这项措施产生了较大的溢出效应，使得不同的学生都从中获益——这可能是因为这项奖学金激励措施提高了教师的出勤率。Angrist and Lavy(2009)在以色列对高中生最终获得高考成绩提供金钱奖励，以激励他们在校努力学习。结果显示，女生的考试通过率显著上升了10个百分点,而这个上升主要是由于处于"边缘"的女生受到激励,在可以达到的范围内增加了学习时间或集中训练了应试技能,而这次考试的通过提高了她们未来5年继续升学深造的可能性,为她们的未来提供了更多可能。尽管在上面的成本收益分析图中奖学金项目似乎并不占优势,但是这类项目的优点在于产生了更广泛的影响,激发了整个群体的学习积极性,因此从溢出效果来看,仍然是值得尝试和推广的教育干预措施。

一般来说,贫困地区的家庭决策很大程度上依赖于对成本与收益的考量,对教育投资的需求较弱可能是由于贫困地区民众的视野有限,受限于自身经历和周围环境,对教育价值的认知不足。Bobonis and Finan(2009)在 Progresa 项目中发现教育补贴不只对实验组儿童的中学入学率有着积极的影响,与实验组儿童有着社交关系的儿童入学率也出现了上升,说明该项目带来了正面的外部性,而且是通过伙伴之间的信息传递带来的。Jensen(2010)则在多米尼加共和国通过一个随机提供教育回报信息的干预,发现告知未来收入与受教育程度之间的相关关系后,原本较低的中学入学率在干预实施4—6个月后出现了显著的上升,并且在未来四年中,平均受教育年限延长了0.20年,证明了回报信息提升了贫困人口对教育的主观估值,帮他们意识到教育的重要性,提高了他们对教育的支付意愿,刺激了需求。

二、改善教育供给质量

教育服务的提升主要是为了提高教学的质量,即让学生在校获取更多的知识与技能,因此这一部分文献主要以学生的成绩为观测指标。由于不同国家的社会经济背景不同,其构建的教育系统在结构上也有所不同,因此在这一类干预中,干预效果很大程度上依赖于实验所在地的背景,相似的干预可能会产生不同的结果。另外,发展中国家在教育供给上存在的问题,一定程度上是由不够恰当的制度体系(如激励系统)造成的扭曲,因此一些致力于提高供给水平的干预可能无法通过预设的理论机制发挥作用,从而表现为干预的失效。

增加教育投入(包括硬件设施的投入和软件的投入),似乎是改善教育供给最显然的答案和途径,但是,一味地增加投入并不一定能够实现教育质量的提升,因为单纯地增加投入往往不能从根源上解决那些导致教育发生扭曲的基础性问题。Glewwe et al.(2004)对教学挂图这一措施使用随机控制的方法进行评估,发现尽管实验组的老师大都声称自己使用了教学挂图,且对挂图带来的效果表示了认可的态度,但实验数据却显示无论是对于即将结束小学教育的八年级学生,还是较低年级的六、七年级学生,教学挂图带来的成绩提高都不显著,而且实验结果并不存在异质性,无论是成绩优秀的学生,还是成绩处在中游或下游的学生,教学挂画带来的效果都不显著。Glewwe et al.(2009)还对增加课本投入进行了评估,发现结果同样不尽如人意,这项投入并没有带来学生平均成绩的提高,不过,这项投入在不同个体之间产生了异质性效果——仅带来好学生成绩的提高,留级率和辍学率并未显示出下降的趋势。造成这一结果的部分原因是肯尼亚的语言混用,英语并非肯尼亚儿童的母语,但在3年级之后,所有的课程都将由当地语言与英语混合授课转入纯英语授课,只有掌握英语的好学生才能在接下来的学习中继续进步,并且受益于项目中投入的英语课本,而其他不能掌握英语的学生则逐渐走下坡路,即使拥有课本,也因为无法读懂英语课文而无缘未来的升学。这两篇文献利用RCT方法识别了实证研究中无法观测到的原因,因而也得出了与过往实证研究中截然不同的结论,从这样的结果出发回溯当地的社会经济情况与当地民众的生活现实,我们才能够发现这些干预失效的原因,恰恰是这种在RCT中看似"无效"或"失败"的干预更证实了RCT研究方法存在的必要性与价值。

不过,一些教学技术方面的投入产生了一定的效果。Banerjee et al.(2007)利用计算机辅助教学的方法,为分到实验组的四年级儿童提供数学游戏,而且不同能力的儿童都有适应自己学习水平的关卡相匹配,结果显示这个数学游戏对数学成绩的提高有明显效果,实验组的平均成绩在第一年提高了 0.35 个标准差,在第二年提高了 0.47 个标准差,更难得的是这一措施还产生了相对较为持续的影响,在项目结束的一年后,实验组儿童的数学成绩仍要比控制组儿童成绩高出 0.1 个标准差。与前两种单纯增加教育物质投入数量的干预不同,引入计算机辅助教学的方式填补了当地教师能力的不足,也对不同能力水平的儿童提供了不同的学习进度,这种投入超越了增加投入数量本身的含义,实质上是一种对教学方法的改进。

基于贫困地区教师能力现状,教育方法的改进还可以通过改进教师教学法来实现,以提高教师课堂表现,弥补教师自身水平限制造成的教学短板。Banerjee et al.(2007)对后进生开展社区志愿者辅导项目,为了帮助课程内容掌握较差的儿童,项目由社区招募掌握基本知识的年轻妇女为来自印度城区但出身于贫困家庭的后进生提供课程补习帮助,随机受到这种干预的孩子将在学校时间之外增加额外两小时的补习时间。这项课外补习的措施产生了极为明显的效果,项目第一年学生的平均成绩提高了 0.14 个标准差,第二年则提高了 0.28 个标准差,而且与项目的初衷一致,基础越是薄弱的学生从项目中获益越多,基础最差的一批学生成绩提高了 0.40 个百分点。Duflo et al.(2011a)则关注了优等生的情况,项目使用RCT方法对不同的学校进行随机分类,实验组学校将学生根据成绩分为两类班级,而对照组学生不按照成绩随机进行编班。一般认为按照学生水平进行分班虽然能够帮助到优等生,但是会挫伤排名靠后学生的积极性,但这一项目发现根据成绩分班并引导教师按照学生的不同情况安排适宜的教学内容,使得成绩优异的学生和较差的学生都从中获益,在项目开展 18 个月后,那些根据学生成绩进行分班的学校的平均成绩比其他学校的成绩高出 0.14 个标准差,这种效果在项目结束一年之后仍然保持。

教师是教育投入中软件部分的重要组成，但单纯地增加教师数量并不能有效提高学生成绩。之前提到的 Kremer(2003) 免费校服项目吸引了许多其他学校的儿童转学进入实验组学校，使得实验组学校的班级规模扩张，即师生比下降，教师的相对数量减少，但是这一项目并未观察到儿童成绩的下降。这一结果间接地表明教师数量、师生比的提高可能对教育质量的提升并没有显著影响。Duflo et al.(2015b) 在肯尼亚实施了雇佣额外教师的项目，在公立教师之外还增加了一些每年签订合同的非正式教师，使得师生比升高，班级规模缩小，但单纯地增加教师这一措施并没有带来学生成绩的显著提高，尤其是仍然被分在公立教师授课班级的学生，而恰恰是那些由合同教师授课班级的学生成绩有所提高。这可能是因为合同教师受到转为公立教师的晋升激励，缺勤更少，也更加重视教学工作。

因此，单纯地增加教师数量并不能提高教学质量，也无法达到提升学生对知识掌握程度的目的。贫困地区的公立教师不仅有能力较弱的问题，一些地区的教师甚至无法保证基本的出勤，解决教师缺勤问题成为提升教育供给质量要解决的一个基本问题。Duflo et al.(2012) 在前期调研中发现实验当地教师的缺勤率在 35% 左右，实验干预使用照相机拍全班学生与老师的合影来监测老师是否出勤，并以相片记录的出勤率为基准向教师发放工资，以 20 天为基准线，每出勤多一天奖励 50 卢比，而低于基准线每缺勤一天扣 20 卢比。这项干预使得教师的缺勤率显著下降，且一年后学生成绩提高 0.17 个标准差，这些公立学校的升学率提高了 10 个百分点。这意味着增加教师在校时间、提高教师出勤率保证了学校教学秩序的正常进行。一些干预还走得更远，将为教师出勤提供激励扩展到教学成果上，以学生成绩的进步作为教师绩效工资的考核标准。Glewwe et al.(2010) 发现尽管这样的激励方式提高了实验组学生的平均成绩，但学生的辍学率、留级率和八年级完成率并没有提高。从项目组成员自己设计的考试试卷结果来看，这项激励干预可能只带来了学生们应试能力的提高，并没有真正达到提升教育质量和效果的目的。事实上，在这样的激励干预下，教师的教学并没有实质性的提升，教师的出勤率也没有提升，他们只是延长了课堂上准备考试的时间。Muralidharan and Sundararaman (2011) 在印度开展的一项为教师提供绩效奖金的项目则产生了一定效果，该项目以由研究团队设计的独立学习水平测试成绩为依据，并以成绩提高 5% 为基准线，成绩提高幅度每增加 1% 则增加 500 卢比，未超过 5% 则没有奖金。实验结果表明这项激励措施显著提高了实验组学校学生的成绩，不仅受到激励的数学和语言成绩分别平均提高了 0.28 和 0.16 个标准差，不在激励范围内的科学和社会类科目成绩也有所提高，说明这项激励措施具有溢出效应，不过这也可能是因为贫困地区学校的规模较小，一位老师可以教授几乎全部的科目，因此对老师产生的激励也转移到了其他学科中。

上述文献提到的对教育供给施加的干预措施集中在公立学校的范围内，由于公立教师属于公职人员，在固定岗位和工资的教育系统中很难施加有力的激励以刺激他们改变自己的行为选择。合同教师项目的有效性暗示了走出公立教育系统、寻求私人部门提供教育以提升教育效果的可能性。Angrist et al. (2002)评估了在哥伦比亚施行的大规模私立中学彩票券项目PACES的效果。项目向成绩出色的小学生随机提供能够覆盖私立中学超过一半费用的彩票券,如果他们选择在私立中学上学就可以帮助他们减轻经济负担。项目覆盖了超过125000名小学生,且产生了积极的效果。尽管实验组与对照组儿童的入学注册率在项目实施后的三年中没有显著差异,但是那些收到彩票的学生选择私立中学的可能性增加了15%。在教育成果上,彩票获得者的受教育年限比对照组儿童延长了0.1年,成绩高出0.2个标准差,他们留级更少,八年级的完成率也高出10个百分点。彩票的效果对女生更为显著,除了学校学业表现的提升,进入私立中学的女生早婚的可能性和每周工作时长也有所下降。Angrist et al. (2006)追踪了这个彩票项目后续的影响,与之前仅能观测学生的短期成绩数据不同,新的数据追踪了项目进行7年后对实验组和对照组学生的影响,发现那些获得彩票的学生的高中毕业率显著高于那些没有获得彩票的学生,他们也更多地参加大学入学考试。这说明引入私人部门提供教育提升了教育产出结果,进入私立中学学习的学生更加努力地学习,扩大了未来的人生选择。从这一角度来说,彩票提供的项目与奖学金产生了相似的效果,提升了教育质量。

与其他主题相比,对教育干预的RCT讨论非常充分,对干预措施失效的原因分析做得较为深入和完善,为发展中国家的发展提供了宝贵的视角与实验的证据。就教育主题下展开的需求与供给两个角度进行对比,我们不难看出不同的干预措施在总体效果上有着极大的差异,尤其是后者,提供合适的供给以促进教学成果的提升似乎并不容易,这说明解决由于整个国家制度和体系内存在的激励不足而导致的扭曲可能比推动个体发挥主动性做出理性选择更难。未来教育主题的研究可能会继续探索教育质量提升的良方,也可能将研究关注的重点从义务教育阶段扩展到学前教育和高等教育方面,抑或是对已有教育项目的长期效果展开进一步的观察。

第五节 劳动

劳动经济学是较早使用实验方法进行研究的经济学子学科,从劳动力市场中信息不对称带来的委托代理问题、逆向选择问题和激励问题,到进入劳动力市场后的就业保险、就业歧视和工资谈判等问题,实验室实验和实地实验对其都有着较为深入的讨论。与发达国家语境下进行的研究不同,发展中国家的劳动力市场不仅有着同发达地区相似的由信息不对称、机制设计或激励不足等原因引起的市场失灵情况,还在人力资本的积累和劳动力市场建立与运行方面面临较大的困难,因此在发展中国家反贫困议题的讨论中,劳动方面的干预主要集中在人力资本的积累——学校教育系统之外的职业培训。这一节我们将介绍那些致力于推动发展中国家民众就业、劳动力就业市场能够正常运作的政策干预。

一、通过劳动培训提升技能

只有进入劳动力市场获得工作岗位，蓄积在个体身上的人力资本才能够成功转化为生产力，教育政策与教育系统的长期成效最终要靠学生进入劳动力市场后才能反映出来，因此，帮助发展中国家青年成功进入劳动力市场工作是许多政策制定者的基本目标。前面已经提到，贫困地区的教育水平有限，这意味着知识的教授与真正转化为实用技能之间还存在一定差距，更不用说那些未完成学业的学生。为待就业人口提供专业技能培训能增强他们在劳动力市场的竞争力，帮他们更快地找到工作。阿根廷、巴西、秘鲁等国都面向弱势青少年提供职业培训项目，调查数据等非实验方法都显示出积极的评估结果。Attanasio et al.(2011)是较早利用RCT方法对这类就业培训项目进行评估的研究，评估依托哥伦比亚在2001—2005年进行的弱势青少年职业培训项目展开，项目面向18—25岁社会经济条件较差的青少年，他们通过自愿提交申请的方式报名培训项目，其中一部分申请者被邀请加入培训，而另一部分申请者则作为控制组不参加培训。培训内容包括三个月的教室内学习和三个月的上岗训练。项目效果在性别之间显示出巨大的差异，项目对实验组女性的受雇可能性和工作时长都产生了积极影响，受雇可能性增加了近7个百分点，每周工作时长增加了3小时，薪水增加了近20个百分点，而男性则没有显著的提升。不过，男性和女性正式签订劳动合同的可能性在培训之后都获得了提升。这一结果与之前在其他拉丁美洲国家使用非实验数据评估的结果相似，职业培训显示出极大的收益，值得在一定范围内予以推广。Attanasio et al.(2015)追踪了十年后这一职业培训项目产生的长期影响，发现实验组保持了更高的正式受雇率，他们拥有更高的工资，也支付更多的社会保险金，也就是说，无论是参加正式工作的可能性，还是工作中的效率，实验组都依然高于对照组。此外，实验组被试的受教育年限比对照组高出0.315年，并且从高中毕业的概率比对照组高出10%，实验组被试的人力资本显著且长效地提高。通过折算，职业培训项目带来的收益大大超过了这个项目实施的成本，收益率至少可以达到22.1%。Card et al.(2011)对多米尼加类似的弱势青少年职业培训项目进行了评估，但由于一些被试未能参加追踪调查，造成了一定的数据损失。有效的数据并未识别出受雇率的显著上升，但可以确定的是，项目的确为接受培训的被试带来了收入上的增加。

Hirshleifer et al.(2016)将职业培训的目标群体扩展，他们在土耳其开展的就业培训项目不只面向青少年，而是大规模地铺开面向失业人群。这一项目在2011年实施，覆盖了超过250000的土耳其失业人口，培训包含不同的专业技能主题，在长达三个月的实践中,培训时长超过 336 个小时。在接受数据调查与跟踪的近 6 000 位被试中,受雇可能性和收入并未显示出大幅且显著的提升,但是受雇质量出现了显著的提升——参加正式工作的可能性增加,并且正式收入和职位都有所提高。不过,经过长期追踪后得出的成本收益却显示该项目回报率为负,这可能是因为项目带来的收益虽然显著,但是幅度并不大;再加上培训机构的性质不同,私营机构开展的培训效果虽然较好,但是随着时间的推移,培训效果慢慢变弱,私营机构自身也面临经营困难,很难实现培训项目的长期高效收益。这一结果反映了人力资本投资中一个逐渐受到广泛认同的观点——人力资本投入宜早不宜迟,干预介入阶段越是靠前,越能够在有限的成本投入下获得更大的收益。

二、就业信息的传播与岗位的对接

职业培训帮助青少年和失业人群提高了自己在劳动力市场中的价值,为他们增加了就业的可能性,但仅仅提高劳动力供给的质量并不能保证劳动力顺利转化为有岗位的就业人口,如何让劳动力供给与需求顺利匹配也是欠发达地区政府和非营利组织需要解决的问题。因此,许多政府和相关组织机构在发展中国家提供工作咨询与中介服务,来帮助更多的劳动力解决岗位匹配问题。在农业一节中,我们已经讨论了信息在农业技术传播和农民主观预期中的作用,Dammert et al. (2013)利用短信提示的方式,将信息提供运用到了劳动力求职帮扶的过程中。这个项目以秘鲁国家劳动局开展的职业中介服务 CILPROEMPLEO 为背景,在长达 3 个月的就业信息帮助过程中,30%的求职者收到传统非数码通信传递的匹配企业用工信息,15%的求职者会以短信的方式收到这些企业的用工信息,而 25%的求职者同样是用短信接收信息,但企业用工信息更丰富——不仅包括那些向 CILPROEMPLEO 项目表明用工需求的企业,还包括从招工公告、报纸广告和一些私人招聘部门收集来的用工信息,剩下 30%的求职者则作为控制组,不会收到任何招工信息。实验结果发现那些通过短信收到丰富招工信息的求职者对工资的主观预期显著提高,而信息发送渠道是否采用短信,以及发送信息中是否仅包含项目中的招工信息这两个维度单独并未产生显著作用。这说明在通信技术辅助下,信息量的增加可以提高求职人群对工资的预期,帮助他们及时更新信念,增强找工作的信心和意愿。Beam (2014)在菲律宾探究了工作招聘会上的信息对求职者的影响,项目随机地向求职者提供参加海外工作招聘会的机会,帮助他们在招聘会上获得更多有关不同公司和岗位的信息。结果显示,在招聘会开始两个月后,参加招聘会的被试找工作的意愿至少翻了一倍,在十个月后,他们找到正式工作的可能性增加了 38%,说明信息的提供有助于提升劳动力市场的匹配效率。Bruhn et al. (2018)也在墨西哥实施了信息提供的干预,不过不是针对个体劳动者,而是面向劳动力市场的需求端——中小企业。该项目为中小企业提供了公司管理、生产与投资决策和长期规划等方面的咨询,为期一年,此后在这些中小企业实施项目的五年中,其所拥有的雇员数量和支付的工资水平都有显著的提升,这表明信息咨询服务对企业发展起到了一定的帮助,因而增强了他们的就业吸纳能力,对劳动力就业产生了积极的效果。

三、为就业提供激励和补贴

除了提供更多的信息帮助劳动力市场供给与需求更好地匹配,一些发展中国家政府和机构还为找工作的民众提供了一些经济支持,一方面减轻他们的经济负担,另一方面能够起到激励的作用,鼓励民众进入劳动力市场,改善自己的境况。Galasso et al. (2004)评估了阿根廷劳动部在 1998—2000 年期间实施的薪水补贴与职业培训项目,大多数项目参与者都有缴纳就业保障金以参加社会就业福利体系,并且大多数的参与者家庭经济状况都较差。实验组分为两组,一组接受一份实名薪水补贴彩票,收到彩票的劳动者可以去找雇用他们的私人部门雇主兑换这笔补贴,另一组则在接受薪水补贴的基础上参加就业培训课程,控制组没有收到彩票。在项目开始 18 个月后,收到彩票的劳动者就职于私营企业的人数显著地高出控制组 5 个百分点,这一部分就业主要由女性劳动者、年轻劳动者和文化水平较高的劳动者实现。尽管实验组被试的收入并没有出现显著的增加,但是就职于私营部门意味着未来有更大的发展空间和更高的薪水。Levinsohn et al. (2014)在南非评估的向年轻人提供工资补贴的制度也得到了相似的结果。Franklin(2015)则是在埃塞俄比亚为居住在边远地区的无业青年提供交通补贴,降低他们求职的经济成本。这一措施显著提高了这些无业青年找工作的频率,进而也增加了他们找到工作的可能性。尽管随着时间的推移,找工作的意愿可能会出现下降趋势,但是交通补贴延缓了这个过程的发生,那些收到补贴的青年也更可能找到稳定而正式的工作岗位,从此开始拥有较为稳定的收入,降低贫困发生的可能性。总体来看,政府对无业人口,尤其是青年无业人口的就业帮助都起到了一定的效果,对发展中国家劳动力市场的正常运转发挥了积极的作用。

第六节　中国反贫困

2020 年是中国消除绝对贫困、全面建成小康社会的决胜之年。在改革开放四十多年的发展历程中,中国已经实现了 7 亿人口的脱贫,是世界上体量最大的反贫困成果,贫困地区民众的收入与生活水平都获得了很大的提升。从反贫困研究的视角来看,在已经步入中等收入国家行列的中国实施反贫困政策与在非洲、南亚和拉丁美洲等国实施反贫困措施的侧重点不同,因而研究中关注的重点和干预措施的作用机制也具有自身的特点,不能一概而论,只是简单地套用其他国家反贫困研究的经验与结论。一些国外的学者和本土的学者选择了世界上最大的发展中国家——中国作为研究对象,在不同的话题下开展了具体的研究。目前在中国使用 RCT 方法进行反贫困政策评估的文献呈现出以下几个特点。

首先,地域性强。中国的贫困地区主要集中在西部地区,因而在中国情境下对反贫困项目的评估大多发生在中国西部省份,少量研究在其他省份的农村展开。由于使用 RCT 进行评估的项目大多需要研究者与合作的当地政府、非营利组织共同实施,实验结果依赖于当地不同的背景和实施条件,与我国扶贫工作中"精准扶贫"的思路一致。RCT 评估为当地扶贫工作的深化提供了贴合当地实际的依据与结论,能够帮助当地政府更好地对贫困户进行有效的干预。

其次,RCT 项目与当地政府联系紧密。与非洲、南亚等发展中国家需要大量国际援助不同,中国的扶贫事业是由政府主导和推进的,因此一些干预的设置和实施需要获得当地政府的认可与支持,这给项目的开展带来较高的门槛,但客观上也促进了项目实施前对实验设计的完善,督促实验设计者注重社会伦理的影响。此外,当地政府的支持意味着项目一定程度上可以依托当地已有的公共资源和人力系统展开,提高实验实施过程中的遵从度,例如,在公立学校展开健康干预实验。

再次,RCT 项目在实施前所锚定的发展目标超越了满足温饱的水平。即使是在中国较为边远的地区,基本公共设施和基层组织服务在几十年的发展中已经得到了极大的提升,许多与当地民众基本生存需求紧密相连的基础设施已经完善。因此,中国的干预措施大多有着比其他反贫困 RCT 项目要求更高的目标,例如,在对义务教育的关注上,在全国普及义务教育的背景下,研究者们更关注学习质量的提高与学习效果的提升,即使少量的文献仍然关注中学阶段的辍学率,但大部分文献已经不再将关注点放在提高学校参与率这一指标上。

最后,RCT 方法评估的项目大多是经过研究者和合作机构创新后的干预措施,较少对现有扶贫政策与措施进行评估的文献。这一点与 RCT 方法兴起及引入中国的时间较晚有关,评估实验的实施要早于所研究政策的正式实施,这样才能保证对样本的随机选择,尽可能地减少偏误,而大多扶贫政策的施行在 RCT 方法引入之前就已经大规模展开,因此这方面的文献目前还是较为缺乏的。这为未来中国故事的讲述与研究提供了一个发展的方向,这些正在大规模实施的扶贫政策的研究具有极大的理论价值与现实意义,我们应当抓住机会,借助 RCT 方法进行层层因果推断,探究这些扶贫措施发挥作用的机制和可能失效的原因,以在未来制定出更为有效和贴合实践背景的发展措施。对于那些受限于外界条件而无法完全对被试进行随机干预的研究,可以通过收集更多维度的调查数据,使用准实验的方法进行效果的评估。

由于干预实施客观门槛的存在,使用 RCT 进行政策干预的学者和研究机构有一定的稳定性,大多海外学者都与实验地属地高校建立了合作关系,以方便对实验变量和结果进行密切的跟进。这意味着 RCT 方法涉及的领域与话题极大地依赖于这些研究者的研究领域与研究兴趣,他们在类似的话题上利用社会资源进行类比类推的多点实验,或是在同一片实验地进行多方面深入的探究,不同的研究与文献之间存在某种背景或话题上的关联。从研究的主题来看,中国的 RCT 反贫困项目主要集中在健康和教育领域,学者们十分重视贫困地区人力资本的积累与发展质量;在其他领域展开的研究较为有限,虽然实证的研究并不少。下面我们将延续本讲前几节的思路,对中国开展的 RCT 研究项目进行介绍。

一、农民培训与农业风险管理

农民田间学校在农业技术传播中是一种比较常见的方法,也是联合国粮食及农业组织 20 世纪 80 年代在亚洲大力推广的一种技术咨询服务方式,但目前使用 RCT 方法进行效果评估的文献较少,项目真正的效果目前尚不明确。Guo et al. (2015) 在中国安徽省的农村地区,与农业部合作评估了这项大规模政策措施的效果。在这个项目中,随机进入实验组的农民参加农民田间学校,旨在提高他们在农业生产过程中的环保意识,以实现农业的可持续和低碳发展。项目通过对生产知识进行考试的方式,观测农民对生产知识的掌握,结果发现农民田间学校显著提高了参加培训农民的生产管理知识,在虫害管理、农业环境改善、营养管理和培育管理四个项目中,前两者的分数显著提高。此外,知识接受程度也出现了较强的异质性,女性和老年人知识的接受情况较差。

农业风险管理的研究相对较多。Cai, H. et al. (2015) 研究了畜牧业保险对畜牧业产量的影响,项目使用激励畜牧保险推广员销售业绩的方式,间接推动保险需求的增加,并发现这一干预带来了畜牧业产量的增加。而且,在这一干预实施之后,保险需求增加带来的畜牧业产量提高保持了较长的时间,具有一定的长期性,这说明农业保险的推广对农业生产具有积极的影响。Cai, J. et al. (2015) 通过与中国人民保险公司合作,研究了社会网络对天气保险购买的影响。文献展开了比较丰富的讨论,发现在社会网络中提供较为密集的信息可以显著地提高天气保险的接受率,当社会网络扩展、有额外的朋友加入信息传递的过程中时,天气保险的接受率继续提高。文献还对社会网络传递信息的机制进行了研究,被试在做决策前,会收到朋友购买天气保险的决策信息,但是社会网络并不是通过传递同伴购买天气保险这种压力来提高天气保险接受率,而是通过传递天气保险的作用与好处来实现的。此外,实验还通过对不同家庭提供随机的保险价格,对天气保险需求的价格弹性进行了讨论,这一点对应的是广泛覆盖天气保险购买的政府价格补贴,尽管政府提供高达 70% 的天气保险补贴,但是现实中农民的保险接受率仍然较低。这篇文献对天气保险的推广有着较强的政策意义,将现有的补贴政策与保险知识信息的传播相结合,利用社会网络可以放大信息传递的强度,从而以较低的成本来提高保险的实际接受率,帮助农民分担天气因素带来的生产风险。一些学者使用人为实地实验的方法在真实的农业生产情境中刻画农民被试的风险偏好,如棉花品种的选择、农药的使用(Liu,2013;Gong et al.,2016;He et al.,2018)等,这是在发展经济学中引入行为经济学后的新发展,从方法论的角度来看,这并不属于RCT政策评估讨论的话题。但是发展行为经济学的研究结果为RCT项目影响机制和异质性的分析提供了重要的讨论维度与依据,二者结合可以更好地对贫困人口行为与决策模式进行刻画和研究,这也是将使用RCT研究问题推进到更深层次讨论的重要途径。

目前尚未有对农村储蓄与信贷进行大规模研究的RCT项目,可能是因为国内金融监管相对较为严格,现有的金融机构已经形成了相对完善的系统,如果无法获得一定的项目权限,很难展开实地的研究。

二、农村人力资本发展与积累

健康和教育事关贫困地区的人力资本积累,这两类主题的干预在中国背景的RCT研究中占据了很高的比例,并且不少文献将二者联系起来,通过在学校施加干预来提高健康水平,或是通过健康干预提升教育质量和学生表现。北京大学、中国人民大学、西北大学、陕西师范大学、四川大学、中国科学院农业政策研究中心等高校与科研机构都有团队在这一领域深耕。

贫困地区儿童的营养问题是在中国实施RCT项目中一个备受关注的热点,营养不良带来的贫血和抵抗力低下会影响儿童身体发育,导致儿童认知能力发展迟缓,这是贫困代际传递的重要成因之一。Luo et al.(2012)汇报了三个向父母提供健康信息的实验结果,三个实验中均有纯对照组,即父母不接受任何信息干预。第一个实验发给实验组儿童父母一封信,内容包括对贫血及防治措施的介绍和他们子女是否贫血的信息,信的内容鼓励父母们为孩子提供富含铁元素和各种维生素的平衡饮食,或是去诊所购买营养补剂;另一个实验处理组的儿童每天会在学校收到老师提供的复合维生素片,这一处理组的设置主要是为了与前一个实验组对比不同干预效果的差别。第二个实验改变了信息传递的方式,通过家长会的形式让一名健康专家来宣讲贫血的相关信息,分发小册子;同第一个实验一样,研究中也有另外一个实验处理组,儿童每天服用一颗复合维生素片。第三个实验则将公开的家长会进行了两次,分别在秋季学期和春季学期进行,这个实验没有设置其他额外的实验组。然而,三个实验的干预都未发现向父母提供贫血信息能够改善儿童的血红蛋白水平,而前两个实验中复合维生素片的提供却带来儿童血红蛋白水平的提升,有效缓解了儿童的贫血问题。Wong et al.(2014)继续对信息提供方式进行探究,发现当进行一次或三次家长会,使用多种媒介展示相关信息,并且在会后详尽地解决参会父母提出问题的时候,信息呈现的密度和互动情况提升可以带来实验组儿童的血红蛋白水平升高,贫血得到改善,参加三次家长会的实验组儿童血红蛋白水平提升幅度更大,且他们的数学成绩也有所提升,但是即便如此,在学校为儿童直接提供复合维生素片的效果会更好。Kleiman-Weiner et al. (2013)还将提供复合维生素片与政府已经在推行的每天一颗鸡蛋的营养干预效果进行了对比,发现在贫血问题的改善方面,复合维生素片的效果显著而鸡蛋则没有达到相应的效果,此外,数学成绩在复合维生素片组有显著的提高,也说明在这一维度的考量中,复合维生素片项目更加有效一些。除了向父母提供信息,Miller et al. (2012)还发现向学校校长提供信息与无条件的现金补贴可能对改善儿童贫血效果甚微,但当以儿童血红蛋白水平的提升作为对校长有条件现金补贴的激励时,实验组儿童的血红蛋白水平出现较为显著的上升,而如果这种激励与以成绩提升为条件的激励共同实施,就可以进一步显著放大提供信息和提供现金补贴的效果。

还有一些学者致力于向贫困地区的儿童提供验光和配合适眼镜的项目,帮助屈光不正的儿童及时解决近视等视力问题,以便他们更好地学习。Glewwe et al. (2016)在甘肃施行的免费眼镜项目显著提高了实验组儿童在学校的表现和学习成绩,那些存在视力问题并且佩戴适合眼镜的学生平均标准成绩增加了 0.16—0.22 个标准差,这相当于延长了他们 0.3—0.5 年的受教育年限。此外,异质性分析还发现,那些学习成绩更差的学生从这个项目中获益更多,眼镜的提供缩小了学生学习水平的差异。而且,结合已有的调查数据发现,因缺乏维生素 A 而有视力问题的学生在这个项目中获益不多,间接说明多管齐下的健康干预政策,尤其是营养水平的提升对于贫困地区儿童的成长是必要的。

在贫困地区和农村地区进行的教育干预数量相对较多,展开讨论的维度也较为丰富,此外,一些学者还关注了有关弱势群体受教育的议题,例如农民工子弟,而且与其他国家关注基础教育干预措施相比,中国情境下的教育干预还从义务教育阶段扩展到了学前教育和高等教育阶段。Wong et al. (2013)在河南省鲁山县通过提供长达一年的私立幼儿园随机彩票和一年的有条件现金的方式来推进儿童早期教育的普及,以帮助家庭抓住儿童认知能力发展的黄金时期,并为进入义务教育阶段做好准备。经过两个轮次不同类型的入园学费补贴,儿童进入学前班的概率上升,然而参与率的提高并没有带来教育质量的提升,实验组的儿童并没有在小学入学准备情况上有所改善。这可能是因为在农村地区,即使是私立幼儿园,老师能提供的学前教育水平仍然不高,或者是幼儿园环境不够好,设施不够充足,因而也无从实现对幼儿的科学教育与引导,无法顺利地完成为下一阶段学习做准备的任务。Mo et al. (2013b)在初中辍学率为 7.8%,甚至高达 13.3% 的一些国家级贫困县开展了一项 CCT(conditional cash transfer,有条件现金转移支付)项目,用现金激励的方式来提高贫困儿童的到校出勤率,这种方式也可以被视为一种有条件的学费补贴,来弥补学生不能务工补贴家用的机会成本。这个项目显著降低了实验组学生的辍学率,那些原本学习较差的学生,还有女生、年纪较小的儿童从项目中受益更多。然而，与学费相伴随的并不仅仅是当期家庭支付能力的不足（义务教育阶段这一问题被弱化），高中阶段的学费和较为昂贵的支出预期影响着初中阶段学生的信念，未来高昂的学费支出可能会挫伤学生当期的学习积极性。Yi et al.(2015)研究了分别针对七年级学生和九年级学生进行的前期承诺援助项目，来探究这类教育援助项目对儿童升学信念和在校表现的影响。该援助项目只面向极贫困的学生展开，并与实验组学生及家长签订教育援助合同承诺，如果该学生可以顺利升入高中或者职业高中，项目将在高中读书的三年中每年提供1500元现金以支付学费。以七年级为例，图12-4以流程图的形式展示了项目进行的过程与样本的分布。结果显示，这一援助承诺项目并没有对九年级的学生产生任何影响，因为在提供承诺时，大多数学生已经做好了未来入学还是工作的选择；但七年级学生的数据结果也有些令人失望，无论是当前的辍学率还是数学成绩都未因教育援助承诺合同的签订而提升，不过有升入高中打算的学生比例出现了一定的上升。尽管他们升入高中的意愿随着教育援助承诺合同的签订而提升，但这种意愿并没有转化为学业水平的提升，或是并没有转化为真实的努力。一方面，可能学生们并没有意识到目标实现需要付出相应的努力，他们仅仅停留在目标的转变上；另一方面，中国基础教育的激烈竞争使得那些原本处于弱势的学生无法立刻赶上优势学生并取得成效。因此，从政策意义上来说，提高初中升入高中的升学率还需要有更加有效的激励措施，单纯承诺提供未来的经济援助不足以发挥其激励的作用。Liu et al.(2011)关注了早期经济援助承诺对高中升学率的影响，与升入大学后才对贫困学生提供经济帮助相比，如果经济援助的承诺能够尽可能提前，并且承诺金额较高，便可以有效地降低学生在选择大学时的扭曲。Wang et al.(2013)研究了向升入一本高校的贫困大学生提供全额奖学金项目对受助大学生心理状况的影响，无论是压力、自我认知还是参加一些校园活动，实验组学生与控制组学生都没有显著的差异，这可能是因为奖学金种类较多，即使没有获得全额奖学金，在控制组中的贫困学生也依然能够获得其他门类的奖学金。尽管这一项目并未产生显著的效果，但这一结果表明我国政府对高等教育，尤其是一本高校的贫困生的扶助政策相对来说是较为成功的，即使家境贫寒，升入优秀高校的学生也不再需要背负过重的经济负担与心理负担，这有利于高等人才的培养与人力资本的积累。

与提供早期援助承诺项目相似，提供更多有关受教育回报的信息和职业规划咨询也可能会对学生受教育和深造的信念有所影响。Loyalka et al.(2013)对河北省和陕西省131所初中超过12000名学生进行了信息干预，却发现了与理论及其他国家RCT项目相反的结果。在了解了未来不同层级的学校所对应的学费和不同学历平均工资的水平与差异后，学生的成绩并没有显著的提升；而在从老师那里获得未来职业规划的咨询后，学生不仅成绩没有上升，反而辍学率比对照组更高，这是教育类干预中十分罕见的情况。这可能是因为中国目前正处在经济转型期，技术工人与非技术工人在工资上的直观差距并没有很大，因此学生可能并不能信服于咨询中提到的平均工资水平差距，即使必然存

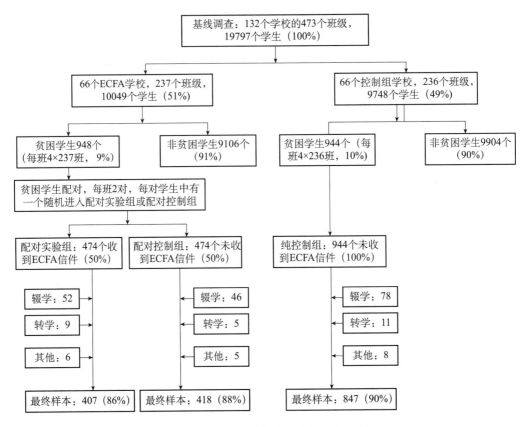

图 12-4 Yi et al.（2015）对七年级学生干预的样本分布与流程

注：①中国情境下的许多 RCT 项目文献引入了医学期刊中用流程图描绘干预实施过程、样本随机分布和遵从情况的方法，使得干预过程更加清楚，值得借鉴；②ECFA（early commitment of financial aid）是指前期承诺援助项目，ECFA 学校是指未来有机会参与援助项目的学校群组，配对实验组中的学生将收到 ECFA 项目承诺援助信件，而处于配对控制组中的学生不会收到 ECFA 项目的承诺信件。

资料来源：Yi, H., Song, Y., Liu, C. et al., 2015, "Giving kids a head start: The impact and mechanisms of early commitment of financial aid on poor students in rural China", *Journal of Development Economics*, 113, 1—15.

在着客观差距，与接受教育付出的各类成本进行比较，这种收益与成本之间的差异也使学生无法直观地感受到接受教育对其一生发展的必要性。

除了提供激励与经济援助，依靠教学方式的改革来提高教学质量与学业成绩也是一类重要的教育干预措施，引入多媒体和电脑辅助教学是中国情境下较为常见的改进教学方法的手段。Mo et al.（2013a）评估了一人一台笔记本电脑项目对北京农民工子弟学校儿童的影响，发现项目弥补了这些学生在电脑技能方面与同龄人的差距。Lai et al.（2013）和 Mo et al.（2014）在陕西省分别将电脑辅助教学引入数学课外辅导和常规课堂，发现电脑辅助技术带来了数学学习成绩的提升。Bai et al.（2016）在青海省使用电脑辅助技术来进行英语授课也同样达到了提高英语成绩的目的。Lai et al.（2015）则利用现代技术辅助普通话教学,探究了少数民族地区教学语言的选择给儿童学习带来不便的问题。一般来说少数民族地区的教学语言一般有两种可供选择的模式,第一种是双语教学,低年级的课程使用当地方言进行教授,高年级的课程逐渐转向普通话教学;另一种则是完全使用普通话授课,并辅之以普通话教学。通过对 57 所学校进行随机干预,共有 1889 名三年级小学生参加了这次实验。实验组的小学生每周会在课余时间进行两次长达 40 分钟的普通话技术辅助课程,课程内容包括了普通话学习游戏、普通话动画片等。结果发现实验组儿童的普通话成绩与数学成绩都有所提升,原本表现更差的学生从项目中获益更多。这意味着技术辅助教学手段在帮助少数民族儿童破除语言障碍、提高学习表现方面有着积极的作用。

目前在教学方法上进行尝试的方向还有在学生之间形成学习小组的方式,依靠学习小组内部的互相帮助和同伴效应来增强学生的学习效果。Li et al.(2014)将不同班级随机分入不同的实验组,在同伴激励的实验组中,成绩相对较好和较差的儿童座位分配在一起"结对子",项目鼓励同桌二人在学习上多交流,多互相帮助,并且为进步最大的三对同桌提供奖励;而在个人激励的实验组中,进步最大的三名同学会受到不同程度的奖励;控制组班级没有任何干预。这一项目并没有像之前的教育理论所担心的那样挫伤后进生积极性,反而在给出激励后,原本落后的学生的成绩提高了 0.265 个标准差,同时后进生同桌的成绩并未受到影响。与单独给后进生成绩进步的激励相比,利用同桌进行小组激励能够产生更为积极的影响,同伴效应可以促进学习效果的提升。Song et al.(2018)更进一步将优等生与后进生匹配成学习小组,由优等生来为后进生提供课后辅导,并且依据辅导的次数和最终产生的效果分别进行奖励。与 Li et al.(2014)的发现不同,在学习小组实施后,优等生的数学成绩和学习态度、社会行为表现都显著提升,而后进生的成绩并未提高,同伴压力还导致他们产生了焦虑情绪。王春超和钟锦鹏(2018)则从非认知能力的角度对学生之间存在的同伴效应进行了研究,同样通过座位的安排,发现班干部座位的分布会影响周围同学的开放度和神经质,且女生会更多地受益于优秀同伴带来的影响。

无论是对健康还是对教育的投入,最终都需要通过劳动力顺利就业才能发挥人力资本的作用,中国政府近年来对高职院校的重视也凸显了职业培训的重要性。职业高中与普通高中在中国教育体系中属于相同的教育层级,职业高中的发展使得成绩较差、无缘进入普通高中的学生有了继续留在校园的机会,同时,在这里学到的技能知识也为他们未来正式进入劳动力市场打下基础。Loyalka et al.(2016)对职业高中的发展进行了研究,文献中的项目首先建立了一套对职业高中的评价体系,包括在校学生的知识和工作技能水平、辍学率以及符合国家工业标准的实习标准等内容,并在河南省教育厅的支持下向随机选为实验组学校的校长介绍和推行这套体系,校长们被告知通过考核的学校将获得额外的奖励——这要求学校至少有 60% 的学生在学业和实践技能上有所提升,辍学率要降低,同时所有的学生要满足 5 条基本的实习从业标准。在奖励经费与晋升的激励下,引入上述评价体系的职业高中有效地提升了很多学生的在校表现,学生的理论知识与实践技能成绩都有所上升,学校整体的辍学率下降,实习经历的质量也呈现一定的上升趋势。项目还将继续观察项目实施后第二年这些结果是否能够保持,但是目前的结果已经给出了一个积极的信号:尽管目前职业高中的管理还较为松散,但是如果施加恰当的激励来规范学校的教学内容,增加管理者对职业培训的重视,那么就读于职业高中的学生也能从中获益,并最终在劳动力市场上受益。

三、展望

尽管 RCT 方法进入中国的时间较晚,但这种方法在近十年的蓬勃发展中已经对中国故事有了丰富而深刻的呈现,许多项目研究的问题很好地贴合了中国现实背景,得出了许多对政策制定有启发意义的结论。即使是一些没有显著效果的项目,也为类似政策的制定提供了宝贵的经验和教训,基本实现了将 RCT 方法运用于政策评估的目的与作用。

与其他发展中国家相比,中国目前拥有庞大的统计数据和微观追踪调查数据,二者相辅相成,从不同的维度刻画类似的问题。例如 Glewwe et al. (2016) 便使用甘肃省儿童与家庭调查(Gansu Survey of Children and Families, GSCF)的数据来深入探究影响儿童佩戴眼镜的因素,对"为什么眼镜带来的视力提升会带来如此高的效益,当地儿童却仍然没有佩戴合适眼镜"这个问题展开了一般化讨论。文献中的 RCT 结果只是展现了这样一个问题的存在,却并没有给出答案,而微观数据的引入很好地弥补了这一讨论的不足,对问题进行了更有意义的展开。此时,微观数据为机制剖析提供了思路,通过实证分析,便可以得出更加广泛和一般性的回答。从这一点上说,实证调查数据能够丰富 RCT 项目实施前实验地区的概况信息,能够在 RCT 实验之外提供更一般化的数据信息,通过与 RCT 中测量的基本数据进行趋势比较和检验,对实验的外部有效性进行论证。另外,调查数据和开展 RCT 实验也可以作为不同的政策评估工具来使用,二者可以对同样的主题展开各自的研究并对比研究结果,多维度信息的呈现和比较能够更好地对政策进行全面评估,能够兼顾内部有效性与外部有效性,增强研究政策干预的可推广性。

RCT 方法在中国仍然有很广泛的应用空间,中国城乡之间、地区之间存在的发展差异决定了未来的政策仍然要面向欠发达地区制定出适宜当地发展需求的政策以实现平衡发展,RCT 则为这些政策的试点与推广提供了很好的评估工具。即使进行完全随机的条件有时可能并不充分,但利用 RCT 的思想和广泛的基线调查数据展开准实验的研究也具有极强的实践价值,中国反贫困的历程和经验需要有更多的学者来研究和探索。

最后,也是最重要的一点,中国的 RCT 研究已经掌握了一些干预措施在中国土地上开展的基本事实,未来的研究不应该只停留在对政策效果的评估上,更需要探索内在的机理,这样才能更加细致地了解中国贫困人口的行为模式和决策选择,提供更多有关贫困根源与贫困传播的事实,以增进我们对贫困本质的理解,继续扩展反贫困的研究与发展方向。

本讲参考文献

阿比吉特·班纳吉、埃斯特·迪弗洛,2018:《贫穷的本质——我们为什么摆脱不了贫穷》,北京:中信出版集团。

包特、王国成、戴芸,2020:《面向未来的实验经济学:文献述评与前景展望》,《管理世界》,第 7 期。

王春超、钟锦鹏,2015:《同群效应与非认知能力——基于儿童的随机实地实验研究》,《经济研究》,第 12 期。

Ahuja, A., Kremer, M. and Zwane, A. P., 2010, "Providing safe water: Evidence from randomized evaluations", *Annual Review of Resource Economics*, 2, 237—256.

Aker, J. C., 2011, "Dial 'A' for agriculture: A review of information and communication technologies for agricultural extension in developing countries", *Agricultural Economics*, 42, 631—647.

Angrist, J., Bettinger, E., Bloom, E. et al., 2002, "Vouchers for private schooling in Colombia: Evidence from a randomized natural experiment", *American Economic Review*, 92, 1535—1558.

Angrist, J., Bettinger, E. and Kremer, M., 2006, "Long-term educational consequences of secondary school vouchers: Evidence from administrative records in Colombia", *American Economic Review*, 96, 847—862.

Angrist, J. and Lavy, V., 2009, "The effects of high stakes high school achievement awards: Evidence from a randomized trial", *American Economic Review*, 99, 1384—1414.

Ashraf, N., Berry, J. and Shapiro, J. M., 2010a, "Can higher prices stimulate product use? Evidence from a field experiment in Zambia", *American Economic Review*, 100, 2383—2413.

Ashraf, N., Karlan, D. and Yin, W., 2006, "Tying Odysseus to the mast: Evidence from a commitment savings product in the Philippines", *The Quarterly Journal of Economics*, 121, 635—672.

Ashraf, N., Karlan, D. and Yin, W., 2010b, "Female empowerment: Impact of a commitment savings product in the Philippines", *World Development*, 38, 333—344.

Attanasio, O., Guarín, A., Medina, C. et al., 2015, "Long term impacts of vouchers for vocational training: Experimental evidence for Colombia", NBER Working Paper, No. 21390.

Attanasio, O., Kugler, A. and Meghir, C., 2011, "Subsidizing vocational training for disadvantaged youth in Colombia: Evidence from a randomized trial", *American Economic Journal: Applied Economics*, 3, 188—220.

Bai, Y., Mo, D., Zhang, L. et al., 2016, "The impact of integrating ICT with teaching: Evidence from a randomized controlled trial in rural schools in China", *Computers and Education*, 96, 1—14.

Baird, S., Hicks, J. H., Kremer, M. et al., 2016, "Worms at work: Long-run impacts of child health investment", *The Quarterly Journal of Economics*, 131, 1637—1680.

Baird, S., McIntosh, C. and Özler, B., 2011, "Cash or condition? Evidence from a cash transfer experiment", *The Quarterly Journal of Economics*, 126, 1709—1753.

Banerjee, A. V., Cole, S., Duflo, E. et al., 2007, "Remedying education: Evidence from two randomized experiments in India", *The Quarterly Journal of Economics*, 122, 1235—1264.

Banerjee, A. V. and Duflo, E., 2007, "The economic lives of the poor", *Journal of Economic Perspectives*, 21, 141—168.

Banerjee, A. V., Duflo, E., Glennerster, R. et al., 2015, "The miracle of microfinance? Evidence from a randomized evaluation", *American Economic Journal: Applied Economics*, 7, 22—53.

Basinga, P., Gertler, P. J., Binagwaho, A. et al., 2011, "Effect on maternal and child health services in Rwanda of payment to primary health-care providers for performance: An impact evaluation", *The Lancet*, 377, 1421—1428.

Beam, E., 2014, "Incomplete information in job search: Evidence from a field experiment in the Philippines", Working Paper, Department of Economics, National University of Singapore.

Beaman, L., Karlan, D., Thuysbaert, B. et al., 2013, "Profitability of fertilizer: Experimental evidence from female rice farmers in Mali", *American Economic Review*, 103, 381—386.

Bobonis, G. J. and Finan, F., 2009, "Neighborhood peer effects in secondary school enrollment decisions", *The Review of Economics and Statistics*, 91, 695—716.

Bruhn, M., Karlan, D. and Schoar, A., 2018, "The impact of consulting services on small and medium enterprises: Evidence from a randomized trial in Mexico", *Journal of Po-

litical Economy, 126, 635—687.

Brune, L., Giné, X., Goldberg, J. et al., 2016, "Facilitating savings for agriculture: Field experimental evidence from Malawi", *Economic Development and Cultural Change*, 64, 187—220.

Cai, H., Chen, Y., Fang, H. et al., 2015, "The effect of microinsurance on economic activities: Evidence from a randomized field experiment", *Review of Economics and Statistics*, 97, 287—300.

Cai, J., De Janvry, A. and Sadoulet, E., 2015, "Social networks and the decision to insure", *American Economic Journal: Applied Economics*, 7, 81—108.

Card, D., Ibarrarán, P., Regalia, F. et al., 2011, "The labor market impacts of youth training in the Dominican Republic", *Journal of Labor Economics*, 29, 267—300.

Cohen, J. and Dupas, P. 2010, "Free distribution or cost-sharing? Evidence from a randomized Malaria prevention experiment", *The Quarterly Journal of Economics*, 125, 1—45.

Conley, T. G. and Udry, C. R., 2010, "Learning about a new technology: Pineapple in Ghana", *American Economic Review*, 100, 35—69.

Crépon, B., Devoto, F., Duflo, E. et al., 2015, "Estimating the impact of microcredit on those who take it up: Evidence from a randomized experiment in Morocco", *American Economic Journal: Applied Economics*, 7, 123—150.

Currie, J., Lin, W. and Meng, J., 2014, "Addressing antibiotic abuse in China: An experimental audit study", *Journal of Development Economics*, 110, 39—51.

Currie, J., Lin, W. and Zhang, W., 2011, "Patient knowledge and antibiotic abuse: Evidence from an audit study in China", *Journal of Health Economics*, 30(5), 933—949.

Dammert, A. C., Galdo, J. and Galdo, V., 2013, "Digital labor-market intermediation and job expectations: Evidence from a field experiment", *Economics Letters*, 120, 112—116.

Dar, M. H., De Janvry, A., Emerick, K. et al., 2013, "Flood-tolerant rice reduces yield variability and raises expected yield, differentially benefitting socially disadvantaged groups", *Scientific Reports*, 3, 3315.

De Mel, S., McKenzie, D. and Woodruff, C., 2008, "Returns to capital in microenterprises: Evidence from a field experiment", *The Quarterly Journal of Economics*, 123, 1329—1372.

Devoto, F., Duflo, E., Dupas, P. et al., 2012, "Happiness on tap: Piped water adoption in urban Morocco", *American Economic Journal: Economic Policy*, 4, 68—99.

Duflo, E. and Banerjee, A., 2017, *Handbook of Field Experiments*, Amsterdam: Elsevier.

Duflo, E., Dupas, P. and Kremer, M., 2011a, "Peer effects, teacher incentives, and the impact of tracking: Evidence from a randomized evaluation in Kenya", *American Economic Review*, 101, 1739—1774.

Duflo, E., Dupas, P. and Kremer, M., 2015a, "Education, HIV, and early fertility: Experimental evidence from Kenya", *American Economic Review*, 105, 2757—2797.

Duflo, E., Dupas, P. and Kremer, M., 2015b, "School governance, teacher incentives, and pupil-teacher ratios: Experimental evidence from Kenyan primary schools", *Journal of Public Economics*, 123, 92—110.

Duflo, E., Hanna, R. and Ryan, S. P., 2012, "Incentives work: Getting teachers to come to school", *American Economic Review*, 102, 1241—1278.

Duflo, E., Kremer, M. and Robinson, J., 2004, "Understanding technology adoption: Fertilizer in western Kenya, preliminary results from field experiments", Unpublished manuscript, Massachusetts Institute of Technology.

Duflo, E., Kremer, M. and Robinson, J., 2008, "How high are rates of return to fertilizer? Evidence from field experiments in Kenya", *American Economic Review*, 98, 482—488.

Duflo, E., Kremer, M. and Robinson, J., 2011b, "Nudging farmers to use fertilizer: Theory and experimental evidence from Kenya", *American Economic Review*, 101, 2350—2390.

Dupas, P., 2011, "Do teenagers respond to HIV risk information? Evidence from a field experiment in Kenya", *American Economic Journal: Applied Economics*, 3, 1—34.

Dupas, P. and Robinson, J., 2013a, "Savings constraints and microenterprise development: Evidence from a field experiment in Kenya", *American Economic Journal: Applied Economics*, 5, 163—192.

Dupas, P. and Robinson, J., 2013b, "Why don't the poor save more? Evidence from health savings experiments", *American Economic Review*, 103, 1138—1171.

Fernandes, D., Lynch Jr., J. G. and Netemeyer, R. G., 2014., "Financial literacy, financial education, and downstream financial behaviors", *Management Science*, 60, 1861—1883.

Field, E. and Pande, R., 2008, "Repayment frequency and default in microfinance: Evidence from India", *Journal of the European Economic Association*, 6, 501—509.

Field, E. Pande, R., Papp, J. et al., 2013, "Does the classic microfinance model discourage entrepreneurship among the poor? Experimental evidence from India", *American

Economic Review, 103, 2196—2226.

Franklin, S., 2015, "Location, search costs and youth unemployment: A randomized trial of transport subsidies in Ethiopia", Centre for the Study of African Economies Working Paper WPS/2015—11.

Galasso, E., Ravallion, M. and Salvia, A., 2004, "Assisting the transition from workfare to work: A randomized experiment", *ILR Review*, 58, 128—142.

Garlick, R., 2013, "How price sensitive is primary and secondary school enrollment? Evidence from nationwide tuition fee reforms in South Africa", Unpublished Working Paper, available at: http://pubdocs.worldbank.org/en/3241466186067633/garlickschoolfees.pdf.

Giné, X., Goldberg, J. and Yang, D., 2012, "Credit market consequences of improved personal identification: Field experimental evidence from Malawi", *American Economic Review*, 102, 2923—2954.

Giné, X., Jakiela, P., Karlan, D. et al., 2010a, "Microfinance games", *American Economic Journal: Applied Economics*, 2, 60—95.

Giné, X., Karlan, D. and Zinman, J., 2010b, "Put your money where your butt is: A commitment contract for smoking cessation", *American Economic Journal: Applied Economics*, 2, 213—235.

Giné, X. and Yang, D., 2009, "Insurance, credit, and technology adoption: Field experimental evidence from Malawi", *Journal of Development Economics*, 89, 1—11.

Glewwe, P., Ilias, N. and Kremer, M., 2010, "Teacher incentives", *American Economic Journal: Applied Economics*, 2, 205—227.

Glewwe, P., Kremer, M., Moulin, S. et al., 2004, "Retrospective vs. prospective analyses of school inputs: The case of flip charts in Kenya", *Journal of Development Economics*, 74, 251—268.

Glewwe, P., Kremer, M. and Moulin, S., 2009, "Many children left behind? Textbooks and test scores in Kenya", *American Economic Journal: Applied Economics*, 1, 112—135.

Glewwe, P., Park, A. and Zhao, M., 2016, "A better vision for development: Eyeglasses and academic performance in rural primary schools in China", *Journal of Development Economics*, 122, 170—182.

Gong, Y., Baylis, K., Kozak, R. et al., 2016, "Farmers' risk preferences and pesticide use decisions: Evidence from field experiments in China", *Agricultural Economics*, 47, 411—421.

Guo, M., Jia, X., Huang, J. et al., 2015, "Farmer field school and farmer knowledge acquisition in rice production: Experimental evaluation in China", *Agriculture, Ecosys-

tems and Environment, 209, 100—107.

Hanna, R., Mullainathan, S. and Schwartzstein, J., 2014, "Learning through noticing: Theory and evidence from a field experiment", *The Quarterly Journal of Economics*, 129, 1311—1353.

He, P., Veronesi, M. and Engel, S., 2018, "Consistency of risk preference measures: An artefactual field experiment from rural China", *The Journal of Development Studies*, 54, 1955—1973.

Hirshleifer, S., McKenzie, D., Almeida, R. et al., 2016, "The impact of vocational training for the unemployed: Experimental evidence from Turkey", *The Economic Journal*, 126, 2115—2146.

Jensen, R., 2010, "The (perceived) returns to education and the demand for schooling", *The Quarterly Journal of Economics*, 125, 515—548.

Jensen, R. and Lleras-Muney, A., 2012, "Does staying in school (and not working) prevent teen smoking and drinking?", *Journal of Health Economics*, 31, 644—657.

Karlan, D., 2007, "Social connections and group banking", *The Economic Journal*, 117, F52—F84.

Karlan, D., Morten, M. and Zinman, J., 2012, "A personal touch: Text messaging for loan repayment", NBER Working Paper, No. 17952.

Karlan, D., Osei, R., Osei-Akoto, I. et al., 2014, "Agricultural decisions after relaxing credit and risk constraints", *The Quarterly Journal of Economics*, 129, 597—652.

Karlan, D. and Valdivia, M., 2011, "Teaching entrepreneurship: Impact of business training on microfinance clients and institutions", *Review of Economics and Statistics*, 93, 510—527.

Karlan, D. and Zinman, J., 2010, "Expanding credit access: Using randomized supply decisions to estimate the impacts", *The Review of Financial Studies*, 23, 433—464.

Karlan, D. and Zinman, J., 2018, "Price and control elasticities of demand for savings", *Journal of Development Economics*, 130, 145—159.

Kleiman-Weiner, M., Luo, R., Zhang, L. et al., 2013, "Eggs versus chewable vitamins: Which intervention can increase nutrition and test scores in rural China?", *China Economic Review*, 24, 165—176.

Kremer, M., 2003, "Randomized evaluations of educational programs in developing countries: Some lessons", *American Economic Review*, 93, 102—106.

Kremer, M. and Holla, A., 2009, "Improving education in the developing world: What have we learned from randomized evaluations?", *Annual Review of Economics*, 1,

513—542.

Kremer, M. and Miguel, E., 2007, "The illusion of sustainability", *The Quarterly Journal of Economics*, 122, 1007—1065.

Kremer, M., Miguel, E. and Thornton, R., 2009, "Incentives to learn", *Review of Economics and Statistics*, 91, 437—456.

Kremer, M. and Vermeersch, C., 2005, "School meals, educational achievement, and school competition: Evidence from a randomized evaluation", The World Bank.

Lai, F., Zhang, L., Hu, X. et al., 2013, "Computer assisted learning as extracurricular tutor? Evidence from a randomised experiment in rural boarding schools in Shaanxi", *Journal of Development Effectiveness*, 5, 208—231.

Lai, F., Zhang, L., Qu, Q. et al., 2015, "Teaching the language of wider communication, minority students, and overall educational performance: Evidence from a randomized experiment in Qinghai Province, China", *Economic Development and Cultural Change*, 63, 753—776.

Levinsohn, J., Rankin, N., Roberts, G. et al., 2014, "Wage subsidies and youth employment in South Africa: Evidence from a randomised control trial", Working Paper, Stellenbosch University, Department of Economics.

Li, T., Han, L., Zhang, L. et al., 2014, "Encouraging classroom peer interactions: Evidence from Chinese migrant schools", *Journal of Public Economics*, 111, 29—45.

Liu, E. M., 2013, "Time to change what to sow: Risk preferences and technology adoption decisions of cotton farmers in China", *Review of Economics and Statistics*, 95, 1386—1403.

Liu, C., Zhang, L., Luo, R. et al., 2011, "Early commitment on financial aid and college decision making of poor students: Evidence from a randomized evaluation in rural China", *Economics of Education Review*, 30(4), 627—640.

Loyalka, P., Huang, X., Zhang, L. et al., 2016, "The impact of vocational schooling on human capital development in developing countries: Evidence from China", *The World Bank Economic Review*, 30(1), 143—170.

Loyalka, P., Liu, C., Song, Y. et al., 2013, "Can information and counseling help students from poor rural areas go to high school? Evidence from China", *Journal of Comparative Economics*, 41, 1012—1025.

Lu, F., 2014, "Insurance coverage and agency problems in doctor prescriptions: Evidence from a field experiment in China", *Journal of Development Economics*, 106, 156—167.

Luo, R., Shi, Y., Zhang, L. et al., 2012, "The limits of health and nutrition education:

Evidence from three randomized-controlled trials in rural China", *CESifo Economic Studies*, 58, 385—404.

Miguel, E. and Kremer, M., 2004, "Worms: Identifying impacts on education and health in the presence of treatment externalities", *Econometrica*, 72, 159—217.

Miller, G., Luo, R., Zhang, L. et al., 2012, "Effectiveness of provider incentives for anaemia reduction in rural China: A cluster randomised trial", *BMJ*, 345, e4809.

Mittal, S., Gandhi, S. and Tripathi, G., 2010, "Socio-economic impact of mobile phones on Indian agriculture", Indian Council for Research on International Economic Relations (ICRIER), Working Paper, No. 246.

Mo, D., Swinnen, J., Zhang, L. et al., 2013a, "Can one-to-one computing narrow the digital divide and the educational gap in China? The case of Beijing migrant schools", *World Development*, 46, 14—29.

Mo, D., Zhang, L., Luo, R. et al., 2014, "Integrating computer-assisted learning into a regular curriculum: Evidence from a randomised experiment in rural schools in Shaanxi", *Journal of Development Effectiveness*, 6, 300—323.

Mo, D., Zhang, L., Yi, H. et al., 2013b, "School dropouts and conditional cash transfers: Evidence from a randomised controlled trial in rural China's junior high schools", *The Journal of Development Studies*, 49, 190—207.

Muralidharan, K. and Sundararaman, V., 2011, "Teacher performance pay: Experimental evidence from India", *Journal of Political Economy*, 119, 39—77.

Olken, B. A., Onishi, J. and Wong, S., 2014, "Should aid reward performance? Evidence from a field experiment on health and education in Indonesia", *American Economic Journal: Applied Economics*, 6, 1—34.

Prina, S., 2015, "Banking the poor via savings accounts: Evidence from a field experiment", *Journal of Development Economics*, 115, 16—31.

Robertson, L., Mushati, P., Eaton, J. W. et al., 2013, "Effects of unconditional and conditional cash transfers on child health and development in Zimbabwe: A cluster-randomised trial", *The Lancet*, 381, 1283—1292.

Rodrick, D. and Rosenzweig, M. R., 2009, *Handbook of Development Economics*, Amsterdam: Elsevier.

Schilbach, F., 2019, "Alcohol and self-control: A field experiment in India", *American Economic Review*, 109, 1290—1322.

Schultz, T. P., 2004, "School subsidies for the poor: Evaluating the Mexican Progresa poverty program", *Journal of Development Economics*, 74, 199—250.

Sharma, M. and Zeller, M., 1997, "Repayment performance in group-based credit programs in Bangladesh: An empirical analysis", *World Development*, 25, 1731—1742.

Song, Y., Loewenstein, G. and Shi, Y. 2018, "Heterogeneous effects of peer tutoring: Evidence from rural Chinese middle schools", *Research in Economics*, 72, 33—48.

Tarozzi, A., Mahajan, A., Blackburn, B. et al., 2014, "Micro-loans, insecticide-treated bednets, and malaria: Evidence from a randomized controlled trial in Orissa, India", *American Economic Review*, 104, 1909—1941.

Thomas, D., Frankenberg, E., Friedman, J. et al., 2006, "Causal effect of health on labor market outcomes: Experimental evidence", California Center for Population Research Working Paper CCPR-070-06.

Thornton, R. L., 2008, "The demand for, and impact of, learning HIV status", *American Economic Review*, 98, 1829—1863.

Vasilaky, K., 2013, "Female social networks and farmer training: Can randomized information exchange improve outcomes?", *American Journal of Agricultural Economics*, 95, 376—383.

Wang, X., Liu, C., Zhang, L. et al., 2013, "Does financial aid help poor students succeed in college?", *China Economic Review*, 25, 27—43.

Wong, H. L., Luo, R., Zhang, L. et al., 2013, "The impact of vouchers on preschool attendance and elementary school readiness: A randomized controlled trial in rural China", *Economics of Education Review*, 35, 53—65.

Wong, H. L., Shi, Y., Luo, R. et al., 2014, "Improving the health and education of elementary schoolchildren in rural china: Iron supplementation versus nutritional training for parents", *Journal of Development Studies*, 50, 502—519.

Yi, H., Song, Y., Liu, C. et al., 2015, "Giving kids a head start: The impact and mechanisms of early commitment of financial aid on poor students in rural China", *Journal of Development Economics*, 113, 1—15.

第十三讲
实验在劳动经济学中的应用

实验方法在劳动经济学领域中已有较为广泛的应用,涉及劳动经济学的不同研究问题。本讲将梳理介绍使用实验方法进行的劳动经济学研究。首先是经典的个体层面的委托代理问题,涉及基本的薪酬激励方式、多任务委托代理、团队激励、锦标赛激励、礼物交换和互惠行为等。委托代理问题在现实中是广泛存在的,劳动经济学的实验研究也有不少是在现实的工作环境中进行的,这些研究在真实的工作环境中检验、拓展了经济激励、非经济激励、礼物交换、社会比较等理论。其次在更宏观的劳动市场层面上,实验方法也有不少应用。在市场设计方面,既有丰富的理论研究,也有针对现实劳动市场组织和运作的研究,还有对市场中的不完全合约问题的研究。在劳动市场的运行中,有两方面重要的影响因素,一个是个体在市场中的搜寻与工作选择,另一个是歧视与差异,针对这两个因素的实验研究也取得了不少的成果。总的来说,实验方法在劳动经济学中的应用广泛,涉及个体、企业、市场等不同层面,下面将对这些丰富的研究进行具体介绍。

第一节 委托代理问题

基于经典的委托代理理论,实验经济学研究者设计并进行了不少的实验室实验,这些实验一方面验证了理论,另一方面也对理论进行了补充和完善。在本节的介绍中,将以实验室实验为主。

一、基本薪酬激励方式

最直接的激励方式为薪酬激励,固定工资、计件工资、绩效工资等不同的薪酬支付方式对劳动者的努力和产出有着直接的影响。固定工资是一种非常常见和简单的薪酬支付方式,Carpenter(2016)的研究拓展了对这一方式的理解。这一实验招募学生来填写并封装寄给校友的校报。在进行实验前,参加的学生需要完成关于专业选择、职业规划和期望、个人性格等方面的问卷调查。在实验中一共设置了5种不同的固定工资水平,分别为 0、1、5、10、20 美元。与以往的认知不同的是，实验结果并没有发现固定工资的提高带来努力水平的提高。实验前后进行的问卷调查得到的数据显示，大部分被试可以被划分为互惠型和内在激励型两种类型。对这两种被试的产出进行分析发现（见图 13-1），互惠型的被试会对固定工资的上升做出反应，提高努力水平和产出，而内在激励型的被试并不会这样做，固定工资的上升反而使得他们的产出下降。这一异质性的效果说明了在选择支付方式时的复杂性。

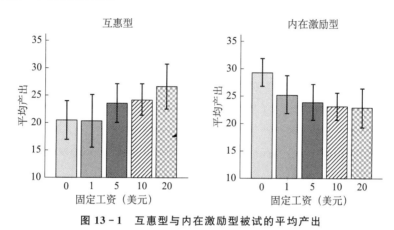

图 13-1　互惠型与内在激励型被试的平均产出

资料来源：Carpenter, J., 2016, "The labor supply of fixed-wage workers: Estimates from a real effort experiment", *European Economic Review*, 89, 85—95.

固定工资支付方式下可能存在的问题是员工的低努力水平付出，这也是委托代理理论指出的，即当委托人和代理人的目标不一致时将出现低生产率问题。绩效工资制度被用于解决这个问题。Cadsby et al. (2007) 进行的实验室实验对比了绩效工资和固定工资两种方式的激励效果。实验任务使用了造词任务，被试需要使用给定的字母尽可能地拼出不同的单词。作者通过前期测试确定了平均产量为 11 个单词，并以此计算两种支付方式下的期望收益。在进行实验对比不同的支付方式时，通过前期测试等方法使不同方式下的期望收益相等是非常有必要的。在实验局设置上，除了外生给定支付方式，作者也引入了被试自我选择支付方式的实验局。在这样的设置下，产出的提高可以分解为两个方面，一方面来自支付方式本身的激励效果，另一方面来自自我选择带来的选择效应。实验结果发现，无论他们首选的支付方式是什么，在绩效工资方式下被试拼出了更多的单词，这既是因为被试更努力工作了，也是因为能力更强的被试自行选择了绩效工资方式。作者还发现，厌恶风险的人更少选择绩效工资，绩效工资对这类被试的激励效果也较差。

以上关注薪酬支付方式的研究主要关注这一方式对劳动者本身的激励效果，而即使在同一支付方式下，劳动者本身可能也会将自身的薪酬与其他同事的薪酬进行比较。这种比较对激励效果和努力水平也会产生影响。Charness and Kuhn (2007) 在效率工资环境下研究了相互之间的工资比较造成的影响。实验中存在高效率代理人和低效率代理人,每个委托人都将与一个高效率代理人和一个低效率代理人匹配。存在两类不同的代理人的信息是公开的,但只有委托人准确知道效率差距,代理人只能知道存在工作效率不一样的同事。实验局设置以工资信息是否公开作为区分,公开信息下两个代理人知道对方的工资,而私人信息下代理人只能知道自己的工资。通过构建理论模型,作者指出代理人对同事工资的反应程度的提高会促使追求利润最大化的企业压缩工资差距。但是实验数据发现,代理人对自身的工资水平是高度敏感的,但不受同事工资的影响,这样的结果就使得企业压缩工资差距等措施失去了意义。

代理人不在意同事的工资这一实验室实验结果与通常的认知并不相符,Hennig-Schmidt et al.(2010)则同时提供了实地和实验室的证据。实地实验中,作者招募了一批学生完成论文摘要的录入工作,这一工作需要分两次完成:在第一次工作时所有学生都获得相同的出场费和时薪,而在第二次工作时,部分学生将获得10%或40%的涨薪,其中两组学生还将知道另外有一组学生获得了高额涨薪或低额涨薪。但这一实地实验的结果比较奇怪,参加工作的学生并没有对其他学生的涨薪信息做出反应,甚至对自身工资的提升也没有做出反应(前后努力水平的提升幅度如图13-2所示)。

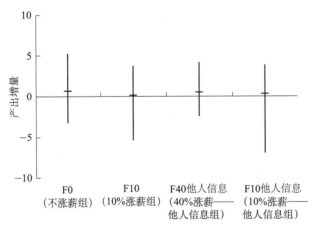

图 13-2 实地实验被试两次工作产出增量

资料来源:Hennig-Schmidt,H.,Sadrieh,A. and Rockenbach,B.,2010,"In search of workers' real effort reciprocity:A field and a laboratory experiment",*Journal of the European Economic Association*,8(4),817—837.

为了解释背后的原因,作者进一步设计了实验室实验,采用折信纸装信封作为真实努力任务。部分被试将在第二次工作开始前获得10%的涨薪,在实验局设置上,考虑了是否告知参加者雇主的盈余信息。实验室的结果发现,加入盈余信息后,参加者的产出水平有了显著的上升(见图13-3)。这一结果说明,工资提升对努力水平产生积极影响的前提是各方的成本信息和盈余信息必须明确,在缺少雇主的盈余信息时,代理人并不会出现互惠行为。第二点发现与Charness and Kuhn(2007)的发现类似,代理人的努力水平并没有受同事收入信息的影响。

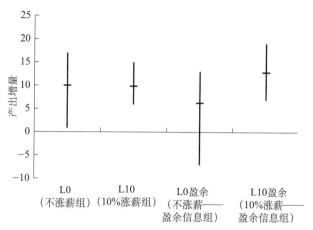

图 13-3　实验室实验被试两次工作产出增量

资料来源：Hennig-Schmidt, H., Sadrieh, A. and Rockenbach, B., 2010, "In search of workers' real effort reciprocity: A field and a laboratory experiment", *Journal of the European Economic Association*, 8(4), 817—837.

Charness et al. (2016)的研究引入了薪酬决定权这一因素。该研究既使用了选择努力任务，也使用了加法计算题作为真实努力任务。在实验局设置上，除了只能得知自己信息的基准局，还设置了工资信息实验局和工资及工资决定权信息实验局。结果显示，工资的上升和工资决定权的下放都可以显著提高代理人的努力水平，但是当代理人没有工资决定权时，他们在实验中付出的努力水平下降，最终产出下降。当委托人知道工资决定权信息的公开性时，委托人显著减少了只给予其中一个代理人工资决定权的次数。该研究的另一个贡献体现在方法论上，通过对比选择努力和真实努力的结果，发现两者只是存在微小的差异，因此采用这两种努力刻画方式对实验局效应进行分析在一定程度上是等价的。

对薪酬支付方式的研究大多表明，努力水平会随着激励的增强而提高，但是 Gneezy and Rustichini(2000)的研究发现了不一样的结果。通过实验室中的智力实验和真实的筹款任务，研究者发现在仅提供小额回报时，参与者的表现反而比那些根本没有获得报酬的人要更差，但是对获得金钱回报的参与者进行分析则发现，更高的工资确实带来了更高的产出。这说明参与者的表现受到他们对合同的看法的影响，是否提供金钱激励将产生两种不同的对合同的看法，因此带来的努力水平也是不一样的。

二、多任务委托代理问题

多任务情境下的委托代理问题目前并没有非常多的研究。Fehr and Schimdt(2004)是较早对此进行研究的实验。该实验使用了有两个任务的委托代理框架，任务一的努力水平可观察、可认证,任务二的努力水平只能被观察但不能得到认证,而代理人在两个任务上的努力是互补的,即代理人应该在两个任务上付出相同的努力。委托人可以设定两种合约的一种:一种合约是计件工资合约,代理人在获得底薪的基础上,在任务一中每付出一单位努力可以获得 s 单位的收入;另一种是奖金合约,代理人同样有一份底薪,而另一部分收入取决于是否在任务二中有优秀的表现,委托人事先许诺会给在任务二中有优秀表现的代理人支付奖金,但是无法强制委托人支付奖金,委托人和代理人双方都知道奖金支付的这一自愿性质。实验结果发现(如图 13-4 所示,其中 e_1 表示在任务一上的努力水平,e_2 表示在任务二上的努力水平),使用计件工资合约时,代理人都专注于任务一而忽略了任务二,委托人在发现这一点时也继续选择计件工资合约;在使用奖金合约时,委托人大多慷慨地给出了很多奖金,这有效地激励了代理人在两项任务上都付出很高的努力水平。

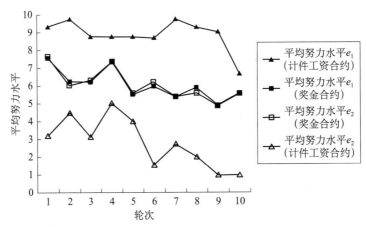

图 13-4　计件工资合约与奖金合约平均努力

资料来源:Fehr, E. and Schmidt, K. M., 2004, "Fairness and incentives in a multi-task principal-agent model", *The Scandinavian Journal of Economics*, 106(3), 453—474.

另一个针对多任务委托代理问题的研究是 Oosterbeek et al. (2011),与前一研究的差别在于代理人的行动分为生产性行动和寻租行动。寻租行动对整个社会来说是有害的,但是可以通过提高代理人放弃生产性行动的外部收益来提高讨价还价能力。理论对这两种行动有不同的预测:一方面,当寻租的效率提高时,激励生产的工具的效果将下降,代理人更愿意去进行寻租,另一方面,寻租效率提高后,不选择寻租的代理人能发送更强的关于个人公平感的信号,进而说明值得更大的奖励,这使得代理人进行生产性行动是更有利的。针对这两种不同的理论预测,研究者设计了带有第二次投资机会的信任博弈进行检验。在博弈的第一阶段卖家可以选择有效率或无效率的投资水平,在第二阶段中买家可以选择转移额。结果表明,寻租行动的效率提高后,激励的效果变小了,符合标准理论的预测,但是其中也存在能够一定程度上减弱寻租消极影响的互惠动机。在工作多样性和复杂程度不断提升的现代社会,仍需要对多任务激励问题进行更多的研究。

三、团队激励

在现代的工作环境中,团队合作是常见的工作形式,但在团队合作的情况下很容易出现搭便车的情况,如何有效地激励团队成员付出努力参与工作已经在实验室中得到了一定的研究。

较早在实验室中对团队激励进行研究的文献是 Nalbantian and Schotter(1997)。在这个实验中,6 名被试组成一个团队,团队产出的计算方式为 6 名被试的产出加总再加上一个均匀分布的随机变量,任务采用选择努力任务,被试只需决定自己的努力水平。研究者一共设计了四种不同的激励方式,分别为利润分享(6 名成员平分团队的产出)、强制目标(产出超过某一目标后团队成员分享产出,否则只能获得非常低的工资)、获得分享(产出目标为过往表现的一个函数)和锦标赛(产出更高的团队的成员可以获得奖金)。实验发现,团队成员的偷懒行为确实存在,一个团队在一种激励方式下的工作表现取决于团队在先前的激励方式下建立起的努力规范,这意味着团队成员的工作经历是非常重要的。对比四种激励方式发现,锦标赛激励方式带来了更高的平均产出和更小的产出方差。而在监督工作方面,虽然监督可以起到提高努力水平的效果,但有效监督的成本也是巨大的,很可能会失效。

Meidinger et al. (2003)对团队激励进行的研究中没有外生地设定团队的激励方式,而是引入了真实被试扮演的委托人,委托人可以自行选择不同的产出分配方案,分别是团队获得一半产出或者获得三分之二产出。在代理人方面,设定了两种不同的情形:一种是同质性团队,通过一个共同的产出参数设定;另一种是异质性团队,通过代理人间生产率的差异实现。这样的设定可以研究不同团队成员进行合作的意愿以及委托人引导合作的意愿。实验任务分两部分进行:第一阶段中,委托人决定产出分配方案;第二阶段中,代理人独立决定是否接受这一方案,如果都决定接受,那么两名代理人进入囚徒困境博弈,需要决定付出的努力水平。实验结果发现,对异质性团队来说,平均的产出分配方案会带来更多的搭便车现象,而委托人也不会尝试去激励团队,因为团队成员更关注队友的行为;在同质性团队中,委托人可以通过更高的产出分配方案引导团队代理人进行合作,这说明互惠回报的行为在团队工作环境下也会出现,同样对努力水平有影响。

以上的研究中都假设团队成员的生产能力是相等的。但是组成团队的一个重要原因是个人的能力有限或者在某方面能力并不突出,因此团队通过能力上的互补更好地完成任务。Brandts and Cooper(2007)考虑了团队成员之间的能力互补性。这一实验采用了包含 4 名工人的里昂惕夫生产函数,团队内的工人必须都付出高努力才能有高产出。在没有交流或者上级管理人员的情况下,这样的博弈最终都会走向合作失败。作者向这样的团队指派了经理,经理可以选择一种方式提高团队成员的努力水平:一种是提高产出分享比例,另一种是与团队成员在努力决策前进行自由的交流。对比发现,交流是一种更有效的方式,由于实验中使用的交流是非结构性的交流方式,因此通过分析交流内容可以发现,最有效的交流方式是明确要求付出高的努力水平,指出高的努力水平对双方都有利,且成员可以因此获得很多报酬。

另一个考虑了团队成员产出互补性的实验研究是 Goerg et al. (2010)。该实验基于 Winter(2004)的模型进行。团队成员需要通过付出选择努力完成生产,产出取决于团队成员付出努力的总数和互补型或替代型生产函数(如表 13-1 所示,e_i 为被试 i 付出的努力成本)。实验结果说明,对相同的成员给予不相等的奖励可以促进合作,提高生产率,这也说明了平等对待相同的团队成员对引导团队付出高努力来说既不充分也不必要。

表 13-1 生产函数设定

生产函数	产出(以实验点数计算)			
	$\Sigma_i e_i = 0$	$\Sigma_i e_i = 1$	$\Sigma_i e_i = 2$	$\Sigma_i e_i = 3$
互补型	20	40	65	100
替代型	20	55	80	100

资料来源:Goerg, S. J. , Kube, S. and Zultan, R. I. , 2010, "Treating equals unequally: Incentives in teams, workers' motivation, and production technology", *Journal of Labor Economics*, 28(4), 747—772.

四、锦标赛激励

锦标赛激励是一种常用的竞争性激励,以劳动者之间的相对工作表现确定最终的报酬。锦标赛的激励效果已经得到了实验研究和实践运用的检验,但是这一竞争性激励一方面可以激励劳动者努力提高自身产出,另一方面可能导致劳动者进行非生产性的破坏行为,通过破坏同事的产出以提高自身的相对表现和收益。因此,锦标赛激励值得研究的问题非常多,下面将相关研究分为锦标赛的进入选择、激励效果、负面影响以及设计进行介绍。

作为一个竞争性的激励,锦标赛下劳动者的收入具有很大的不确定性,在选择是否进入锦标赛的决策上,不同类型的劳动者之间就已经出现差异。Camerer and Lovallo (1999)研究了人的过度自信是否会影响进入竞争性环境的决策。实验中的被试自行选择是否进入市场,在市场中将通过排名决定最终的收益,而排名取决于在答题任务中的表现或者是随机决定。实验发现,当被试的收益取决于答题任务表现时,被试倾向于过高估计自己获胜的概率并非常频繁地选择进入,而当最终获胜与否是部分取决于个人表现并可以自行选择是否进入时,被试的过度自信更加严重。

Eriksson et al. (2009)关注了自我选择时锦标赛下工作表现的差异。该实验中的基准局是外生设定计件工资或锦标赛方式,而选择局中被试可以自行选择两种方式中的一种。实验中的产出由被试决定的努力水平加上一个随机数组成。研究发现,在可以自我选择是否参加锦标赛时,被试付出的努力水平更高,以往研究发现外部设定的锦标赛的效果会因为表现差异的扩大而降低,而本实验发现自我选择的加入使得被试间的努力水平差异显著低于外生设定锦标赛时的差异。

锦标赛的激励效果已经在实验中得到了检验。Bull et al.(1987)的早期实验研究对比了锦标赛和计件工资两种方式,在实验中,被试选择某一数值的努力水平,该数值加上一个随机数的和为最终的产出水平。在锦标赛下,产出水平更高的一方得到更高报酬,而在计件工资下,产出水平按一定比例换算为最终的报酬。实验中还将锦标赛划分为努力成本相同的对称锦标赛和努力成本不同的非对称锦标赛。研究结果显示两种方式下的努力水平都趋向于理论水平,但锦标赛下努力水平的方差比较大,而在非对称锦标赛下,努力成本低的被试在实验中的努力水平趋向理论预测结果,努力成本高的被试的努力水平持续高于理论预测水平。Van Dijk et al.(2001)的研究对比了个人、团队、锦标赛三种薪资系统,在实验中被试既可以完成任务 A 也可以完成任务 B,两个任务形式相同,其中任务 B 总是以个人计件工资计算报酬。实验发现个人和团队生产方式下有同样的努力水平,其中在团队生产方式下确实出现了搭便车现象,但是很多被试提供更高的努力水平抵消了损失。与 Bull et al.(1987)类似的结果是,锦标赛下努力水平非常高但是方差也非常大,其中水平较差的被试也非常努力工作。

以上的实验是将锦标赛与其他类型的激励方式进行对比研究,而 Irlenbusch and Ruchala(2008)将锦标赛用于团队生产方式。由于团队内可能的搭便车行为,如何激励团队成员努力工作十分重要。研究者研究了在团队薪酬系统之外加入针对贡献最大的成员的奖金对努力水平的影响。这一奖金并不是外生支付的,而是根据 4 人工作团队的产出进行支付,这样在团队实验局、低奖金实验局、高奖金实验局中,边际人均收益都相等,确保了不同实验局的可比性。实验发现单纯的团队薪酬系统可以促使成员进行自愿合作,而额外的相对奖金只有在足够高时才能提高努力水平和效率,但是锦标赛奖金也存在着挤出团队内自愿合作的缺点。

综合上述研究可以发现,锦标赛并不是一种完美无缺的激励方式,也存在着不少负面的影响。由于锦标赛是根据相对表现决定最终的报酬,除了提高自身努力水平提高产出,劳动者也可能采取破坏行为降低其他人产出,在自身产出不变的情况下提高相对排名。这样的破坏行为如果较为严重,反而会造成总产出的下降。Harbring and Irlenbusch(2005)检验了这一现象的存在,实验设置了委托人内生设定奖金的实验局和外生设定奖金的实验局,在所有实验局中作为代理人的被试需要同时决定努力水平和破坏水平。研究发现,努力水平和破坏水平都随着奖金的提高而提高,并且破坏水平的提升幅度大于努力水平的提升幅度,而在内生设定奖金的时候,最低奖金带来的破坏水平要高于外生设定相同最低奖金时的破坏水平,这说明破坏水平并不仅是针对其他代理人的,还可能是报复委托人的手段。

Carpenter et al.(2010)通过一个真实努力任务进行研究,发现这种破坏行为不仅仅对产出造成了直接的破坏,还可能产生间接的负面影响。参加实验的被试需要填写信封上的姓名地址、打印信件并封装。在完成任务后,所有的被试都需要去统计并检查其他人的完成数量和完成质量,另外也有实验员和邮递工作人员作为第三方统计和检查。实验采用2×2的设计,在激励方式上选择了计件工资和锦标赛两种,另一维度为是否有破坏机会,即最终的产出计算是以其他被试的统计为准还是以外部人员的统计为准。实验产出结果如图13-5所示,只有在不存在相互破坏的机会时,锦标赛才能发挥积极作用,而存在破坏机会时,锦标赛的产出反而更低了,这一方面来自相互竞争的被试间的故意破坏行为,另一方面也来自被试对破坏的预期,即被试预期到自己的产出将受到别人的破坏,因而缺少高努力水平的激励,造成产出降低。

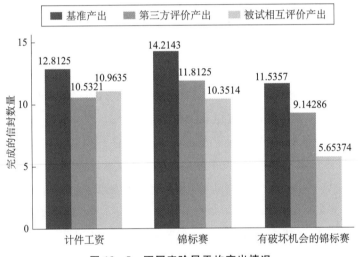

图 13-5 不同实验局平均产出情况

资料来源:Carpenter,J.,Matthews,P. H. and Schirm,J.,2010,"Tournaments and office politics:Evidence from a real effort experiment",*American Economic Review*,100(1),504—517.

对锦标赛负面影响的研究都发现了额外报酬的提供诱发了破坏行为,但是锦标赛中除了不同等级的奖金,还有排名因素。Charness et al.(2013)分解了额外报酬和排名两种因素,认为对排名的追求就可能导致更多的破坏行为和欺骗行为。所谓欺骗行为,是指谎报、夸大自身产出的行为,也是锦标赛中可能出现的一种非生产性行为。实验一共设置了四个实验局,基准局使用固定工资进行支付,排名实验局在基准局基础上另外提供了关于相对表现的信息,其他两个实验局为破坏实验局和欺骗实验局,分别可以付出一定成本,对其他人的产出进行破坏或者购买一定产出来虚假地提高自身产出。实验发现单纯的相对表现信息就可以使得平均努力水平提高,但是非生产性行为也会出现,包括破坏行为和欺骗行为,其中负面影响更大的是破坏行为,而且与 Carpenter et al. (2010)的研究类似,破坏行为对产出既有直接影响也有间接影响。另外,由于样本来自不同学校,分析也发现来自同一学校的被试更倾向于进行欺骗行为,对其他学校的被试则倾向于采用破坏行为,这说明了身份认同在锦标赛激励中也会造成影响。

可以说,锦标赛激励确实可以激励更高的努力水平,但是由此带来的负面影响也不能忽视,特别是间接的负面影响,也就是说,产出受到破坏的威胁本身就可能挫伤积极性,使得最终产出下降。由于锦标赛下存在较大的努力水平方差和可能的破坏行为,如何设计合适的锦标赛激励方式也是值得研究的。Harbring and Irlenbusch(2003)从锦标赛规模和奖金结构两方面入手对努力水平方差较大的问题进行了研究,其中锦标赛规模是指参与锦标赛的人数,分别有 2、3、6 个人规模的锦标赛;奖金结构是指最终胜出获得更高报酬的人数比例,有 1/3、1/2、2/3 三种。参与锦标赛的被试同时决定自己的努力水平。研究发现,胜者相对比例的提高可以提高平均的努力水平,而胜者绝对数量的提高使得努力水平的方差变小。

采用与 Harbring and Irlenbusch(2003)类似的实验设计,Harbring and Irlenbusch(2008)关注如何限制锦标赛中的破坏行为。研究者构建了一个包含生产性活动和破坏性活动的锦标赛模型,模型预测在特定的设计下,两种活动既不会受锦标赛规模的影响,也不会受胜者占比的影响。结果发现破坏性活动确实在实验中出现了,和模型预测相似的是,努力水平和破坏水平并不受锦标赛规模影响,而与模型预测不同的是,胜者占比会影响到两种活动水平,激励了更高努力水平的锦标赛结构同时也带来了更高的超出预测的破坏水平,平衡赢家和输家的占比有助于改善生产性活动。

在对胜者占比的设计中,还需要考虑到锦标赛的模糊性和不确定性。在现实中,有不少锦标赛的最终胜者数量是不确定的,比如晋升锦标赛。Balafoutas and Sutter(2019)研究了不确定性和模糊性对参与者工作表现和竞争意愿的影响。参加实验的被试需要先后在计件工资和锦标赛下完成同样的任务,在第三阶段任务开始前需要自行决定是否继续采用锦标赛作为报酬计算方式,主要的实验条件针对第三阶段设置,一共设置了三种不同的实验局:基准局中胜者数量明确,不确定性实验局中只告知被试有 1/3 的可能性分别有 1、2、3 个胜者,模糊性实验局中被试并没有获得关于胜者数量和可能性的任何信息。实验显示不确定性和模糊性都使得男性被试和女性被试提高了进入锦标赛的可能性,但是只对模糊性下的男性被试有显著的影响,竞争意愿上的性别差异平均来看是扩大了。对已进入锦标赛的被试进行分析发现,当存在模糊性和不确定性时,男性被试的表现显著提高了。总的来说这些影响更有利于男性被试赢得存在不确定性和模糊性的锦标赛,胜者组成方面倾向于有更多的男性被试(见表 13-2)。从这个实验中可以发现,在设计锦标赛的时候必须要考虑到信息可得性和透明性的问题,这将会影响到最终胜者的性别构成。

表 13-2　锦标赛实验第三阶段不同性别获胜情况

	男性	女性	p 值
基准局	0.583	0.417	0.564
不确定性实验局	0.720	0.280	0.028
模糊性实验局	0.694	0.306	0.020
总体	0.685	0.315	0.001

资料来源：Balafoutas, L. and Sutter, M., 2019, "How uncertainty and ambiguity in tournaments affect gender differences in competitive behavior", *European Economic Review*, 118, 1—13.

Vandegrift and Brown(2003)的研究指出任务难度也是需要考虑的设计维度。该实验设计了两种不同难度的预测虚拟资产价格的任务，实验条件如表 13-3 所示，采用了 2×2 的实验设计。简单难度下，被试获得一个与最终价格有关的提示数字（表 13-3 中的 Cue 1），困难难度下，被试获得两个提示数字（表 13-3 中的 Cue 1 和 Cue 2），这些数字生成虚拟资产价格的方式是固定的（见表 13-3，其中 e 为随机数），实验的另一维度为胜利和失败的报酬差距。被试需要根据提示数字猜测最终的虚拟资产价格，更接近者为胜者。实验结果表明，简单难度下，报酬差距扩大并不会提高被试猜测的准确率，而预测能力较差的被试频繁地使用高方差策略（更多地猜测极端值）；困难难度下，高方差策略的使用减少，这是因为能力较差的被试即使使用高方差策略也经常输掉锦标赛。

表 13-3　实验条件设定

实验设计：2（任务难度）×2（报酬差距）		
任务难度		
	提示数字数量	虚拟资产价格生成方式
简单任务	1	$P = 100 + 0.7 \times Cue\ 1 + e$
困难任务	2	$P = 115 + 0.7 \times Cue\ 1 + 0.3 \times Cue\ 2 + e$
报酬差距		
	胜利报酬	失败报酬
小差距	\$0.40	\$0.20
大差距	\$0.70	−\$0.10

资料来源：Vandegrift, D. and Brown, P., 2003, "Task difficulty, incentive effects, and the selection of high-variance strategies: An experimental examination of tournament behavior", *Labour Economics*, 10(4), 481—497.

五、礼物交换与互惠行为

对委托人和代理人之间互动关系的分析，一个常用的框架是礼物交换博弈。在这一博弈中，委托人提供高工资可以获得来自代理人的更高的努力水平作为回报。对于这一互动背后的行为动机，Charness(2004)进行了实验研究，以确定这一动机是出于互惠还是其他类型的社会偏好。实验一共设置了三种类型的工资决定方式，第一种为雇主（委托人)自行决定工资水平,而另外两种都是通过外生手段决定工资,分别为随机抽取和中立第三方决定。在这三种方式下,都发现工资和努力水平的正相关关系(见表13-4)。在委托人自行决定工资的时候,如果出现了较低的工资水平,代理人的努力水平比外生决定的情况下更低,说明存在一定的负面报复行为;而对较高的工资水平,一方面是来自互惠,另一方面对分配的考虑也对努力水平的提升起到一定作用。

表 13-4 不同工资区间及工资决定方式下的平均努力水平

工资区间	委托人决定工资	随机决定工资	第三方决定工资	总体
20—39	0.1060(50)	0.1697(33)	0.1438(32)	0.1569(65)
40—59	0.2537(54)	0.3051(39)	0.2571(42)	0.2802(81)
60—79	0.4125(80)	0.3784(88)	0.3613(93)	0.3696(181)
80+	0.4667(36)	0.4867(30)	0.4394(33)	0.4619(63)
总体	0.3127(220)	0.3442(190)	0.3175(200)	0.3305(390)

注:工资以实验点数计算,括号内为观测值数量。
资料来源:Charness, G., 2004, "Attribution and reciprocity in an experimental labor market", *Journal of Labor Economics*, 22(3), 665—688.

Irlenbusch and Sliwka(2005)关注了透明程度对互惠行为的影响。该实验采用了重复礼物交换博弈,委托人先行选择一个工资水平,代理人随后决定需要付出的努力水平,在努力水平的基础上加一个随机部分作为最终的产出,委托人的最终收益为产出减去工资,代理人的最终收益为工资减去努力成本。实验局方面设置了隐藏努力水平和显示努力水平两个实验局。不同工资水平下的平均努力水平如图13-6所示,结果发现,努力水平是否显示对代理人的平均努力水平没有显著影响,努力水平隐藏时,有更多的被试选择不付出努力或付出极高的努力;努力水平显示时,被试的努力水平分布更加集中。

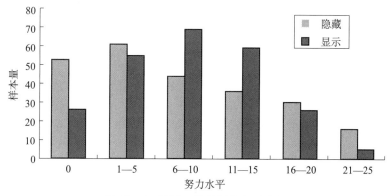

图 13-6 不同工资段平均努力水平

资料来源:Irlenbusch, B. and Sliwka, D., 2005, "Transparency and reciprocal behavior in employment relations", *Journal of Economic Behavior and Organization*, 56(3), 383—403.

以上的研究中礼物交换存在于一对一的委托人和代理人之间,Maximiano et al. (2007)将礼物交换拓展至一名委托人和多名代理人的情境。研究者分别设计了一对一实验局和一对四实验局。实验中代理人所付出的努力水平如图13-7所示，可知在两个实验局中，平均努力水平都随着工资的上升而上升，而一对四实验局的工资—努力关系更为平缓，努力水平上的差异较小，这说明将礼物交换推广至多人环境时，效果同样是稳健的。为了进行稳健性检验，研究者也额外进行了明确强调委托人和代理人初始禀赋差异的一对四实验局（即图13-7中的一对四（E）实验局），可以发现与一对四实验局差异较小。

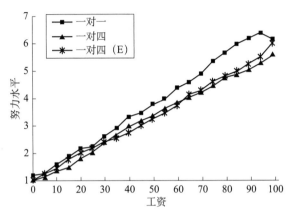

图13-7　单代理人与多代理人实验局的努力水平

资料来源：Maximiano, S., Sloof, R. and Sonnemans, J., 2007, "Gift exchange in a multi-worker firm", The Economic Journal, 117(522), 1025—1050.

除了在实验室环境中进行的礼物交换实验，Gneezy and List (2006)在现实环境中对礼物交换关系进行了研究。这一实验采用了两种不同的任务类型，分别是学校图书馆的数据录入工作和研究中心的上门募捐任务。这两种任务的关键区别在于，募捐任务中参加者知道任务成果对发布者的价值，参加者最终报酬在发布者收益中所占比例可能影响到参加者对报酬是否公平的感知。两个任务都招募了两批学生参加，第一批学生的报酬按照招募公告上说明的时薪进行支付，而第二批学生在工作开始前被告知时薪将提升。实验结果发现，礼物交换也存在于现实的劳动环境中，时薪的提高使得参加者的努力水平有所提高，但是随着任务进行，努力水平的提高很快就消失了，两批学生工作效率之间的差异消失。这说明通过礼物交换带来的努力水平提升可能是短暂的。进一步统计提高时薪这一礼物的成本发现，在原来公告的工资水平下，这一部分礼物成本可用于招募更多的兼职学生，完成更多的数据录入任务或资金筹集任务。

基于这一实验研究，Kube et al. (2006, 2012)进行了拓展研究。与Gneezy and List (2006)只关注积极互惠不同，Kube et al. (2006)同时研究了积极互惠和消极互惠。该实验任务是在图书馆中完成图书的分类编码工作，并且通过在任务开始前告知时薪提升诱发积极互惠，或者告知时薪降低诱发消极互惠。积极互惠的研究结果与先前的研究一致，短期内努力水平有明显的提升，但是效果在中长期内趋于消失。消极互惠的效果则不一样，消极互惠使得被试的努力水平有明显的下降，并且下降效果是非常持久的。该研究说明了两种互惠的不对称性。在采用金钱礼物进行研究之外，Kube et al. (2012)引入了非金钱礼物。工作任务同样是图书馆的分类编码工作。金钱礼物为任务开始前时薪提升20%，非金钱礼物为与金钱礼物等价的一个保温杯。实验结果发现非金钱礼物，即保温杯有着非常强的激励效果，参加者的努力水平约有25%的提升，而金钱礼物并没有取得明显的效果。研究者进一步进行了补充实验，该实验中，参加者可以自行选择时薪的提升或者是保温杯，几乎所有的参加者都选择了提高时薪，但是此时参加者的努力水平和直接收到保温杯的参加者是一样高的，这说明并不是参加者对非金钱礼物的偏好或者是错误估价造成最终实验结果，雇主在准备礼物时花费的努力和时间才是参加者提高努力水平的原因。

礼物交换博弈被广泛地用于刻画委托人和代理人之间的互动关系，从以上研究可以发现，礼物交换关系是广泛存在的，这一关系使得委托人可以通过简单的方式提高代理人的努力水平。对礼物交换关系背后的动机、成因以及影响因素，还有不少值得探究的地方。

第二节　企业人事经济学

激励与委托代理问题是企业经营者关注的重点，在具体现实的工作环境中进行实地实验丰富了对这一问题的研究，使实验室实验获得的相关结论得到了检验与深化，同时，这些实地实验也为企业的经营管理提供了不少的指导和启示。实地实验涉及的劳动场景一般包括企业、工厂、农场等各种真实的劳动场景，另外，随着网络众包平台的发展成熟，依托网络平台开展的实地实验也开始出现。这一节将从经济激励、非经济激励、礼物交换、社会比较、工作方式等方面介绍相关研究。

一、经济激励

通过经济激励提高劳动者生产率是最常见的激励方式，对相关经济激励方式的研究也有很多。从现实中最常见的定额工资、计件工资、绩效工资等方式开始，目前对经济激励的研究已经开始关注这些激励方式在更丰富多样的工作环境下的有效性以及这些方式可能产生的一些扭曲作用。

经济学中的一个经典问题是更高的工资水平是否会提高劳动供给。对这一经典问题，Fehr and Goette(2007)通过在瑞士苏黎世针对自行车邮递人员进行实验给出了实验证据。这些邮递人员没有固定工资，而是从每一次投递中获得一定的佣金。在一天的工作时间中，邮递人员可以自由决定具体的工作时长和在工作中付出的努力水平。参加实验的邮递人员都在事前知道接下来的四周内佣金比例将提高25%。研究者主要关注工作时长和努力水平两方面如何受到工资水平的影响,并在此基础上研究劳动供给(工作时长乘以努力水平)如何受到影响。实验结果发现,工资的上升使得总的劳动供给增加了,而这个劳动供给的增加主要是受到工作时长增加的影响,并且工作时长的弹性要大于总劳动供给的弹性,这说明每小时的努力水平是下降的,即每小时努力水平的弹性为负。为了探究背后的原因,研究者进行了彩票选择实验来测度邮递人员的风险厌恶程度,发现了损失厌恶程度是努力水平弹性为负的重要原因,如果没有表现出损失厌恶,那么这部分邮递人员同样没有表现出显著为负的弹性。

Shearer(2004)较早在现实工作环境中对计件工资和定额工资进行了研究。该实验在加拿大的一个植树公司进行,该公司一直以来都是以计件工资的方式支付工资,在实验中,随机召集的9名植树工需要在定额工资和计件工资两种方式下进行植树,实验期为120天。整体的实验结果如表13-5所示,可以发现,计件工资下的生产率提升了20%。在针对样本内的数据进行估计的基础上,研究者使用了结构计量方法来估计样本外的生产率提升效果,发现在样本外平均的生产率上升至少达到21.7%。

表13-5 植树工实验描述性统计

	观测值	平均植树量(棵)	标准差(棵)	平均报酬(美元)	平均单位成本(美元/棵)
全样本	120	1146.67	278.54	223.78	0.200
计件工资样本	60	1256.00	325.27	230.85	0.186
固定工资样本	60	1037.33	162.38	216.70	0.214

资料来源:Shearer,B.,2004,"Piece rates,fixed wages and incentives:Evidence from a field experiment",*The Review of Economic Studies*,71(2),513—534.

对经济激励的研究和实践应用已经有长久的历史,经济激励的作用已经得到广泛的认识,近年来对经济激励的关注主要集中在更丰富的环境下经济激励的有效性。首先是激励框架的问题,Hossain and List(2012)探究了奖励框架和惩罚框架两种激励框架对工厂工人生产率的影响,该实验在中国万利达集团的工厂进行。实验在团队层面和个人层面进行,采用了被试内设计方式,团队与个人按照不同的顺序分别在奖励框架和惩罚框架下进行生产,个人层面的实验还另外加入了礼物这一激励方式。在具体操作方面,绩效的计算以实际产量超过目标产量的周数进行计算:在奖励框架下,每有一周达成或超过目标产量都将得到80元的额外奖励;在惩罚框架下,开始实施前工人得到320元的奖励,每有一周没有达成目标都将扣除80元,而对个人层面的礼物奖励则是与绩效无关的。实验结果(见表13-6)主要有以下四点:第一,奖励框架和惩罚框架都能提高生产率,对比两者的影响差异可以发现,在团队层面上,惩罚框架的影响更大,在个人层面上两个框架的差异不显著;第二,效率工资和绩效工资在激励个人方面是同样有用的;第三,两种框架的影响都能在整个实验期中保持较好的激励效果;第四,为了保证激励有效,有条件的奖励和工人声誉考虑只要存在一个就可以,即两者是可以相互替代的。

表 13-6 不同框架及礼物对生产率影响的回归结果

	解释变量:每小时生产量对数					
	团队			个人		
	(1)	(2)	(3)	(4)	(5)	(6)
奖励框架	0.0365** (0.0158)	0.0864*** (0.0293)	0.0846*** (0.0252)	0.1178*** (0.0221)	0.0561*** (0.0155)	0.0495*** (0.0160)
惩罚框架	0.0470*** (0.0158)	0.0969*** (0.0293)	0.0951*** (0.0251)	0.1354*** (0.0209)	0.0439*** (0.0150)	0.0308** (0.0155)
礼物				0.1259*** (0.0203)	0.0385*** (0.0146)	0.0339** (0.0146)
时间固定效应	否	是	是	否	是	是
时间/个人固定效应	否	否	是	否	否	是
观测值	118	118	118	249	249	249
调整后的 R^2	0.9655	0.9950	0.9964	0.9050	0.9685	0.9708
F 统计值(奖励框架=惩罚框架)	0.66	4.53**	6.44**	0.51	0.67	1.61

注: * 为 $p<0.10$, ** 为 $p<0.05$, *** 为 $p<0.01$,括号内为标准误。
资料来源:Hossain, T. and List, J. A., 2012, "The behavioralist visits the factory: Increasing productivity using simple framing manipulations", *Management Science*, 58(12), 2151—2167.

与直接作用于一线工人的激励方式不同,Bandiera et al. (2007)在果园中研究了将管理人员的激励方式从固定工资转换至绩效工资后对工人生产率的影响,这一绩效工资根据下级工人的平均生产率进行计算。从理论上说管理人员有两种可能的应对方式:一种是管理人员会更关注有能力的工人,这将提高生产率的均值和方差;另一种是管理人员在挑选工人的时候更倾向于挑选有能力的工人参加工作,这将使得生产率提高而方差下降。实地实验的结果可以用图 13-8 直观说明,可知工人的平均生产率和工人间生产率的方差都提高了。这两个指标的提高由目标效应和选择效应两方面构成。目标效应是指能力较强的工人的生产率有了更进一步的提高。选择效应是指能力较强的工人更能被挑选进入工作组,并且这两种效应可以相互加强。因此,能力较差的工人更难参与到工作组中,这就加剧了工人之间的收入不平等。

相关研究还有 Bandiera et al. (2009)关于管理人员激励和社会联系之间关系的研究,该研究与 Bandiera et al. (2007)类似的处理方式是将管理人员的薪酬支付方式从固定工资转向了绩效工资。结果发现,在固定工资下管理人员更倾向于关照与其有社会联系的工人,而不在乎工人的生产率,激励方式转换后则更关注生产能力强的工人,不在乎社会联系因素。研究者进一步指出,对有社会联系的工人的偏好对整体的工作表现是有害的。以上两个研究说明,对管理人员的激励方式将进一步影响一线工人的生产率,管理人员以绩效工资的方式进行激励对提高产出是有利的,但是由此可能带来的工人收入不平等问题也需要关注。

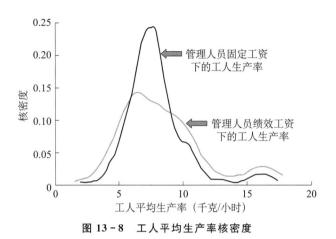

图 13-8　工人平均生产率核密度

资料来源：Bandiera, O., Barankay, I. and Rasul, I., 2007, "Incentives for managers and inequality among workers: Evidence from a firm-level experiment", *The Quarterly Journal of Economics*, 122(2), 729—773.

在实践中，理论上有效的激励方式的实施会受到一些细节因素的影响。Englmaier et al. (2016)就进行了一个非常简单的干预提高了激励的效果。该实验在欧洲一个大型的农业生产公司进行，该公司的工作环境是团队型的工作方式，并且已经存在完善的激励方式，分为数量激励和质量激励两种。在实验中，控制组的管理人员被告知具体的计件率，由管理组人员自行告知团队员工；在实验组中，计件率的信息将告知管理人员和团队员工，并且这一信息还会在机器上进行提醒，这是仅有的干预，原有激励方式的其他方面不进行任何修改。实验结果发现，这一简单的干预有着重要的影响，显著提高了产出数量和管理人员的每日报酬，但是同时对质量有着不显著为负的影响。对此，研究者认为这一方式的改动突出了激励的存在，管理人员改变了管理行为，更多的工人被指派去进行提高产量的任务。该实验说明了在激励方式的具体实施过程中需要考虑的细节还有很多，一些细节的变动就可能进一步提高激励效果。

Manthei et al. (2018)进行的实验关注工作经验对绩效工资有效性的影响，该实验在德国某大型连锁商店进行。实验一共进行了两次，第一次针对地区经理，第二次针对商店经理，其中第二次引入了更简单的奖金计算方式。与以往的研究不同的是，这里绩效工资的影响几乎可以忽略。对此，研究者进一步收集了经理和商店的数据，并对地区经理和商店经理进行了调查。据此研究者提出了新的模型来解释这一现象，即过往的工作经验将会限制绩效奖金的效果，已有的工作经验越丰富，工作流程越有效率，则进一步引入绩效奖金的效果越弱，在极端情况下激励效果可能消失。研究者进一步对第二次实验的数据进行异质性分析，从商店年龄、商店经理工龄、商店经理年龄等角度刻画了工作经验，均发现在低工作经验的商店中绩效工资存在积极的影响。

除了工作经验可能对绩效工资的有效性有影响，Khashabi et al. (2018)发现市场竞争对绩效工资的有效性也有影响。该实验也是在连锁商店进行的，研究者首先建立理论模型将竞争的效应进行分离,分为抢生意效应(business stealing)和竞争者反应效应(competitor response)两种。在竞争程度较低时,因为市场份额已经较大,没有更多的市场可以争夺,所以此时的绩效工资效果较差;但是在竞争程度非常高时,任何商业行动都可能使得竞争者进行激烈的反应参与竞争,这也使得绩效工资效果较差。因此,这两种效应将使得市场竞争对绩效工资的影响是倒 U 形的。通过分析在烘焙连锁商店进行的实地实验获得的数据,这两种效应的存在都得到了支持。

Bandiera et al.(2005)的研究发现,员工的社会偏好将影响其对不同激励方式的反应。研究在果园的采摘工人中进行,该果园从原先的相对激励方式转换至计件工资激励方式。在相对激励方式下,个人的每日收益取决于个人生产率与平均生产率之比,因此个人生产率的提高将降低其他工人的这一比例,进而降低其他人的收益,即产生了负外部性。而计件工资激励方式下每日收益只取决于个人生产率,即多劳多得。这一转换带来的生产率变化可以用图 13-9 来表示。可以发现,计件工资方式下的生产率要比相对激励方式下的显著更高,说明工人有将负外部性内部化的倾向,研究者进一步估计出,在自身收益权重为 1 的情况下,工人对其他工人收益赋予的权重为 0.65,并且在小组中私人朋友占比较高时,这种负外部性内部化的程度更高,但是研究者也指出,这种行为并不完全是由纯粹利他驱动的,因为只有在工人可以相互监督时生产率才有显著的下降。

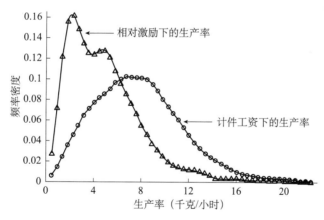

图 13-9 不同激励方式下生产率分布

资料来源:Bandiera,O.,Barankay,I. and Rasul,I.,2005,"Social preferences and the response to incentives:Evidence from personnel data",*The Quarterly Journal of Economics*,120(3),917—962.

关于绩效工资等经济激励,不能忽视的问题是经济激励可能诱发不当行为。Flory et al.(2017)进行的实验证实了这种不当行为的存在,并进一步研究如何规制这样的不当行为。该实验依托在呼叫中心进行的电话筹款活动进行,这一活动的报酬是根据员工的相对工作表现进行支付的。在进行电话筹款活动时,员工需要将电话列表上不同的用户根据回应标记为"冷"或"热"回复。在交班的时候,前一名员工需要将列表交给下一名接班的员工。这样的工作方式就可能产生两种不当行为:一种是欺骗行为,即员工夸大自己的工作成果,将一些用户故意标注为"热"回复;另一种是破坏行为,即将一些用户故意标注成"冷"回复,以阻止下一名员工拨打这些用户的电话。该实验发现这种绩效工资确实会导致员工出现不当行为。进一步地,这一研究创新性地关注了底薪的高低如何影响不当行为。实验对部分员工提供了意料之外的更高的固定底薪,发现这些员工的不当行为有显著的减少,并且这部分员工筹集的捐款额也有提升。另外,研究者也发现相对绩效工资下男性的不当行为要更多。

总的来说,从这些对经济激励的实地实验可以发现,经济激励的效果已经得到证实,目前更需要考虑的是经济激励在不同环境下的有效性,以及在具体实施过程中的细节性问题,不同的环境以及实施细节也会对激励效果存在与否以及大小产生影响。另外不能忽视的一个问题是,经济激励的引入可能会诱发不当行为,这对整体产出的提高可能是有害的,对此也可以进行进一步研究。

二、非经济激励

除了经济激励,实验同样证明了与收入无关的非经济激励可以对劳动者的生产率产生影响,常见的非经济激励有身份、反馈信息、声誉等。Greenberg(1988)在保险公司的审核部门进行研究。该公司的部分办公室需要重新装修,因此部分员工需要暂时安排至新的办公室,这些办公室规格相对员工自身层级来说可能是更低、相同或更高的,不同规格的办公室象征着员工在公司内部不同的身份等级,而这一影响可以用图13-10进行说明。可以发现,分配至更高等级办公室的员工的工作表现提高了,而分配至更低等级办公室的员工的工作表现则变差了。这是较为早期的实验研究,在具体的实验操作上可能存在缺陷,但提供了关于非经济激励作用的一些证据。

近年来依托网络平台,也出现了一些关注非经济激励的研究。Benson et al.(2019)在著名网络众包平台 MTurk 上进行了实验。研究者主要关注的是网络经济中雇主方声誉的作用。在劳动市场中雇主和雇员在相互选择时都存在信息不对称的现象,而在网络平台上这种信息不对称可能进一步加剧。研究者在 MTurk 平台上发布数据录入任务,接受工作任务的人需要识别购物小票上的物品清单并录入其中各种酒精饮料的数量和价格。在声誉方面,由于 MTurk 平台本身没有提供关于雇主声誉的评分系统,因此研究者使用了第三方的评价系统 Turkopticon 体现雇主的声誉。研究者一共进行了两个实地实验,并使用了一个来自自然实验的数据。实验一主要关注好的声誉是否能帮助雇主吸引工人,实验二则站在工人的角度研究为声誉系统中显示出好声誉的雇主工作是否能带来更好的收益,自然实验利用第三方评价系统暂时停止工作的契机,收集分析了这段时

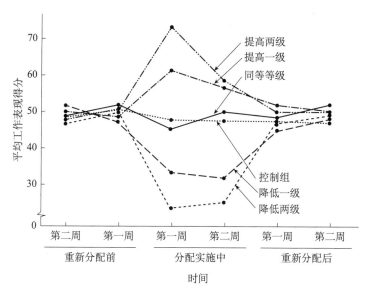

图 13-10 平均工作表现得分变化

资料来源:Greenberg,J.,1988,"Equity and workplace status:A field experiment",*Journal of Applied Psychology*,73(4),606.

间内的工作数据来研究声誉系统的突然失效造成的影响。这三个实验从不同角度证明了声誉系统的重要性。第一,对雇主来说,好的声誉确实可以帮助雇主更快更广地招募工人;第二,对工人来说,选择为声誉更好的雇主工作可以在任务完成后更快地获得报酬,并且雇主拒绝支付报酬的可能性更低;第三,声誉系统对小型的雇主来说是很重要的,因为他们需要通过声誉在网络平台中与其他更著名的大型雇主竞争工人。该研究的创新点在于,与先前主要关注雇主如何通过声誉选择好的雇员的研究不同,这里关注了雇主声誉对雇员选择工作和收益的影响,并且对比了声誉对不同类型的雇主的作用差异。

近年来也有一些研究对比了经济激励和非经济激励,Manthei et al. (2019)在德国的一个大型零售商的连锁商店进行实验对比了绩效奖金和绩效会议两种方式的影响。所谓绩效会议,是指一种定期举行的讨论商店某一经营指标表现的会议,在实验中的实现方式是每两周商店经理与上级管理人员开一次会,汇报为提高利润而采取的行动以及讨论接下来的工作计划。研究者在 224 间零售店中进行了 2×2 的实验,主要回归结果如表 13-7 所示。研究发现绩效会议可以提高利润,但是当绩效会议和绩效工资同时存在时,绩效会议的影响消失了。研究者对这种影响给出的解释是,绩效会议让经理为提高利润做出的努力更加透明可观察,强化了发送动机的信号,因此此时经理已经有很强的努力激励,而绩效奖金的加入会削弱会议带来的声誉激励,反而产生负面影响。这体现了非经济激励在发送信号、提高努力水平方面的重要作用,说明在设计相关激励制度时,非经济激励也是值得考虑的。

表 13-7　绩效奖金与绩效会议对利润的影响回归结果

	(1) 利润	(2) 利润	(3) 利润对数	(4) 利润对数
绩效奖金	−51.85 (607.3)	156.2 (710.5)	−0.00441 (0.0417)	0.0141 (0.0569)
绩效会议	1370.2** (559.0)	1492.3** (666.2)	0.0732*** (0.0238)	0.0858** (0.0411)
绩效奖金和绩效会议	−376.3 (605.1)	−397.7 (564.3)	−0.00485 (0.0351)	−0.00390 (0.0501)
Wald 检验 绩效会议=绩效资金和绩效会议	$p=0.0162$	$p=0.0090$	$p=0.0218$	$p=0.0330$
时间固定效应	是	是	是	是
商店固定效应	是	是	是	是
地区经理固定效应	否	是	否	是
商店经理固定效应	否	是	否	是
重新装修	是	是	是	是
计划利润	是	是	是	是
观测值	3975	3777	3966	3768
商店数量	224	224	224	224
聚类数	31	31	31	31
内部 R^2	0.2370	0.2722	0.1621	0.1875
总体 R^2	0.7577	0.5955	0.6158	0.4316

注：* 为 $p<0.10$，** 为 $p<0.05$，*** 为 $p<0.01$，括号内为地区层面的聚类稳健标准误。

资料来源：Manthei, K., Sliwka, D. and Vogelsang, T., 2019, "Talking about performance or paying for it? Evidence from a field experiment", IZA Discussion Paper, No. 12446.

Bandiera et al.(2013)的研究在团队激励的基础上进一步考虑了计件工资、排名激励和锦标赛三种不同的激励方式,其中排名激励只提供团队排名的反馈,属于非经济激励。这一实验同样是在英国某果园的丰收季节进行的,实验中工作团队的组成是内生的,招募来的工人可以自行组成团队,而组成团队的动机一方面受工人间本身的社会联系的影响,另一方面受工人能力高低的影响。因此研究者主要关注的是激励方式如何影响团队的构成,并进一步将激励方式对团队生产率的影响分解为两方面,一方面是团队构成的改变,另一方面是在团队构成不变时工人努力水平的改变。

实验发现,排名激励和锦标赛激励的引入显著改变了团队的构成,工人更倾向于与能力水平相当的其他工人组成团队,而不是基于社会联系组成团队。另外排名激励和锦标赛激励的作用是不同的：排名激励会降低生产率,锦标赛激励会提高生产率。进一步分析发现两者的作用方式也是不同的：排名激励只降低处于生产率分布底部的团队的生产率,锦标赛激励只提高处于生产率分布顶部的团队的生产率,这造成的共同结果是,团队生产率分布更加分散了。考虑团队生产率受影响的两个方面,研究者使用引入排名激励或锦标赛激励后人员保持不变的团队作为子样本进行分析。在排名激励下,人员组成不变的团队的生产率并没有发生改变,因此排名激励的负面影响主要是使得团队构成发生改变。与此不同的是,锦标赛激励下人员组成不变的团队的生产率有提升,说明锦标赛激励既影响了团队构成,也影响了同一团队内的努力水平。最后通过对工人进行的调查发现,与计件工资相比,锦标赛激励下的工人更少地要求团队成员努力工作或者给予他们工作指引,这说明了更少的社会联系下团队内同伴压力的效果减弱。

三、礼物交换

Gneezy and List(2006)和 Kube et al. (2006,2012)通过在图书馆等场所招募学生被试研究了礼物交换关系,在企业层面开展的针对现实劳动者的实验研究同样也关注了这一关系。Bellemare and Shearer(2009)在植树公司进行了实验。公司在某一天告诉雇员他们当天的工资将得到提升,而这个涨薪与过去的生产率并无关系,仅是公司其他环节经营剩余利润的再分配,这符合礼物的特点,即礼物的给予与雇员的生产率是无关的。分析发现,在控制了员工固定效应、天气条件和随机冲击后,礼物确实显著提高了平均每日的种植生产率,而这种影响对不同工龄的员工有不同的影响,长工龄员工比短工龄员工更受礼物的影响。

随着科技的发展,网络众包平台也成为一种新型的工作场所,这一新型工作场所中的雇佣关系也受到研究者关注。Gilchrist et al. (2016)在网络众包平台 Upwork 上进行的实验是一个很好的例子。通过 Upwork 平台,研究者发布了数据录入任务并招募人员完成数据录入工作。这一数据录入任务类似于网站登录时输入验证码的步骤,招募来的工人需要识别扭曲的单词并正确输入完成识别。研究者一共招募了三组员工,第一组以 3 美元的时薪招募;第二组同样以 3 美元的时薪招募,但是在正式开始工作前会告知将额外给予 1 美元的时薪;第三组则以 4 美元的时薪招募。实验的主要结果如图 13-11 所示,可以发现第二组的正确识别数量是最高的,第三组虽然获得了更高的时薪但是其正确识别数量与第一组并没有差别。与 Bellemare and Shearer(2009)的结果类似的是,该实验也发现了不同类型员工对礼物的异质性反应,在这一平台上更有经验的员工受到的影响是最大的,但是这一影响并不显著。这两个实验说明,无论是传统的工作场所还是新型的网络工作场所,一些提高劳动生产率的方式是同样有效的。

四、社会比较

在不同的工作场景中,同等级雇员之间和上下级之间都存在合作与竞争关系,相互

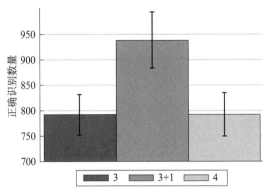

图 13 - 11　各时薪组员工正确识别数量

资料来源：Gilchrist, D. S., Luca, M. and Malhotra, D., 2016, "When 3+1>4: Gift structure and reciprocity in the field", *Management Science*, 62(9), 2639—2650.

之间在工资等方面也会进行比较。这种与他人进行的比较如何影响到雇员的努力水平与劳动产出也引起了研究者的注意。

针对社会比较如何影响工人努力水平这个问题，Cohn et al. (2014)在德国的一家销售酒吧与俱乐部会员卡的小公司进行了实验。实验一共招募接近 100 名无留用机会的临时工开展了短期销售活动。在这个销售活动中，临时工组成两人一组的小组，两人都需要完成同样的销售任务，在活动的第一阶段中也获得相同的时薪。在第二阶段，这些员工将面对不同的薪资变动情况，其中基准组的员工两人工资均不变动，共同降薪组中两人的工资都下降，单方降薪组仅其中一个人的工资会下降。实验主要结果如图 13 - 12 所示，可知降薪带来的社会比较产生了非对称的影响。对共同降薪组来说，两个人的工作表现都变差了，但是对单方降薪组来说，降薪工人的表现显著变差，下降幅度超过共同降薪组中下降幅度的两倍，而单方降薪组中未降薪工人的工作表现与基准组相比没有显著变化。

在工作场所中，不仅仅是同事之间的比较会影响员工的工作表现，上下级之间的薪资差距及相互比较也会影响员工的工作表现。Cullen and Perez-Truglia(2018)在大型商业银行进行了一个实验来探究同等级员工以及上下级之间的比较带来的影响。该实地实验分两部分进行。在第一部分中，研究者使用带有激励的问题去收集员工关于同等级同事以及上级管理人员的薪资的信念，这两种薪资的比较分别被称为"水平比较"和"垂直比较"。在第二部分中，对于每个员工，研究者首先以 50% 的可能性决定员工是否获得关于同事平均薪资的信息，接着再以 50% 的可能性决定员工是否获得关于上级管理人员平均薪资的信息。这种外生的信息冲击对员工工作表现的影响正是该研究关注的重点。实验首先发现了，对薪资的错误信念是非常常见的，通过对这些错误信念的分析（见表 13 - 8)发现对同事和上级的薪资信念对员工表现有不同的影响，对同事薪资更高的估计

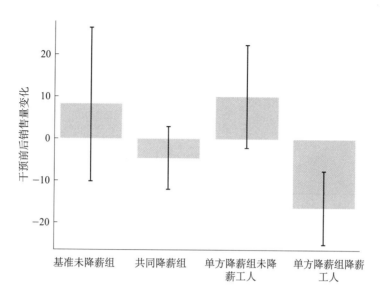

图 13-12 各销售小组干预前后会员卡销量变化

注：计算方式为干预前后销售量差值占干预前销售量平均值的比例。

资料来源：Cohn, A., Fehr, E., Herrmann, B. et al., 2014, "Social comparison and effort provision: Evidence from a field experiment", *Journal of the European Economic Association*, 12(4), 877—898.

有负的影响，而对上级薪资更高的估计有正的影响，这体现在工作时长、邮件发送量、销售指数等指标上。但是对同事薪资的过高估计除了会提高离职可能性，对离职、调职、薪资变动等生涯变动指标基本没有显著影响。对于背后的机制，研究者认为与同事的水平比较主要存在社会比较和工资期望两种途径，社会比较途径起主要作用，而与上级的垂直比较中，只存在工资期望途径。

表 13-8 薪资信念对员工表现的影响

	工作表现（对数形式）			职业变动			
	工作时长 (1)	邮件发送量 (2)	销售指数 (3)	离职 (4)	内部调职 (5)	薪资变动 (6)	职位变动 (7)
解释变量中的实验后信息：							
同事薪资（对数形式）	−0.943** (0.472)	−0.431** (0.210)	−0.731** (0.297)	0.235** (0.107)	0.093 (0.106)	0.004 (0.052)	0.114 (0.123)
管理人员薪资（对数形式）	0.150** (0.074)	0.130*** (0.041)	0.106 (0.122)	−0.015 (0.022)	−0.003 (0.030)	0.002 (0.011)	0.012 (0.029)
解释变量中的实验前信息：							
同事薪资（对数形式）	−0.205 (0.542)	−0.814 (0.289)	−0.191 (0.412)	−0.139 (0.218)	0.212 (0.163)	−0.001 (0.005)	−0.071* (0.040)
管理人员薪资（对数形式）	0.001 (0.114)	−0.101 (0.071)	0.063 (0.160)	−0.022 (0.050)	0.029 (0.029)	0.002** (0.001)	0.009 (0.010)

（续表）

	工作表现（对数形式）			职业变动			
	工作时长 (1)	邮件发送量 (2)	销售指数 (3)	离职 (4)	内部调职 (5)	薪资变动 (6)	职位变动 (7)
实验后变量:							
p 值 $H_0:(i)=(ii)$	0.026	0.007	0.000	0.015	0.398	0.963	0.424
Cragg-Donald F 统计量	29.8	204.0	98.2	203.7	203.4	203.6	203.3
结果变量均值	5.98	35.57	0.48	0.05	0.09	0.92	0.10
结果变量方差	1.88	44.93	0.23	0.21	0.28	0.70	0.30
观测值	602	2060	791	2060	2060	2060	2060

注：* 为 $p<0.10$，** 为 $p<0.05$，*** 为 $p<0.01$，括号内为职位层面的聚类稳健标准误。

资料来源：Cullen, Z. and Perez-Truglia, R., 2018, "How much does your boss make? The effects of salary comparisons", National Bureau of Economic Research Working Paper, No. 24841.

五、工作方式

大部分工作都需要员工在集中的工作场所办公，而远程办公、居家办公等工作形式更可能是作为辅助的工作方式。但是新冠病毒的传播给传统的集中办公造成了巨大的冲击，保持社交距离、减少外出、减少接触都使得传统的集中办公无法正常进行。在复工经营的巨大压力下，不少企业都开始探索远程办公、居家办公等新形式的工作方式。这种工作方式对工作效率和表现有什么影响是非常值得关注的。目前已有研究者对居家办公这一工作形式进行了研究，其中最著名的是 Bloom et al. (2015) 在携程公司针对客服人员进行的居家工作实验研究。

实验在携程公司的呼叫中心进行，呼叫中心的客服人员中有接近一半愿意尝试居家工作这一工作方式，最终有 249 名客服人员参加了实验。在这一批员工中，出生日期末位数字为偶数的员工作为实验组员工，末位数字为奇数的员工作为控制组员工。在居家工作实验中，客服人员一周内有四天居家工作，而第五天则需要前往办公室工作（因为有一定的培训任务）。实验组员工和控制组员工都使用相同的电脑设备，完成同样的工作任务，并且工资计算方式也是相同的，因此工作表现上的区别将是工作地点的区别造成的。由实验结果（见图 13-13）可知，居家工作的员工的工作表现有 13% 的提升，进行分解发现，9% 的提升来自每一次轮班中工作了更长的时间、更少的休息与病假；4% 的提升来自每一分钟接听电话数量的上升，因为居家工作的员工有更安静与更方便的工作环境，并且员工的满意度上升、离职率下降，但是居家工作也带来了一定的负面影响，居家工作的员工的升职率下降了。在九个月的实验结束后，携程公司将这一工作方式向全公司推广，结果发现参加实验的控制组员工中，有超过一半的员工选择更换至居家工作方式，这进一步扩大了居家工作的积极影响。这一居家工作实验揭示了居家工作可能带来的积极影响,对受新冠病毒传播影响的正在探寻新的复工方式的全球企业来说都有重要的启示。

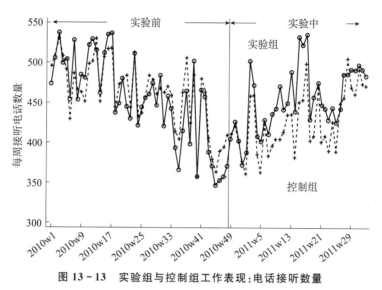

图 13-13　实验组与控制组工作表现:电话接听数量

资料来源:Bloom, N. , Liang, J. , Roberts, J. et al. ,2015,"Does working from home work? Evidence from a Chinese experiment", *The Quarterly Journal of Economics*, 130(1), 165—218.

第三节　劳动力市场设计

劳动力市场的运行是劳动经济学的研究重点之一,本部分将介绍针对劳动力市场运行、出清以及匹配的相关研究。首先将介绍对现实的劳动力市场的组织和运作的研究,接着介绍在劳动力市场以及其他相关领域都有重要影响的匹配理论,最后介绍劳动力市场上广泛存在的不完全合约对市场运行的影响。

一、真实市场设计

对市场设计的研究离不开对真实市场的考察与研究,在早期就有针对真实市场的实验研究。Nalbantian and Schotter(1995)对棒球运动员市场进行了研究,具体分析了三种不同的匹配机制,分别为自由球员(free agency)、完全信息英式拍卖(complete information English auction)和同时匹配机制(simultaneous mechanism)。其中自由球员为当时实行的匹配机制,在此基础上将球队出价公开则为完全信息英式拍卖,同时匹配机制是新设计的一种匹配机制。针对这三种匹配机制,研究者分别设计了三个抽象刻画其关键特征的实验,以此来探究三种匹配机制的优缺点。一个匹配机制的成功一方面需要尽可能避免无匹配结果的出现,另一方面需要尽可能以最优的方式进行匹配。以这一标准对三种匹配机制进行评价,可以发现自由球员机制下能很有效地避免无匹配结果,但是在以最优方式进行匹配上表现更差;与之表现相反的是同时匹配机制,这一机制能很大程度地进行最优匹配,但是无匹配结果也较多;完全信息英式拍卖处于两者中间,但是在避免次优匹配上优于自由球员机制。

随着科技的发展,更多的匹配方法已经被应用在各类劳动力市场中,其中算法推荐这一技术在购物、视频、文章推荐等方面获得了广泛的应用,在劳动力市场上类似的算法推荐技术也有了应用。Horton(2017)在网络上的劳动力市场中测试了算法推荐方式使用的效果。这一实验在网络劳动力平台 oDesk 进行,雇主在网站可以搜索、浏览相关求职者的信息并向其中合适的人发出邀请,求职者也可以主动向合适的雇主发送信息。实验向其中部分雇主提供了经过算法推荐的合适的求职者信息(见图 13-14),信息的提供提高了雇主的雇佣率,职位空缺的现象有所下降,并且根据推荐结果进行雇佣和自行浏览信息进行雇佣导致的雇佣结果非常类似,但是这一效果不是对所有职位空缺都有效,其中科技类职位的雇佣率提高了大约 20%,但是对非科技类职位的雇佣率没有影响。研究者对算法推荐方式的效果进行了进一步解释:第一,算法推荐降低了招募成本;第二,对科技类职位产生显著效果是因为这类职位招募到更高质量的员工的回报相对更高;第三,算法推荐的使用并没有挤出求职者自行求职这一途径,因为基础的雇佣率已经非常低了。

从这些真实市场的匹配例子可以发现,除了从理论上、机制设计方面来研究更有效率的匹配方式,使用新的技术进行快速、有效的推荐和匹配也是近年来劳动力市场匹配的重要方面。因此对劳动力市场的匹配研究一方面需要关注理论机制上的创新,另一方面也要关注新的技术手段的应用。

二、匹配理论

在劳动力市场的设计中,埃尔文·罗斯关于匹配理论的研究有着非常广泛的应用,并且相关研究结果已经在帮助医生、律师等职业和工作场所的匹配中起到了重要作用,比如 Roth and Xing(1997)对门诊心理医生市场的研究、Roth and Peranson(1999)对美国内科医生市场的研究、Kagel and Roth(2000)对英国内科医生的研究、McKinney et al.(2005)对肠胃科医生的研究以及 Haruvy et al.(2006)对法律文职人员的研究等,这些研究成果的运用大大提高了市场效率,并且其中有部分研究结合了对现实市场的考察和实验室实验。

Kagel and Roth(2000)从对美国劳动市场的一些匹配方式改革的考察开始,设计了实验室实验对比两种匹配方式。研究者设计了一个存在拥堵现象进而迫使参与者过早

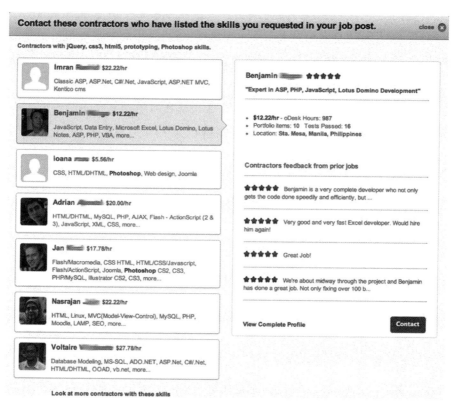

图 13-14　求职者算法推荐页面

资料来源：Horton, J. J., 2017, "The effects of algorithmic labor market recommendations: Evidence from a field experiment", *Journal of Labor Economics*, 35(2), 345—385.

地接受报价的无效率匹配环境。当公司和劳动者错误匹配的成本大于过早匹配的成本时，实验室中重现了实际观察所得的结果。该结果也说明，可以通过实验室重现现实市场的匹配情况，并从中获得更多在现实中无从获得的数据。

McKinney et al. (2005)关注了一个肠胃科医生劳动力市场出清失败的案例。在现实中市场发生了冲击，首先是肠胃科医生职位数量下降，而需求下降反过来造成了求职医生的不足，因为现在医院倾向于更早地填补职位空缺，而申请者也更早地接受了录用通知，因为他们只知道职位减少，不知道有资格的医生数量也存在不足。实验中证明了这样的冲击是造成出清失败的重要原因。另外，研究者也指出这样的失败案例是比较罕见的。如果供给端或需求端的不平衡被预料到且被双方知晓，那么并不会造成匹配参与率的下降，而且造成短缺端逆转的供给或需求冲击是非常稀少的。因此，肠胃科医生劳动力市场上同样的匹配方式仍然可以发挥原有的作用。

Haruvy et al. (2006)研究了法律文职人员市场中的匹配方式。在市场中，法学院学生可以在第一学年后就被雇佣，而此时可用的评判材料只有第一学年的成绩，对双方来说这一匹配可能都是无效率的。对法律文职人员市场的分析发现，市场具有以下特点：

面试完成后很快就会发送录用通知,而求职者很快就会回复录用通知,并且对录用通知的回复一般都是接受,这是因为对求职学生和法官来说,录用通知是必须要接受的,很多学生因此会限制申请的法官数量以避免获得其他法官的录用通知。研究者在实验中刻画了这些特征,设计了申请者必须接受的实验局和申请者可以拒绝的实验局。实验研究发现,现实市场中双方认为录用通知必须接受这一观念对市场效率是有害的,而如果申请者可以拒绝早期录用通知转向接受其他通知,那么市场是有效率的。

目前大部分匹配理论的实验研究都是基于欧美发达国家的案例,根据中国实际进行设计的匹配理论研究和应用还是比较少的。鉴于已有的研究已经在设计匹配机制、提高市场效率方面发挥了巨大作用,针对中国现状进行匹配理论研究并用于市场设计是非常有前景的,并且有着重要的现实意义和政策意义。

三、劳动市场中的不完全合约

劳动市场上的市场设计还需要考虑到不完全信息以及不完全合约的问题。由不完全信息带来的一个重要问题是棘轮效应(ratchet effect)。劳动市场中的棘轮效应是指,在工作中,如果根据过往表现设定当期生产目标,有良好表现的代理人会被设定更高的目标,这反而成了对良好表现的惩罚,因此代理人有动机通过限制产出隐瞒真实能力。这一现象在计划经济下较为常见。目前对这一现象的研究并不多,Cooper et al. (1999)较早进行实验研究并观察到棘轮效应的存在。研究招募了中国的学生和有经验的经理人员参加了一个有丰富情境设定的实验,实验中有中央计划者和公司。首先公司决定自身的产出水平,然后中央计划者在了解产出水平后选择两种产出目标的一种,这一博弈理论上存在混同均衡,即高能力公司采用与低能力公司同样的策略,隐藏自己的真实类型。实验除了样本上的比较,还有情景语言方面的比较、标准的和递增的经济激励的比较。实验结果发现,报酬递增时,学生被试达到了更高的策略混同率,说明更多的报酬可以作为实际经验的替代促进实验中混同策略的出现;情景语言的使用则使得经理人员有更多的策略性行动来隐藏类型,但对学生没有影响;综合报酬递增和情景语言两个维度的实验结果发现,学生被试总体上比经理人员更多地采取隐藏自身类型的策略。

针对棘轮效应的存在,Charness et al. (2011)提出将竞争作为消除棘轮效应的措施。除了无竞争的实验局,研究者设置了公司存在竞争的实验局和工人存在竞争的实验局。在基准实验局中发现了非常明显的棘轮效应;而引入竞争后,棘轮效应显著减少,并且无论市场环境如何。当工人存在竞争时,工人通过展示自己的高能力水平来确保自己能在两阶段中都被雇佣;当公司存在竞争时,因为在第二阶段可以选择其他公司避免当前被雇佣的公司过度压榨,所以工人也愿意展示自己的高能力。实验提供了解决棘轮效应的可能方法,也说明了阻碍竞争的因素的存在对造成棘轮效应的影响是非常大的,市场设计中需要考虑到促进竞争的相关因素。

在信息不完全的劳动市场中,公司可能倾向于与已雇佣的工人签订较长期限的合约,这些合约也称为关系合约(relational contracts)。Brown et al.(2004)研究了缺少第三方执行时关系合约的出现以及对市场运行的影响。实验发现,关系终止将惩罚低努力水平,这强化了合约的执行。成功的长期关系合约从一开始就表现出有慷慨的租金分享和较高的努力水平。如果存在第三方执行合约,那么这种长期关系并不能出现,更多地是一次性交易。在此基础上,Falk et al.(2008)和 Brown et al.(2012)对实验进行了扩展。Falk et al.(2008)研究了解雇障碍和奖金两种制度如何影响合同的执行。当存在解雇障碍时,公司无法将解雇作为威胁手段,因而工人表现和市场效率受到很强的负面影响,此时市场上出现了很多非常短或非常长的雇佣关系。奖金的引入显著改变了市场结果,几乎完全抵消了解雇障碍带来的负面影响。然而合同执行行为改变了,因为公司在可以给奖金时更少地依赖长期关系。Brown et al.(2012)研究了企业对劳动力的竞争如何影响市场上的关系合同。实验发现,市场上存在对劳动的超额需求时,依赖关系合同的长期雇佣关系的数量少于市场存在外生失业时的数量,但是长期雇佣关系的减少并不影响市场效率,因为对劳动力的竞争带来更高的工资,高工资进一步得到更高的努力水平作为回报。因此,即使不存在失业,关系合同依然可以作为应对信息不完全的重要机制。

第四节　搜寻与工作选择

在劳动市场上,劳动者通过搜寻获得适合的工作,对劳动者搜寻行为、搜寻策略的研究已有不少,对影响搜寻的相关因素也有不少实验研究。而在选择具体工作的问题上,劳动者需要考虑的因素更多,近年有不少针对劳动者如何选择某一工作以及工作选择受何种因素影响的实地实验研究,这些研究具有重要的政策意义。

一、搜寻

为了获得适合的工作,劳动者需要进行搜寻,而搜寻行为将受到保留工资、时间成本、信息成本等因素的影响。其中关于保留工资的研究较多,我们将对近年一些经典的研究进行介绍。

Cox and Oaxaca(2000)进行的研究主要关于有限期搜寻模型中未知工资分布的情况。未知工资分布的情境设定是该研究的一个创新。从理论上说,在工资分布未知的情况下,将会出现某一期内接受的工资报价低于拒绝的工资报价的情况,保留工资的相关性质可能并不存在。研究者指出这是因为先验的较高的工资可能给人一种信念,即目前的工资分布是较高的,但后验来看这样的工资可能并不应该接受,因为它可能只是来自这一分布中的较低工资。通过设置已知分布和未知分布的实验,研究者发现先前关于搜寻的研究总结出的搜寻理论在未知工资分布时仍然成立,无论保留工资性质是否存在。

关于保留工资的研究还有 Brown et al. (2011)。相关证据表明,随着搜寻的进行,保留工资不断下降。对这一现象有两种可能的解释:一为不断降低的保留工资标准实际上是对不断累积的金钱成本的回应,即搜寻者并没有将过往的搜寻成本视为沉没成本;二为保留工资的不断降低是因为搜寻者对搜寻时间有不同主观时间成本的考虑。除了标准的搜寻实验,研究者另外设计实验分离检验了这两种解释。在第一个实验中,被试等待未知的时间获得报价,但是这样的等待没有累积成本;在第二个实验中,被试可以马上得知报价,但是有一个随机决定的成本。研究发现只在第一个实验中出现了与标准情况下类似的保留工资递减现象。在前两个实验结果的基础上,研究者补充了另一个搜寻实验,这一补充实验终止期不确定,收益计算无贴现因子。研究者进一步发现保留工资递减现象的出现与被试不同的主观时间成本有关。

关于搜寻行为的另一个常见现象是,个体常常过早地停止搜寻。Sonnemans(1998)已经发现了这一点,且被试过早地停止搜寻无法单纯用风险规避来解释。Schunk and Winter(2009)比较了风险中性停止法则、非风险中性效用函数的最优法则、有限认知能力探索法则三种可能的解释。研究者设计了用于获得个体效用函数的彩票实验将其与搜寻实验结合。研究发现,搜寻要少于风险中性假设下得到的最优数量,被试的行为与风险规避型搜寻者也不一样,搜寻更多与损失厌恶有关。

搜寻行为是决策理论的重要研究对象,在劳动市场上搜寻理论也有相当广泛的应用前景。已有的实验对搜寻行为的相关法则进行了较为深入的探究,更进一步的研究主要关注搜寻行为背后的行为动机。对搜寻的研究将有助于理解劳动市场的运行和职位匹配问题。

二、工作选择

近年来关于个人工作选择的实地实验有不少成果,特别是在发展中国家的相关实验。这些实验对理解个人职业选择、促进就业做出了贡献。Coffman et al. (2017)与非营利组织"为美国而教"(Teach For America, TFA)合作进行了社会信息提供实验。TFA的主要工作是招募近年毕业的大学生前往城镇或乡村的公立学校完成两年的教学任务。提交申请并通过面试的大学生将获得邮件通知,他们将有大约两周时间决定是否接受工作。这一实验的干预非常简单,在向学生发送邮件时,随机分成了控制组和实验组,控制组的学生获得标准邮件,而实验组学生收到的邮件中附加了一点信息:在去年有超过84%的申请者最终接受了工作。这一简单的干预带来了积极的影响,如图13-15所示,可以发现获得这一信息的申请人更可能接受工作、完成相关训练并持续参与其中。对分样本进行的分析则发现,这一干预对那些并没有被分配到第一志愿地区和学校、与TFA目标中等程度契合、在申请时并不确定最终是否会接受的学生有比较显著的积极影响,他们的参与率得以提高。

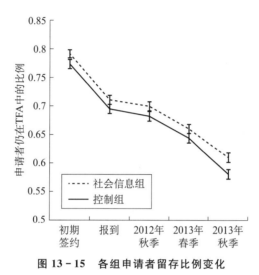

图 13-15　各组申请者留存比例变化

资料来源:Coffman,L. C. ,Featherstone,C. R. and Kessler,J. B. ,2017,"Can social information affect what job you choose and keep?",*American Economic Journal*:*Applied Economics*,9(1),96—117.

类似地,Coffman et al. (2019)继续与TFA合作进行了为期三年的实验,主要关注额外的经济补助对参加者就职选择的影响。TFA面向的对象为近年从高排名高校毕业的大学生,这些大学生在毕业和正式参加工作之间存在一段过渡期,可能面临着资金流动性问题,而TFA为过渡期准备了资金和贷款帮助计划,这一计划将向有需要的申请学生提供一定的资金或无息贷款,帮助他们进行过渡。通过评估申请帮助的学生的情况,TFA将这些学生划分为不同的等级并提供不同的帮助。在控制组中的学生获得基本的平均2000美元的资金或无息贷款。在实验组中,学生可以获得更大额的帮助,在三年中可以获得600美元至1800美元不等的资金或无息贷款。前两年的实验发现大部分申请者并没有受到这笔额外帮助的影响,但是经济状况最差的一批申请者确实得到了帮助并且有更高的参与率,第三年的实验则验证了前两年的效果。在实验后进行的调查则说明,提供资金和无息贷款是同样有效的,而对经济状况最差的学生来说,他们按照原有的额度获得的帮助不足,同时他们也无法从信用市场上获得其他贷款。资金流动性上的考虑将显著影响学生的选择,得到补助并成为教师的学生在调查中表示,如果没有补助,自己很可能会在私人公司工作。

针对工作选择进行实地实验得到的政策建议能更好地帮助发展中国家的求职者。Del Carpio and Guadalupe(2018)在秘鲁和墨西哥进行实地实验,探究信息干预后社会身份信念调整对低收入女性参加编程训练项目的影响。这一项目旨在培训她们进入科技部门。实验的干预手段非常简单,控制组女性在项目网站上申请时将看到对项目的介绍,包括将要学习的技能、对个人发展的意义、对未来就业的帮助,而实验组的女性在看到以上信息后还将看到更多的信息,包括项目对女性的帮助、近期完成项目的女性榜样等,在墨西哥的实验中,网站提供的信息还包括收入增长信息、获取科技公司工作机会的比例等,并且墨西哥实验的网站是先后提供了榜样信息、回报信息、加入女性社交网络后获得的信息,分解了三种信息的影响。这些额外信息的提供显著提高了申请率,并且发现榜样信息对申请率的影响是最大的。这说明身份考虑、社会身份认知限制了女性进入科技部门,一些实际上有能力的女性因为担忧进入科技部门不符合传统性别观念而放弃参加培训。

Elzir Assy et al. (2019)在肯尼亚进行了三次离散选择实验来确定当地年轻人对不同职业的偏好。离散选择实验被广泛用于收集参加者在不同假设情况下的选择行为,以用于产品设计、市场营销、政策制定等方面。这三个离散选择实验设计用于测试年轻人的职业偏好以及他们对就业帮助服务的偏好,第一个用于测试年轻人对不同职业属性特征的偏好,第二个用于测试对帮助进行自主创业的相关服务的偏好,第三个用于测试对帮助获得雇佣的相关服务的偏好。测试数据指出,年轻人非常看重工作的正式性,即收入的稳定性、社会保险特别是医疗保险、合适的工作环境等,但是对工作包含的任务性质并没有明显偏好。在就业帮助服务方面,对希望进行自主创业的年轻人来说,他们最希望获得信贷、原料投入、设备和保险方面的帮助。

这些针对个体工作选择的研究发现了许多可能的影响因素,加深了我们对就业选择的理解,而且可以发现,在添加相关因素的影响时,所需要施加的措施很多时候是较为简单的提供额外的信息,这从政策实施上来讲是成本较低且收益较大的,对政策制定者来说也有重要的现实意义。

第五节 歧视与群体差异

除了劳动技能的差异,劳动者还在性别、种族、外貌等方面存在差异。我们所说的劳动力市场上的歧视,是指劳动者生产率不存在差异的情况下,不同劳动者因为性别、种族、外貌等因素而受到不公平的对待,包括不一样的工资、不同的职位升迁可能等。一般来说,歧视可以划分为偏好性歧视和统计性歧视两类,偏好性歧视是对某一群体在偏好上具有不喜欢以至厌恶的感情,而统计性歧视是在信息不完全情况下使用可观察的特征、群体特点、刻板印象等对某类人进行推断,在劳动市场上体现为对生产能力、技术水平等的推断。

List(2004)和Gneezy et al.(2012)进行了一系列的实验来探究歧视的本质和原因。List(2004)的实验在运动卡片交易市场进行,通过一个主体实验和三个补充实验,研究者发现在这一市场上存在对部分参与者的歧视,包括女性、非白人、老年人,这一类参与者可能获得更低的初始价格和最终成交价格,这样的歧视是一种统计性歧视。Gneezy et al.(2012)进行的实验范围更广,包括服务市场的残疾人歧视、产品市场的种族歧视和性取向歧视以及信息市场的种族和性别歧视,这些种类的歧视在各个市场上都是真实存在的,实地证据表明这些歧视行为源于统计性歧视。总的来说,关于歧视的文献主要涉及性别、种族、外貌等方面的歧视。针对常见的歧视现象,在实际中有不少组织开始实施一些反歧视政策,这些反歧视政策的具体影响也得到了研究和评估。

一、性别

性别歧视是劳动力市场上最广泛存在的一种歧视形式,劳动经济学中针对性别歧视进行研究由来已久。本部分将对针对性别研究进行的实验研究进行梳理和介绍。

性别歧视在雇佣阶段就已经出现。Riach and Rich(2006)研究了在雇佣阶段和职业选择上的性别歧视。研究者进行了简历投递的实验,所准备的简历在性别上存在差异,在教育经历、工作经历、年龄等方面都没有差异。在职业上选择了四种不同职业,分别为计算机分析师和程序员、电子和机械工程师、秘书、实习注册会计师。在这四种职业中,从从业人员性别来看,电子和机械工程师为"男性职业",秘书为"女性职业",而程序分析员和实习注册会计师为"混合职业"。对是否获得积极的回应(面谈、面试邀请等)进行分析发现,在男性职业中也存在着对女性的歧视,而在女性职业中也存在着对男性的歧视,并且在两种混合职业中发现了之前没有发现的显著的对男性的歧视。实验说明了在一些存在着性别刻板印象的职业中,对某一性别的歧视是真实存在的。

与此类似的研究为Weichselbaumer(2004)。与先前的研究只控制了人力资本因素不同,该研究也考虑了一些性格因素。从事一些高回报的工作所需要的性格可能更频繁地与男性联系在一起,比如一个成功的经理所需要的野心、竞争偏好、领导力等经常被视为是男性特质,这是性别刻板印象的一个体现。这些刻板印象可能阻碍有能力的女性获得一些传统上被视为男性职业的工作。研究者在实验中构建了一组有同样人力资本的申请人简历,由一名男性和两名女性组成。其中两名女性中一名为具有男性特质(通过照片、爱好等方面体现)的女性,而另一名为具有常见女性特质的女性。实验结果发现,即使是控制了个人性格因素之后,某些职位对女性的歧视仍然是存在的。

在寻找工作的过程中,除了投递简历,通过他人推荐也是重要的方式。Beaman et

al.(2018)进行的实地实验提供了推荐过程中存在歧视的证据。这一实验在马拉维进行，当地的一个研究组织通过传单形式招募调查员，在经过半天的申请阶段后，申请人可以推荐一个认识的人来进行相同的工作，推荐人可以获得一笔固定工资或一笔奖金（如果被推荐人工作成果达到某一标准）。这些推荐人的推荐情况显示，男性更少地推荐女性参加这一工作。当不对推荐施加限制时，仅30%的被推荐人为女性，这显著低于通过常规渠道申请工作的女性占比(38%)，这很大程度上是因为男性参加者仅有23%推荐了女性。进一步分析显示，当被要求推荐男性或女性时，男性推荐男性的比例占到了84%，而对被推荐人的能力进行测试则显示，由只能推荐女性的男性推荐的女性在能力上与只能推荐男性的男性推荐的男性并没有差异。这说明，并不是男性没有能力推荐女性参加这一工作，他们只是选择不去推荐，而且为推荐支付绩效工资也无法改变这样的行为。而对女性来说，由女性推荐的有资格女性并没有多到足以抵消这样的歧视性行为。该研究体现了工作网络推荐中存在的性别歧视，这可能进一步使女性处于工作中的不利地位。

针对推荐过程中可能存在的性别偏差问题，Beugnot and Pererlé(2020)进行了实验室实验，研究推荐过程中雇员推荐相同性别的候选者的现象。实验按照以下顺序进行：首先是预备阶段，被试需要完成关于个人信息的问卷；然后进行常规的分解任务，这里的任务产出将作为后续阶段中的生产力信息；接着是推荐阶段，根据前一阶段中的任务产出，被推荐者组成了6人一组的小组并且保持不变，其中包含3名男性被试和3名女性被试，按照1名男性和1名女性配对成组合，组合内的两个人在任务产出方面基本相等，其余参加实验的都为推荐者，推荐者的任务为在高信息（个人信息及产出信息）或低信息条件（只有个人信息）下，为合作和竞争两种场景挑选要推荐的人，被推荐者和推荐者之后将再次进行分解任务。

在这样的实验设置下，现实中可能产生干扰的网络构成或声誉考虑因素都被排除。实验结果显示，女性被试在挑选推荐人的时候倾向于推荐女性，而男性被试并没有表现出这样的倾向（见图13-16）。对竞争和合作情境进行分析发现，女性被试较高的同性别推荐倾向有不同原因：在竞争情境下，产出信息是否告知不影响同性别推荐比例，这说明女性被试出于偏好选择与其他女性被试竞争；在合作情境下，低信息时女性被试同性别推荐比例高于高信息，这说明此时女性存在决策上的同性别偏差，额外产出信息的提供减少了这一偏差。

劳动力市场上真实存在的歧视促使经济学家去探究背后的原因。不少研究都将竞争偏好作为研究的重点。Gneezy and Rustichini(2004)和Gneezy et al.(2003)都通过实验发现了男性和女性在竞争上的差别。Gneezy and Rustichini(2004)在小学进行了实地实验，参加的被试为9—10岁的学生，这些学生需要跑两轮40米，在第二轮中，部分学生一个人跑，另一部分则需要两个人一起跑。通过对比前后两轮的时间变化，作者发现男

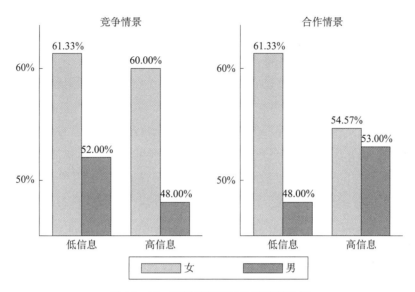

图 13-16 不同干预下同性别推荐比例

资料来源:Beugnot, J. and Peterlé, E. ,2020,"Gender bias in job referrals: An experimental test", *Journal of Economic Psychology*, 76,102209.

学生在竞争下的表现要优于女学生(见图 13-17)。

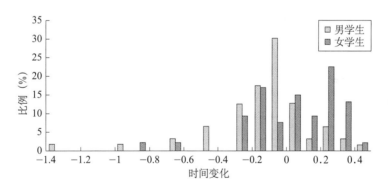

图 13-17 两轮跑步时间变化比例

资料来源:Gneezy, U. and Rustichini, A. ,2004,"Gender and competition at a young age", *American Economic Review*,94(2),377—381.

Gneezy et al. (2003)关注到竞争偏好可能有助于解释对高层职位的竞争中仍然存在的性别差异,对这一现象的可能解释有歧视、偏好差异、人力资本,研究者通过实验室实验又提出了另一个可能的解释,即女性在竞争性环境下的效率更低,即使她们在无竞争环境下的表现与男性无差异。实验中的任务为走迷宫任务,3 名男性被试和 3 名女性被试组成一组进行实验,在基准局中以计件工资的方式计算报酬,而在竞争局中以锦标赛方式计算报酬。分析发现基准局中男性和女性并不存在表现差异,但是在竞争局中女性表现更差了。考虑到锦标赛下报酬具有不确定性,女性可能更厌恶风险,因此在付出的努力上有差异。在补充实验局中,研究者去掉了竞争但是最终随机决定一名被试获得报酬,此时并不存在性别差异。研究者另外也补充进行了单性别锦标赛实验局,发现女性被试的表现要显著优于无竞争环境,男性和女性被试的表现差异要小于混合锦标赛。这说明了某些竞争环境下女性也可以有更优的表现,而女性在需要和男性进行竞争时受到竞争的负面影响要更大。

男性和女性在竞争上的差异不仅仅体现了处于竞争环境下的差异,可能早在进入竞争前就已经存在了。Niederle and Vesterlund(2007)研究了具有同样能力的男性和女性在选择进入竞争性环境时存在的差异。实验中被试需要完成加法计算,首先他们需要先后在计件工资和锦标赛两种方式下完成任务并只能得知自己的表现情况,然后他们需要决定在第三次进行任务时选用何种报酬计算方式。研究发现,尽管在表现上不存在差异,但是男性选择锦标赛的比例是女性的两倍,而这一差距来自男性的过度自信和对竞争的偏好。Niederle and Yestrumskas(2008)类似地关注了有相同能力的男性和女性在寻求挑战上的差异。实验设计了两种不同困难程度的走迷宫任务,完成困难任务的被试能获得更高报酬。虽然男女性被试在任务表现上没有显著差异,但在任务选择上,不同水平的男性都更多地选择困难任务,而只有先前表现较好的女性在后续选择了显著更多的困难任务。

以上实验给出了男性和女性在竞争方面存在差异的证据,差异的来源也是一个值得探讨的问题。Gneezy et al.(2009)在坦桑尼亚的马赛人社会与印度的卡西人社会进行了实验。马赛人是父系社会而卡西人是母系社会。通过一个扔网球任务,研究发现马赛男性选择进行竞争的次数是马赛女性的两倍,而卡西女性则比卡西男性更愿意进行竞争。该实地实验证据说明了男性和女性在竞争偏好方面的差异可能有着深厚的社会文化基础。Booth and Nolen(2012)和Flory et al.(2016)的实验说明了竞争上的性别差异并不是生物学上先天给定的,而是更多地来自社会学习。Booth and Nolen(2012)的研究招募了来自单一性别学校和混合性别学校的学生进行实验,这些学生需要完成走迷宫任务,对比来自单一性别学校和混合性别学校的女生的选择数据发现,来自单一性别学校的女生对竞争要更为积极,表现为更积极地参加锦标赛,即使是随机分配到混合性别学校的实验组里也一样,这些女生在锦标赛进入率上与混合性别学校男生的差距也要更小。这说明环境对女性竞争偏好有着重要的影响,性别差异的成因更多来自社会学习而不是先天原因。Flory et al.(2016)在马拉维农村的研究也证明了这一点。研究者在马拉维农村招募12—90岁的男性与女性进行实验。马拉维的农村中既有母系村庄也有父系村庄,便于实验者进行比较。实验的整体流程与Niederle and Vesterlund(2007)类似,对比发现母系村庄中女性的竞争性更强,在父系社会中存在的性别差距在母系社会中不存在,而母系社会中也不存在随生育阶段不同而不同的女性竞争偏好。实验同样说明了竞争偏好并不是先天给定的,更多地与竞争偏好的回报以及文化对生育和养育的态度有关。

二、种族

在针对种族歧视进行的实验研究中,Bertrand and Mullainathan(2004)可能是最广为人知的。该实验采用简历投递的方式进行。研究者首先制作了虚构简历,其中一部分简历上的姓名为非裔美国人的姓名,另一部分则为白人姓名。并且研究者也进一步考虑了不同的简历质量,高质量简历申请人有着更丰富的工作经历、电子邮件地址、学位认证、外语能力以及其他奖励。这样在两个维度上一共制作了四类虚构简历,并将它们向报纸上的招工广告进行投递,同一个广告会收到四种类型的简历。在投递数量上,共向1300个招工广告投递了接近5000份虚构简历,工作类型涵盖范围也比较广,包括财会出纳、办公室文职、销售经理等工作。

研究结果发现了种族歧视的存在。在最主要的回复率指标上,白人姓名简历的回复率比非裔姓名简历显著高50%,这一效果相当于简历上额外8年的工作经验;在简历质量维度上同样存在类似的差异,白人姓名简历中,高质量简历比低质量简历的回复率高30%,而简历质量的提高对非裔姓名简历的回复率影响则要更小;对不同职位类型的分析则表明,这一歧视是广泛存在的,在不同职位、行业、规模上都存在着种族歧视的现象。这一研究通过严格设计的简历投递实验揭示了劳动市场上的种族歧视问题。

Kaas and Manger(2012)同样采用简历投递这一形式进行了实验,在德国的劳动力市场上研究了种族歧视问题。实验将学生简历投递给公司的实习招聘广告,选用的名字类型是德国名字和土耳其名字,而这两种简历代表的申请人都是德国公民并在德国长大和接受教育,也有类似的成绩、能力等。研究者进行的另一个处理是将部分简历附上了推荐信,说明了申请人的个性特征等用人单位较为关注的信息,这一处理主要是用于确定可能的歧视是统计性歧视还是偏好性歧视。研究结果表明德国劳动市场上也存在种族歧视的现象,德国名字简历的回复率比土耳其名字简历的回复率高14%,并且这个差距在规模较小的公司中更大,达到了24%;而在附上了推荐信的简历中,这种差距消失了,说明招聘者所表现出的歧视是一种由不完全信息而产生的统计性歧视而不是偏好性歧视,在推荐信降低了信息不完全的程度后,歧视消失。这一研究结果说明有效发送个人能力的信号是降低信息不完全进而减少歧视的重要方法,无论是对个人寻找工作还是政策制定者削弱歧视都有着一定的指导意义。

Bartoš et al.(2016)进行的研究是在简历投递的基础上更进一步地研究了由种族歧视带来的注意力上的歧视,即对弱势群体所投递的简历和信息关注度更低。该实地实验分别在两个国家的不同市场进行,分别是捷克的房屋租赁市场和劳动力市场以及德国的劳动力市场。研究者使用发送邮件的方式给房东或雇主传递信息,所选用的名字包括有着负面印象的少数种族的名字,在德国劳动力市场进行的实验进一步通过近期失业经历区分了不同质量的简历。该实验与先前实验最大的不同在于,发送的邮件中附带一个申请者简历或个人网站链接(申请者简历如图13-18所示),研究者可以通过阅读者是否点击链接以及在个人网站上停留的时间分析注意力和信息获取上的歧视,这也是研究歧视方法上的重大创新。

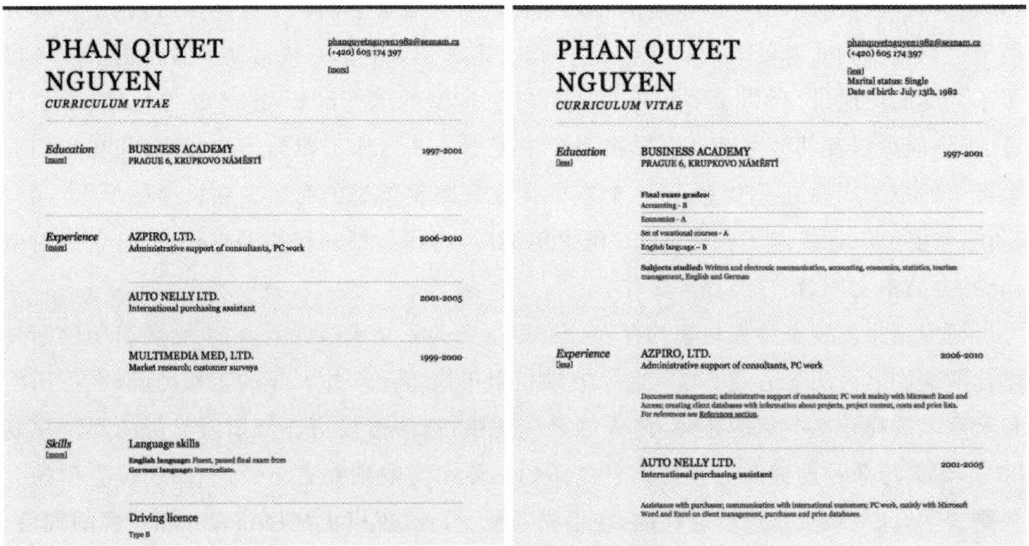

图 13-18 申请者个人简历示例

资料来源:Bartoš, V., Bauer, M., Chytilová, J. et al., 2016, "Attention discrimination: Theory and field experiments with monitoring information acquisition", *American Economic Review*, 106(6), 1437—1475.

分析发现,对少数种族的歧视在两个市场上都是存在的,并且这种歧视早在信息获取阶段就开始了。在两个国家的劳动力市场上,招聘者将更多的精力花在打开和阅读多数种族的简历上,而在租赁市场上,房东则更倾向于花更多时间阅读少数种族的信息。另外,发送失业信息降低了招聘者对简历的注意力。从这个研究结果可以发现,在信息收集阶段就出现的注意力歧视会对申请人传递个人能力信息产生重要的影响,招聘者可能并不会费心阅读受歧视群体的简历,受歧视群体关于个人能力的信号无法有效传递,这可以解释 Bertrand and Mullainathan(2004)发现的非裔美国人的高质量简历并没有提高回复率的现象。

三、外貌

个人的外貌同样会引起歧视。Mobius and Rosenblat(2006)的实验室实验就研究了在工资谈判阶段出现的美貌溢价(beauty premium)。研究者选择了解决迷宫作为实验任务,解决这一任务所需的能力与个人的外貌没有关系。参加实验的被试为阿根廷的本科生和研究生，分为"工人"和"雇主"两个角色，作为工人的被试需要在给定时间内尽可能地解决迷宫任务，而作为雇主的被试需要估计工人完成的任务数量并设定工资。最主要的分离美貌溢价的实验处理在于对两种角色之间交流方式的处理，部分被试的交流只能单纯通过语音进行，而另一部分被试可以在交流时看到谈判的另一方。另外研究者也在实验后收集了被试对未来劳动生产率的预期，以此作为自信程度的指标。研究者发现，外貌的吸引程度会提高雇主对工人劳动技能的估计，进一步地，研究者也发现美貌溢价起作用的三种渠道，分别是自信渠道、视觉刻板印象渠道和口头刻板印象渠道。自信渠道的影响较为直接，即外貌吸引人的工人更加自信，自信程度的提高在口头交流方式下也能够提高工资，后两种刻板印象渠道则通过雇主的信念起作用，在两种交流方式下，雇主都认为好看的工人能更好地完成工作，尽管这种信念并不正确，但确实提高了这部分工人的工资。

与上面工资谈判阶段出现的歧视不同，Ruffle and Shtudiner(2014)对外貌歧视的研究则是在寻找工作和雇佣阶段进行。研究者也采用了在歧视研究中常见的简历投递方式进行实验。实验在以色列进行，研究者对选定的招聘广告分别制作了两份几乎一样的简历，其中一份没有照片而另一份附有照片，在照片的选择上，研究者也选择了男性照片与女性照片，并划分为有吸引力的照片与普通的照片两种类型。对不同性别所遇到的外貌歧视是这一研究的重点。实验后研究者对男性简历的分析发现，简历上附带有吸引力的男性照片的简历比其他两种类型的男性简历收到了显著更多的回复，回复率接近男性普通照片简历回复率的两倍，但有趣的是这一差距在女性简历上并没有体现，反而是没有照片的女性简历获得了更多的回复，这一结果对不同类型的工作都是稳健的，无论是否要求工作经验或与客户面对面交流。研究者尝试解释这一结果，其在实验后对超过200家公司进行了调查，发现女性嫉妒可以用于解释女性简历上体现出的回复率差异，但这并不能解释男性简历上的差异，研究者进一步提出了一个照片敏感假说，指出人力招聘部门比公司本身更容易受到简历照片的影响。

四、反歧视政策及影响

由以上的介绍可以知道，劳动力市场上的歧视是多种多样的，并且广泛存在。由于歧视是针对劳动生产率相同的劳动者的不公平行为，这可能对劳动力市场效率和劳动者积极性产生消极影响。针对这一点，在实践中有不少反歧视政策被提出且付诸实施，对这些反歧视政策的具体政策效果也是非常值得研究的。

从劳动力市场参与的环节上来看，首先可以实施反歧视政策的环节是招聘选拔环节。Ibañez and Riener(2018)关于平权政策对求职者的影响的研究提供了来自实地的证据。研究者在哥伦比亚进行了三个有类似设计的实地实验。研究者通过发布招工广告招募了一大批求职者,对其中一半的实验组求职者,他们在完成求职表格前将被告知在招聘过程中会采用平权政策,而对另一半控制组求职者,他们将在申请程序完成后才被告知平权政策的存在。对平权政策的担忧很大一部分是该政策是否会造成反向歧视,带来更大的成本。但是这一实验结果说明,平权政策的实施在鼓励女性申请工作的同时并没有减少申请工作的男性数量,并且实验组和控制组的男性求职者并不存在显著的系统性差异。在求职者能力方面,比较实验组和控制组中能力排在前15%的求职者发现,两组求职者并没有能力上的显著差异。以上证据都说明,平权政策能够为处于弱势方的女性求职者带来帮助,让她们更愿意参加求职竞争,而平权政策可能带来的损害并没有得到支持。

在劳动力市场参与中不可避免地需要参与竞争,而先前的研究已说明女性可能在竞争中处于弱势方。对于如何鼓励女性参与竞争,Niederle et al.(2013)进行的实验室实验关注了平权政策对参与竞争的影响。实验在实验室中进行,参加的被试组成了14个小组,每个小组中有3名女性和3名男性。实验采用的真实努力任务为加总5个两位数,整个实验分为6个任务步骤进行。在任务1中,被试在计件工资下工作;在任务2中,被试在锦标赛下工作,正确答案数量最高的两人得到奖励而其余人没有奖励;在任务3中,被试在任务前需要决定以何种方式计算报酬,这一步骤中锦标赛的计算方式是和任务2中其他4名组员的正确数量进行对比,如果超过则得到奖励;在任务4中,同样需要自行选择报酬计算方式,但是施加了平权干预,即性别配额,锦标赛下的胜者固定有一名为表现最好的女性被试,另一名胜者为剩余5名被试中表现最好的,对女性被试来说,她的获胜标准为超过任务2中其余两名女性被试的正确数量或者超过其余至少4名被试的正确数量,男性被试在这个任务中获胜则需要超过另外2名男性被试在任务2中的表现以及其余至少4名被试的表现;在任务5中,被试不需要完成真实努力任务,而是针对任务1的产出情况选择用何种报酬计算方式,其中锦标赛的获胜标准为没有平权干预的标准;任务6与任务5类似,区别在于锦标赛的获胜标准为有平权干预的标准。

实验结果发现,保证女性胜者的比例提高了女性参与锦标赛竞争的可能,女性参与的提高程度超过了单纯由胜出概率变动预测得到的提高程度。平权干预的实施鼓励女性被试更多地参与那些她们本来可以胜出却逃避了的竞争。进一步深入分析发现,这个超过预测的提高程度部分是不同性别在自信程度和竞争偏好上的差距被缩小了,因为竞争现在更倾向于在同性别中发生。

以上实验所采用的平权政策是性别配额,此外还有一些其他形式的平权政策。Balafoutas and Sutter(2010)进行的实验结构与 Niederle et al.(2013)类似,关注了三种不同的平权政策,分别是性别配额、重复竞争和优惠待遇。性别配额规定了最终胜者中女性的数量,重复竞争指重复进行实验任务直到出现至少1名女性胜者,而优惠待遇指女性被试的完成数量直接获得1个或2个任务完成数量的加成。实验结果也是类似的,性别配额和优惠待遇鼓励女性参加竞争,并且从选择最优参加者的角度来说效率并没有降低。

关于平权政策在竞争中是否会导致消极效果,即是否会造成锦标赛参与者的表现变差以及无效率胜者出现的担忧和争论一直存在。Calsamiglia et al.(2013)在两所情况类似的学校中招募儿童进行了实验。研究者所采用的真实努力锦标赛是数独任务。其中一所学校的学生在数学课程中进行了相关的训练,而另一所学校的学生没有,这样构建了竞争中的不平等地位。实验引入了总额方式和比例方式两种缩小不平等地位的措施。在总额平权方式下,无经验被试可以直接得到 20 个或 8 个的数独完成数量。在比例平权方式下,这些被试每完成 1 个数独可以相应得到 1 个或 2 个的数独完成数量作为奖励,并且该实验局中所有的参加学生都明确知道这一平权政策。从基准的实验局结果中发现,接受训练的学生在完成任务时确实存在优势,并且是否知道存在其他类型的学生并不影响表现,这为后续进一步研究平权政策的影响打下了基础。后续对四个平权实验局的研究则发现,平权政策的实施并没有使得参与者的表现变差,反而发现大部分参与者的表现都有了提高。最终的胜者组成也更趋于平等,大约有一半的无经验参加者获胜,并且胜者的能力并没有明显下降,因此可以说消极的选择效应部分地被参加者表现改善的激励效应抵消了。实验结果说明平权政策并不一定会导致竞争结果变差,为全面了解平权政策的影响做出了贡献。

Ip et al.(2020)进行的实验关注了性别配额这一平权政策在管理层实施时对组织和上下级关系的影响。研究者首先通过调查收集了对女性经理配额的意见,并基于调查设计了实验室实验研究配额如何影响工资和努力水平。实验由努力任务和礼物交换博弈组成,采用了 3×2 的设计,一个维度是是否存在配额,另一个维度来自调查所得,分别设置了三种不同的工作环境:工作表现上无性别差异、工作表现上有性别差异、在选择步骤中存在对女性的不利倾向。调查指出,如果在经理人员挑选步骤中女性没有处于不利地位的话,经理人员的性别配额并不能得到很多的支持。实验室实验的证据也与调查相符,在女性表现更差或者不存在性别表现差异的情况下,配额的加入使得礼物交换博弈中的工资水平和努力水平都更低。但是如果在挑选经理时存在对女性的歧视,则配额的引入可以带来更高的努力水平和工资水平(实验结果如图 13-19 所示)。

总结有关反歧视政策的实验可以发现,在确实存在不平等现象和歧视的时候,引入反歧视的平权政策可以改善处在受歧视地位的群体的市场环境,比如促进参与竞争、提升劳动生产率和努力水平等,而且这样的政策并不一定会造成反向歧视的问题,原来处在优势地位的群体在劳动市场上受到的影响较小。因此可以说相关的反歧视政策研究为相关政策制定和评估提供了支持,为反对劳动力市场歧视、促进社会公平做出了贡献。

劳动经济学是一个非常活跃的研究领域,已有大量的研究成果。实验方法在劳动经

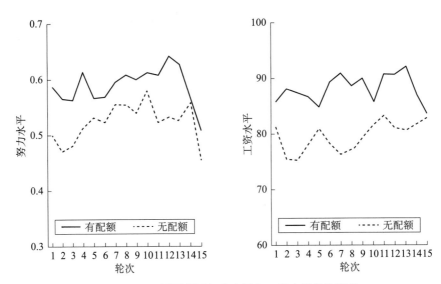

图 13-19　不同配额下努力水平与工资水平轮次变化

资料来源：Ip, E., Leibbrandt, A. and Vecci, J., 2020, "How do gender quotas affect workplace relationships? Complementary evidence from a representative survey and labor market experiments", *Management Science*, 66(2), 805—822.

济学相关研究中的运用对拓展研究方法和研究问题有重要意义。我们对目前丰富的实验研究成果进行了一定的梳理和介绍，涉及微观层面的委托代理和激励问题、企业行为，以及市场层面的市场设计、搜寻、工作选择、歧视等方面。当然，除了以上这些内容，实验方法在劳动经济学中其他一些问题的研究上同样取得了丰硕成果，相信在今后，实验方法在劳动经济学研究中也能有更进一步的发展。

本讲参考文献

Balafoutas, L. and Sutter, M., 2010, "Gender, competition and the efficiency of policy interventions", IZA Discussion Paper, No. 4955.

Balafoutas, L. and Sutter, M., 2019, "How uncertainty and ambiguity in tournaments affect gender differences in competitive behavior", *European Economic Review*, 118, 1—13.

Bandiera, O., Barankay, I. and Rasul, I., 2005, "Social preferences and the response to incentives: Evidence from personnel data", *The Quarterly Journal of Economics*, 120(3), 917—962.

Bandiera, O., Barankay, I. and Rasul, I., 2007, "Incentives for managers and inequality among workers: Evidence from a firm-level experiment", *The Quarterly Journal of Economics*, 122(2), 729—773.

Bandiera, O., Barankay, I. and Rasul, I., 2009, "Social connections and incentives in the workplace: Evidence from personnel data", *Econometrica*, 77(4), 1047—1094.

Bandiera, O., Barankay, I. and Rasul, I., 2013, "Team incentives: Evidence from a firm level experiment", *Journal of the European Economic Association*, 11(5), 1079—1114.

Bartoš, V., Bauer, M., Chytilová, J. et al., 2016, "Attention discrimination: Theory and field experiments with monitoring information acquisition", *American Economic Review*, 106(6), 1437—1475.

Beaman, L., Keleher, N. and Magruder, J., 2018, "Do job networks disadvantage women? Evidence from a recruitment experiment in Malawi", *Journal of Labor Economics*, 36(1), 121—157.

Bellemare, C. and Shearer, B., 2009, "Gift giving and worker productivity: Evidence from a firm-level experiment", *Games and Economic Behavior*, 67(1), 233—244.

Benson, A., Sojourner, A. and Umyarov, A., 2019, "Can reputation discipline the gig economy? Experimental evidence from an online labor market", *Management Science*, 66(5), 1802—1825.

Bertrand, M. and Mullainathan, S., 2004, "Are Emily and Greg more employable than Lakisha and Jamal? A field experiment on labor market discrimination", *American Economic Review*, 94(4), 991—1013.

Beugnot, J. and Peterlé, E., 2020, "Gender bias in job referrals: An experimental test", *Journal of Economic Psychology*, 76, 102209.

Bloom, N., Liang, J., Roberts, J. et al., 2015, "Does working from home work? Evidence from a Chinese experiment", *The Quarterly Journal of Economics*, 130(1), 165—218.

Booth, A. and Nolen, P., 2012, "Choosing to compete: How different are girls and boys?", *Journal of Economic Behavior and Organization*, 81(2), 542—555.

Brandts, J. and Cooper, D. J., 2007, "It's what you say, not what you pay: An experimental study of manager-employee relationships in overcoming coordination failure", *Journal of the European Economic Association*, 5(6), 1223—1268.

Brown, M., Falk, A. and Fehr, E., 2004, "Relational contracts and the nature of market interactions", *Econometrica*, 72(3), 747—780.

Brown, M., Falk, A. and Fehr, E., 2012, "Competition and relational contracts: The role of unemployment as a disciplinary device", *Journal of the European Economic Association*, 10(4), 887—907.

Brown, M., Flinn, C. J. and Schotter, A., 2011, "Real-time search in the laboratory and the market", *American Economic Review*, 101(2), 948—974.

Bull, C., Schotter, A. and Weigelt, K., 1987, "Tournaments and piece rates: An experimental study", *Journal of Political Economy*, 95(1), 1—33.

Cadsby, C. B., Song, F. and Tapon, F., 2007, "Sorting and incentive effects of pay for performance: An experimental investigation", *Academy of Management Journal*, 50(2), 387—405.

Calsamiglia, C., Franke, J. and Rey-Biel, P., 2013, "The incentive effects of affirmative action in a real-effort tournament", *Journal of Public Economics*, 98, 15—31.

Camerer, C. and Lovallo, D., 1999, "Overconfidence and excess entry: An experimental approach", *American Economic Review*, 89(1), 306—318.

Carpenter, J., 2016, "The labor supply of fixed-wage workers: Estimates from a real effort experiment", *European Economic Review*, 89, 85—95.

Carpenter, J., Matthews, P. H. and Schirm, J., 2010, "Tournaments and office politics: Evidence from a real effort experiment", *American Economic Review*, 100(1), 504—517.

Charness, G., 2004, "Attribution and reciprocity in an experimental labor market", *Journal of Labor Economics*, 22(3), 665—688.

Charness, G., Cobo-Reyes, R., Lacomba, J. A. et al., 2016, "Social comparisons in wage delegation: Experimental evidence", *Experimental Economics*, 19(2), 433—459.

Charness, G. and Kuhn, P., 2007, "Does pay inequality affect worker effort? Experimental evidence", *Journal of Labor Economics*, 25(4), 693—723.

Charness, G., Kuhn, P. and Villeval, M. C., 2011, "Competition and the ratchet effect", *Journal of Labor Economics*, 29(3), 513—547.

Charness, G., Masclet, D. and Villeval, M. C., 2013, "The dark side of competition for status", *Management Science*, 60(1), 38—55.

Coffman, L. C., Conlon, J. J., Featherstone, C. R. et al., 2019, "Liquidity affects job choice: Evidence from Teach for America", *The Quarterly Journal of Economics*, 134(4), 2203—2236.

Coffman, L. C., Featherstone, C. R. and Kessler, J. B., 2017, "Can social information affect what job you choose and keep?", *American Economic Journal: Applied Economics*, 9(1), 96—117.

Cohn, A., Fehr, E., Herrmann, B. et al., 2014, "Social comparison and effort provision: Evidence from a field experiment", *Journal of the European Economic Association*, 12(4), 877—898.

Cooper, D. J., Kagel, J. H., Lo, W. et al., 1999, "Gaming against managers in incentive systems: Experimental results with Chinese students and Chinese managers", *American *Economic Review*, 89(4), 781—804.

Cox, J. C. and Oaxaca, R. L., 2000, "Good news and bad news: Search from unknown wage offer distributions", *Experimental Economics*, 2(3), 197—225.

Cullen, Z. and Perez-Truglia, R., 2018, "How much does your boss make? The effects of salary comparisons", NBER Working Paper, No. 24841.

Del Carpio, L. and Guadalupe, M., 2018, "More women in tech? Evidence from a field experiment addressing social identity", CEPR Discussion Paper, No. DP13234.

Elzir Assy, A., Ribeiro, T., Robalino, D. A. et al., 2019, "The jobs that youth want and the support they need to get them: Evidence from a discrete choice experiment in Kenya", IZA Discussion Paper, No. 12864.

Englmaier, F., Roider, A. and Sunde, U., 2016, "The role of communication of performance schemes: Evidence from a field experiment", *Management Science*, 63(12), 4061—4080.

Eriksson, T., Teyssier, S. and Villeval, M. C., 2009, "Self-selection and the efficiency of tournaments", *Economic Inquiry*, 47(3), 530—548.

Falk, A., Huffman, D. and MacLeod, W. B., 2008, "Institutions and contract enforcement", NBER Working Paper, No. 13961.

Fehr, E. and Goette, L., 2007, "Do workers work more if wages are high? Evidence from a randomized field experiment", *American Economic Review*, 97(1), 298—317.

Fehr, E. and Schmidt, K. M., 2004, "Fairness and incentives in a multi-task principal-agent model", *The Scandinavian Journal of Economics*, 106(3), 453—474.

Flory, J., Kenneth, L., Magda, T. et al., 2016, "Towards a deeper understanding of female competitiveness and the gender gap: Evidence from patrilocal and matrilocal cultures", Maryland Population Research Center Working Paper, PWP-MPRC-2016-005.

Flory, J., Leibbrandt, A. and List, J., 2017, "Using behavioral economics to curb workplace misbehaviors: Evidence from a natural field experiment", The Field Experiments Website, No. 00617.

Gilchrist, D. S., Luca, M. and Malhotra, D., 2016, "When 3+1>4: Gift structure and reciprocity in the field", *Management Science*, 62(9), 2639—2650.

Gneezy, U., Leonard, K. L. and List, J. A., 2009, "Gender differences in competition: Evidence from a matrilineal and a patriarchal society", *Econometrica*, 77(5), 1637—1664.

Gneezy, U. and List, J., 2006, "Putting behavioral economics to work: Testing for gift exchange in labor markets using field experiments", *Econometrica*, 74(5), 1365—1384.

Gneezy, U., List, J. and Price, M. K., 2012, "Toward an understanding of why people discriminate:Evidence from a series of natural field experiments",NBER Working Paper,No. 17855.

Gneezy,U. ,Niederle,M. and Rustichini,A. ,2003,"Performance in competitive environments:Gender differences",*The Quarterly Journal of Economics*,118(3),1049—1074.

Gneezy,U. and Rustichini,A. ,2000,"Pay enough or don't pay at all",*The Quarterly Journal of Economics*,115(3),791—810.

Gneezy,U. and Rustichini,A. ,2004,"Gender and competition at a young age",*American Economic Review*,94(2),377—381.

Goerg,S. J. ,Kube,S. and Zultan,R. I. ,2010,"Treating equals unequally:Incentives in teams,workers' motivation,and production technology",*Journal of Labor Economics*,28(4),747—772.

Greenberg,J. ,1988,"Equity and workplace status:A field experiment",*Journal of Applied Psychology*,73(4),606—613.

Harbring,C. and Irlenbusch,B. ,2003,"An experimental study on tournament design",*Labour Economics*,10(4),443—464.

Harbring,C. and Irlenbusch,B. ,2005,"Incentives in tournaments with endogenous prize selection",*Journal of Institutional and Theoretical Economics*,161(4),636—663.

Harbring,C. and Irlenbusch,B. ,2008,"How many winners are good to have?:On tournaments with sabotage",*Journal of Economic Behavior and Organization*,65(3—4),682—702.

Haruvy,E. ,Roth,A. E. and Ünver,M. U. ,2006,"The dynamics of law clerk matching:An experimental and computational investigation of proposals for reform of the market",*Journal of Economic Dynamics and Control*,30(3),457—486.

Hennig-Schmidt,H. ,Sadrieh,A. and Rockenbach,B. ,2010,"In search of workers' real effort reciprocity:A field and a laboratory experiment",*Journal of the European Economic Association*,8(4),817—837.

Horton,J. J. ,2017,"The effects of algorithmic labor market recommendations:Evidence from a field experiment",*Journal of Labor Economics*,35(2),345—385.

Hossain,T. and List,J. A. ,2012,"The behavioralist visits the factory:Increasing productivity using simple framing manipulations",*Management Science*,58(12),2151—2167.

Ibañez,M. and Riener,G. ,2018,"Sorting through affirmative action:Three field experiments in Colombia",*Journal of Labor Economics*,36(2),437—478.

Ip,E. ,Leibbrandt,A. and Vecci,J. ,2020,"How do gender quotas affect workplace relationships? Complementary evidence from a representative survey and labor market experiments", *Management Science*, 66(2), 805—822.

Irlenbusch, B. and Ruchala, G. K., 2008, "Relative rewards within team-based compensation", *Labour Economics*, 15(2), 141—167.

Irlenbusch, B. and Sliwka, D., 2005, "Transparency and reciprocal behavior in employment relations", *Journal of Economic Behavior and Organization*, 56(3), 383—403.

Kaas, L. and Manger, C., 2012, "Ethnic discrimination in Germany's labour market: A field experiment", *German Economic Review*, 13(1), 1—20.

Kagel, J. H. and Roth, A. E., 2000, "The dynamics of reorganization in matching markets: A laboratory experiment motivated by a natural experiment", *The Quarterly Journal of Economics*, 115(1), 201—235.

Khashabi, P., Heinz, M., Zubanov, N. et al., 2018, "Market competition and effectiveness of performance pay: Evidence from the field", available at SSRN 3065607.

Kube, S., Maréchal, M. A. and Puppe, C., 2006, "Putting reciprocity to work-positive versus negative responses in the field", University of St. Gallen Economics Discussion Paper, No. 2006—27.

Kube, S., Maréchal, M. A. and Puppe, C., 2012, "The currency of reciprocity: Gift exchange in the workplace", *American Economic Review*, 102(4), 1644—1662.

List, J. A., 2004, "The nature and extent of discrimination in the marketplace: Evidence from the field", *The Quarterly Journal of Economics*, 119(1), 49—89.

Manthei, K., Sliwka, D. and Vogelsang, T., 2018, "Performance pay and prior learning: Evidence from a retail chain", IZA Discussion Paper, No. 11859.

Manthei, K., Sliwka, D. and Vogelsang, T., 2019, "Talking about performance or paying for it? Evidence from a field experiment", IZA Discussion Paper, No. 12446.

Maximiano, S., Sloof, R. and Sonnemans, J., 2007, "Gift exchange in a multi-worker firm", *The Economic Journal*, 117(522), 1025—1050.

McKinney, C. N., Niederle, M. and Roth, A. E., 2005, "The collapse of a medical labor clearinghouse (and why such failures are rare)", *American Economic Review*, 95(3), 878—889.

Meidinger, C., Rullière, J. L. and Villeval, M. C., 2003, "Does team-based compensation give rise to problems when agents vary in their ability?", *Experimental Economics*, 6(3), 253—272.

Mobius, M. M. and Rosenblat, T. S., 2006, "Why beauty matters", *American Economic Review*, 96(1), 222—235.

Nalbantian, H. R. and Schotter, A., 1995, "Matching and efficiency in the baseball freeagent system: An experimental examination", *Journal of Labor Economics*, 13(1), 1—31.

Nalbantian, H. R. and Schotter, A., 1997, "Productivity under group incentives: An experimental study", *American Economic Review*, 87(3), 314—341.

Niederle, M., Segal, C. and Vesterlund, L., 2013, "How costly is diversity? Affirmative action in light of gender differences in competitiveness", *Management Science*, 59(1), 1—16.

Niederle, M. and Vesterlund, L., 2007, "Do women shy away from competition? Do men compete too much?", *The Quarterly Journal of Economics*, 122(3), 1067—1101.

Niederle, M. and Yestrumskas, A. H., 2008, "Gender differences in seeking challenges: The role of institutions", NBER Working Paper, No. 13922.

Oosterbeek, H., Sloof, R. and Sonnemans, J., 2011, "Rent-seeking versus productive activities in a multi-task experiment", *European Economic Review*, 55(5), 630—643.

Riach, P. A. and Rich, J., 2006, "An experimental investigation of sexual discrimination in hiring in the English labor market", *The BE Journal of Economic Analysis and Policy*, 6(2), 000010220215380637146.

Roth, A. E. and Peranson, E., 1999, "The redesign of the matching market for American physicians: Some engineering aspects of economic design", *American Economic Review*, 89(4), 748—780.

Roth, A. E. and Xing, X., 1997, "Turnaround time and bottlenecks in market clearing: Decentralized matching in the market for clinical psychologists", *Journal of Political Economy*, 105(2), 284—329.

Ruffle, B. J. and Shtudiner, Z. E., 2014, "Are good-looking people more employable?", *Management Science*, 61(8), 1760—1776.

Schunk, D. and Winter, J., 2009, "The relationship between risk attitudes and heuristics in search tasks: A laboratory experiment", *Journal of Economic Behavior and Organization*, 71(2), 347—360.

Shearer, B., 2004, "Piece rates, fixed wages and incentives: Evidence from a field experiment", *The Review of Economic Studies*, 71(2), 513—534.

Sonnemans, J., 1998, "Strategies of search", *Journal of Economic Behavior and Organization*, 35(3), 309—332.

Van Dijk, F., Sonnemans, J. and Van Winden, F., 2001, "Incentive systems in a real effort experiment", *European Economic Review*, 45(2), 187—214.

Vandegrift, D. and Brown, P., 2003, "Task difficulty, incentive effects, and the selection of high-variance strategies: An experimental examination of tournament behavior",

Labour Economics, 10(4), 481—497.

Weichselbaumer, D., 2004, "Is it sex or personality? The impact of sex stereotypes on discrimination in applicant selection", *Eastern Economic Journal*, 30(2), 159—186.

Winter, E., 2004, "Incentives and discrimination", *American Economic Review*, 94(3), 764—773.

教辅申请说明

北京大学出版社本着"教材优先、学术为本"的出版宗旨，竭诚为广大高等院校师生服务。为更有针对性地提供服务，请您按照以下步骤通过**微信**提交教辅申请，我们会在 1~2 个工作日内将配套教辅资料发送到您的邮箱。

◎ 扫描下方二维码，或直接微信搜索公众号"北京大学经管书苑"，进行关注；

◎ 点击菜单栏"在线申请"—"教辅申请"，出现如右下界面：

◎ 将表格上的信息填写准确、完整后，点击提交；

◎ 信息核对无误后，教辅资源会及时发送给您；如果填写有问题，工作人员会同您联系。

温馨提示：如果您不使用微信，则可以通过以下联系方式（任选其一），将您的姓名、院校、邮箱及教材使用信息反馈给我们，工作人员会同您进一步联系。

联系方式：

北京大学出版社经济与管理图书事业部

通信地址：北京市海淀区成府路 205 号，100871

电子邮箱：em@pup.cn

电　　话：010-62767312 /62757146

微　　信：北京大学经管书苑（**pupembook**）

网　　址：www.pup.cn